Daniel T. Rodgers

[美国]丹尼尔·T. 罗杰斯 著

吴万伟 译

大西洋的跨越

进步时代的社会政治

Atlantic Crossings
Social Politics in a Progressive Age

译林出版社

图书在版编目（CIP）数据

　　大西洋的跨越：进步时代的社会政治 ／（美）丹尼尔·T.罗杰斯著；吴万伟译. —南京：译林出版社，2023.8
　　（人文与社会译丛）
　　书名原文：Atlantic Crossings：Social Politics in a Progressive Age
　　ISBN 978-7-5447-8580-8

　　Ⅰ.①大…　　Ⅱ.①丹…　②吴…　　Ⅲ.①政治社会学　　Ⅳ.①D0

　　中国国家版本馆CIP数据核字（2023）第 067520 号

著作权合同登记号　图字：10-2017-514号

大西洋的跨越：进步时代的社会政治　［美国］丹尼尔·T.罗杰斯／著　吴万伟／译

责任编辑　　沈　挺　刘　静
装帧设计　　周伟伟
校　　对　　戴小娥
责任印制　　董　虎

原文出版　　Harvard University Press
出版发行　　译林出版社
地　　址　　南京市湖南路 1 号 A 楼
邮　　箱　　yilin@yilin.com
网　　址　　www.yilin.com
市场热线　　025-86633278
排　　版　　南京展望文化发展有限公司
印　　刷　　南京新世纪联盟印务有限公司
开　　本　　880 毫米 ×1240 毫米 1/32
印　　张　　22.75
插　　页　　4
版　　次　　2023 年 8 月第 1 版
印　　次　　2023 年 8 月第 1 次印刷
书　　号　　ISBN 978-7-5447-8580-8
定　　价　　128.00 元

主 编 的 话

刘 东

总算不负几年来的苦心——该为这套书写篇短序了。

此项翻译工程的缘起,先要追溯到自己内心的某些变化。虽说越来越惯于乡间的生活,每天只打一两通电话,但这种离群索居并不意味着我已修炼到了出家遁世的地步。毋宁说,坚守沉默少语的状态,倒是为了咬定问题不放,而且在当下的世道中,若还有哪路学说能引我出神,就不能只是玄妙得叫人着魔,还要有助于思入所属的社群。如此嘈嘈切切鼓荡难平的心气,或不免受了世事的恶刺激,不过也恰是这道底线,帮我部分摆脱了中西"精神分裂症"——至少我可以倚仗着中国文化的本根,去参验外缘的社会学说了,既然儒学作为一种本真的心向,正是要从对现世生活的终极肯定出发,把人间问题当成全部灵感的源头。

不宁惟是,这种从人文思入社会的诉求,还同国际学界的发展不期相合。擅长把捉非确定性问题的哲学,看来有点走出自我围闭的低潮,而这又跟它把焦点对准了社会不无关系。现行通则的加速崩解和相互证伪,使得就算今后仍有普适的基准可言,也要有待于更加透辟的思力,正是在文明的此一根基处,批判的事业又有了用武之地。由此就决定了,尽管同在关注世俗的事务与规则,但跟既定框架内的策论不同,真正体现出人文关怀的社会学说,决不会是医头医脚式的小修小补,而必须以激进亢奋的姿态,去怀疑、颠覆和重估全部的价值预设。有意思的是,也许再没有哪个时代,会有这么多书生想要焕发制

1

度智慧,这既凸显了文明的深层危机,又表达了超越的不竭潜力。

于是自然就想到翻译——把这些制度智慧引进汉语世界来。需要说明的是,尽管此类翻译向称严肃的学业,无论编者、译者还是读者,都会因其理论色彩和语言风格而备尝艰涩,但该工程却绝非寻常意义上的"纯学术"。此中辩谈的话题和学理,将会贴近我们的伦常日用,渗入我们的表象世界,改铸我们的公民文化,根本不容任何学院人垄断。同样,尽管这些选题大多分量厚重,且多为国外学府指定的必读书,也不必将其标榜为"新经典"。此类方生方成的思想实验,仍要应付尖刻的批判围攻,保持着知识创化时的紧张度,尚没有资格被当成享受保护的"老残遗产"。所以说白了:除非来此对话者早已功力尽失,这里就只有激活思想的马刺。

主持此类工程之烦难,足以让任何聪明人望而却步,大约也惟有愚钝如我者,才会在十年苦熬之余再作冯妇。然则晨钟暮鼓黄卷青灯中,毕竟尚有历代的高僧暗中相伴,他们和我声应气求,不甘心被宿命贬低为人类的亚种,遂把迻译工作当成了日常功课,要以艰难的咀嚼咬穿文化的篱笆。师法着这些先烈,当初酝酿这套丛书时,我曾在哈佛费正清中心放胆讲道:"在作者、编者和读者间初步形成的这种'良性循环'景象,作为整个社会多元分化进程的缩影,偏巧正跟我们的国运连在一起,如果我们至少眼下尚无理由否认,今后中国历史的主要变因之一,仍然在于大陆知识阶层的一念之中,那么我们就总还有权想象,在孔老夫子的故乡,中华民族其实就靠这么写着读着,而默默修持着自己的心念,而默默挑战着自身的极限!"惟愿认同此道者日众,则华夏一族虽历经劫难,终不致因我辈而沦为文化小国。

一九九九年六月于京郊溪翁庄

2

献给彼得和德怀特

目　录

中文版序言

《大西洋的跨越》讲述了美国历史上枢纽时代的故事。在19世纪末期和20世纪初期，作为农业和商业社会的美国几乎一夜之间转变成为世界领先的工业化国家。新消费品的生产以让人震惊的速度发展，与此同时劳动和日常生活的风险大幅度增加，新兴大城市的规模和负担不断扩大，贫富悬殊日益明显。工人和农民中酝酿着愤怒情绪及跃跃欲试的战斗欲望。男男女女都感受到新经济秩序的承诺和日常生活遭到冲击的挤压。中产阶级中间弥漫着让人不安的焦虑，他们担心在几乎没有约束的工业资本主义压力下，社会纽带将分崩离析。这些情形如今在世界许多地区重现，但在19世纪和20世纪之交的美国感受尤为强烈。

美国进步改革人士的反应是要寻求和创建一系列多样化的体制措施，来消解工业化对劳动、社会和人类生活的压力。其中有些意味着政府需要承担新的责任，其他措施比如农业合作社或者都市住房项目，是为了复兴自决的公民生活的活力。进步人士的想法并不系统，而且常常很天真，但是其实际改革活动和理想涵盖的范围使他们在历史上占有重要地位。现在，那些用来平衡美国公众需要和私有市场行为的保护和补偿措施，大部分都源于进步人士的工作。

　　《大西洋的跨越》的特殊性在于向读者表明从 1890 年代到"新政"结束这一时期，进步时代的美国人如何充分地沉浸在改革工程和思想的世界里，这些思想传播到美国之外很远的地方。美国人是海外社会政策的借鉴者和修改者，他们在全世界寻找切实可行的措施来缓解经济急速变革过程中的紧张关系。他们认为美国是经受同样的社会和经济危机磨难的更大国家群体的一部分。

　　在这个意义上，《大西洋的跨越》是现在所谓的历史学"国际转向"的先锋之作。我们开始认识到，就连政治史也超越了国家范围。方案、思想和政策经常跨越地方、区域和国家边界而流动，由社会运动、机构、网络和个人发起者携带。《大西洋的跨越》聚焦于美国进步人士与西欧相应人士形成的纽带，但正如有人指出的，这一图景是与当时全球其他许多地方的类似纽带并存的。拉丁美洲的改革者之间的联系，他们与欧洲、美国进步人士的联系，形成了跨越南大西洋的纽带。欧洲国家彼此之间也有合作密切的政策措施研究和交流。在此期间，类似的图景也在太平洋两岸展开。思想和政策的传输总是包含着改造，没有什么是完全照搬而不经修改就适应原有机构、传统和条件的。但是，不充分考虑思想和政策的跨国传输，就无法理解 19 世纪末和 20 世纪初的世界。

　　如今，在 21 世纪初期，社会政策的跨国网络已经司空见惯。改善全球卫生条件、减轻贫困、调整贸易不平衡，以及帮助地球本身防御气候变化灾害和资源枯竭恶果的运动，经常将目标和政策建议在全球传播。民族国家政策传统仍在延续，有时还很强硬。21 世纪初的跨国政策网络在全球的影响并不均等，但它们已经不再是什么不同寻常的事。

　　不过，跨国改革运动现在运作的语境与一个世纪前进步改革人士帮助形成的世界有两点重要的不同。

　　第一点不同是，进步人士多种多样的改革兴趣相互竞争，而当今最有影响力的全球政策制订者的方案更为偏重理论。对我们当今"新自由主义"的经济学家和政策专家来说,各国机构和各国政治文化之间的区别对于政策设计大体上是不相干的。一个总体政策选择在所有地方都是最佳的:开放贸易、解除经济管制、市场自由运行。他们对于一条全球性康庄大道的信仰,正好映射了亚当·斯密的著作出版之后那个世纪古典经济学家的信仰——他们已共同使得那种世界观的一些成分在美国和广大地区恢复了实际效力。

与此同时,"新自由主义"工程及其促进的经济全球化之成效本身,也在当今全球范围激起了民族主义的反应。英国的脱欧运动,美国特朗普政府的"美国优先"经济政策,世界各地对于自由开放贸易是否普遍有利的新怀疑,以及民族主义者对于难民和移民工人的怨恨,等等,都显示出全球政治中一种内向封闭的强大反潮流。现在最刺耳的声音公然敌视境外地区的经验。在美国和其他一些地区,民族"例外主义"的主张越来越顽固。民族主义及其对立面——新自由主义——交互加强。

本书描述的进步改革人士的工作与以上二者都不同。他们没有低估政治文化之间巨大的差异,没有幻想一套政策建议适合所有人和所有情形。他们相信,世界就像是一个可能有用的经验的巨大仓库,每个国家都可以从中学习。他们考虑的不是普遍适用的原则和理论,而是实际的榜样和有用的实例。他们的世界性体现在求知欲,体现在热切地满世界搜寻与本国相似问题的解决方案,并富有创造力地将境外借来的办法改造应用于当地和本国情况。

这些信念的继承者在 21 世纪依然发挥着作用,试图在商品市场力量和维持社会凝聚力的机构之间找到一个更好的平衡。他们努力理解和减轻贫困的苦难,越来越紧密的全球化经济的不稳定性,以及医疗、教育、体面生活条件方面的困难。《大西洋的跨越》描述的进步人士在全球工业资本主义第一个伟大时代中,范围广泛地跨越国界寻求社会改革措施的努力,不仅仅是过去的一章。它对于当今依然能提供至关重要的经验和教训。

丹尼尔·罗杰斯
2021 年于普林斯顿

前　言

　　喜欢揭发丑闻的记者雷·斯坦纳德·贝克回忆 1890 年代在芝加哥实习新闻写作时的心态说:"美国之外还有一个世界吗? 如果有,我对这个世界的现实几乎一无所知……我知道一点儿欧洲的历史,从前国王的暴政、贵族的荒谬、封建战争的徒劳无益等,让人高兴的是,美国摆脱了这一切,自豪地踏入《人权法案》和《独立宣言》的启蒙时代。我是一个真正的'地球中心论'的美国人。"[1]

　　在这样深刻的地方主义面前,很难抗拒会心的微笑。任何一个了解历史的严肃读者都本能地知道贝克那时没有认识到的东西:国家存在于相互的历史网络中。即使最孤立的民族国家也是半渗透性的容器,受到来自远离国界的力量的冲刷。即使最强大的国家也只能在其无法完全控制的世界体系中扮演自己的角色。

　　如果说世界历史的力量的复杂性给所有国家留下烙印,那么对于美国这样一开始是作为其他国家帝国计划前哨基地的国家,烙印就更深刻。从欧洲人在北美洲建立最早的定居点起,大西洋对于新移民与其说是天然屏障,倒不如说是保持联系的生命线——是人员、货物、思想和理想运输的海上通道。作为欧洲人贸易的重要前哨基地和吸引欧洲资本的磁铁,18 世纪和 19 世纪的美国是北大西洋经济体的一部分,脱离它则无法被理解。

1

把四个洲的命运联结在一起的世界体系是通过贸易和人员（无论是作为奴隶还是自由人）交流来完成的。工业品和农产品的世界市场促成了大型港口城市和内陆工厂城镇的格局，也造就或者毁掉了种棉花的南部和种麦子的西部的命运。在造就了莎士比亚、司各特、狄更斯等文学巨匠的土地上，图书和作家也在北大西洋经济体内传播，带来的是时尚、口味和观念，有时候还有强大社会运动的种子。美国革命本身就是从波哥大到柏林的更大政治变革的组成部分。反对奴隶制的运动、工会运动、女性运动等也都是跨越国界的事件。把 20 世纪后期美国的命运与全球市场和理想结合在一起的这个全球相互依赖的网络，只不过在细节上显得新鲜而已；从更广泛的意义上说，它一直就是美国历史持久的条件。

如果说这些是每个历史学家都知道的事实，历史写作却常常不能跟上历史自身规律的要求。纠缠于公民教育的简单化关系，各国的历史描写都吸收了挥之不去的民族主义。历史学家专注于民族差异问题，倾向于具体描述各自国家的独特文化、独特历史、"特殊道路"（Sonderweg）、例外主义等。因为每个国家的历史（从事实上和定义上说）都是独特的，这样的工作不是没有道理；但是从最坏处说，结果造成了历史中能够展现民族国家可渗透性的连接点被砍掉（而超越国界的力量恰恰在这些地方做了最重要的工作）。叙述部分也常常缩减到国家范围内，民族国家的边界成为历史分析的囚笼。[2]

社会政治就是一个说明问题的例子。有关进步思想和新政政治的研究层出不穷。对激进的市场资本主义的社会成本进行限制——关于当时这一社会冲动的根源，美国一些最好的历史著作找到了研究焦点。为了与重大事件相称，人们使用了大范围解释来理解它。因此在美国，干预主义国家的兴起已经被追溯到异常迅速的工业化冲击、19 世纪中期美国国家和社会的薄弱与扩张的本质、衰落的中产阶级的地位焦虑、专家和专门人才精英新群体的科学抱负、中产阶级女性的社会母性主义、下层农民和工人的要求、上层工业资本家对一种比资本主义竞争所能创造的更加合理的社会秩序的需要等。但是正如贝克指出的，没有说出口的"地球中心论"是统辖一切内容的框架。

虽然这些解释很常见，但是它们没有指出当时每个熟悉这些问题的人所知道的情况：美国社会政治的重构是北大西洋世界的政治运动和思想的组成部分，贸易与资本主义已经把这个世界联结在一起。这不是休眠于意识最深处的抽象的现实。深入了解当时席卷美国和工业化的欧洲的大辩论（关于大城市生活的问题和苦难、工人工作安全感的缺乏、乡村生活的落后或者市场本身的不稳定性等），人们不由得卷入改革思想、政策和立法手段等跨越国界的滚滚洪流中。曾经有一段时期，伦敦东区和纽约市下东区，匹兹堡、埃森（德国西部城市）和伯明翰这些"黑乡"，以及巴黎、华盛顿、伦敦和柏林的大学辩论和法官讨论，构成了一个共同指涉的世界。

从 1870 年首批美国学生赶上 19 世纪末叶德国大学攻击自由放任经济之风起，到第二次世界大战的大动乱，这一时期标志着美国历史中一个较独特的阶段，有待于历史著作的充分挖掘。之前半个世纪的政治踏着更内敛的鼓点进行。民主国家的形成一直是 19 世纪早期和中期美国的核心政治规划，从杰克逊时代到林肯时代，那些还有一只眼在关注世界其他地方的美国人，都有理由相信自己是世界民主运动的先驱者。

1945 年后，美国突然发现它横跨在一个自己的全球体系之上，例外主义主题又全盘杀回来了。1990 年代的美国，以大学为基地的研究世界社会政治方法的专家比从前更多了，但是在日常的美国政治辩论中，人们对其他国家政策的了解基本上可以忽略不计。国外的陌生人与我们无关，他们的经验对我们来说没有用。用马克斯·韦伯在谈到早期新教徒时的话来说，美国处于它领导的世界之内,但不属于这个世界,它的经验和命运从本质上说是个例外。比尔·克林顿追求历史地位之举——1993—1994 年的全民健康保险辩论,重新弹起战后例外主义的老调。在对加拿大敷衍性地颔首后,民主党人认为世界其他地方的经验不适用于美国独特的政治本质,所以扔到一边,要创造出和其他国家不同的健康保险体系。而共和党人则严厉批评这些努力的"美国色彩"不够充分。

3

相对而言,1870 年代到第二次世界大战这些年确实是不同的。在 19 世纪早期的民主信心和 20 世纪后期的狂妄自大之间,人们开始辨认出一个特殊时刻,美国政治敞开胸怀热情拥抱外国模式和外来思想。也就是在这个时期,北大西洋经济体形成了(对许多有战略思想的美国人来说)一个提供有用和有趣实验的世界市场。这些年美国的城市政治家可以根据格拉斯哥的经验评估城市公交车的利弊,欧洲社会保险体系的运行可供广受公众关注的调查委员会研究,英国和德国的某些模范城市吸引了世界各地社会进步人士的目光,简而言之,其他国家的社会政治都是新闻。

社会政治方面的大西洋时代的形成,取决于美国与正处于工业化进程中的某些欧洲国家一整套机构上的新联系。而建立这些联系需要新型的中间人,最终要求思想上的转变,一种共处于比美国更大的历史力量之中的认识:暂时收起把美国和其他国家的命运割裂开来的自信心。具有全球眼光的进步人士反对鼓吹美国独特思想和政治的推销员,他们在一百多个战场作战。在他们的胜利和失败中,在试图与其他地方的进步思想和运动建立联系的努力中,以及那些努力引起的斗争中,他们的事业影响了这个时代,其影响力之大是那些陶醉在美国进步政治独特性的传统观点中的人未曾理解的。

在某种程度上,我试图沿着这些中间人在大西洋两岸之间织出的部分联系线来讲述他们的故事。就像这些故事一样,描述也在 19 世纪和 20 世纪初期工业资本主义的核心领域内来回移动。英国和德国是美国人最初的海外模范和对手，但是他们的借鉴常常涉足更远。我所称的北大西洋经济体大概是从柏林延伸到旧金山的更宽泛的地域。

结果并不是普遍理解的意义上的欧美比较史。比较史的关键　**4**
是差异。通过掩盖国家间的相互依赖性，把历史偶然性的过程冻结成为理想类型，再列举一系列的社会和政治特征，这种对比的方法能够清楚地显示两者的差异。[3] 在这个领域工作，人们必然要大量使用这种对比工作的最好成果。但是最后，正是因为 19 世纪末期和 20 世纪初期工业化国家间的联系——在同样的经济力量面前的脆弱性、密切研究对方的经验和政策实验等，让他们在政策选择上的差别具有了历史学上的意义。罗伯特·凯利的告诫仍然具有强大的力量：认真考虑"几个国家内类似运动的出现，像相同地层裸露于地表的岩石，由共同的思想和社会影响生成"。[4] 大西洋时代社会政治的根源不在民族国家的容器内，也不在假设的"欧洲"或者同样是假设的"美国"内，而在于它们之间的世界。从相互联系开始讨论可以收益良多。

本书的第一个目标是重新塑造美国历史上的一个独特时代，其中美国社会政治通过竞争和交流的网络与欧洲社会政治辩论和尝试结合在一起。不过，试图摆脱差别问题是愚蠢的。像所有政治体一样，美国是不同的。它的国家结构与欧洲对手们的情况不同，它的意识形态有不同的倾向，它的利益结构不同，它的历史是独特的。在面对如此多重因素决定的一系列差别时，困难在于说明这些差别实际上造成了什么样的不同。

对于这些目的来说，具有世界眼光的进步人士试图在大西洋网络间交流的建议和政策，形成了一个在历史研究中很罕见的实验室。每个进口措施都必须加以处理，从养老保险到获补贴的工人住房，从城市规划到农村重建。有些措施在输入美国时面临的困难相对少些。有些中途就夭折了。更多的情况是被修改,这种"美国化"留下了它们在引进过程中遭遇的力量和环境的确切痕迹。跟随从外国模式到国内结果的这些过程,我们往往可以证实某些预测,也可以发现令人吃惊的意外发展。

最后,简要谈一下政治中的思想观点。[5] 本书中的核心主人公很少是知识分子,但是他们都热切地关心各种问题和思想。对于某一类政治历史学家和政治科学家来说,在开始的时候,这就足以使其产生某种本能的不愉快。传统的政治分析努力开辟所谓结果分析的道路,其势力范围是立法过程及对其施加影响的许多利益和政治优势要求。这种强调不无充分理由,但是政治过程比结果宽广得多。人们还必须要询问议题是如何进入政治主流中的,问题是如何被确定下来的,议题被纳入了什么样的框架内,等等。

传统观点常常满足于相对来说缺乏反思的功能主义。不管议题是难以忍受的贫穷、混乱的都市交通,还是让人窒息的垄断,议题本身最终被想象为驱动政治引擎前进。它转变为危机后,会因其紧迫性而强行进入政治议程——有时候通过公共舆论的协商,有时候通过利益团体,有时候通过社会运动。从问题进入政治领域起,到利益团体和政治的强大力量消除它为止,那些有"思想"的人可以发挥短暂的作用,提供替代方案或者解决办法。但是,因为从本质上说,立法结果总是不同于最初的设计,而且常常比预期混乱得多,那些只是通过言论或者建议参与竞争的人几乎总是被归入失败者的行列中。

然而这并非政治的真实世界。正如约翰·金顿敏锐地观察到的,思想和问题、解决办法和潜在危机彼此特别独立地在政治河流中流淌。[6] 由于来源众多,这些要素的未来前景取决于相互发现。正如一个政治观点只有在成功具备必要性和紧迫性的时候才能成为政治上可行的议题一样,问题只有在具备了政治上可以想象到的解决办法时才能具有政治意义。解决办法的制订者不是到最后一刻才进来采取行动的。这些人在创始时就在跟前,把悲剧性的而又无法克服的情形转变为政治上可以解决的问题,并且正是通过这个过程,确定了立法者和执行者最终可以运作的领域。

正是思想观点的这种确定议题的作用,给 19 世纪末期那个突然打开的新世界(各种可转移的社会经验和可借用的政策模式)带来了政治后果。1890 年代和第一次世界大战期间那个"进步时代"的美国人并非在问题的海洋中游泳,至少并不比生活在 1870 年代经济崩溃和内战后种族调解时代的美国人问题更多。更准确的说法应该是:他们在突然增多的解决方案的海洋中游泳,其中大量是通过大西洋的联系而带来的。庞大数量的外来解决方案帮助人们剥去了经济学"规律"的必然性。它们帮助政策制定者绕过很多的政治死胡同。用同样的方式来回顾新政,把它放在跨国模式和多样化影响的洪流中来考虑,我们就会发现意料不到的新特征。

这些构成了本书的中心问题:跨越大西洋的社会政治时代是怎么形成的;是如何维持下来的;越过国界的联系网造成了什么变化;在多大程度上影响了政治选择;回顾过去,美国与它最亲密的经济伙伴表现出了什么样的相似性和差异?本书关注了贯穿北大西洋经济体的事件和过程,包括近的和远的背景,包括政治活动和思想观念。这些章节组成了试图改变经典美国历史的框架和边界的一个实验。

像所有的重新设定框架一样,它的目标是制造困难,使采用古老熟悉的方式观看熟悉的图画更加困难。沿着进步时代和新政时代超越民族国家边界的社会政治道路,人们开始重新发现一个基本上被人遗忘的世界,在这里国家之间相互借鉴、模仿、改变和适应。在跨越大西洋的进步时代中,人们开始重新发现美国历史和政治的一个几乎已经丢失的阶段。

第一章

1900 年的巴黎

钢铁世界

每个时代都需要一个象征，即使是最善于算计和追求物质利益的时代。古斯塔夫·埃菲尔在敏锐发现促销机会到来的时候，迫切渴望提供这样一个象征。批评家称他在 1889 年建造的铁塔是"工厂烟囱"，"庞大、丑陋"。它是一幅颠倒的铁路桥设计原则的图示，公然挑战脚下的城市规模。老巴黎街区的瓦屋顶、第二帝国的复折式屋顶和大街，甚至圣母院的高塔（埃菲尔的工程师们在草图上特别表明），在这个庞然大物的工程旁边都缩为小人国里的小不点。埃菲尔铁塔成为工业技术打破传统、带来革命性变化的广告。难怪巴黎的艺术家们马上呼吁将其拆除。[1]

埃菲尔铁塔还有另外一个目的。它是为 1889 年巴黎博览会而建的，被设计成 19 世纪工业资本主义商品的临时大市场的巨大广告牌。博览会的官方目的是庆祝法国大革命一百周年，借回顾辉煌历史的机会炫耀仍然脆弱的第三共和国的政治命运。实际上，自从 1851 年伦敦那个用钢铁和玻璃建成的水晶宫博览会以来,历次博览会的主宰都是贸易而不是政治,巴黎博览会也不例外。机器和机器制造的各种商品,蜂拥而来的参展商、购货商、资本和企业市场成果的崇拜者,都潮水般涌到埃菲尔铁塔钢铁架子下面的战神广场(Champ de Mars)。不管是称它为交易会还是世界博览会(exposition universelle),以此名义搭建起来的就是一个市场:小贩们的货摊、卖家的吆喝、交易双方的讨价还价都达到了一个空前的高潮。

十一年后的 1900 年,法国人在同一个地方举办了一场更大的博览会,这次是要盘点新世纪本身。埃菲尔铁塔专门被重新刷成了鲜艳的黄色,紧跟飞速发展的技术革新的步伐,它原先的煤气喷灯被数百盏新兴的电灯所取代。在博览会场地内,在更加紧凑、更加众多的展厅里展示了更大量的商品,规模之大为历来博览会之最,直到 1930 年代才被后来的世界博览会超过。违背了设计者最初的意愿,1889 年的博览会基本上是法国人自家的活动。而这次,美国和曾经在 1889 年遭到排斥的德国都派代表参加,在争夺工业优先地位的竞赛中挤占英国在博览会的空间和地位。1889 年,看腻了机器的参观者发现"开罗大街"上的肚皮舞女郎和狂野西部表演中男子气概十足的"水牛比尔"更加吸引人;1900 年,欧洲以外的世界更多展现的是市场而不是性。从法国殖民地琳琅满目的展品到战神广场上"环游世界"的西洋景,人们不可避免地认识到世纪之交的市场规模一往无前地扩张到了全球。浸透着远方工人血汗的成批成批的货物,从世界各地的工厂车间通过密集的蒸汽运输网络运到巴黎展销。[2]

1900 年夏天蜂拥而来的参观者中并非所有人都很满意地认为博览会不过是巨大的商场,像一个梅西百货公司(Macy's),展示西方文明。在他们自己的世纪总结中,不会有很多人认为头等大事是市场——这一买卖双方通过私人协议可以出售、可以商品化、可以交换的物品的领域——渗透到不断扩大的社会生活领域。进步、优雅、文明要求得到应有的地位。正是出于对这些情感的认可,博览会建筑的功能性钢铁框架被覆上了一层忸怩的彩色灰泥,外加寓言性的雕塑、过度的艺术装饰。就是因为它们,博览会入口的橱窗建筑成了艺术的天下,就好像其大理石和油彩能够让这个世纪的成就的物质核心显得高贵一样。

9

　　但是回顾历史,我们发现埃菲尔铁塔冰冷坚硬的钢铁框架是1900 年巴黎那些力量的更真实的象征。拔地而起,对周围一切冷漠无情,对于过去不屑一顾,这不正是商人、企业家、工程师和投资者那种精明、自私的激情的象征吗?他们的生产模式在社会和技术上的革命已经给西欧和美国带来深刻的影响。因为精力充沛、想象力丰富加上冷酷无情,他们已经颠覆了传统的手工业和农业经济,击退曾经阻碍道路的政府和风俗习惯等对抗力量。他们服务于这个世纪的经济学家所说的自然法则,市场的钢铁需要。他们为经济生活的庞大新领域引入了自我奋斗的个人主义、不感情用事的精明算计、价格和利润的优先地位(这曾经仅限于城镇市场范围内)。战神广场上大量展出的商品就是他们成功的证据。

　　如果1900 年的巴黎博览会是对这个世纪的总结,那么,其主要象征所代表的内容就肯定无疑了:机器技术和市场的社会伦理相结合,释放出人际关系上的革命性变化——锋利、旺盛,常常具有解放性和(愿我们不要忘记)让人痛苦的破坏性。工业资本主义的领域就是钢铁世界。

　　对资本时代信心十足是博览会的官方信息;新秩序展示自身并且宣布结果就是进步。但是人们不需要读很多时人对于巴黎博览会的印象记,就会发现表示怀疑和担心的种种迹象。看似稳定牢靠的市场和贸易体系已经两次在经济危机中崩溃,对此人们记忆犹新。在 1900 年,北大西洋经济体中的国家刚刚从 1890 年代中期的艰难岁月缓慢走向复苏。更加脆弱的是人们不无惊恐地称之为"社会和平"的关系,即新近获得巨大力量的劳工和资本之间的关系。1880年代在大西洋两岸发生了一系列劳资冲突,其最终结果没有人能够预料。主要事件包括法国1880年到1883年一连串的罢工、美国1885年和1886年劳工骑士团的迅速崛起、伦敦码头工人和德国鲁尔煤矿工人1889年的大罢工等。

亨利·亚当斯或许对自己的忧郁感到自豪,但是当看到博览会上的发电机悄无声息绕着轴运转时,他不是唯一提出这个新世纪"到底"要走向何方的人。苏格兰博学者和城市规划者帕特里克·格迪斯花费整整一个夏天在巴黎带领一群群参观者观赏博览会,试图让他们初步了解其中所揭示的巨大社会转型。弗里德里希·瑙曼努力要从原来的德国自由主义的失败中摆脱出来,创建新的社会进步党。他从巴黎发回国内一系列公开信,在信中表达了对更多拥到城市里来的无根者以及在博览会上展示出来的他们卑微的新"群体生活"的焦虑。简·亚当斯也发现很难忘掉刚刚过去的历史。作为国际妇女大会的代表和博览会"社会经济"部分的审查委员来到巴黎,她不由自主地寻找博览会上工人阶级的住房展品,希望发现一种方法来摆脱1894年席卷普尔曼公司模范村庄并蔓延到整个芝加哥的狂暴情绪。为了阐明这些议题,社会主义者国际1900年夏天在巴黎集会。但是人们不需要靠社会主义者提醒市场和生产的革命所带来的弊端。举办博览会本身就启发人们思考这些问题,虽然它也可能同时隐瞒了些什么。[3]

在巴黎博览会的一个展区,博览会的经理们发泄了钢铁世界中资产阶级信心十足的外表下面的焦虑。虽然社会经济展区很容易迷失在格迪斯所说的"迷宫组成的巨大迷宫"中,但还是有很多的思想和组织投入其中。像埃菲尔铁塔一样,它的根源可以追溯到1889年博览会。当时在荣军院广场(Esplanade des Invalides),法国经济学家和企业主曾组织了一个小型的"社会经济"展区,包括工人资助的一些成本低廉的餐厅、阅览室和会议厅,法国有些大雇主开始为工人家庭建造的模范住房,一对展示分享利润的展亭,一些专门介绍公共和私人为改善工人精神和物质境况所作努力的展览空间。社会经济展区因只略微触及其余展览内容的管理体系,被安排在离中心展区很远的地方,除非要寻找法国军事展区,很少有参观者不辞辛苦到那些地方参观。它在博览会的众多参观者心中不过是巴黎旅行指南末尾的一行字而已。[4]

在1889年博览会闭幕的时候,社会展品被托付给巴黎一个新的机构"社会博物馆"(Musée Social)。这个博物馆起初设计为存放博览会文件的仓库,但是它很快就成为各种社会经济信息的交流中心。由于它吸引了有影响的企业和政府赞助者,加上在欧洲主要工业国家和美洲延伸广泛的兴趣和通信交流,它很快成为讨论"社会问题"的最重要国际机构之一。[5]

对于1900年博览会,该博物馆的组织者决心更加详细地展示社会经济方面的成果,并且放在更中心的位置。他们在社会经济展馆的会议厅组织了关于社会问题(question sociale)方方面面的暑期国际会议。他们在馆内的展览室招揽了大西洋经济体国家能够收集到的实际社会改良的最好典范。如果在工业化国家中有旨在补偿市场革命造成的贫困和痛苦的社会设计,在此你有望发现其纲要和蓝图。

乍一看,位于社会经济大伞下面的议题之混乱简直是没办法应付的。法国人试图通过再分类从中理出头绪来,比如学徒和童工保护、工资和利润分享、工人和雇主协会、农场信贷、工作条件管理、工人住房、合作商店、工人思想和道德发展机构、储蓄和保险机构、卫生设施(不仅指公共卫生,而且指反对酗酒、贫民窟、贫穷的道德危害的公共战役)、贫困救济以及其余类别,即为了公民的生活幸福而提出的任何其他公共或者私人倡议。[6]

就连社会博物馆的发言人也意识到该清单的混乱。社会经济学是个反射性的范畴。法国经济学家查尔斯·纪德在总结展品的时候说,政治经济学是关于财富增加的科学。与此相反,社会经济学领域拥抱任何努力(在政治经济学本身的限制内),来调和或以社会的、互惠的方式缓解资本主义转型的痛苦。它是研究"实际的现实和可能的改善"的科学,是关于"社会和平"的科学。简而言之,社会经济是工业资本主义的救护车。它的范畴就是社会残骸的范畴。1889年它一只脚还站在博览会外面;在1900年的世纪大典上,则没有人对它的出现表示异议,也没有人怀疑、否认"社会经济"或者"社会问题"等词语唤起的众多杂乱焦虑有一定的一致性。[7]

但是,在社会经济展厅穿行,你会发现社会经济专家在解决办法上离达成一致意见还有多大差距。国家与国家之间在主题上的改变是非常突然和醒目的。俄国人带来了戒酒的展品;意大利人展示了合作储蓄银行的作用;比利时人则强调低成本的工人住房。大英帝国,其政府由于在南非的军事冲突加剧而被分散了注意力,几乎就没有拿来什么展品。在英国展室的一面墙上挂了一个图表显示消费者合作运动的发展过程;另外一面墙上挂着为查尔斯·布思里程碑式的伦敦贫困调查所绘地图中的一幅,概括了城市的阶级关系,一条街道一条街道的对比,充分展示了财富的光亮灿烂和贫穷的黑暗凄惨。[8]

回顾起来,布思的贫困地图好像是博览会上最有先见之明的展品了。但是留在参观者心中时间最长的是德国的展品。就连巴黎的非德国人也忍不住承认德国是这次争夺影响力和地位的博览会上的大赢家。德国馆是博览会中最高的建筑,仅次于埃菲尔铁塔。给人留下最深刻印象的工业品是德国造的。考虑到法国人的感情,德国人没有把他们庞大的克虏伯大炮和明显进攻性的武器带来,但是他们的帝国野心表现在每一件展品中。[9]

在社会经济展馆,德国人忽略了复杂的法国分类法。在展室的中间,他们搭建了一个巨大镏金的方尖塔,代表帝国社会保险基金自从十六年前成立以来为德国工人提供的利益。由国家管理的对付工业事故、疾病和老年风险的强制性社会保险是德国在1880年代伟大的社会政治发明。这是俾斯麦打击德国社会主义者运动的第二个武器,是俾斯麦通过国家先发制人的、自上而下的"社会主义"赢得德国都市居民忠诚的工具。一个帝国规模和力量的象征,其周围展出的是国家机构为德国工人的福利而管理的医院、疗养院的照片,不露丝毫竞争迹象,国家主导了德国的展品。

德国人在1900年谈到国家的时候总是有特别的自豪和热情。从德国馆里收集的帝国艺术品到社会经济宫的镏金方尖塔,德国展品散发出的信息表明政府的大手照料和保护着文化、艺术、劳工及经济上遭受掠夺的不幸者。除了国家强大的、对抗性的、家长式的权力外,还有什么更好的方法可以对付市场造成的掠夺和不安全感吗?

13

但是从德国展区出来到法国展区,你就认识到国家只是市场动荡的潜在抗衡力量之一。虽然法国人把建筑的一半据为己用,但是他们并没有提供吸引眼球的清晰视觉标志物。刚一看,展品是图表、传单、报告和文件的大杂烩。大约三千个法国参展商对于要求表现他们社会福利的呼吁做出了反应,提供的展品包括:分享利润的公司、模范雇主、大企业家、慈善住房公司、农业购销合作社、工人合作社以及各种兄弟会、互助会等。社会博物馆本身也被类似的折衷主义特征所笼罩,工业界家长主义者、社会工程师、工人合作社倡导者、卓越的激进政治家、保守的社会天主教徒,以及一些独立的社会主义者都厮混在一起。

法国展区最大的一个文件展室是说明保险和互助机构的:互助保险(prévoyance)。人们发现这里没有德国那种中央集权的信息,虽然1900年法国政治中有些极端的声音要求多少像德国那样的国家社会保险体系。这个空间里充满了数百个储蓄互济会和保险互助会的报告,在这些团体中,成员可以用每个星期的缴费来对付疾病、衰老等困难情况。虽然互助协会(sociétés de secours mutuels)在 1898 年得到官方承认和少量政府补贴,自愿的互助主义仍然是其组织原则。到了 1900 年,近 200 万法国人参加了这些团体,这个数字是法国工会组织成员总数的 4 倍。在一个 3800 万人口的国家,互助会覆盖的范围毕竟有限,留下很大的漏洞。但是,在巴黎展出的社会政策模式的集市上,人们发现了一个不是国家自上而下,而是社会从内向外延伸的公共福利形式。

"团结"是该体系的关键词。法国社会政治自从 1890 年代中期就一直围绕这个问题吵吵嚷嚷。当时的法国总理莱昂·布尔热瓦已经向公众推销这个观念。它与"个人主义"形成明显的对比,因为它提倡相互义务和集体帮助的各种自愿表达。因此,法国展品中有看似莫名其妙的杂乱混合——工人协会、雇主协会、国家资助的和个人组织的协会、地方体育俱乐部,与强大的地区行业协会挤在一起:都是"辛迪加"(syndicats,作为法律范畴来说),真是乱七八糟、无可救药。但是对于鼓吹社会连带主义的人来说,协会形式的丰富恰恰是正确的。如果资本时代的主要社会代价是传统协会形式的破灭,让个人在市场的强力面前孤单、无助,那么所需要的抗衡力量不是国家而是协会本身。[10] 为了清楚说明这个问题,展览会的组织者绕过通常攫取利润的中间人,直接把建造社会经济馆的合同给了技术工人合作社。难道这不是对于价格为王和无序竞争的最可靠校正措施的缩微模型吗?即组织社会上自愿性协会的力量,在必要的时候国家给予少量资助,形成他们觉得合适的任何形式的互助性社会能量。

心里想着这些继续往前走,参观社会经济馆的观众要费一番周折才能找到美国展区。虽然在 1900 年美国经济的影响力已经显现,但美国在很多方面还是博览会上的继子。它通过顽强的努力才好不容易在前排民族展馆中抢到一个位置。这里,美国夹在竞争者中间，美国代表们采用通常的仿希腊罗马建筑风格造了一个石膏建筑，但里面装饰的完全是美国报纸、打字机、速记机、电报、钱币兑换处、电报纸条等——美国商人度假时需要携带的所有东西。美国人在 1900 年的巴黎是竭力要赢得别人尊重的暴发户，比任何人都更热衷于商业行话。德国馆展现的是学识、艺术和帝国野心。法国人集中体现了政治和社会的团结。而美国馆在其古典的虚假外表下面透露出来的是商业气息。[11]

　　在社会经济展馆，同样的国家主题再次出现。这里美国也竭力谋得一个位置。被挤在只有二十七平方英尺的狭小展室里，美国人往里面塞的展品比除了东道主法国外的任何国家都多。在铰接起来的板子上和巧妙折叠的格子里，他们悬挂和放置了美国的社会产品。展室的中央，纽约廉价公寓委员会提供了该市最有名的贫民窟的模型，紧挨着它还有一个模型说明如果继续按城市建筑标准允许的最大密度建楼的话，这个街区可能更加拥挤到什么程度。旁边有漂亮的、装订成册的州政府和联邦劳工统计局的报告，用来证明国家意识还没有彻底消失。在展室的一个角落里塞着美国黑人生活的展品，包括塔斯基吉学院（Tuskegee Institute）制作的手工艺品和杜波依斯展示佐治亚州自奴隶制时期以来非洲裔美国人进步历程的统计数据。[12]

　　但是，美国展区最大规模的展品安排，交给了新出现的社会改良信息交换所"社会服务同盟"。该机构两年前才成立，自称是有关"倾向于人类社会改良的任何信息"的情报交流中心。其精神领袖威廉·托尔曼在很多方面都是典型人物，像他这样的人曾经改变了美国社会政治的早期历史，现在却被遗忘。作为纽约改善穷人条件协会的总代理，托尔曼被吸引加入了 1890 年代查尔斯·帕克赫斯特牧师的反罪恶运动，从那里又进入纽约市威廉·斯特朗市长的革新政府。他特别关注柏林和伦敦那种公共澡堂；一个街区两千多人却没有浴室的便利，这对于挤在一起的城市人口来说

15

绝非小事。看到"社会博物馆"的成功,"社会服务同盟"也和所有工业化国家都进行了联系。它的顾问团成员包括伦敦世纪之交"城市社会主义"实验的两位最著名发言人锡德尼·韦伯和约翰·伯恩斯、爱尔兰农村改革家霍勒斯·普伦基特、"社会博物馆"精神领袖朱尔·西格弗里德、德国帝国保险办公室的格奥尔格·察赫尔。在其收录世界各地社会政策主张的《社会进步》年鉴里,托尔曼自己收集了关于欧洲市政和工业改良的大量幻灯片。这是20世纪早期美国最大的此类收藏之一,内容包括英国的模范城镇、利物浦城市住房、格拉斯哥城市公园和公交车、阿姆斯特丹的工厂安全博物馆、伦敦的公共澡堂等。以兼收并蓄和世界眼光为特征的"社会服务同盟",反映了美国世纪之交的社会改革的流动性、业余爱好式希望和国际触觉。[13]

但是,为了社会经济展览,托尔曼在墙上挂有资本主义自我启蒙工作的照片。那里展示了美国模范工业家们的努力:亨氏(Heinz)公司一尘不染的工厂车间、克利夫兰五金公司的职工食堂、威斯汀豪斯气闸公司建造的职工住房、位于俄亥俄州代顿的国家收银机公司详细的职工思想工作。在互助保险方面,关注福利的资本家这一主题仍然在继续,最大、最引人注目的是保德信保险公司(Prudential)、大都会保险公司(Metropolitan)和衡平(Equitable)人寿保险公司的展品。采访巴黎博览会的通常挺敏锐的记者只看到人寿保险公司广告;查尔斯·纪德认为美国的展品杂乱无章。[14]但是美国展品表现出的信息比纪德所见更清晰:最有希望战胜工业资本主义危害的抗衡力量是资本主义的良心发现。

社会经济方面的这些争鸣的国家风格表达并夸大了所涉的竞争。任何地方的社会政治都是一个大的集合体,里面的因素仍然处在不断变化中。即使德国这样的家长制国家也表现出矛盾冲突的倾向。虽然他们强调帝国对福利社会的贡献,但是1900年德国社会保险法律规定的总福利中来自帝国本身的不足10%,至于管理,德国人把它承包给错综复杂的雇主互助会、工会基金、自我管理的雇员雇主协会等,只不过比对手法国的复杂程度略低一些而已。[15]而法国虽然把互利主义原则提到最高点,但是正如"社会博物馆"的主要人物都清楚的那样,与"个人主义色彩"浓厚的英国相比,法国在合作社、互助协会、友好团体和工人协会的数目等方面远远落后。

至于福利资本主义,它的主张总是出现在显眼的位置。尽管美国人吹得天花乱坠,他们在这方面拿得出手的东西和欧洲对手相比仍然少得可怜。法国社会经济展品中增添了法国铁路和煤矿大企业的职工福利体系的报告。克虏伯公司送来了一个模型,显示它在埃森精心建立的职工住房和社会福利设施。在博览会位于凡仙森林(Bois de Vincennes)的附属展区的工人住房模型中,最引人注目的是利弗公司(Lever Company)为其技术工人在利物浦附近所建的漂亮半木制房屋的复制品,里面有很多自我吹嘘的夸张宣传。因而,在巴黎不容忽视的还有另外一个社会政治体制的轮廓,即由社会责任感强烈的大雇主支配的,一个私人的、家长制作风的福利国家。简单地说,这些还不是体制而是倾向,是拥在每个立法机构大门前的跨越国界的竞争性思想集群。

最后,一个试图掌握世纪之交社会政治蓝图的人还不可能忽视两个竞争的思想和社会权力中心。第一个是国际社会主义运动,第二个是国际女性解放运动,二者都不固定于任何一个民族国家。在 1900 年的时候,人们仍然非常不清楚以工人阶级为基础的政党在社会政治框架中到底能发挥什么作用。有的国家一直严格执行针对社会主义者参政的限制:如德国,在 1890 年前属于非法组织的社会主义者仍然遭受众多的法律限制;如比利时,1900 年男性工人获得选举权才只有七年时间。在这些国家,社会主义者经过漫长的道路在国家躯壳内建立了自己的内在社会国度。社会主

17

义者不断发展其工会组织、合作商店、报纸、体育和演唱团体、饭店、啤酒厂、面包厂、妇女同盟,以及各种互助团体等亚文化机构,如比利时社会主义者埃米尔·王德威尔得夸耀道:"在资产阶级社会的边缘,正在诞生对抗它的新世界。"正是这种"伟大的经济合作社"确立了对于钢铁时代的另一种反应的轮廓,一种通过工人自身的自治运动促成的,比法国社会连带主义者能够想象的更加平等、更加民主的互利主义形式。[16]

但是一旦谈到立法问题,社会主义者的立场就非常勉强和自相矛盾了。世纪之交的社会党的发展很大程度上归功于他们愿意携带即刻的社会政治改革项目进入地方和议会政治,其中有很多地方与中产阶级社会改革者的项目重叠。正是为了进一步推动即刻改革项目,亚历山大·米勒兰同意在 1899 年加入温和的改革派法国政府,这是现代欧洲内阁中第一个社会主义者占据的席位,也使他有资格主持本次博览会的开幕式。即使像让·饶勒斯一样坚定的社会主义者,在 1903 年也能想象向社会主义的过渡可能非常缓慢地进行,可能就像探险家"意识到越过了半球的界线,不是看见海洋上有一条线告诉他们过界了,而是航船不断前进,一点一点把他们带入新的半球"。[17]

但是,中产阶级社会经济学家可能接受政治经济的局限性,社会主义存在的理由则是自下而上对权力和财产关系重新构建的必要性。如果没有这一点,世纪之交的社会主义者针对国家权威的立场就是一种深刻的内在冲突。在第二国际巴黎会议上,无政府主义者和可能主义者(possibilistes)、革命派和改良派社会主义者再次激烈辩论与资产阶级政治机构结盟的合法性问题。

实际上,北大西洋经济体所有劳工机构都存在对待国家的矛盾态度。让博览会社会经济部组织者感到尴尬的是,欧洲大部分劳工组织拒绝了参会的邀请。最引人注目的例外是美国劳工联合会(AFL)在社会经济部赢得大奖,这一半因为其展品,一半因为它能来参加。由于在 1890 年代不断增加的法院劳工禁制令的折磨，美国劳工联合会并不比其欧洲同行更相信工人可以满心指望通过立法获得经济拯救。在宣传钢铁时代的不公正方面，工会和社会主义者组织确实远比他们的改良派竞争者做得更多。但是，在社会政策辩论方面，他们扮演了一个复杂的角色，从来没有十分肯定到底要求国家做什么，或者在紧要关头，国家能够采取什么样的公正措施。[18]

虽说女性没有形成自己的国度，但她们也同样带着自己的兴趣和机构进入社会政治辩论，与主导社会政治核心论坛的中产阶级男人不同。与在明显远离展区的地方开会的社会主义者不同，国际妇女大会是在巴黎博览会的心脏地区进行的。从一开始，社会改革中的性别界限就比资产阶级社会改革与社会主义改革之间的界限更灵活、更具有渗透性。但是女性组织带给社会政治的声音和观点仍然有明显的不同。

"女性的工作和机构"是巴黎妇女大会的主题。它并没有排除平等权利和平等正义的讨论，但是大会主导性的信息是女性的社会责任——不是为了自己，而是为了提升、保护和教育他人。[19]女性一直是英美国家对穷人慈善捐款中主要的提供者。在后来的十五年里，欧洲和美国的女性改革者组织了成功争取权利的运动，要求保护妇女和童工的合法权益、在女性为主的"血汗行业"实行最低工资标准、为工作的母亲休产假提供补偿、提供孕产和婴儿护理中心、检验牛奶、改革学校、为单独养家的贫穷妇女提供特别的国家帮助。

社会政治的主流把劳工关系作为起点，社会母性主义者的起点则是妇女、儿童和家庭的特别脆弱性。社会政策辩论的主流是讨论社会和平与经济公平，而妇女的社会政策辩论交织着需求和保护的话语。这两种曲调的区别不像重新发现社会政策发展中母性冲动的历史学家暗示的那么明显。虽然如此，到了 20 世纪初期，观察家们开始讨论新母爱国家(état maternel)的出现了。社会

19

母性主义者在社会政治问题上有意识地站到那些民族主义竞争者的旁边,在范围和效率方面仅次于社会主义者的国际网络,从而形成了主导社会政治潮流的另外一个组织中心。[20]

1900 年,人们还没有就如何建立起钢铁世界的有效抗衡力量形成一致意见。国家父爱主义、私人父爱主义、互助主义、社会主义、母性主义:这些简短的词语导致权力和政策的不同组合。任何名副其实的社会政治都必须找到一些手段融合它们各自的主张:国家的公共权威、自愿协会的道德力量、工业资本家的经济资源、工人民主自我管理、社会附属团体的特殊需要等。人们在巴黎发现的不是答案,在社会经济展馆堆积起来的图表、传单和照片中,人们发现的是可以从中找到答案的核心领域和过程。

在巴黎世界博览会的各个展馆里,社会经济部展出的是什么呢?说到底不过是自己的集市,一个包含众多选择的世界,一个交流大大小小社会政治方案的市场。虽说这里的交易对象是观念和经验而不是具体商品,它同样也是一个交易所。围绕着当代人称为"社会问题"的共同的国际性焦虑和难题,它提供了争奇斗艳、琳琅满目的解决方案。它生动地体现了一个人们事后很容易忽视的要点:社会政治的国际性范围。北大西洋世界的任何一个地方都不是孤立制定社会政策。通过竞争和交流,在巴黎展出的每一个社会政策组合得以成形,通过这些交流过程,每一个方案都会发生改变,对于巴黎的迟到者——美国人来说同样如此。

解释社会政治

1900 年的巴黎,在人头攒动的博览会上参观的资产阶级穿着袖子蓬松的礼服、洁白笔挺的衬衫,用纽扣把社会恐惧关在骄傲和自信的外表之下。当然,这里不大可能作为历史考察的起点,用来探讨影响美国社会政治形成阶段的某些选择。人们或许认为更好

20

的起点应该在世纪之交芝加哥的牲畜屠宰加工区。那里呛人的恶臭、过分拥挤的居住区、用最低的工资从劳动力市场上招募来的移民工人等都是成本算计的结果，也正是这种算计（如食品生产厂吹嘘的那样）能把猪身上的每一个部分拿来卖钱，除了猪的尖叫声外。或许更好的起点在芝加哥工会大厅，或在每次周期性经济危机时愤怒的示威抗议者人群中。又或许更好的起点在著名福利资本家的董事会会议室，或在大资本家们为了从国家管理者那里索取独特社会利益而成立的联动机构的办公室。更好的起点可能是国家机构本身，管理国家的那些政党仆从和官僚阶层。甚或更好的起点是纽约市"地狱厨房"（Hell's Kitchen）区的廉价公寓里贫困母亲与慈善协会友好访问者之间的对话，或是站在南方县市救济办公室的种族隔离行列里。

　　实际上，在上面提到的任何一个地点，社会政治的那些通行解释都打下了自己的基础。本书从跨国角度对美国社会政治历史进行重新架构，融合了从前模式的某些框架，同时又挑战了另外一些框架，因此有必要花点时间看看它们的主张和演变过程。[21]

　　社会政治的早期历史学家，围绕社会改革重要人物的档案来写作，对于他们来说最重要的背景并不遥远，而是非常接近的。社会政治的主要领域就是个人良心遭遇现代生活的残忍、痛苦、不公和低效。这是一种反映了改革者自己选择的故事的叙述策略。启蒙和宣传是社会政治的中心工作。真正困难的任务就是让需求和正义的紧迫性清楚明了，一方面改革者要在内心突破时代和阶级限制的障碍，一方面还要克服外在的社会冷漠和否认的阻力。[22]

　　第二次世界大战后的头十年里，率先从事社会政治对比研究的社会科学家很少使用这些本土的、传记性的资料。他们沉溺于全球过程的理论，他们的框架是大胆地国际化的。在很大程度上，它也是进化论式的——几乎是自然如此。因为注意到保守派和进步派政治团体在1950年代和1960年代都不断增加社会开支，许　　21

多著名的社会科学家认为,剩余资本积聚的逻辑可能本身就有能力修补产业资本主义革命曾经造成的社会断层和混乱。鉴于不断增长的国民收入,他们的数据似乎显示花在教育、福利和社会服务方面的社会开支也会增加。在这个趋同的、发展的法则框架内,不管是揭发社会丑闻的艰苦工作还是历史和政治的偶发事件都似乎不再特别重要。[23]

认为社会投资会稳定增加的假设注定不能长久。因为在1970年代的艰苦岁月,欧洲和北美的战后福利国家遭遇沉重打击,政治突然成为社会政治分析的核心问题,其中一个结果是阶级插进来成为社会政治分析的核心,而且产生了复杂的后果。

对于许多首先使用阶级分析的人来说,社会政治的核心故事是自下而上的力量渗透。通过欧洲大陆的社会民主党、英国的工党、美国的产联(CIO)和新政左派,20世纪的福利国家在来自下层民众的希望和力量的大爆发中兴起。在工人阶级没有能力采取政治行动维护自身利益的地方,他们通过罢工、怠工、暴乱和示威游行、威胁颠覆政党平衡等方式强迫当权阶级让步,从而达到自己的目的。[24]

但是这个说法刚发布,社会政治的"社会民主解释"的激烈批评家就把社会政策中的阶级关系颠倒过来。他们反驳说,社会政治不是从群众中发展而来的,更多的是上层为克服危机而推行的一套措施,是统治精英为避免人们挑战其统治而收买人心,转移工人阶级自主政治动员的注意力,预先阻止社会领域的真正民主化。在俾斯麦时期的德国,社会政策是以容克为主的"封建"精英的产物,他们迫切渴望在对抗大众民主力量的行动中赢得新优势。在现代国家,这个角色被交给大企业和大资本家。福利资本家常常是这方面的主要演员,他们因进行更开明的工资和工作政策的实验而处于不利竞争地位。但是最终定调子的是占主导地位的财产体制本身的安全。现代和"封建"精英采用社会政策的本质是一样

22

的,即由当权阶级主导,政府从一种补救措施变到另一种补救措施,或转移,或中和,或安抚,或预先制止,以维护现行的权力和财产结构。[25]

表面上看,这些强调阶级的新观点把政治重新拉回社会政治的核心。实际上,正如怀疑论者指出的,在批评观点和社会民主观点对社会政治的解读中,政治因素都弱小得多。把政府贬低为统治阶级的工具,社会政治的阶级解释让政治领域失去了其自身的历史重要性。正是在这个关键点上,社会政策政治的第三批研究者加入辩论队伍,他们虽然同情左派强调阶级结构,但并不赞同国家成为种种经济利益集团的俘虏这种观点。他们最初的观点,即国家"独立于"围绕其周围的阶级利益,是个错误的出发点。"以国家为中心"的社会政策研究鼓吹者比较成功的论据是:阶级利益和政治过程之间有充分的协商空间,让后者本身就成为社会政策形成的重要领域。这又被概括为社会政治的"机构政治过程"研究法,现在可以从几个不同维度密切关注政治的结构:国家的管理功能(或者无能)、政党和选民的构成、过去政策决定的内在结构上的遗产。[26]

最后,对于那些从接受者角度密切看待社会政策的人来说,另外一个主题好像是至高无上的。仔细观察就会发现,社会政策的代理人或许给人帮助和便利,或许做了些帮助实现正义的工作,但是他们也添加了一些规定。把公民划分成清晰的社会类别,如靠福利生活的穷人、只能得到收入信贷和食物券的"有工作的"穷人、有资格享受赞助性措施的"少数群体"和不享受这些的"多数人"、有"家庭"的人和只是同居的人。这样做是为了划分和调查接受国家资助的不同群体。社会政治的规则也包围着它触及的一切。人们说,现代福利国家对于人们思想和身体的约束不仅稳定了国家主导性经济利益群体的地位,还使主导性社会构成方式的再生产成为可能,不管是核心家庭、流行的性关系模式,还是主流志向结构。传统上的政治定义已经无关紧要,约束和控制已经成为社会政治的发动机。[27]

23　　　对所有这些主张,都可以举出有说服力的证据。社会政治解释的喧哗与骚动不是由于宏大理论追逐着很少的证据,而是由于太多证据追逐着过于狭隘而无法容纳它们的理论。从雅各布·里斯1890年代反对纽约贫民窟和放任自流的私人住房市场危机的运动,到弗洛伦斯·凯利发起的改善血汗工厂劳动条件的运动,启蒙思想的话语发挥了难以磨灭的重要作用。在第二次世界大战后经济快速发展的那些年,每个类别的议会同盟都对社会福利的需要表示同情,福利政治的许多老虎牙似乎都被拔掉了。当那个时代结束后,不容否认的事实是,福利政策得到最好维持的是那些在议会中工人阶级力量最强大的国家。社会政策的历史提供了同样清楚的例子,政策有自下而上强行进入立法部门的(1908年英国的养老金法案),也有自上而下的(1883年到1889年德国的工人社会保险制度)。政府不仅是利益团体开会的地方,它们执行政策的能力、做出决策的结构途径、依赖先例的惰性等都在社会政策形成中发挥确定无疑的作用。至于说社会政策的日常约束,曾经在福利部门排过队的人或者参观过免费诊所急救室的人都不应该怀疑其力量或者普遍性。

　　这些解释中的任何一个都不无众多事实证据支撑,但任何一个解释都是不够的。需要和揭露本身除了造成短暂的尴尬外,没有任何效果。战后福利国家发展的自动形成是社会科学家现代化理论的幻觉。社会政治机构的融合程度不是历史的恩赐,而是经过中间人和协调者艰苦努力达成的结果。阶级利益也不是社会政治的简单决定因素。当第二次世界大战后英国和斯堪的纳维亚社会民主的政治时刻最后到来时,工党充分利用了机会,但是总的来看,他们不过是扩大了已经在实施的政策而已,那些政策是在工人阶级只是短暂接近权力边缘而且对行使这个权力惴惴不安的时代形成的。统治精英好像也不是很清楚自己的利益究竟在哪里。

在 1880 年代只要有一个俾斯麦,在 1930 年代只要有一个拉尔德·斯沃普,就同时有几十个大地主或资本家坚决反对在市场重新分配财富的任何一项措施。如果说面对面时社会政策会施加约束,仔细考察的人们会发现社会政策也遭到了抗拒、操纵和扭曲。　24

　　简单来说,没有哪种社会政治能够宣称具有清晰的传承体系、单一存在理由,更不要说清晰的影响了。社会政治领域太庞大了,根本无法用一种解释或者一组角色来覆盖一切。社会政治的过程也是多元的,充满着激情、愤慨、暴露、宣传、煽动、动员、编造、游说、安抚、预先制止、算计、讨价还价、妥协、强迫、管理、操纵等等。

　　正是由此,我们回到在巴黎的社会经济馆展示的工程和思想。在社会政治纠缠不清的一团乱麻中,社会经济展品只抓住了其中一缕。但是这条线是不可缺少的,休·赫克洛曾经称其为从问题到潜在的纠正措施之间"困惑的过程"。他写到"政治不仅在权力中而且在不确定性中找到其根源",不仅在指令中而且在"困惑"中。对那些拥有"权力"的人来说是运作、决定和管理的领域,对感到"困惑"的人来说则是形成议题和其他选择的领域。[28]

　　是后一种人最渴望在 1900 年巴黎博览会社会经济展厅里寻求思想交流和展品,他们的关心也被最清晰地表现出来。北大西洋经济体没有哪个政策不依靠他们就能成功。发挥这些作用的有些人本身就是政策制定者,如俾斯麦最初社会保险提案的设计者西奥多·洛曼,英国 1945 年后福利国家的主要思想设计师威廉·贝弗里奇,1930 年代的斯德哥尔摩经济学家,帮助把罗斯福总统的直觉变成新政措施的"智囊团"。但是在他们周围存在的讨论和辩论的领域更大:在大学校园与公共政治边界出现的政策论坛,压力集团,正式的国际会议和非正式的思想界聚会,舆论杂志和社会实践杂志,等等。这就是产生推动社会政治前进的思想、替代方案、解决办法的领域。

以这些方式，社会政策修补匠和发明家、时事评论家、政策拾荒者、政策专家、政策经纪人填补了社会经济需要与社会经济解决方案之间的空白，但他们没有构成社会政治。他们没有固定的机构基础，不管是在国内还是在国外，从来没有形成清晰的政治权力。其中多数人是对工业资本主义的野蛮力量深感焦虑的那部分中产阶级人士。但是对自身阶级立场不确定，这是他们身份认同的共同特点，而事实多次证明，对于这些大多来自中产阶级的人士所设计的社会政策，中产阶级只是一个变幻莫测的支持者，非常不可靠。

在多数情况下，他们也不是国家工作人员。对这个阶段的社会政治"以国家为中心"的分析没有充分探测的是：欧洲大部和美国如何保持国家和社会之间界限的模糊性，政府管理机构是多么薄弱，在多大程度上依赖临时的和借用的专家智慧。即使对于社会政治的主要设计师来说，为政府服务也更多地是一段经历而不是一个职业。1935年《社会保障法》的主要起草者来参与新政是三到四个月的借用期，威廉·贝弗里奇是在被排挤出政府时写他的《报告》的，他已经不是第一次遭受这样的待遇了。大学给了这些人物中的某些人更稳固的地位，现代社会政治的核心思想和术语正是1870年代和1880年代在从柏林到巴尔的摩的大学经济系里面形成的。而在这个阶段，大学对于那些过分深刻地卷入争议的人物来说常常是并不可靠的避难所。白手起家的班轮企业主查尔斯·布思因为伦敦调查一跃成为世界研究都市贫困生态学的权威，还有研究失业经济学并居住在睦邻服务中心汤因比馆*的威廉·贝弗里奇、自学成材的完美伉俪锡德尼和贝特丽丝·韦伯；这个时代的主要人物中，多数都是在专业化很不完善的领域边缘进

---

* 1884年，牧师巴内特（Samuel A. Barnett）在伦敦东区建立了一个社区睦邻服务中心，取名为"汤因比馆"（Toynbee Hall）。——编注

行研究的自学成功人士。跨越大西洋的社会政治时代在很多方面都是业余爱好者的天下。

这种人不执行社会政策，更不可能控制议会讨论的结果。他们的建议除了被那些没有政策理念却有相关利益的人攻击和修改外，根本就不会被提及。但是如果没有这些人提出的建议，没有他们辩论中确定的术语和思想框架，社会政治就不可能产生。"社会博物馆"的资产阶级改革工程、德国君主的社会策略、改良派社会主义者的即时项目、美国新政的议题、1940 年代到 1950 年代社会民主主义的福利国家，都得益于他们的工作。不管把他们的思想送入立法机构的政治力量是来自上面还是来自下面，让人吃惊的是，19 世纪末期和 20 世纪初期的社会政治的纲领性成分都是他们的杰作。

一开始他们缺乏对社会和政治的系统了解，关心的不过是零 26 碎的解决办法和实用的社会发明，他们的兴趣简直和"社会经济"这个词语本身一样广泛，无所不包。他们的词汇充满大而笼统、难以归类的担忧："社会问题""劳工问题""城市问题""合作问题""社区问题"等。他们的项目派生众多结果和方式，不服从于更加专业化的时代的分类标准。他们实践的衔接性因素对后面的章节安排非常重要，值得挖掘一番。

如果被问到像"社会问题"这么笼统的说法如何定义，20 世纪初期纽约市的居民可能只会指给你看第四大道和第 23 街交叉口的联合慈善大楼大厅中的名牌。从这里往南走五个街区是该市激进政治和工人阶级政治的场所：联合广场，大型的、动荡不安的集会中心。大型服装工人工会是那里的常客，到了 1930 年代，城市的社会主义和共产主义政党也经常到那里活动。联合广场是纽约市一年一度的五一节游行时人们集结的地点，也是大萧条时代失业者最大规模的示威游行的舞台。相反，慈善大楼是城市中产阶级社会政治的聚会场所。

　　一度在联合慈善大楼办公的机构有许多：弗洛伦斯·凯利的全国消费者联盟、全国童工问题委员会、全国住房协会、纽约慈善学院、联邦基督教协进会（Federal Council of Churches）教会社会服务委员会、城市最大的两家私人慈善救助机构、《调查》（Survey）杂志社——各种社会政策新闻和辩论的信息中心，还有一个"所有从事社会工作的人"都使用的图书馆（据罗斯福的劳工部长回忆）。当这些机构越来越大，里面容纳不下时，也很少有机构搬到几个街区以外的地方。联合慈善大楼再往前走两个大门就是 1905 年时威廉·托尔曼的"社会服务中心"。这里往北一个街区是美国劳工立法协会办公室，往东不到一个街区就是拉塞尔·塞奇基金会的总部，它的基金和事务涉及众多领域，包括公共卫生、肺结核预防、童工问题、城市操场建设、都市社会调查、低息当铺、女性工资条件、廉价公寓管理、阿巴拉契亚山区民俗学校、大纽约区域计划、长岛森林山花园（Forest Hills Gardens）的典范郊区建设。纽约市的个人、资金、议题的关联交叉点特别密切，而在芝加哥、麦迪逊、法兰克福、柏林、伦敦、巴黎对应的圈子里基本情形也都差不多。[29]

　　面对这样真诚的、兼收并蓄的努力，历史学家们往往忍不住要简化：把 19 世纪末 20 世纪初挣扎着要出生的社会政治当作后半世纪的福利国家体系。但是这个冲动是错误的，必须克制。这些参与者没有一个把福利国家当作最终目标。我们看到的所谓福利国家的"中央集权制"（statism）根本不是预先设定的结论。像法国的社会连带主义者一样，社会政治最积极的推动者中许多人想象着：国家能通过资助自愿成立的社会团体最好地实现其社会目标，如通过工会、合作社以及各种形式的互助团体。我们应该称其为"资助论者"，这个体系在 19 世纪末 20 世纪初的欧洲担负起社会政治重担。即使社会政治的规划者相信直接的政府干预行为，他们也通常把地方政府作为福利的主要代理人，而不只是把这角色留给民族国家。

27

　　正如"国家"（state）这个词引起误解一样，"福利"（welfare）这个词也引起更微妙的误解。在这一阶段的大部分时期，（雇主或者国家的）父权主义作为弦外之音严格限制着这个词的使用。全国公民联盟的福利部在 20 世纪初期忙于争取雇主提供的工厂餐厅、休息室、人事处、安全设施；当时的德国工人福利机构总部恰恰也是在同样的领域发展。虽然人们发现时不时冒出这样的说法，但"福利国家"这个词直到 1940 年代才成为流行语，是共和党攻击新政残余的一个新词汇。从这里它流传到英国反对工党政府改革的人士那里，最后被英国工党在 1949—1950 年的语言挑战行为中所接受。即使到了现在，在德国，福利国家的同义词不是 Wohlfahrtsstaat 而是 Sozialstaat。"福利国家"（welfare state）不是其制定者宣称的目标，而是在已经发生的事实上加贴的一个标签而已。[30]

　　这不仅仅是个语言问题。把当前福利国家政策的先入之见强加在过去，就是限制和歪曲历史。按现在的用法，福利国家说到底是社会保险国家，为国民养老和医疗提供安全保障的措施。与此同时，它也是济贫国家（尤其是美国人的用法），非常不情愿地为那些掉到福利国家安全保障之外而只能吃"福利"的人提供救助。但其实，社会保险只是当时社会政治议题的一小部分而已，1900 年巴黎博览会上这方面议题有几十个大类，包括数不清的选择。德国社会政策协会（Verein für Sozialpolitik）1873 年到 1914 年间形成的 143 卷社会调查构成了详细的路线图，为我们标明了在第一次世界大战前所拥有的社会政治的范围。该协会研究的内容包括罢工、工会组织、住房和城市管理、高利贷和信用、农业状况、贸易和税收等。[31] 在美国，对社会政治议题的追求将把我们带到公交车的所有权、城市规划、雇佣工人的风险、战时国家"社会主义"、劳工政治、乡村社会重建、对"现代"住房的探求等。我们只有通过跟踪那些参与其事者相互联系和交叉的奋斗足迹，才会发现社会政治到底意味着什么。

28

　　不过,尽管这些清单好像不拘一格,它们不是没有任何规律可循的。不管参加者的核心术语"社会经济"(économie sociale)、"社会问题"、"社会政策"(Sozialpolitik)有多么笼统,它们仍然是有边界和有意义的。在这些范围内工作的人很少想极端地改变财产的根本体系,这就是纪德想清楚说明的观点,所以他把社会经济安顿在政治经济领域本身的框架内。他们更愿意躲过残酷激烈的经济个人主义这堆岩石和完全强制性的中央集权这堆暗礁,探索被认为是中间道路的前进方向。他们生活在商品和市场组成的世界:清楚可见的市场摊点和沿街叫卖的小贩、拥挤不堪的求职大厅、大街上站着等待出卖劳动力的农民工。社会政治的进步思想建筑师没有想到有可能摆脱市场,也没有认为如果这样尝试了就可以让世界变得更好。

　　然而不是所有的东西都属于市场,这就是最终把他们的努力编织在一起的线索。不管是保护童工的积极分子坚持认为儿童应该避免进入工业劳动市场,还是经济学家鼓吹将某些"天然垄断"行业收归市政府所有,或是城市规划者试图缓和城市土地使用的高额价格诉求,或是住房改革者相信如果听任城市房地产市场发挥作用的话工人阶级贫民就不可能拥有足够的住房,或是农业改革者努力将零星的农业交换社会化,或是社会保险专家试图缓和商品化劳动力的风险,等等,都在某个方面回归到一个共同的主题。在这个不断进入商品化的背景下,社会政治拥护者试图保留某些东西免受市场过程的冲击,实际上还试图收回市场化中某些被证明社会代价太大的部分。格斯塔·艾斯平·安德森在另外一个场合创造的新词"去商品化"(de-commodification)虽然不在他们的词汇中,但是它比"福利国家"更接近他们关怀的核心。[32]围绕这个线索,他们编织了自己方案中隐含的逻辑。

　　社会政治中的去商品化线索和另外一个群体的目标不同,这个群体认为国家本质上是推动企业发展的工具,他们像社会经济鼓吹者一样热切渴望使用国家的经济潜力。目光关注经济发展的"推动论者"在大西洋两岸都有很多。保护性关税是他们在 19 世纪最重要的杰作,实际上只要投资和贸易能使一点税收收入、合法特权、经济刺激有吸引力,他们就会出现。把注意力集中在国家存在而不是国家目的上,当代分析家有时候就会混淆上述这两派的工程。有时候两者的野心确实是重合的,正如约瑟夫·张伯伦或者西奥多·罗斯福的高关税、社会保护主义或者战后时代的"商业"凯恩斯主义,但是两派工程的目标完全不同。推动论者的目标是深入和扩展市场,社会政治的目标是控制和限制市场的发展。

最后,没有任何一种做法是在孤立的国家状态中完成的。就像 1900 年巴黎博览会展示的抱负那样,19 世纪末期 20 世纪初期的社会政治主张和建议超越了国家边界。这个时代社会改革者寻求国际信息的强烈愿望是不可能被忽视的内容。巴黎博览会的劳工局代表威廉·威洛比那一个夏天在博览会的国际聚会场合寻找法国和德国同行,收集了数不清的丰富信息。其他人收集描写国外社会福利项目的博士论文、杂志文章、大众书籍,或者用图表方式向公众展示世界在解决社会问题方面取得的进步。人们可以在"社会博物馆"、哈佛大学社会博物馆(德国国家保险展览的最终收藏地)、爱丁堡(格迪斯正在完善城市展览技术的地方)、法兰克福(模仿巴黎形式的社会博物馆和图书馆很快就在此建成)或者德累斯顿(1903 年举办第一个关于现代城市问题的大型展览)找到他 30 们的工作成果。在威斯康星州的麦迪逊,约翰·康芒斯[*]的会议室很快就被一张表现世界各地众多劳工立法的巨大图表所环绕,从视觉上反映了社会政治的跨越大西洋的改革网络。[33]

由书籍、宣传册和旅行来维持,这个网络在 1870 年代到 1940

---

[*] 康芒斯(John Rogers Commons,1862—1945),美国经济学家,制度学派的重要代表人物。——编注

年代的力量和密度变化很大，但整个过程中存在着大量的相互借鉴和辩论。潮流涌向四面八方，在欧洲国家之间流淌，同时也流传到它们边界外很远的地方。有时候用社会政策的"传播"来描述这一交流过程的特点，但这个词局限于表示空间而不是个人和政治的比喻，太苍白了，根本无法抓住实际现象。[34]通过这些国际性渠道，不仅传来了可供模仿的成熟模式，而且可以产生论点、竞争、对立和辩论。

当然，任何东西从跨国辩论和交流联系中出来肯定都会发生改变。像在这些纽带中工作的其他人一样，美国人每当借用什么东西就要进行修改，也不可能不如此。从睦邻中心到分区条例，从劳工立法到农业合作社，从城市所有的交通体系到联邦政府的养老保险，每个输入的观点或者方案都因为实际需要而进行多方面的改变：首先是由于美国进步人士不容易抓住隐藏在文化距离和误解面纱背后的东西；其次，他们对借用的东西修修补补以适应美国的条件和特殊性；最后，借鉴的每个方案都要因为美国政治现实的特殊压力集团而发生扭曲和改变。我们探索的不是特性而是过程，不是本质而是起源：也就是曾经对选择和政治的形成起到核心作用的变化轨迹。

这便是埃菲尔铁塔阴影下积聚的众多展品的重要性——它们品种繁多，从外表看混乱无序，来自不同国家。从这些和类似的项目书宝库中，美国社会进步人士不仅可以吸收社会政治的独特语言，而且大量提取出自己的社会政治议题。他们的政治充满了借用的东西。输入与修改、拒绝与改变，这些对大西洋两岸国家看待商品新世界的观点具有关键作用的过程，也深刻地改变了他们自身的实践活动。美国人是巴黎博览会的后来者，一个试图往里面瞧的外人。但是迟到并没有让他们免于对那里的展品做出选择。如何建立起钢铁世界的替代品，使之强大到足以抗衡市场资本主义的破坏性力量，同时又有很大的开放性，发挥人民的民主的、自愿的能量，同样是美国人必须思考的难题之一。

第二章

大西洋世界

风　景

　　19 世纪末期的两个现象让北大西洋进步人士的联系成为可能。第一个是北大西洋区域主要国家迅速融合的经济发展。在欧洲和北美古老而复杂多样的政治和文化棋盘上开始出现越来越集中的经济组织，它们马上可以被辨认出来，不管是北大西洋区域的这一端还是另一端。对持续的社会政策交流来说，没有什么比工业资本主义社会风景的这种戏剧性扩张更重要的了。在一个民族国家组成的世界上，经济力量是特别具有进攻性的侵略者，也是特别强大的经验集中者。

　　第二个现象没有第一个那么具体，也更脆弱，但对于跨越国界的社会和政治网络的形成同样重要。这就是对共同历史和脆弱性的新理解。现实的新风景和思想的交织风景，二者在大西洋进步纽带的形成中发挥着同样不可缺少的作用。要让社会政策能够越过政治边界而相互借用，不仅必须具有共同的经济和社会经验，而且还要承认这背后的亲缘关系。人们必须看到各政治体遭遇到类似的需要和问题，在共同的历史框架内活动，为想象中的共同未来而奋斗。相互联系是核心的假设。如果只有对比或者想象中的文化差异，则可能大量存在嫉妒和骄傲，但不可能有社会政策上持久不断的相互交流学习。

在大西洋社会政治时代，这两个相会聚的趋势都不是没有遭到反对。民族主义是19世纪后期和20世纪初期生活中强大、猛烈的力量。工业资本主义的社会风景虽有共同特征，还是因为经济差异而四分五裂。好在这个时代里，民族国家间真实的和想象中的距离还是缩短了不少，使得社会政策交流成为可能。我们将在第三章详细考察美国进入这个国际交流新网络的开始阶段，重点关注1870年代和1880年代跨越大西洋的经济辩论的潮流。但是，要开始考察北大西洋进步联系，我们最好先谈论它的结构，也就是新形式国际政治所赖以形成的想象力、经济、政治的重新布局。

从第一批欧洲人来到北美大陆的时刻起，欧洲就占据了他们政治想象力中根深蒂固的核心地位，但是描述两者关系的用词并不总是纽带。相反，从美国独立战争到19世纪后期，主宰大西洋关系的比喻就是截然的对立。欧洲是旧世界，是衰落和腐朽的大洲；美国是新世界，是重生的大洲，崭新历史恩赐的所在。"我们有全新的社会模式，与从前尝试过的任何模式有原则上的不同。"威廉姆斯学院的马克·霍普金斯如是描述19世纪中期的正统观念。这种对抗赫然耸现，超过了实际情况，巨大而极端的对立情绪使得欧洲的政治经验无法被拿来使用。[1]

我们可以用几种方式思考这个问题。主流的"共和"思想对欧洲和美国政治关系的理解是：旧世界的暴政是新世界的自由的对立面。透过这个有色眼镜来看，旧政权的王公贵族、长期存在的军队和教堂成为欧洲大陆的实质。贵族通过垄断管理权，似乎把像巨大磨盘一样的国家机器悬挂在欧洲人民头上。欧洲人民承受苛捐杂税、严酷控制、地租剥削、穷困潦倒，在政治和经济寄生虫的双重压迫下呻吟。

相反，新世界自由的天才把人民的意志和福利放在首位。宪法管理、官员任免和选举权的民主化、消除世袭特权，以及最后在全国推翻奴隶制暴政，所有这些让美国人觉得自由的火炬已经向西传递到新世界的共和国。在这些方面，例外主义论的美国历史前景深入人心。当人们处在这样的共和国心态下，大洋就像护城河一样成为思想的屏障。J. 赫克托·圣约翰·克雷夫科尔在 1782 年描述美国前景的时候定下了调子："没有贵族家庭、没有朝廷、没有国王、没有主教、没有教会统治权，没有看不见的权力赋予少数人非常显眼的权势；没有大工场主雇用成千上万人为他干活，没有奢侈浮华的精细高雅"，取而代之的是"新的法律、新的生活方式、新的社会体制"。[2]

用这么对立的术语来构想自己的国家，实际上不可能非常有效地从其极端对立面中解放出来。共和派对美国的理解完全依靠与想象中的欧洲的对立来形成。在这个框架内思考的人有时候想象美国是个获得世界历史豁免权的孤岛，能够隔绝旧世界的命运和历史进程。有时候他们以救世主的姿态扭转这种关系，相信自由的火炬将最终从新世界重新返回陈腐的欧洲。不管怎样，新旧世界的关系陷入相互强化区别和差异的过程中。

共和派描绘的欧洲形象不是完全出于一厢情愿或者幻觉。第一次世界大战前到欧洲乡下参观者之中，善于观察的美国游客的标志之一就是好奇地问这里的主人是谁。问题的答案不会不强化美国人的爱国热情。1873 年英格兰和威尔士四分之一的土地归 360 个大地主所有；在同一年，350 个地主拥有了苏格兰所有土地的足足三分之二。[3] 从土地所有权这个基础来看，古老贵族仍然在政治和国家机构中维持着强大的权势和地位。在 19 世纪末期的欧洲,除了法国和瑞士以外,男性普选权都没有实现,而在美国至少在理论上是实现了的(在实践上是白人男性)。其中最极端的一个例子是比利时,直到1893年大罢工最终迫使政府让步前,成年男性人口中具有投票权的人不足十分之一。即使在1890年代改革以后,财产拥有者和大学毕业生的一人多次投票权体制仍然允许最富有的三分之一在议会选举中击败所有剩余人口。在普选权限制方面紧随比利时之后的国家是瑞典,就在1909年普选权改革前夕,成年男性在瑞典国会(Riksdag)选举中达到财产审查要求的不足三分之一。[4]

35　　德国的国会(Reichstag)选举中男性公民拥有普选权,但地方和邦议会选举插入了非常严格的壁垒限制,所以1900年,社会民主党虽然在国会普选中能指望得到四分之一选票的支持,但是仍未能成功地把一个代表送到普鲁士议会。哪怕最随意参观德意志帝国的人都不可能不注意到容克在军队、政府高级管理部门、普鲁士议会和国会中的庞大政治势力。维多利亚时代的英国比德国在民主进程方面效率高多了,但是即使在1890年三大普选改革法案之后,居住和财产方面的限制仍然使得每十个成年男性中有四个失去投票资格。即使经过资产阶级财富不断增加的一个世纪,世纪之交的英国内阁中几乎一半席位仍然被拥有土地的贵族把持着。[5]

　　19世纪欧洲的激进民主人士同样谈到欧洲和美国的对比,帮助宣传了美国的前景。约翰·布莱特描述的美国形象反映了他自己对开明英国的理想:"自由的教堂、自由的学校、自由的土地、自由的投票、出身最贫贱的孩子也可自由选择的职业。"亨利·乔治1880年代在英国激动人心的巡回演讲吸引大群的人来倾听,他带着美国口音严厉谴责土地垄断对政治和经济造成的伤害,明确肯定了新世界的激进理想。连马克思派社会主义者,比如英国社会民主联盟的海因德曼(曾经在1880年游历美国)或者德国社会民主党的威廉·李卜克内西(在1886年游历美国),回来后也都对美国民主实验的成功印象深刻。詹姆斯·布莱斯总结了一再出现的主题："美国在有些方面走在欧洲国家前面,欧洲有可能会沿着她走过的道路前行。她手里还拿着一盏灯,与其说是为自己照明,倒不如说在为后来者提供帮助。"[6]

但是如果说民主未来在西方的形象吸引了1870年代和1880年代欧洲贵族的想象力的话,让这个形象变得完美的是美国人自己。在19世纪中期,美国社会中上层的人士因为好奇心驱使、便宜的蒸汽船旅行价格、手头可以支配的大量财富等,开始大规模前往欧洲游玩。他们的反应很快就落入期待的模式。美国人就是抱着寻找证据显示自己独特性的心理去的,在19世纪中期游历欧洲回来后感到心满意足。

一个非常说明问题的例子是吉尔伯特·哈文1862年的大旅行。作为新英格兰循道宗信徒和废奴主义者,哈文在国外待了九个月,从英国缓慢经过法国、德国到了圣地。像他那个时代和阶层的其他人一样,哈文根据读过的书和崇拜的作家设计旅行线路,以表达对其的崇敬。从英国湖区(在诗人华兹华斯光环中陶醉)开始,一路经过苏格兰(那里有大量司各特和彭斯的古迹)、考文垂(因为莎士比亚文物)、伦敦(他通过萨缪尔·约翰逊的记录而认识)、巴黎、滑铁卢(因为威灵顿和拿破仑),然后经过莱茵河的乡村来到路德的维滕堡(Wittenberg),他到这里时正好是圣诞夜。虽然哈文试图把心思放在文学方面,可是他做不到。普通英国农民简陋的小屋里"没有书籍报纸,也没有对我们来说早就不是奢侈品的很多东西"。这些房屋挤在地主大片领地边缘的狭小空间内,而普通农民根本买不起土地。所有这些情景萦绕在哈文的想象中,如同一片反对奴隶制的自由土地之外的风景。他在到达英格兰当天就写道:"我感受到前所未有的美国优越感。"即使在湖区,他也停下来询问佃农的地租,在他看来地租高得吓人。就在跨越英吉利海峡前他写道:"没有亲眼见到的人都无法想象英格兰群众的悲

36

惨生活状况,社会压迫实在太可怕了。"[7]

但是欧洲大陆更糟糕。在英国,哈文已经开始对扩大选举权的辩论表现出浓厚兴趣,他渴望约翰·布莱特发动争取美国式普选权的大型民主运动。跨越海峡来到拿破仑三世的法国就像落入赤裸裸专制暴政的深渊。他震惊地发现妇女从事艰苦的体力劳动,即使巴黎也没有平复他的心态。巴黎花费巨资修建的新大街在他看来不过是名利场的新建筑形式。他敢肯定皇帝宝座不可能长久,这是"君主正骑在民主的老虎背上试图安抚,但根本控制不住"。哈文继续往前来到"欧洲大陆的第二个暴政国家"普鲁士,经过赌博的老巢威斯巴登(他称为"地狱本身",虽然他不能抗拒去看一眼确认),来到路德的城市,在这里哈文的爱国主义、新教教义、民主激进思想一下子全部爆发。旧世界肯定要完蛋了。新教教义和民主"这两个启示最终将主宰欧洲和世界。路德和美国将在上帝的帮助下改变所有这一切"。[8]

共和思想与欧洲的遭遇模式是爱国主义课程。美国旅游者心中已经固定的两个极端使他们注意力集中在落后和贫穷的证据上,比如农民的木屐、乡村黑面包、在田野里劳作的妇女等。它们突出显示了欧洲君主们的虚伪和装腔作势:盛装游行和豪华场面。西奥多·蔡尔德觉得1880年代末期印制在手绢、刺绣在沙发靠垫上、刻画在烟斗上等无处不在的皇室景象特别可笑。美国人非常不熟悉的正规军经常让他们感到厌恶。乔治·卡尔弗特1852年在海德堡报道说:"这些人控制国家,就像丑陋魔鬼般无所事事,简直是普遍性的污染疮痍。"杜波依斯回忆他在1890年代的学生生活时说:"我看到的柏林是军官的城市,他们军服笔挺,盛气凌人;这是一个几乎每天都有盛装庆典的城市,他们昂首阔步,高唱歌曲走过勃兰登堡大门,让全世界看到给(蒙上帝恩典的)威廉皇帝突然的敬礼。到处都是军人、军人、军人。"[9]

皇帝和士兵是外在的标志,美国人认为这些代表着普遍的、过

分傲慢和强大的国家权力。康涅狄格州教育委员会主任警告 1870
年代初期打算到欧洲大学留学的美国学生说："在那里国家总是核
心角色，在你的周围或者说你的上方总有只力量令人无法抗拒的
大手。"庞大政府的功能就是压迫、腐化和掠夺其人民。他警告说，
在"王子似的慷慨和统治者对大众需要的同情"等华而不实的证据
下面总是存在同样的欲望："至少是培养民众的忠诚，如果不是压
制思想或者让争取自由的努力陷入瘫痪的话。"[10]

　　进入 20 世纪，新世界民主和旧世界暴政的对比继续影响美国
游客对欧洲的描述。1900 年在德国为《麦克卢尔》杂志（*McClure's*）
工作的时候，雷·斯坦纳德·贝克确信在"文明"世界没有一个工
人愿意去做德国劳工，忍受粗糙的面包、低廉的工资、高额的税收
负担——为了供养庞大且花费巨大的军队，还要受到"蝗群般的大
大小小官僚阶层"的侵扰。十年后，布克·T. 华盛顿带着他的导游
和代笔作家罗伯特·帕克动身前往欧洲。帕克曾于世纪之交在德
国学习过四年，他把华盛顿介绍给欧洲的社会主义者、工会主义
者、社会改革者。他们一起由 1880 年代的劳工积极分子，如今是
英国内阁成员的约翰·伯恩斯带领参观伦敦"城市社会主义"的成
果。他们离开旅游者经常参观的道路，来到波希米亚、波兰、意大
利南部的村庄，看看非洲裔美国人的最新移民竞争者的源地。但
是对华盛顿来说，没有什么东西让美国例外主义的前景黯然失色。
"他是美国人，"帕克后来说，"他认为美国的一切都比欧洲的好。
他只是想找出上面的污垢，要亲自发现欧洲最下层者没有任何东
西超越美国最下层者。"[11]

　　在这样的目光审视下的欧洲当然没有什么可以学习的了。美
国劳工联合会的塞缪尔·冈珀斯在 1909 年返回童年时代生活过
的英格兰度暑假，再次表达了这个观点。"旧世界不是我们的世
界。它的社会问题、它的经济哲学、它当前的政治疑问与美国没有
关系……在［国家］排行榜上，美国是第一名。"[12]

38

到了 19 世纪最后十年,这些慰藉性的共和理想在美国人头脑里开始越来越频繁地遇到一个竞争者,那就是以"审美的"框架看待旧世界与新世界的关系,中心问题不再是压迫和自由,而是文化、风俗和时间。与旧世界发展的缓慢和有机力量对比,衬托出新世界生猛的、竞争性的、未完成的特性。这种新对比产生的政治后果比从前的对比更让人不安,但仍是用时间和文化之类两极对立来表达的,所以两个大洲很难找到共同的社会政治基础。

最有力地鼓励了审美情绪发展的是大旅行这样强劲的潮流。试图寻找想象中的前现代的、没有政治冲突的欧洲,19 世纪末期到欧洲旅行的美国中上层阶级游客很快陷入商家旅行指南的现成术语中。首先,大旅行是认识历史和名胜古迹的好机会。这是一个大洲,上面散布着众多古迹,而且欧洲本身就像将自然和人工完美结合,形成一个有机整体的博物馆。拥有共和理想的游客把欧洲看作等待民主启蒙和觉醒的地方,而审美主义者眼中的欧洲就像一幅画,没有变化,保存完整。威廉·威洛比在 1891 年从英格兰给家里写信时说:"那里看起来好像该做的事情全都做完了。"林肯·斯蒂芬斯从汉堡表达了同样的内容:"任何东西都完美无缺,一切收拾利落、井然有序,没有争吵谩骂,没有灰尘,没有拆除的建筑。"对于有些美国人来说,古老的欧洲散发出绝望和悲观的气息,正如 E. A. 罗斯指出的,是一种"深深的悲哀",与"西部肆无忌惮的玉米棉花乐观主义"形成鲜明对比。但是审美主义者美国游客渴望看到的欧洲就是宁静悠久、古色古香,就像古老的天主教堂的石头一样光滑明亮。[13]

39

像共和主义者的欧洲形象一样,淳朴古老的欧洲的形象在美国游客来到欧洲之前就已经存在于他们的头脑中了。1850 年开始在英国乡村旅行的弗雷德里克·劳·奥姆斯特德刚离开利物浦五英里远,就发现了他长久以来渴望看到的东西。"啊,我们来到它的怀抱中了!乡间——如此的乡间!绿草如茵、翠色欲滴、晶莹剔透。我们站在那里被它的美丽惊呆了。"他继续写道："一幢石头房屋出现在我们眼前，乡间道路绕过它，在它与另一幢房屋之间穿行，又一拐弯，在我们左边出现的是一座教堂——古老的、爬满常青藤的乡村教堂，有棕色的石头和紫杉树——我们一眼就认出来了，还有绿树成荫、古老幽雅的英格兰院落。"他第二天又写道："这样的景色我以前从来没有见到过，但是它的一切对我来说非常熟悉，就像我自己家乡的山谷。这是我们诗人的故乡！我们祖先的家园！亲爱的英格兰母亲啊！如果我终于当面目睹您的风采而无动于衷，那才让人觉得奇怪啊。"[14]

　　这样的比喻帮助跨越了一些想象中的新旧世界差距。在培养与欧洲的文学纽带方面，19世纪末期美国人获得了他们有些人迫切渴望得到的东西：古老的历史和对"更大整体"的归属感（正如年轻的阿拉巴马游客1891年说的）。审美大旅行的游客在欧洲畅游，埋头钻进维多利亚后期图书馆的羊皮书里。简·亚当斯1880年代第一次到欧洲旅行时，在苏格兰读司各特，在意大利读罗斯金，在德国读卡莱尔。年轻的凯丽·托马斯1881年从英格兰给家里写信时说："我已经不再是美国孤魂，我已经找到了我的根源：我的城堡和遗址、修道院和教堂小镇、茅草屋，我的湖畔，诗人的故乡、戏剧的风景、英国的大雾、紫色石南花。"[15]

　　不过，就在共同文化传统的意识使19世纪末期的美国人心中把两个大陆联结在一起时，新和旧、生猛和稳定的对比却迫使它们相距更远。非常典型的是，在海外的美国游客对令人想起美国的内容不感兴趣，对于破坏他们想象的欧洲稳定的经济变化力量兴趣更小。即使眼光敏锐的观察家奥姆斯特德也没有让向他抱怨的英国农民破坏他浪漫的心境。制模工人协会（Molders Union）的约翰·弗雷在伦敦白教堂（Whitechapel）区的贫民窟参观，但是他没有让读者了解英国制造业中心的细节，理由是所有的工业城镇都差不多。人们更愿意寻找英格兰的乡村（亨利·詹姆斯所说的"纯　40

洁正宗的英格兰")而不是商业化的伦敦，莱茵河谷的遗迹而不是粗俗和一意孤行的柏林，天主教堂(如老奥利佛·温德尔·霍姆斯所说的像干奶酪一样芳醇)而不是议会。1890年代中期来自佐治亚的年轻妇女梅·肯尼在欧洲大旅行时，在巴黎乘马车沿着大街看一个又一个景点：歌剧院、圣母院、巴士底狱、先贤祠。她的有些同伴登上埃菲尔铁塔，可她拒绝了，因为担心它的现代性破坏了城市的魅力。[16]

这样的欧洲遭遇没有激发出吉尔伯特·哈文在维滕堡参观时所发的那种世界历史变迁救世主之感。从政治上看，我们很容易看出，在对欧洲进行审美上的重新评价时民主理想急速贬值。具有审美眼光的游客让挤在一起的木屋披上了古色古香的神奇色彩，让士兵的军服染上灿烂的颜色。亨利·亚当斯回到伦敦后半开玩笑地说："对于英国改革，亚当斯什么也不关心。""他讨厌变化，他宁愿让教皇仍然留在梵蒂冈，女王继续待在温莎城堡作为历史见证。他不愿意把欧洲美国化。巴士底狱和贫民区如果好好保存是值很多钱的古董，主教和拿破仑三世同样如此。游客是讨厌创新、欣赏尘埃的极端保守派。"1870年代初期，人类学家刘易斯·亨利·摩根无法把凯旋门看作专制暴政纪念碑之外的任何东西；但一代人之后，约翰·弗雷认为它是世界上最漂亮的街景的一部分。弗雷在参观拿破仑的陵墓时没有发出丝毫的谴责。曾经被立宪政体、选举权的扩大、奴隶制的废除清晰标识出来的历史进程，如今陷入一片混乱中。[17]

对于早先的民主信念模糊表达出的这种怀疑不只是大旅行的怪癖。纵观美国和19世纪末欧洲的宽广前线，曾经认为民主的形式框架已经足够的许多人不像二十五年前那么自信了。普选权和立宪政体、贸易自由和个人自由，仅作为政治议程的这些东西失去了早先的光彩。到了19世纪末，欧洲的激进分子已经开始放弃从前对美国的崇拜，因为他们吃惊地发现美国托拉斯和垄断机构不断巩固,正式承诺民主的国度爆发大规模的抗议活动,还有美国政治让人担忧的腐败猖獗。1890年代中期,最倾向于美国的早期费边社成员威廉·克拉克说:"二十五年前美国是先进英国政治思想的指路明灯,但现在不是了。"现在克拉克可以肯定的是:"仅仅是理论上的民主,没有伴随任何社会改革,完全是个错觉和陷阱。"美国作为西方民主橱窗的形象在欧洲激进分子看来褪色了。由于担心移民投票权问题,在黑人选举权问题上打起退堂鼓,许多美国人也加入了普遍撤离19世纪中期民主真理的行列。[18]

41

这种用有机主义而非共和主义术语对欧洲的重新阅读,如果说和人们对形式宪政民主丧失信心分不开,那么只看到它的保守或者怀旧的政治意义也是错误的。美国中产阶级游客渴望从想象中的前工业化时期旧世界的稳定性中寻找什么呢?不就是对美国混乱无序、充斥暴力的野营探险的嫌恶吗?欧洲是和谐融洽的"有机整体",美国是"无法无天的";一个有共同的风俗习惯,另一个是丝毫没有缓解的激烈竞争和个人主义。这个二元论推开了更古老的政治对立,深深扎根于欧洲审美形象的核心。

到了19世纪末,欧洲进步人士把同样的对立性用在美国本身。在充满改革思想的欧洲人游览美国的报告里,世纪之交美国城市的肮脏是个永恒的主题,它成为政府管理缺陷和社会破碎化的比喻。查尔斯·布思的芝加哥是泥巴和垃圾的集合,到处扔的都是破旧锅炉和排水管。汤因比馆的萨缪尔·巴内特认为波士顿更是垃圾遍地,散布着比白教堂区本身更肮脏的房屋。1897年曾经到美国寻找著作资料的年轻记者拉姆齐·麦克唐纳认为,芝加哥"像精神错乱的家伙,从头到脚污秽不堪,轻率鲁莽"。作家H. G.威尔斯警告说"没有秩序,没有预见,没有总体规划"。[19]

这些是游客的粗略印象。而一位非常认真的英国医生阿瑟·沙德韦尔曾经穿过工业化欧洲的心脏地区收集资料,他1903年到达美国后开始进行工业社会的对比研究。在纽约他经常不由自主

地"想起欧洲南部可怜的小镇"。这个城市的建筑的"主要特征",
他写道,就是"无法无天、破破烂烂、个人卖弄摆阔、公众麻木冷
42 漠"。这里的工业似乎正坐在劳资冲突的"火山口"。沙德韦尔报
告说:"这些全是仓促做成的东西,让她滚蛋!送她下地狱!就是
这个话。"德国的工业方法很彻底,英国的自我感觉不错。比较而
言,美国的主要特征是:"雄心勃勃、胆大妄为、进攻性强、永不安
分、渴望新奇、善于发明、争强好胜、贪得无厌。"[20]

　　大多数欧洲批评家认为他们知道背后的原因。他们眼中的美
国是个正在飞奔的国家,过分忙碌于私人的事物,无暇把各部分组
成一个整体;随手扔掉抛弃的东西,胡乱对付公共生活,专心释放
个人能量。没有更大的整体意识来管理永不停歇的、无所顾忌的
能量。巴内特认为美国是个"去除了政府保护"的社会。它的居民
"没有国家是一个实体、美国是一个整体的概念,没有国民意识"。
拉姆齐·麦克唐纳认为"没有人能够凭良心说,这不是一个被民主
自由和平等的原子化概念所破坏、只知发财和模仿的国家"。约
翰·伯恩斯重新强调了这个主题:美国的前景"遭到限制和阻碍,
因为过分强调单元而忽视集体、过分强调个人而忽视社区、过分强
调垄断而反对国家"。惊人的私人智慧、混乱不堪的公共秩序、遥遥
领先的私人企业、杂乱无章的社区——这就是拥有进步思想的欧洲游
客的印象。旧世界培养的生活共同体遭遇新世界轻举妄动的个人主
义。美国成为与"和谐有机整体"欧洲截然对立的另一极端。[21]

　　在强调社会和合作方面,大西洋两岸对比的审美框架不是没
有社会政治潜力。但是这个时候,共和思想和审美意识两个极端
都充当了阻止社会政治从旧世界向新世界流动的强大限制性力
量。在大西洋关系的共和思想框架下,欧洲国家只能跟随美国先
驱者的脚步前进。而在审美思想框架下,新旧世界的对比深陷在
文化中无法移动的层次。只要欧洲和美国仍然处于对立的两端,
局限在想象中的时间的两头,社会政治相互借鉴就有难以跨越的

巨大心理障碍。

那种夸张了的欧洲对美国人的自我形象非常重要,在政治上却没有什么用处。吸引美国游客到欧洲的那些想象风景最终迫使两大洲想象的历史进入彻底分开的轨道。要让社会政治的大西洋交流成为可能,相当数量的美国人必须越过新旧世界的想象中的风景。他们要开始不再把美国和欧洲看作被大洋和时间分开的大洲,而是被当时同一个变化和分裂之海冲刷的整体。

43

在 19 世纪大旅行的极端之外,在共和派和审美派游客的视野之外,促进会合的引擎其实已经在忙碌工作。在大西洋的两岸,一个新世界正迅速形成,里面有煤炭和钢铁、工厂城镇、蔓延的都市区、聚集的资本、大群的劳动力、新形式的苦难。19 世纪末期的埃森、曼彻斯特、里尔、匹兹堡不仅仅是类似的现象,平行的独立发展。它们都是迅速扩张的世界市场的一部分,这个市场要用如此丰盛的方式把商品运送到 1900 年的巴黎。

这个新世界的诞生地是英国。从 18 世纪后期开始,工业资本主义的力量已经彻底颠覆了古老的农业经济,当 19 世纪末期美国游客开始来寻找司各特和华兹华斯的社会风景时,发现一切都变了样。新经济秩序的磨房、机器、蒸汽泵在 1790 年代的伦敦进入威廉·布莱克的意识时,仍然是陌生的、革命性的,"专横的齿轮/相互强制的运动"。到了下个世纪末叶,英国矿山和工厂的产量高居世界之首。在 1870 年,英国生产了全世界工业品的近三分之一。英国的煤矿在 1870 年的产量是相距最近的对手产量的 2.5 倍,铁矿石的产量是 4 倍,在棉纱锭方面,英国的领先几乎是 5:1。[22]

这些数字让当时人很感兴趣,通过工作过程的国家化,它们把工业生产的统计数据变成了国家地位的标志。北大西洋经济体的各国激烈争夺市场,操纵贸易和关税政策,牢牢控制殖民地市场,企图在工业老大的竞争中超越他人。然而,将注意力集中在民族国家,意味着扭曲起作用的根本力量。投资、管理和生产技术像水银流动似的跨越国界,在北大西洋的贸易大动脉推动下迅速传播。到了 19 世纪末期,那些了解大洋两岸新旧世界工业区的人印象最44 深的不再是区别,而是非同寻常的相似性了。

实际上,最重要的共同纽带就是煤炭。19 世纪,虽然不是所有的工业国家都坐落在煤矿上面或者附近,但大部分都是如此。煤炭是工业革命关键的自然资源,它是给这个世纪提供动力的蒸汽能源的要素,是钢铁生产不可缺少的燃料。煤炭动力运送货物、推动机器、烹调食物、加热壁炉,煤烟在欧洲和美国城市缭绕。因为运输起来非常沉重和昂贵,煤炭吸引了投资者、企业家、工人和城市来到它身边。煤炭丰富的地区不仅成为生产的高炉,而且成为劳资冲突的高炉,是 19 世纪末 20 世纪初最大工会组织的所在地,也是任何地方的国家经济行动的早期场所。

19 世纪英国的四大工业基地中,有三个都处于煤炭丰富的地区(第四个在伦敦)。最重要的是英格兰北部的大型纺织厂和工厂聚居区。1901 年,英国超过十万人口的大城市中,有三分之一以上都处于以曼彻斯特为中心方圆四十英里的区域内。这里是英国工业化的心脏地带,是游客像避开麻风病地区一样避开的狄更斯小说中的世界。第二个几乎同样大规模的工厂聚居区沿着苏格兰南部展开,从格拉斯哥到敦提,这里同样蕴藏着丰富的煤炭和铁矿。据说人们要是在 1880 年代沿克莱德河而上,在没有看见格拉斯哥前就能听到造船厂大锤的喧闹声。格拉斯哥是当时英国的造船中心,是资本丰裕、贫民窟聚集的世界贸易中心。英国的第三大工业区是围绕伯明翰的英格兰中部地区,因为熔炉的强光和炉渣而被称为"黑乡"。狄更斯嘲弄地称新工业城市为"焦煤城"(Coketown),但实际上焦煤城到处都是。[23]

焦煤城穿过比利时、法国北部,经过从里尔到列日的广阔矿藏区,在各个本质方面都是英国原型的复制品。比利时的矿山、工厂、密集的工业城镇让它成为欧洲大陆工业最密集的国家,在这里工人居住区过分拥挤,工资低廉,大量使用童工,文盲率高得让人惊讶。越过法国边界,同样的社会风景延续着。法国北部是工业心脏地区,法国大部分的煤炭和棉纺织品的来源地,法国大型的、家长制工业企业的所在地,激进的法国工人运动的战场,到了这个世纪末,成为工人阶级社会主义的堡垒。[24]

东边,同样的场面出现在莱茵河低地和鲁尔区。资本投资来到鲁尔区比较晚,但是 1870 年到第一次世界大战之间没有哪个地方工业化进展比这里还迅猛。到了世纪之交,鲁尔区及其周围工业城市群(丝绸纺织中心克里菲尔德、机械中心杜塞尔多夫、新兴的化工产业中心巴门和埃尔伯费尔德、煤炭钢铁中心多特蒙德、克虏伯主导的埃森)成为欧洲大陆最大、最密集的重工业集中地。在 1890 年到 1900 年间,以鲁尔区为中心的德国钢铁生产超越英国,很快帮助德国在世界制造业产量份额方面超过英国。德国迅速迈进的工业扩张并不完全取决于莱茵河低地的企业,还有赖于西里西亚的煤炭钢铁企业,阿尔萨斯—洛林,以及萨克森,这里像比利时一样集中了煤矿、纺织企业、过分拥挤的住房、(正如保罗·格勒在 1890 年代发现的)充满深刻仇恨的工人。19 世纪中期的美国游客发现德国是野蛮的、让人讨厌的一滩死水。到了 1900 年,德国工业地区在经济转型方面甚至比美国本身还要快。[25]

在大西洋的西边,因为同样的贸易体系,尤其是英国资本的注入、英国技术的整体引进,同样的力量也开始起作用。当然,充足的水力资源给予美国旧工业区一抹田园风格的色彩。1903 年阿瑟·沙德韦尔吃惊地发现新英格兰地区的纺织厂"相当漂亮和柔和"。到了 19 世纪后半叶,工业区的"欧洲化"倾向已经非常明显了。蕴藏大量煤炭的宾夕法尼亚是美国的经济心脏。美国两个最重要的制造业城市纽约和费城,就是利用宾夕法尼亚的煤矿满足高涨的能源需求。匹兹堡地区相当于德国的鲁尔区。在中西部,伊利诺伊煤矿地区滋养了另外一个工业集中地,从东边的匹兹堡和克利夫兰到西边的密尔沃基和芝加哥。1890—1891 年从西到东游览美国的萨缪尔·巴内特认为到芝加哥就像回到了家乡曼彻斯特,同样有密集的工厂和琳琅满目的广告。匹兹堡让贝特丽丝·韦伯感觉像来到落后的意大利或者英国老家"黑乡"。阿瑟·沙德韦尔也认为匹兹堡是熟悉的地方:"揭开盖子的地狱",像埃森和谢菲尔德一样,甚至有过之而无不及。[26]

46　　这里也不缺乏工业资本主义发展之快速和凶猛。1880 年美国已经赶上英国的钢铁产量,1900 年赶上英国的煤炭产量。在生产轮船和纺织品方面,英国仍然是难以匹敌的,但是在英、德、美三国总体制造业产量的竞争中,美国的领先地位在 19 世纪末已经成为不容置疑的事实。警惕美国人插入欧洲传统的市场成为欧洲报刊的经常性话题。欧洲记者把这个现象称为世界的"美国化",更加恰当的看法应该是美国的欧洲化。若认为它展现了到处越过政治家和外交家清晰划定的国家边界的市场扩张过程,那就更好了。[27]

　　焦煤城是新世界工业资本主义的第一个定义性因素。第二个是当时人所说的"大城市"的出现,说这个词的时候人们既兴奋自豪又特别地紧张不安。大城市不像工厂城镇那样是新鲜东西。作为贸易和资本积累的节点,它们曾在现代欧洲早期的经济中发挥了关键作用。伦敦在 1800 年有一百多万人口,巴黎有五十万人口,维也纳有二十五万人口。但是 19 世纪最后十年大都市中心的增加是一个让人吃惊的现象。从安德鲁·默恩斯(Andrew Mearns)的《被抛弃伦敦的哀号》到雅各布·里斯的《另一半如何生活》,到德国人对大城市(Grossstadt)的尖锐抱怨,大都市的增长对世纪之交北大西洋经济体的社会改革者产生了深刻影响。[28]

　　大城市(不是城镇而是人口超过十万的都市)的增长是不容辩驳的事实。1871 年,德意志帝国十万人口以上的城市有 8 个,其人口占德国人口的 5%。四十年后有 48 个大城市,其中柏林的人口超过一百万,每十个德国人中就有两个人生活在大城市。法国有15 个大城市,英国和爱尔兰有 41 个,包括特大城市伦敦,人口达到七百万。在美国,1870 年有 14 个大城市,1910 年有 50 个。尽管有西部和南部农村巨大的稀释性影响,美国在 1890 年的城市化程度已经和比利时一样了,这是根据人口两万以上城镇的居民在全国人口中的百分比来衡量的。在 1890 年北大西洋经济体中 7 个百万人口以上的大城市中,有 3 个坐落在美国。[29]

　　这些城市中有些是重工业基地。更普遍的模式是贸易、金融、小规模制造业交织。伦敦东区、纽约下东区,以及北大西洋经济体的类似地区,既是生产中心也是贫困的中心,是拥挤不堪的蜂窝,为大城市迅速增长的人口提供低工资、不稳定的工作。从银行和时髦商业街等内部繁华核心区往外延伸,是码头区、仓库区、铁路车站,再进入好像没有尽头的血汗工厂和小作坊、小商店、当铺、贫民窟、廉价的工人住房区,全部都没有规划,混乱不堪。

　　正如工业区成为直观了解纵向分配的动力的实例一样,大城市为我们提供了体现对比与运动的实物。人们应该想象 19 世纪城市不是单位,而是街区的集合;在这些地方走过,就好像是穿过无休止的社会矛盾的丛林。一面是财富的高度集中,一面是贫穷的聚居区;一面是资产阶级的优美马车公园,一面是脏乱的酒馆小巷;一面是漂亮的购物大街,一面是满足大众需要的大片当铺、摊贩、旧货市场等。财富的两极分化不是新鲜的东西,但是它们集中而且紧挨着构成鲜明对照的都市风景,只靠工资和市场这层薄薄的、冷漠的关系维系在一起,这却是全新的现象,令许多观察家不知所措,紧张不安。

　　大城市的显著贫富差距是其主要特征之一,另外一个特征是财产和人口永不停息地流动。大城市天生不稳定,不仅在于它们与农村之间不断后退的交界处,而且在于它们的核心,因为土地价值和财产使用随着市场和风尚的变化而转移。对流动性做出贡献的还有每年涌入大城市的大量人口,在资源永远也不够的环境中挣扎着寻找空间和栖身之地。柏林、维也纳、格拉斯哥、纽约都呈现出异常严峻的住房紧张局面。但是 19 世纪末和 20 世纪初没有一个大城市能够说充分解决了住房供应问题。交通和公共卫生问题同样给城市当局带来沉重的压力,他们要努力把迎合城市新需要的新兴产业如私有自来水公司、粪便运输公司、有轨马车路线等杂乱发展合理化。难怪大城市吸引了世纪之交进步人士这么多的政治能量和想象力。其他任何地方都没有如此鲜明强烈地表现出私有财产权利和公共需要之间的紧张冲突。

48

　　诚然,进入 20 世纪后,欧洲和美国的都市和工业区仍然是农业大海中航脏拥挤的孤岛。工业资本主义的城市风景突然崛起在周围的农村背景之上。经济革命时间最长的英格兰在一定程度上是个例外,到 1900 年,英国的劳动人口中只有 12% 仍然依靠农业为生。同一时期即使在工业化程度很高的比利时,仍然有四分之一的劳动力在农村劳动。在德国,这个比例是三分之一,在法国和美国比 40% 多一点。[30] 工业发展核心区以外是广袤的农村地区:容克控制的普鲁士和波兰的黑麦地区,奥匈帝国的庄园,南欧、爱尔兰和斯堪的纳维亚的农民土地,美国南方深处的棉花地,密西西比河两岸往西无尽远去的平原等,这些地方在世纪之交的劳动人口中仍然有一半以上在从事农业劳动。

　　但是在对抗市场革命时,农村并不比城市有更多的免疫力。外国粮食在 1860 年代和 1870 年代开始大量涌入欧洲(从加拿大、俄国以及更重要的美国),给这里的农业稳定带来了破坏性的后果。在爱尔兰,这些压力促使宗教和土地所有权方面长期的紧张关系升级为公然的佃农暴乱。如果说抵抗是常见的,那么逃离就更司空见惯了。极端的事例发生在瑞典,那里从 1860 年到 1910 年移民国外的人口达到 20%。到处都出现乡村人口以惊人速度离开家乡到城市去的现象,让当时的人们努力为留守农村的人口寻找新的庄稼组合和市场结构。[31]

因此,到了19世纪末叶,北大西洋经济体普遍出现了被连根拔起的农民。美国城市吸收了大量这样的人口,欧洲在流动方面也并不逊色,虽然游客往往专注于静态的风俗习惯。在英格兰,到19世纪末,只有四分之一的人生活在他们出生的地方。在1890年的柏林,30岁到60岁之间的男性工人中每五个就有四个出生在城市之外。到处都是移民,在英格兰工厂工作的爱尔兰临时居民,在苏格兰煤矿干活的波兰矿工,在法国南部煤矿干活的西班牙矿工,在比利时和洛林的工厂城镇工作的意大利棉纺工人,以及在每个城市中干活的乡下人。在1870年代的利物浦户主中,四分之一是在爱尔兰出生的人。在德国鲁尔区,1890年四分之一以上的矿工说波兰语。在鲁尔区的盖尔森基兴镇(Gelsenkirchen),三分之一的学生说波兰语。[32]

市场和劳工的这些纵横交错的变化所产生的最明显后果,就是新产品以惊人的速度出现。北大西洋经济体的真实工资在19世纪末和20世纪初这段时间内得到增加。同样增加的还有教育机会、图书和阅读材料的供应、多样化的可供消费的娱乐形式,以及流动性的渠道。即使在汽车和家用电力普及之前,普通人能够购买的商品种类也以令人吃惊的速度发展,从汽灯到成衣,从廉价电影票到赴乡下游玩的电车票等。当廉价工业品和外国粮食的潮流冲破了传统农业社会的旧式农民和手工业者经济,这种碰撞释放出巨大的人类能量。要不是"改善"看上去这么确切地写在19世纪和20世纪的物质历史上,很难想象进步人士为什么对社会能够不断改善充满信心。

但是如果说19世纪的经济革命产生了潮水般涌来的新商品,不能否认的是它们也带来了新形式的苦难。按照边沁主义计算法*,

---

* 边沁(Jeremy Bentham,1748—1832)对快乐和痛苦进行了详细分类,希望可以实现立法的科学化与数学化。——编注

我们不清楚痛苦和快乐相比总体上的赤字是否在增加,但是市场革命强有力地改变了经济痛苦的经验和意识。农村生活的痛苦原先就是严重的和反复出现的:庄稼歉收、瘟疫、疾病、事故、生孩子。但是这些受财富、税收和庄园势力的社会制度塑造和强化,呈现出自然的(因而)难以避免的色彩。工业资本主义的痛苦不那么容易预测,它们的人性面孔不容易掩盖。流动性和脆弱性随着劳动力的商品化加剧而不断增强。农民失去了土地、家族纽带、风俗习惯的安全感,在新的工资劳动市场上,可能在一夜之间就会出现失去挣钱能力的情况。都市工人阶级的早期研究者对劳动能力与穷困之间的脆弱界线非常着迷,以及人们如何变幻无常地从一边被推到另一边。在这些新形式的痛苦中,冷漠麻木、精心算计、愚蠢程度、小气程度等人为之手至少和命运本身一样强大。企业事故、房东的驱逐通知、老板对工资的不妥协态度都是明显的社会事件。既然是权力和政治事件,有人认为肯定有社会和政治解决办法也就不让人吃惊了。

50 　　人类有意识行为之手在大城市生活的痛苦中和农村的痛苦中一样明显,正如民粹主义者对银行和铁路权力的控诉所示。托马斯·哈斯克尔指出在 19 世纪末期,社会问题的根源好像消退了,慢慢变得辨不出踪影了。[33] 但是从长远观点看,相反的说法恐怕才是更恰当的。随着风俗习惯在商业化的潮流中消退,人类力量的作用变得越来越明显。出现了围绕"社会"概念的整套词汇——"社会经济""社会政治""社会问题""社会疑难",所有这些都证明了人们日益意识到市场资本主义的社会结构本质。痛苦是自古以来就有的,但是工资劳动市场的痛苦、大城市生活的痛苦和从前的痛苦不一样,人们很难按照过去的模式接受它。

　　最后,人们不需要把农村生活浪漫化就可以指出,工业资本主义的新世界遭受远比过去更明显的冲突的冲击。争夺面包的动乱、都市暴动、农民起义曾经是前工业化社会的常见现象。但是不管中产阶级进步人士称新时代为彻底的"工业战争"时代是否正确,毫无疑问的是,社会各阶级更频繁地意识到对方的存在,有了比从前更深刻地制度化的仇恨。罢工成为新秩序最让人不知所措的标志,双方怨恨地、激烈地斗争,随着时代的前进,规模越来越大,让国家越来越多地充当警察、协调者和军事镇压者的角色。但是罢工不是市场关系新体制的外来者。像就工资讨价还价一样,罢工也是制度不可缺少的一部分。同样,双方趋向集体纪律和组织机构的动力也是如此,不管是成立工人联合阵线还是坚实的企业主联合体。在有组织的工人团体和有组织的资本家团体不断激化的冲突中,个人权利在何处终结、公共权利在何处开始成为永远争论不休的话题。但当查尔斯·纪德把社会经济领域描述为"社会和平"(social peace)问题时,不管名词还是形容词都有沉重的分量。

焦煤城和大城市,物质生活的改善和日益加剧的不安全感:强调这个新社会秩序的共同轮廓特征并非要否认其中的国家特殊性。不过,在所有重要方面,欧洲及其西面的经济前沿是作为一个复杂的整体在经历这些起伏动荡的。在大西洋两岸,这个世界的轮廓、典型风景、不满和冲突的主要根源越来越明显地突现出来。它是与旅游指南所展示的不一样的欧洲,与美国独特命运论者愿意承认的情况不一样的美国。在政治和审美对比的表面之下,不存在新世界和旧世界的区分,只有共同的、经济推动的新世界塑造过程。

51

进步政治

19 世纪末的新大西洋经济将鼓励大西洋范围的新政治。从1890 年代的第一次萌动,新社会政治作为强大的政治力量在 1910 年代登上舞台,在北大西洋世界的每一个首都都出现了它们的代表。即使远离政策和思想革新的主要中心的美国也被卷进来了。

那些在第一次世界大战前组成一代新社会政治力量的人从未拥有共同的名字。他们中的有些人从来没有找到用来称呼自己的一致用语。威廉·贝弗里奇把自己称作"托利民主党"、"工人帝国主义者"、"非常接近的"社会主义者、自由派。美国城市改革者弗雷德里克·豪威自称单一税制派、"自由派"、"改革者"、"激进分子"。在国家的政治文化中,术语的混淆就更加明显。在法国,社会政治的先驱者把自己称为激进分子、社会连带主义者、经济上的干预主义者,或者干脆叫作社会改革(la réforme sociale)支持者。在英国,他们的名字有"新自由派"、"新激进派"、基督教社会主义者、费边社成员,或"集体主义者"。在德国,十多个竞争的社会政治党派和压力团体围绕一个核心词汇"社会"(sozial)构成。[34]

但是,有一个词已经非常接近共同的标准或特征——"进步"。作为政治称号,它先出现在英国,诞生于1890年代伦敦激烈的城市政治辩论中,后来才在新世纪的前十年跨越大洋来到美国。到了1910年,在弗里德里希·瑙曼、路约·布伦坦诺和其他年轻改革派知识分子的"进步人民党"(Fortschrittliche Volkspartei)中,"进步"这个词在德国也获得了社会政治的色彩。[35]这对于社会政治支持者的自我定位是最重要的,认为自己不是献身于抽象的原则,而是处于历史进步前沿的独特地位,那里生产和交换的革命性影响体现得最清晰和明确。

当然,之前的激进分子和改革者也想象自己在历史的前沿工作,但是并没有把经济作为改变的主要因素。自从伟大的18世纪革命后,他们的核心工程一直限制的不是商品化过程,而是君主国家的中央权力。政治权力机制是他们的天才构想:绑住潜在专制君主之手的成文宪法、自我限制的政府、议会自主性、民众优先权、扩大的选举权、更直接的代表权、更广泛的公民豁免权、清晰的人权法案。

进入 19 世纪末叶,这些工程仍然是党派政治和政治文化的框架。1870 年在法国,拿破仑三世的帝国仓促地在和普鲁士军事较量失败后垮台,刚刚开始第三次共和国的尝试,局面仍然非常不稳定。现代德国,就是由把拿破仑三世赶下台的普鲁士军队打造的,在 1871 年刚刚出炉,正在忙于宪法制定和国家建设。在 1890 年的英国,威廉·格莱斯顿做首相的第二年,自由派政治的议程已经稳定推了四分之一世纪:政治民主化、自由贸易、爱尔兰权利、宗教异议者的自由等。1870 年的美国,激进分子和改革者仍然处于内战和分裂的余悸中,国家的政治重建和以何种条件为前奴隶提供自由的议题让任何别的政治考虑相形见绌。[36]

19 世纪末 20 世纪初的进步运动对这些问题不是漠不关心的。在议会多数控制原则还没有确立的国家(比如第一次世界大战前的瑞典),或选举权受特别严格的财产标准限制的地方(如德国的某些邦和市),或地主贵族仍然对平民多数拥有正式否决权的地方(如英格兰,直到劳合·乔治为解决 1909—1911 年预算危机强迫上院屈服之前),很少能够清理区分新老改革政治的议程。

但是,无论新社会政治的塑造者是维持旧的民主激进主义还是(更常见的情况)从中选择性借用部分内容,通过反思或者修改来搁置其他内容,他们共同的观念是,围绕国家权力重新分配的政治已经不能满足需要了。因为曾经是法庭、国王、地主贵族之特权的权威已经转移到了资本所有者和工业家手中,因为权力和痛苦的根源主要已变成经济上和社会上的,从前激进的法政大拆除工程在反思社会和国家宗旨的需要面前逐渐消退。这就是威尔斯 1906 年在美国写的文章的意思,当时他坚持认为:在波士顿规划的野心勃勃的大城市公园体系中或者在尼亚加拉瀑布刚开始为安大略省供电的发电机中,可以发现比首都华盛顿特区更多的政治诺言。在首都,"联邦政府被困于孤岛之上,各种关系纠缠成死结,受防护措施约束,完全搁浅了,根本动弹不得"。这就是各地进步

53

人士说光是取消权力并不能解决问题时所表达的意思。政治的核心从宪政体制转向行政管理,从贵族特权的后果转向日常生活的背景。英国的约瑟夫·张伯伦早在1883年就指出"未来的政治是社会政治"。[37]

通过个人和集体持续不断的努力,社会政治的很多工作一点一点地完成了。煤矿和工厂工作条件上的公共限制,连同负责监督实施的拿工资的公共检察员(现代社会政治的重要发明之一),在英国可以追溯到19世纪早期。英国业主在出租和建造供人居住的房屋时自由权利有所限制,这是1840年公共卫生政治的杰作。俾斯麦体制赖以建立的地方性德国保险基金(Kassen)在帝国成立前很早就有了;鼓励成立互助会(société mutuels)是拿破仑三世喜爱的工程。总而言之,进步政治的许多主要机构早就有了。但是直到19世纪末,18世纪大革命确定的大政党和组建联盟的政治议题才开始转向新的轴心。

流行的政治联盟的第一次主要分裂出于机会主义,是和理论无关的应付危机和抓住机会的努力。强烈反对国家干涉私人工资合同的俾斯麦小心翼翼地退入他1880年的社会保险项目——为了解除非法的社会主义者的武装,重新塑造德国工人阶级对国家和皇帝的忠诚,把工厂主人的经济"家庭"神圣性放到一边。格莱斯顿1881年的爱尔兰土地改革法案是类似的特例,它废除合同,把公平地租问题转交到特别的国家委员会,许诺国家资助从地主手中购买土地。这是临时破坏自由原则的行为,目的是安抚爱尔兰佃农沸腾的愤怒,最终把棘手的爱尔兰问题从政治上赶走。

但是到了1890年,在北大西洋经济体任何地方都可以看到更广泛的、更持久的政治重新结盟的迹象,甚至在它的边远据点澳大利亚和新西兰也可以看到。那个十年的进步运动——威廉二世与"社会君主"概念的调情、法国社会激进主义的出现、新西兰自由主

54

义者和劳工的同盟、英国和美国的都市进步同盟,最初的来源明显不同。在德国,1890年代早期的"新道路"是君主野心的成果。年轻的德国新皇帝要切断和年迈的俾斯麦的关系(后者此时已不再愿意进行下一步的社会政治实验),自上而下开始社会政治的道路:把大批改革派国家管理者吸收进普鲁士政府,要求德国国会讨论工业安全和管理的立法议程,鼓励在现有新教教会内组织社会福音运动,亲自干预1889年鲁尔区煤矿工人的罢工事件,组织第一次欧洲范围的政府间国际会议讨论统一的劳工标准。相反,在法国,1890年代的社会政治产生于中产阶级和共和派思想的先驱。莱昂·布尔热瓦是最突出的典型,他是激进政治领袖和内阁成员、社会连带主义哲学家、公共卫生联盟(Alliance d'Hygiène Sociale)的主要推动者、"社会博物馆"的荣誉主席。他的1895—1896年激进政府在反对教权和实行宪政这些传统共和思想外,第一次添加了野心勃勃的社会政治议程:工厂雇用工人规范,进步的所得税政策,公众养老金补贴。[38]

在1891年到1906年的新西兰,自由派—劳工同盟吸收了其他成分。拥有大批羊群和土地的大地主与迫切渴望土地和工作的都市工人之间长期存在紧张关系,政府利用这种矛盾推动了一整套改革方案,包括土地累进税、小业主的公共土地租赁、全面的工厂管理规定、(道德上可敬的)穷人不带耻辱性质的养老金、成年女性的选举权,还有对于组织起来的劳工实行强制性仲裁法律,把工资纠纷的死结从市场提出来,放在经过特别挑选的法官手中(这是世界上第一例)。[39]

新西兰是1890年代进步政治的橱窗。在简·亚当斯的朋友和政治同盟者亨利·德马雷斯特·劳埃德看来,新西兰是"现代世界的政治头脑",是世界先进立法的"实验室",他曾经跨越半个世界到这里游览。1898年锡德尼·韦伯摆脱对陷入宪法死胡同的美国政治的沮丧之感,同样热情赞扬:"你在这里看到的是真正的民主, 55

人们真正得到希望的东西,不是 1789 年名义上的英文宪法。"[40]

个人的失望夸大了两者的对比,其实在劳埃德的美国和韦伯的英国,新的进步力量已经在城市政治中发挥作用。1889 年到 1907 年的伦敦,由自由派、劳工组织、费边社等组成的进步人士联盟显著扩大了城市公共服务的范围。在 1890 年代的格拉斯哥、波士顿、底特律等地,类似的改革同盟与电车公司、公用事业垄断等争吵不休,可以说是在演练很快就流传到全国政治舞台上的协商技巧和政治风格。

到了 20 世纪头十年,北大西洋经济体中没有哪个政党体制不受到新社会政治的强烈冲击。在英国,1906—1914 年自由党政府推行了一系列立法措施,它们的大胆、果敢在二十多年后仍然深深打动罗斯福的心。对上年纪的穷人,它从新西兰那里借用了养老金体制;对经济上陷入困境的病人,它从德国那里借用了强制性的工人健康保险;对受到严重剥削的工人,它授权澳大利亚风格的工资协调委员会建立法律上的最低工资标准;为了财政上的公平正义,它实行了累进制的土地税和所得税政策;对失业者,它实行德国风格的国家劳动就业网络;对于那些用工需求特别不平衡的行业的工人,它进行了一个空前的实验,由国家管理的保险均摊失业风险。1899 年到 1914 年在法国执政的激进同盟虽然遭遇重大的失败,但提出的方案并不少:累进所得税,对上年纪穷人的公共医疗资助,法律规定的最长工作日标准,工会失业资助的税收补贴,劳资冲突的公共调解,还有德国模式的强制性养老保险——这一政策转变显示出国际上新社会政治变幻无常的特点。在时间上和内容上,战前美国政治中的进步运动作为整体中的一个片段融入北大西洋这个大模式中。[41]

在大西洋两岸,利用这些新议题登上权力舞台、获得大众支持的政治家有:英国的劳合·乔治和年轻的温斯顿·丘吉尔,法国的克里蒙梭,美国的西奥多·罗斯福和伍德罗·威尔逊。政党和压力集团起草了包罗万象的社会改革计划。在 20 世纪以后的岁月里,尽管政党对有些新议题产生了分歧和两极观点,但没有任何政治能够脱离社会政治的内容了。

56

　　参与这些活动的人也清楚他们之间的相似之处。西奥多·罗斯福 1911 年在欧洲旅行时,和威廉二世谈论了外交、工业进步、国家养老和事故保险体系;在英国他迫切想和"新自由派"劳合·乔治以及伦敦进步人士中从前的劳工狂热分子约翰·伯恩斯交谈。一年后,试图从美国进步党的选举失望中争得一些胜利,米迪尔·麦考密克提议该党派遣他自己、罗斯福、吉福德·平肖、乔治·W. 珀金斯等一些人到英国、比利时、德国、瑞士考察,"为报纸写稿,会见白里安、劳合·乔治、温斯顿·丘吉尔以及社会主义者右翼"。堪萨斯进步人士威廉·艾伦·怀特用更激进的语言描述了同样的心态:"我们美国和欧洲,都是彼此的一部分。有些东西把我们结合成为社会经济的整体,虽然各自有政治上的变化。堪萨斯的斯塔布斯、巴黎的饶勒斯、德国的社会民主党、比利时的社会党,我应该说还有荷兰的全体人民,都是在为同一个事业而奋斗。"[42]

　　进步人士在重新确定政治议题方面的成功,并不能保证他们的解决方案流行开来。任何地方新政策的推进都是间歇性的,逮着机会就做,丧失机会就停下来。1890 年威廉二世的新措施到 1894 年就停止了;德国第二波的社会政治立法在 1905 年开始,1911 年又结束。英国的"新自由派"在第一次世界大战前耗尽了大部分的政治资本。1895 年的莱昂·布尔热瓦政府一年不到就倒台了;1906 年克里蒙梭政府的改革野心很快就消耗在工人罢工的洪流中。

　　战前进步政治的脆弱性部分源于多个政党同时争夺同一个领域。在法国,社会政治本质上就是联盟政治,是脆弱的。在战前的美国,没有一个主要政党能够成功地垄断所有进步议题。在英国,到了 1905 年,韦伯等人仍然忙着向保守党"渗透",相信这是实现自己集体主义抱负的更有前途的方式,比加入自由党更有效。在德国,社会民主党和社会主义工会仍然处于帝国合法性范围之外,受到严格控制,其成员被排斥到最次要的管理职位。社会政治在全国范围内是断断续续的,一条腿走路,因为改革者有时获得了皇帝的垂听,但随后机会又被别人夺走。任何地方的新政治都制造了类似的敌人。业主和纳税人协会、雇主利益团体、各地商会飞速发展。在 1910 年后,法院的挑战给法国养老保险法案打上了死结。在美国,司法体系成为社会政治倡议的坟墓是人所共知的。总而言之,新政治很难突破老传统。不过,1890 年到 1914 年间,改革政治采用新基调和新语言进行了重新改组。

新政治不仅由时代的经济转型所构筑,而且受到世界各地进步人士微妙地称作"劳工问题"的因素影响。大量工人阶级组织的兴起是当时的一个主要特征,就像资本的新形式一样,它的触觉也是国际性的。从"美国劳工骑士团"组织者 1880 年代去英格兰中部游说招募新成员,到英国和美国兄弟会代表团在彼此的年度工会大会上交换位置,到马克思继承者的第二社会主义国际的工作等,劳工政治那明确有意识的国际性特征不容忽视。德国和瑞典的社会民主党、法国和比利时的工人党、英国社会民主联盟、美国社会主义工人党、第二国际本身都是在 1875 年到 1889 年期间成立的。四分之一世纪后,社会主义政党成为北大西洋经济体各地的主要政治挑战。在美国,社会主义者在 1912 年几乎得到百万人的支持。在法国,第一次世界大战前的最后一次选举中,每六个选民中就有一个社会主义支持者;在德国,每三个中就有一个。即使在后方也不能不受影响。在瑞典,社会主义者在大选中获得选票的比例从 1900 年几乎为零增至 1914 年的 30%;在丹麦,这个比例从 14% 增长到 29%。只有在英国及其澳大拉西亚殖民地,社会主义者在第一次世界大战前从政治上被边缘化,很大一个原因是工党已经抢占了潜在的政治空间。"1880 年代及其后在国际上突然兴起的群众性劳工和社会主义者运动,似乎让很多国家的政府和统治阶级陷入基本一样的困境中。"埃里克·霍布斯鲍姆写道,有些夸张,但是当时人对这一点并非没有感觉。[43]

在社会主义者和工会组织成长的背后,存在着更普遍、组织性不强的不满,因其萌芽状态和变幻无常而更令中产阶级进步人士担心。劳资双方激烈对抗式罢工和关闭工厂是这种不满的最明显表现方式。从 1880 年代往后,这些活动以前所未有的规模出现。1886 年劳工骑士团争取八小时工作制的全国范围大罢工、伦敦码头工人和鲁尔煤矿工人 1889 年的罢工,都预示着更大冲突的到来。1890 年代初期,罢工浪潮席卷法国和美国;1903 年到 1906 年,美国、法国、德国都爆发了大罢工;1910 年到 1913 年罢工撼动了几乎所有工业化国家。[44] 反过来这也刺激了工会招募新成员。德国工会成员从 1890 年初期的不足 30 万人猛增到第一次世界大战时的 250 万人;英国从 160 万人增加到 410 万人;法国从 14 万人增加到 100 万人以上;美国从 1897 年(可靠估计开始日期)的 40 万人增加到 260 万人。[45]

在这些挑战面前,各国政府摇摆于军事镇压与社会政治让步的"柔软拥抱"之间。意料之中的是,虽然进步人士渴望"社会和平",他们同样在矛盾中摇摆。劳资协调的机构吸引了很多进步人士的注意力,如新西兰形式的强制性仲裁,如罗斯福和劳合·乔治亲自干预劳资纠纷,又如 1890 年后在德国缓慢发展起来的工业法庭、调解机构、法定劳资委员会的网络。但是一旦调解失败,进步政府(正如威尔逊、劳合·乔治、克里蒙梭都显示出来的)会像保守政府一样采取严厉措施。

正是在所有这些新力量领域——包括市场关系迅速强化、城市人口迅猛增长、低层工人阶级的愤怒日益高涨——新社会政治开始成形。工业资本主义的共同社会风景促使各国的股线交织到一起,深刻的共同的焦虑也把他们团结起来。资本和劳工的国际化是前提条件,但是北大西洋经济体的进步政治包含自己的国际机构和动力学,在国际框架下重新改造社会政治的过程中,这些绝不是可有可无的东西。

在欧洲内部,新跨国社会政治的最显著特征之一就是一个国家通过的法律传播到另一个国家,有时候甚至传播到相互充满怀疑和竞争的国家。早期的例子是英国模式的工厂立法在 1870 年代开始出现在法国、德国和其他国家。几十年后,这种形式的借用形成了国家间相互影响和挪用的杂乱图景。丹麦养老金制度(通过荷兰)引进到英国,英国的工业债务标准引进到法国,法国的补贴制度引进到了丹麦、荷兰和斯堪的纳维亚,更加激进的法国进步人士甚至借鉴德国的强制国家保险制度。这些挪用中影响最大的是 1911 年英国《国民保险法案》,战争开始前不足三年,劳合·乔治称赞它超过了德国自己的社会政治项目。

在这些现象背后并促使其得以实现的,还有一些不那么明显的联系纽带。其中之一是志同道合的改革者举行的国际会议,有专家也有业余爱好者。由于巴黎世博会的推动,举办国际会议成为这个时代最引人注目的成果。到了第一次世界大战前夕,定期举行的国际会议名目包括劳工立法、福利和儿童保护、社会保险、失业、住房、花园城市、城市规划、公共澡堂、监狱、公共和私人济贫措施,定期举行的还有工厂监督员、消费者联盟组织者、城市官员、工会领袖、女性主义者参加的国际会议。每个会议都有持续的管理机构,它们厚厚的、一丝不苟的会议记录成为配备良好的社会图书馆不可缺少的重要文件。[46]

另外一个是官方的或私人的参观访问。英国是最早吸引参观者的磁石。从 19 世纪中期开始,英国自由运作的工人阶级联盟型机构(工会组织、合作社、友好协会)以及广泛制度化的集体谈判,就吸引了欧洲大陆改革者的目光,因为这些和 19 世纪中期欧洲常见现象格格不入。德国进步人士希望把德国工人运动从革命的社会主义转移到其他地方,他们是特别热情的参观者,不仅自己前来,还安排德国工人到英国旅行。其他德国人来看英国的新花园城市、伦敦进步人士的城市工作、英国睦邻中心运动等,从中受到启发。[47]

到了世纪交替之时,出现了同样强大的对德国好奇的逆流,因为英国进步人士渴望搞清德国社会政策与惊人的商业成功之间的关系。英国制造商在自由国际贸易体制下感到紧张不安,派工人代表团(诋毁者称他们为"关税旅游者")来研究贸易保护主义的德国的劳工和社会条件。其他人开始研究德国城市的社会效率、帝国劳工统计局和社会保险体制的工作、德国贸易的技巧和技术教育等。[48]其他线路的调查涉及面更广。英国农业改革者研究丹麦,丹麦改革者研究爱尔兰。德国社会政策协会的调查具有世界性,法国社会博物馆把研究人员派往世界各地。[49]

最后一个是,在每个处于工业化进程中的国家都有影响很大的宣传家,他们对别国的社会政策表现出浓厚兴趣。如1890年代新西兰劳工改革的主要设计师威廉·彭伯·里夫斯,他1896年被排挤出新西兰劳工部后来到伦敦,很快被吸收进入费边社,广泛宣传新西兰社会政策。德国社会政治圈中有大量英国社会政策的崇拜者,从1860年受英国启发创立希尔施—敦克尔(Hirsch-Duncker)工会组织的麦克斯·希尔施,到英国合作社崇拜者、德国信用合作社运动的主要人物赫尔曼·舒尔采·德里奇,到社会政策协会著名的劳工关系专家路约·布伦坦诺。在德国社会民主改革派中,爱德华·伯恩斯坦和胡戈·林德曼都被1890年代伦敦进步人士的热情深深吸引。[50]

世界性特征的典型例子是英国的威廉·道森。1880年代他作为经济记者被派往德国,(像当时许多美国人一样)找到了柏林的阿道夫·瓦格纳经济学讲座,在那里以皈依者的迫切热情,抓住了

60

德国社会政治的初期萌动。他的前两本关于德国的书（分别是关于拉萨尔和俾斯麦的）表现出让人尴尬的过分热情。他企图创办一本英国刊物专门探讨德国式"国家社会主义"，这一努力于1890年代初期失败。但是经过这些鲁莽的开端后，道森发现直截了当的报道是自己所长。1891年到1914年他又写了九本关于德国的著作，近距离地、赞赏性地描述德国社会政治的发展，产生了很大的影响。1908年，对于当时德国"权力崇拜"增长趋势的新担心让他的语调清醒了不少，但是在英国没有人比他更清楚地了解德国的社会政治。当劳合·乔治需要德国社会保险方面的专家时，道森就被征召从事这个工作，他在政治生涯结束时仍是英国全国健康保险委员会的主要成员。[51]

在当时社会政治潮流不断变化、兼收并蓄的情形中，道森一门心思借鉴德国经验的行为异乎寻常。但是程度稍减版的他这一类人对新出现的进步政治十分重要。处于时代的经济和社会力量交汇处，像道森这种国际社会政治经纪人扩充了思想、抱负、信息的交流，让进步政治的国际纽带成为可能。用他们收集的可以借鉴、修改的社会政治模式和项目资料，这些人使读者产生了解外国政治经验的新渴望。这种渴望反过来把道森这样的业余爱好者造就成为专家，为他们在衡平法院内部以及外面的出版界赢得了同情的同盟者。有了这些资源，他们促进了羡慕、挪用、竞争、宣传、交流等国际交流模式的形成，在新的社会政治上留下独特的印记。

这种世界性标记很难让跨越国界的政治成为一模一样的。社会政治的融合趋势遭遇到深层次结构性差别，比如国家组织形式，以及始终存在、有潜在爆炸性的民族主义等。进步思想的成就比较适中：通过把政治想象力和当时趋同的经济力量结合起来，暂时地把钢铁世界的政治集合在共同的框架之下。

来自这么遥远的地方，美国人无法自动接触在欧洲形成的联系网和讨论。正如我们看到的,让他们保持距离的障碍既有物质上的也有文化上的:旅行的实际困难以及自己思想上对于新旧世界政治的海洋两分法。但是,美国人慢慢地开始找到了跨越空间和思想障碍的道路。

早期的渠道是大学海外留学项目。从 1870 年代中期的涓涓滴滴到 1890 年代集体组织形式的潮流,一代学习经济和社会科学的美国学生到德国攻读研究生。他们漫游期(Wanderjahre)的日程从一个人传递到另一个人,直到固定下来成为通行的模式:在哈勒大学(Halle)约翰内斯·康拉德的经济学讨论课上学习一个学期,在社会政策协会的领袖人物古斯塔夫·施穆勒指导下写一篇研究论文,几乎总要在柏林听阿道夫·瓦格纳的讲课,在他的课堂上展开关于古典经济学的理论错误和伦理错误的热烈讨论。

更普通的早期交流模式是在劳工局内创立的。该局 1885 年作为劳工投票要求失败的抚慰品而创立,但很快成为华盛顿主要的社会调查机构。其首次国际调查关注的是生活水平对比问题,(正如其他地方进行的类似调查一样)倾向于给出让本国人感到自豪的答案。但是该局的调查迅速得到扩展。在它的《公报》上,人们 **62** 可以看到认真撰写、资料翔实的报道,包括荷兰穷人救济工作、英国劳工调解机构、法国和德国公司福利政策、英国市营公共服务设施,还有典当业、公共澡堂、工人赔偿立法、禁止童工立法、欧洲各国的工厂立法。1911 年,当德国重新修改社会保险法律和英国推行《国家保险法案》时,该局都全文刊登了文件。[52]

有些翻译和转抄的工作是非常枯燥乏味的。在 19 世纪结束之前,当类似的劳工统计局开始在欧洲成立以前,美国人获得信息的愿望只能通过个人分发该局的问卷调查表的方式实现,发给尽可能多的外国政府官员、工会秘书、企业主,前提是他们肯花时间填写。1900 年该局的海外高级代表威洛比最渴望的事就是把这个乏味透顶的工作转交给年轻的同事,乘下班船回家。但是这样的经历也成就了事业和专业知识。威洛比成功利用辛苦获得的数据写成美国第一部关于社会保险的书,开始了他的大学教授生涯。全国消费者联盟首任主席约翰·格雷厄姆·布鲁克斯1880年代第一次到欧洲旅行,为劳工局调查德国事故保险项目。纽约市最大的慈善房屋公司创立者古尔德起步于该局资助的欧洲公共和慈善住房项目调查。该局最著名的调查者可能是《新共和》杂志的创立者之一沃尔特·韦尔,他最开始是社会政治作家,专门从事欧洲铁路雇佣条件的调查。[53]

另一种国际联系是通过社会福音运动实现的。在北大西洋经济体的每个角落,从早期的费边社到德国福音派社会联盟,到社会博物馆恰当位置上的少数新教徒,进步政治错综复杂地与社会新教主义纠缠在一起。作为社会福音派人士和记者在大西洋两岸都非常有名的威廉·T.斯特德,是大西洋社会福音联系网中的杰出人物。另外一位是基督教社会主义者布利斯,他是《费边社文集》美国首版的资助者、托尔曼在"社会服务同盟"的合作者。美国和63 德国社会福音运动的纽带从来没有美国和英国之间那样紧密,但是当芝加哥大学的查尔斯·亨德森1890年代开始报道德国社会新教主义的动态时,《美国社会学杂志》专门为他的报道提供版面。[54]

睦邻中心运动是跨越大西洋的社会新教主义最著名的成果之一。在这里革新者是英国人。从1884年伦敦东区边缘白教堂的汤因比馆开办,萨缪尔·巴内特的机构就成为吸引美国参观者的磁石。简·亚当斯1887年、1888年、1889年到此参观。斯坦顿·科伊特曾在汤因比馆住宿实习,他在纽约下东区创建的"邻里公会"(Neighborhood Guild)比赫尔馆还早三年,是美国第一个睦邻中心。理查德·伊利和玛格丽特·德雷尔(仿效英国模式的妇女工会联盟的创立者之一)1889年在汤因比馆的参观者留言簿上签名。吉福德·平肖作为1890年到这里参观的四十二个美国人之一留下了签名。来自波士顿安多福馆的罗伯特·伍德、纽约学院睦邻中心的维达·斯库德、芝加哥西北大学睦邻中心的查尔斯·朱布林、匹兹堡金斯利馆的乔治·霍奇斯、泽西市惠蒂尔馆的科尼莉亚·福斯特·布拉德福,在建立自己的睦邻中心前都来参观过这个圣地。[55]

　　不可避免地,美国和英国睦邻中心的发展道路分开了。美国运动根源于英国所不熟悉的女子学院关系网,比英国模式更迅速、更深刻地女性化。美国的睦邻中心不同于牛津文化矫饰的汤因比馆(有典雅艺术展品装饰和烟斗之烟雾缭绕的阅览室),其居民也不能很容易地借牛津剑桥的便利接触到政府政策的制定,它们对家庭、移民和邻里关系等问题更警惕、更敏感。但是那种从一开始就防止美国睦邻中心仅仅成为慈善前哨的社会调查,则是伦敦原型的直接衍生物。美国睦邻中心居民特别努力地维持与英国的联系。赫尔馆、格林威治馆、丽莲·沃尔德的亨利街睦邻中心都充当了大量英国进步人士的客栈。在亨利街住过的人有格雷厄姆·沃拉斯(第一位居住在那里的男士)、帕特里克·格迪斯、玛丽·麦克阿瑟和妇女工会联盟的玛格丽特·邦德菲尔德、早期工党的基尔·哈迪和拉姆齐·麦克唐纳等人。在海外改革者难以抗拒的落脚点赫尔馆,简·亚当斯吃晚餐的时候高声朗读亨丽埃塔·巴内特的信。1920 年代末期在芝加哥码头区的大学睦邻中心,玛丽·麦克道尔在她案头为贝特丽丝·韦伯的传记留了一个永久的位置。在芝加哥普善堂(Chicago Commons),格雷厄姆·泰勒把查尔斯·布思的照片放在图书馆非常醒目的位置。[56]

　　有时候社会新教组带会产生一些意料之外的结果。1880 年代后期罗伯特·伍德在安多福神学院还是个年轻学生,早期的社会福音教师威廉·J.塔克挑选他来研究"社会经济"课题。首先派他到纽约市调查社会主义和工会主义的关系,后来又派他在 1890 年到英国,在汤因比馆居住半年。巴内特介绍他认识了社会福音运

64

动领袖和慈善问题专家，如慈善组织协会的查尔斯·洛赫和查尔斯·布思、积极参与为伦敦穷人谋求定居点计划的斯特德，以及《被抛弃伦敦的哀号》的作者安德鲁·默恩斯。但是很快地，伍德对社会主义者的兴趣超过对慈善家的兴趣，劳工运动成为他最感兴趣的工作。威廉·克拉克带领伍德参与费边社的讨论（当时费边社才成立六年），和他一起到英国北部工厂城镇旅行，培养了他对新生的工会主义日益增长的兴趣。在伦敦，伍德找到了区工人俱乐部和襁褓中的社会主义运动。最重要的是，刚取得了 1889 年码头工人罢工的胜利，伦敦非技术工人的"新工会主义"让他感到兴奋。他认为码头工人约翰·伯恩斯是"了不起的人"，伯恩斯的合作者汤姆·曼是"英国当今社会最好的人之一"。伍德的《英国社会运动》在 1891 年总结了这些发现和热情，是最早描述维多利亚时代后期英国外在的谦恭有礼下面萌动的"社会民主"的书籍之一。[57]

　　伍德在费边社的学习经验将会形成一种典范，一种因重复而变得可以预料，甚至是公式化的事件。由于具备自我宣传的杰出才能，费边社成员组成了他们自己的跨越大西洋的关系网。他们中相当数量的人在 1890 年代都横渡过大西洋。其中韦伯夫妇 1893 年游历美国，从纽约到旧金山寻访阿尔伯特·萧、古尔德、布鲁克斯（现在已经是老相识了）等人，还有劳工局的卡罗尔·莱特、西奥多·罗斯福、伍德罗·威尔逊（当时还在普林斯顿）、简·亚当斯等。在这个十年内，格雷厄姆·沃拉斯、拉姆齐·麦克唐纳、威廉·克拉克、伊尼德·斯泰西、帕西·奥尔登、珀西瓦尔·查布、约翰·W.马丁都到美国做过演讲。[58]

　　韦伯夫妇由于对美国政治的"幼稚"特征感到震惊，再也没有
65 重复访美的经历，但是其他费边社成员形成了持久的跨大西洋的交往和联系。威廉·克拉克成为亨利·D.劳埃德的好朋友，并且是埃德温·米德主编的《新英格兰杂志》的特约撰稿人。格雷厄姆·沃拉斯与几十个美国人保持密切联系，最后成为《新共和》内

部圈子的成员。费边社有些著名成员移民到美国，和布利斯一起在 1890 年代中期组织了位于纽约的费边社美国分部，虽然它的寿命很短暂。一些美国进步人士加入了伦敦总部，其中有"妇女基督教禁酒联合会"的弗朗西丝·威拉德、女性主义者夏洛特·珀金斯·吉尔曼、在成立"妇女工会联盟"和"全国有色人种促进协会"中发挥关键作用的威廉·英格利希·沃林、睦邻中心运动的查尔斯·朱布林。但是在费边社看来成员身份并不比纯粹的关注更重要。他们努力维持和巩固美国纽带，很快就使与韦伯夫妇喝下午茶和交谈成为到欧洲访问的美国进步人士的固定目标，就像爱好艺术的旅游者必然参观大教堂一般。[59]

另外一个联系逐渐增强的纽带是国际会议。在 1889 年和 1900 年巴黎举行的由法国人主导的社会经济会议上，美国人只占很小的比例。在 1900 年"公共资助和私人慈善国际大会"的 1639 名成员中，美国人只有 23 名。巴黎博览会那年夏天召开的"劳工立法国际会议"上，劳工局的威洛比和哈佛大学的约翰·卡明斯是仅有的两位美国代表。但是在后来的一些年，美国人就多起来了。1910 年巴黎举行的失业问题国际大会有 10 名美国代表，同年夏天在维也纳举行的住房问题国际大会有 28 名美国人参加。如果不是发生第一次世界大战的话，1915 年的社会保险国际大会本来决定要在纽约召开（在美国首次召开这样的会议）。[60]

自由派和进步观点的杂志形成社会政治知识和交流的另一个渠道。欧洲来信一直是人们熟悉的体裁，喜欢写作的美国人如果不能在本地报纸上找到发表他（她）旅游感想的地方，那是非常罕见的。著名的政治旅行家威廉·詹宁斯·布莱恩等人动身时口袋里就有和报社签订的合同，回国后把发表的文章集结成书出版。[61]旅游印象文体之外又有了越来越多的受特别委托进行调查的内容。阿尔伯特·萧的《评论之评论》（*Review of Reviews*）——斯特德的英国同名杂志的美国分支——是早期积极报道欧洲社会政治消 **66**

息的渠道。恰当地起名为《世界工作》(*World's Work*)的杂志是另一个。还有与社会福音有联系的《瞭望》(*Outlook*,招募了曼斯菲尔德馆的帕西·奥尔登和"新自由派"罗伯特·唐纳德撰写英国新闻)、《肖托夸会刊》(*Chautauquan*,在1904—1905年刊登了以"欧洲社会进步"为标题的系列报道)、社会工作杂志《调查》(*Survey*)。

喜欢搜集揭发丑闻的报刊往往有世界性的好奇心。《麦克卢尔》杂志派雷·斯坦纳德·贝克到德国看看他能在1900年发现点什么。它的对手《人人杂志》(*Everybody's Magazine*)派查尔斯·拉塞尔在1905年到世界各地寻找社会进步最重要的事例。在"公益战士"这一标题下,拉塞尔发表了很多文章,包括伦敦市政议会(LCC)的市营化工作(他用赞赏的口气称之为"朴实的、大胆的、不加限制的社会主义")、瑞士直接民主、德国国家铁路、澳大利亚工党以及最热情讴歌的新兴新西兰(这个现实的南大洋乌托邦)。有些杂志对海外进步潮流特别感兴趣。本杰明·弗劳尔的激进刊物《竞技场》(*Arena*)发表了大量他所说的"海外、外国实验室"的报道。《新共和》创立的时候和英国的《国家》杂志有政治上的亲属关系,有不少作家同时为这两家杂志撰稿。[62]

虽然好奇心和乐观主义对这项工作起了很大的推动作用,但有些最好的却源于失败。两位最能干、最多产的世界改革记者亨利·劳埃德和弗雷德里克·豪威,他们从事这个工作是出于挫折感和在家乡陷入困境。劳埃德开始是芝加哥专于传统经济观点的评论作家,1870年代的艰难把他震出了习惯的道路。他写了一本愤怒揭露伊利诺伊州煤矿劳工关系的书,控告标准石油公司的垄断行为,因此他一举成名并积极投身民粹主义和劳工政治。到了1896年,他对民粹主义堕落成只是"自由铸造银币"的政治感到沮丧,厌烦透顶。他给朋友写信说:"我厌烦了乱翻污秽,我已经尽到了自己的一份力量……我想开始砌墙,建造一个更美好的社会结构。"他不要成为理论家或者扒粪者,而愿做收集者——"沙拉"制作

者(他不久之后说的),收集"欧洲和澳大拉西亚的所有好思想"。"乌托邦一直都有人写",两年后他描写自己的新政治信仰时说:

> 在我们发展到这个地步时,特别需要的是集中精力观察世界不同地区在不同方面为"民有、民治、民享"而做出的各种事情。如果能够激发美国人把所有成功的改革运用到自己的国家……用在城市管理、国家社会主义、自愿的合作社等方面,我们就可以在此地、在当下创造接近理想的乌托邦。

正是在这种心态下,他动身考察海外建设性的社会政治:英国和欧洲大陆的合作社运动,新西兰的社会政治和强制性仲裁,瑞士的直接民主,等等。到了1903年他去世时,这些方面他都有著书。[63]

继劳埃德之后向美国读者宣讲欧洲进步政治的著名人士——弗雷德里克·豪威有相似的经历。他曾经在克利夫兰市长汤姆·L.约翰逊的改革同盟中发挥过领导作用,但是当同盟在1909年陷入瘫痪时,他开窍了。漂泊中,他也动身到其他地方寻找成功故事。像劳埃德一样,豪威把世界变成了图书馆,从中可以借阅现实的、经过检验的改革思想。很久以后他回忆道:"我曾经梦想社会民主,但我们需要的是事实。我要把德国、英国、瑞士、丹麦的成果集中起来,作为建设性民主的范例来展现,如果把国家看作服务人民的机构,我们也可能拥有这样的社会。"[64]

到了第一次世界大战前的十年,在这些溪流般汇合的对欧洲社会政治的兴趣之中,还加上了受委托进行的调查研究。全国公民联盟在1906年参与美国城市公共交通政治的激烈辩论,派出15名专家组成的委员会考察英格兰和苏格兰的城市公共所有权实践。在1910年到1913年美国关于工业事故立法的辩论中,美国劳工联合会、全国制造商协会以及若干州政府都组织了专门委员会,对英国和德国的经验进行梳理以便从中吸取经验教训。由于城市改革运动的刺激,市政研究局的考察团 1912 年在法兰克福花费四到五个月的时间收集高效城市管理的秘密。第二年夏天至少有四个由机构组织的欧洲考察团:乔治·普莱斯为纽约服装行业的卫生控制联合委员会考察欧洲工厂检查方法,雷蒙德·福斯迪克为洛克菲勒资助的社会卫生局考察欧洲清洁方法,另外一个欧洲社会保险调查是凯瑟琳·科曼为进步党的信息中心做的。此外还有美国的欧洲农业合作和农村信用委员会,一百二十多人的庞大考察团。有些美国旅行团不过是公费游玩而已,但是豪威和他的朋友林肯·斯蒂芬斯认为这种活动非常重要,所以带领波士顿商会组织的 80 名商人在 1911 年游历欧洲。[65]

到了第一次世界大战前夕,关心社会的美国人能够参加特别组织的团队到欧洲旅游,有几种可选。城市学院一位社会学教授在 1911年为社会工作者提供暑期研修旅行,包括访问伦敦睦邻中心、英国花园城市、比利时合作社、巴黎托儿所。国际公民局(International Civic Bureau)1912 年的欧洲城市旅游有豪威领导的筹备委员会。战前最大的社会学大旅行,即教育旅游协会 1914 年的"公民和社会旅行",计划在欧洲旅行 65 天,带队者包括三位经济学教授、纽约城市俱乐部的秘书、英国花园城市和城镇规划协会的执行秘书。旅行日程安排包括游览柏林的劳动仲裁法庭、帝国保险总部,慕尼黑职业学校,哥本哈根和布鲁塞尔的合作社,阿姆斯特丹、利物浦和乌尔姆的城市住房,巴黎和法兰克福的社会博物馆,克房伯和吉百利(Cadbury)工厂的模范工人住房,比利时流浪者劳改营,英国救世军的失业者救助中心,杜塞尔多夫的儿童医院,巴黎母婴哺乳所,伦敦的公共澡堂,布鲁塞尔的公共典当铺,并且都穿插有关于城市规划、住房、法国工团主义(syndicalism)、工会主义和社会保险的各种研讨会。除了对所有这些社会问题的热忱,还有一些艺术画廊参观,以及到埃文河畔斯特拉特福镇的莎士比亚故居参观一个上午。[66]

《国家》杂志编辑在 1914 年夏天总结这些趋势时说,我们美国人"不再瞧不起'国外'"。"很明显,我们正在摆脱认为旧世界里没有一个观念适用于美国的态度。"[67]

　　美国和欧洲进步人士的利益和经验交织在一起,对在大西洋两岸起作用的社会力量的共同理解把他们团结起来,但是这种联系的网络不能够消除跨大西洋进步事业关系中两个长期存在的特殊性。第一是交流的不平衡性,第二是旅行的中介作用。 69

　　美国进步人士对欧洲同行经验和观点的借鉴程度远远高于欧洲人对美国的借鉴,这并非历史的设定事实。在 1880 年代跨大西洋的激进世界中,影响最大的是美国激进经济学家亨利·乔治。他对澳大拉西亚劳工政治的影响是决定性的,他 1880 年代赴英国和爱尔兰的五次旅行在这些岛上引起轰动。乔治关于土地垄断的演讲刺激费边社脱离了最初那种朦胧的唯心论。1880 年代中期,乔治和他的劳工同盟在纽约市选举中的胜利似乎成为定局。连马克思的伦敦圈子也都认定首创精神转移到了美国人手里。马克思的女婿爱德华·艾威林 1886 年应德国移民的社会主义劳动党邀请到美国宣传马克思的正统思想,回来后反而向伦敦听众畅谈乔治的"大帐篷"劳动党。1889 年锡德尼·韦伯写道:"英国当前流行的社会主义运动可以说完全始于《进步与贫困》在这里的传播。"这也不过是稍微有些夸张。[68]

　　激进的和渐进的欧洲人在此后几十年里继续前往美国朝圣,从美国带回社会政治观点和革新思想。在 1920 年代费边社的《读什么?》小册子里既有英国文章也有美国文章。[69]美国人的进步实验如缓刑和少年管教法庭、公共公园和运动场、劳工统计局、女性选举权,尤其是公共小学教育,都给欧洲进步人士以长远的影响。从政治上说,正如 1918 年底伍德罗·威尔逊到达欧洲时的欢迎人群所清楚显示的那样,美国式民主的前景仍然魅力无穷。

　　但是,把这个清单和欧洲向美国传递的新方案清单并列起来,人们肯定发现美国方面严重入超。从睦邻中心到分区条例，从劳工立法到农业合作社，从城市所有的交通体系到社会保险，这些从欧洲向西传到美国的社会政治实验比相反方向的传播多几倍。跨越大西洋的进步思想联系不是单行道，但是在 1870 年到 1940 年期间对于美国参与者来说，没有比"极端不平衡"这个词更恰当的描述了。

70　　这种不平衡的难堪迹象之一是欧洲进步人士对美国政治的兴趣明显减少。肯尼思·摩根在这个时期写道，在美国人对英国进步政治的注意力"连贯和持久不断"时，相反方向的兴趣"从最好处说也是间歇性的、部分的"。[70] 马克思对美国政治的幻灭更是众所周知。韦伯夫妇的失望出现得更早，两者都受到理论的强烈驱使。

　　阿尔弗雷德·齐默恩 1911 年和 1912 年寻找进步美国的七个月朝圣之旅更能说明问题，也更让人辛酸。刚刚研究了古代雅典的平民共和理想，齐默恩来到美国，心中充满了古代和现代的公民政治文化理想，努力在新世界寻找政治活力的中心。在纽约，他参观了联合慈善大楼，搜寻该市的著名社会主义者，和西奥多·罗斯福共进午餐，出席群众抗议大会，纪念在服装厂大火中因为被锁在"三角女衫公司"顶楼而遇难的 146 名工人。他观察了一次选举，参观了下东区公立学校，那里的移民孩子向国旗敬礼"真正让我感到美国是自由的土地"。他写到"东区从某方面说是可怕的贫民窟，但是和英国的贫民窟不一样，因为这里的人们充满活力、希望和快乐"。去南方兜了一圈，试图寻找杜波依斯未果之后，他来到威斯康星州麦迪逊。他热切地写道："国家实际上是由大学来管理的，笼统地说……这里的经济学学生是立法者……每个问题都先在课堂上辩论过了之后才会到立法部门辩论。"大学里有约翰·康芒斯（齐默恩认为此人可以说是美国的锡德尼·韦伯），议会立法文献图书馆里有查尔斯·麦卡锡，真正的政治科学好像就已经实现了。[71]

　　齐默恩给妹妹写信说"很多新思想可以用在国内"。但是从那以后，进步美国的形象崩塌了。他和美国人交谈得越多，他的信心就越小。芝加哥野蛮的、彻头彻尾的资本主义让他不知所措。"美国钢铁公司"的模范城市,印第安纳州的加里(Gary)在他看来是个可怕的堡垒。六个月后,他给家里写信说:"我早已放弃把美国看成进步土地的想法。我的思想中剩下的唯一问题是它比英国落后多少年。我觉得大概落后 80 年,而且发展速度还没有我们快。"[72]

　　到了齐默恩提及这个话题时,美国落后的说法已经在欧洲进步人士中根深蒂固了。有时候它是作为不屑一顾的笼统用语,如费边社的皮斯在阅读了约翰·格雷厄姆·布鲁克斯对美国劳工关系的最新报道后总结:"在涉及人作为社会的和思想的存在方面,美国比我们落后若不是几个世纪,至少也落后几十年。"有时候说法比较准确,如英国劳工运动支持者 J. R. 克莱尼斯指出,在劳工立法方面 1909 年的美国落后英国 20 年,在工会发展方面落后 15 年。不管怎么说,美国人很难不认识到外国人的看法:从政治和社会上说,美国是发展停滞的国家的典型。[73]

　　像这样的判断不断积累只能强化美国人的局外人意识,以及他们作为大西洋交流中的小伙伴的地位。对于这种边缘化意识,大西洋进步交流的第二个持久因素增加了其分量。那就是美国参与者与新社会政治网络的中心在地理上的距离。1900 年巴黎博览会上,美国人是后来者,迫切渴望占一个位置,了解一些信息。正是这种天生的地理关系让美国人在遇到欧洲社会政治时,往往手里拿着介绍信,像到遥远的地方短期考察旅行一样。

　　从遥远的地方过来,美国人很少看到正在建设的东西。"成品"(finished)这个词如同线索贯穿在他们的记录中。来自一个在他们看来充满了碎片残余和未完成事务的政体,他们要寻找实际的成就。对于建设成品而不是建设过程的强调常常模糊了欧洲社会政策制定的政治。在德国的美国进步人士很少充分地认识到威廉皇帝时代的德国(或后来魏玛政治时代)异常紧张的政治局势。他们把约翰·伯恩斯当作偶像,而实际上伯恩斯已经成为早就爆发过的火山的灰烬了。到欧洲来寻找经受过检验的社会政治措施，让他们强调那些能够带回去的措施的好处，而不是强调促使那些措施形成的同盟关系。这加重了他们以发明和理性设计的角度看待政治的倾向，这个概念让他们不止一次极度失望。

他们从大老远过来并且不断对看到的东西感到吃惊，这促使美国社会旅游者的头脑中产生落后他人的意识，而这正是欧洲进步人士对美国的典型评价。正如我们看到的，19世纪后期来欧洲的美国旅游者倾向于不是用滞后而是用二分法来做比喻。19世纪末期在德国留学的美国学生把德国描述为双面神（Janus）一样的国家：既现代又反动。亨利·劳埃德从来没有彻底解决谦恭和傲慢的平衡。他以澎湃的爱国心给弗兰克·帕森写信："我们从欧洲可以学习的东西很多，但是我们在未来一刻钟内就要反馈给他们更多的改革，比他们在全部历史上想象过的都多。"[74]

但是在抓住滞后这一比喻时，一些美国人最终得以超越曾经主导大西洋对比语言的两极对立和夸张。到了第一次世界大战前的十年，新术语已经深深扎根于美国许多进步人士的自我意识和语言中。"我们是否应该总是……'站在路边看着人家的队伍前进呢？'"威斯康星的查尔斯·麦卡锡在他自己第一次到进步欧洲朝圣之后写道，"我们是否总是听返回的游客讲述世界各地进步的故事，用狭隘和沾沾自喜的态度，愚蠢地相信我们不需要学习别人？而实际上我们面临着每个国家在历史上都一度遭遇的问题。"新旧世界的关系已经发生改变，现在成为进步道路上的长跑比赛。美国不是在时间上或者空间上与欧洲领先国家远远分割开来的世界，而是越来越像"地球上伟大民族中的随军商贩（camp follower）"（正如《竞技场》的一位作者写的），一个落伍者，它就是落后了。[75]

考虑到北大西洋经济体社会政治之间影响与联系的深刻程度，考虑到"社会问题"的多面性、解决这些问题的途径和渠道的复杂性，显然，认为世界政治可以想象成长长的参赛者队伍在进行一场追求进步的赛跑,一个追着一个,这种比喻就像它取代的比喻一样是牵强附会的。社会政治措施和抱负在传播时的快捷特征,天生就意味着任何地方的具体混合成分都是不稳定的。竞争的各方沿不同的努力线路而分离,交互向前跃进。

但是比赛的形象指出了进步事业的明确方向,让美国进步人士加强了紧迫感。查尔斯·亨德森对比美国和欧洲在儿童福利方面的方法后指出:"地球上最伟大的国家慢慢爬向人道主义队伍的后面。"弗雷德里克·豪威的俄亥俄盟友布兰德·维特洛克重复了这个说法:在"新的"旧世界学习民主的时候,"'旧的'新世界现在仍然对一个世纪前欧洲就解决了的城市问题敷衍应付、犹豫不决"。1912 年在苏黎世参加国际劳工立法协会会议的美国代表团承认,"看到美国被归于落后国家行列让美国人的神经有点难受"。但是来自落后国家的使者的意识明确了美国人的任务,那就是赶上世界上的进步国家,借鉴、修改别人的经验,将其用在美国环境中。[76]

落后者与领先者的比喻还帮助美国进步人士抵挡了对手们准备抛来的政治乌托邦主义指控。这让他们的理想主义表现得理智而实际。本杰明·德·威特 1915 年写道:"许多人认为进步运动建议通过立法进入千禧盛世。没有什么比这更远离自称进步人士者的思想了。他们提出的建议是要让美国在矫正性立法方面迎头赶上德国及其他欧洲国家。"赶上世界上的"文明"国家是进步人士的持续主题。简·亚当斯支持西奥多·罗斯福在 1912 年进步党大会上的提名时,公开宣称这一点:"新党已经成为世界范围内创造更公平社会这一运动的美国倡导者。在这个运动中,落在其他国家后面的美国在政治行动方面一直推三阻四,很不负责。"讲这种话的人容易被指控说其项目不考虑美国国情、不适合美国特殊的政治传统,这或许是事实,但这种言论也有相反的优势。具有世界主义思想的美国进步人士承认新旧世界政治文化的鸿沟,努力把它转变成可以克服的差距,因为那不过是在时间上落后他人而已。[77]

73

尽管这种重新确定大西洋关系的做法很牵强,却并非完全错误。他们说美国社会存在野蛮激烈的对抗,迫切需要新机构来控制冲突,促成社会融合,这种描述显然是不错的。他们坚持认为世界市场正在造就的社会背后存在着共同的经济和社会力量,认为可以借鉴其他国家的社会政治经验,这种观点也不错。就连美国落后这个观点也是有一定道理的,虽然美国进步人士在极端失望的情况下可能显得有点夸张。在政治民主方面,美国领先他人,而一直让市场资本主义经济自行发展,但是现在他们发现曾经崇拜美国的欧洲人已经把注意力转向别的地方,即民主的社会任务。

"我们不再是上帝约柜的唯一卫士。"沃尔特·韦尔在1912年的《新民主》开篇中说,"欧洲不再匍匐在我们脚下学习民主的简易课程……外国观察家在描述我们体制时的意兴阑珊让人感到屈辱。"他接着说:"今天反转过来了。美国不再向满怀期待的世界讲授民主,而是自己到欧洲和澳大利亚取经了……我们的政治和工业民主学生到澳大拉西亚、英国、比利时、法国和半封建的德国去留学。为什么欧洲乌龟跑到美国兔子前面了呢?"[78]

这种心态是美国进步人士主要的成就之一——暂时从围绕在身边的"地球中心论"意识中解脱出来。落后的国家是能够奋力追赶的国家。在那个时代的民族主义背后,担心世界可能已经超过美国这种思想本身就是一个巨大的成就。它通过新政对美国政治产生的影响比任何历史学家指出来的更广泛、更深远。因为遭到内向的反作用力,很难期待这些对于美国政治自足性的恼人怀疑能轻易赢得胜利。即使在想象力的领域,也没有清晰可见的胜利。但是越过新旧世界之间横亘的大洋,美国进步人士开始慢慢认识到,在想象中曾经是国王和天主教会控制的世界,有可以借鉴的模式、可以联合的同盟者、潜在可用的经验宝库,有意料之外的进步欧洲的轮廓。

第三章

自由放任经济的黄昏

自然行为和社会欲望

非常明显的是，美国人与欧洲社会政治的更多接触中第一条线是思想交流。它不是通过政党、议会、考察团或者费边社的交往，而是通过 19 世纪末期德国的讨论会和演讲大厅。它的典型标志是经济价值的语言：针对新钢铁世界的伦理核心的争吵，其支持者们称之为针对自由放任的争吵。

像大西洋进步纽带的许多后来的线索一样，德国大学纽带开始时比较低调，甚至是随意性的。虽然如此，从第一批美国人到德国攻读经济学研究生学位的 1870 年代中期，到留学生潮流达到高峰的 1890 年代末期，一代年轻的进步知识分子发现自己是在一个异常广阔和活跃的国家阴影下，在一个对于自我运行、自我管理的市场争吵不休的政治文化中，用外语思考自己的政治和经济承诺。回到国内后，他们建立和充实了美国进步改革的许多重要机构，在广泛的社会政治尝试中留下德国经历的痕迹。

76 　　既是与欧洲新社会政治的第一个机构上的联系,德国大学纽带也是第一个遭到否认的。1870 年代和 1880 年代在德国学习过的美国年轻进步知识分子重新进入美国学术和政治争议的大熔炉后,慢慢了解到选择性记忆的好处。为了躲避"非美国主义"之类诬蔑性的帽子,他们坚称自己的社会政治是纯粹正宗的美国产品。他们的主张来自伊利诺伊的大草原和"密西西比河谷的自由空气",理查德·伊利为他这一代人代言,虽然就他本人来说显得特别言不由衷——这些主张不是发源于外国背景,而是直接来自美国本土的传统和经济现实。[1] 由于 1914 年德国战争突然爆发而产生的厌恶掐灭了任何深刻思考的欲望。他们认真记录的多部课堂笔记都留在档案室里渐渐落满灰尘,里面包括施穆勒的国民经济、特赖奇克的政治学、瓦格纳的财政学、格奈斯特的普鲁士宪法和行政法等。[2]

　　但是德国大学纽带实际上产生了持久的历史后果,不仅冲击了昏睡中的美国大学,让它们发生改变,也影响了跨越大西洋的社会政治本身。它打消了一群年轻美国人的地方性眼障,给予他们参与思想和政治改革方面国际运动的持久意识,用制定政策的抱负和借来的影响公众的新模式唤起他们的激情。更重要的是,德国大学纽带形成了一个背景,在此背景下,一代年轻的进步知识分子克服了北大西洋经济体中社会政治最可怕的思想障碍:一个认为这些努力本身是愚蠢行为,乃至于是"不自然的行为"的思想体系。

　　"自由放任"(laissez-faire)是批评家用来专指这个思想体系的名称。德国人使用的词汇是"英国经济学",显示该思想的地位多么深刻地依赖于在 19 世纪中期跃升为世界经济主宰的英国。其含义并不像后来常常提到的那样,意味着国家仅仅成为悠闲的守夜人。即使在 1850 年代和 1860 年代自由放任经济学家影响最大的时候,英国的国家之手仍然干预众多领域,不仅有军事和帝国事务而且包括经济和社会事务。英国在妇女和儿童劳动方面的法律限制、煤矿和工厂检察员、卫生管理规定、为穷人提供帮助的规定等虽然有明显的不足，但和19世纪中期北大西洋经济体的其他国家相比，发展都更充分。实际上，古典经济学自由主义核心的原则（个人自由的领域可一直延伸到别人自由的边界，但不能越过这个界限）能够给予国家守夜人相当程度的活力。[3]

但是，即便历史学家潜心寻找都未能找到纯粹的管理休眠时代，自由放任时代也不仅仅是批评家们的回顾性建筑。不管自由放任还意味着别的什么，它首先意味着把经济健康运行的主要责任从政治转移到市场，从考虑国家利益转移到考虑各种私人欲望。这是亚当·斯密的核心观点，即国家的财富不是由重商主义国家天生拙劣的操作来增加的，而更多是为私人买卖所推动。正是因此，1846年废止英国对谷物的保护主义关税在自由放任的象征性历史中如此突出，它被看作自由贸易与政府管理贸易的战场。"古典"经济学家不仅把权威衣钵从公共当局转给私人竞争，从国家转向追求自身利益的商人、企业家和制造商的劳动，而且还有很多其他贡献。但毫无疑问，古典经济学特别看重组织商品和劳动的竞争性市场的那些人的活动和行动范围。

私人野心和欲望的工作不仅仅比国家努力更有效率，更加根本的问题是，私人贸易和讨价还价的行为被认为更"自然"。就像经济责任从国家转移到商人、企业家身上一样，这个观点有深远的影响，它促进了经济学修辞上的转变，从政策语言转向科学规律的语言。而且，它把经济行为中的讨价还价、难以驾驭的竞争提升到了更高级的抽象领域——市场，它被重新想象为自然的、自动的、完全自我管理的特殊领域，它和其他社会活动的一切关系被剥离了。在生产和贸易领域，平衡的力量持续在起作用，只是由于"外来"的干预才会使个人欲望的自动力量有遭到破坏的风险。

私人的、追求自身利益的经济行动之自然性可以有无穷的不同解释。如我们听到亚当·斯密说"自然自由体系"，威廉·皮特在 1795 年担心国家行为可能"阻碍"和"破坏"那种使价格、工资及贸易"总能自己找到合适水平"的过程。九十年后，约翰·格雷

78 厄姆·布鲁克斯往剪贴簿上贴了一条关于他的社会经济讲座的嘲讽：在经济问题中"应该首先考虑"的是"自然"，而不是劳工或者改革者多愁善感的欲望。这说明这个主张一点也没有失去它的力量。[4]

自由放任的宣传家们没有一个把天然和人为的区分推进到排除任何形式的国家或者社会管理。约翰·斯图尔特·穆勒断言说他"不知道（政治经济学）有哪一条实际原则必定能适用于所有情况"，此话也同样可能出自亚当·斯密之口。古典经济学的力量比它的教条更加微妙，阿尔弗雷德·马歇尔嘲笑这些教条都是"一些简单的小故事，聪明的家庭女教师用它们来向围绕在身边的小孩子说明经济真理在哪里"。它与其说是归纳出来一个原则，倒不如说是围绕市场行为画了一个特权的圈子。里面是自然的领域和"贸易的自由"，外面则是政治和社会。外来力量或许会管理、干预或者干扰，有时候有积极作用，更多情况下往往妨碍财富的创造。不管怎样，在自由放任的思想体系中，这类行动被看作闯入经济过程特殊领域的外来者。自由放任不是绝对事物，而是举证责任问题，它把这种责任如一座大山般堆在国家经济行动面前。即使以灵活性著称的思想家穆勒也从来没有放弃这个基本观点："总而言之，自由放任应该是通行做法：除非为了特别重大的善，任何违背都是一种罪恶。"[5]

自动运行的经济原则如果纯粹建立在逻辑的基础上，本来就够让人望而生畏的了。更何况，它还得到"自由行动的自我"观念的支持，这种观念存在于 19 世纪资产阶级道德文化的最深处。如果自由选择的行为是道德行为，"自由"贸易和交换就不仅具有经济功用，而且成为道德成长的领域。这使得古典经济学生硬的、有时候带有宿命论色彩的教训具有了道德含义，使它对国家的怀疑披上了伦理色彩。它把自助和自力更生放在道德天平的一侧，把

"干预性的"国家那种让人窒息的"监护",那种将公民当作小孩一般管教的"牵引绳"放在另一侧。经济上的"家长制"不仅把插手的事务搞得一团糟,还抑制了被牵住手的那些人的道德成长。集体政治行动与个人道德行动似乎成为"零和游戏"的一对冤家。私人市场行为的价值被人从经济学规律一下子拔高到了社会道德的层次。

　　"自由放任"这个词所集中起来的所有这些意义,构成了在力量和后果方面不可小觑的思想体系。其主要内容包括对国家行动笨拙性持普遍猜度和预设,对私人自我以外的任何经济主体加以微妙非自然化,把充满倾轧、哀号和残酷竞争的早期现代市场从让人怀疑的领域重新塑造成为自动平衡和道德自由的天堂。受到英国经济增长奇迹的推动,这个观点就随着英国商品和影响力迅速传播到世界各地。

79

　　美国作为英国的文化前哨,更早更深刻地接受了这个新经济思想。在19世纪中期大西洋两岸,从文化大都市到文化乡村的教材、教学故事、布道、辩论、政治原则都充斥着对英国经济学的简单化总结,好像整个图书馆都被转移了。19世纪美国人像英国同行那样,也并没有吞下自由放任思想在实践上的全部必然结果。尽管英国贸易政策发生了巨大的革命,19世纪的美国国会却拒绝调整步伐。自1816年以来,保护性关税就是美国贸易政策的固定特色,是靠它保护市场的生产者坚定不移的信念(虽然受到强烈质疑)。在那个世纪前五十年,美国投资资本很少,国家资金和信贷保证支持了许多运河和铁路上的早期投资。19世纪美国经济是欠发达的经济。企业家很少不用期盼的眼神渴望国家成为他们的促销伙伴。[6]

　　大众对于政治经济学的理解更加复杂。正如威廉·诺瓦克最近重新强调的,即使是古典经济学在大西洋两岸如日中天的时期,国家在经济活动中的角色在美国州政府和地方法典中也从来没有消失过。19世纪中期法律记录仍然充满公害法、贸易执照法、消防法、防止商业欺诈和勒索的措施、管理有害贸易的措施、促进公共道德的措施等。这些经济立法中有些是老的，是17世纪和18世纪管理良好的国家那些广泛的经济权力和许可权力的残余，是在古典经济学家开始大拆除工程之前就有的。其他一些内容是新的，比如，州议会和市议会渐渐丰富的公共卫生立法。其中许多措施对于财产所有者来说造成看得见的成本提高；有些措施不过是象征性立法，即便立法时打算要认真执行的法律也只得到断断续续的执行。像在北大西洋经济体其他国家的立法一样，美国立法间歇性地在普遍的福利考虑和"自动运行"的市场那种自我限制性新意识形态之间徘徊。能最清楚地显示自由放任思想影响力的不是法规汇编中的例外条款，而是在信念领域，即把公共经济行动视为"自然"经济法规和经济"自由"领域中的"干预"因素。[7]

19世纪美国思想界的特殊组织形式对这些信念起了重要的强化作用。教派设立的大学在北大西洋经济体的其他任何地方都没有像这样占据支配地位。学校管理委员会由牧师和企业捐款者组成，教学上依赖测验和背诵，辛苦灌输教材内容，哲学上致力于知识的总体逻辑，逐级上升，一直到大学校长自己教授的道德哲学的最高课程。

后果之一就是对简单化观念和过时观念的结构性支持。1870年代中期埃德蒙德·詹姆斯和理查德·伊利在哈佛大学和哥伦比亚大学学习经济学时，讲授的课程仍然是米利森特·福西特的《政治经济学入门》，（正如她自己所说）该书是专门为中学生准备的。1870年代初期美国经济学教授群体中有牧师、编辑、伦理学家、社会活动家，但是除了耶鲁大学的弗朗西斯·沃克外，几乎没有哪个人在学术上的贡献明显超过在教材中重新包装的英国经济学权威思想。在大学之外，辩论的范围较为广泛，像亨利·凯里这样的记者和企业家试图把关税保护主义变成更全面的社会经济学，但是大学体制让凯里得不到学生和机构基础的支持。[8]

正是因为这些原因,即使在一个把自由贸易当作英国奢侈品抛在一边,给予铁路和退伍军人大量慷慨资助,对于自由放任规则划出了几十种关键的例外的国家,这个信条本身在19世纪中期仍逐渐扎根并不断发展。1880年代,有实践经验并了解大学经济学现状的阿尔伯特·萧坚信,"所谓的英国政治经济学在其本国的教条主义信徒没有像在美国这么多",也没有这种充斥诡辩的文献。弗朗西斯·沃克的评价给人留下的印象最为深刻:"虽然自由放任的思想在英国被广泛肯定",但没有一个英国经济学家"用美国这么严格的定义来理解它。在美国,它不仅成为经济学正统思想的检验标志,甚至成为判断一个人是否可以成为经济学家的标准"。[9] 81

同样的经济学主张在同一时期也进入欧洲大陆。在法国,人们迅速且充满热情地接受这个主张;虽然保守派、社会天主教徒以及一小撮持异见的"社会经济学家"表现出怀疑,但是在学术界和主流媒体评论中,查尔斯·纪德所说的"乐观派"席卷了经济学思想。[10] 在抗拒的声音相当强烈的德国,早在1790年代就可以在大学里听到亚当·斯密的观点。19世纪初期普鲁士国家机构伟大的自由改革就是从英国榜样那里获得权威性的——这些改革包括消除同业公会对贸易的垄断,解放农民对土地的依赖。但是在1848—1866年间,在这个被詹姆斯·施翰称为"自由贸易和企业自由的黄金时代"的德国,英国政治经济学的概念才更深刻地渗入——到了自由派政党、大学和官僚阶层。所有这些都与人们对英国自愿性自助机构和中产阶级习惯的浓厚兴趣紧密联系在一起:友好协会、工人协会和合作企业等。就连年轻的古斯塔夫·施穆勒在1864年也仍然肯定引进的正统观念——尽管他1870年代带头攻击英国经济学。他在出版的第一本"劳工问题"著作中承认:"自助和自我负责是解决我们时代困境的唯一办法。"[11]

但是正因为德国的政策传统和英国的形成鲜明对比,比欧洲其他地方或者美国的情况更明显,所以自由放任思想在此遭遇的反对也最强大、最迅速。早在 1840 年弗里德里希·李斯特曾经试图表明，英国式的自由贸易只能扩大发达国家与德国以及他曾经客居八年之久的美国等发展中国家的差距。在此后几十年里，李斯特进一步阐述自己的理论，企图揭穿英国经济学家自然法则学说背后的经济利益真面目，成为德国反对派的号召力量。自由放任经济不是天然的、普遍的科学，反对者如是说。它是英国出口品生产商的意识形态，是"曼彻斯特经济学"、棉花纺纱机的信条。

从一开始，年轻德国经济学家的反叛就伴随着在工业资本主义动荡期间创立独特的德国路线的渴望。到了 1872 年，自由贸易主义（Manchestertum）的批评家们已经形成了自己与之抗衡的经济组织——"社会政策协会"，该组织里的年轻经济学教授发誓要反抗英国经济思想的"暴政"。它的创立宣言中说："我们相信，部分对抗性的、不平等的个人利益那种不受约束的统治无法保证公共福利。"国家干预不是紧急性的权宜之计，不是一种"必要的恶"，而是"要实现我们时代和国家的最高任务之一"。[12]

反叛的经济学家并没有获得全面胜利。他们刚一组织起来就被扣上了"讲坛社会主义者"（Kathedersozialisten）这个争议性的绰号。到了 1874 年，普鲁士历史学家中的新星海因里希·冯·特赖奇克在攻击中又添加了独特的刺耳声音，指控自由贸易主义的批评者们是为群众性社会主义革命搞宣传。第二年在柏林，年轻的亨利·法纳姆的目光被书店橱窗里展示的书吸引住了，这就是特赖奇克的攻击《社会主义及其保护者》，旁边是施穆勒的反批评。从 1870 年代中期第一批美国留学生踏上德国土地的那个时刻起，德国的经济讨论就展现出欧洲其他地方所没有的激烈性，自由放任成为辩论的焦点。讨论甚至出现在与自由贸易时代正式决裂的 1878—1881 年之前——当时俾斯麦转向贸易保护主义，把社会主义活动定为非法，清除了管理层中有亲英国倾向的官员，在 1880 年代推行他的国家社会保险立法工程。[13]

　　1870 年代实际上是北大西洋经济体中经济学家们充满怀疑和关系紧张的十年。在法国,1870 年代后期,经济学作为大学法律院系一部分的制度化建设,意外带来了一群年轻的、受过法学训练的经济学家,他们对自由放任的正统思想远没有当记者的前辈那么感激。从机构上说,那些支持新学派、竖起耳朵聆听德国声音的法语宣传家中许多人仍然处于边缘地位。埃米尔·德·拉维勒耶 1870 年代在列日大学教书,纪德在外省蒙贝利埃教书,但到这个十年结束时,就连巴黎的法学院也包括了一位引起争议的著名经济干预主义者(interventioniste)。[14]

　　在英国,从古典经济学确定性的悄悄退却出现得更早。没有像法国 1870 年代的机构重组和德国 1870 年代非常明显的社会危机意识,英国经济修正主义很少表现出它的大陆亲属那种激烈辩论。尽管如此,看一看当时的思想变化倾向,从凯尔恩斯(J. E. Cairnes)和斯坦利·杰文斯 1870 年代初期首次出版的批评意见,到阿诺德·汤因比 1881—1882 年从伦理学上对工业革命进行攻击的演讲,任何敏锐的读者都不可能忽视古典经济学在本土遭遇重大怀疑的事实。约翰·穆勒的《政治经济学原理》多次再版时不断添加限定性条件,也说明了同样的事实。[15]

　　在国际社会普遍感到幻灭的背景下,美国经济学教材中的死板教条很难长久维持下去。在这里,1870 年代的经济逆转和激烈的劳工冲突也给古典经济学的确定性带来很大压力。从《国家》杂志间或对"讲坛社会主义者"的嘲讽,到英国评论或者是美国弗朗西斯·沃克的修正主义,1870 年代的美国经济学学生不能不感受到大西洋两岸思想动荡的反响。[16]工业资本主义在美国迅猛发展的负担是不能被否认的。在自由放任经济的黄昏,它不可能一直保持如日中天的盛况。

　　但是,经济学思想的转变就像 19 世纪末期经济本身的交流一样是通过国际渠道展开的。19 世纪美国经济学首先成形于英国政

83

治经济的冲积沉淀，通过德国激烈的迂回曲折重新得到塑造。一代美国学生在饱受简化和修订的自由放任信条的文化熏陶后意外地发现，他们所到的国家对古典经济学的攻击比欧洲任何地方都更加猛烈。从一个在政府管理结构和控制方面明显虚弱的国家出来，他们开始观察欧洲影响最广泛的国家文化。强烈对比的冲击和最初的无所适从，从政治思想落后地区突然进入思想精神的现代城市而产生的兴奋和激动，成为后来的社会政治旅游者思想经历的基本模式。突然从美国经济学教材"清晰纯粹的推理"中被抛出来，掉进充满争议的大海，既让人兴奋又让人困惑。[17] 这种遭遇肯定造成离经叛道思想的大爆发，既不是本土的也不是德国的，而是两者结合的产物。

没有人有意识地设计德国大学在经济学上的纽带关系，更少有人预测到它的重要性。有好几个对美国经济学产生重大影响的人到达德国时心里渴望学习的是其他科目。理查德·伊利 1877年到哈雷大学本来是要学习哲学的，只是发现自己选择的哲学家已经退休，他才在哈雷一位年轻美国人西蒙·帕滕的带领下进入约翰内斯·康拉德的经济学讨论课。帕滕自己也是抱着学习哲学的志向来德国，被哈雷的另一位年轻美国人埃德蒙德·詹姆斯拉到了康拉德的圈子里。[18]

84

即使在这种联系达到最高峰的时候，德国大学也从来没有垄断美国的海外留学项目。在 1890 年代，查尔斯·比尔德到牛津大学，很快迷上了那里独特的基督教社会经济学。1895 年后有些人发现了费边社新创立的伦敦经济学院，伊迪丝·阿伯特就是一个例子，来的时候刚赶上韦伯夫妇开始"终止"英国济贫法的运动。还有的人来到巴黎的索邦大学(Sorbonne)或者巴黎政治学院，[19] 但是德国大学拥有体制上的强大吸引力。德国大学是开放的公共机构，与牛津和剑桥等大学城中封闭的、贵族主宰的、奢华的学院不同,也不像法国大学那样醉心于培养大批律师、医生、公立中学教师等职业人才。德国大学的思想触觉就像 19 世纪的学术本身一样广泛。1889 年的学费非常便宜,人们估算在德国一年的费用加上往来大西洋的交通费,也只有在康奈尔大学、哈佛大学或者约翰·霍普金斯大学一年费用的三分之二。哲学、历史学、语文学、神学等德国学术水平享有国际声誉的学科自 19 世纪初就吸引了美国学生。1870 年代留学德国的首批美国经济学学生就进入了这些早已存在的轨道和有利条件中。[20]

德国纽带一旦形成,校友们就竭力维持他们熟悉的制度。埃德蒙德·詹姆斯派了一批又一批宾夕法尼亚大学沃顿(Wharton)经济金融学院的研究生到康拉德在哈雷大学的课堂学习,1890 年代初期人们在那里经常可以发现 10 到 15 个美国留学生。詹姆斯帮助沃顿学院在教员中增加了一批德国学术背景的经济学家:西蒙·帕滕、罗兰德·福克纳、萨缪尔·林塞、列奥·罗韦、亨利·西格、艾默里·约翰逊、约瑟夫·约翰逊。哥伦比亚大学是另外一个德国背景经济学家集中的地方,那里也经常派研究生到德国完成经济学最后阶段的学习。[21]

19 世纪后期留德的美国学生很快建立了相互交流和帮助的亚文化团体。1891 年被詹姆斯和帕滕派到哈雷大学的萨缪尔·林塞对自己的计划感到胆怯和不确定,碰巧和刚从约翰·霍普金斯大学伊利的课堂上转来学习的艾默里·约翰逊住在一起。霍普金斯大学来的另一个同学亨利·西格照顾林塞度过患病的日子,敦促他前往维也纳大学。当林塞到意大利访学时,同伴是他沃顿学院的校友列奥·罗韦。在大多数学生最后落脚的柏林,玛丽·金斯伯里 1895 年和 1896 年结交的美国同学很多,包括沃尔特·韦尔 85 (后来是《新共和》杂志的创刊人之一)、爱米莉·格林·巴尔奇(后来是卫尔斯利学院经济学教授和国际妇女组织的重要人物)、罗伯特·伍德(当时是波士顿南城慈善中心的负责人)、富兰克林·狄克森（很快会成为达特茅斯的教授和铁路立法专家）。[22]

在德国大学纽带中像巴尔奇和金斯伯里这样的女性很少。直到1890年，女性才被允许作为旁听生进入普鲁士的大学。在此之前一些企图到德国读研究生的美国女生得费尽周折来到德国南部比较开明的大学，或者像弗洛伦斯·凯利、M.凯丽·托马斯那样放弃德国，来到女性可以获得学位的苏黎世大学。多年后，爱丽丝·汉密尔顿仍然记得她妹妹1890年代中期在慕尼黑大学经历的折磨。因为对如何适当隔离她无法达成一致意见，学院最后临时决定让她坐在老师右手边，她每天都要尴尬地面对一片德国男同学的面孔。爱丽丝·汉密尔顿记得自己遭遇男同学的恶作剧：手拉手沿着人行道跨步前进，把她逼进排水沟里。进步妇女的主要国际交流要通过比德国更远的渠道：汤因比馆的联系、国际妇女普选权运动或者国际妇女大会的广泛联系。[23]

虽说德国大学纽带在很大程度上是男性的经历，但对于19世纪末期对社会问题感兴趣的那些年轻人来说，德国是思想的圣地，也是越来越依靠留学经历的职业道路上的大站。到了1890年代末期，学习德国经济学课程的美国留学生数目开始下降，因为和美国新成立的研究生院的成本相比，到德国留学的成本提高了；而且德国大学越来越拥挤，民族主义倾向越来越明显；德国的经济学反叛也越来越失去新鲜感。不过到这时，抱负和思想的重要传递已经完成了。在1885年美国经济学协会最初的6名理事中，5名曾经在德国学习过；在早期26名会长中，至少有20名有此经历。1906年，当耶鲁大学的亨利·法纳姆调查美国和加拿大116名杰出的经济学家和社会学家时，其中59名在德国学习至少一年以上。[24]

这些美国人的背景是可以预测的，他们中的许多人是来自北部州的新教徒，在当牧师的愿望受挫后才进入学术研究领域；但背景又不完全同一，不排除留学期间有各种各样的反应。其实就在美国学生留学过程中，德国也在发生变化，留学生离开时的德国很难说和他们刚去时完全一样。不过,尽管存在多样性和变化,某些模式还是保留下来了。

最具个人色彩的反应是一种解放的感觉,正如伊利记得的,是"快乐的扩张"。这个词语在保存下来的回忆录中多次重复出现,让人感到意外,因为社会历史学家已经把那个社会描述为 19 世纪欧洲最刻板的地方。对德国中产阶级(Bürgertum)的死板,美国人并非没有察觉。大学招生仪式好像官僚模式的滑稽表演。在凯丽·托马斯看来德国文化非常奇怪——太少的恭维、夸张的举止、荒唐可笑的皇帝崇拜。尽管士兵、官僚,以及学生粗鲁的男子气都令人讨厌,还有各种各样的禁令,但是德国仍然给人解放的感觉。[25]

正如后来的旅行者感受到的,产生"解放的感觉"部分是因为把熟悉的东西抛在了身后。杜波依斯超越种族界限爱上了德国,觉得摆脱了"家乡捆绑我的铁锁链"而彻底解放。有些人以不同的方式感受到文化脚镣的松脱。萨缪尔·林塞和他的父母因为啤酒馆争议在往来书信中争吵不休,林塞越来越想花钱听音乐会、看戏,而且宣称家庭的绝对戒酒主义让他遭到社会孤立,这种代价太不值得。妈妈、爸爸、姐姐都远涉大西洋来陪伴他度过欧洲的道德诱惑。相反,他则竭力说服他们过不那么"狭隘"的家庭生活,少受《主日学校时报》教条的限制。[26]

如果摆脱虔信和偏见是这些事件突出显示的内容的话,美国人的"解放的感觉"还存在更深刻、更多政治色彩的内容,即他们称为"社会性"的品质。像渴得要命的人一样,19 世纪末期留学德国的美国学生寻找德国中产阶级的公共娱乐:音乐厅、户外音乐会、公园、户外啤酒园新奇诱人的氛围。林肯·斯蒂芬斯写道:"他们是真正的社会动物,这一点远远超过了美国人。"剪贴簿里夹着大量音乐会门票的其他人无声地呼应了这个结论。让他们感到吃惊的不仅是德国人享受生活的能力,而且还有休闲活动的公共性和社会性,不同于美国人理解的私密模式。[27]

87

实际上，"社会观点"在每个地方都让美国学生留下深刻印象。就像他们对公共娱乐的文化感到吃惊一样，"社会观点"也成为来欧洲旅行的美国社会进步人士一再重复使用的词语。在德国，社会线索似乎没有中断，从户外音乐会经过大学讲堂一直上升到国家机构本身。甚至专心研究哲学的人也描述了在德国触动他们意识的崭新一类社会问题，流露出一种新发现带来的兴奋和紧张感。加瑞特·德罗普斯很久以后还记得德国人教会了美国人"关于相互交织的社会利益的更严肃概念"。[28]

这种社会教学中的某些内容是社会民主党的杰作。19世纪末期的美国学生在此之前从未见过基础广泛的工人阶级社会主义运动，他们中的许多人以各自的方式试图对它作出评估。1878年秋天，有关社会主义政治运动是否应该受到官方禁止的辩论正处在高峰，这时来到柏林的亨利·亚当斯阅读了大量他所能搜集到的社会主义文献，还把小册子锁在旅行箱中，以防女仆向警察举报说他购买违禁品。玛丽·金斯伯里不仅阅读康德，经常看歌剧，还找机会聆听李卜克内西的演讲。在她旅居德国的最后阶段，她和爱米莉·巴尔奇动身到伦敦观看国际社会主义工会大会，聆听让·饶勒斯、韦伯夫妇、基尔·哈迪的演讲。但有的地方在大学招聘中严格执行反对社会民主党追随者的路线，德国教授必须不是社会民主党人，他们的美国留学生也不能是。由于反对社会主义者的法律松动，约翰内斯·康拉德派萨缪尔·林塞去观察社会民主党大会，但是他很谨慎地确定林塞不会受到社会主义思想的影响。杜波依斯在德国社会主义运动的边缘活动，他加入的团体是"社会政策协会"而不是社会民主党。只有弗洛伦斯·凯利参加了侨居苏黎世的俄国和德国激进分子小圈子，实际上使她和工人阶级的社会主义运动联系在一起。[29]

对美国留学生来说，比社会民主党更重要的是德国19世纪末期的社会抱负。杜波依斯在1890年代得出结论说："不到最后结果决不停止的德国逻辑已经从政治统一转向社会统一——从国家是现实疆界的伟大军事保卫者这一观念,转向国家是人民的社会和产业利益的保卫者和领导者这一观念。"他认为,重新塑造国家 **88** 政策的力量不是工人阶级的压力,而是相反:德国工人成为社会主义者是"因为德国教授宣传社会主义,德国大众领袖把它奉若神明,德国政府推行社会主义,因此所有德国改革运动或多或少都带着社会主义色彩"。美国学生在国家与社会、公共与私人行为之间进行的认真区分变得模糊不清了。至于美国人已经习以为常的对国家干预的敌意和偏见,在德国政界好像根本看不到任何迹象。国家似乎无处不在,根本不担心是否越过那些在美国被当作重要防御工事一样捍卫的界限。人们看到新的国家铁路、国家保险项目、街道上的士兵、打扫整洁的城市大街、官僚和规章制度、每次工会大会或者政治集会时坐在显眼位置上防止侮辱皇帝的警察。[30]

最后还有教授。他们针对英国经济学的攻击性言论最终让美国人听起来没有了新鲜感。但是教授们本身作为公务人员,致力于建设一种明显将"社会"和国家拉回其中的经济学,他们是19世纪后期德国的强有力角色。由于摆脱了美国大学教学中的常规,他们在美国人眼中成了让人羡慕的公共权威。他们不仅给大学生上课,每周特别举行的演讲也对所有人开放,在演讲中发表对当时公共问题的看法,这种演讲往往成为引人注目的公共活动,尤其是在柏林。德国一些著名的教授是议会上院的成员,大学在这些机构里面有自己的代表。他们的研究班往往有律师和政府官员参加,这种研究班成为进入更高政府机构的阶梯。他们自己创办刊物(往往是爱争论的),从事科学研究,就公共议题发表公开论辩,竭力扩大政治影响力,往政府机关里输送忠诚的学生。美国大学教授很容易参与社论专栏和评论,也并非没有自己的权威,不过对于刚刚从19世纪后期美国大学狭隘的清高状态出来的美国学生来说,德国教授的公众地位的牢固和深厚实在令人惊讶。[31]

美国学生通过他们寻找的老师明晰了两国学术文化的对比。"社会政策协会"的核心人物中,英国色彩最浓的路约·布伦坦诺吸引的美国经济学学生不多。研究内容涉猎社会学科众多领域的**89**马克斯·韦伯连一个美国学生都没有。因为从体制上看地位不安全,且专心探讨热门的自由放任思想争议以外的问题,他在这些学生心目中不是引人注目的人物。在美国学生自己建构的"德国中的德国",核心人物是最公开地对自由放任思想提出争论的柏林人阿道夫·瓦格纳和1882年后的古斯塔夫·施穆勒。一个是充满伦理狂热的理论家,另一个注重历史和渐进式改革。但是,以对比鲜明的方式,两人都鼓吹这样一种经济学,其中政府是摆脱不了的内在角色:作为一种社会工具,和市场本身相比同样自然、同样不可或缺、同样处于经济生活之外、同样可能扰乱和搞砸经济。在法纳姆的调查中,其他任何老师都赶不上他们两个的深远影响力。[32]

不管是从个人角度还是从思想上看,最出风头的人物是瓦格纳。虽然历史学家把他归类于政治上和概念上让人不安的那个分不清左右的类别,因而使之边缘化,但是对于美国学生来说他是最突出的人物。伊利在1930年代仍然称赞他是"那个时代最伟大的经济学家之一"。瓦格纳暴风骤雨般的思想生活见证了1860年代和1870年代德国资本的变革性社会力量。他是在维也纳的商业学院(Handelsakademie)开始学术生涯的,正如他所记忆的那样,哥伦布和亚当·斯密的两根纪念柱主宰了这所大学及其教学思想。瓦格纳自己的教学也是遵循这个模式。1869年在弗莱堡公共集会上第一次遭遇工人阶级的社会主义时,他采取攻势,先发制人地介绍鼓吹自力更生、私有财产的神圣不可侵犯、有限国家的原则等一揽子方案。[33]

但是从此开始,他发现无法随心所欲地把社会主义的批评置之度外了。1870年来到柏林后,他看到城市里充斥着新财富和不动产投机家,这让他更加不满。他在一个月内给弟弟的信中说:

"一个确定无疑的事实是,一切都因为财产观念的变化而变化了。"
到了1872年秋天他每周给四百个学生讲授劳工问题,涉及范围
"相当广泛,批评我们经济秩序所依赖的基本法律原则:个人自
由、私有财产"。他敦促弟弟"读一读马克思、拉萨尔,甚至倍倍尔
的著作"。不管社会主义者还做了别的什么事,他们"彻底打破了
乐观主义的粉红色迷雾,正是这种迷雾使得占据主导地位的英国
学派经济学长期以来掩盖了一切罪恶"。[34]

　　到了1873年,瓦格纳肯定95%的社会民主党理论是正确的。
但是他没有成为社会民主党人,而是因为对马克思有强烈意见而 **90**
成为独特的托利党社会主义者。他1871年发表的演讲"探讨社会
问题"是激情洋溢的呼吁,让有钱人自愿限制自我欲望和追求自身
利益的冲动。伦理的、先知的因素仍然是瓦格纳教学的主要特色,
它让英国观察家想到罗斯金,并且"口吻更生硬、更严厉"。1888
年从哈佛大学来到柏林的加瑞特·德罗普斯记得,与瓦格纳的讲
课相比,美国经济学教学显得乏味平淡。"德国教学方式激发更多
的热情,给人一种人类真正命运的精神感召。"德罗普斯发现在柏
林,经济学"更多浸透着社会服务的精神、国家尊严和功能的更高
意识、社会福利的热情。这对我来说是一种崭新的体验,我从来也
没有忘掉或者失去它"。[35]

　　瓦格纳作为经济学家最突出之处,不只是他对于把自我利益
作为经济主要推动力的嘲讽,也不是他对自由竞争天然和谐的神
话表现出来的愤怒,甚至也不是他那个在"讲坛社会主义者"中很
罕见的论点:对财产的法律特权需要重新思考,直至其社会核心;
而是在于瓦格纳在很大程度上认为,国家对经济活动的吸收是让
经济生活重新道德化的关键。到了1880年代,他敦促国家企业扩
展到铁路、运河、银行、保险、公用事业、矿业和住房等。为了把房
地产投机者赶出城市,他提出没收所有城市土地为公共所有。为
了对抗资本家倾向于把工资降低到生存最低标准以下,他敦促制

定法律限制利润、制定公开的再分配的税收政策。他在 1880 年代称之为"国家社会主义",目标就是在没有社会主义革命之"疯狂"和"犯罪"的情况下,让经济"越来越多地从私人组织形式出来,进入公共组织形式中"。[36]

针对教科书中认为德国对古典经济学的反应是由历史方法所主导的那种观念,瓦格纳的经历能起到重要的纠正作用。正如他大量自由引用的马克思和李嘉图一样,瓦格纳把经济学当作科学来讲授,最终形成一个用他的名字命名的经济学规则。作为古典经济学家废除国家功能的思想的对立面,该规则认为文明的前进意味着国家控制和国家企业的范围自动地、不断地增加。

如果瓦格纳像他迫切渴望的那样成功说服皇帝接受他的主张,他就可能成为一名宫廷经济学家。因为失败,他参加了煽动性的政治活动。他不久就对"社会政策协会"的谨慎感到厌恶,首先转向阿道夫·施托克以亲教会、亲皇帝、反资本家、反犹主义等为基础组织起来的群众性政治运动——基督教社会工人党。在 1890 年代后短暂的"社会君主制"春天里,他扮演了领袖角色,组织福音派社会联盟。虽然瓦格纳最后加入容克保守党,但他从来不是个容克原始主义者。他批评俾斯麦的反社会主义立法是"让人遗憾的",他为工人分享更高国民收入份额的要求辩护。在 1890 年代,他把关于工人谈判权的提案提交给鲁尔区后差一点失去议会席位,那里的煤矿老板根本不吃这一套。他混合了伦理严肃性与煽动性言论,憎恨富豪统治而坚持"社会"观点,让人很难把他归类。但是在他的讲课中从来不缺少的是一种取代市场的、收入再分配的社会政治观念。他是沉浸在煽动性政治中的教授的典型,是作为世俗牧师为即将到来的"社会"时代布道的经济学家。[37]

相反,古斯塔夫·施穆勒是个特别审慎精明的人。他对经济学"个人自我主义"的不同意见并不比瓦格纳肤浅,但不是来源于马克思而是来源于历史。他反对寻找没有时间概念的科学(亚当·

斯密的追随者给经济学加上了这种负担），支持对经济政策进行结合历史背景和经验资料的思考。在让美国学生认识到所有经济理论的历史相对性方面，没有人比他发挥的作用更大。通过他编辑的学术刊物和从他的讨论课上流出的大量论文，历史经济学实际上成了施穆勒名字的同义词。[38]

　　然而，历史没有给施穆勒提供持久的支柱。历史经济学作为拆解那种认为市场没有时间性的"自然"概念的工具，对古典理论提出了有力的批评。但即使施穆勒也不能让历史成为经济理论的可靠替代品。到了1890年代，最聪明的美国学生已经意识到历史学派在不断扩张的、杂无定形的实证结果泛滥中穷于应付，开始寻找施穆勒在维也纳的对手边际主义者了。[39]

　　像瓦格纳一样，施穆勒的持久影响来自他作为国务活动家的身份。不过，瓦格纳是讲坛社会主义者的公共宣传家，而施穆勒是其模范政策顾问。他在1882年从斯特拉斯堡借调到柏林大学的一年内，就组建了小型的政治科学协会，召集柏林教授和高级官员讨论当前的立法问题：真乃学术渗透这门艺术的模范。他把自己和普鲁士教育部的密切关系变为19世纪后期德国最有势力的"教授制造者"。到了世纪之交的时候，尽管皇帝努力要稀释施穆勒的影响，德国经济学教授和政府官员中他的学生仍数不胜数。[40]

　　在施穆勒控制的所有机构中，"社会政策协会"是最重要的一个。成立这个协会的想法来自他组织的一次会议。1872年，施穆勒应邀在埃森纳赫发表开幕演说；他从1890年到1917年去世一直是该协会的主席，几乎就是该协会的象征，尽管有些年轻的会员曾抱怨过这一点。像施穆勒一样，协会也玩起技巧和谨慎的策略。从一开始，它就吸引了几乎所有年轻聪明的德国经济学家，还有一大批政府高官、记者、热心公益的实干家，以及一些开明的企业家。在1885年经济学大会（Economic Congress）解散后，"社会政策协会"就成为19世纪末期德国唯一的专业经济学家协会。但是它不仅仅是行业协会,而是从一开始就作为网罗自由放任思想批评者的号召力量,其目的就是发挥政策影响力。[41]

在寻找手段的过程中,"社会政策协会"考虑了时间和场合。在最初的几年,年度大会主要旨在为雇主、教授、记者提供针对"社会问题最紧迫阶段"发表观点的论坛。这些会议的高潮都在一般性辩论和针对当天议题的非正式投票上,其内容往往被媒体广泛报道。俾斯麦在1878年后政策上的突然转变让"社会政策协会"陷入困惑。在对1879年俾斯麦新关税议案的一场灾难性的、分歧严重的辩论后,非正式投票被取消了。1880年代"社会政策协会"放弃了劳工问题而讨论比较安全的农业政策问题,让俾斯麦的社会保险立法顺利过关,只引起一些轻微的辩论。在1890年代它重新鼓足勇气,尝试为政府官员、大学生、牧师提供暑期社会经济学课程。更持久的影响方式来自其专题论文形式的调查报告。到了1880年代后期,根据"社会政策协会"的大学经济学家管理层设定的议程,该协会成为社会事实调查工厂,谨慎地、专业地为积极承担社会责任的国家提供实证逻辑基础,把动员公众舆论的任务交给了其他组织。[42]

但是,"社会政策协会"最成功之处在于辩论渗透到制定政策的政府高级官员中。像法兰克福的市长弗兰茨·阿迪克斯、普鲁士财政大臣约翰内斯·米凯尔、1890年代初期"新路线"期间普鲁士商业大臣弗瑞赫·冯·贝尔普施、普鲁士统计局局长恩斯特·恩格尔等实权人物都被吸收进协会的管理机构。通过调查议题和辩论议题的选择,"社会政策协会"的领导力量为实际上的社会政策制定确立了框架。

其结果是非常谨慎的运作,常常引起内部的争论和外部的攻击。即使在初期,"社会政策协会"也没有觉得邀请工人代表参与劳工问题的专题讨论会是审慎的。由于把社会政策放在和宪法政策不同的领域内,"社会政策协会"回避了当时给德国宪法结构造成迫切压力的民主化议题。即使在他们选择的领域，"社会政策协会"的力量也根本不是体现更大的、看得见的利益的帝国政治势力的对手。德国改革派经济学家受制于他们在国务中的特殊地位和随之而来维护国家的义务，一方面对自己在国家事务中的影响力感到自豪，一方面又担心哪怕流露一丁点的不忠诚就整体丧失影响力，所以他们绝非美国人所认为的那么强大的人物。虽然如此，德国还是比英国和美国的同行早几十年创造了后来进步社会政治的关键机构之一：教授和政府官员，学术研究和实际政策制定之间的机构性联系。

在大学专业知识和官僚政府机构的联合方面，施穆勒具有坚定的信念。他出生于公务员家庭，从小就吸收了高级官僚的传统和自我形象。他认为政府官员与自私自利之徒不同，克服了竞争和追求自我利益的黑暗和血腥，可以保护广大群众免受有钱人的阶级压迫，作为"阶级冲突中的中立者角色"。或许施穆勒的结论比瓦格纳狭隘，但在德国帝国时代背景下，这已经够大胆了。不顾俾斯麦和德国工业家们的反对，他坚定地支持劳工保护立法的通过。当托拉斯问题在德国政治中激化的时候，他的建议是在最大的卡特尔董事会留下国家代表的席位，征收高额的暴利税。瓦格纳提议通过税收强制对收入重新分配，把市场相当大的领域纳入国家管理和控制；而施穆勒则从司法和官僚的角度将国家看成中立的仲裁者，"超越自私自利的阶级利益"，设定市场各方的行为界限，补偿市场的受害者。[43]

在德国的美国留学生追求这些人和这些观点的时候，他们的经济学观念不可能不受到暂时的冲击。抛弃本杰明·安德鲁斯所说的"理论绝对性"的经历（往往是痛苦的）一直萦绕在他们的记忆中。从施穆勒那里他们都学到了经济学教条的历史性。爱米莉·巴尔奇和埃德蒙德·詹姆斯回国后讲授瓦格纳的法则，即国

94

家的社会功能应不断扩大这一规律。其他人多年后仍然记得瓦格纳的道德"真诚"和他对"社会观念"的重视。[44]

但是,像德国本身一样,柏林的经济学家是给人带来困扰的老师。正如一个学生回忆的,他们对英美文化表现出来的民族主义芒刺、对美国作为纯粹利益政治场所的蔑视,以及"对美国一切事情的轻侮"都让美国学生感到苦恼。[45]最麻烦的是他们对民主的嘲讽和对皇帝及国家权威不加批评、毕恭毕敬的态度。在看到国家权力这般盛况的最初兴奋中,美国学生有时候也认同一种借来的爱国主义。杜波依斯回到国内宣称"如果真的存在上帝挑选的国王种族的话",那肯定就是霍亨索伦家族(Hohenzollerns)了。萨缪尔·林塞在德国的第一个有意行为,是在听到汉堡啤酒节的军乐后跳上桌子,挥动帽子,和其他人一起高呼口号。美国学生中很少有人不对抽象民主心存怀疑。伊利认为柏林对城市普选权的限制如果用在纽约市将使其受益无穷。[46]

但是多数美国学生对于俾斯麦的铁腕统治感到厌恶,他们讨厌国会大厦、朝廷随行人员和大街上炫耀展示的军队制服。詹姆斯认为俾斯麦对德国做了一件大错事,阻碍了自治的成长。塞利格曼认为反对社会主义的运动把德国贬低至"近乎诸侯国的状况"。美国学生谈到俾斯麦1880年代的社会保险项目时的最好评价就是伊利的评论,说它非常"有意思"。约翰·格雷1890年警告说,讲英语的人不明白社会保险提案和政府的压制措施有多么密切的联系。[47]

95 最后,所有在德国留学的美国学生多多少少都提高了反对国家权力过大的认识。玛丽·金斯伯里回忆说看到警察局书记员在政治会议上就座,"让美国和英国学生热血上涌"。亨利·C.亚当斯很久以后带着很少掩饰的愤怒写道:"宾馆老板给我安排房间前要求我出示护照,这让我感到不愉快,还有强加在我身上不得不做的事,每天早晨要看报纸上的禁书名单,弄清我拥有的书刊中有哪些必须锁在柜子里。"[48]

德国没有引发模仿。从概念上和实际上努力把有用的线索从错误线索中挑选出来,这从一开始就是跨大西洋进步纽带的固有特色。这个任务使得到欧洲来的每个进步旅游者感到困惑。在德国的日子也让这些美国人陷入有时候非常激烈的思考。德国旅居生活最完整的日志是亨利·C.亚当斯 1878—1879 年在柏林写的日记,里面涌动着信念变化的不安。亚当斯在 1870 年代后期绝非天真的国外旅游者。他从格林内尔学院毕业后到安多福神学院和新成立的约翰·霍普金斯大学深造。他曾经听过弗朗西斯·沃克的经济学讲座,在 1870 年代中期的艰难岁月独立研究过流浪工人问题。他在来到瓦格纳的柏林讲座之前就已经获得了霍普金斯大学的博士学位。[49]

但是亚当斯的准备中没有任何东西预示出,他来柏林的最初几个月在日记中描写起尖锐的、煽动性的经济问题。他开始研究社会主义问题,承认他在那里的工作"再次给予我踏入政治经济领域的立足之地"。他担心"自由放任"的问题,并开始制订一个限制个人财产积累的计划,虽然并不能令自己满意地将其所有隐含意义追究到底。他问道:"问题是限制自由竞争,但怎么做呢?"在国外的第一个圣诞节后一个星期,亚当斯的使命被搅乱了,他的宗教思想陷入混乱,情绪变得狂躁不安。

> 我只知道英国经济充当了……而且还正在充当那些把同胞踩在脚下之人的良心鸦片。奴隶制问题依然没有解决。如果基督把掩盖人们罪恶的外衣拿走是正确的,那么同样我来揭穿某种障眼法也是正确的,这障眼法让人们以为自己的不公正行为不是自己所为而是人们无法控制的法则的延伸。经济学世界中没有任何东西是人们无法控制的,必须提醒人们来控制这些法则。

96

亚当斯随身携带有虔诚、理想主义和道德上的激烈思考。德国遭遇的标记是,它们进入了自由贸易主义的德国批评家的框架和语言:自由放任、"自由竞争"、"英国经济"等。[50]

德国让人不安,这是其本质。西蒙·帕滕回国后迫切希望"帮助美国文明从英国向德国基础转变"。在爱国热情的勃发中,亚当斯发誓"努力工作,决不让美国和欧洲一样"。[51] 对于带着这么多复杂的感情进入动荡水域的这些人,人们不应该期待思想或者理想的简单转变。美国人不是进入了某个经济学流派,而是进入一个进行社会问题激烈辩论的社会。但是德国对于自由放任的老生常谈采取不逊态度,课堂上回响着对经济学原理教材的控诉和谴责,所有这些景象不可能不让看到它们的美国人受到震动。美国学生在德国的逗留让他们的伦理刻板观念得到放松,为他们提供了学术生涯的新模式,拔掉了自由放任思想建筑的支柱,可能算不上重建,但至少已经不再是不加批评的重复了。但是,在所有旅行中,行李最终都是要带回家的。

讲授经济学

到德国留学的美国学生在 1880 年代开始自己的教授生涯后,第一个行为就是急忙重新确立当初在海外接触的学术生活方式。他们把德国大学学习的典型特征纳入课程大纲内:讲课、讨论、研究论文、专著、学术刊物、研究生教育和博士学位等。他们还带回了内容上可以清楚显示德国标记的东西。他们开始在课程表上添加一些新课程,如社会政治学、社会经济学、公共金融学(瓦格纳的专长)、劳工和资本问题,用新阅读材料为教材教学打开通风的渠道。伊利在入门性课程中要求学生阅读瓦格纳、拉维勒耶,对经济学高年级学生(他警告说,他们会发现德国研究是不可缺少的)推荐瓦格纳、施穆勒、克尼斯、罗塞尔,以及古斯塔夫·勋伯格新出版

97

的合编本《政治经济学手册》(伊利称之为"最好的经济学专著之一,如果不是写得最好的话")。亨利·亚当斯在教书的头些年带领学生回顾经济学的历史,从重商主义者到英国古典经济学,从"对英国政治经济学的反叛"到"最新的德国经济学"。[52]

1880年代初听过伊利讲课的富兰克林·詹姆森尖刻地抱怨说,伊利"一再攻击他的稻草人——假定的经济学家,一如既往地猛烈批驳"。詹姆森认为伊利"心胸狭隘,内心充斥德国偏见",但这后一个指控没说到点子上。对德国表现出那么多复杂的感情,伊利那批人中没有一个回国后成为亲德派。只有少数人保持着与德国朋友长期的联系或者对德国政治发展维持着严肃的兴趣。实际上,他们回来满怀理想(他们时常将这些理想简称为德国本身),更多的是一种在国际思想运动中的参与意识。伊利要求学生汇报刊物上最新的争论焦点,除了德国的《普鲁士年鉴》和《康拉德国民经济杂志》外,还有伦敦的《经济学家》、巴黎的《经济学家学报》。伊利那批人在学术刊物的书评栏目中也展现出同样的国际化色彩。在作为哥伦比亚大学政治学和经济学教授学术阵地的《政治学季刊》中,从1886年创刊到1890年期间书评的一半都是外文标题,德国和法国的书籍大致平分秋色,还有少许意大利著作。无论如何,在德国大学的经历大大扩展了美国人的思想文化。[53]

但是,课程或者课堂上的影响显然不是他们追求的目标,德国留学归来的经济学家中这些思想领袖希望建立自己的社会政治学。德国人对自由放任的攻击让美国学生感到吃惊,其中受触动最大的那批人在1870年代后期或者1880年代早期回国后不仅对自由放任感到怀疑,而且还怀有宏大的、仍不成熟的激进变革设想。阿尔比恩·斯莫尔给学生讲授他对"自由放任的憎恶"。伊利在1884年写道:"这种年轻的政治经济学不再允许[经济学]被当作贪婪者手中压制或者压迫劳工阶级的工具。它不承认自由放任可以作为在人们挨饿时无所作为的借口,也不允许让竞争效率作 98

为掠夺穷人的幌子。"不过,困难在于发现一个项目和公共平台。[54]

至于这个首批团队多么渴望获得在海外老师身上看到的公共影响力和权威地位,是怎么夸大也不过分的。他们积极投身大学新开设的课程中,讲授热点问题,如劳工问题、亨利·乔治的理论、劳工立法、垄断、社会主义等。他们给公共刊物投稿,有些人还与工会组织接触。到了这个十年的中间,同代人中胆子最大的伊利已经深入研究工人阶级社会主义和劳工运动,发表了充满同情的研究成果,在批评家们看来同情程度令人吃惊。他在劳工骑士团风起云涌、成为巨大社会运动的1886年敦促有良心的美国人阅读一篇劳工论文、参加一个工会组织,"为他们分担一点痛苦,助他们一臂之力"。不到一年,平常情况下远比伊利更谨慎的埃德蒙·詹姆斯签约成为约瑟夫·库克激进的、短命的社会福音杂志《我们的时代》的"劳工改革"编辑。当乔治·麦克尼尔的《劳工运动:今天的问题》(由劳工骑士团资助)在1887年出版的时候,开头三章关于工业革命的社会动荡和劳工组织功效的历史是詹姆斯写的,是劳工和激进意见大合唱中唯一的学术界声音。亚当斯也和劳工组织接触过。这些行动虽然与阿道夫·瓦格纳投身柏林工人阶级政治不完全一样,但是在道德经济学热情和政治上的不谨慎方面,它们确实非常接近。[55]

人们很难准确说明年轻留德经济学家主张用来替代自由放任思想的内容是什么,但是可以清楚看出他们的强烈愤怒和尽可能获得广泛影响力的渴望。无论如何,他们不会成为自上而下的中央集权论者,他们在德国和美国的经历都强化了这一点。毋宁说,在整个1880年代中期,他们中的突出人物努力推动价值观的转型,要使其深刻和彻底到足以从道德根源处掏空竞争性个人主义的经济学体系。伊利、亚当斯、塞利格曼都接受了合作的思想,不是作为自助,而是作为劳工商品化的替代品。塞利格曼与富裕的德国犹太人家族的联系让他成为团体中最有世界背景的人。他从中世纪同业公会的研究转向对英国基督教合作社会主义预言家们赞赏有加的研究。伊利投身于和主要英国合作社人员的联系,让他的学生调查合作社传统和在美国开展活动的可能性。他发表于 99 1883 年的著作《现代法国和德国的社会主义》,在结尾不是写到讲坛社会主义,而是像塞利格曼的著作一样讨论金斯利和莫里斯的基督教社会主义项目。[56]

亚当斯对现存工资制度的替代手段也表现出浓厚的兴趣。到 1884 年他认为已经发现了一个答案,就是企业给予工人"财产权"——要么通过某种可以强制保障的长期工作岗位,要么通过共同管理或者分享利润等手段的结合。不管细节如何,它将是"我有时候希望的财产和社会权利改革的先驱,它将不允许这旧世界认出自己"。[57]

叛逆的经济学家开始称 1880 年代普遍的价值观转变为"社会主义"。这个用法是由英国人借用的,不是马克思主义的术语。尤其是在社会基督教与牛津理想主义结合相交的地方,"社会主义"一词在那个十年中可以在英国的各种角落听到。人们可以发现穆勒 1879 年对"社会主义"的重新思考,萨缪尔·巴内特在 1883 年提出的社会改革一揽子计划号称"可实行的社会主义",约瑟夫·张伯伦喜欢把"任何一种友好法案"都称作"社会主义"。据说(从来没有被明确否认)最著名的是格莱斯顿 1880 年代末期在下院的主要代理人承认的:"现在我们都是社会主义者。"[58]

一种故意的模糊出现在所有这些进步思想对"社会主义"一词的使用上,这种模糊定义从错位的宗教心态中汲取内涵,具有叛逆思想的年轻美国经济学家对此心态都非常熟悉。他们的社会主义不是以阶级或者国家为中心的,其核心是道德层面上的含义。社会主义成为激烈竞争的个人主义的反义词,是令身居海外的他们印象深刻的"社会"观点的延伸。伊利解释说,社会主义意味着对经济学"各人顾各人"原则的反叛。塞利格曼写道,它意味着让那些"倾向于把社会融合起来、使自我思想服从于追求共同利益"的力量有更大的作用范围。[59]

通过这个思想通道,留学德国的经济学家最终回到立法和国家管理的角色上来。他们吸收了太多的历史,所以难以想象国家能够和社会截然分离。早在 1884 年,伊利就运用瓦格纳的术语指出国家不过是合作社的另外一种形式,像家庭和教堂一样,是背后有伦理和精神力量的"强制性合作社"。对德国的同情,加上赞成高关税的家庭传统,让詹姆斯很容易宣称国家"如果不是社会本身经济演化的最重要因素,至少是最重要因素之一"。甚至比其他人更多怀疑国家权力的亚当斯也写道:"不管是用'国家'、'国民'还是'社会',基本思想是一样的。让人看到的本质是有机增长,而不是机械安排。"国家不是社会之外的一种安排,也不是非自然的、外来的、干涉性的力量。伊利说得更直接:政府"是我们工作时必须使用的机构"。[60]

1885 年和 1886 年,在德国产生、在美国加剧的异端观点和理想的喧闹达到高潮,在当时的情况下,必然产生远远超出大学"茶壶涟漪"的影响。直接的事件就是劳工组织的惊人增长。1884 年和 1885 年一系列非常成功的罢工极大鼓舞了士气,美国历史上第一次持久的全国性工人运动中,成千上万的工人开始涌入劳工骑士团。在立法机构内,垄断权力的问题被提上日程。与此喧闹一起辉煌的还有亨利·乔治,他的影响力在 1886 年达到最高峰。所有年轻的经济学家都公开或私下里质疑乔治对古典经济学简化和激进的阐释,即把经济苦难的全部责任都归咎于地租的罪恶,虽然他们羡慕乔治赢得群众支持的能力。[61]

留学德国的经济学家设计的组织机构是"社会政策协会"的美国版本:美国经济学协会。该机构的最初推动力来自詹姆斯和帕滕。在学生时代,他们俩都听过约翰内斯·康拉德宣讲"社会政策协会"的工作,向美国听众宣传其模范作用。在 1884 年,詹姆斯第二次从德国回来后,就竭尽全力付诸实施。詹姆斯和帕滕散发的"国民经济研究协会"草案标题中对经济学概念的标准德语单词 Nationalökonomie 加以明晰的英语表述:National Economy(国民经济)。声明中对于当时主要问题提出协会的立场,以便使之有"像'社会政策协会'一样确定的项目"。所有这些毫无疑问都是借用德国模式或抱负的痕迹。[62]

伊利和塞利格曼向所有刚从德国大学回来的经济学学生游说,招募他们加入。在 1885 年 9 月召开了组织机构会议,共同纲 101 领问题得到热烈讨论。亚当斯、詹姆斯和伊利都担心协会给他们贴上"讲坛社会主义"的标签,或者看上去要求他们彻底抛弃英国经济学。不只是亚当斯一个人坚持否认自己认同"社会关系的德国观点"——这种观点认为所有关系都集中在国家问题上。伊利的建议是把"自由放任主张在政治上不安全,在道德上不健康"这一共识作为记录保存下来。不过这个建议因为语言太过激烈,多数人还没有接受它的思想准备。[63]

但是从纲领的开场白"我们认为国家是个机构,其积极的帮助是人类进步不可缺少的条件之一"来看,没有人会怀疑该协会成为自由放任批评者俱乐部的决心。即使我们不了解伊利私下里说过的话("美国经济学协会的想法就是要在美国完成'社会政策协会'在德国做的事"),或者伊利的开幕词与施穆勒在埃森纳赫演说的呼应之处,也能够看出:协会竭力吸收有影响和有分量的外界人物为会员的热情,设定的调查研究议题,提出政策建议进行辩论的最初决心等,都显示出与德国人对贸易自由主义的异议有亲密联系。当这个协会在 1887 年招揽名誉会员的时候,拉维勒耶、瓦格纳、克尼斯、罗塞尔都成了第一批被拥抱的人。[64]

意识到风向的争议性,《科学》杂志的编辑让詹姆斯安排系列文章解释经济学中的反叛。塞利格曼写了第一篇,探讨经济学方法,文中他坚持所有经济学主张的历史相对性,"财产的绝对权利"也不例外。詹姆斯为国家的核心重要性辩护,指出它不是偶然性的、外来的经济因素,而是任何企业"伟大和沉默的合伙人"。伊利预告了经济学中新伦理因素的到来。("打开你的穆勒、勋伯格、瓦格纳、经济学杂志,你就会很容易地了解到经济学的思路大部分,或者说主要都朝向应该的方向。")亚当斯的文章探讨了法律和财产之间的关系。曾于1870年代中期在柏林和海德堡学习经济学的哥伦比亚大学教授里士满·梅奥·史密斯,则是为统计学和实证研究方法辩护。[65]

所有作者都说他们的主张不是德国经济学的简单衍生物,但是没有人能够忽视他们的反叛中编织出来的新的世界性线索,如施穆勒的历史方法、克尼斯和瓦格纳的伦理原则、(通过詹姆斯传达的)瓦格纳关于不断增加的国家功能的规律、(通过亚当斯和塞利格曼暗示的)瓦格纳关于从最根本核心重新思考财产所有权传统观念的呼吁。

102　　　　地位牢固的经济学教授的愤怒像火山一样爆发了。耶鲁大学的阿瑟·哈德利并非自由放任的简单鼓吹者,他承认在瓦格纳的讲座中学到了一点东西,但反驳说没有人能够一厢情愿地抛弃"经济学原理的严格要求"。"相信经济学原理可以由人类努力干预,这种观点比相信自由放任极端思想危险十倍。"他坚持说经济学的关键是发现人类意志无法超越的界限,如劣币驱逐良币,如草率的婚姻和太多的孩子意味着人不敷出、忍饥挨饿。政治经济学"对立法者说'你只能走到这里,不能再往前走了'。它不说'这样或者那样的立法可以产生最好结果';但是它说'超过了一定限度,所有立法都是徒劳的'"。[66]而反叛者提出的回应是:接受经济学是由不可改变的自然规律组成的体系就等于向宿命论和绝望投降。这成为他们回答所有其他问题的支点。

1886年《科学》杂志的交流把经济学新叛逆的多数元素汇集到

一起,如针对古典经济学根本比喻的争论、年轻的经济学家渴望公共平台和公共关注的热情、他们的道德严肃性、他们针对自由放任思想的深刻和愤怒的争论,以及他们与德国老师紧张和复杂的关系。在其他地方,那年亚当斯写文章探讨"推翻工资体系"——这是经济学关系中的巨大变化,造成的结果可能"等同于社会革命";詹姆斯嘲笑"私有财产神圣不可侵犯的老调";塞利格曼写到穷人和富人之间的鸿沟是"当今政治经济的首要问题"。再看相对孤立于德国影响之外的1880年代中期英国经济学学术辩论,与这里的激烈争吵相比就简直是在开礼貌的茶话会。美国经济学协会的年轻叛逆者悬在经济学与道德告诫之间,对自然运行的市场的观念全力批判。[67]

在这个层次的反叛上,1880年代的美国大学还没有准备好成为温床。美国自由的边界并不比严格控制社会民主党影响的德意志帝国时代的边界更狭窄,但是在美国,经济学主张的叛逆者如果触犯由企业家捐助者主导的大学财务和权威体系的话,可以自由运作的空间实际上就非常狭小了。在19世纪晚期的德国,拥有地位的势力划出一条最激烈捍卫的界线,那就是不能侮辱国家,但在美国更关键的界线是不能侮辱财产权。当然,财产权在北大西洋经济体中任何一个地方都不是小事,例如1890年代攻击"讲坛社会主义"的领头者就有萨尔河流域的煤矿和铁矿巨头,这就是明显的证明。但是在国家结构虚弱得多的美国,资产阶级垄断大部分高级岗位,又没有来自大地主贵族的强烈竞争,所以批评自由放任的美国人就孤立得多、脆弱得多了。德国教授的地位对美国教授来说是望尘莫及的,虽然他们曾经非常卖力地戴上了研究和学术的华丽装饰。

像北大西洋经济体的许多对比一样,美国叛逆者环境的脆弱性在一定程度上是公共机构时机选择的产物。在德国,国家和大学比工业资本主义更古老,它们的权威地位早已确定。在美国,什

103

么都是新的——内战后国家的性质、阶级关系、资本组织、劳工组织等,而财产重新分配的问题更切近核心。在这样一个社会,公共生活的众多基础设施(图书馆、公园、教堂、大学等)都是有钱人捐助建造的,德国教授的权威地位很难转移到美国教授身上。这就是密歇根大学校长詹姆斯·安吉尔表达的意思,他提醒亨利·亚当斯在美国不可能期待像德国学术界那样的自由程度。美国和德国不仅思想模式不同,权力结构也不一样。[68]

亚当斯是最早发现这个问题的人之一。因为还没有获得稳定的教授岗位,他的教学在 1886 年分成两个部分,分别在密歇根大学和康奈尔大学兼职。从他接受康大聘书一开始,执行校长就担心亚当斯缺乏"与纽约一百位银行家中任何一位交谈而带来的现实态度"。1886 年春天,密歇根大学安吉尔校长在答复亚当斯的长期聘用合同申请时,要求他正式说明自己对私有财产、继承权和国家社会主义等的观点。亚当斯大胆回答说:"控制所有生产机构的最终权力来自社会,业主应该永远被认为是受托管理资本的代理人。因此,至于说应该允许人们在多大程度上控制生产中介,就好像他们对其有最终权力一样,那完全是权宜之计的问题,只能通过实验和常识来回答。"[69]

但是在八月份,亚当斯犯了错误,在康奈尔大学工程学院的公共集会上对财产"神圣性"作了同样的批判(同时还对最近劳工骑士团的铁路罢工表示同情),当时该大学的主要捐款者之一就坐在大会主席台上。主持会议的瑟斯顿起来反驳。他宣称,在像铁路公司一样范围广泛的企业,高层主管"总是强壮、勇敢、聪明、谨慎、有远见、有开拓精神和精力充沛的人",不可能容忍在竞争中被淘汰的罢工者或是无政府主义者对他们发号施令。抗议现行的工资水平是徒劳的,因为制定这些条件的不是人而是自然、贸易和上帝的"普遍强制性法则"。[70]

当时的所有经济学虔诚言论在瑟斯顿冗长和即兴的反驳中滔

滔涌出。康奈尔董事会成员认为亚当斯的观点"危害社会秩序"，建议终止他的聘用合同。由于迫切希望保住密歇根大学的聘用合同，亚当斯给校长安吉尔去信，卑躬屈膝地收回他过去八年著作中的言论，承认他的思想由于在柏林遭遇社会主义观点而失去了平衡。在保持自我尊重的最后一个努力中，他还是忍不住建议校长本人看一看汤因比的《工业革命》。但是到了这时，羞辱已经成为事实，无法挽回了。[71]

在19世纪末期美国经济辩论的特殊情况下，对于留学德国的经济学家来说，亚当斯的遭遇是让人痛苦的教训。1890年代充斥着类似的学术异端邪说案件，多数涉及经济学家，正如玛丽·福纳显示的，校董们很少失败。即使已经升到沃顿学院教员领袖和薪酬体系塔尖的詹姆斯也最终被新教务长排挤了出去，后者本身也是大学的主要捐款人。1880年代仍然在积极争取教授岗位，留学德国的年轻经济学家们竭力把社会政治研究重建在不那么敏感的区域内。美国经济学协会非常不情愿地放弃公开的政策规划企图。在詹姆斯的交通委员会和亚当斯的公共金融委员会都没有能在政策建议上达成一致意见后，该协会抛弃了关于公共问题的所有常设委员会。"社会政策协会"选择少数当时社会经济热点议题作为深入实证调查和辩论的切入点，而美国协会的会议很快退回到分散的个人投稿的大杂烩。到了1888年，因为渴望得到数量规模，该协会实际上悄悄放弃了宣言中的原则。[72]

从修辞上看，留学德国的经济学家开始从1880年代的先知性语言退却了，这种语言部分来自瓦格纳，部分来自罗斯金以及新教徒社会福音主义。1880年代初期亚当斯、伊利和塞利格曼都关注过的工资关系本质问题，被悄悄从专业经济学文献领域剔除掉了。从社会主义者那里借用"社会主义"语言的讨论就像晨雾一样消失了。由于有大众杂志的发表渠道和一帮忠实的学生，伊利比其他人坚持的时间更长些。1892年他提议美国经济学协会的年会在位于肖托夸的循道宗信徒野营大会举行后,虽然被迫离开了协会的秘书处,但他还尝试了一系列替代美国经济学协会的社会福音选择。不过,在1894年遭受对自己学术异端邪说审判的烘烤后,就连伊利也退却了。

这个十年的逆转还没有严重到瓦解他们给经济学价值带来深刻变革的梦想——他们的企图不仅仅是提供一些零星的政策建议。在大西洋两岸,对当时个人主义加以修改和重建的愿景其实是进步工程的组成要素。不管"社会的"观念是夹裹在社会连带主义、费边社还是德国教授"伦理"经济学的语言中,所有的进步人士都想当然地认为其对立面不是法律或习惯的某个特殊安排,而是私人欲望的思想风气。进步政治将永远在预言性和特殊性的双轨上前进。但是,希望由合作社一直向上延伸到积极参与社会事务的国家,这种梦想在1880年代的阶级冲突中溃败,所以在德国人与自由放任论争的背景下学习经济学的第一代学者只好竭力寻找不那么敏感的领地。在他们痛苦地寻找精心确定的措施和更不容易遭到攻击的立场时,施穆勒模式从瓦格纳的阴影下脱颖而出。

叛逆经济学家的第一个谨慎措施让他们返回到自己最担心的德国纽带症结上:国家权力范围的边界问题。在自己的社会政治 **106** 和德国老师的无限度国家语言之间,他们不能回避有建造更坚固、更安全界墙的必要性。结果,亚当斯在他的世界坍塌之前五个月发表的一篇文章中已经提供了它。虽然从来不用伊利关于"神授"国家机构的言论,但亚当斯以自己的方式一直试图绕开人工和天然经济因素之间的概念界线——这些界线把国家与经济"自由"的领域区别开来。现在亚当斯在《控制国家工业干预的原则》中,返回到自由放任经济学家的界限和差异等用词上来。

在国家行动的合法性领域内,亚当斯强调了两点。第一是在"竞争行动水平"下设定一个底线的措施,以免市场动力学把伦理水平降低到最无耻竞争者的程度;从这个世纪初起在英国这就被称为工厂立法。第二涉及"天生处于垄断地位"的企业——创造一个竞争性的同样机构成本高昂,后来的投资者利润回报率非常糟糕,这不可避免地导致竞争失败。铁路就是"天然垄断"的明显例子,城市公用设施是另外一个例子。在这些领域,市场本质上是失效的,亚当斯认为某种形式的公共控制不可避免,不管是通过公共特许权、价格管理、建立竞争性国家企业,还是创立完全公共所有的垄断公司。[73]

这个十年经济学正统思想维护者的不满没有减轻多少。《独立报》评论家反驳亚当斯的文章说,"这是用最有力的形式表现出来的现代社会主义基本观点,因其温和克制的口气而更加阴险奸诈"。但是留学德国的经济学家欣然接受亚当斯的区分;在不干涉主义与德国国家概念的旋涡之间,这让他们有了理论上的立足点。亚当斯自己并不是很清楚实际后果,在把这篇文章寄给美国经济学协会发表前,甚至还特意添加了谨慎的声明,说整个论证完全出自"个人主义"观点。[74]塞利格曼(此刻)抓住亚当斯文章的谨慎一面,强烈主张亚当斯的工作"证明放弃自由放任并不意味着支持社会主义或者在任何实质上接近社会主义"。伊利选择了亚当斯观点中更加激进的道德内容,在吸收了亚当斯的天然垄断观点不到一年内,就呼吁铁路、电报、公交车、城市电力、煤气和自来水的公有化,即使不能马上进行,至少要缓慢地、稳定地推进。正在为防止费城的城市煤气设施被拍卖给私人企业而斗争的詹姆斯欣然接受同样的观点。作为大众化进步政治产生的重要分水岭,接下来二十年的城市公用设施斗争都紧紧围绕着"天然垄断"论点开展。再往后,新政的《公平劳动标准法》和田纳西流域管理局仍然处在亚当斯关注内容的范围内。[75]

如果亚当斯的文章帮助确定了叛逆者国家观点的框架和焦点的话,仍然存在的问题就是如何创立比1880年代预言性的政治讲坛更坚固的战略基础。在这个紧要关头,施穆勒更谨慎的专家影响模式变得更加吸引人。当詹姆斯1889年再次开始美国的"社会政策协会"工程时,这次他的设计更加忠实于原型。像"社会政策协会"一样,他野心很大的新组织"美国政治与社会科学院"目的不是完全的政策规划而是辩论。由学院出身的组织者确定议程,它把教授和费城实干家召集到一堂讨论公众关心的话题。从第一次开始,该学会的模型就很少远离人们视野。早期的《年鉴》中常常有很大篇幅刊登来自施穆勒、古斯塔夫·科恩、锡耶纳的阿基尔·洛里亚、维也纳的欧根·庞巴维克、巴黎的保罗·鲁西耶的长篇选段译文。还有列奥·罗韦关于"社会经济协会"会议的报告、威洛比关于"社会博物馆"的报告、罗伯特·布鲁克斯关于德国城市大会及约翰·格雷关于"社会政策协会"本身会议的报告。在一个固定的栏目,列奥·罗韦记录了城市管理改革的最新国际观点;萨缪尔·林塞为笼统的社会改革新闻做了同样的事情。[76]1902年,在德国大学纽带的另一个校友艾默里·约翰逊的编辑下,它的《纪事》最终找到了持久的模式,是"社会政策协会"丛书在1870年代使用过的模式的变体。每期都登载专题讨论会上专家就当时紧迫的政策议题发表的意见:城市所有权和特许权、工业调解和仲裁、住房、童工、企业管理、监狱管理、贸易和关税等。

专家政策顾问实际上成为批评自由放任的学者们重新组合发挥影响力的一个场地。到了世纪末,第一代留学德国的经济学家的学生通过占据大学教授与政府服务专家之间的社会空间,努力建立权威的新形式。他们的努力逐渐确定了美国进步政治的一个核心结构。艾默里·约翰逊以他在柏林提高的交通政策方面的专长,获得了沃顿学院讲师职位和"地峡运河委员会"的席位。他的同事罗兰德·福克纳成为1890年代初关税审议时期参议院金融委员会的专职统计学家。阿德纳·F.韦伯在柏林研究生毕业后到纽约担任劳工统计局的副局长,这个统计局很快发展成为欧洲社会政策观念的集散地。在这方面亨利·梅耶的生涯最典型。梅耶1894—1895年在柏林施穆勒和瓦格纳的指导下学习,从瓦格纳身上吸取了国家功能扩张的思想,从施穆勒身上吸取了反对演绎式经济理论的基本态度。回国后,他利用自己关于普鲁士铁路体系的知识谋得了威斯康星大学教授职位,在起草威斯康星铁路委员会法案方面发挥了关键作用,是这个委员会的首任主席,并且从1911年到1939年是联邦州际商业委员会的成员。[77]

随后,1880年代的人也学会扮演新角色。塞利格曼成为美国累进税制方面的顶尖专家,虽然他强调这不是瓦格纳那种明确的再分配主义原则。亚当斯在默默地讲授劳工组织、社会和工业改革的同时,终于找到了发挥政策影响力的合适职务,成为新的州际商业委员会首席统计学家,他细心推动对税率和工作条件进行技术上可靠的监督。伊利在1894年与威斯康星大学管理者发生冲突后,也学会了从专家政策内部渗透的艺术,沉浸在土地经济学的议题中。[78]

这种取得影响力的路线变得如此熟悉,很快,从规劝到以大学为基础的专家权威这个转变看起来像自然的进步过程。作为专业化的社会过程的内在属性,它似乎不需要解释。但是这种权威系统在一定程度上也是从国外引进的,是国内政治和跨越大西洋的进步纽带结合的结果。没有谁迫使人们必须依赖大学教授提供制定政策的专业知识。在这点上,也没有谁强迫对专家的政治依赖。英国国家机器并不是掌握在专家手里而是在牛津和剑桥的业余爱好者手里。伦敦各部委吸收高级政务员和政策制定者是从接受通识教育和有特权出身背景的人中选拔,候选人参加的竞争性考试在设计时就把政策专门知识看作无关紧要的。在进入这个圈子的人中间,联系广泛的自由职业者知识分子相当程度上比大学教授109更常见。皇家调查委员会的成员构成也是如此。[79]

对于高级公务员在经济学和公共法律方面的训练要求,就像大学教授在大学讲堂和政府部门间穿梭的情形一样，都是建立在大学和国家机构关系特别密切基础之上的德国风格。公共调查委员会是其中一个典型模式。大学经济学家是国家委员会的固定成员，即使相对来说属于边缘性的人物马克斯·韦伯，在 1890 年代也被任命为联邦议会的股票和商品交换调查委员会的成员。[80]

1890 年代在德国留学的美国经济学家把这个模式带回国，努力把它嫁接到美国更分散的国家权力结构上，并产生了相当程度的影响。从 1883 年基本上是参议员亨利·布莱尔口袋中拿出来的参议院劳资关系调查委员会，到 1898 年至 1902 年充斥着大量专家报告的工业委员会，到 1912 年至 1915 年的工业关系委员会（该委员会由威斯康星大学的约翰·R.康芒斯作为核心成员之一，还有大量的专职社会经济学家为其效力），现代公共调查委员会的发展概括体现了教授提升为国家政策顾问的模式。新社会政策压力集团如美国劳工立法协会、全国消费者联盟、全国童工问题委员会的顾问机构，都充斥着大量留学德国的毕业生，这也说明了同样的情况。在 1908 年，以大学为基地的专家和进步国家机构合作的进步时代高潮时期，威斯康星大学有 41 位教授占据正式的国家委员会中至少一个席位。到了 1914 年政府换届不到一年，教授们都被清退。尽管如此，渗入国家机构内部的活动证明，这是一条比亚当斯一代公共预言家式的抱负更可靠的获得影响力的道路。[81]

简而言之，从他们第一次遭遇德国人特别激烈地攻击曼彻斯特经济学，德国大学纽带的首批美国学生就开始为自己寻找发挥影响力的手段和实现新国家意识的机构平台。他们开始一点一点地帮助确定美国社会政治的因素。到了 19 世纪末期的时候，这批人已经做了很多工作，使得经济学文本摆脱了他们年轻时代接受的伦理经济学推论。如果说他们还没有消除市场的"自然性"特权，至少已经做了很多工作让公共行动和控制的机构变得更自然些。到了世纪之交，阿德纳·韦伯确定古典学派和历史学派的巨大争论"早已了结",陷入折中融合和妥协。国家和经济的清晰界限演变成为出于私利和实际情况的考虑,虽然辩论仍然激烈,但已经没有了前辈那种形而上学的争论。[82]

因缘际会,19世纪末期一代有政治抱负的年轻知识分子意外地转向德国留学,而在这些事件的所有后果中,最重要的也是最明显的是:它给经历这个过程的人烙上了持久的世界主义思想印记,让他们成为欧美世界社会政治事业的自觉的公民。

德国大学纽带开启了美国社会政治的"跨越大西洋"时刻。这些留学生带回美国的是一种强烈的自由解放意识,摆脱了年轻时代禁锢的思想世界——包括自由放任经济思想那严格的、推理性的思想范式。他们带回了新的政治理想和权威的新模式,带回了美国政治中缺乏"社会"立场这一深刻认识,还有关于国家的社会可能性的新意识,这意识既让人担忧又让人兴奋。他们的道路连同接受他们思想和影响的学生的道路纵横交错,贯穿于这故事后来的各个章节。

但是正如他们的经历显示的,大西洋纽带绝不仅仅是观念的简单传播、思想类别的抽象传输,或者平静愉快的游览航行。留学德国的美国人对他们在海外所见所闻的紧张和痛苦的思考,他们的新社会政治与国内经济结构之间的冲突,都成为影响全局的因素。在不同国家组成的世界里,跨越大西洋的社会政治从一开始就是充满陷阱和危险的。跨越大西洋的社会政治中持久存在的狂喜和紧张才刚刚开始。

111

第四章

自主自营的城市

都市生活的集体主义

　　1880 年代开始的经济学理论的斗争在 1890 年代首次在"大城市"达到政治爆点。现代读者已经习惯于认为民族国家是社会政治中的主要角色，所以有必要停下来对这一点思考一番。20 世纪末期美国重新泛起的"都市危机"言论充满绝望情绪，一个世纪前的城市却正位于跨越大西洋的进步人士想象力的核心地带。正如现在人们常说的，如果有意识的公共行动能够拯救当今城市免遭社会和经济力量的蹂躏与毁灭，就需要各国政府动用意志和资源促其实现。但是对于大西洋两岸老一辈都市进步人士来说，方案正好相反。如果要改造国家的话，首先就要抓住城市的社会可能性。

　　夹在民粹主义的反叛和西奥多·罗斯福的总统改革之间，美国进步政治历史中这薄薄一片都市"时刻"并没有被人们所忽略，但是它的国际动力学和视野还很少得到认真研究。不管是对于1890 年代伦敦的费边社、1890 年代法兰克福左倾自由派，还是克利夫兰和芝加哥的进步人士,大城市都成为社会政治动员、实验和争议的主要场所。在塑造都市社会政治方面,没有能与亨利·乔治或者阿道夫·瓦格纳相媲美的体系创建者。都市社会政治的理 112 论虽然不乏宣传家,但仍只是初具规模、模糊不清的。其共同元素是都市生活中平凡的物质设施:自来水、街道、有轨电车、公共澡堂、煤气、住房等。但是,在关于谁应该控制这些商品和服务的斗争中,在增进城市社会责任感、把城市从唯利是图的商业利益中解放出来的梦想中,大西洋两岸对自由放任思想的反叛投入了第一个共同的试验。

　　大城市和社会政治之间的联系是多方面的。当民族国家的首要事务是军队和帝国,公共福利则属于地方政府的管辖范围。那里有穷人救济,也有大部分相互支持和帮助的体系。而且,大城市有相当多的资源来应对继承下来的政治责任。雄心勃勃的年轻社会政治改革者来到伦敦、巴黎、芝加哥、柏林或纽约,吸引他们的力量和吸引农民、政客、企业家、艺术家来大城市的力量一样。社会机构在这里扎根,而大学(牛津和剑桥除外)本来都是城市产物。可以肯定,大西洋两岸的进步压力集团和公共机构成员中大部分是城市居民。大众媒体和动员工人阶级的大机构都把总部设在城市,如果中产阶级改革者需要且希望,这些都可以成为潜在的盟友。

　　最重要的是,大城市的结构本身包含了进步政治的一些关键问题。其中最重要和最明显的问题是社会碎片化。工业资本主义的阶级划分就连在最黑暗的煤矿地区也没有在城市表现得更清楚。恩格斯在1844年写道:"对伦敦来说真实的东西,对曼彻斯特、伯明翰、里兹也是真实的,对所有城市都是真实的。""任何地方都存在一方野蛮、冷漠、自私自利,另一方处境悲惨、痛苦不堪,任何地方都是社会战争、任何人的房子都处在被包围的状态,任何地方都存在法律保护下的相互掠夺。"[1] 这个指控有点夸张了,但毫无疑问,大城市让工业资本主义竞争性的、碎片化的面孔更加清晰地展示出来。从纵向来看,大城市分解成为利益和阶级,从横向看,区分成为鲜明对照的大片住宅区。人们走在这样的街区中间,周围情景的变化给人的感觉就像背景和舞台陈设突然被拿走,换了截然不同的东西放在原来的位置上。大城市作为诸多对比鲜明的次城市的集合而不断扩张,这里一个金融区,那里一个高级住宅区,贫穷脏乱区、工厂集中区、仓库和商店集中区、中产阶级郊区和广大的工人阶级聚居区等,而这些大区又可以分成小街区和民族聚居区。在 19 世纪的伦敦和巴黎,甚至没有表面上的地方自治把所有这些组合起来,以免城市内的阶级冲突再激发革命的火药库。

最让人感到担心不安的是城市中大量增加的贫穷劳动者。最廉价的住宅区里涌来大量失去土地的农民,他们不能在城市的工厂、机关和仓库中寻找到安定的立足之地,只有在庞大的都市里从事不固定的、无需技术的劳动。他们把纽约市政厅阴影下的五点区(Five Point)、伦敦散乱的东区的白教堂、柏林贫穷居住区的内院变成世纪之交悲惨生活的比喻。1902 年到达英国的作家杰克·伦敦不知道如何去东区,但是知道他得去看看,正如在纽约的欧洲进步人士知道需要看看第五大道上富豪们的宫殿一样。资本集中的地方和贫穷集中的地方,财富的贪婪炫耀和毗邻的卑屈痛苦:城市集中了都市作家巧妙地称为都市生活"阳光和阴影"的东西。[2]

尽管城市是分裂和破碎的地方,与此同时它也是巨大的集中地。在这点上,恩格斯没有抓住其标志。如果说没有硝烟的日常战争是大城市生活无法摆脱的困境,那么,城市中人们相互依赖的程度同样强大。城市居民通过范围广泛的商品和劳务市场进入城市,通过土地和住宅市场分为不同街区,由商店店主、小贩、运货人、中间商的庞大队伍维持着。他们生活在相互倚赖的网中,这网一方面力量异常强大,另一方面又看不见摸不着。大城市以外的任何地方都不像这样完全依靠看不见的供应者来提供住宅和生活必需品。萨姆·巴斯·沃纳所说的"私人的城市",由很多私人决定组成的产物,实际上是由相互倚赖的关系组成的一张大网。[3]

　　不由自主地,城市无形的资本集体主义迫使集体考虑进入了人们的政治意识。大城市最紧迫的问题之一是健康。社会政治形成的大部分历史,实际上可以作为围绕公共健康概念而斗争的故事来写——健康不仅根源于个人纪律和卫生,而且也在于劳动和住房的社会环境。除了如老年、生育和事故等传统的健康风险外,　114城市又增加了因居住集中、相互倚赖而产生的风险,其中很多像水里的微生物,是普通人肉眼看不见的。正是 1840 年代英国埃德温·查德威克率先进行的大型卫生调查,令人震惊地首次确定了都市疾病的生态学病因,显示了污染的水井、不流动的污水沟和院子内部不透气的窝棚有影响深远的公共危害。由于财产所有者的个人算计,没有人愿意为改善卫生状况付出经济上的代价。因此,卫生调查不仅提供了集中居住的人口在健康风险上的医疗教训,同时也提供了经济教训,指出关注自我利益的商业行为对社会造成的危害。[4]

　　由于卫生科学的推动和霍乱疫病的威胁,加上人们对贫民窟道德败坏的恐惧不断加剧,19 世纪政治当局首先在英国,后来在其他地方开始加强对私人城市的管理,制定更系统的地方法规、建筑规范、卫生条例,确立定期住宅检查等制度。影响更重大的是,政府当局开始慢慢承担起某些商品供应者的责任,这在之前被普遍认为属于私人供应商的范畴。饮用水首当其冲。当 1840 年代英国开始卫生运动的时候,北大西洋经济体内的自来水厂几乎全部是私人经营的,是用来赚钱的行当。但是在流行病和传染病的刺激下,市政府开始为自来水供应的公共体系投资越来越多。膨胀的城市人口推动政府从简单的管道作业到建造范围广泛的供水体系,包括水库、渡槽、总水管、过滤厂等。到 19 世纪末,自来水供应已经成为巨大的公共经济活动。英国 1905 年最大的 50 家工业企业平均资本化程度是 440 万英镑,而伯明翰的自来水系统工程融资接近 800 万英镑,伦敦的新大都会供水局是 4700 万英镑。[5] 即使从"守夜人"那种最简朴的公共安全的概念来看,大城市生活的相互依赖性也能成为规模惊人的集体主义的发动机。

但是如果城市能够而且应该卖水以确保私人自来水公司无法维持的充足清洁水源,它还应该提供其他什么东西呢?城市是否应该为了居民的安全照亮街道,为了身体健康和休养建造公园和运动场,为了让公众摆脱愚昧、叛乱和暴政而建造学校和图书馆呢?是否应该拥有城市的公墓和屠宰场以保护附近居民的健康呢?是否应该拥有公共澡堂呢?正如简·亚当斯 1892 年宣称的,在赫尔馆周边三分之一平方英里范围内只有不到三个澡堂。或者为了确保小孩喝上不掺水的牛奶,是否应该拥有牛奶消毒站和供应站呢?或者医院和门诊所?[6] 是否应该打扫街道,清运每天的生活垃圾?是否应该宣告不适合居住的房屋为危房,把它们拆除,在原地重建新的、质量可靠、卫生条件达标的房子?是否应该建设城市公共交通线路,让为了能步行上班而不合理地拥挤在一起的人口分散到更健康的郊区?一个城市到底要管理什么?应该把哪些东西交给市场刺激来调节?哪些要特许经营?哪些要自己拥有和经营?城市生活中预料之外的集体主义迫使人们思考所有这些问题,颠覆了传统的观念,模糊了私人和公共义务的界限。

城市政府任务的"功能扩张"是这个现象的社会学术语,但是这个比喻不应该让人产生误解。城市当局不管往哪个方向转,它们添加的任务都会与已有的私人企业发生直接冲突。城市供应的新领域中没有一项不是有人已经在做的。19 世纪中叶的城市拥有很多自来水供应商、卡车司机、私人垃圾清运者、房屋出租者和房地产投资者、兑水牛奶的销售者、偷工减料的建筑商、公交公司、街道清扫承包者、各种形式的特许权拥有者。城市官员往往被人收买,他们在出售城市的商业可能性时,与商人勾结推动了城市的商品化。甚至污水处理也让城市遭遇大大小小的众多商业操作者，他们为处理城市的排泄物而获利：化粪池清洁工、污水处理工、粪肥清理工；为了微薄的工资，一群妇女专在夜间活动，把柏林有钱人家里的马桶运送到施普雷河里。即使把都市生活中最卑微的必要工作收归市营也绝非简单的服务扩张，当城市承接服务供应者的任务时，就闯入了私人供应者的领域。

简而言之，市营化意味着市场的减小和商品从私人向公共部门的转变。一方面存在根据市场规则定价的商品和服务，它们由私营企业自主决定；另一方面是公共商品，即使有直接定价的话也是由社会来定价。后来，中间地带会被一系列模糊了早先清晰界限的混合体来填充，如准私营商品，最初由私人创立但是接受公共管理；或者准公共商品，由公共确定但是通过私营企业来提供。但对于世纪之交的城市进步改革者来说，把什么确定在市场领域之内，把什么确定在市场之外是差别鲜明的，并且能产生重要的政治影响。虽然批评者有时候给他们贴上"集体主义者"的标签，但进步人士并没有把大城市生活集体化。这个任务是由城市商品和劳动市场的创造者、企业家和（到这个世纪末时）垄断者完成的。进步人士的工程不同，他们试图把城市隐含的集体主义用自觉的、公共的方式加以实现。 116

巨大的权力对大西洋世界的城市来说不是什么新鲜东西。中世纪和现代早期城市的社会和经济能力一直是巨大的，不是理论上的空谈。市属机构收容病人，接济穷人，拥有市场、码头、公共土地；它们管理价格和工资、守护街道、主持正义。进入现代社会，这些权力的残余继续存在于偶尔设立的公共市场、城市医院、济贫农场或者城市采石场。但是外部受到民族国家中央集权化的胃口的挑战，内部因企业自由领域不断扩张的要求而成为中空，城市的经济功能慢慢萎缩到一个受到很大限制的范围内。

在 19 世纪中叶城市私有化高潮中，城市行动的范围在北大西洋经济体内变化很大，但是政策和观点的趋势是普遍一致的。当大城市对自来水、卫生、灯光和交通的需要开始超过了传统的家庭作坊式技术能力时，在任何地方，抓住机会的都是私人风险资本家。私人提供服务的城市中，水不是来自私家水井，就是从供应商的水管流来；垃圾和废物清理是小企业的领域；提供街灯的煤气是从私人煤气场购买的；电从 1880 年代的爱迪生和西门子专利工厂进入城市，一开始就是巨大的产业；交通运输是很多商业承运者、搬运工、出租马车和公共马车夫、有轨电车、蒸汽铁路公司组成的大产业。[7]

但是在城市消费者和供应商之间，摩擦和冲突是普遍存在的。由于各方面都在增长，城市迫切需要技术进步和服务的扩张。而城市服务的私人投资者把资本投入自来水管道系统或马拉的街车轨道线上后，最希望照管已有的投资以便得到所有回报。自来水私人供应商不大愿意进行昂贵的投资修建水库、渡槽或开辟清洁水源，所以经常与城市委员会就自来水供应的可靠性和质量问题发生矛盾。伦敦就是一个臭名昭著的例子，到了 1899 年时还因为私人供水公司而动辄让城市在夏天陷入水荒。[8] 城市委员会和私人煤气公司也常常因为价格和利润问题争吵不休。多伦多、纽约、格拉斯哥、慕尼黑、科隆等一再上演的情景是城市委员会与公交车专营权所有者的争吵，商业公司不愿意把线路和服务延伸到城市密集居住区和核心地带之外，因为只有那些地方的投资回报率是最高的。

没有什么比垄断地位更能有效地促进资本的生产率了。为了获得垄断地位，私人服务投资者大胆前进，所以，说他们不愿意投资进行昂贵的技术革新纯粹是谎言。在投资规模特别大的领域，像煤气和公交系统，投资者特别积极地要抢先阻止组建竞争对手企业。他们通过购买和捞取不打算实现的专营权，鼓动政府的一个部门与其他部门扯皮，行贿政府官员，或者干脆用收买竞争者等办法让提倡竞争的人来不及建立市场。在这些方面，叛逆经济学家的"天然垄断"论据中的形容词"天然"是误导人的。商业公共服务公司动用其所有的经济和政治资源以便形成垄断,并从中获得19世纪后期所能提供的丰厚利润回报。[9]

关于价格、利润和供应的结构冲突形成了19世纪末期公共服务政治的一个背景,另外一个背景就是都市财产所有者对增加税收负担的根深蒂固的厌恶。只要城市被认为是不自然的税收负担——是在私人的、个人的预算中必须尽可能减少的开支,那么要求公共开支节俭的压力就会成为都市政治的核心。任何地方的公共投资新建议都遭遇质疑和推迟。这个时代的先驱者、公共卫生学家埃德温·查德威克在他的祖国英国一直陷入政治麻烦里,其里程碑式的《公共卫生法案》只推行了六年,查德威克的批评者就通过修正案让该法案陷入瘫痪,并永远把他从公职岗位驱逐出去。1873年,霍乱横扫汉堡让人们看到城市供水方式的不足,但正如理查德·埃文斯显示的,城市财产所有者协会顽强抵抗和官僚拖拉多年后,市议会才最终在1890年同意投资水过滤技术。私人提供公共服务的城市得以维持,不仅符合商业供应者的利益,也得到厌恶税收的意识形态的强力支持。[10]

118

这个模式的第一个突破是饮水和污水处理问题。由于受到英国公共卫生学家先驱的鼓舞,英国市政当局在1850年代率先把饮水供应从私人转变为公共福利,逐渐购买商业水厂,投资城市管理供应的新系统。到了1879年,英国城市卫生区的几乎一半都是由公共供水;到了伦敦改为公共供水体制前夕的1903年,在自来水供应方面的公共投资几乎达到私人投资的2倍。[11]为城市喷泉和消防栓供水的总水管并不是直接把水送到多数城市居民的住房内。为工人阶级提供的公共澡堂来得更近。1846年的一个议案让建造公共澡堂成为英国城市可以允许的开支,八年后伦敦有13个城市所有的公共澡堂。到了1890年代,最大的澡堂除设有淋浴澡堂和游泳池外,还有洗衣店、酒吧和公共演讲厅。[12]

但是让人感到矛盾的是,更充裕、更干净的城市供水没有带来更多的健康。因为水流到污水池、地窖、厕所,汇入水塘和负担过重的溪流和沟壑(它们充当了阴沟),没有排水设施、水多为患的19世纪晚期城市本身成为环境危害的根源。尽管遭到纳税人的反对,紧随公共供水之后而来的是对于排水管和污水处理设施的更大投资,不仅是接收城市污水和马粪的污水管(如游客参观的拿破仑三世时代巴黎的大污水管),而且通过查德威克的技术突破,即连接到家庭"水厕"(water closet)的水冲卫生排污系统,慢慢开始让夜晚干活的运粪工人和污水池清理工丢掉了工作机会。[13]

从公共供水到公共排水投资,再到后来(排水仍然未能带来健康)更遥远的水源供应和新的过滤技术,这一连串相互联系的事情成为野心勃勃的市政府必须扩大行动范围的几个努力方向之一。有些联系是技术上的,比如与水传播疾病战斗的不断推进的前线;有些联系是组织上的或者资金上的,如在城市供水厂、城市煤气照明厂获得的管理能力诱惑市议会向外寻找行动和利润的新来源。另外一个扩大供应范围的动力借了比喻的翅膀,起初针对城市污水臭气引发流行病的卫生运动,现在扩展到了反对城市贫民窟和廉价棚户区道德堕落和社会罪恶等"乌烟瘴气"的运动。[14]针对贫民窟和"群栖窝"的战役代表了都市更广泛社会成本概念的开始,尽管它显得有些装腔作势,而且对那些在清理贫民窟时被赶走,或者被整顿拥挤宿舍的检查员发现而强行推进黑夜的人来说,未免过于残忍。一旦城市事业的边界开始向外延伸,所有这些因素都成为强大的加速器。

19世纪末期城市事业最受推崇的典型是约瑟夫·张伯伦的伯明翰。1870年代这个英国城市采取的措施本身没有一项是崭新的。让伯明翰成为19世纪后期公民积极主义的代名词的,是张伯伦对城市事业新领域间潜在的相互关系的把握、他对同时做所有事情的热情,以及他在公共投资方面的精明。当张伯伦1873年担任市长的时候,正如那个时期公共媒体描写的那样,伯明翰笼罩在工厂和车间排出的浓烟中,很难说是一个模范城市。该市的死亡率据说是岛上所有大城市中最高的,商业供应者的管道自来水常常不能满足需要,污水管的负担过重。市议会对即将到来的庞大修缮开支感到害怕,顽固坚持公共开支的节俭原则。[15]

张伯伦是机器商品制造商,比长期主宰伯明翰市议会的小商人、小店主见多识广,更习惯于大场面、大规模的行动。他提议通过城市直接提供公共服务的方式打破给排水、健康、税收等僵局。因为专营权的优惠条款大发横财的伯明翰煤气供应商成为他的第一个目标。一年之内,城市已经买下他们的全部股份,把商业煤气销售中的利润投入改善市政条件。从此以后,其他措施很快跟进。市里利用煤气供应公有化获得的收入购买并扩大了伯明翰水厂,开始投资延宕已久的污水处理和卫生设施改造。张伯伦抓住一项允许政府没收不符合卫生标准的住所的法律,带领城市开始野心勃勃的城市土地价值重建的活动。位于市中心附近的 43 英亩廉价住房被全部拆迁,居民被遣散,取而代之的是漂亮的新商业街,所需费用由向商业建筑投资者重新销售毗连的土地所得利润来支付。到了 1890 年,张伯伦自己已经登上全国政治舞台,伯明翰不仅拥有公共煤气收入、新公司街(Corporation Street)的繁华气派,而且有新的公共澡堂、公共艺术学校、艺术博物馆、新的城市公园、典范的污水管、新的城市污水处理厂。市政厅镶有马赛克和包含寓意的雕像,成为英国最昂贵的市政厅之一,这实际上是伯明翰的商业"市政改革"的纪念碑。[16]

咄咄逼人的商业市政意识是伯明翰城市复兴的标志,伴随而来的是城市权力悄悄地上升。到了 1870 年代末期,对纳税异常敏感的店主们已经失去对伯明翰市议会的控制,取而代之的是像张伯伦一样习惯于更大胆的资本投资的富豪。生产商聚集在城市的煤气和改进委员会,对城市的商业优势保持高度关注。在没有明显的市政利益的领域,

120

他们的兴趣就明显下降。在反对伯明翰一个又一个街区那种"背对背"的工人阶级住房方面,城市议会没有多少进展。到1900年的时候,这个城市几乎四分之一的住房仍然没有卫生的排污系统。难怪激进的经济学家托尼把张伯伦风格的"市政商业"(municipal trading,城市接管产生收入的活动的正式名称)贬低为商业支持者采取的为自身利益服务的工程:"显然,这里没有任何革命的种子。"[17]

但是在不那么激进的程度上讲,里面还是有些值得称道的内容。张伯伦自己吹嘘说,城市打破了"对于所谓政治经济学固定原则的学究式坚持",那些原则把市场行动的领域与合法的公共活动严格对立起来。[18]城市已经从原先那种财产所有者的有限看护协会,变成了一个大型经济企业。伯明翰的公民资本家几乎就没有开始改变城市的阶级关系,转移到"公司街"之外的贫民窟仍然存在。伯明翰的政治教训表现在另外一个层面:一个城市本身可能从其存在而造成的市场中成功索取公共回报。

到了世纪之交,人们在北大西洋经济体的大部分地区都能看到伯明翰。最大的例外是法国,那里的城市处在国家官员特别严格的控制下,没有独立能力签订债务合同,几乎排除了城市所有权实验的可能性。但是在英格兰、苏格兰和德国,世纪之交的前后十年都处于城市企业特别的繁盛期。[19]

到了1890年代,伯明翰在城市改革的领先地位被工业苏格兰巨大的、灰色的造船和机械制造经济中心格拉斯哥所超越。在格拉斯哥,定调子的主要是公共健康而不是公共利润。经过与煤气供应商就服务充分性的不断争吵,该市比伯明翰早五年,在1869年把煤气供应收归市府所有。伯明翰的市议会把煤气价格定得高,让利润流入市财政,而格拉斯哥把煤气价格降低一半,而且免费出借煤气炉子以鼓励更卫生的做饭方式,缓解城市的煤烟笼罩。为了取代已成苏格兰城市祸害的拥挤得可怕的、黑暗的石头公寓,格拉斯哥城市当局不仅拆掉了贫民窟住房,而且在原址建造公共住房(类似动议在伯明翰遭到市议员反对)。当发电技术和电话技术进入苏格兰时,该市就开始为市民提供这两种服务。[20]

但是,让格拉斯哥的城市野心闻名于世的是有轨电车(街车)。虽然英国的几个城市都拥有自己的地下轨道系统,但是在同等规模的城市中,还没有一个建起属于城市所有的街道铁路网。在1894年,因为对私人专营者拒绝把运输服务扩展到有利可图的内城之外失去耐心,政府决定想办法分散过分拥挤的内城人口,建立自己经营的有轨电车系统。私人专营者退回到公共马车与城市街车委员会正面竞争几个月,直到私营公司失败而退出。

德国城市虽然普遍比英格兰或者苏格兰城市有更广泛的权力,但在19世纪公共健康方面远远落在后面。柏林的肮脏是出了名的,甚至到了1872年时,查德威克断言你可以从衣服上散发出来的臭气辨认出谁是柏林游客。除了汉堡外,现代供水和排水系统直到1870年代后才进入德国大城市。但是在接下来的几十年里,整个德意志帝国的城市由于新的工商业财富和城市间相互竞争的推动,在自来水、卫生和煤气供应等方面的投资大幅度增加。到了1889年,德国一半的煤气厂是城市所有的。十年后受到这些结果的鼓舞,德国城市大幅度购买发电厂,出手速度之快在整个欧洲没有对手。[21] 在商业公司占领的地方,德国城市官员开始更苛刻更准确地讨价还价。柏林当局和城市街车专营商在1890年代达成的协议不仅确定了总体营业收入上缴市政府的比例、在城市指导下完成技术改进的责任,还确定了街车员工最高工作时间、最高票价以及特殊的、低价的、为工人阶层提供的车票。[22] 世纪之交到柏林来的游客会惊讶地发现过去技术落后和"肮脏的"城市变成了干净和高效的模范,正如美国月刊《评论之评论》所说的,是"把现代卫生科学应用在公共管理上的杰出典范"。[23]

但是正如在英国的情形一样,橱窗城市都是远离朝廷和帝国政治复杂压力的小城市。伯明翰和格拉斯哥对于英国就像法兰克

122

福和杜塞尔多夫对于德国一样。1891年到1912年在市长弗兰茨·阿迪克斯领导下,法兰克福开始庞大的建设项目,宽阔的新街道和公园、现代污水处理厂和垃圾焚化炉、城市澡堂、厕所、游泳池,还有新的公民大学,建在新的维也纳风格的环形大道(Ringstrasse)上。在城市的东部边缘,在美茵河上建造了雄心勃勃、利润丰厚的城市码头,周围都是城市绘制的工厂区和工人住宅区。它建立了城市管理的职业介绍所,后来德国其他地方纷纷仿效成立类似机构。它买断了街车专营者,扩展服务并为挣工资者提供廉价车票,还建设了属于城市所有的发电厂,为运输系统提供电气化便利。为了减轻老城的住房压力,它推行了扩张性的吞并郊区政策,给慈善协会提供贷款沿着新的城市街车线建造成本低廉的外围住房,在德国制定了第一个城市分区条例。杜塞尔多夫是个强劲的对手,有经过科学规划的、归城市所有的大港口,有城市抵押和储蓄银行、劳工交流市场和仲裁法庭,还有归城市所有的当铺、医院、疗养院、公墓、屠宰场、公共阅览室、戏院和交响乐团。仔细研究这个城市的弗雷德里克·豪威肯定,杜塞尔多夫比世界上任何城市拥有"更多的东西,为市民做了更多的事情"。[24]

张伯伦在1891年把这种现象赞许性地称为"城市社会主义",当时"社会主义"表达的是英语世界最宽泛的意义。但如果这是社会主义,也是资产阶级的社会主义。几乎任何地方都和在伯明翰一样,城市企业扩张的领头人都是本地商人。虽然工会领袖出现在英国城市议会中不是罕见的事情,但是非竞争性的选举、漫长的任期、白天没有工资的冗长会议,这些都严重限制了即使拥有技术和财产的工人贵族的影响力。格拉斯哥的城市议会直到1898年才有第一批工会代表议员。作为一个很大程度上把英国城市政府与公众政治割裂开来的结构中的少数团体,工会议员从来没有为战前的城市"社会主义"定调。[25]

至于工人阶级选民,阿尔伯特·萧在1890年代中期得出的英国"贫民窟不投票"这一结论并不十分准确。竞选 1894 年伦敦学校董事时，费边社成员格雷厄姆·沃拉斯在投票的最后时刻看到拉选票者为他拉来的选民后很懊丧，这些男女"戴着破旧的草帽、面孔呆板、头发乱糟糟的，被人用马车或者机动车从做火柴盒、扣眼、廉价家具的地方或酒馆拉走，或者（因为是星期六晚上）是从床上拉走的，一副茫然不知所措的样子。在不熟悉的环境中，他们中的许多人似乎在努力搞清在门口时人家叫他们投票选举的人名"。由于居住权的限制和在选举日期前完税要求的约束，贫民窟投票的人确实不多。专家认为这些限制的积累效应可能剥夺城市投票权名册成年男性中 25% 到 40% 的人的权利。从政治上说，城市属于资产阶级，当然也包括新的公共经济企业。[26]

在德国，排他性结构的门槛更高，要求更严格。市议会投票权的要求在德意志帝国的不同州会出现一些变化，但是甚至英国城市民主那种非完美模式，在德国都没有一个城市当局达到。关键是一系列非常高的财产限制门槛。1904 年在汉堡，在德国国会选举中有资格投票的人口中，只有 29% 的人有足够的财产在地方城市议会中投票；在 1914 年的法兰克福，即使通货膨胀让财产门槛降低后，有资格投票的人仍然不过一半。在普鲁士帝国心脏，城市议会席位的一半是为房产所有者预留的。让普鲁士的情况更加复杂的是城市选举中的三级投票规则。把选民按三个等级安排的结构始于把纳税人分成三种类别，从纳税最多的人开始往下：那些总体上支付城市税收的前三分之一的人归为城市投票者的第一等级，那些支付第二个三分之一的人属于第二等级，剩下的人属于第三等级。每个阶级有权投票选举城市议会中的三分之一议席。结果造成位于顶端的富豪权力异常集中，而对来自底层的大众压力设置了非常有效的壁垒。在柏林，第一、第二等级投票者加起来只有城市选民的 3%。阿尔伯特·萧注意到在 1890 年代的埃森，第一等级的一名投票者在投票处一个人选举了城市议会三分之一的议员。[27]

124

尽管有这些困难，第一次世界大战前的十年里，社会民主党在进入德国城市政治的道路上还是取得了相当大的进步。在 1912 年的法兰克福，他们占据市议会三分之一的议席，在柏林的份额几乎一样大。但是从结构上说，他们对政策的影响受到很大限制。在 19 世纪的末叶，德国城市管理集中在特别强大的专业官僚手中。受过大学教育、有终身教授职位的市长（Oberbürgermeister）如杜塞尔多夫的威廉·马克斯和法兰克福的弗兰茨·阿迪克斯，都在德国城市政治中发挥领导作用，充当了针对纯粹的财富和纯粹的数量的缓冲器角色。这些人都是从公共法律或经济学学位开始，从城市部门领导到地方行政官到小城镇的市长一步步爬上来的。至于被赋予了济贫、教育等职责的议会外委员会，其成员大部分是产业界和专业界的人士。简单地说，德国城市控制者与控制英国城市的商人很相像，虽然技术和管理背景更多些。[28]

大城市的工人阶级居民对于资产阶级方式的市政商业心情非常复杂。城市当局和劳动群众之间多年积累下来的不信任，难以让当地大部分工人阶级不假思考地赞成城市新工程。对于 19 世纪末期和 20 世纪初期的多数城市居民来说，市政府是冷酷的、遥远的存在，正如哈米希·福拉瑟对格拉斯哥的描写：

> 地方政府是警察，在格拉斯哥这样的城市因为成员大部分是从高地招募来的，具有外来占领者的某些特征。地方政府是城镇法院负责判决醉酒闹事者、流浪者、迟迟不纳税者，签发驱逐房客的授权书等的法官。地方政府是在半夜和凌晨五点之间突击搜查违章房屋，徒劳地试图控制过分拥挤现象或者批评房客没有保持公共楼道和厕所卫生的卫生官员……地方政府是在拆迁了穷人房屋后的土地上新建的、漂亮气派的市政厅。地方政府是目光短浅的委员会，对穷人在困难和生病时

的基本需要都吝啬地不管不顾。地方政府是喜欢打人的老师和教育董事会监督旷课的官员,他们实施强制性的"义务"教育但非免费教育。城市当局的这些表现中,没有一样是能让工人阶级中的许多人感到亲切的。[29]

在这种普遍的基本态度外,坚持马克思主义的社会主义者添加了更多的不信任。和从资产阶级手中夺取生产资料的宏大工程相比,没收这里的水厂、那里的污水管只能让人觉得可怜,这是远远不够的。直到1893年,德国社会民主党才放弃了对党员参加市议会选举的限制。接下来的十年,党内爆发了关于城市议题的激烈讨论,最终形成1904年的城市要求项目,但核心不是公共服务政治而是民主化和更平等的税收政策。社会党人一旦当选市议员就竭力推动传统的工会议题:为城市工人提供的模范工作条件、失业者的工作救助、劳动法庭对工人投诉的判决,以及对穷人更慷慨的救济等。[30] 在法国,1896年的选举让社会党在150个城市议会占了多数,工人阶级社会主义的目标显得更近:失业救助、帮助罢工工人家庭的基金、工作中受伤的工人的安身之处、对穷人更慷慨和更少侮辱性的帮助、穷人孩子的学校午餐和日托等。这是合作的、社会家庭政治,而不是公共企业的政治。[31] 在资产阶级的"市政商业"和工人阶级的"城市社会主义"之间横亘着期望的鸿沟。

但是让城市拥有自己的基础设施,把它的商品甚至要求严格的服务向外扩张,这种想法在政治含义上千变万化,难怪阶级的界限有时候显得模糊不清。公共服务收归市营概念的可塑性和它这种企业思想内反商业化的态度,给予城市所有权主张广泛的吸引力,越过了本来壁垒分明的城市生活。正是在这个背景下显示出了伦敦"进步主义"的意义,它在1890年代最高潮的时候,是北大西洋经济体中受到最密切关注的城市政治实验。

19世纪后期欧洲最大的都市聚集区——伦敦从政治上说根本

就不能算一个城市。在 1889 年之前没有任何有效的、城市范围的
政府,公共权威被转移给分类烦琐、交互重叠的错综复杂的机构。
伦敦的警察力量直接受中央政府内务部领导,街道和地方卫生的
责任被交给地方教区委员会,大规模的公共工程是专门任命的市
政工程委员会的职责范围。[32] 伦敦的商业利益从公共权威的这种分
散化中大捞利润。伦敦是英国最后一批把自来水供应收到手里的
大城市之一,几乎比伯明翰晚了 30 年。在 1889 年,伦敦的主要公
共服务如交通、煤气、水电都是私人公司在经营。

　　那年,英国议会授权成立伦敦第一个全市范围经过选举的管
理机构"伦敦市政议会"(LCC),长期压抑的政治野心迅速浮上台
面。议会的"进步"多数派是换了名字的自由党团体,进步议员中
的一半以上是产业界和专业界人士。但是进步议员中还包括几位
女性,到了 1892 年,还有一排由社会主义者和工人组成的激进的
后座议员。劳工少数派领袖约翰·伯恩斯是 1889 年伦敦码头工
人大罢工胜利的领导人,几年前闯入伦敦政治圈,在鲜艳的红旗下
向失业工人群体慷慨陈词。尚处于新生阶段,在寻找项目和政治
舞台的费边社 1892 年派了六人到市议会,包括锡德尼·韦伯。[33]

　　决心追随北方城市的市营公共事业的脚步,进步多数派很快
投票要求把伦敦的自来水供应、煤气厂、电力供应、码头和有轨电
车收归城市所有。为了模仿伯明翰的公司街,议会穿过国王大道
(Kingsway)廉价商店和房屋区开辟了自己崭新的商业街。以前市
政工程委员会拆除贫民窟的地方,是让私人建筑商和慈善住房协
会重新盖房,而现在议会建造和出租了在战前欧洲最具创新风格
的工人阶级房屋。为了人民的道德提升和进步,他们在城市工人
阶级聚居区还建造了微型公园,配有音乐台并举办免费音乐会。
在 1907 年一个季节就举行夏天音乐会 1200 场。它还投资贸易和
技术教育,其成员负责检查从音乐厅歌曲到烟尘危害的所有内容。
从来就没有放松对伦敦城市管理的英国议会阻碍了进步人士企图

管理煤气、电力和码头的努力,并把自来水供应交给一个独立的公共机构。但是到了 1905 年已经有了市营的有轨电车运行在伦敦街道上,在泰晤士河上航行的有市营的蒸汽轮渡,上面写有伦敦市议会的标志,没有人会弄错。

对于伯恩斯和劳工少数来说,伦敦市议会达到顶点的成就是组织自己的公共工程力量,绕过常常勾结起来竞标城市工程的小承包商的"包围"。伯恩斯选择 1889 年污水处理委员会的一个席位,理由是它比任何其他机构雇佣的城市工人都多。当做出规避建筑承包商的决定时,他认为这是"为集体主义做的最大贡献"。有三千多人在城市建筑领域工作,伯恩斯的观点决不是毫无根据的,加上一帮文秘、监督者、运输工人、学校教师等,伦敦市议会俨然成为世纪之交该市最大的雇主。[34]

伯恩斯推动劳动标准,费边社则把市营服务业的概念推广到更多的商品和服务领域。他们一个又一个添加需要市营的服务项目名单:市营的面包店和屠宰场,市营的防火保险,牛奶配送、市场、医院以及酒类贸易彻底收归城市所有。[35]围绕市政商业的可能性,伦敦市议会积极分子编织了乌托邦氛围。锡德尼·韦伯谈论公交车和公共图书馆一样免费;约翰·伯恩斯建议码头作为巨大的工人集体,用市营服装厂把所有血汗工厂赶出去;激进分子暗示要扩大市营企业的范围,从城市向外延伸直到全国经济都社会化。城市所有权这一项拥挤的政治帐篷确实变得非常宽大了。

但是,"市政商业"思想不可能无限制地激进化而不遭遇越来越强大的敌对势力。到了 1900 年,经过十年伦敦进步运动后,反对者开始找到保守派组织反击的手段。反城市所有化的叛乱表现出多种组织形式(财产所有者保护协会、保护中产阶级联盟、保护自由和财产同盟等),拥有雄厚的资金支持,其中大量资金来自商业电力服务公司。这些团体一起开始推动议会 1900 年和 1903 年对市政商业的调查。他们抓住"城市社会主义"言论中的任何漏

128 洞,警告指出飞涨的税率和英国城市的债务水平,尽最大努力拉拢小业主和中产阶级纳税人脱离市政商业的同盟。[36]

阶级是保守派的一张牌。1907年保守党选举海报上的城市社会主义者宣称:"纳税人!我们要的是你的钱。"漫画中的人向公众伸出工人阶级短而粗的手指,他胡子拉碴、帽子歪戴着,正是保守派眼中以工人为基础敲诈中产阶级的政治形象。锡德尼·韦伯多年前就讽刺过保守派的这个观点:

> 个人主义者城市议员将走在市营人行道上,走在由市营煤气照明,用市营的水、用市营扫帚打扫干净的街道上,看到市营市场上的市营钟表,发现去接在市营学校上学的孩子还有点早(学校附近是郡疯人院和市营医院),将使用全国电报系统告诉他们不要穿过市营公园,要乘市营有轨电车来市营阅览室见他。阅览室在市营的画廊、博物馆和图书馆旁边,他要在那里查阅一些全国性的出版物,准备他在市政厅的演讲。他会说:"先生,让社会主义见鬼吧,不要用荒诞愚蠢的言论浪费讲究现实的人的时间。自助,先生,个人的自助才是让我们的城市成为现在这个样子的原因。"

1907年,市政商业的敌人打破了进步人士对伦敦市议会的控制。保守党继任者大张声势地废除了直接的公共建设工程,把承包商请回来竞标城建工程,卖掉了蒸汽轮渡。[37]

像多数行政革命一样,城市服务业的革命没有达到预期的目标。伦敦公共和私人服务的并存一直持续,直到1940年代该市的煤气厂才最终归公众所有。城市供应的政治总是力量对比很接近。但尽管有这些争议和反复,城市服务供应还是发生了一个重大转变。在第一次世界大战前夕,英国80%以上的自来水、约60%的电力、37%的煤气是城市所有,80%的公交车运行在市营轨道上。

在德国,公共服务业市营的趋势同样清楚无误。在 1908 年和 1909 年,市政商业的争议在美国处于最激烈的时候,弗雷德里克·豪威调查了德国和英国 50 个大城市的公共服务业的市营程度。[38] 有些声称拥有煤气和电厂的城市生产能源只是为了街道照明或者有轨电车,有些城市拥有自己的有轨电车系统但出租给私人运营商。虽然如此,调查结果是很能说明问题的,具体数字如下:

129

城市自营项目	德国城市数	英国城市数
自来水供应	48	39
煤气供应	50	21
电力供应	42	44
有轨电车	23	42
公共澡堂	48	49
市场	50	44
屠宰场	43	23

大量投资公共工程,都市产业阶级进步人士促成了城市和私有企业之间界线的重大转变。他们为世纪之交的城市建立了一套新的集体任务,从最初关心公共健康开始,挑战了明确的限制。在"福利国家"还只是民族国家上空的云彩之前很久,他们就开始精心策划地方管理的公共服务和社会定价的商品之网络了。他们已经进行了跨越阶级的同盟试验,不管带有多少迟疑与试探性。对于美国进步人士来说,他们的工作不可能不是榜样和典范。

山上之城

受到北大西洋经济体共同力量的冲击,美国的城市也不是 19

世纪更大都市模式中的例外。在那里,城市的公共管理核心也被广泛的合同、专营权和购买行为所包围;在那里,公共供应和商业供应的界线也受到挑战而不断移动。美国的市政府作为经济参与者有相当的历史经验。支持者渴望得到便利的资产,像炼金术一样把乡村十字路口变成另一个辛辛那提或者芝加哥,于是 19 世纪美国城市政府在交通设施上进行巨额投资,常常远远超过经济谨慎的限度——不仅投在公共道路和桥梁上,而且投在商业的和公私混合的交通企业。在 1831 年到 1860 年的佐治亚,铁路投资的一半资本来自地方和州政府;1840 年代和 1850 年代宾夕法尼亚地方政府在铁路公司股票中投资约一千四百万美元;费城本身投资接近一千万美元。辛辛那提完全拥有一条城市铁路线到其南部市场。[39]

紧随 1870 年代经济萧条,许多投资出现暴跌局面后,若干州开始设立地方债务协定的高门槛,但是没有一个州对城市可采取行动的范围划出严格控制线。美国的城市改革者或许羡慕德国城市相对宽松的经济自主权,但是宪法赋予他们的能力远远超过法国市政府的权限。英国中央政府对地方政策决定和投资保留着严密和持久的权威,普鲁士地方警察权力完全垄断在中央政府官僚手中,这些情况在美国都不存在。

无论传统还是法律能力都没有排除美国与欧洲城市一致步入新的都市技术。跟从英国的先例,19 世纪末期美国城市大量投资公共自来水和污水处理设施。在世纪之交的美国 38 个大城市中,除了 8 个外都拥有自己的水厂,这和英国比例大体一样。除了巴尔的摩仍然被污水池困扰、新奥尔良是私人商业运作城市污水处理之外,其他城市都拥有公共建设的现代排水管。[40]

除了自来水和污水处理,公共投资的国家模式开始产生巨大分歧和变化。到美国来的欧洲游客咒骂美国城市街道的糟糕状况。他们走过一英里又一英里,穿过泥巴、垃圾、腐朽木头盖板之间的污水坑——公平地说,城市当局也努力每天筑平和铺砌道路、清扫街道上每天堆积如山的粪便和垃圾,必须承认美国的城市街道比欧洲密集居住的城市街道更长更多。不过,在其他公共投资方面,美国城市确实世界领先。19世纪末期的美国城市给公立学校注入了大量资金,尽管这些学校常常过分拥挤、教职工不足。从1850年代末期纽约的中央公园开始,公园成为美国公共事业的另一个胜利,它们吸引了包括伦敦市议会公园委员会主席在内的欧洲大量羡慕者。到了世纪末的时候,美国城市积极购买大量环形公园用地——马车游玩的公园,当然啦,这些绿色的城市之肺更多被富人而不是穷人使用,但毕竟是公共设施的巨大投资。公共城市运动场是美国的社会发明。当市营化运动在欧洲逐渐兴起的时候,美国城市对这种大规模行动并不陌生。[41]

131

从一开始就有美国人充满兴趣地密切跟随海外公共服务市营化的运动。其中许多人有德国留学背景。学生时代对德国城市管理感兴趣的理查德·伊利,1880年代后期在游览德国和英国城市归来后倡导市营服务业的广泛项目。把欧洲实践与亨利·亚当斯的"天然"垄断主张结合,伊利很快呼吁在非常广泛的范围把城市服务设施彻底公有化。[42] 在1880年代中期的费城,埃德蒙·詹姆斯以德国和英国市政煤气运营的资产负债表作武器,投入争取把城市煤气供应重新收归直接公共管理的运动。后来,随着街车进入美国都市政治中,他从巴黎和柏林举出一连串样板的专营权做法。[43]

第一个系统培养进步城市政治之大西洋纽带的美国人是伊利的学生阿尔伯特·萧,虽然他自己没有在德国留学过。作为艾奥瓦的年轻记者,他在1880年代初期来到约翰·霍普金斯大学读研究生,被伊利指派撰写社群社会主义(communitarian socialism)的文章,后来写中西部合作社的文章。作为《明尼阿波利斯论坛报》的社论作者,他从巴尔的摩返回中西部和专营权、卫生、城市管理的日常政治研究。由于对他所嘲笑的"自由放任妖怪"失去耐心,他作为非专业会员加入美国经济学家协会。当他本科时期的老师杰斯·梅西拉他一起游历英国，"手里拿着笔记本穿越乡村，记录英国当今政治和社会状况"时，他犹豫不决。但是一年后在1888年，由于受到牵引着所有伊利学生的潮流的鼓励，他自己开始了英国和欧洲大陆的社会学旅行。这次旅行让萧结识了英国记者和改革者威廉·斯特德，不到两年，斯特德就劝说萧担任自己办的刊物《评论之评论》的美国版编辑。在这方面，虽然张扬的斯特德和谨慎得多的美国合伙者之间关系有些紧张，但该杂志还是充当了英国和美国改革新闻的沟通渠道。从短期看，萧回来后充满了城市所有权改革者的热情。紧接着连续三次旅行，随后发表大量的报纸和杂志文章，最终促使他于1895年写成两卷本的著作《英国的城市管理》和《欧洲大陆的城市管理》。[44]

萧到欧洲城市考察时具有公共卫生改革者的直觉，特别热衷于发现事实，也一定程度上愿意搁置自己的怀疑。他在自己的书出版前夕给斯特德写信说："我画的是一幅讨喜的画，但是我坚持一个原则，那就是我在所有这些事情上的任务不是发现外国人和外国体制的毛病，而是找到他们的优势，以便我们从人家的智慧中获得好处，从人家的良好表现中受到启发。"[45] 对城市政治科学的经典问题——如权力的监督制衡、责任的限制和分配，所有自从麦迪逊时代以来就一直占据美国人政治注意力的宪法政治机制问题，萧并不是特别感兴趣。英国城市管理特别能激起他强烈的好感，因为其务实的开门见山和简单明了的作风，用经过选举的市议会来管理城市，只有最低程度的内部结构制衡。但是"城市管理的机制是第二位的问题"。萧批评说美国"把太多的注意力集中在结构和机制上面，就城市而言，他们永远不停地在改变它。他们永远在全面检修、修修补补，或者重新建造房子，但他们如此迫切希望准备好的房子，却好像没有多少吸引人和鼓舞人的用途"。[46]

在美国城市忙于纠缠不休的理论问题时，多数欧洲城市直接

生活在实际运用的领域。用最实际的解决问题的方式，"不接受也
不拒绝关于国家功能或者城市合作的任何理论"，欧洲城市为了居
民的美好生活添加一个又一个功能。萧这样赞许地说，无意中用
了张伯伦式的语言。不管是维也纳的新环形大道还是巴黎的大排
水系统、格拉斯哥的市营煤气和公交车、伦敦的贫民窟清理和重建、
柏林的卫生科学，还是德国城市对普遍福利的广泛关注，人家的"城市
集体主义"直接对准了居民的福利和"城市管家"的任务。[47]

133

　　萧打算阐明的对比中最关键的一点是，大西洋两岸的城市条
件"在所有根本特征方面都是类似的"。虽然带着审美眼光的游客
陶醉于欧洲历史，但实际上欧洲最好的东西是新的。

> 　　五十年前（在英国）没有地下排水系统，没有公共自来水
> 供应，没有像样的街道照明设施；没有街轨或其他城市交通体
> 系，只有少量公共马车或者马车；没有整洁的街道，没有街道
> 清扫的系统，没有对拥挤聚居区家庭污物和垃圾堆积的城市
> 处理；没有城市建筑管理规定，没有保护措施让工人阶级避免
> 生活在卫生条件极差、过分拥挤的环境。没有预防传染病扩散
> 的措施，没有公共的消防部门，没有公共教育体制，没有用市
> 政控制酒类买卖及其他在当今受到城市严格管理和控制的丑
> 恶现象；事实上也没有城市公园和运动场之类，当然也没有公
> 共图书馆和阅览室。离人们的想象更为遥远的是公共澡堂或
> 者经济公寓区的公共洗衣店，或者市政府为城市居民的健康、
> 舒适和保护而提供的其他十几种服务中的任何一种。在伟大
> 和繁荣的英国社区，这些服务现在已经成为广泛延伸的市政
> 活动的一部分。

　　欧洲城市取得成功的关键，正是在于拥有了美国人常常以为
是自己专有的品质：讲究实际、效率、雄心和现代性。[48]

萧决心把都市政治科学归结为纯粹的行动,但并没有引起充满同情的反应。因为 1820 年代和 1830 年代成年男性普选权的防洪闸打开后,一代代"好政府"都市改革者一直在争取监督、制衡、削弱或取消美国城市中公共权力的滥用。《世纪》的编辑虽然在 1890 年代初给了他突出的发表言论的讲坛,但从来没有充分理解他的观点。他们在竭力争取公务员改革,认为萧的观点是说:像格拉斯哥一样的城市取得成功的关键在于排除浮动选民,把城市事务交给商人进行企业式管理。为萧的《英国的城市管理》写书评的哈里·普拉特·加德森认为英国的商人管理和美国的民众管理之间鸿沟巨大,根本就无法对比:"让一个社区为了公共福利承担更多责任是不是好政策的问题,在现存[美国制度]下根本就不是问题。讨论这些纯粹是浪费时间。"坦慕尼协会*以及一百个较小政党机器的恶臭和腐败从一开始就困扰着美国城市功能的讨论。[49]

但是萧的文章和书就在欧洲公共服务市营化运动的高潮时发表,它们的数据仍然是新的、吸引人的,因而获得了比普通年轻作家的著作大得多的影响力。萧来到纽约后,当时商人争取城市资助的曼哈顿地铁工程正在不断积蓄力量,他的报告受到热烈欢迎。1894 年地铁问题提交全市投票的时候,萧在报刊上以及纽约上城的改革俱乐部重新讲述格拉斯哥的故事,加以下城的睦邻中心、主张单一税制者和工会的组织工作,使这成为城市公交所有权方面最早的胜利之一。[50]

处在紧要关头的其他人成为萧的欧洲报告的忠实听众。1890 年代初期正为票价和服务与城市街车专营者争吵不休的底特律市长黑曾·平格里,就从萧的报告中吸取了大量内容。处于类似情形的旧金山市长詹姆斯·费伦也是如此。1893 年威斯康星大学选

---

* 坦慕尼协会(Tammany Hall),1789 年建立,后成为民主党的政治机器,19 世纪曾卷入过操控选举的丑闻,备受争议。——编注

择城市公用事业市营化作为年度学生辩论的话题,支持市营化的一方获胜,他们在陈述中大量引用亚当斯、詹姆斯、伊利和萧的话。1890 年伊利自己在谈论公共服务的城市所有权问题时这样简洁地写道:"参阅萧博士……关于格拉斯哥的论述。"[51]

萧的书成为 1890 年代欧洲和美国鼓吹市营服务业的进步人士的联系结点之一。另外一个结点可以从 1895—1900 年乔赛亚·昆西担任市长的波士顿找到。昆西是英国工厂立法和城市管理的早期崇拜者,他年轻有为,有政治抱负又有足够的钱到欧洲广泛游历。作为"穿绸袜的"有钱民主党人当选,他有意识模仿欧洲先例,让政府引入市营服务业的众多项目。像伦敦进步人士一样,他尝试绕过承包商直接雇用城市工人,以便提高城市工程的劳动标准。像格拉斯哥改革者一样,他和煤气公司、街车公司争吵。但是,昆西的注意力在于培养城市的社会和娱乐功能,努力重新创造社会性,这是自从留学生首次接触德国以来美国人对欧洲印象最深刻的地方。昆西把罗伯特·伍德聘为特别顾问(伍德描写伦敦进步主义早期动态的《英国社会运动》刚刚出版四年),在波士顿各地建造了公共澡堂、游泳池、健身房、公园、运动场。他按欧洲人的风格安排公众免费音乐会和艺术展览。[52]

在萧看来,所有这些让昆西成为世纪末美国城市管理"最杰出"的实践专家。伦敦进步人士也把昆西作为自己的一员。费边社成员约翰·马丁认为昆西的波士顿最接近 1870 年代的伯明翰和 1890 年代初期的格拉斯哥。1898 年到美国旅游的韦伯夫妇对他们见到的多数美国人感到腻烦和厌恶,对美国城市管理"幼稚"的复杂性不屑一顾,但认为昆西的工程是他们在美国发现的最好水平。当昆西因为增加城市债务的问题与议会闹翻,并因承包商对于城市直接雇用工人的投诉而于 1900 年下台后,他接受韦伯夫妇的邀请到费边社的新伦敦经济学院发表演讲,以此回报他们的称赞。[53]

　　受到欧洲影响的城市野心的更大结点可以在世纪之交的纽约市发现。包括约翰·伯恩斯本人在内的五六名伦敦进步人士在1890年代到这里演讲旅行，热心推销伦敦经验。最初费边社的珀西瓦尔·查布在1894年和阿尔伯特·萧相继做关于"伦敦经验"的演讲。很快要移民到纽约担任政治教育同盟领导人的约翰·马丁，在1898—1899年做了五次关于伦敦经验的系列演讲。当时作为"改善穷人条件协会"总干事的威廉·托尔曼是该市的杰出人物，他的盒子里塞满了格拉斯哥、伦敦、巴黎的幻灯片，他的手指伸进了政治和改革的巨大蛋糕中。1891年该协会在下东区建立了"人民澡堂"，由于房东往公寓里塞了这么多的房客，劳工局调查员发现在这些街区每100户家庭中只有2户拥有澡堂。托尔曼对英国风格的城市澡堂充满热情。[54] 最强大的人是威廉·鲁道夫·赫斯特，他1895年靠花钱进入城市的报业市场。早在揭发丑闻的杂志之前就看到了抨击行业垄断大有前途，他很快在《晚报》(Evening Journal)的文章标题中插进对城市公用事业专营者的谴责和对公共所有权好处的称赞，以及格拉斯哥和伯明翰在这方面取得的成功。[55]

　　由于其政党机器和猖獗的市政腐败，1890年代的纽约市对于断断续续启动的"好政府"改革决不陌生。商人是市营服务业改革政治的通常赞助人，常用的言论是财政削减、超党派中立、道德警觉，以及对民主政治的深刻厌恶——正如1875—1877年蒂尔登(Tilden)委员会的情况，它建议把大城市的选举权限制在拥有相当财产的所有者范围内。政治老板的角色一直是把城市当作一系列服务的民主集合：一个商业企业，有需要提供的商品、需要捐赠的慈善捐款、需要获得的利润。相反的"好政府"模式在1890年代得到保持。威廉·斯特朗和塞思·洛都出身"公民联盟"，在1895—1897年、1901—1903年先后打破坦慕尼协会对市长宝座的垄断；他们都是有文化、有财富的人，竭力要塑造更廉价、诚实和高效的城市管理。

但是受到跨越大西洋对比的鼓励,美国出现了日益增强的反向压力,倾向于更加"积极的"、欧洲风格的项目。斯特朗政府坚决压制星期天酒类销售,但有点出人意料的是,它也注入新资金用于学校建设、清洁街道、按照伦敦模式建造的公共澡堂——后者多亏了托尔曼在市长特别委员会的工作。[56] 商人主导的改革俱乐部相信"公民复兴"正在出现,他们在 1897 年创办新杂志《城市事务》,很快投入公共艺术、公共卫生、城市税收改革、住房、市营公用事业以及"城市社会主义"本身的讨论。所有这些都大量引用欧洲经验的例子。1898 年 12 月的一期,编辑米罗·莫尔特比调查了从旧金山到布达佩斯的大西洋两岸城市世界来证明城市"功能"扩大的普遍趋势。[57]

当公民联盟为了 1897 年市长选举进行重组的时候,它的项目不仅包括公共澡堂和厕所,而且有为无家可归者提供的新城市宿舍、更多的小公园、学校、河边休闲码头、更严格的城市公用事业专营权。在伦敦很难掀起波澜的项目却让《纽约时报》抱怨市营服务业的"狂热,那些一知半解的人从伊利教授和其他社会主义作家那里捡来的一鳞半爪"。四年后,改革者在城市的所有合同上添加了八小时工作日,在城市工程中"审慎增加"了直接雇用的工人,自来水、电力、煤气供应等归城市所有:他们明确指出这是"开明和进步"的事业,堪与巴黎、伦敦、柏林、格拉斯哥或者伯明翰相比。在1901 年的上城选举活动中,塞思·洛的助手们谈到了腐败、妓女和财政削减。在下城为争取工人阶级投票权,他们谈到伦敦市议会为工人阶级建造的市营住房,柏林的污水处理厂,哥廷根的公共澡堂,德国城市到处都有的城市储蓄银行和当铺、市营的煤气和电厂,甚至伦敦由城市街灯加热的投币式茶水和可可机。[58]

可可机从来没有实现,公共住房、市营当铺也没有实现。但是塞思·洛咽下了他对市营公用事业的反对意见,恳请议会授权城市建造电厂为街道和公共建筑照明,即使在减税的时候也给公立

137

学校注入新资金。直到拉瓜迪亚上台,高效城市管理的上城项目和扩张公共服务的下城项目才会融合。但是到了 1890 年代结束时,正如二十年前在张伯伦的伯明翰一样,"好政府"改革项目已经开始找到新钥匙了。

在其他地方,围绕城市专营权及采购中腐败和争议性的边缘区域的斗争产生了类似效果,但外来因素的介入更不明显。在 1890 年到 1897 年的底特律,张伯伦似的人物黑曾·平格里本来在办生产皮鞋的公司,被地方商人推举为共和党市长候选人,他积极推动快速分三步收回街道:先从布设街道的可恶的承包商手中,然后从收费的道路桥梁公司手中,最后从分割街道而赢利的商业街车公司手中把城市街道收归市营。与街车专营者就服务改进和票价进行长达两年的斗争,使黑曾·平格里变成了美国市长中最坦率鼓吹市营公用事业者。在托莱多,制造商萨缪尔·琼斯当市长时,为推动市营煤气和电厂而与持反对意见的市议会进行激烈的斗争。在克利夫兰,第三位商人改革者,市长汤姆·约翰逊自己本身是街车垄断经营者,在阅读了乔治的《进步与贫困》后他固有的思想支柱被摧毁,从 1901 年到 1909 年积极投入市营公用事业政治运动。他的继任者牛顿·贝克扩展了城市照明电厂,在城市公园出售市营的冰淇淋,经营两个城市舞厅,由公园管理局的拖船捕捞的低成鱼在市场销售。[59]

即使说中西部的市营服务业进步政治从欧洲先例那里吸取的营养,或许不像纽约、波士顿的都市进步人士吸取的那么多,跨越大西洋的纽带也并没有在中西部市营化运动中消失。约翰逊 1910 年去世前曾到格拉斯哥取经旅行。托莱多的琼斯继任者布兰德·维特洛克在 1912 年做了同样的事,迫切想看看"从我们民主的立场看,在说英语的世界里管理最好的城市"。"我们对欧洲三十年前就解决了的市营服务业问题争吵不休,犹豫不决。"维特洛克生气地说,"而我们还非常高傲,决不从别人的经验中学习任何东西。"[60]

把所有这些冲动最好地结合在一起的人,是约翰逊的重要政治盟友之一弗雷德里克·豪威。豪威在霍普金斯大学读书期间就受到伊利的影响,更被伊利1889年秋天请来霍普金斯讲欧洲城市的阿尔伯特·萧迷住。豪威后来回忆说萧的城市图景激发了他初步的政治热情——"拥有财产和为人民做事的城市"。他在1891年春天和夏天动身前往亲眼参观这些地方,到柏林大学听课,沉浸在欧洲政治文化中。手拿博士学位返回纽约后,豪威当了一段时间的记者,曾进入法学院,短期加入要把城市沙龙置于像他这样正直的人监督之下的公民运动。[61]

离开纽约到克利夫兰从事法律工作后,豪威仍然放不下社会议题。他搬进一所睦邻中心,作为受托人和"友好访问者"加入"克利夫兰慈善组织协会",给城市穷人带去建议和同情,但是他从自己的努力中得出慈善是徒劳行为的结论。他迷上一个建议,模仿奥斯曼男爵的巴黎那整齐壮丽的模式建造克利夫兰公民中心。他成为商人的"市政协会"(Municipal Association)的秘书,在街车专营权方面和腐败做斗争。由于他的公民中心愿景和对公务员改革的承诺,他在1901年当选克利夫兰市议会议员。在政治抱负和非政治的公民团结理想之间挣扎,豪威摸索都市政治的道路带着困惑和矛盾,这正是世纪之交中产阶级公民改革的典型特征。

他后来声称,他真正的政治觉醒来自单一税制的想法。豪威在汤姆·约翰逊担任市长初期进入克利夫兰政治,发现约翰逊和从前认识的改革者完全不一样。此人性格迷人、豪爽开朗,是拿自己同行开刀的街车资本家,而且最重要的他还是亨利·乔治的学生。像约翰逊这样的单一税制支持者在市营化鼓吹者中绝不是罕见的。费边社成员大量吸收乔治"非劳动增值"(unearned increment)的思想,他们从乔治那里远比从马克思那里吸收到更多营养。不管乔治的租赁观念多么简单,他对于那些不创造财富却大发其财者的指控带有相当的道德经济学力量,他们从闹市区攀升的土地价格中或者在一个经济活跃的城市从街车专营权暴涨价值中获利。亨利·C.亚当斯的"天然垄断"观念把公共干预的合法领域缩减到精确的、技术上可以确定的企业核心,乔治的观点在道德上更广泛、更容易让人接受。重新抓住社会创造的城市街道和专营权的价值,意味着要没收专营权所有者的不当得利,从实际上看就是公共服务业市营化。按照这个逻辑,市营化运动将会聚集很多支持单一税制者。布兰德·维特洛克、记者林肯·斯蒂芬斯、汤姆·约翰逊都是亨利·乔治的门徒,豪威通过约翰逊也成为乔治的门徒。

在接下来十年的大部分时间里,豪威和约翰逊在克利夫兰进行街车专营权的斗争,刚开始为争夺便宜票价激烈斗争,被街车公司拒绝后进行长期的街车市营化运动,但最终失败。这个运动澄清了豪威的政治本色,重新唤起了萧多年前在他心中种植的政治图景。在1905年,他联系接受美国劳工部的委托到欧洲研究市营化运动,拜访韦伯,并和约翰·伯恩斯一起走访伦敦工人阶级街区。1909年他再赴欧洲。第二年在约翰逊去世后,豪威来到纽约开始作家的生涯,论述城市问题,特别关注欧洲。结果到1915年他已有五本书和一系列在杂志显著位置发表的文章,都旨在把欧洲都市进步运动引入美国人的意识。[62]

豪威肯定"在欧洲存在一个和法国大革命不相上下的骚动"。豪威沿着此时非常著名的旅游路线到格拉斯哥、伯明翰和伦敦,首先在英国寻找。他把《英国城市》一书献给约翰逊,里面充满了对英国市营化运动的称赞。但是从他所接触的单一税制者们幻灭的眼光来看,豪威那个英国的吸引力比萧时代的英国小多了。豪威厌恶英国上院和它所代表的以土地为基础的等级制度。"大不列颠是土地投机者的乐园",他警告说,一个反动地主阶级统治下的佃户组成的国家。当运动因为纳税人投诉而失去了影响力后,连他对英国式市营贸易的欣赏也逐渐淡漠了。豪威1913年不无失望地写道,"英国城市通过钱包来思考"。它的眼光总是集中在税率上。[63]

140

　　到 1910 年,豪威的热情转向德国城市。他写道,在那里人们发现一些城市不仅战胜了曾打败汤姆·约翰逊的公用事业利益集团,而且是拥有"团体自我意识"的"有机"城市。美国的城市不过是"偶然,一个由铁路、水或者工业组成的偶然"。而德国城市是"有组织、有宏大目标和长远眼光的生命体"。它们对城市从事的活动没有人为的限制,并用"数不清"的方式促进市民的幸福康乐。在称赞德国城市生活的时候,豪威并没有比萧更多意味要单独挑出其政治结构。不管是英国城市还是德国城市都没有严重依赖严格的公务员规章,尽管豪威本人曾认为那种体系是确保城市诚实的关键。选举权限制并没有把进步城市和反动城市区分开来(这种限制是欧洲普遍存在的)。城市管理腐败的原因根本不在于政治结构。"我们想象政府组织形式,他们考虑具体活动。"他写道,美国人陶醉于结构形式,结果把什么东西都变成"死胡同,相互扯皮、议而不决"。[64]

　　真正的关键在于城市活动的范围——公民活动本身。让城市自主管理,让它做大事情,就会吸引不愿把城市政治留给小商贩、小老板管理的有远见人士前来服务。私有的城市不过是私人利益手中的玩物,如果让城市活动在多方面接触市民的生活,就可能产生新的市民忠诚度,一种"城市归属感",一种新的集体意识。

　　现在回头来看,很容易戳穿豪威塑造的欧洲城市形象中的虚幻成分,闪耀希望和理想光芒的"山上之城"。特别是在德国,他没有多少能够提供内部消息的人的帮助,对城市的直观认识导致他错误地把有机城市建筑当作有机公民生活。他很少承认在德国城市管理的外表下政治斗争多么激烈。像萧一样对欧洲城市的活动感到惊奇,他没有看到对城市自主性的限制,那些限制虽然构成方式与美国不同,但同样保持强大力量。

141

　　他没有把探索欧洲城市的活动到底在为谁服务这个问题当作自己的任务。在德国,城市商人"不是为本阶级的利益在立法,这和美国商人不同";他写道,他愿意搁置批评性的判断,以至于远远超过了应有的分寸,"那是德国的异常现象之一。因为据我所知世界上没有别的国家能够做到这点"。[65] 从本质上说,跨越大西洋的进步纽带是倾向于理想化和极端化的。参与者非常迫切地渴望找到对立面来反衬夸大了的美国个人主义,所以误解的可能性从一开始就非常巨大。

这个问题影响每一个中间人,1890 年代考察伦敦的爱德华·伯恩斯坦,二十年后考察柏林的豪威。从最直接的事实起,每件事情都必然经过信念和期望的滤网的过滤。波士顿公共公园运动支持者西尔维斯特·巴克斯特认为柏林"是最彻底的共和城市"。伊利宣称德国城市是"有贵族倾向的共和国"。1899 年在康奈尔大学获得访学德国奖学金的罗伯特·布鲁克斯因为看不惯巴克斯特那类一厢情愿的思维,写到德国城市管理在本质上是精英主义者的、绝对政治化的。首先通过阿尔伯特·萧的目光了解格拉斯哥的许多人,在亲睹这座灰暗忧郁的石头城后都难以相信自己的眼睛。布兰德·维特洛克来参观"只是作为理论存在于我头脑中的公民生活的形式,或者远方的一个传奇故事",看到格拉斯哥出人意外的贫困感到不可思议。其中的贫民窟让他震惊——"潮湿油腻的楼梯,到处弥漫着贫穷的败坏气味……卑鄙肮脏、不可救药、让人绝望"。[66]

但是真正抓住欧洲城市生活崇拜者注意力的是那里没有哪些东西。全国市政联盟的主席威廉·福尔克在谈到 1911 年的法兰克福时说:"没有让人讨厌的广告牌,没有堆积如山的垃圾,没有城市中间投机开发的大片凌乱不堪的空地,没有摇摇欲倒的公共住房,没有衣衫褴褛、醉醺醺的路人。"[67] 没有坑洼不平的街道、拥挤不堪的街车,没有腐败的城市管理者,没有垃圾,没有违法乱纪,没有混乱或失控的状况。这一类"没有"越来越多,欧洲城市形成与美国城市相反的样式,改革者不免拿它们来作对比。所有东西都掺入这种判断中,从街道的宽度和铺设情况,到广告的相对隐蔽性,到观察者的政治信念。反思和镜子,内在的眼睛总是盯着美国,而外在的眼睛盯着欧洲,所有这些都影响判断。　142

　　但是像豪威一样的欧洲公民生活崇拜者并不是政治上的幼稚者。豪威知道容克贵族与(用他的话说)像地壳下面流动的熔岩一般不断扩张的力量之间的区别——即便他为了自己的目的,选择删掉认为不重要的党派分裂。他也绝非天真地相信欧洲城市迅速进入服务供应和集体企业的新领域是美国人理解的那种民主。像豪威这类作家花费大量篇幅描写的漂亮的城市澡堂和运转良好的市营有轨电车,不仅仅是游记见闻。它们是将民主语言社会化的努力的一部分,要用服务、后果、结果等新字眼来平衡民主语言中的权利、特权等用词。在他们强调城市作为的同时,试图锻造出一种民主的、市政的行动的语言,而不是单纯的民主形式。豪威承认德国城市在管理结构方面是不民主的,但是“在服务方面是民主的,甚至是社会主义的”。他用的词语简直和十六年前波士顿的乔赛亚·昆西一模一样。[68]

　　如果说豪威不像他后来自己描述的那样在政治上天真幼稚,他通过新的“城市意识”获得救赎的言论,也并不是轻薄到不可能被别人拿来解开同样的政治谜团。他的话语在城市进步人士中一再出现。萨缪尔·M.琼斯说:“我们的城市需要通过培养集体意识来拯救。”列奥·罗韦赞同这个观点:时代的需要是新的公民“忠诚”,比私有美国城市形成的公民生活更开放的概念。格拉斯哥的城市公交车、伦敦的蒸汽轮渡、法兰克福的公共公园和当铺都化作有机社会的形象,资本主义的经济分割通过公共企业和团体意识的新形式而重新结合在一起。和国家不一样,城市既小又具体,可以把这种想法付诸实施。自主自营的城市梦想,即城市有魄力经营自己的公共服务业,保留城市所生利润的下金蛋的鹅,通过做的各种事情吸引市民对城市的喜爱和认同,这样的梦想影响力非同小可。[69]

当然,人们无须到欧洲也能感受市营公共服务鼓吹者的设想。只要城市拥有或者提供了任何东西,从最简单的公共治安开始,那么,既不需要理论也不需要跨越大西洋意识,就可以想象一点一点地添加公共产品和功能领域。像许多政治思想一样,城市所有权 143 是个可以从众多不同源头着手的概念——一个能够重复发明和多方面同时发现的项目。[70]欧洲先例的作用是为美国都市进步人士提供一套起作用的、现成的例子。没有欧洲纽带,市营各种服务业的概念可能陷入抽象的经济辩论。米罗·莫尔特比在 1900 年写道,"经验、经验、经验",而非理论,"才是英国城市社会主义的先决条件(sine qua non)"。欧洲的重要性在于:美国人可能在从欧洲借来的积累的经验基础上越过经济抽象辩论,越过以测量员的准确性确定公共领域边界这一难题,抓住实践本身。用豪威的话说,正是这个条件让伯明翰、格拉斯哥、伦敦、法兰克福或者柏林成为"所有人的经验"。[71]

想象城市摆脱大量承包商、贪污者、企业家、专营权所有者纠缠,自觉管理和决定自己的命运——在 20 世纪早期美国先进的都市进步人士中间,怎么强调这些多半从国外引进的城市形象所体现的雄心都不过分。同样也很难夸大他们对跨越大西洋的事件的认同感。美国问题被认为需要(哪怕是暂时地)求助于格拉斯哥街车的经验,这一点非常重要。在 1912 年的选举活动中,伍德罗·威尔逊对马萨诸塞州福尔里弗城(Fall River)的选民说:"你们知道全世界管理最成功的城市是伟大的苏格兰城市格拉斯哥。"林肯·斯蒂芬斯在谈到欧洲市营公共服务业支持者时说:"他们远远跑在我们前面,自由派和激进派,他们都在积极工作,深入细节问题。"[72]美国市营公共服务业支持者的挑战,就是要看看跨越大西洋的热情在政治结构完全不同的地方可以进展到什么程度,而政治结构的重要性被他们忽略到最小。

考验伴随街车而来,而且带来了让人不安的结果。现在回想起来,这个位点显然比当时看来更重要。如果美国的城市所有权运动在十年前或者二十年前就形成气候的话,就像英国和德国一样,很容易为城市获得利润的煤气供应可能就成为公共所有权议题的轴心。而更晚一些,在 1920 年代和 1930 年代,主要的战场就是电力的地区分配问题了。

煤气和电力在进步时代都是竞争的领域。前者是 20 世纪初期煤气灯照明的城市中的基本消费品,其价格永远是争吵不休的话题。查尔斯·埃文斯·休斯和路易斯·布兰代斯都是由主张降低过分资本化的城市煤气垄断价格而卷入政治活动中。但是 1870 年代和 1880 年代市营煤气厂的经验很少。费城 1887 年开始市营煤气运作,是美国 19 世纪末期这样做的唯一一个较大的城市,到了 1897 年已重新把煤气厂承包给私人公司,当时一片指控之声,说此运营者和彼运营者都是一样贪婪腐败,让人厌恶。[73] 到了 20 世纪前十年,电力竞争威胁到市营煤气经营的收入,城市议会对可能处于衰落的技术的新投资表现谨慎。张伯伦的伯明翰经验的时机已经过去,美国人已经抓不住了。至于电力,时机还不成熟。为城市街道和办公大楼照明的市营发电厂并不是稀罕的投资,但是只要家庭照明还是有钱人的奢侈品,电力供应就得不到都市政治的广泛支持。

1890 年代进入异常扩张时期的街车是另外一码事。街车可能是每个人都离不开的服务。作为前汽车时代城市居民的出行工具,它们成为城市空间发展的关键决定因素、工薪阶层周日外出踏青的手段,如果街车票价能够降低到一定程度,它甚至还是到郊区比较便宜的房子居住的必要条件。20 世纪初期城市政治最激烈的战场就在交通问题上,受到欧洲人经验激励的城市改革者在这上面也投入了最殷切的希望。

19 世纪后期美国城市中,没有什么比交通政治更能清晰表现私人市场力量和公共方向之间的不平衡了。因迫切渴望有人提供服务,城市轻易地颁发交通专营权,很少考虑后果。当专营权所有者不能提供充足的服务时,市议会就授权更多的企业参与竞争。芝加哥城市当局在1884—1895年颁发了98家街车企业经营权,其中许多是完全根据预测的价值组建起来的纸上企业。结果是马拉的街车和有轨电车的杂乱拼凑,很少向城市返还任何收入。在这种体制下,好处是城市纳税人不花一分钱,缺点是杂乱无章,服务质量低劣。[74]

到了1880年代中期,有些城市开始与公交公司更激烈地讨价还价,强力推行最高限价,对毛收入征税或者对经营的车辆征税。但是从总体上说,在授予专营权方面很少有什么限制。资本化是私人投资者的冲动,他们给股票掺水时,具有干旱地区农场主为牲畜提供饮水那样的热情。专营权都是长期的,到1899年,美国现有交通专营权中仍有三分之一是永久性的。根本没有听说对其经营进行公共监督。线路的计划完全是私人主动提出或竞争的结果,所以完全自由的竞争使得经营者都尽力在利润最丰厚的线路上投入最多车辆,街车"阻塞"在波士顿闹市区和芝加哥中心地带,因为愤怒的司机在共同使用的道路上争抢位置。

在1890年代打破这个局面的是资本和电力。它们从1880年代的交通混乱中理出了秩序——实际上是垄断。1890年到1893年在密尔沃基城,由亨利·维拉德领导的辛迪加把城市街车运营商从六家减少为一家,一个联合的公共服务公司,它还吸收了城市所有的电力生产设备。还没有开始投入改革政治的汤姆·约翰逊1897年在底特律成立了统一的街车垄断集团。查尔斯·耶基斯做了同样的事,他把芝加哥环区北部和西部运营的街车联合起来。在曼哈顿运营的最后一条独立街车线路在1900年被该市新的运输公司辛迪加吞并。根据历史学家查尔斯·奇普的说法,在1902年美国最大的20个城市中,除了4个外,都存在交通垄断集团。[75]

在某种程度上,街车集团化的浪潮反映了 1890 年代的经济发展趋势。这种由扩张性金融资本和因经济萧条而衰弱的企业的合作也在马口铁、自行车、农业机械、钢铁方面形成垄断。新公用事业公司名称中"联合"(consolidated)字样的频繁使用也很能说明问题:比如纽约市联合煤气公司,巴尔的摩联合煤气、电力照明和能源公司,芝加哥联合运输公司。电气化使这些市场力量更加复杂,因为突然需要大量资本才能进行有效的竞争。从第一条电力街车线路投入运行的 1888 年到基本完成从马车到电车的转变的 1900 年,电气化使得运营和金融都发生了革命性变化。它把有轨电车系统向外扩张到城市边界以外,通过在只有少数人掌握的公司扩张计划之前购买便宜的土地,然后在新电车线路服务的郊区卖住房用地,就可以赚大钱。电气化使服务面向更多旅客,但它挤掉了竞争。1890 年代相互交织的技术和金融变革明显支持了经济学家的观点,即在城市公用事业领域,只有垄断才能最终生存 146 下来。

新街车企业的垄断地位、它们的金融和利润前所未有的规模、它们对城市授权使用公共街道的依赖、它们在政治中的日常纠缠以及由此产生的影响力,肯定让街车投资者的野心与新城市改革者的野心产生冲突。由于街车公司的傲慢和公众的要求,积极改革的市长们与运输公司常常就安全和服务标准、向市财政返还更多利润、劳工规范、足以让城市交通民主化的低廉票价等争吵不休。就连在底特律为争取便宜的三分钱票价而努力的平格里,最初也只是把街车城市所有权当作与运输垄断者协商谈判中获得优势的筹码,街车市营化是作为万不得已时的一种威胁。[76] 但是,随着欧洲成功的例子越来越多,抽象的讨价还价筹码慢慢成了实际上的要求。

早期考验出现在纽约市。在 1890 年代初期,因对于城市交通线路不足和私人资本投资者无法达成扩张服务的计划感到失望，城市团体的广泛政治联盟成功组建了公共交通委员会，它得到授权可以设计、融资、拥有城市的地铁——虽然还不是建造和经营权。纽约市商会牵头往委员会里面塞了很多企业家，但是该建议也得到本市工会组织和睦邻中心的支持。1894 年对该问题进行的全市范围公民投票以接近三比一的悬殊差距获得通过。[77] 由快速交通委员会（Rapid Transit Commission）的总工程师设计出来，参考了实地考察到的伦敦和巴黎的最好经验，市属 21 英里地铁到 1904 年开始运行，规模仅次于伦敦私有的地铁系统。但是市营地铁在美国并没有得到和在欧洲一样的结果。不到一年时间，承租人就吞并了唯一的潜在对手曼哈顿联合街车公司。对曼哈顿岛快速交通拥有了几乎完美的、公共融资的垄断地位，该公司拒绝委员会进一步扩张的建议，用老板奥古斯特·贝尔蒙的话说，继续获得"可观"的利润。[78]

在芝加哥，运输资本家的掠夺更加胆大，都市进步人士没有在所有权的那些不彻底观点上耽误时间。西奥多·德莱塞拿来作为其小说《金融家》主人公原型的查尔斯·耶基斯是起激化作用的人物。在 1897 年，随着芝加哥运输专营权即将到期，他试图让伊利诺伊议会通过一个法案，一下子把所有公用服务专营权延长到 100 年。公众的愤怒阻止了耶基斯的计划，但是他的替代性措施获得成功，把伊利诺伊经营权期限从 20 年延长到 50 年。在耶基斯的法案被撤销之前，一帮芝加哥议员从法案中看到自己可以得到的一罐金子，他们组织了虚假的电力服务公司，给予 50 年的经营权，然后兴高采烈地把特权转卖给其他投资者，从中大发横财。[79] 利润实际上是芝加哥公用服务业的代名词。在 1890 年代该市两家主要的街车公司从毛收入中拿出 27% 到 29% 作为红利。[80] 耶基斯把他经营的公司的资产注入他的各种控股公司和建筑公司，很快就离开芝加哥，但他的诡计和垄断野心已经迫使格拉斯哥那样简单直接的市营街车进入城市政治的视野。

1905 年以直接的"立刻实现城市所有权"为政纲当选市长的爱德华·邓恩,抓住了操纵政党活动的政客们不愿意认可的一点(他们知道什么是熟悉的、有利可图的体制)。作为一位有钱的爱尔兰裔美国律师、简·亚当斯(被他任命为城市教育董事)和克拉伦斯·达罗(被他任命为交通运输政策顾问)的朋友,爱德华·邓恩对欧洲城市政治非常熟悉。他曾在 1900 年到欧洲游历,看到了正在推行的市营服务业运动,在讲话中总是引用这一运动的成功事实和数据。他的主张得到工会团体、城市的报业巨头赫斯特(Hearst)旗下报刊的认可和许多进步人士的支持。听从汤姆·约翰逊的建议,他邀请格拉斯哥城市街车公司总经理到芝加哥来为建设低成本市营街车线路祝福。1904 年到 1906 年就这个问题进行的三次公民投票为城市所有权一方赢得多数,虽然最后一次投票没有达到把计划付诸实施所需的三分之二多数这个门槛。[81]

邓恩在芝加哥进行的城市所有权运动于 1905 年、1906 年达到顶峰,那些年对全国性的活动也是关键。多次成为民主党总统候选人的威廉·詹宁斯·布莱恩环球旅行回来后热情宣传城市所有权的主张。赫斯特报系高调对工人阶级表示同情,不留情面地揭露垄断权力的罪恶,用让人惊叹的力量推动该事业的发展。在纽约市,赫斯特自己在 1905 年以广泛的城市所有权诉求竞选市长。由于工人阶级的支持,赫斯特的"城市所有权联盟"差一点就赢得选举,如果不是坦慕尼协会选票计算作弊,几乎可以肯定占上风。在克利夫兰,汤姆·约翰逊努力组织一条低成本的、人民的街车线与城市私人的垄断经营者竞争。在这些事件中,城市所有权的反对者加倍努力要阻挡一位惊恐的批评家所说的"降临到我们头上的社会主义蛊惑"。[82]

所有这些都碰巧和新闻界的扒粪运动高峰吻合起来,并从

148

中得到促进。《麦克卢尔》杂志和竞争者大量刊登城市贪婪和腐败的故事,争先恐后揭露试图从政府那里得到优惠的企业家和出卖公共利益的政府官员暗中勾结的罪行,林肯·斯蒂芬斯用贪污者的俗语"贿赂"(boodle)让广大民众明白了这一切。[83] 历史学家开始把这种大众的、进步的城市政治形式称为"市政民粹主义"(civic populism)。正如 1890 年代的伦敦,市营公共服务业是其核心。

在这种情况下,可以料到各种折中妥协办法会被仓促抛出应对城市所有权运动的潮流。调查委员会就是其中之一。到 1905 年 9 月,全国公民联盟组织了后来屡屡复制的进步时代机构——一个发现事实的委员会,受委托收集大西洋两岸的经验和信息。全国公民联盟精心平衡"公共所有权委员会"成员结构的策略,确保不会出现意外。成员里面既有私营公用服务业负责人,又有城市所有权的坦率支持者——像伊利的学生爱德华·贝米斯、约翰·康芒斯等。康芒斯认为委员会 1906 年夏天泡在喝英国茶、听报告中是浪费时间,他偷偷溜出来自己花一个星期时间和格拉斯哥街轨委员会密谈。但在这么严重依赖国外经验来制定国内政策的论证中,委员会成员都相当严肃地对待他们的工作。[84]

让康芒斯等人感到特别失望的是,委员会对公有与私有公用服务成本和收益的比较失败了,原因不仅是委员会成员无法就收集的众多英国数据的意义达成一致,更因为美国公司拒绝开放资料给调查人。但是 1907 年发表的委员会多数派的推荐意见并非对于市营公用服务业不利。委员会在城市所有权问题上不偏袒任何一方,要看城市的具体情况而定。不过,尽管四个公用服务公司的老总中有三个反对,委员会还是认为竞争原则在城市公用服务行业失败了。委员会建议城市可以合法地自由选择是否行使城市所有权,只要获得市民的认可。[85]

更有效的妥协是结构上的。路易斯·布兰代斯兜售浮动计算法的模式,借用伦敦煤气专营权的条款,把公用服务公司的合法红利与服务的价格下降结合起来。其他人则敦促更严格的专营权条款。但是,市营公用服务业热潮的最重要意义是恢复了管理委员会措施,并把它推向政治斗争的前沿。管理委员会在19世纪后期的英国和美国都是用来处理铁路价格投诉的,在美国由于法庭的制约导致其权力受到很大削弱,效果很小。但是在有些情况下,对这个概念的熟悉程度甚至比它的有效性更重要,而它迅速适应新变化的能力则远比这二者更重要。[86]

政治学家把这种现象称为政策"惯性"或者"道路倚赖性"。实际上,从1905年到1907年发生的事情是,曾失败的政策手段在要求迅速和果断行动的压力下被拿来重新使用,跳出从前熟悉的道路,反而一下子成为解决从来没有想象过的大范围问题的答案。在1906年,由于迫切需要应对铁路合并的强大压力,国会试图让气息奄奄的州际商务委员会焕发新生命。在此之前,威斯康星的罗伯特·拉福莱特曾经试图通过同样的手段来兑现他驯服本州铁路公司的诺言。现在1907年面对交通危机,拉福莱特让约翰·康芒斯起草一个措施,把铁路委员会的监管范围一下子扩展到在该州经营的所有公用服务领域:自来水、电力、煤气、电话、铁路、街车等。查尔斯·埃文斯·休斯在1906年纽约州长选举中挤走赫斯特后,要寻找一个消除赫斯特城市所有权问题威胁的方法。他发现自己的答案就在威斯康星计划中:一个全州范围专家组成的小型公用服务委员会,被授权批准收费价格、监督资本上市、制定安全和服务最低标准。公用服务委员会1907年在威斯康星和纽约成立,这种主张迅速在各州议会中出现,到1914年底,除了三个州外,所有各州都搭上了这趟车。[87]

委员会的一个不小的政治优点是,那些公用服务公司很快看到了它的好处。委员会管理既可以缓和公用服务城市所有化的诉求,又可以把专营权的讨价还价从市政厅过热的政治走廊转向更

150

遥远、更安全的州立机构。1913 年在伊利诺伊成功推动成立州公用服务委员会,活动的主要资金提供者中有电力服务垄断大亨萨缪尔·英萨尔。"全国电力照明协会"在成员公司中兜售这个观点,说这给予他们"摆脱地方和政治影响的最大自由"。在阿拉巴马州,当 1911 年新伯明翰城市章程授权对所有新的专营权问题进行公民投票表决,公用服务公司迅速行动起来,让公用服务委员会法案在议会获得通过;1920 年补充条例的主要内容由伯明翰铁路、照明和电力公司的首席律师起草。[88]

不过,当公用服务政治的核心问题能够被确定为唯利是图和渎职("扒粪者"倾向于这样表达)等道德议题,这个管理委员会主张的吸引力远远超过了直接受影响的利益团体。这个主张的承诺是多方面的:私人所有权受到公共监督的调节和缓和;让投资者有合理可靠的回报;让消费者有公共规定的服务标准。到了 1912 年,华盛顿州最高法院认定该想法"解决"了公用服务问题,给予民众"公共所有权的所有好处,同时不用承受其负担"。[89]

由始于格拉斯哥的一系列事件而得到复兴,管理委员会的解决办法扭曲了城市所有权运动,破坏了它的影响力,抢先消耗了很多政治资本,让一些重要的盟友分道扬镳,不过它并没有消灭这个运动。为威斯康星法案撰写公共所有权条款的康芒斯一直认为,委员会手段不过是权宜之计。在芝加哥和纽约,新的委员会很快就因为软弱无力和剥夺地方政策制定权威而遭受猛烈攻击。有些最初被任命为管理委员会成员的人(如纽约改革俱乐部的米罗·莫尔特比)完全履行体现公共精神、奉献专长的诺言;但是政党仆从和从前的公用服务公司老总迅速成为委员会的成员,很快就清楚表明公用服务问题根本没有真正解决。这个问题仍然成为市长们会议争论的内容。在进步党的左翼,有人热心推动城市所有权主张的实现,包括罗斯福内阁中后来被称为公共工程"沙皇"的哈罗德·伊克斯。美国公共所有权联盟一直忙于宣传鼓动的工作,

151

如弗雷德里克·豪威、爱德华·邓恩、简·亚当斯都当过该联盟的副会长。[90]

总而言之,街车"市政民粹主义"的材料仍然近在手边。1912年查尔斯·比尔德认为城市所有权运动从来没有比现在更强大,旧金山在这一年开始建设一条短途的市营街车线路与私人经营者竞争;克利夫兰市民投票支持城市电厂为大众提供电力服务,边界对面安大略省的城市也在这样做;密尔沃基的社会党政府上台后,(像伦敦激进分子一样)讨论直接实施的城市公共工程,(像法国城市社会主义者一样)讨论为穷人提供的免费医疗服务。1922年在底特律,平格里的继任者又买断了私人街车线路。三年后,在州长艾尔·史密斯的祝福中,纽约改革者开始建设一条直接由城市经营的地铁线。该市把它命名为"独立"线,即独立于运输公司垄断之外。[91]

虽然如此,对照英国和德国的情形,第一次世界大战前美国在公用服务城市所有权方面漫长和激烈斗争的结果还是让人丧气的。1920年代中期美国的69个"大城市"中,除了9个外全部拥有自己的水厂,有近四分之三的城市有公共市场。但是只有底特律、旧金山、西雅图、纽约四个城市拥有或者经营自己的交通线路。只有奥马哈、里士满、德卢斯这3个"大城市"拥有市营煤气厂。9个城市经营自己的电力照明或者发电厂。在美国所有街车线路中,公共运营商只占不足2%的比例;公共电厂发电量只有全国电力产量的5%;公共煤气厂生产全国供应量的1%。与领先的英国德国相比,这些数字渺小得让人尴尬。[92]

梦想如此真诚,实现它的努力如此迫切,加上大西洋两岸如此多的相似点,如此强烈的跨越大西洋认同感,结果为什么和美国城市所有权运动进步分子的预计相差这么远呢?

时机和规模是部分原因。美国公用服务业市营化工程起步较

152 晚,都市进步分子以街车为开端。但是没有积累的政府管理经验的好处,要从电气街车系统入手,一开始就面临成堆的困难。经过十年电气化,世纪之交的都市街车系统在规模和复杂性上已经让水厂和煤气厂相形见绌。在美国尤其如此,因为美国运输公司早期的电气化和在郊外开发区的投资(这在其他地方是不允许的)使它们比欧洲同行强大得多。正如批评爱德华·邓恩倚赖格拉斯哥经验的人马上强调的那样,芝加哥的街车系统是全世界最大的。即使在世纪之交的人口只有格拉斯哥一半稍多的波士顿,其街车线路也是格拉斯哥的 3 倍,而且每日运送的旅客人数是格拉斯哥的 2 倍。[93] 这么庞大的体系让城市单单依靠自身物质财产来购买是非常昂贵的,如果按这些公司过高估计的资本价值,购买它所隐含的债务负担可能吞掉整个城市预算。先后顺序很重要。美国城市已经错过了市营煤气的最佳时期,它们积累的管理困难的山峰更高了;再错过市营街车,它们又落下更多欠账。

其他障碍来自法律。和法国不同,没有总括性的禁令阻止美国城市开发市营服务业。很多法院和议会经过激烈和短暂的司法斗争后,很快达成协议:那些依赖使用城市街道或者依靠城市颁发专营权的服务项目,都是市政府自己可以直接经营的内容。宪法对于城市负债总量的限制是更大的障碍,不过这些条款可以修改,尤其是对于城市投资能够带来利润的"生产性"企业。不是法律的死板而是宪法裁判体制要求改革者应付的双重战场,消耗了他们的最大资源和能量成本。包括购买合同或者管理措施最小细节在内的一切都要经过政治体制两次,先要通过政府正常审查程序,然后再通过法院审核程序,在这个过程中,投资者的财产权肯定成为听证会特别关注的焦点。美国体制带来的拖延和障碍肯定比进步人士在国外见识的多得多。[94]

但是让市营公用服务业运动陷入困境的最大问题,是那个让爱德华·邓恩遭遇挫折的内容:腐败。邓恩本来希望借助于格拉

斯哥的声望和经验,大张旗鼓地请格拉斯哥市营街车系统总经理　
来为芝加哥新的市营街车祝福。此人毫不含糊地表示对这里私人
运输公司的糟糕服务和过时设备感到失望,可更让他惊讶的是看
到芝加哥上空飘浮的政治腐败的恶臭,除非是万不得已的情况下,
他甚至不愿意推荐市营化了。[95] 因为满心指望的认可落空而陷入极
度尴尬,邓恩只好把那份报告装进口袋。但是压制报告并不能压
制背后的问题。城市的财产所有者对于票价和税收的关心、那些
靠城市的合同利润而发展的小企业主的不满——进步人士的反对
派在伦敦利用的所有力量,所有这些再加上腐败的重量,终于引起
天平的倾斜。特威德*对纽约金库的掠夺、芝加哥城市议会那些所
谓灰狼的胃口、费城共和党机器静悄悄的但一点都不逊色的系统
腐败等,都构成城市所有权辩论的背景音乐,实际上甚至淹没了辩
论本身。

都市政党机器出售一个又一个有利可图的城市特权,到世纪
之交被"扒粪者"抓住揭发时,这已经是老掉牙的故事了。已经有
一代精英和中产阶级"好政府"改革者努力要纠正这些。限制和控
制公众选举的官员特权是他们惯用的手段,其中许多来自欧洲的
先例:按英国经验成立的公务员委员会(虽然在英国,市政府不在
公务员管理范围);按英国地方政府委员会模式成立的州监督委员
会;模仿德国市长的职业城市经理人;或者欧洲风格的选举权限制
把城市交还给它的财产所有者。[96]

"好政府"改革者认为不完全民主的英国和德国的城市管理比
美国更诚实、廉洁,这并非完全错误的。当然腐败丑闻并非只是美
国人才有的专利,比如1889年的一起丑闻就导致伦敦市政议会的
前身"大都会市政工程委员会"倒台。谈到城市腐败,英国调查官

＊　William M. Tweed(1823—1874),美国政客,坦慕尼协会的"老板",在控制纽
约期间贪污了2500万—2亿美元的政府公共基金。——编注

阿瑟·沙德韦尔在 1906 年谨慎地说,"英国人并没有资格扔很多石头"。酒馆老板、房地产商人、房东、承包商——所有这些有证照、有利益可图的人都是英国城市议会中的固定角色;在城市政策中有利害关系的人也毫不掩饰地把代表政治私有化。[97] 但是,19 世纪末期英国和德国的城市腐败行为更隐蔽、更客气,更多是优惠和好处的交换而非现金贿赂,也更少民主的特征。在这点上,时机也产生了深刻和广泛的后果。有些地方,先有现代城市管理体系,然后才出现都市政治民主化,比如德国,以及基本上如此的英格兰和苏格兰,这一点和美国完全不同。在美国,白人男性的民主早早兴起,创造了一个更容易被某些人钻空子的体制,他们把城市管理看作获得私利的领域,更容易把公共职位看作要尽可能快捞好处的短期投资。

是遭遇民主之下腐败的经历最终让专家管理委员会的主张如此吸引人——这个因素更甚于它的便利和熟悉、公用服务公司的秘密推销、立法狂热的力度。即使当专家已经被推开,公用服务公司已经学会如何巴结、讨好管理者,他们之间的关系已经密不可分时,委员会公正性的氛围仍然保留着。用威斯康星大学亨利·梅耶的话说,委员会概念的诺言是通过那些把科学的客观性和法律的中立性结合起来的控制机构,"把公用服务业从政治中移出"。[98] 相反,因为容易接近现金流和以前梦想不到的大发横财的机会,可能出现另一个特威德或者"煤气厂小集团",对这一点的担心和恐惧成为反对市营服务业运动的人最强大的武器。观察家指出,只要芝加哥选民面临的议题是对私人公交车经营的不满,邓恩的市营公交车运动就可以取得胜利。但是,纯粹公共所有的公交车实现的可能性越大,人们的怀疑也就越大,支持邓恩的比例就越小。

在腐败问题面前,市营服务业运动的有些学术骨干悄悄溜走了。在 1905 年 12 月美国经济学家协会讨论公用服务业话题时,只有豪威和改革俱乐部的米罗·莫尔特比明确支持公用服务业公有化项目。阿尔伯特·萧故意回避和躲闪。他的报告说"我们从国家的一端到另一端都在进行如火如荼的实验",他希望每个实验都进展顺利,但他不支持任何一个。长时间高举服务业公共所有权大旗的伊利已经改变观点加入批评者的行列。伊利的批评者认为他改变主意是因为资助他研究的新公司的影响,他自己则担心腐败和管理能力等问题。[99] 至于有公民思想的商人,在欧洲背景下本是城市所有权的核心支持者,他们对于城市基础设施落入党棍和企业老板之手这一前景的担心非常强烈。在这种情况下,可敬的中产阶级看中妥协的解决措施就没有什么奇怪的了:公共拥有的街车线路(而不是车子本身)、浮动价格体制,或在管理委员会监督下的私有企业等。

在这些担心和经历的背景下,豪威、邓恩、约翰逊不准备在公务员改革上花费时间,而是迫切要扩大公共产品和市营企业的范围,这只能招来"天真幼稚"之类的指控。豪威坚持认为城市管理大事情将自动吸引本领更大、水平更高、更诚实的人进入市政府从事城市管理,但是在美国背景下有点不现实,不管伯明翰和格拉斯哥的情况如何。至于期望市营企业本身复兴市民的"城市意识"的呼吁,它让市营化支持者的项目容易被指责为愚蠢、缺乏判断力,虽然他们可以提供大量对比成本的数据,讲解德国城市效率的故事。

实际上,城市所有权鼓吹者对于腐败问题的回答并不像看起来那么幼稚。腐败问题的公共讨论倾向于混淆区别,渲染一种普遍堕落的氛围,但其实腐败结构是复杂和多样化的。在世纪之交的美国城市,它们至少表现出两种形式:边缘性腐败和内部腐败。

边缘性腐败出现在政府和私人供应商接触的地方。政府通过合同、出售或者专营权给予私人投标者经济机会,这种地方一直是腐败者捞取好处的肥沃土壤。边缘性腐败的形式是贿赂、回扣、勒索、报偿等。交换的东西通常是现金,虽然雇用亲戚朋友或者政治支持也可以当作交换筹码。比如(查尔斯·爱德华·拉塞尔讲的故事)22个市政委员会委员在1884年以2万美元一张的价格出卖他们的投票,这涉及利润丰厚的下百老汇街车经营权。被收买的是拥有投票权或者影响力的人。[100] 但是边缘性腐败的最终受益人是收买者,那些通过非诚实手段获得巨大商机的商人。

相反,内部腐败发生在市政府内部工作人员身上,受益人是企
156 业老板、政客以及得到他们恩惠的人。内部腐败偶尔也涉及公然的挪用公款,虽然这种情况很少不被逮住。更常见的形式是虚报工资表,在招募人员时任人唯亲、政党分肥、工作效率低下。有时候涉及现金交易。世纪之交要得到城市职位,最常见的方式是贿赂;城市职位所有者必须捐款,此乃填充政党竞选基金的标准手段。但是交易对象除了现金外,同样常见或更普遍的还有工作岗位、肥差,或者选举日的集团投票等。有些国家试图通过限制公职人员的投票权对付这最后一种腐败。在德国,国营铁路职工被明确剥夺投票权。在澳大利亚的维多利亚州,政府雇员被排除在正常选举之外,但给予他们独立议会代表的资格,更公开地为自身利益说话。[101]

内部腐败和边缘腐败的关系比这些手段表现出来的更加复杂。都市腐败的矛盾在于:如果限制其中一种腐败机会,就会增加另外一种腐败机会。减少城市拥有和经营的企业,能减少内部腐败的可能性,却增加了边缘腐败的机会,私人供应商的贿赂就会泛滥。

这两种腐败在美国城市都很流行。城市政治机器毫不迟疑利用扩大城市服务的机会捞取赞助。城市自来水、卫生部门、警察、消防、卫生监督、公共澡堂都(往往是公然)被用来作为政治忠诚的酬佣和优惠。但是如果林肯·斯蒂芬斯和他的"扒粪者"同行是对的,那么世纪之交美国城市腐败最臭不可闻、最严重的情况就发生

在边缘地带。正如耶基斯事件以及几十件类似案子显示的,咄咄逼人的私人资本和有兴趣利用职权牟利的政府官员接触的地方,出现腐败的可能性非常大。豪威和斯蒂芬斯这些鼓吹城市所有的人认为围绕专营权的边缘腐败是城市的最大罪恶,这想法其实不错。但是在"扒粪者"把都市政治个人化,报纸编辑急于靠揭露政党头目腐败丑闻来扩大发行量的背景下,公用服务业市营化鼓吹者的说服任务并不轻松。对于在开放的、多孔的、民主的美国城市发生更多腐败的担心,使得美国城市活动的领域很小,而让最成熟的腐败机会进一步加大。

那么,问题的核心是否在于多孔性本身呢?是否美国城市政治和政府职务分配的早期民主化(尽管有很多缺陷,尽管存在极力辩护的种族和性别壁垒)使朝向都市社会政治的转型更困难了呢?城市改革进步人士中没有一个人考虑这个问题。他们不愿意接受的结论是:他们的雄心因为历史发展的层次不对而陷入困境。他们心目中自主自营的城市是民主的实现。透过算术民主的形式外壳,他们看到了城市演变成发挥民主功能的生物器官。那是历史前进的方向:从消极等待到行动,从形式到服务,对都市生活的相互倚赖性从无意识到有意识的转变。那就是萧强调城市"管家"时表达的意思,就是豪威所羡慕的"做事的"城市的核心——大胆的、集体的、公开的作为,期待共同回报。民主的结果不在遥远的管理委员会,甚至不在选举,而在格拉斯哥的公交车和伦敦轮渡的日常运行中。

美国城市进步人士很少承认,他们羡慕的欧洲城市的广泛服务项目可能倚赖于一点:欧洲城市精英成功地长期推迟形式民主的实现。但是他们对两种民主(形式民主和行动民主)亲属关系的竭力强调,显示他们明白欧洲市营企业的教益是双刃剑。欧洲经验是否证明了城市行动野心越大就越能产生更诚实的公民精神?或者相反,跨越大西洋的政治结构对比,恰好突出了在美国政治背

景下推行欧洲风格的城市经营真是愚不可及？美国城市管理的民
主化是否排除了服务民主化的可能性？自主自营的城市的途径会
不会被一个最意料不到的障碍所阻挡，即政体过早的民主化使得
国家机构被过度地挖空和私有化？

1905 年到 1907 年的争吵和争论没有为这些问题提供明确的
答案。城市公共所有权改革者并没有偏离目标太远。自主自营的
城市，尝试性地向外扩张到新的公共产品和公共供应领域，这个设
想在第一次世界大战前仍然没有定论。由于 1920 年代电力争议
158 的推动，它将再次浮上台面，清晰出现在新政拥护者的政治想
象中。

可塑性是城市所有权观念的内在特征。它可以被公共卫生改
革者拿来作为工具；被萧和豪威竭力争取的那种具有公民思想的
商人用作工具；在有些时候，还成为城市庞大的、大众化的工人阶
级多数派使用的工具。就像进步人士的许多项目一样，市营化运
动是零碎的改革，在理论上显得软弱。它认识到城市生活事实上
的集体主义，但它不是代表对市场的颠覆，而是选择性地侵占其中
公共特征最明显的部分——明显到连私营的公用服务公司都承认
的部分，这些公司竞相把"公共服务"作为招牌用在自己身上。

市营化运动是大西洋范围第一个重要的进步工程。在借来的
经验和跨越国界的先例中，在共同的语言如细菌、污水处理、煤气
价格、街车票价中，北大西洋经济体的市营化改革者开始创造适度
的、替代性的社会经济来改造彻底商业化的城市。但是正如针对
街车和腐败而发生的争吵和喧闹所示，市营化运动也是一个政治
教训，说明时机选择的极端重要性以及细小差别的积累性效应多
么巨大。在从民主形式转向进步人士迫切渴望得到的民主功能过
159 程中，这两个因素在最后都发挥了特别重要的作用。

第五章

公民的抱负

私有财产，公共设计

　　进步人士政治想象中的城市既是动词又是形象：既是剧烈的公共活动的表现，又是心中的图画。弗雷德里克·豪威多年后仍然记得他"想象中的城市构造应该是什么样子的……那是一个单元，一个有思想的机体，有清晰的目的，眼光远远超越当前状况，预先采取措施适应将来的变化"。他写道，从第一次在约翰·霍普金斯大学接触阿尔伯特·萧的课程起，"我研究城市就像别人研究艺术一样，我对街道路沿、下水道、空中轮廓线特别感兴趣"。[1]

　　艺术和下水道：人们对这种并列可能感到困惑和怀疑，在已被时间分开的类别中费力寻找方位。但是进步人士的核心特质在于既从形式角度也从功能角度来看待社会政治。社会的核心价值应该体现在街道设计、公共建筑、居民区和城市风光上，这是大西洋两岸进步文化的坚定信念。进步人士心中的城市既表现在公共水厂和街车上，也同样充分地表现在市民中心、城市分区地图上。豪威记得他们渴望的是"美"。但激起他们热情的不是"美"本身,而是有意识设计的可能性:把公共选择的秩序添加在城市土地、场所和建筑风格的巨大而混乱的市场上。从城市规划想法的最初萌动到"新政"和欧洲社会民主派的社区建筑计划,进步社会政治一直强调的理想是:社区不仅拥有自己的基础设施,而且体现自己的设计。给其中一面带来能量的大西洋纽带也激发了另一面的活力。

在某种程度上,进步人士在城市形式上的专注是旅行的产物。参观者很少有浪费的时间,眼睛总在阅读着形式和表面现象。就像在他们之前到欧洲考察艺术的大旅行朝圣者一样,试图在艺术外在形式上分析其内部文化内涵,进步人士都是形式的热心学习者。在欧洲参观的美国进步人士很少不陶醉在临街建筑和城市风光上的,就好像每个国家的政治文化秘密都可以从这些内容中揭开。柏林街道的异常宽阔和城市当局在维持街道整洁方面的一丝不苟,以夸张的形式向美国人讲述着德国人的效率和公民意识。维也纳就是壮观的环形大道,巴黎就是林荫大道,纽约就是怪异的、高耸入云的摩天大楼。人们在每个城市都可以阅读其独特的建筑模式:一直延伸到柏林边缘的四到五层廉价公寓的坚固方阵;数英里长的狭窄街道和投机商建造的英格兰房屋,与地方卫生法规框架紧密结合;苏格兰城市高耸的石头公寓;波士顿挤到邻居家占空间的三层木板房;纽约一幢幢廉价公寓形成的幽暗深谷。

欧洲人阅读美国城市的愿望也同样强烈。H. G. 威尔斯认为曼哈顿的摩天大楼就是城市被"没有灵魂的强大力量"控制的标志。相反,查尔斯·布思认为这些高楼诉说着新大陆无限的能量。随着大西洋经济体进步人士越来越积极寻找相互的经验和革新,到处都是迫切阅读城市形式以便发现背后社会意义的参观者。[2]

尽管结果可能相互矛盾,这些努力绝不是愚蠢的。表面现象有时候会误导人,最明显的例子莫过于柏林了,其他地方的贫民窟都是公开展示出来的,而在这里都被藏在城市街区内部拥挤的棚户区。不过在某种程度上，一个城市的形式和建筑、街景和轮廓线、公园和住宅区，暴露了城市土地和住宅背后力量的轮廓，眼睛是不会骗你的。伯明翰工人阶级家庭的成排房屋十二英尺宽，后面有狭窄的一块地，高高的篱笆，阴暗得不适宜生物生长。这和芝加哥的独立小木板房完全不同，后者散落在泥泞的街道上，还散发着未干燥处理的便宜木头的强烈味道。两者都不同于华盛顿的后街陋巷、曼哈顿廉价公寓里合住的通风井；也不同于柏林那拥挤在一起的、一厅一厨的两室公寓。曼哈顿、芝加哥以及一千个比较小的美国城市那持续不断、没有尽头的笔直街道，与巴黎的豪华林荫道或者德国城市内部曲里拐弯的窄巷不同。所有这些区别都反映了财产、法律和政治的不同混合体。

　　这三种因素都深刻影响着城市的外观。土地财产和建筑资本背后的所有权可能是分散的，也可能是紧密集中的。都市土地市场的法律基础可能适应迅速方便的财产交易，也可能适应错综复杂的、大盒套小盒式的租赁关系。城市空间发展的公共利益可能被有意识地展现，也可能让位给市场价格和优惠等多种决定因素。比建筑学的作用更大，市场的这些因素或者（用 M. J. 唐顿更精确的术语）"占据支配地位的'财产文化'"，也给予城市基本的形式。[3]

　　北大西洋经济体的城市不管还能是别的什么，至少都是巨大的、剧烈搅动的、靠法律维持的土地和住房市场。在想象中，不动产或许强调稳定性，可实际上没有任何地方比世纪之交的资本主义城市不动产转手更快，或者表现出更深刻的商品化过程。由于流动人口的大幅度增加，大城市是房地产投机的最成功的发动机。由于土地分割标价出售、出租，或者握在手里等待空想的使用方式迅速转变导致其价值暴涨，所以土地成为可以倒卖的商品。因为同样的原因，住房也成为商品。从建筑的普遍高度、密度到城市街道的模式、工薪家庭典型的居住空间，或者让美国城市具有独特的"豁牙"外观的空地（投机者寻找大机会而握着不开发），让人们从

161

城市形式中阅读到财产的权利和力量。

即使想象一下私人力量的这种合流是可以"规划"的，在当时听起来也会是大胆的政治宣言。相当数量的进步人士聚集在这种抱负上。纽约市街车战斗的核心人物米罗·莫尔特比担任的第一个城市管理职务，就是一个调查欧洲城市设计的委员会的秘书。豪威一辈子都对城市规划热情不减。他的好朋友林肯·斯蒂芬斯1909年也在琢磨"我尝试的最大一项工作"——创立"城市经理或者城市设计师的新职业"。弗洛伦斯·凯利的全国消费者联盟是为劳动妇女争取更好工作条件的先驱，她帮助组织了美国第一个城市规划展览。搜集了那么多社会政治理想的杂志《调查》从一开始就开放篇幅发表城市规划方面的文章。第一次世界大战前社会福利事业的重要资金支柱拉塞尔·塞奇基金会几乎花费了一半资产，在长岛上建立模仿英国的模范郊区"森林山花园"。[4]

对于城市空间、住房、设计的关心在北大西洋经济体的每个国家都激起讨论。从1889年巴黎博览会上关于工人住房的第一次国际会议起，住房国际会议就成为固定的活动项目。第一次世界大战前城市规划的示范地像磁石一样吸引了众多社会改革者：英格兰的（日光港、伯恩维尔、莱奇沃思、汉普斯特德）；德国的（法兰克福、乌尔姆、海勒洛、埃森的克虏伯居住区）。最有气魄的国际城市规划展览和会议也一样，最大的一次1910年在维也纳举行，吸引了两千多名与会者。通过这些论坛，社会的和立法的手段得以异常迅速地传播，包括模范住房设计、模范住房立法、街道规划和城市分区模式、控制土地投机的机制、影响郊外土地发展的措施等等。[5]

到美国人在第一次世界大战前的十年进入时，这个网络已经基本形成，他们再次成为迟到者。部分因为此种原因，部分因为从来不能真正摆脱审美大旅行留在心中的欧洲那种和谐完美风景，美国人在跨越大西洋的背景下再次看到自己城市的杂乱无章后，往往感到非常尴尬。豪威把典型的美国城市称为商业"事故"，这

162

个进步派的比喻有许多变体；人们发现城市"没有统一感，没有永恒性，没有整个社区的权利意识"。刚刚从英格兰新花园城市参观回来的沃尔特·韦尔赞同这个观点，美国城市除了"自私的利益冲突乱象外"还有什么？简直就是一个"过分膨胀的、无法无天的"巴比伦。列奥·罗韦抱怨说："城市不应该是狭窄和压抑的大街的单调重复；不应该让每个可用的空间都覆盖闪耀的招牌，让每个街道拐角都有一家酒馆，让每个人都随心所欲地建房。"[6]

163

实际上，世纪之交的伦敦像纽约一样闪耀着众多广告。帝国时代柏林的街道门面过分体现装饰和资产阶级的自豪，在盛气凌人方面并不比芝加哥的大烟囱逊色多少。资本主义城市在任何方面都表现出家族相似性，但是美国人认为商业化力量在美国城市中特别强大和不受约束，这也确实没错。在与私有化城市争吵的背景下，看看巴黎甚至伦敦，美国进步人士不可能不注意到明显的差别。他们把欧洲人在城市规划方面的实验当作某种社会设计的证据，即朝着公共需要的方向调整和规范市场。1930 年代社会政治的关键词"计划"通过欧洲、通过城市规划的思想成为美国的政治词汇。Städtebau（德语，字面意思是"城市建筑"）是最初的名称。在英国它被重新命名为"town planning"（城镇规划），用来表示土地和建筑的控制系统，在价格和市场交易"看不见的手"之外添加了看得见的公众之手。它许诺对城市设计和前途加以新的集体控制，许诺房屋质量的新标准，许诺把砖头和灰浆添加在公民改革者的"城市意识"上。豪威写道："我们开始看到城市是有意识、有生命的有机体，建筑师、工程师……管理者、梦想者能够为了人民的舒适、方便、幸福而建造和设计。在很大程度上，城市规划是第一次清醒地认识到社会的统一性。"[7]

怀有这些设想和抱负，美国进步人士成为积极传播欧洲集体城市设计观念的渠道。通过大西洋纽带，他们一个又一个为美国带回了整套规划工具，有些束之高阁从来没有使用过，有些被迫切拿来推行,有些做了修改。这些引进观念的标志至今仍然可在美国都市风景中看到——带着借来的古典主义,体现在 1890 年代中期及以后带着巨大公民热情建立的公共建筑中;费城的菲尔芒特大街(现在的本杰明·富兰克林大街)的城市风景区干道,是根据巴黎的奥斯曼男爵模式建造的;还有从德国引进的分区规划,它像八哥一样以变更的形式迅速在新土地上繁衍起来。如果认真寻找,你可以发现一些木板房仍然矗立在马萨诸塞州的洛厄尔,它们是美国第一批公共资助住房运动的成果,是英国花园城市设计元素、新西兰先例和本土劳工政治结合的产物。

164　　进步人士的抱负变得更加深远了,它们被储存起来等到战争和大萧条给予施展的机会。北大西洋经济体中没有哪个规划师比美国人在 1890 年代和第一次世界大战前夕制订的城市蓝图更大胆,也没有哪个地方在城市规划方面像美国这么热情真挚地推动。拥有自我意识的城市、市营公用服务业、对都市土地市场力量的约束、对于居民住房需求的关注、体现在市政建筑和公共空间的自豪感等等——一时间,这一切在大西洋两岸进步人士看来都是一致的。

　　如果把测绘和不动产登记的秩序管理包括在内的话,每个现代大城市都包含一定程度的规划。在统一的土地所有权和政治广告欲望汇合的地方,如宾夕法尼亚州费城、朗方(L'Enfant)规划的哥伦比亚特区,或现代欧洲初期作为王室权力橱窗的任何城市地区,设计规划确实非常详细。但是在 19 世纪中期前的美国,让所有这些都相形见绌的规划是坐标方格。1811 年纽约市的直线街道计划沿着东河的湿地一直推进到曼哈顿尽头,有意表现出对地形状况的冷漠,这成为一种模式。沿着这个开放性的坐标方格,让私人投资者、投机建筑商、买家、改造者去建设希望未来可能批准或者市场能够认可的任何东西。规划委员会和分区条例都还没有出现,在 1880 年代以前,甚至没有建筑标准去限制个人在填补坐标方格中空白区域时的特权。在勘测员办公室里用尺子画出,坐标方格规划最大限度方便了土地销售的速度和效率。正如英国城镇规划师雷蒙德·昂温注意到的,坐标方格适合土地使用永远在变动的城市,比如今天是居民区,明天可能成为商业中心或者仓库区。[8]

坐标方格在所有这些方面是自由放任经济的物质表现:一种将交易机会最大化的法律和社会设计,很容易地变成了思想上认为"自然"的做法。坐标方格方便、快捷、没有限制,是资本主义城市的完美计划。与欧洲古老的、积淀的城市外形相比,它给予19世纪美国城市一种更确切、更透明反映出经济关系的形式。但它不是公共设计,除了最低级程度的含义外。除了像奥姆斯特德的纽约中央公园等罕见的例外,以这种方式建立的城市都是私人空间强、公共空间弱。不管是从实际上还是在象征意义上,它都没有满足进步人士日益增强的、把城市看作人们共同的家园的集体主义观念。就像公民团结一体的冲动吸引美国进步人士关注格拉斯哥的公交车和伦敦的蒸汽渡轮一样,这种冲动也吸引别人关注欧洲大城市的都市设计工具。

他们的第一站是巴黎。作为中央规划形成的现代大城市的模范,19世纪末期没有哪个城市比它更辉煌。刘易斯·亨利·摩根在1871年把巴黎称为"世界上最漂亮的城市,它给予陌生人惊人奇妙的印象"。摩根心中的不是由拥挤混乱的街道组成的、经常被皇家活动场地打断的老巴黎,而是在早期城市结构之上大胆建造的新巴黎。19世纪中叶,在拿破仑三世的敦促和乔治·尤金·奥斯曼的指导下,巴黎的重建大胆、昂贵,充斥大量的公共象征,北大西洋经济体没有哪个地方可以与之媲美。[9]

担任巴黎重建实际工作的奥斯曼是一位多才多艺的规划师,在他看来,城市绝不是街道模式那么简单。作为巴黎的行政长官,他负责监督很多英里新下水道的建设,要完成渡槽系统,最终解决城市依赖塞纳河供水的难题。但第二帝国巴黎的心脏在它的街

165

道。从 1853 年到 1869 年,在奥斯曼监督下从老巴黎混乱拥挤的老街中开辟了十多条宽阔的新林荫路。实际上,西堤岛上除了圣母院外的几乎所有中世纪建筑都被拆除了,全部用庞大的政府大楼替代。星形广场有一条条对角线林荫大道交织,它们以几何学的痴迷会聚于拿破仑野心的象征——凯旋门。

在可以选择的地方,奥斯曼更喜欢开辟新街道而不是拓宽原有街道。购买内部地块的成本低于获得现有临街地段的成本。更重要的是,在新绘制的林荫大道上,奥斯曼和拿破仑三世看到了一块白板,可以创造赋予第二帝国巴黎独特性格的新街道景观。为了确保新开发的临街地段投资商符合公共空间的要求,奥斯曼规定了统一的飞檐高度和共同的水平窗户线和阳台线。结果整条街的临街面吸引人们把目光投向景观的顶点——公共广场或者纪念碑。

奥斯曼用来努力把巴黎集中起来的豪华对角线林荫大道非常昂贵。国家贷款和津贴支付了工程的部分费用,但正如奥斯曼很166 快认识到的,更广泛的潜在资源是土地市场本身。通过购买便宜地块开辟新街道,再高价出售新建筑地块,他创造了类似于都市公共工程永动机的东西。如果说这个机制有方便合算的考虑,它也包含了某种公正性。如果有人突然发现自己拥有大片可以建设高档商店和豪华住宅的土地,还有谁比这些人更适合资助街道建设的公共开支呢?

奥斯曼规划下的巴黎地价飞涨是社会产生价格优势的经典例子,如果用亨利·乔治普及的术语就是"非劳动增值"。作为补偿,奥斯曼得到土地征用法案的帮助,法案允许城市当局征用的土地多于扩充街道本身所需的量。后来在美国被称为"超额征用"(Excess Condemnation),这个技巧授权巴黎当局征用和购买沿着新规划的街道的大片土地和建筑区,然后再以市场能够承受的价格出售给私人投标者(附有严格的建筑规范要求),当局用这些收益资助改造工程本身。但是土地超额征用在奥斯曼看来也还是一只不够肥的鹅。到了 1870 年,他的预算已经膨胀到失去控制的地步,成为拿破仑三世难以承担的巨大负债。不过到这时,在公共强制和私人投机性投资的结合下,经过规划、重新集中起来的城市在本世纪最有力的物质表现已经建成了。

人们从巴黎新街道上阅读到的信息一开始就具有多重含义。新城市显然比老城市效率更高,新的对角线林荫大道极大地方便了交通和货物分配。如果说新街道带来了贸易前景,它们也预示着平定。绝非巧合的是,许多拓宽的街道集中在巴黎激进的工人阶级旧居住区,从前那里常出现路障封锁;同样并非巧合的是,奥斯曼把兵营安置在最具战略性的地位上,让城市大军更好调动。刘易斯·芒福德显然不喜欢奥斯曼的巴黎,他说"马背上的人占据了这座城市"。[10] 新街道把城市和游行场地结合起来,为行进的士兵、疾驰的马车创造了表演展示的环境。它们是庞大人口转移的发动机,尤其是对城市穷人而言。它们是庞大规模的公共建设工程,吸引大量建筑工人到首都来,以至于有些保守派担心这些人的存在将破坏国家的所有社会缓和措施。

在这些深度混合的信息中,到巴黎来的游客竭力要辨别出城市的核心意义。我们已经看到,19 世纪中期的美国游客常对奥斯曼的工程感到不寒而栗。但是对于 1890 年代中期的阿尔伯特·萧来说,巴黎是欧洲大陆最激动人心的城市,用来给"世界一个教训,让人们认识到秩序、系统、逻辑、解放、打破传统"。1912 年被奥斯曼的工作深深打动的布兰德·维特洛克赞叹说,此人战胜了"可怕的无政府主义和偶然性",而这些依然控制着多数美国城市。[11] 奥斯曼的城市以公众利益的名义(不管是多么虚假和傲慢)进入都市土地市场深处。这在很大程度上是看得见的。这个城市给所有喜爱它的人提出的问题是:如何创造出同样协调的设计、对土地和建筑市场的同等控制,同时又消除帝国的独裁和虚伪。

167

考虑到奥斯曼工作的多种价值，难怪北大西洋经济体的每个国家都从中汲取不同的营养。柏林当局抓住了纪念碑式建筑的可能性。从詹姆斯·霍布瑞希特1862年的扩张计划开始，能够和巴黎媲美的新巴洛克风格的首都就围绕着旧的内城建设起来，有特别宽广的街道、纪念意义的广场、对角线林荫大道及其两边迅速由投机商建造起来的公寓等。在英国，则是另外一种形式的奥斯曼化，集中在贫民窟和卫生设施方面。按照伯明翰"公司街"的模式，英国城市当局拆除内部穷人和工人阶级居住区建造商业街，通过超额征用土地再按建筑用地重新出售来补偿开支。在1872—1884年的伦敦，街道项目要求一个穷人的"城中城"拆迁（按加瑞斯·斯特德曼·琼斯的估计，那儿有2万人）。就像奥斯曼的巴黎穷人一样，他们溢出来进入附近街区，很快超出其负荷能力后再往外迁，形成贫民窟水银似的流动。德国当局关注城市发展中移动的边缘的街道设计，而英国城市议会的注意力则集中在内城改造上。当奥斯曼的巴黎最终来到美国人视野中影响土地办公室坐标方格的时候，它又有了不同的意义。[12]

巴黎激发的城市美学的第一批元素在1880年代后期零零碎碎进入美国城市，比如柱子、塑像、凯旋门，以及大旅行之后带回家的其他东西。在1888—1901年间，考虑到改造弗雷德里克·劳·奥姆斯特德位于布鲁克林的非规整园林"展望公园"的任务，由麦金、米德和怀特建筑公司重新建造，采用古典柱廊、中央集中的景观、凯旋门上面有马和带翅膀的骑士，这些都直接来自巴黎和柏林。1899年被《哈珀斯》杂志派遣到欧洲搜集都市美化方法的查尔斯·马尔福德·罗宾逊回国后，推动投资建设欧洲风格的公共广场、街景、喷泉、公共雕塑、艺术品位的路灯柱、装饰精美的街道标牌。他以毫不掩饰的模仿美学成为美国最成功的城市规划顾问之一。[13]

欧洲激发的公共建筑的胜利，是1893年芝加哥世界博览会建造的著名的"白城"。负责白城工程的芝加哥建筑师丹尼尔·伯纳姆只是从图画书中了解过欧洲的建筑。他让博览会上赫赫有名的那些东海岸建筑师事务所确定审美议题。他们心中想着巴黎，在一个荣誉广场上集中展览其核心建筑群，明显让人联想到1889年的巴黎世界博览会。他们立意追求建筑和谐，共同的飞檐线、共同的白色外观，建设出了世纪之交最引人注目的圣像之一。[14]

　　博览会不过是个博览会。在芝加哥矗立起来的临时性石膏建筑来得快去得也快。但是它们留下了世纪之交公民进步人士非常珍视的公民团结的审美语言，体现在中央集中的景观、成群的公共建筑、让人惊讶的统一风格等。1901年建筑界劝说联邦政府接管华盛顿特区的设计，从一层层的后来商业发展、铁路入侵、时尚变化中挖掘1791年朗方的计划，这个任务就被交给了芝加哥博览会的负责人。作为顾问委员会主席的伯纳姆最先采取的行动之一就是建议到欧洲考察。如果这样的景象存在任何不适宜的地方，当时的人已经不再注意到了——美国一个受委托设计国家首要公共象征的正式委员会，去旅行考察欧洲各大首都，拍摄各种东西，钻研华盛顿特区地图，辩论在哪里以及如何让搬用的因素成功地移植到美国来。[15]

　　在伯纳姆的所有城市规划中，华盛顿计划是后来唯一被大致付诸实施的，但他的商业城市设计更能说明问题，也更重要，那些设计背后没有古典模式可做基础。伯纳姆被汤姆·约翰逊带到克利夫兰，要寻找把资本主义城市庞大的、离心倾向的私有能量重新集中起来的建筑手段。他建议拆掉城市商业中心东北边不景气的滨水区，在那里建造大片新古典公共建筑——法院、图书馆、市政厅、联邦政府机关、公共礼堂、统一的铁路客运站等。这种设计理念部分借用巴黎的协和广场，部分来自白城的中央院区。曾经召集克利夫兰开明商人参与该工程的弗雷德里克·豪威多年后还记得这个计划多么激动人心，让人分明感觉到进步的"城市意识"。他当时写道，公交车战斗是克利夫兰进步人士的中心战场，但是公

169

民中心项目"把所有阶级最紧密地团结在一起"。伯纳姆因为出色的克利夫兰工作在 1905 年受托为旧金山设计总体规划,他提议把公园和景观林荫大道与克利夫兰风格的宏伟公民中心联结起来,这次把中心确定在气派的新对角线大道的交汇点,明确无疑地显露出模仿巴黎的痕迹。[16]

　　城市规划中最宏大的是伯纳姆 1909 年对家乡城市芝加哥的重建计划。没有哪个城市比它更彻底地受到商业企业的影响了。伯纳姆的建筑师事务所曾经用钢铁框架的商业大楼帮助填充的芝加哥环区,当时受到高架路和环绕的铁路调车场的束缚。芝加哥河是开发商们的煤炭场和铁路调车场、码头、起重机、小工厂的大杂烩。从环区往南往西是数英里长由投机商建造的工人阶级住房、没有铺设的街道、工厂、食品加工厂、钢铁厂、更多的铁路调车场。伯纳姆拿来芝加哥地图,就好像每个地方都可以通过有意识的设计而修改一样。他提议将铁路调车场往后推移到郊区,把铁路覆盖的环湖区域建成数英里长的公园用地和湖塘,再用博物馆和图书馆装饰由此形成的格兰特公园。对于环区,他提出了野心勃勃的街道扩宽计划;对于城市其他地方,他提出开辟一套新的对角线干道穿过坐标方格,外面围以一条环行路——如果芝加哥是巴黎或者扩大了的维也纳的话,那就是旧城墙的所在地了。在这个强力集中的街道系统的核心点,在移民聚居的西区、离简·亚当斯的赫尔馆不到一个半街区远的便宜土地上,他设计了一个公民中心,是芝加哥博览会的中心场馆的变体,它上面是个巨大的穹顶,(据规划的一种描绘)矗立在街道平面 30 层楼那么高的地方。[17]

　　试图理解伯纳姆芝加哥规划的象征意义,会让人们像看待奥斯曼巴黎一样得出非常混乱的信息。一方面,伯纳姆计划是明显与位于国家铁路网枢纽的这个商业、屠宰场和钢铁大都市相冲突的规划。他的规划把城市中心的形体从商业发达的环区转移出去,把注意力从商业转向公民生活。在这个曾经为追求利润把自

170

然资源利用到极致的城市,伯纳姆提议把整个湖滨地带改造成公共场所。坐标方格街道模式曾让芝加哥房地产商不受限制地扩展生意越过大草原,而现在他给这些方格加上了对角线林荫大道,用奥斯曼都没有梦想过的更坚定的向心对称交叉汇集到市政中心。"大人国"规模的中心穹顶设计,是由于需要有一个足以让城市的商业中心摩天大楼相形见绌的公民象征。伯纳姆的画师更强调这一点,让公民中心的巨大穹顶打破芝加哥单一同质的屋顶水平轮廓线,不完全是因为画图的方便。在一个充斥政治腐败的城市,最宏伟的建筑——相当于新芝加哥的圣彼得大教堂,必须是市政厅。

如果说某种反商业特性深植于这种表现公民美德的设想中,规划的背景却没有一点反商业气息。与伯纳姆曾经担任城市官方规划顾问的克利夫兰不同,芝加哥城市规划是私人商业俱乐部的财产,由该俱乐部资助和宣传。伯纳姆用一位惯于向客户推销品位的建筑师的语言,强调审美、旅游和商业之间的复杂联系。他的商业支持者不需要多少哄诱。他们写道,有了正确的计划,"芝加哥肯定能成为现代世界的中心"。为了敦促伯纳姆规划的实现,他们聘用了一位负责公共关系的人(称为"宣传总干事"),这个人连同由 328 名"公民领袖"组成的委员会向全市发起宣传攻势。"芝加哥规划委员会"准备了两卷长的推广影片、一部一万五千美元的幻灯片、学校课本(1912 年到 1920 年代初要求全市学校八年级学生阅读),以及为牧师举办的模范布道。它还为每个业主和主要租户分发列举城市规划优越性的传单。仅仅拥有一个计划就是特别巧妙的商业炒作,成为城市及其未来的精彩广告。[18]

在涉及商业的这些矛盾信息上,伯纳姆自己特别强调"秩序"和"统一"等基本因素,以及把城市当作"有机整体"的需要。作为整个计划"拱顶石"的公民中心将成为"公民团结精神的纪念碑"。[19]统一性激发了约翰逊和豪威这些公民进步人士在大草原上 171 建立自己的巴黎的梦想,希望城市街道和公共场所的重新规划能够激发公民意识和公民生活的复兴。他们的渴望让跨越大西洋的榜样显出远远超过事实上所具有的条理性。奥斯曼从来没有发表巴黎的总体规划,或许是考虑到已经引起的反对声音如同马蜂窝。多数英国城市议会是一个项目一个项目零碎地搞,根本没有总体规划。相反,在美国,城市规划就像雨后蘑菇般蓬勃出现。在1907—1916年,超过100个城市制订或者委托进行了"总体"规划,包括美国最大的50座城市中的一半。[20] 在发现和信奉的过程中,美国人把他们采纳的东西集中化了。

因为要追求这么大输赢的冒险,受巴黎激发的城市规划者只实现了纸上规划的很小一部分就没有什么奇怪的了。新的城市规划委员会多数只有劝告和建议的权力,美国式城市规划是表达理想的文件,而不是法律文件。在克利夫兰的公民中心、芝加哥的格兰特公园,人们仍然能够看到进步人士想象中的公共城市空间的具体表现。但是受巴黎启发而加在房地产坐标方格上的对角线林荫大道,几乎就没有一条离开过规划图。1904—1907年纽约的城市规划委员会设计了行不通的星形广场和雄伟引桥方案,几乎样样落空。[21] 同样的命运降临在伯纳姆芝加哥规划的公民中心点。需要竖起来的公民中心巨大穹顶被投资者放弃了,因为他们看到了城市商业未来在河北岸的召唤,它原来设计的地点现在成为纵横交错的州际高速公路枢纽了。

20世纪前二十年大胆提出的城市总体规划付诸实施时的问题不仅在于公民和商业城市象征上的冲突,而且在于找到法律和资金手段把奥斯曼式干涉财产权的做法用在美国城市上。在这方面很能说明问题的是,伯纳姆的芝加哥规划的最后一章用于详细讨论实施的问题,由芝加哥律师签字盖章。

从巴黎和伯明翰的例子看,明显的策略是超额征用土地,通过出售增值了的建筑用地来补偿各种费用。费城异常昂贵的菲尔芒特公园道工程就是以这种方式开始的。但是对于大部分城市来

说,州法院拒绝支持超额征用土地的法案,因为它构成了为他人利 **172**
益强行剥夺某些财产所有者权利的问题。如果用公共财政支持主
要街道建设,意味着又将遇到困扰城市公共所有权力量的债务限
制。即使这些限制被突破,税收资助的方式在政治上也有风险,可
能遭到居住在远离改造区域选民的反对,他们不大可能忽略这个
事实:林荫大道税的主要受益人是那些在土地市场上最狡猾、最善
于投机的人。1910年宾夕法尼亚的雷丁市(Reading),工人阶级多
数恰恰就是因为这个原因否决了商人的城市规划。为了购买公园
用地,美国的州已经找到了扩大特别征税权限的方法,要求毗连的
财产所有者交街道改造税。通过把预计将从建造公园中受益的整
个邻近街区划为特别税区域,堪萨斯市在1900年到1915年资助
了一套新的车行道公园几乎全部的成本。但是开辟街道和公共广
场的利益很难摊到比邻近的财产所有者更大的征税区域,很难期
待这些人同意将自己的财产分割成片并且还为这损失买单。在财
产权与规划的斗争中,占优势的一方在巴黎和在美国是不一样的。
已经被抵押给私人土地投资的城市实际上很难再重新制造公民统
一的象征。[22]

　　受奥斯曼激发的规划很少变成现实,这也不见得不好。因为过
分集中化的倾向,而且它们的星形广场和交汇的对角线街道注定
要被汽车交通所吞没。这些东西更容易成为支持者渴望公民团结
的象征,而不是能够将其付诸实施的机制。伯纳姆风格的计划是
视觉的建筑,热衷于对称和象征,很少考虑到私有化城市中既定的
财产权利和土地投机性投资的问题。实际上,正是因为规划能让
每个财产所有者的利益都得到提高这一承诺,才能吸引商人参与
到奥斯曼的规划中来。不过赤裸裸的欧洲化审美观的伯纳姆风格
城市规划是个标志,说明大西洋的鸿沟是多么快地被跨越了——
该规划把商业赞助和渴望公民团结的进步思想倾注到巴黎风格
中,而这种风格在不久前还被看作对共和原则的公开冒犯。

173 　　在城市美化运动所喜爱的巴黎之外，还有另外一些对城市规划的理解，比伯纳姆甚至奥斯曼更深入地插进土地和住房市场。在这些发展中，德国城市占领先地位。他们的创新能力部分来自19世纪晚期德国城市特别严峻的土地和住房压力。与能够向任何方向蔓延扩展的美国城市不同，德国城市不断膨胀的人口就像拥挤在护城河围绕的营地里。在古城墙之外，有些德国城市被小块的农家土地环绕，经过多代人的财产分割，很难合并起来成为可以出售的建筑用地。还有些城市，比如这个类别的著名代表柏林，被庞大的土地投机公司占有的地产所环绕，这些人有绝对的利益动机维持边远土地价格居高不下，直到它们可以合算地开发成为城市建筑高度条例规定的五层楼用地。考虑到城市化进程比19世纪末期欧洲其他地方都快，这些限制城市扩张的壁垒给予德国城市的土地和住房价格带来巨大压力。[23]

　　结果是城市人口密度比北大西洋经济体任何地方都高。在第一次世界大战前的伦敦，在每一幢建筑物里平均住8人，在费城这个数字是5人，在芝加哥是9人，在廉价公寓集中的曼哈顿是20人。但是在33个德国大城市，每幢住房里的平均人口是21人。如果说这些城市的外部标志是建造在城市边缘的无电梯公寓建筑——德国批评家称为"Mietskasernen"（出租营房），在这种地方居住的内部体验则是激烈争夺空气和空间的竞争。在1905年的汉堡，城市的几乎一半人口居住在每户只有两个或者更少房间的住房内。在法兰克福就幸运得多了，居住在这样条件的城市人口只有三分之一。在拥挤最严重的柏林，四分之三的城市人口——包括成人、孩子和房客都挤在这样的房子里。[24]考虑到这些情况，难怪自阿道夫·瓦格纳等人1870年代的倡导开始，工人阶级的充分住房问题就一直在德国社会问题辩论中发挥着核心作用。

　　如果单单因为需要就可以让城市土地和住房问题政治化，那么改革运动的中心肯定就落在柏林了。英国城市规划者帕特里克·阿伯克隆比称 1914 年的柏林是"欧洲最拥挤的城市,它发展的时候,没有通过小路和散乱的郊区住房往外扩展,而是慢慢把宽阔的城市街道和巨大的居民区推广到空旷的乡村,一举形成充分发展的城市"。[25] 美国游客对明显缺乏英美风格的空间分割情况感到困惑,对中产阶级和穷人在庞大的公寓区挤在一起的模式感到困惑——有钱人住在临街的套房,经济上不那么宽裕的人就挤在后面天井里,穷人住在屋檐下或者最黑暗的内室。游客有时候很难认识到德国首都的人口密度和经济力量。麦吉·詹尼森报告说,与伦敦很容易看到穷人的情况不同,"柏林的贫穷被围绕起来了,是隐藏的秘密"。他是少数几个进入"出租营房"内部发现真相的大胆美国人之一。[26] 欧洲没有比这里人口密度更高的地方了。在第一次世界大战前夕,柏林每幢房子里居住的人数是 76 人,是曼哈顿人数的三倍半。严厉的监督已经封闭了 1870 年代的许多地下室和阁楼。根据官方对于过分拥挤的定义标准,一个可以供暖的房间如果居住超过四个人就算超标,那么在 1912 年,有 60 万柏林人都生活在过分拥挤的住房内。[27]

如果说根据柏林设想的未来萦绕在德国进步人士头脑中,土地和住房政策的主要实验则是在较小的、压力较弱的德国城市,这些地方的进步政策团体有更多可运作的空间。被都市土地问题吸引的有些是讲坛社会主义者,如瓦格纳,或施穆勒的学生鲁道夫·埃伯施塔特;另一些是德国单一税制倡导者,1880 年中期被组织成为土地改革联盟;还有像阿尔伯特·苏德库姆、胡戈·林德曼,是德国城市社会主义运动的关键人物。最后,都市土地和住房改革运动中的最重要人物还包括中间派的市长,他们考虑到公共健康的责任,同时敦促市政当局进入公共产品和供应的新领域。[28]

这样广泛的和不确定的同盟力量必然会综合运用各种措施:政府更严格地检查是否达到卫生标准、居住是否过分拥挤,改革租赁关系法,以及(我们随后将看到)扩展廉价、可靠的工人阶级住房的供应。但是促成最大胆措施出台的因素是投机性边远土地价值这一绞索。正如许多人看到的,解决住房困境的最简单办法就是城市抢先占有未开发的郊区土地市场,通过新的电气化城市公交系统把它和都市工作市场结合起来,推动低密度、低成本住房的发展。这是分散性城市景观的设想——比廉价公寓的城市在形式上更"自然",正如许多德国人看到的,它只有在法律和经济偶然性的人工温室内出现。德国土地改革者羡慕英国带有小花园的小房子,郊区联排房屋的宽敞空间。[29] 到 20 世纪初期,他们已经开发出实现这个理想的一套新的规划技巧和市场干预方法。[30]

最直接的新工具是城市购买土地。20 世纪早期一直作为土地销售者的德国城市,开始为了引导都市发展而在其边界内外购回大量未开发土地。受到 1901 年普鲁士住房问题法令的鼓励,抢在投机性开发商之前购买大量城市土地储备成为引人注目的潮流。这个运动的领导者是乌尔姆,到 1911 年它已经拥有管辖范围内80% 的土地,有些土地已经被开发成小型单家独院住房出售给居民(城市保留重新购买回去的权力)。法兰克福在 1906 年拥有略超过一半所管辖的土地。它与建筑协会签订长期租借协议,保证在城市边缘建造低成本工人住房。[31]

如果众多农民地块分布在周围,把土地切割成无法搞建筑的狭小长片,即使私人开发商也会因为个别土地所有者待价而沽拒不出售而受挫。法兰克福的弗兰茨·阿迪克斯提出的解决办法授权城市官员,在多数邻居都同意出售时,可以按司法评定的价格从拒不服从的土地所有者手里购买土地,然后把这些地块连成建筑用地重新出售。阿迪克斯的法案在普鲁士立法机构受阻,被削减为法兰克福特殊情况,这种征用最顽固的小地块所有者土地的权力主要在于其象征性的意义而非实质效力。但是作为城市集体权利与土地所有者投机权利关系的声明,"阿迪克斯法"(后来的名称)得到那样广泛关注和报道也是理所应当的。[32]

更普遍使用的方法是对土地价值投机征税。由于阿道夫·瓦格纳的宣传和德国单一税制支持者的推动，以及 19 世纪末期德国政治文化强烈反对投机倾向的鼓励，进入新世纪后，这种思想很快获得巨大影响力。1904 年的法兰克福和 1905 年的科隆是首批征收土地交易累进税的城市，设法征收土地价格上涨中非劳动所得的四分之一为增值税，并且（阿迪克斯这样认为）打击对城市边缘土地的投机。到了 1911 年，当帝国本身开始针对城市土地试征收两年期的资本增值税时，超过 650 个德国城市都群起效仿。这些城市迫切希望得到收入新来源，很高兴让纳税负担首先落在投机的土地收益上。[33]

新德国措施的最后一个工具是城市分区。对于城市的不同区域确定不同建筑规范的思想，在 19 世纪末期的德国并不是不为人知的。典型的受益人是德国城市中的超级富豪，因为建筑规范常常为他们设定独特的、阶级隔离的花园住宅区，使其在多层廉价公寓向外推进时受到建筑高度限制的特别保护。城市从中心越往外走人口密度越小，从内部的中世纪棚户区经过"出租营房"再到低密度的边缘，这种洋葱皮模式对德国中产阶级有明显的吸引力，他们中的许多人渴望逃脱不同阶级混杂居住的传统。1891 年法兰克福的分区条例，第一个覆盖全城、对不同地区规定不同建筑标准的条例，就包括这种花园住宅区。它的首要推动者阿迪克斯却是从不同的角度为城市分区辩护的，说这是限制边远地区土地所有者价格期待的手段。这也并非言不由衷。通过强迫城市边缘的人口密度降低，法兰克福的市议会希望鼓励更便宜的、更低廉的郊区建筑。为了强化这点，法兰克福城市分区条例还划出留给低密度工人住房的边远区域；第二年推行的柏林城市分区条例也是这样做的。[34]

作为城市建筑规范的详细阐述，城市分区规划具有的法律影响力和实际后果远远超过了美国城市规划的纸上理想。在抱负最大的时候,城市分区规划是一个抢在价格体系之前详细制订城市发展蓝图的手段:把工业发展放在靠近铁路和码头的区域,预留方便工作和交通的区域用以建设便宜的、小型的工人住房,用公共表达的规划打破土地所有者投机发财的美梦。

　　这些新措施中没有一件戏剧性地改变了威廉皇帝时代德国的土地和房屋关系。因为帝国官员对于强势的土地兼并和购买政策的阻挠,柏林仍然被限制在异常拥挤的石头房屋里,这些官员厌恶自己首都的社会主义者多数派。住房改革者试图通过全德国范围的住房法律的努力,也在房屋所有者的抗拒和财产拥有者的游说下失败了。虽然具有重要的象征意义,但非劳动所得增值税一直不过是战前德国城市财政收入中的涓涓细水而已。在 1910 年的柏林,这种税收的份额只占城市收入的不足 4%。即使在法兰克福,阿迪克斯的土地市场干预措施也引发土地所有者团体的强烈反对。[35] 不过,尽管规划措施的力量有限,德国对于城市土地市场运作的干预行动创造了一系列潜在可用的工具,人们可以运用这些工具来建设不同于私有化大都市和奥斯曼在塞纳河上建造的游行广场的城市。

　　在英国,城市规划的抱负最初采取了和世纪之交的德国完全不同的方向。除了苏格兰之外,英国城市建设的特点是较为低矮和广阔。在苏格兰,高额的土地价格和低廉的工资使得多层廉价公寓非常盛行。在德国城市把多层"出租营房"向外推到开发土地边缘时,英国城市的外部边缘扩张形式则是散乱分布的两层联排房屋,坐落在狭窄的、严格统一的街道和人口稀少的地块上,这些区域都是在 1877 年后,严格按照地方政府委员会的建筑模式细则的卫生最低标准划定的。为了抵消千篇一律和单调重复,一个街区的房屋可以建造飘窗,另一个街区可模仿都铎王朝时期把木料镶入灰浆中,再一个街区可在突出的屋檐上模仿瑞士的涡卷装饰、蒂凡尼玻璃窗、仿希腊木头柱子、漂亮的多彩屋瓦,或粉刷花哨的装饰——在杂乱的建筑商手册风格中,人们迫切希望通过可推销的房屋外观建立一种地方感。英国都市的形状是传统和创新的妥协,是法律严谨性和私人投资算计的妥协,不是市场自由选择的结果。同样,它也不是事先计划好了的。[36]

首批尝试比最低限度的公共卫生考虑更多的城市设计的人,是那些有家长作风的生产商。1888 年利物浦外的日光港,肥皂厂老板威廉·莱弗奠定了受到广泛拍照宣传的公司村落的基础,这是半木结构的、装饰华丽的集中住宅区。更素雅的是乔治·吉百利在伯恩维尔可可工厂邻近区域建造的雇工村落,这里外观朴素的双拼或者四拼房屋的街道汇合处是学校、商店、贵格会礼拜堂——被吉百利安排在城镇的中央绿地。愿景在这些设计中发挥的作用并不小,这多亏了生产商直接拥有可开发的土地。但是起到重要作用的因素还有风景如画的公司村落的广告功能,以及诱人居住条件对于留住雇主所需技术工人的用途。[37]与这些英国公司村落类似的情况也可以在北大西洋经济体的其他地方找到:在埃森,有克虏伯赞助的玛格丽特花园城(Margarethenhöhe),是战前德国工人住房设计的高水准;在伊利诺伊州有普尔曼,在宾夕法尼亚州有范德格里夫特——都由高度自觉的技术和设计交流相联系。

从经济上和社会上来说更大胆的行动,则是埃比尼泽·霍华德在莱奇沃思建造的先驱性花园城市。莱奇沃思是个实验场,在这里尝试单一税制的经济、全面的城市计划,尝试创造比孤独的乡下生活或者压力巨大的大城市生活都更有吸引力的生活环境。它开始于 1903 年,得到英国一些著名模范雇主的支持。身为合作社类型的空想社会主义者,霍华德特别关心把新城镇的非劳动所得土地增值用在集体利益。莱奇沃思的主要建筑师雷蒙德·昂温是受到德国中世纪城镇美学激发的费边社社会主义者。作为规划、想象和自身投机抱负的混合体(从莱奇沃思火车站广场出来的游

178

客最先看到的景观就是该工程旗帜飘扬的土地办公室），霍华德和
昂温合作建设的城市马上赢得国际好评，无论从形式上还是经济
上都成为进步人士设计的典范。沃尔特·韦尔注意到莱奇沃思的
发展：

> 不是疯狂的城市芜生蔓长、令人厌恶的扩张，随意性向外
> 延伸许多英里，在更便宜或者主人更贫穷的土地上建造偷工
> 减料的房屋……它不是配有高耸入云的烟囱，被单调房屋和
> 了无生气的四方院围绕着的现代工厂城市……它不是没有结
> 构，不是没有经过事先考虑的。它不是那种既拥挤又分散的城
> 市，难看的光秃秃的空间被临时围篱环绕，车间、酒馆、居民区
> 乱七八糟挤在一起。

花园城市是经过规划的，"有机的、综合性的城市"。[38]

　　1905 年，汤因比馆的亨丽埃塔·巴内特聘请昂温在伦敦边缘
做类似实验，设计阶级混合居住的郊区。在他的汉普斯特德花园
郊区，昂温创造了一个让人吃惊的村庄，有着从德国南部小镇借来
的蜿蜒曲折街道，有广场和内向环绕的死胡同（cul de sac）以创造
邻居空间，细腻的建筑伪装掩盖了村庄背后的阶级差异。在欧美
的战前城市改革者中间，英国人尝试的慈善村庄设计如汉普斯特
德、莱奇沃思、伯恩维尔、日光港等是当时最著名的看得见的偶像，
是重新把城市社会化的蓝图。[39]

　　但是，要让这些小岛在投机商建造的房屋的大海上变得不那
么稀少，就需要更广泛的公共权力。正是在这个关键点上，英国进
步人士意识到来自德国的城市规划技巧的重要性。宣传德国规划
新措施的最初工作落在曼彻斯特都市改革者托马斯·霍斯福身
上，他是一位见多识广的富翁，在 1904 年出版了《人们住房和周围
环境的改善：以德国为例》一书，这几乎算不上是书，而是翻译过

来的德国报告和法规的汇编。由于受到伯明翰市议会住房委员会主席约翰·奈特福德的推动,该城市很快派遣一个代表团到德国考察城市规划。奈特福德本人很快向议会提交议案,授权英国城市当局先于开发商购买城市边远便宜的土地(像德国那样),与交通部门一起协调规划,然后再把大部分土地出租给有限股利的住房协会(按法兰克福的模式)。[40]

因为在地方政府委员会上受阻,奈特福德的议案从土地购买计划转变成为一套规划权力。在1909年《住房和城镇规划法》的规划部分条款中,英国地方当局仍然不能从事一般的土地交易,但是它们有权为即将集中开发的具体的未建区域制订详细的发展规划,在地方政府委员会的同意下,运用法律的力量实施这些计划。在第一次世界大战爆发前,只有以奈特福德的伯明翰为首的一小部分城市制订了发展规划。英国城市规划当局只能零碎地进行,对城市周边的特定区域进行规划。但是在这些区域他们可以设计街道和保留公共空间(根据毗连的财产所有者确定成本),把住宅区连成片,建立工业和商业区,(在开发前)确定密度限制,在特殊情况下甚至确定地块界线。从莱奇沃思的经理办公室来到地方政府委员会的城市规划顾问新岗位后,托马斯·亚当斯试图说服美国人相信城市规划法案做了需要做的一切,这显然夸大其词。[41]不过,在破坏传统的土地所有权和特权方面,在赋予城市本身展望未来的权利方面,该法案确实做了很多贡献。

180

到了伯纳姆的芝加哥规划完成时,简单地说,欧洲城市规划者已经创造了一套能够深刻切入城市土地和财产结构的法律和管理工具。在德国的城市规划设计师和英国花园城市设计者之间已经存在技术和视野的密切交流。(我们已经看到)奥斯曼的技术世界闻名,"廉价住房国际大会"吸引了欧洲和美国的众多改革者。美国的城市土地市场之变化无常不亚于北大西洋经济体的任何地区,美国的进步人士很可能卷入这些辩论和抱负中,这已经成为不争的事实。他们希望得到控制城市设计的措施，其中有些人迫切渴望获得国际上的新技术。1909年不那么确定的是（虽然芝加哥规划的法律顾问或许比多数人适合做出预测）：这些努力是否足以把美国的城市规划从象征性的、视觉直观的议题变成具有深刻社会效果的工程。这反过来取决于引进的工具中有哪些能够在跨越大西洋后仍然保存其优势。

"对工人公平的城市规划"

由于陶醉在借用的街道景观、公民中心，以及企业赞助者的经济抱负中，美国城市美化运动的主要设计师最开始很少注意欧洲城市规划的新方向。把更深层次的社会政治目标注入城市设计的工作则落入一群社会工作者和睦邻中心居住人员的手中，他们住在建筑过度的大熔炉里——下曼哈顿地区。和德国同行类似，他们的首要兴趣不是在象征标记而是在土地价值和住房上，尤其是这些对于城市工人阶级的冲击。

这个群体中鼓舞人心的人物是弗洛伦斯·凯利，她1899年从芝加哥的赫尔馆转到纽约市担任全国消费者联盟主席。随着她对女性工作条件的调查进入下曼哈顿的工厂和服装厂的阁楼，凯利震惊地发现纽约工人阶级居住区过分拥挤的状况，在芝加哥还没有见过的紧密拥挤在一起的廉价公寓，以及新出现的、黑暗的都市深谷。到了1907年，她网络了一帮志同道合的朋友组成"纽约拥塞问题委员会"，亨利街睦邻中心的丽莲·沃尔德、纽约慈善组织协会的爱德华·迪瓦恩、侨居的城市社会主义者约翰·马丁、《调查》杂志的保罗·凯洛格、住在格林威治馆的年轻建筑师乔治·福特、格林威治馆的玛丽·K.西姆柯维奇（后来在1930年代是她把所有这些关心都带入公共住房运动），很快弗雷德里克·豪威也参加进来。不到一年时间，他们聘用本杰明·马什为执行秘书，此人

181

经验丰富,曾跟随宾夕法尼亚大学的西蒙·帕滕学习,进行过欧洲和美国的乞丐和流浪汉调查,在格林威治馆居住过,具有强烈的单一税制信念。[42]

拥塞问题委员会很快派遣马什到欧洲出席1907年夏天在伦敦举行的国际住房大会,搜集可能得到的政策建议。马什带回了来自霍斯福和奈特福德的大量材料和他毫无羞惭地宣传"外国模式的城市规划"的热情。在1908年春天,马什和委员会在曼哈顿举办了提高人们意识的"拥塞状况展览"。其中非常醒目的是过分拥挤的城市的景象:血汗工厂居住区原样大小的造型、夜里铺上床垫让工人睡觉的12英尺见方的地板、曼哈顿和布鲁克林人口密度三维空间地图、贫民窟照片、死亡率和疾病率图表、描述曼哈顿土地所有权集中程度的图表,还有由马什特别准备的一对立方体,显示从1620年代以来曼哈顿土地价格上升情况。但是,如果说美国情况位于中心位置的话,在墙上,委员会悬挂的是关于出路的暗示,如伯恩维尔、日光港的规划和图片、法兰克福和科隆的城市分区地图、柏林工人阶级公寓住房合作社照片等。借来的解决办法没有让人口拥塞问题显得更紧迫,但是由于让它呈现出得到解决的可能性,借来的措施把城市过度拥挤的问题从命运或者自然状况等变成政治问题。[43]

第二年夏天,马什再次来到欧洲搜集资料,他把这次研究成果写成了一本书,《城市规划概论》(1909),第一次把清晰描述的德国城市规划展现在美国读者面前。1909年的春天,委员会组织了另外一次展览,这次是在华盛顿特区向美国参议院大量展示德国城市规划的材料,举办了美国第一次城市规划问题研讨会。[44]

受到马什和拥塞问题委员会、纽约人民协会(People's Institute) 182 的豪威、新城市规划技术的欧洲传道士们的推动,美国人的学习热情迅速上涨。来自英国花园城市运动的雷蒙德·昂温、托马斯·亚当斯、亨利·维维安、E. G. 库尔品,《社区实践》(*Kommunale*

Praxis)的阿尔伯特·苏德库姆，1910 年柏林城市规划展览的组织者沃纳·赫格曼等，都在 1910 年到 1913 年间到全美各地巡回演讲宣传城市规划的社会政治意义。当查尔斯·罗宾逊编辑的、大量集中公民中心热情和巴黎插图的《慈善与平民》(*Charities and the Commons*)杂志在 1908 年组织城市规划专家评论的时候，马什的文章"对工人公平的城市规划"带有对经济问题的激进关注和德国财产控制的奇怪工具包，简直就像高雅的唯美主义者茶话会上突然传出的一声粗鲁断喝。六年后，当《美国政治与社会科学院纪事》组织类似讨论时，英国和德国技术已经成为共同的流通用语了。[45]

目的和手段是公开的问题。对于拥塞问题委员会来说压倒一切的命令是，要缓解那些迫使挣工资者家庭以更加高昂的合租金更拥挤地塞入下曼哈顿廉价公寓的压力。这意味着打破曼哈顿岛南端工厂和血汗作坊集中的状况，把工业以更小节点分散在全市。弗洛伦斯·凯利认为实现这个目标的最锋利工具就是城市购买土地，让规划者在城市边缘地区分配工业区，建设低密度工人住宅区。到了 1910 年，她和西姆柯维奇忙于更加野心勃勃的规划，它与其说接近阿迪克斯的想法倒不如说接近霍华德的想法，采取全州范围的工业分散项目、分散模范城镇、复兴农村经济等来遏制涌入曼哈顿的人口大潮。[46]

拥塞问题委员会的其他人按照英国和德国模式敦促通过居住法，限制特定廉价公寓所能容纳的人口数量。约翰·马丁认为人口分散的关键在于发展快速公共交通体系，采用欧洲风格的工薪族便宜车票。拉塞尔·塞奇基金会担心如果没有比投机商野心冲动更高的设计标准，郊区土地开发只会加剧问题的严重性，他们认为答案应该在英国花园城市中。在 1910 年，建筑师格罗夫纳·阿特伯里充当雷蒙德·昂温的角色，该基金会开始在长岛铁路沿线建造模范郊区，它的街道从昂温式村庄大门缓缓弯曲向上，这显然来自汉普斯特德的灵感。用阿特伯里的话说，在郊区土地市场上

183

表现出的经济力量无政府状态中,"森林山花园"是一块社会的、审美的"集体主义"绿洲。[47] 本杰明·马什的答案在于抓住地主的非劳动所得,征收土地增值税,改善交通和降低票价,像德国城市那样进行分区规划。[48] 到了1912年,马什拒绝改变他对于土地税的越来越一根筋式的执着,让他失掉了拥塞问题委员会的职务以及在城市规划运动中的地位(这运动在很大程度上是他的德国报告开创的)。其他项目萎缩了,但城市分区保留了下来。

实际上,当德国和英国的其他舶来品逐渐衰落,城市分区却在美国兴旺起来,但那是在获得与拥塞问题委员会完全不同的政治帮助之后。对于马什和凯利来说,城市分区的前景在于工厂分散。到了1910年,怀着这个想法,拥塞问题委员会曾成功地在纽约议会通过了忠实模仿德国城市分区实践的法案(但遭到州长休斯的否决)。该法案在城市的交通干线沿岸预留特别区域给分散的工厂发展,限制五层楼廉价公寓的向外扩张。

但是像每个进口政策一样,城市分区一旦从原来的政治和经济环境中脱离出来,就表现为可塑性非常强的措施,随着目的和所有者的不同而不同。当拥塞问题委员会的城市分区建议失败后,前来拯救者是政治派别完全不同的纽约人:该市高消费阶层第五大道区域的商人。他们的首要目标是把服装厂控制在曼哈顿岛的南部,因为生产商希望更便宜地接近客户,那些厂家正在逐渐侵占第五大道。商人协会大肆宣传他们的首要客户在午休时间被大群服装厂移民工人挤出第五大道人行道的故事,所以他们对建立一个特区的想法很感兴趣,在这样的特区里新建筑的高度限制应该足够容纳规模适当的零售店,但服装厂生产商要租用的话就嫌太低了,经济上不划算。当这个方案陷入泥潭后,第五大道商人采取了更简单和更有效的方式,他们单方面宣布某地区禁止开办服装厂,抵制在这一地区内生产的商品,劝说本市主要贷款人拒绝为该地区的服装厂建设提供贷款。但是在城市分区的潜在利用者之间

184　的钩心斗角早就开始了。[49]

1916 年最终实施美国第一部来自德国的城市分区法律的是另外一个团体：与城市俱乐部有联系的一群有公德心的纽约商人和律师。对他们来说，关键的问题不是下曼哈顿的人口密度或者第五大道拥挤的人行道，而是不断扩张的办公室摩天大楼。在最终解决了交通垄断机构对城市地铁系统延伸的抗拒后，如果不阻止曼哈顿土地所有者马上在中心区建造更多更大办公楼的话，城市俱乐部担心新线路的运载能力很快就被消耗掉（城市建设的沉重补贴就浪费掉了）。在这个紧要关头，马什和第五大道商人在辩论中抛出德国人不同建筑物高度限制的主意就具有特别的吸引力。纽约新设施管理委员会的爱德华·巴塞特被任命为城市建筑高度特别委员会主席，他记得在 1908 年观看杜塞尔多夫城市规划展览时"兴奋不已"。拥塞问题委员会的乔治·福特是该委员会的秘书。城市俱乐部的城市规划委员会主席弗兰克·威廉姆斯被任命为欧洲调查官。他被派往欧洲，回来时带回一捆详细的城市分区地图和条例规定，这被用于 1913 年秋天举行的另一次有关美国和欧洲城市规划技术的公共展览。[50]

得到城市改革当局和州授权法案的支持，由另外一个城市委员会详细起草，1916 年的城市分区条例对于那些帮助把城市规划技术引进美国的人而言是一个里程碑。美国第一个全面的城市规划——纽约市的这一个，不再像伯纳姆的芝加哥规划只是纸上的蓝图，也不再是英国式的有限扩张计划。它像德国规划一样，涵盖整个城市不同用途和建筑区域的地图。但是因为条例起草时得到对城市土地所有者财产权利特别敏感的律师的帮助，最终的条例在处理财产发展的可能性时特别谨慎。因为担心来自法院的挑战，起草者创立的一套建筑规模限制宽大到足以容纳曼哈顿几乎所有现存的建筑，因此（正如委员会竭力说明的）容得下闹市区几乎每个财产所有者可以想象到的潜在回报。用了些许建筑师的足智多谋,开发商很快发现了推高新的曼哈顿摩天大楼的方法,远远超过委员会最初设想的城市分区法案中高层建筑 17 层到 20 层的"经济限制"。虽然城市俱乐部团体大胆谈论摩天大楼时代的终结,他们精心起草的条例很少触及闹市区的投机价值。[51] 185

　　1916 年法案更锋利些的牙齿在第二个革新:在城市边远地区专门设立居民区。这不是来自德国范例,但威廉姆斯本人就不喜欢德国城市商店和居民区混杂的典型模式——那里甚至在豪华区域也是如此。专门居民区的法律先例已经存在于法庭中,该案例是加利福尼亚成功把居民区中一些"累赘"清除出去,带有明显种族歧视意图,当时加州选民首先想到的是华人拥有的商店和洗衣店。通过大量的照片描述工厂"入侵"居民区、贴满广告的商店"入侵"褐砂石房屋(富有阶层)、公寓住房"入侵"单家独院社区等,纽约城市委员会的最终报告把拥塞问题委员会争取城市分区条例的活动推向成功的高潮——不过是在颠覆了最初的目的后。"入侵"形象产生的效果是,纽约州城市分区条例规定创立专门居民区的权力不在城市,而在每条街道的现存财产所有者。城市分区的任务不再是分散下曼哈顿过分拥挤的人口、过多的工厂以便让工人阶级能够喘息,反而是保持下曼哈顿现状不变。[52]

　　这种形式的转变并非美国所独有。在整个北大西洋经济体内,在谨小慎微和种种限制的框架内拟定的新土地使用规划措施,表现出特别小心翼翼的姿态,试图在公共权力和私人财产权利之间维持脆弱的平衡。任何地方的妥协者都挣扎于同样的考虑:如何防止土地和房屋市场产生社会代价最大的潜在后果,而又避免在实施过程中破坏市场潜在的能量。城市分区的可能性在 1916 年还没有关闭,但是正如美国的首次实验显示的,其中无疑存在着借来的措施被扭曲偏向有产者特权的情况。弗兰克·B. 威廉姆斯在 1916 年相信,城市分区的主要卖点在于不仅能稳定土地价值而且让它增值。到了 1920 年代,这一信条已经成为正统的城市分区规

划的固定内容：每个财产所有者都会成为精心设计的城市分区计
划中的受益者。[53]

　　总而言之，分区规划在跨越大西洋后彻底改变了。本来试图遏
186 制财产投机利益的措施，在美国作为房地产经纪人的有利条件而
大行其道。从城市规划（Städebau）工具中孤立摘取出来，城市分区
计划在美国被用来增加财产。1920 年当美国商务部刚刚开始大力
推广城市分区条例的时候，一位批评家哀叹说：

> 　　至于城市分区，它已经从城市美化的手段提升或者跌落成
> 为房地产价值的主要稳定者。现在，它的最坚决支持者是房地
> 产抵押经纪人，他们希望把股票提升到占优势的工业股享受
> 的相对安全领域。从住房改革开始时一半出于理性、一半出于
> 良心的反贫民窟运动走到如今这一步，可真是漫长的道路。[54]

确实，这个状况与在良知指导下在城市边缘搞开发的想法相距甚
远。这与莱奇沃思的"有机"形式或者伯恩维尔的工人阶级住房模
式相距甚远。与"城市规划"工具可能最终把城市居民从过分拥
挤、肮脏、破烂的居住区和土地投机者魔爪中解放出来的想法相距
就更远了。

　　当然，缺失的成分是住房。林荫大道和奥斯曼式的街道景观的
想象跨越大西洋与当地的推进主义（boosterism）结合起来。城市分
区地图的想法引起多种多样的反应。对于纸上的计划、灵活的类
别、开发广告等，美国人明显容易受吸引，但说到都市土地问题的
底线——提供住房，他们对公共手段的抗拒是根深蒂固的。

　　的确，北大西洋经济体的国家没有一个心甘情愿地为建造住
房提供公共资金。任何地方的都市改革者的本能都是把住房问题
留给私人主动性。市场自动调节的辩护者相信利润这只看不见的

手的威力。那些更清醒认识到很难既为城市工人阶级建造低廉住房又使其有足够利润来吸引私人投资者的人，则渴望有限股利的私人经营者的帮助：愿意在有限利润前提下建造便宜、卫生住房的准慈善房屋公司，或者工人们自己组织的合作社。

住房慈善行动的最重要场地是在伦敦。从19世纪中期开始，乐意拥有5%的投资回报率和慈善良心的投资者在伦敦为工人阶级建造了一些模范住宅。19世纪末期伦敦至少有30家模范房屋公司在工作，其中最大的一家是皮博迪信托公司（Peabody Trust），这是一位美国商人在世纪中期的捐赠。当19世纪末叶伦敦开始认真清除贫民窟的时候，当地政府想当然地认为有限股利房屋公司应该承担住房改造的任务，从城市当局那里购买被拆除的地块再建造低成本的卫生公寓。

到了19世纪末，慈善房屋公司的努力成为伦敦景观中难以忽视的存在：高耸陌生的公寓楼，由于经济原因而以廉价公寓的规模建造，显示了它们出自慈善机构的特点，房客是经过严格的行为标准和要求限制的。查尔斯·马斯特曼嘲笑它们中最严格节约性的皮博迪信托公司的街区房屋是"以新荒凉（Later Desolate）闻名的建筑风格"。但即使皮博迪的严格节约也赶不上迅速增长的住房需求。伦敦当局一开始就被要求根据拆除前拥挤和不卫生的住房所收的房租标准补偿房主，结果他们发现无法出售拆除的地块给有限股利房屋公司，除非愿意承受巨大损失。慈善房屋公司中很少能够按被拆迁的房客支付得起的房租重建房屋——即使他们不被驱赶到别的地方。连政府提供的低成本贷款也不能弥补资金缺口。在1905年，大约12.3万人居住在伦敦的有限股利房屋公司建造的住房内，但是房屋建筑的速度赶不上伦敦工人阶级人口增长的速度和贫民窟拆迁的速度。[55]

正是贫民窟、贫民窟拆除、住房重建等不断加深的危机解释了最后出现的反常现象：19世纪末期的英国成为北大西洋经济体中

187

第一个从市场或者准市场住房转向直接的公共建设的国家，虽然在这里古典经济学的信条在政治上仍然有很大影响力。经过 20 年贫民窟拆除，却很少成功吸引投资者建造低成本住房，格拉斯哥市议会 1889 年退到城市公共建设安置房的权宜之计。一年后，《工人阶级住房法案》授权地方当局从公共工程委员会借款建造职工住房。在伯明翰，尽管便宜的背对背房屋构成特别恶劣的流弊，奈特福德和其他市议员还是有效抗拒了市政商业的这最后一个阶段。但是别的城市大胆使用这个立法，在第一次世界大战前，利物浦和格拉斯哥的城市当局都建造了两千多套的低成本住房。[56]

市营住房的橱窗在伦敦。在 1889—1907 年，进步人士控制的伦敦市议会给予市营住房一种独有的乌托邦倾向和能量。伦敦市议会工程中的第一个——高出周围房屋很多的五层到六层松散公寓楼群，和慈善房屋公司的模式没有太大差别，虽然伦敦市议会的建筑师为房屋配备了更宽敞的内部空间、更丰富的建筑想象力，有时候在周围建设学校、运动场、音乐台、小型公共绿地等。因为贫民窟改造的棘手经济困境，伦敦市议会进步人士开始把抱负转向伦敦周边郊区便宜的土地。沿着新建的市营电车系统，他们在南边的图庭（Tooting）和北边的托特纳姆（Tottenham）开始更大胆的由城市建造郊区工人住房实验。在地方法规确定的狭窄街道上建成传统的、狭长的联排住房，郊区工程与必须考虑多层建筑经济利益的城区工程不同，根本没有那种由慈善机构建造的特征。暴露它们公共特征的是伦敦市议会建筑师坚持更慷慨的福利设施和内部空间标准，以及那些长长的水平线——人们现在看到它仍然印象深刻。他们以此挑战投机性开发商的虚假个性特征，试图把各单元统一起来成为连片区域，以促进邻居的团结。[57]

伦敦的郊区工程建造得太好，太接近私人建筑商潜在的市场份额，返还给贫民窟财产所有者口袋的钱太少，因而很难受到普遍欢迎。当 1907 年保守派掌控市议会后，就终止了郊区工程计划，重新去做永远做不完的贫民窟清理工程。尽管如此，截至战争前夕，大伦敦的公共当局还是增加了一万五千套低成本房屋。[58]

　　靠市营住房本身无法解决为低收入者提供体面房屋的难题。按照《工人阶级住房法案》建造的工人住房，是为那些有技术、有稳定工作的人而不是为真正的穷人准备的。总体上来看，1890年到1914年在英国建造的住房中，地方政府建设的只有不足5%的比例。即使在格拉斯哥，新的市营房屋也只占总量的不足1%。[59]20世纪初期英国多数工人家庭和其他地方的工人阶级一样，生活在别人抛弃的拥挤不堪的房屋内。但是不管这些问题在战前仍然是多么有争议，英国政府还是为城市社会任务清单上添加了为工人阶级提供体面住房的一笔。

　　欧洲其他地方的城市没有英国贫民窟清理工程那么大胆，选择了不同的住房政策道路。从1880年代末期开始，每个地方都很清楚单靠市场、慈善家或者双方合作都无法满足大城市对廉价住房的需求。在德国，社会政策协会从1885年到1886年开始进行住房问题的调查研究。法国廉价住房协会可以追溯到1889年。但是他们的答案不是像英国那样公共建造住房，而是用公共资金和个人自愿相结合的方式。

　　比利时（1889年）和法国（1894年）率先在全国范围内设立国家银行，向为工人建造可靠住房的非商业性建筑机构提供低息公共贷款。在法国，社会博物馆的朱尔·西格弗里德是该措施的首要推动者。在推动者眼里，所谓"西格弗里德法案"代表了精心设计的中间道路，既没有对市场能力的幻想，也不像英国人1890年住房法案错误走上的"国家社会主义道路"（西格弗里德的用词）。像"补贴论者"的许多社会政策一样，法国法案在原则上总是比在实际执行上要强。地方当局一直等到补贴已经大幅度提高后才开始行动。但是法国模式被广泛模仿，很快成为国际住房大会上的主流正统思想。[60]

在德国,尽管有帝国中央集权和高效率的虚名,他们并没有采取类似于 1894 年法国法律那样的连贯政策。转折点出现在 1890 年,当时从国会悄悄流出一个条款,规定在管理国家新的区域社会保险基金时,可由经理自行决定投资非营利或者有限营利的工人阶级住房协会。这些迅速积累的公共储蓄可以低于市场利率一个百分点左右使用,所以很快就成为非市场性住房公共投资的发动机,其他地方没有办法媲美。到了 1890 年代后期,人们可以看到法案的成果,围绕宽敞、开阔的院子的新型模范廉价公寓,配有运动场、阅览室、会议厅、幼儿园、图书馆、洗衣房——社区福利的各种要素,无论多么具有家长式作风。[61]

190　　在德国接受补贴性房屋贷款的,有许多是依靠已经完成的积累凭良心做事的英国式有限股利房屋公司。另一些则很难与政治上界定的公共当局区分开来,因为德国官僚与社会的联系特别密切。最大胆和最成功的有限股利协会——法兰克福的“小房屋股份公司”,是由市长和社会政策协会成员约翰内斯·米凯尔创建的。由于获得大量城市贷款支持和租用便宜的城市土地,尤其是为此专门沿着新的公交车线路购买的土地,该协会及其姊妹组织在第一次世界大战前建设的住房占全市住房的比例竟然高达 7.2%。[62]

更大的是在 1890 年之后住房补贴下兴起的德国建筑协会合作社,有些是从社会主义者或者工会团体演化而来的,有些是慈善团体的产物。和英国手工业者组织起来融资建筑房屋的合作社不同,德国的建筑合作社依靠大量工人成员每个星期交纳的费用,投资建设合作社廉价公寓,然后回报以成员住公寓的机会。到 1914 年,合作社已经在德国建造 21000 套住房,几乎和英国在同一时期公共建造房屋的数量一样多。[63]

像在法国和英国一样,德国的结果也是非常不平衡的。试图通过全国统一的住房标准法这一努力没能战胜普鲁士当局的抵制,只留下软弱的监督权力的补丁。在劳工压力非常强大而社会天主教活动又让这压力对资本家阶级有一定影响的莱茵河地区,社会保险局拿出资金的一半用来建造工人阶级住房。柏林社会保险局由财产所有者协会和房地产游说团体把持,投资工人住房的比例只占7%。杜塞尔多夫进行英国式直接由城市建造住房的实验。乌尔姆和法兰克福购买土地建设低成本住房。但是大部分德国城市什么也没做。[64] 就像在英国一样,公共资助的住房主要是为技术工人和中产阶级下层人士准备的,穷人根本进不来。欧洲没有一个地方的进步人士说住房问题得到解决了。但是在1890年后的一代,住房问题或多或少进入了社会政治的领域。

所有这些欧洲住房供应的努力都受到美国进步人士密切关注。有限股利房屋公司作为主动引进的英国舶来品很早就来到美国。在世纪之交时,东北部的许多大城市都有一个或者多个慈善性房屋公司,虽然没有一个(即使在该活动的中心纽约也没有)达到伦敦的公司那样的规模。住房情况调查、有限的贫民窟清理权、住房建设标准都成功地跨越了大西洋。公共住房投资的新措施也得到密切关注。有些美国支持者明确推崇1894年的法国法律。几十位美国调查者走访考察伦敦市营住房工程,受欢迎的由约翰·伯恩斯本人作为导游;该市的工人阶级住房开发很快成为社会学大旅行必须停留的一站。其他美国进步人士频频出现在国际住房大会上,如1900年在巴黎、1902年在杜塞尔多夫、1907年在伦敦、1910年在维也纳等。[65]

最详细的美国调查是由全国住房协会在1914年夏天组织的,对最新的英国住房工程的参观学习。简直就是1906年全国公民联盟城市所有权委员会的缩影,由协会的执行秘书约翰·伊尔德率领的七人代表团花费两周时间调查英国住房的各个方面,包括公共和私人建设的住房。在莱奇沃思,埃比尼泽·霍华德给他们

191

讲解花园城市的原则。在伦敦,他们拜访了约翰·伯恩斯、托马斯·亚当斯、锡德尼·韦伯、雷蒙德·昂温,以及伦敦市议会建筑办公室的领袖人物。他们还参观了东区贫民窟、皮博迪信托公司的建筑、伦敦市议会在东区和伦敦边缘的工程、汉普斯特德,以及1909年法案下伦敦扩张计划的第一个展品。在伯明翰、利物浦、曼彻斯特,他们基本重复了同样的参观行程:贫民窟、"正常"房屋、新的公共或者私人住房改善项目,与普通房客交谈,采访住房建设和城市规划负责人等。

伊尔德非常认真地记录租金、成本、房客构成,对看到的许多内容印象深刻。他的结论是英国贫民窟没有美国最糟糕的住房那么糟,尽管"街道小气、单调","地面拥挤程度让人害怕",还有无所不在的高围墙后院。比美国实施时间更长的卫生标准产生了更明显的效果。他赞同英国地方政府所得到的依法征用土地的广泛权力。他喜欢所看到的在1909年城市规划法之下的开拓性努力,虽然不如城市分区那种范围广泛而较少随意性的工作。不过从一开始,伊尔德的思想就集中在资金问题上。他很快得出结论:莱奇沃思非常漂亮,但是从严格的会计原则来看,它是不会赚钱的慈善工程。等他来到曼彻斯特时,已经认为市营住房也不赚钱。几乎所有的模范住房都是挣工资者望尘莫及的。如果有地方不是这样,那也是公共补贴的结果:是以改革的名义掩盖起来的转移支付。伊尔德在返回时写道:"最大的问题是,英国城市用不经济的租金出租房屋是否在把麻烦留给后人。"他拒绝超越那条线,那个先入之见。[66]

像他们之前和之后的美国人一样,全国住房协会的成员倾向于发现自己希望发现的东西,错过那些和自己先入之见不一致的内容。苏格兰博学者和城市规划者帕特里克·格迪斯带领伊尔德参观都柏林老城,试图让他看看掩埋在后来那种资本主义土地拥挤中的"有机"中世纪古城的优越性。但是,伊尔德只能以一个惊骇的卫生监督员的眼光来看待那些古老街巷和弯弯曲曲的狭窄院落。纽约市三一教堂廉价公寓管理者爱米莉·丁威迪回国后确信，皮博迪信托公司的私人房客管理（像她自己的一样）比市营住房管理要优越得多。曾经短暂加入该团体的爱德华·巴塞特认为，伦敦最好的东西是便宜的交通体系和城市分区的努力。该小组的最终报告称赞了1909年城市规划法案、城市的贫民窟清理权限、慈善住房等。但是他们说花园城市并不适合工人阶级。托马斯·亚当斯对于土地投机的担心没有引起反响。至于市营住房，他们认为这不适合美国。[67]

全国住房协会代表团持怀疑态度的意见并不令人感到意外。它的母体组织是一个单一音调的改革游说团体，因为它早先发现这个音调，就竭力避免其他声音来干扰住房问题。1901年的纽约州《廉价公寓法案》曾经是该协会的最大胜利——一个从英国建筑规范借来而严格化的、早就该有的规范，把流行的建筑惯例中最糟糕的做法裁定为非法（比如没有窗户的房间、设在院子里的厕所），并且影响更大的是，推高了所有新公寓建设的卫生设计标准。新 193
建筑的管理规定是关键：对现有情况的仔细调查、严格的建筑法规、确保法规实施的不懈努力。1910年全国住房协会的"教义问答"包含这样的内容：

> 不要让你的城市成为廉价公寓的城市……
>
> 不要建造模范廉价公寓，除非你获得模范住房法规……
>
> 不要允许新贫民窟的扩大。预防胜于治理……
>
> 不要允许地下室居住……
>
> 不要允许使用不适合人类居住的房屋……
>
> 不要宽容房客的罪恶……
>
> 不要敦促对廉价公寓实行城市所有和城市管理……
>
> 不要混淆公共和私人领域的界限……[68]

在这些"不要"背后站着冷峻的、信心十足的慈善工作者劳伦斯·威勒,是他在拉塞尔·塞奇基金会的支持下成立了全国住房协会,他并非对住房建设领域的所有欧洲舶来品都表示厌恶。他自己的《廉价公寓法案》就从英国的公共卫生学家那里学到很多东西。作为城市规划会议的重要人物,他很早就参加分区规划活动,纽约州法案中授权城市禁止多家合租公寓的规定就是威勒的工作结果。他经常到欧洲访问,也是国际住房会议的常客,虽然他坚决反对他们的结论。随着年轻的主张者对他领袖地位的挑战,威勒观点中的例外主义主题变得更加强大。"在住房改革方面,我们需要特别当心从海外引进的舶来品……不是因为它们来自海外,而是因为旧世界国家的条件与美国的情况完全不同。"最后,威勒对廉价公寓的厌恶不能忍受任何提议干扰他的主要观点:对建筑行业的管理。他认为,模范住房、税收变化、交通状况改善属于住房问题的"毕业后"阶段。人们遭遇兑水的牛奶时不会耗尽资源去建造一个模范牛奶厂,而是从牛奶供应中剔除不合格的牛奶。前者是私人资源的任务,只有后者的任务是在公共领域内。[69]

所有这些本来都可能是无关紧要的,但威勒是进步住房改革领域的第一个强大的主张者,他反对廉价公寓的方式限制了留给别人的思想和组织空间。这种先发制人现象在大西洋两岸都存在。霍华德和昂温很早抓住英国城市规划运动的领导权,他们笼络的聪明人小圈子主导了英国城市规划政策几十年,从20世纪的开头几年到1940年代工党受莱奇沃思启发的"新城市"项目。社会连带主义者首先来到法国住房改革现场,认为改革应采取补贴论的原则,虽然法国的竞争者早已认为这办法效率不高而放弃了。这些有时候被称为国家改革政策的"风格",虽然该现象产生于比"风俗"或者"品味"更加激烈的思想和经济资源的竞争。威勒的圈子以攻击性的姿态很早参与住房问题的争论,他们对国家支持住房的憎恶造成了影响深远的后果。

情况更其如此,因为伊尔德在英国问题上屡屡回到的底线——"房屋租金低于成本造成经济和道德伤害",是美国进步人士圈子里普遍具有的共识。费城住房改革者卡罗尔·阿罗诺维奇在1914年前已是改变信仰支持欧洲大陆住房改革的人,他是威勒的最激烈批评者之一。但是在看了日光港花费不菲的精巧和雅致的建筑后,他也忍不住得出结论说,"用美国人的术语"需要问英国住房工程的一个核心问题是:"它能赚钱吗?""花园城市运动如果要向世界范围推广,并保持对实际民主精神的忠诚,它就必须翻译成投资回报这样的术语。"[70]

投资必须有回报,尤其是公共投资不应该成为转移支付的幌子,所有这些都深藏于进步人士假设的深处。煤气和公交车市营化支持者谈论为了公共福利而获取利润,而不谈社会补贴。公园和城市规划受欢迎是因为它们增加了每个人的财产。城市分区支持者提出的是同样的说法。进步政治是建立在环绕周围的资本主义框架下的,这一点在美国比任何别的地方更甚。

在这种机构性和社会力量的面前,反对声音非常小。模范房屋公司大多害怕公共补贴。注意力一直集中在土地价值上的本杰明·马什认为市营住房不过是抑制工资增长之物。睦邻中心的工作者渴望开放内城的"肺",用微型公园和运动场带来空气、阳光,所以抵制内城重建。

至于城市规划者,他们很快彻底和住房问题割裂开来。查尔斯·M.罗宾逊在城市规划热潮初期坦言住房是完全不同于公民艺术的"社会学问题",这话像是感知风向的手指。"全国城市规划会议"诞生于1909年拥塞问题委员会在华盛顿举办的城市规划展览,在1912年召开的第四次会议上,它已经把住房问题从辩论题目中去掉,交通、运输、街道、公民审美意识等把住房问题挤到边缘。乔治·B.福特在1910年关于城市规划中"社会"和"建筑"的关系一文中说:"住房和城市规划的相互关系……在美国根本就没

195

有搞清楚。"第二年出席全国城市规划会议的雷蒙德·昂温和托马斯·亚当斯抱怨说,进入美国城市规划专业领域的建筑师和景观设计师根本就不考虑住房问题。但是他们的观点没有人理睬。只有马萨诸塞州 1913 年城市规划条例中有一条工人推动的规定,要求地方当局特别关注"人们的适当住房";除此之外,很多城市规划连对住房需求的粗略调查都没有。分区规划的流行正是因为它与推动工人阶级住房完全脱离了关系。城市规划是公共问题,在美国住房问题是私人问题。[71]

在这种情况下,住房问题的社会政治在第一次世界大战前的十年只是稍微前进了一点。一个"总统住房委员会"在 1908 年受命调查哥伦比亚特区住房问题,建议(像欧洲一样)把公共信贷提供给建造工人阶级住房的非市场机构。委员会的领导者是该市头号有限股利房屋公司的主管,该公司的工程因为缺乏资金支持已经停工。这一建议在机构上有相当分量,但还是没有任何结果。虽然被详细讨论,在住房问题上的补贴论原则没有能跨过大西洋来到第一次世界大战前的美国。[72]

更持久的活动是在马萨诸塞州,这里得到该州劳工组织的支持。根据 1911 年的州议会法律而成立"宅地委员会"(Homestead Commission),用来调查资助"机械师、工厂雇员、体力劳动者等"获得郊区小房子的方法。人们或许估计它就像两年前的前任那样,很可能是空谈一番没有结果。但是在跨越国界的住房问题辩论影响下,在该组织的秘书,州劳工运动领袖亨利·斯特林的鼓动下,它展开了决定性的行动。虽然宅地委员会的名字可以追溯到拓荒者土地政策,但是讨论的实质内容是欧洲和澳大拉西亚的住房政策,这方面斯特林是个热心的学生。"世界上没有哪个地方单靠土地所有者和建筑商的私人行为就可以解决工人的住房问题。"他在 1913 年写道,"没有一个国家完全依赖私人资本来解决人民的住

196

房问题——不管通过普通的赚取利润的方式，还是某些花园村庄的半慈善方式，还是合作社。"斯特林指责美国死死抓住这个错误观念不放已经让它"远远落后于其他文明国家"。[73]

当该委员会使用州储蓄银行中无人认领的资金为工人阶级建造住房的建议被法院否决后，斯特林帮助通过了允许州直接建设住房的宪法修正案。尽管委员会中有人担心它违背"贸易供求关系的自然法则"，但五十套住房的样板工程 1917 年在洛厄尔的磨坊区外围建设起来。其设计者是年轻的哈佛毕业生阿瑟·柯米，他是莱奇沃思、伊林和汉普斯特德等地的英国合作住房实验的崇拜者。柯米设想了一个规划好的社区，有运动场、社区建筑、花园和社交中心，所有这些都安排在按最佳城市规划方式设计的弯曲街道上，并且为合作所有，以便让整个社会收获非劳所得的土地增值。柯米的合作所有权想法没有得到斯特林的青睐，他更倾向新西兰式个人购买项目。对该委员会工程打击最大的是战争带来的火箭式上升的通货膨胀。1919 年，成本比可以筹集的资本上升更快，斯特林的兴趣由于战争劳工工作问题干扰而减弱，州政府撤离住房建设工地，留下十几个房屋框架孤零零立在街道拐角处。[74]

在社会主义者的密尔沃基，战前倾向欧洲方式的住房实验热潮产生了最大成果。以城市作为主要股东，成立于 1920 年的"花园房屋公司"要为工人阶级家庭开发大片廉价的郊区住房。融资办法是从德国学来的，合作所有权模式是从英国引进的，两者都是该市的住房委员会主席在 1911 年到欧洲考察学习半年之中掌握的。负责柏林和杜塞尔多夫城市展览的沃纳·赫格曼帮助设计了场地。其街道名称用于纪念前辈：莱奇沃思、汉普斯特德、伯恩维尔、日光港大道。但是到了 1920 年代，密尔沃基社会主义高峰已经过去。入住两年后，"花园房屋"的共同承租人投票终止了发展的合作特征，把房子卖给了租户个人。[75]

这就是 20 世纪初期美国城市资助住房的总数：洛厄尔的 12

203

套房屋和密尔沃基的超100套房屋。在克利夫兰,战前住房资助倡议毫无结果。但是在英国,到1914年,公共当局已经建造了近24000套房屋;在柏林,公共资助、非商业性协会建造的房屋达到11000套;在法兰克福,有5500套;即使在公共投资受到严格限制的巴黎,也有2500套。伊迪丝·埃尔默·伍德的房屋政治教训开始于她在1913年发现关于欧洲住房政策的"总统住房委员会"报告,她痛苦地记得普遍的情绪:"城市提供的住房、城市进行的贫民窟清理,或者任何形式的政府资助(包括成本贷款)都是禁忌和遭人咒骂的东西,它们都是非美国的,是欧洲衰落的君主制的残渣余孽,甚至连提到一下都是大逆不道的。"[76]

他们的鼻子压在其他国家经验的橱窗玻璃上,美国公民进步主义者一个一个带回家更周详、更自觉的城市建设手段:法兰西第二帝国巴黎的独特外观、德国城市规划的工具,甚至英国和欧洲大陆住房社会政治实验。在第一次世界大战前的十年,学习异常迅速,充满了乐观主义情绪。自己是外国产生的讨论和技术面前的迟到者,这并没有打击美国公民进步人士的积极性,反而给予他们站在"文明"世界经验的肩膀之上的机会。即使脾气暴躁的劳伦斯·威勒也相信贫民窟"现在注定要消亡"。随着城市分区从德国成功转移到美国,他在1916年写道,"经过一代人后,我们的情况将发生革命性变化"。[77]

但是跨越大西洋的进步人士纽带是具有高度选择性的薄膜,在有些地方表现出让人惊讶的渗透性,而在其他地方则根本无法穿透。种种建议穿过边界就好像经过一片复杂的网格和过滤器。种种先例不仅仅是简单地交换,而且还被筛选、辨别、去掉背景、阻挡、转变、夸大等。壮观的街道规划和城市分区进入战前的美国,而公共资助的廉价体面住房就进不来。那么,是怎样一些沉默的、选择性的机制在起作用呢?

最简单的、明显得会误导人的回答是需求。这种观点认为，美　198
国城市正在进行土地用途和价值的快速转变，需要有条理的分区
规划图和改善的街道设计。经营企业的功利目标丑陋不雅，加上
缺乏王室贵族的财富来抗衡，美国城市也迫切需要规划者设计的
公园和装饰性内容。由于房地产行业对民众压力做出的反应比其
他国家迅速，美国根本就不需要住房建设上的公共投资。

这种功能论者的论点能糊弄不少人，但是作为历史解释，马上
就露馅了。1890 年德国住房改革运动最终开始获得实际力量，而
这时的住房压力比在 1870 年代动荡的经济繁荣时代
（Gründerjahre）小得多，那年代擅自占地者还在柏林城门前扎营抗
议。英国城市人口死亡率在 1890 年代比半个世纪前低，可要求住
房改革的呼声在这时达到高峰。1910 年的美国都市住房标准比
1930 年糟糕得多，可欧洲式的公共资助住房运动到后来这时终于
开始实行。我们可以得出一个显而易见的结论，需求具有主观性、
政治性、时代依从性，以及文化性。[78]

如果按当代的住房标准来判断，美国的状况当然可怕得足以
激发对土地和房屋市场的更积极干预。让人恐怖的是纽约，在那
里，多层廉价公寓找到了大本营——这种房屋是让北大西洋经济
体所有住房改革者产生怒火的东西。纽约的廉价公寓，原先在下
东区像火柴盒子一样拥挤在一起，现在蔓延到了布鲁克林和布朗
克斯区，阴暗、闭塞，只有透过狭窄的采光井进来的一点儿空气，里
面拥挤着家庭成员和帮助支付房租的额外房客，这种状况和北大
西洋经济体的其他地方一样糟糕。非常了解柏林、讨厌那里廉价
公寓的沃纳·赫格曼认为下曼哈顿有"全世界都没有的最糟糕的
状况"。把伦敦和曼哈顿的贫民窟对比后，约翰·伊尔德肯定曼哈
顿的情况更丢人、更悲惨。[79]

当然，纽约市是独一无二的。纽约建筑物的平均居住人数在
1900 年是 20∶1。在芝加哥，这个比例只有 9∶1；在美国多数城市

还不到 7：1。在大纽约市和新泽西郊区外，在芝加哥、圣路易斯、辛辛那提、新英格兰的各大城市，出租屋、单家独户、互不连接的房屋、双拼或联排的住宅是美国的典型。在美国，工人阶级住房在总体上不像英国那么拥挤，更没有德国那么拥挤。如果说到厕所和浴室等设施，它要好多了。[80]

纽约式廉价公寓区的范围有限，但是这并不能保证别处的住房在世纪之交的美国人看来是体面的。简·亚当斯的芝加哥是个烂泥滩，里面有污水四溢的臭水池和廉价的框架房屋。华盛顿背街的贫民窟和华丽漂亮的首都新貌形成鲜明对比。在 1900 年纽约慈善组织协会的廉价公寓展览之后，住房调查的想法开始蔓延，公民团体积极撰写揭露美国其他城市住房状况的文章。[81]美国住房的糟糕状况足以激发一波强大的揭露和警告运动。触动的这根神经并没有把住房供应和公共设计结合起来。

如果需求不是秘密发动机，自动清理出大西洋交流中的成功引进和不成功引进；那么，其他任何单一的因素也不能充当这个角色。在历史问题具有重大意义的地方，因果关系肯定是非常复杂的，各种因素相互交织，相互依赖。

就美国来说，由于问题明显威胁到惯常的财产权，利益和意识形态在交流议题的选择方面发挥了关键作用。同样，现在我们熟悉的因素如时机、惰性、先例、抢占先机等也发挥了重要作用。当然还有资本的社会配置。在精英责任远远落后于积累和炫耀的冲动的情况下，肯定存在政策的后果。就像其他地方的同行一样，美国企业家很愿意投资建设公司住房，尤其是在工厂位于偏僻地方，或者需要特殊的技术工人时。但是美国用于慈善房屋的普通资金在庞大的国家财富背景下，显得非常少。美国没有像法国廉价住房协会那样争取有限股利房屋的游说团体，没有像法兰克福小房屋股份公司那样规模的有限股利房屋公司。美国花园城市协会几乎与德国、法国的类似组织同时成立，是由社会福音牧师、城市规

199

划者、长岛土地和铁路股票投资者联合创立的,但在 1907 年的经济恐慌中销声匿迹。拉塞尔·塞奇基金会的森林山花园工程最终损失惨重,受害于那种让马萨诸塞州在洛厄尔的实验泡汤的通货膨胀压力。[82] 至于来自底层的压力,它们都太容易在美国种族和民族分裂的城市中破碎了。在公交车和工业事故赔偿问题上,工会组织可以被动员起来。但是对于多数工人阶级美国人来说,住房问题仍然是处于没有明说的公私分界线的私人一边。

　　但是,不应该夸大这些因素中任何一个的影响。美国城市家庭的多数(欧洲也一样)是从别人那里租房住,私人财产的意识与五十年后的情况相比还远远没有得到普及。房东没有广泛的政治资产,当然没办法和公共服务业垄断者相比。劳工组织的注意力集中在更接近生产领域的其他地方。但是当 1915 年进行投票表决时,选民对于授权州政府为住房提供贷款的马萨诸塞州宪法修正案的支持与不支持比例是 3∶1。[83]

　　欧洲进步人士指出的是另外一点:美国法律的独特性。托马斯·亚当斯称为"简直是铸铁的宪法",它限制美国城市进步人士的方式是其他地方的人感受不到的。[84] 在城市公共服务业事务上,法院坚持对估价决定有最终发言权,这成为市营公共服务业倡导者的一个障碍,虽然不是决定性的。但是,在与私有财产的特权更接近的议题上,法院都参与进来,在土地、住房、城市设计等所有问题上留下自己的痕迹。超额征用土地、奥斯曼的巴黎的审美限制、德国模式的在城市周边获得公共土地、英国模式的扩张计划,更不要说公共基金的住房投资,都与 20 世纪初期的美国宪法相冲突。在所有起过滤作用的因素中,法律的力量是特别明显的。

　　在法律的分类表中,有两个指导性原则特别突出。第一,政府机构只有在给予充分赔偿,只有是为了"公共使用"目的时才能从个人手里征用财产。第二,财产从一个公民到另一个公民的简单转移从表面看是处于政府的合法权限之外的。这两个原则在理论上过于简单，在实践中也是漏洞百出。它们并没有排除立法，而是通过由原则、政治交易和政治经济假设组成的网络来过滤立法。和德国严格限制城市强迫土地所有者出售土地的权力不同，美国法院很快得出结论：不仅公共街道和公共建筑符合"公共使用"的标准，而且包括广阔的马车公园（carriage parks），法院允许城市视情况征用土地和征税以便支持这些。为供应公共自来水、电、煤气、公交车、电力等征税被归入"公共使用"的原则中相对容易。[85]

反对财富重新分配性质的立法这一原则在实际执行上仍然比较灵活，虽然它的灵活性较少得到公开承认。政府以税收和开支权力所做的很多事情也是以某种方式从一些公民手中取得财产，以正义的理由（或至少权宜的理由）交给其他人。给内战中北方老兵的津贴（批评者觉得过分奢侈和慷慨）和对于国内生产者很高的关税保护就是这种做法——它们是19世纪末期共和党政策的两个关键。穷人救济和铁路公司补贴也是如此。从原则上说，城市分区也一样，因为对于区域使用、密度、建筑规模等的规定都能够让甲业主比乙业主更有利可图地使用其财产，后者也许同样值得尊敬，只不过他的土地所处的地域不同。

如果说公共使用和反财富重新分配原则给予20世纪早期美国法院理由，可以据此否定违背不动产业主权利和豁免权的立法，那么，政府保护公共健康和安全的首要职责同样给予法院高尚的理由做出相反的裁决。所谓的"警察权力"原则是抗衡严格的财产权裁决的砝码。作为城市健康和生活条件相互依赖性的法律表现，警察权力就像公共政策本身一样处于深刻的动荡变化中。[86]

不管法官从一堆相互矛盾的原则中选择哪一张牌打出来，他们的决定都不是最终的。许多法律裁决在州最高法院一级就停住了——并未十分远离政治领域的纠缠，还有可能遭到州宪法修正案的否决。宪法不是"铸铁的"限制而是额外的障碍，不是改革的简单壁垒(虽然进步人士在沮丧之中常常这样看)而是高度自觉的分类装置。它让某些法案通过,让某些法案遭到否决,让某些法案受到成本和限制条件的致命拖累,让对法官行动的预测影响任何一个设想中的法案。

在这种背景下,超额征用土地就成为引进的城市规划措施中第一个遭到法律阻拦的,也是第一个失败的。奥斯曼的巴黎和整个欧洲的城市街道集中化改造的财政机器,就是城市有权征用比实际新街道所需更多的土地,再用销售重新规划后地块的收入补偿街道修建的成本。对于受到巴黎启发的城市规划者来说,没有哪个合法权力比这更重要的了。在伦敦市议会国王大道工程高得惊人的 2400 万美元费用中,政府通过出售邻近增值的土地收回 2000 万美元。这个故事在美国城市规划者圈子里一再被宣讲。早在 1903 年,马萨诸塞州议会的特别委员会在法国、英国搜集超额征用土地的法律和实际操作等信息。议会用一个严格限制的法律极其谨慎地回应,把超额征用土地的权力限制在根本无法作为建筑用地的少量残余土地上,实际上没有产生什么影响。当议会试图扩张法案时,州最高法院否决了它,因为州的征用权不能用来从不情愿的财产所有者手中强夺财产并让它最终落入私人手中,不管城市可能从中获得多少的利益,如更漂亮的街道景观、交通状况的改善、商业的复兴。在接下来的十年中,城市规划运动的律师竭力修改超额征用土地法案以便获得法院的认可。全国市政联盟出版了一个样板法案。纽约市一个有关税收的特别委员会推荐了另外一个法案,该委员会的成员包括 E. R. A. 塞利格曼、弗雷德里克·豪威和迪罗斯·威尔柯克斯。但是即使在州宪法修正案的帮助下,1920 年代末期最后通过的计划受到的限制还是这么多,使得超额征用土地的规定实际上形同虚设。[87]

奥斯曼化的第二个法律支点——"审美条例"更快、更彻底陷入同样的命运。给予巴黎第二帝国风格的不是它的林荫大道本

202

身,而是在奥斯曼工程师之后建造房屋的投资者所必须遵守的建筑高度和审美标准,造成了秩序、连贯的城市意识,正是这些让巴黎的美国人感到吃惊。但是在美国,法院很明确:公众没有超越一切的权力强行把审美意识加在财产所有者头上——如果不向房主支付他们愿意建造的房子和规划者想要的房子之间差价的话。在那么多城市规划者所热衷的户外广告问题上,法院同样站在财产所有者一边。法院承认广告或许对美好品味产生不良影响,它们在城市公园和广场边缘刺目地吸引注意力,甚至可能破坏城市在公共空间的投资。但是,宣称它对公众的幸福造成有形伤害,就完全是陷入纯粹"审美"和"多愁善感"(1909 年纽约法院的用词)的判断中。1907 年英国的《广告管理法案》不能被推广到大西洋对岸。面对法院规定的赔偿成本,伯纳姆的商人支持者的所有"推动"几乎无法在私人城市取得什么进展。[88]

在"社会学"倾向更浓的规划者非常看好的地方——城市发展的边缘地带,法院同样对跨越大西洋的政策引进设置了障碍。没有一个法院允许城市在私人投机者之前购买一般土地,这本来是弗洛伦斯·凯利觉得非常有希望的德国模式。城市可以接受慷慨赠予的土地,但是花费税收收入创建没有任何具体用途的储备土地银行,这种权力无法通过"公共使用"原则。[89]

英国 1909 年城市规划法案的管理权限在美国城市规划运动的律师们看来好像更容易实现。法案的细节在城市规划者之间引起激烈讨论,但是法院仍然非常坚决,私人赔偿优先于大多数公共目的。这个问题以街道地图之争这样简单的形式进入人们的头脑。就城市周边来说,没有什么权力比在建造之前确定街道走向更关键了,美国没有哪个法院不肯把这个权力给予城市。当城市边缘的财产所有者为了私人目的决定占用规划的街道搞建设,困难就出现了。除宾夕法尼亚外的每个法院都认为该建筑不能为了建造街道而被征用,除非全额赔偿财产所有者的损失。在实际的建筑和纸上的街道(可能总是改变或者从来也建不成,折磨所有者的财产使用好多年)之间的斗争中,法院的裁决是倾向于保护财产的。因为模仿德国或者英国模式控制未开发土地的努力受挫,美国城市规划者发现另一个措施,即注册城市分区规划的权力。不过,他们这种批和不批的权力(本来就是一种被动式的权力)在整个1920年代都没有产生多少实际后果。因为没有法律权威可以确定在未开发的城市周边的哪个位置做什么,1907年后迅速发展起来的城市规划委员会都是没有实权的部门。[90]

至于住房,法院既有屈服的地方,也有抗拒的地方。在直接涉及卫生问题时,法院愿意迫使财产所有者遵守规定,不考虑补偿问题。他们接受威勒的主张,反对空气不流通的廉价公寓和公用的庭院厕所,认为这是警察权力的合法延伸。1904年纽约市不动产所有者推出(据他们说)被催逼的卡狄·莫西钦——一幢有20家住户合住的廉价公寓的所有者,以此质疑城市权力,抗议城市要求像莫西钦这样的贫穷房主安装室内水冲厕所,却不提供经济补偿。纽约法院驳回了他们的请求。加利福尼亚清除特别居住区内"累赘"(砖厂、舞厅、华人的洗衣店)的运动逐渐增强,也得到警察权力的支持。但是在对不符合卫生条件而要拆除的财产给予赔偿的问题上,法院反过来支持财产所有者的主张。在英国,贫民窟清理的成本难以承受,更可气的是贫民窟财产所有者可以借此发财,故意把房产糟蹋到公共卫生当局只好从他们手中买下来,这些情况迫使法律制定者削减可以允许的赔偿。到了1890年,虽然实际措施落后很多,但法律条文已经规定,对于不能改造成适宜住所的房屋的所有者,仅仅补偿土地和任何能够回收利用的建筑材料的价值。相反,美国的法院非常不情愿把房东的主张扔到一边。[91]

至于公共资金资助的住房,只有州宪法修正案才能改变法院的反对。向一些节俭、温和、勤奋的挣工资者征税以便其他人(或许不那么节俭和勤奋的人)能够住上更好的房子,实际上是在州的

204

公民间进行财富重新分配，马萨诸塞州法院在 1912 年这样判决。只有居住在里面的人才感到开心，而公众没有办法享受（像享受公园和城市街道那样），所以在 1920 年代很多法院裁决中住房都是不能通过征税来建造的，因为它根本不是公共用途，完全是私人的事情。[92]

在所有引进的城市规划措施中，只有城市分区成功获得了法院的认可。受到商务部的鼓励和当地房地产利益团体的迫切拥护，到 1925 年已有四百多个城市通过了城市分区条例（是有整体规划的城市的两倍以上），到了 1930 年这样做的城市已经超过九百个。城市分区如何能闯过法律对财产保护的大网，这一点多年后仍然让人感到惊讶。它让拥有相似财产的人落入不同的等级；为了像散落在法院地板上的许多"公共用途"一样遥远和不具体的公共利益，它能够从投机的土地所有者想象的利润中大大咬掉一口。持反对意见的律师谴责它"随意性"干涉土地投资的自然流动，背后的原则模糊不清、想入非非，只不过反映了城市分区委员会和城市官员的"一时趣味"。即使最强烈支持居民区城市规划的威勒在 1917 年也认为，城市分区的宪法基础是"非常不可靠的"。接着，从 1920 年马萨诸塞最高法院开始，法院突然开始支持势不可挡的城市分区条例：居民区限制任何形式的商业企业，排除公寓房屋，管理在私人土地上的车库布局，一下子确定了现代的、阶级分隔的城郊宿舍区法律框架。[93]

美国最高法院 1926 年正式确认这个法律思想转变的裁定非常简练，让人很难看透法官的思想。区法院支持原告的财产权，接受原告的诉求，即在购买财产的时候就已看中工业发展的前景，而强加的居民区用途限制明显破坏了它的价值。最高法院默认接受了商务部模范城市规划法案的主笔者提供的辩护状，该文件对于公共用途几乎一字不提，更没有说到投机财产的权利和民主决定的设计。弗雷德里克·豪威那种通过规划决定体现"思想"的城市几乎不存在。辩护状翻新了"入侵"的比喻,它集中在原告的工业发展即将带来的"破坏":不稳定、道德败坏、价值贬低。保护自己财产免受邻居财产所有者损害的权利是古老的、公认的法律。城市分区保证的也就是这么多。它不是戴着公共权力帽子而是戴着私权帽子才穿过法律的分拣机器的。[94]

法官为财产惯性权利感到的担心绝不是幻想。城市规划的新技巧几乎没有威胁到财产本身,就像进步人士的其他发明一样,只是在市场经济的边缘区域起作用。但是在那里野心的剪刀是足够锋利的。就像城市规划运动旗帜下的一个人在 1910 年波士顿会议上说的那样:"贫民窟、不卫生的居住区、缺乏公园和运动场、缺乏必要的娱乐设施、缺乏全面合理的快速交通体系,还有工厂和讨厌的广告等有损市容的景象",所有这些除了美国城市"疯狂的个人主义"和"市民不能主张对城市的所有权"之外根本无法解释。[95]单从"所有权"比喻的相互竞争的用法,法院就看到非常激烈的角逐,它们不打算成为旁观者或者冷静的参与者。

对欧洲人来说,这个景象非常特别。司法决定在美国公共政策形成中的强大力量一直让他们感到惊讶。贝特丽丝·韦伯认为给美国人的最大礼物将是"偶尔让一个锡德尼·韦伯来发明方法躲避他们愚蠢的宪法"。英国进步人士通常把世纪之交美国的政治与澳大拉西亚国家拓荒者的创造性进行对比,前者似乎在宪法机器的铁锈和摩擦中停滞不前,后者却"无视先例和权威"而不断进行政策实验。作家 H. G. 威尔斯从华盛顿特区离开后,相信美国人拥有俄罗斯以西的文明国家中"最软弱、最不容易接近、效率最低的"中央政府,由于宪法的限制而陷入"孤独无援的死胡同",被保安措施团团围住,虚弱不堪、一筹莫展。"美国还处在 18 世纪,"威尔斯写道,"他们把 18 世纪末期现代和进步的经济模式拿来贴在宪法上,就好像要永远贴在那里一样。"[96]

威尔斯关于时代错误的这个提法是错误的。强势的宪法裁定,这个在 20 世纪初期实施得远比从前深刻的做法,与进步政治本身同样都是新东西。从结构上说,强势的法院裁决比欧洲进步人士认为的更接近他们自己的政治现实。正如进步人士自己知道的,在英国和德国城市,财产往往包含有特别的政治资产。市政府在很大程度上是作为财产的特别机关在发挥作用——为大大小小财产所有者争吵不休的野心,为长期和短期的财产利益进行讨价还价的妥协。欧洲的都市政治给予所有权特别的支持。在 19 世纪末期美国更加开放和民主的政治中,财产的形式立法特权已经被放弃,所以法院就进来缩减美国和欧洲的差异。它们成为美国类似于普鲁士三级投票制或者英国的纳税人选举权的东西。在以房客为主的城市组成的国家,美国的法院成为保护财产的特别机关,作为其代理人和代表,表现得更加严厉和教条主义。

207   在这样的情况下,难怪美国城市规划运动特别感受到律师的负累。也难怪从(激进一边的)马什到(保守一边的)威勒都发现,这一运动受到法律中财产权特权规定的严格压缩。从外在来看最典型的美国政治机构特征,却发挥了最有"欧洲特色"的政治作用,法院把"有机"城市的规划大大压缩,变成对财产所有者利益造成损害最少的计划。

由于第一次世界大战的意外危急情况和 1930 年代的大萧条,部分法律障碍将会消失。为未来做储备,战前这些更加有意识规划的城市的设想保留下来,其内容是在公共生活的象征方面更慷慨,较少被私有财产所限制的。所以在 1930 年代雷蒙德·昂温游说华盛顿建造公共住房的项目,或者伊迪丝·伍德(已经出版两本关于欧洲住房政治的书)参与创立那个项目,也是并非偶然。与此同时,跨越大西洋的交流已经起了虽然不大但是非常关键的作用。如果说结果很不均衡,不平衡性是战前每个国家的城市形式和住房政治本身存在的特点。即使在美国,背后的家族相似性也并不缺乏。

第一次世界大战前夕在伯纳姆的芝加哥,正在建造一个新的大公园(格兰特公园),在一片从铁路货场改造的狭长滨水区呈现巴黎规整风格设计。在它的后面,城市本身向外推进,里面有错综复杂的私人设计、地块划分者的利润和美景考虑、开发商建造的街道和投机性住房、公交公司投资、对于土地市场的幸运和不幸的预测、野心勃勃的纸上计划。这些东西中哪些内容会实现,将取决于政治、取决于大西洋进步思想交流的未来,以及并非最不重要的一点:美国法官如何独特地继续解释利润和财产的诉求,在这方面他们已经成为特别热心的仲裁者。　208

第六章

工薪族的风险

工人保险

在关于社会政治的辩论中，从工厂立法到垄断权，从公共卫生到交通政治，从城市规划到城市住房建设，贫穷问题核心地位的缺失对于现代读者来说肯定是个意外。在当今美国，社会政治争议最后肯定归结到贫穷和对于穷人的公共救济问题上。当代社会政治的感情中心在于"福利"，但是这个概念比从前所说的福利狭隘多了。现代美国的"福利"不是指共同福利，而是穷人救济，"福利国家"是现代的济贫法国家。

实际上，20世纪末叶之前建设的所谓福利国家中没有一个是关注穷人的。从俾斯麦到贝弗里奇，他们的目标人口是工人阶级，是那些通过双手劳动挣工资的人，而不是没有工作的赤贫者。北大西洋经济体进步人士特别关心的不是修补穷人的生活，而是寻找有效手段争取让那些还没有赤贫、还在工作和挣工资的人避免陷入贫穷的深渊。

这并不是说进步人士的想象中没有贫穷问题的位置。在1889年巴黎博览会上，社会经济部没有什么地方专门针对贫穷或者穷人的救济，虽然有些类别专门针对工人工资、互助组织、工作事故、 国家经济干预等内容。但是在1900年，添加了一个新的类别——"公共慈善"。在规模上比"互助保险"（prévoyance）小些，但仍然有超过五百家参展机构参与竞争，公共资助和私人慈善国际大会的夏季会议吸引了一千多人参与讨论。[1]从纽约市的雅各布·里斯到伦敦的查尔斯·布思，北大西洋经济体的每个国家都有研究现代大城市穷人问题的社会学家。但是，纯粹的贫困不是他们关心的问题。限制没有道德约束的资本主义的自我破坏性社会影响，把明显被市场搞糟了的工作从那些市场中抽出，用公共福利的反算计抗衡市场的原子化社会影响，这些是社会政治的任务。贫穷不过是社会问题诸般头绪中的一根而已。

当时辩论的更紧迫问题是劳动条件。这不仅是因为工人阶级比赤贫者数量更多，其政治忠诚度对国家更加重要，也不仅是因为劳资之间长期的斗争比赤贫者更加沉默的、闷燃的怨恨对社会稳定造成更大威胁，而且因为穷人成为进步人士心中的另一国度。

当然，没有人能够忽视穷人国家。农村很容易把贫困掩盖起来，而大城市则把贫困集中，让经济苦难暴露——即便同时在设法隔离它。两个国家这一主题用多种不同的语言表达出来：上层外壳和下层社会，讨厌的富人和绝望的穷人。

在所有国家，两者实际上有很多交叉的地方。乞丐占据其中一个结合点，在几乎每个大城市都是引人注目的景象；而有组织的慈善活动占据另外一个更大的结合点。从医院的门诊部（这是任何地方的穷人医疗救助）到捐助的医疗所、施粥所、无家可归者收容所、育婴堂、弃儿和失身女子之家、慈善学校、分期借贷银行、教区穷人基金、私人救济所等，慈善活动范围在世纪之交的城市是相当广泛的。[2]

最后,对于赤贫者有公共救济。在法国,天主教堂及其慈善活动仍然例行地、半公共地承担慈善救济的主要任务;维持公共济贫所(bureaux de bienfaisance)在1890年代中期之前还不是地方政府的应尽义务。[3]但是几乎在北大西洋经济体的其他任何地方,保证穷人不被饿死是写在法律上的公共责任。靠税收支持的公共的穷人救济以前就有,不是新鲜事物,它扎根于可以追溯到工业化之前的集体福利概念。

公共的穷人救济在英国高度发达。19世纪中期,从伊丽莎白时代税收支持的教区穷人救济结构,演化出了地方济贫法当局和机构的复杂的世俗化体系。法律规定要保证穷人不被饿死,同时要尽可能节省开支,济贫法委员会依靠威慑和补贴组成的复杂体系来运作。对于那些在道德上特别有权要求救济的人,这些机构能够提供直接的金钱或者物品救济——所谓"济贫院"的"院外救济"。对于其余人来说,它们提供了两个选择,要么进济贫院劳动要么任何救济都没有。虽然济贫院阴郁可怕,但还是接收了很多非常贫困的人:出现临时变故的家庭、没有家庭资助的老头(老太太比较少见)、每况愈下的酒鬼、被疲惫不堪的亲戚送进来的家庭成员。在1850年英格兰和威尔士的济贫院里居住着12.3万名"院内贫民",加上88.6万名"院外"接受公共救济者,占全部人口的近6%。这个体系在设计上既要打击穷人领取救济的积极性,又必须给予前来要求救济的人以帮助,是个道德上复杂、经济上昂贵的体制,它的沉重税负使得英国的穷人救济政治比其他任何地方都紧张尖锐。[4]

英国穷人救济的法律框架很早就来到美国,被吸收成为国家法律和地方实践。在美国,穷人救济体系甚至比英国更充满了漏洞,因为穷人被推动从乡下来到城市,漏洞范围变得更大。被看作当地政府照顾本村穷人的体系,法律框架很少许可照顾由扩大而动荡的劳动力市场所产生的过渡性穷人。美国地方济贫法当局常常费尽心机把救济穷人的责任转嫁到其他地方,把他们不想要的穷人遣返原籍。不过,尽管这个体系不充分,救济最无助的穷人的责任原则在法律上是固有的,比跨越大西洋的进步人士纽带的新社会政治悠久得多。[5]

211

在法国,对于穷人的公共责任在 19 世纪末期逐渐扩大,因为激进分子呼吁国家分担教堂的慈善领域;但是几乎在任何别的地方,对于穷人的公共责任都在缩小。随着穷人在城市集中的情况加剧(他们都是远离村里支持的移民和陌生人),随着社会关系经济化的进展,公共当局减少穷人救济支出的冲动更加强烈。地方当局有时候以非常快的速度提高申请救济的门槛,对公共资金实行更加严格的限制,对穷人的行为控制也更加严格。一个早期的、被大量模仿的考察穷人的程序出现在 1853 年德国莱茵河地区的工业城市埃尔伯费尔德(Elberfeld)。从前经济化的尝试失败后,该市当局决定把城市济贫基金分配委托给 150 位不拿报酬的受人尊敬的市民,每个人负责关注自己所在社区的穷人救济问题。后来它被称为埃尔伯费尔德体系,因着降低救济成本的名声,它于 1870 年代和 1880 年代在德国迅速传播开来。仅柏林一地就拥有 2000 名以上不拿报酬的“荣誉”济贫者,他们会定期家访。[6]

这个体系又在“慈善组织”的旗帜下从德国传到英国和美国。第一家慈善组织协会 1869 年在伦敦成立,其美国分部由伦敦总部一个从前的志愿者 1877 年在布法罗创立。招募妇女而不是男人作为穷人的“友好使者”,美国和英国慈善组织的员工与德国的不一样,他们不属于公共机构,也不分发公共救济金。他们认为自己的职责是通过在(多愁善感的)给予者和(或许没有资格的)接受者之间建立严格审查的体系,来控制和规范私人慈善活动。但是,慈善组织项目的第二个要点有公共性和政治性:把公共当局从以家庭为主的“院外”穷人救济中彻底排除出去。

慈善改革者把公共穷人救济限制在济贫院居民的运动,不管在英国还是在美国都没有完全成功。在英国，上年纪的穷人仍然是济贫法委员会同情的重要对象。但是其结果还是引人注目的。在1870年到1878年，英格兰和威尔士接受公共穷人救济者的比例减少了三分之一以上，几乎所有的减少都来自"院外"公共救济的削减。在美国，"科学慈善"的鼓吹者在很多方面取得成功，减少了院外救济的开支。在1870年，布鲁克林市给予38170个人以家庭为基础的救济；在1880年，一个都没有。到1879年费城也是一个都没有。在1900年人口超过二十万的21个美国城市中，慈善组织协会领袖自豪地报告说，10个城市"实际上没有给予公共救济"，2个给予"非常少"的救济。[7]

更加慷慨的公共义务保留区仍然存在，尽管或许是阵发性的。在1890年代萧条时期，美国城市官员在特别的私募救济金广告中合作，在冬天开放警察局让无家可归者栖身，或者通过紧急公共工程项目努力缩减失业人数（这比较少）。在都市政治模式还没有落入慈善改革者运动中的地方，城市仍然从公共资金中为小部分穷人分发燃料和食物。[8]

但是由于新思想如此关注公共机构效率和私人的道德败坏，公共同情和义务的古老传统显然在逐步瓦解中。慈善组织协会的核心思想是：不明智的慷慨解囊只能刺激更多的要求；这也是多数进步人士相信的原则。韦伯夫妇也相信，虽然没有明说。他们坚信在对待贫穷这个问题上"道德因素是最重要的议题"，"不加区分、没有条件、无偿的慷慨救济造成穷人性格上的道德败坏和个人努力的松懈"。[9]在进行救济工作时需要限制和审查。为了确保穷人不认为救济是理所当然的，许多国家规定接受公共救济的条件是放弃投票权。穷人并非没有得到慷慨的济贫法委员会、紧急救济委员会，或者地方社会主义者多数（如在1896年后的法国）的同情，但是对于多数中产阶级社会改革者，包括那些摸索新型社会政策的人士来说，穷人是遥远国家的居民，从社会上和心理上都与跨越大西洋的进步人士心中的国家相距甚远。

因而一点都不令人意外的是，进步人士的想象力常常集中在把穷人孤立起来的计划上，把他们赶出来，送到更好的、更严格控制的环境中接受改造，城市也可以摆脱让人难堪的景象。查尔斯·布思《伦敦居民的生活和劳动》第一卷中有一段非常著名，紧接在他估计城市穷人的规模和性格的首次统计学尝试之后。在布思看来，问题的核心不是伦敦阶级结构底层的流浪者或者半犯罪分子（他称为 A 阶级），他认为有效减少布施的方法将会消灭他们。关键问题也不是工作的穷人（C 阶级），虽然工资很少，但工作比较固定。而这两者之间那个阶级，即从来没有固定工作的伦敦多余劳动力储备，才是问题所在。布思建议，为什么不把伦敦东部人口的 11%（布思的计算）全部集中起来作为国家的监护对象，以家庭为单位运送到土地和生活必需品便宜的地方，在隔离起来的经济体内工作，就像巨大的、多样化的穷人农场？布思承认这是"社会主义"，虽然在理论上并不比英国济贫法更有社会主义特征。"在照顾无能力者的生活时，国家社会主义是合适的方式。"B 阶级中的出类拔萃者将出人头地，剩下的人将被城市排除掉，就像人们排干沼泽地，用人工堤坝和运河进行的垦荒工程。[10]

布思的纸上规划（他很快就放弃了）非常时髦，足以让人采取实际措施。在德国，对乞丐和"怕工作"的人的压制非常严厉，社会改革者建立了一个由二十多个自愿的农村劳动聚居区组成的网络，专门用来孤立和改造穷人。荷兰也有自愿性和惩罚性劳动农场网络，虽然没有在消除都市贫穷方面取得什么进展，却吸收了村子里的部分穷人到严格监督的农场劳动，（坚持到底的人）还可以居住在得到资助的住宅。[11] 在自己特色的大吹大擂下，救世军把类似项目带到了英国，在这里，把城市穷人送到乡下的想法和帝国把他们殖民到世界各地的思想结合起来。在 1903 年到 1905 年失业危机最严重的时候，连英国左派也考虑过劳工殖民地的想法。威廉·贝特丽丝记得,为失业者服务的伦敦中心团体的"狂野年轻人"乔治·兰斯伯里,以教士般的热忱敦促成立农村劳工殖民地——他还曾经帮助颠覆了对伦敦东部一个主要工人居住区"院外救济"的法律限制。韦伯夫妇1909年对于国家管理的失业保险这一热议项目感到怀疑,曾经提出布思建议的版本来回应:系统设计进行行为改造的劳工殖民地,用来吸收城市中的多余劳动力。[12]

政治上的模糊性绝非劳工殖民地思想的最不重要的资产。兰斯伯里想象失业者的劳工殖民地是合作社会生活新形式的萌芽。韦伯夫妇的反乌托邦想象则指向纪律,通过斯巴达式的劳动、体操、训练、戒绝饮酒、粗茶淡饭、技术教育达到目的。离兰斯伯里最远的一个极端是最大的劳工殖民地——比利时的梅尔克斯普拉斯(Merxplas)劳动营。这是国家罪犯流放地,1910年里面有五千多乞丐、流浪汉和轻微犯罪的人,在比利时北部三千英亩土地上有工作车间、农场、像部队一样严格的宿舍。这里像其他地方一样,必须工作却没有救赎的希望。到了1910年,梅尔克斯普拉斯当局已经认定进入这里的人没有改造好的可能性,把政策变成了简单的隔离。远离酒精和女人(这里和其他地方一样,劳动营居住者大部分是男人),也没有了软心肠的施舍者帮助或者税收支持的公共救济,没有了人口再生产的机会,所以贫穷流浪汉就慢慢消失了。梅尔克斯普拉斯是个极端的例子。但是给予所有劳工殖民地项目影响力的是孤立穷人的逻辑:为了防疫、为了环境和行为改造,或者为了政治复兴。[13]

美国进步人士对这些思潮的欢迎程度和欧洲同行一样。哈佛大学社会问题的先驱老师弗朗西斯·皮博迪研究了荷兰和德国1890年代的劳动营并大力赞扬。约翰·格雷厄姆·布鲁克斯也是如此。皮博迪在1894年承认荷兰劳动营的原则是"社会主义",但它是"远远超过熟悉的社会主义讨论"的东西,不是向国家提出要求的社会主义,而是国家对个人提出要求:"以某种程度或者方式,通过自己的头脑或双手或两者的结合为国家福利做贡献。"皮博迪说如果国家劳工殖民地是"社会主义,我们就最充分地利用它吧。它也是文明稳定的希望和司法慈善的秘密"。[14]

实际上,在美国最接近实现穷人殖民地思想的人是改革派社会主义者和律师埃德蒙·凯利。1906 年英国流浪问题委员会关于欧洲大陆劳动营的报告,让凯利对把流浪乞讨的穷人隔离起来的想法产生了浓厚兴趣。他访问过梅尔克斯普拉斯,但是真正给他启发的是比较小的瑞士劳动农场。因为得到阿尔弗雷德·E. 史密斯和慈善改革协会的支持,他在 1911 年纽约州议会上成功推动了根据瑞士模式建立劳动农场的法案。由于得不到州里拨款,凯利为流浪穷人设立的劳动农场工程没有实现。但是就连简·亚当斯在 1913 年也肯定劳动农场"和其他形式的慈善活动发展是一致的",是失业问题的严肃解决方案的一部分。[15] 215

穷人是另外一个国家,在某种程度上是社会改革者想象中的外来者。社会政治不是从他们开始的。即使最终归结为社会保险的思想辩论也不是从考虑穷人情况开始的。辩论中的关键阶级是工人阶级,是靠脆弱的经济线索悬在布思所说的贫困线以上的人。正如进步人士看到的,他们的任务不是要消除贫困,而是减少那些在贫困线边缘的人因为命运不济跌入贫困深渊的可能性。社会保险(一开始称为工人保险)是专门为工人阶级准备的,济贫院、劳工殖民地、中产阶级友好访问者才是为穷人国家准备的。

贫困问题政策集中在救济的有效管理上。社会保险思想的核心是不同的、全新的现代概念:风险。它把难以捉摸的命运变化可能性分摊到更大的公共群体上去。社会保险不是隔离的项目,就像它努力为之弥补裂缝和伤害的市场社会一样,社会保险的关键是共谋关系和相互依赖性。

针对劳动风险的保险从一开始并不是国家的发明,而是工人自己创造出来的。在整个北大西洋经济体内,煤矿和工厂工人、商店店员、酒店店员、街坊邻居联合起来相互支持,以对付工资劳动的经济风险。疾病、事故、失业、年老体衰或者挣工资者的死亡:这些是劳动力市场上工人最主要的风险,当时没有病假工资、事故赔偿、养老金,对多数工人来说也没有起码的工作安全感。他们的恐惧在于,其中任何一种情况都可能像剪断线头一样突然结束家庭的收入来源。这些人生过程中难以预料的、可怕的灾难对于挣工资者而言,就像火灾风险对于没有参加保险的商人一样。难怪工人们竭力通过互助组和共同基金的方式减少可能的风险损失。

工人互助保险俱乐部的最原始形式很难和彩池或者集合赌金区分开来。工作伙伴在年初给共同基金捐款,如果生病或者死亡可以从中得到补偿,剩余的钱(如果有的话)到了年底在余下的人216 中间分配。在英国它们被称为"石板俱乐部",可能是因为悬挂在酒店墙壁上用粉笔记载成员账目的石板吧。这种形式的本地俱乐部往往和酒馆、教堂或者工作地结合在一起,具体数目现在已经无法计算。它们介于赌博俱乐部和互助兄弟会之间,非常不稳定,从保险精算上看也未必可靠,在工人聚居区无处不在。

更大的利益团体闯入了这类互助协会。在欧洲大陆,主要参与者是国家。在德国,零碎的行会互助主义经受住经济自由派的瓦解作用而保留下来,准公共的工人福利机构以若干种古老的形式幸存。在欧洲大陆任何地方作为国家特殊利益焦点的采矿业,传统的矿工联合会(Knappschaften)已经被当作自由贸易的障碍而听任其衰落,现在却由于 1854 年普鲁士的法案而复兴起来——这次是作为法律规定的强制性保险基金,吸收矿工和雇主交费作为共同管理的基金用来支付矿难、疾病和死亡补偿。在高风险的采矿企业之外,强制性保险基金就少多了。和错综复杂的熟练工协会、行业协会、兄弟会并列的是由地方管理的救济会(Hilfskassen),吸收工人自愿捐款以抵御疾病风险的一种准公共保险基金。1845 年的普鲁士法案切断了手工业行会下面的最后一个法律支持,同时授权城市当局强制性要求某些类别的工人加入救济会。虽然这一规定包括的产业工人相对来说比较少,但是在德国,这个可能性使得私人风险和公共利益之间的界限保持流动和模糊。[16]

在法国,互助会(société de secours mutuels)具有准官方色彩,和德国的救济会(Kassen)不一样。这些地方协会通过1852年的法案重新组织起来,被要求到政府备案,吸收地方名流为领导成员;他们可得到国家保证的利率,作为回报,必须把财产的大部分存放在国家管理的中央基金中。资本家大佬被吸收为荣誉会员,大大提高协会的社会声望和收入。1898年后,公共的征税补贴也起了这种作用,国家本身越来越多地承担了赞助者的义务。作为帝国社会政治的姿态,拿破仑三世还在这个混合物上添加了特别国家银行,公民可以向这些银行购买丧失劳动能力保险,以优惠费率获得老年年金。[17]

在英国,工人阶级互助主义领域最积极的鼓吹者不是国家机构,而是兄弟会和商业企业。通过特许给予集体成员的精算保障,全国性组织吸收地方风险池,组成由成员、规范和支持构成的更高级组织网络。1900年,英国和爱尔兰国家注册的"友好协会"(互助协会的正式名称)有24000个。但是在500万会员中,三分之一属于最大的4个协会。疾病保险是最常见的做法:疾病期间的工资帮助家庭成员度过不能工作的日子,并可以按照协会合同得到医疗服务。友好协会的会费非常高,普通工人大部分缴不起,但是在技术工人中间,友好协会会员资格是获得安全和尊重的主要来源。[18]

更厉害的是商业保险公司。在德国和法国,吸收工人阶级的保险公司发展缓慢;但是在英国,所谓的集资协会,像皇家利物浦协会(Royal Liver)或皇家伦敦协会那样纯粹出售保险而没有任何地方管理伪装的邮购协会,世纪之交时在成员数量上已经超过了非商业性的对手。反过来,他们又很少能够和为群众提供便宜险种

217

的纯粹的商业保险公司媲美。这些被称为"工业保险"公司,因为其目标市场是产业界挣工资的工人群众。在发工资的日子,成群结队的代理人在工人阶级街区宣传和收取每周的保险费。正如本特利·吉尔伯特描述的,"头上戴着一顶常礼帽,耳朵后别着一支钢笔,上衣口袋里装着一瓶斯蒂芬牌蓝黑墨水",保险费征收员是工人阶级街区的固定角色,是音乐厅讽刺剧中一眼就可以认出来的小丑。批评家指责(有一定道理)征收的这些钱只有可怜的很少一部分作为赔偿返还给了工人。死亡保险的赔偿很少超过一百美元的,为群众办的商业保险根本不是人寿保险,而是丧葬费保险,只能避免遭遇像乞丐一样被埋葬的羞辱。尽管有这些缺陷,工业保险公司在工人阶级不安全环境下仍然得到迅速发展。它们在1900年时声称拥有2000万保险单,另外还有集资协会拥有的600万保险单。[19]

人们应该想象到,北大西洋经济中存在纵横交错的种种互助团体和保险机构:管理的和非管理的,商业的和友好互助的,计算上非常原始的和高度系统化的等。结果形成的体系既是日常生活的固定模式又不能满足日常生活所需,涉及范围很广同时又漏洞百出。没有其他组织能在工人阶级中扎下这么深的根。在1911年据说工会会员达到300万的英国,正式注册的友好协会(排除集资协会和工业保险公司)声称拥有600万会员。当然,会员身份可能不止一个,有重叠的情况。总体上说,这意味着包括小孩在内每八个人中就有一个是友好协会的注册会员。与此同时,在法国互助会有400万成人会员,相当于全国人口每十人中有一个会员。[20]

在美国,哪怕最粗糙的官方统计都没有,工人互助协会的规模及其在经济上的重要性需要人们去猜测。显然这个体系范围广泛,远不止幸存下来的那些油漆脱落、屋顶扭曲的小镇共济会或者伐木兄弟会会议厅所显示之规模。每个工人阶级街区都有俱乐部和会所。1908年在宾夕法尼亚州的钢城霍姆斯特德(Homestead),

玛格丽特·拜因顿一个星期内统计到 50 家慈善协会的通知。在芝加哥的意大利社区,打着旗子、伴随着锣鼓和笛子演奏的互助协会游行成为星期天的固定节目,正如简·亚当斯说的,会员"庆祝他们取得的成就:至少在自己周围建立了躲避灾难的一面薄墙"。杜波依斯估计了兄弟会和互助会成员在 1890 年代费城黑人中的数量,大概是城市黑人成年男性中的三分之一。在世纪之交的印第安纳州 15000 人口的密执安市,有 26 个兄弟会会所,几乎都是以雇佣劳动者为主,还不算以教区为单位的天主教和路德教互助会。在互助主义的集中地曼哈顿下东区,有近 2000 个互助协会。[21]

更精确的成员数目估计可能风险更大。在 1891 年,康涅狄格州劳工统计局统计了 386 个互助协会,这些协会吸收了 127000 名会员,(在东北部工业区)达到全州每六个居民中有一个会员的密度,比八年后西伯姆·朗特里在英格兰约克郡统计的七分之一的比例略高。到了 20 世纪初期,估计的数字更高。在 1915 年,从"金色西方土著人子弟""红人改进会"到"赫尔曼子弟会""圣约之子会"等加利福尼亚兄弟会加起来,每五个居民中就有一个会员。在 1914 年的马萨诸塞州,兄弟会宣称几乎每两个本州居民中就有一个会员。用这样的方式计算,数字显然夸大了互助会在工人阶级生活中的存在。多数当时的专家认为应该把会员人数砍掉一半,因为里面可能有从工人阶级以外吸收的人。在这个基础上再砍掉一半,因为里面有多重会员身份,人们可能加入两个甚至三个协会以增加抵御风险的机会。即便如此,从剩下的数字看,工人阶级互助协会结构仍然和当时欧洲的情况相当。[22]

美国互助协会机构的虚弱之处不在于会员人数少,而在于他们在社会和政治上的分化。在英国和法国,友好协会和互助会在社会政策辩论中发挥强大的公共角色的作用;在德国,救济会和自愿协会形成俾斯麦的社会政策不得不考虑的一个轴心。相形之下,美国同行的无所作为让人惊讶。除了 1920 年代"雄鹰兄弟会"

219

要求公共资助养老金补贴的活动这个例外,最好的兄弟会机构在影响公共政策方面也只是要求提高地位的例行公事而已。至于更小的、教区的、工厂的、街区的兄弟会分会以及病人俱乐部、葬礼基金会等,则因为移民工人阶级的内部派别斗争使得力量大为削弱。美国工人风险池的最有效的组织基础——语言、信仰、种族、民族差别,在促进互利的行动中也造成分裂。在这些民族和种族分裂的基础上很难形成共同的公共政策。

在这种情况下,"工业保险"行业的美国分支发展迅速。到了1911年,美国已经有2470万份保险单,是兄弟会成员数目的3倍,在资金上相当于当时德国国家社会保险体系的金额。[23] 工人阶级的自愿性互助协会也得到发展,只要工作或者工资不稳定就会出现这种协会。但是没有统计,在政治上没有影响力,没有公共注册的承认和国家支持,也没有中产阶级团体的加盟赞助,加上内部派系林立,所以自愿性协会没有成长为美国公共政策形成和管理的支撑点。

在大西洋的两边,自愿性预防风险的机构给予参加者的保障,都只覆盖工人阶级家庭所想到的未来灾难的一小部分。病假工资和(尤其是美国)丧葬费用是最常见的利益。因为会费很高,有些互助协会还提供签约医生的服务或者(更少见)遗属抚恤金。除此之外,包含的险种就大幅度减少了。只有组织最好的技术工人工会提供失业保险。除了个别大公司的雇员外,退休金对于产业阶级来说还是奢侈品。

性别更突出地加剧了这些局限性。没有任何地方的互助协会保险范围包括女性工人特有的风险:怀孕、生孩子、婴儿照顾等,所有这些都能一下子掐断女性收入的渠道。工人保险是男性工人的保险,兄弟会强化了这一点,特别强调男性团结的仪式兼保险特征。石板俱乐部的家就在男人集中的酒馆里。女性只是作为保险费征收员每个星期拜访的对象,才在自愿保险结构中发挥值得注意的作用。对女性来说,挣工资只是劳动生涯中相对短暂和压缩的一部分,她们用不那么正式确定的方式凑成了一些互助体系,和男人的既是社交俱乐部又是投注池的模式在结构上不同。不管是自愿风险池机构还是后来作为补充的国家保险体制,从总体上看都不是为女性服务的。[24]

保险虽然受到限制,但是它无处不在,已经成为工人阶级生活的现实。保险本来是为待遇最好的技术工人服务的不完善体制,其效率随着工资梯度的下降而迅速削弱。它不是为女性设立的,也从来没有购买到真正的安全网:真正的保险,以保证"躲避灾难的薄墙"不会在工人阶级家庭周围破碎,让家属依赖私人慈善机构的慷慨救助或者成为济贫法严厉审查的对象。不过,日常互助主义虽然只是破烂的斗篷,却是靠平均法则缓解工人最严重灾难的方式的生动体现。

被1910年美国观察者称为社会保险的另一种东西出生于德国。社会保险在两个重要方面和自愿互助方式明显不同:这两个方面都把风险和共谋关系的边界向外扩展了许多。首先,最重要的是,它强迫雇主参加工人的风险池。因为工人生活的绝大部分被工作占据,事故、疾病、老年虚弱、失业等不仅是工人的风险,也是企业的责任。社会保险将工业风险的概念社会化了,认为有权力确定工作条件的人有责任承担工业生产的重担。

社会保险的第二个创新是让风险基金也成为工人必须购买的东西。这一方面是要加固在保险精算上不稳定的、经常重组的自愿互助协会,另一方面也把参加保险的人员扩展到普通工人阶层,而且最重要的是,减少了那些不断从自愿体系的缺口和漏洞中跌出去的人对救济机构造成的压力。工人的风险基金开始是作为和命运搏斗的社会连带主义赌博。在社会保险中出现了更加公共化的主题:在工人、雇主和纳税公众间,对私人工资讨价还价中产生

221

的社会成本进行合理分配。

当 19 世纪晚期德国开始对工人保险问题展开辩论的时候,这个问题还不是十分清楚。包括俾斯麦在内,没有人认识到国家作为庞大保险公司的前景。从 1880 年代在德国诞生到 1911 年英国自由派政府意外使用,到后来美国新政者的借用,社会保险的历史是一系列僵局和临时拼凑组成的。

在德国,这些拼凑做法产生的关键点是在救济会和矿工联合会。在理论上对雇主和工人都有约束力,它们在 19 世纪中期德国维持了强制参加风险基金的模式。当 1870 年代中期经济崩溃的时候"劳工问题"激化,每个城市的大门前都积聚着乞丐和流浪汉,重新让救济会发挥作用的思想吸引众多批评自由贸易主义的人士就没有什么奇怪的了。1874 年社会政策协会对这个问题进行了详细辩论。但是只有少数人如阿道夫·瓦格纳主张强制性的、公众的救济会。多数人倾向于要求工人为防范造成收入丧失的灾难而参加保险,但是可以让他们自由选择任何一种保险协会。多年后,古斯塔夫·施穆勒仍然认为 1880 年代强制性保险立法太草率了。路约·布伦坦诺当时完全反对。但是早在 1870 年代就已经清楚的是,公共强迫和救济会机构形式的某种结合是社会政策可以做到的事情。[25]

最初的政策形成工作中没有一项是俾斯麦的贡献,但是标准的记载常常把功劳归功于他。在担任新德意志帝国总理的时候,俾斯麦在 1870 年代中期把注意力从外交转向国内政策,保险根本不是他考虑的议题。他发表的回忆录中完全略去了 1880 年代通过的著名社会保险法案。由于注意力集中在不断增加的社会主义者的投票上,俾斯麦最关心的不是工人面临的风险而是工人阶级的政治忠诚度,后者因为他在 1878 年压制了几乎所有的社会主义活动而造成危机。不过,因为全面爆发的合法性危机的紧迫性,那个举措倒是促使当局加快研究政策来赢回工人阶级对既定社会秩

222

序和国家的支持。[26]

俾斯麦的本意不是保险，而是帝国供应。他根本不喜欢要求工人向国家福利基金交钱的观点："如果工人必须付钱，对他的影响就失去了。"他最初想象的是，工业事故赔偿金应该完全由雇主和帝国本身支付。他否决了社会政策首席顾问允许私人保险公司承担雇主事故责任风险的建议，理由是它会使利润和生意概念侵入他希望为帝国创立的社会保险领域。来自下面的社会主义诉求要用来自上面的社会供应抗衡。赠送关系的出现可以让潜在的激进主义者相信，保护他们福利的最强大机构仍然是帝国本身。[27]

由于德国议会拒绝接受俾斯麦最初建议中包含的税负，在人为加剧的危机中，产生了另外的东西：强制性保险法案的三重奏。首先在议会通过的是 1883 年的疾病保险法案，结合和扩展了现行的救济会：要求某些类别的产业工人必须参加经过认可的疾病保险，并添加了雇主必须为保险基金缴纳的税款。1884 年的事故保险法案用法律规定的工业事故赔偿标准取代现行的赔偿法律，由强制性的、半官方的雇主互助协会管理。第三个是老年和失去劳动能力强制保险法案，集中工人的会费、雇主的税款、象征性的帝国补贴成为退休金基金，为残疾的工人和超过 70 岁的老工人服务。只有在这里，俾斯麦越过顾问的反对和议会的抵抗，成功推行了最接近他思想的原则。即便如此，1903 年强制性保险机构吸收的基金中只有 7% 是来自帝国本身，47% 来自雇主的税款，46% 来自工人自己交的钱。[28]

223

俾斯麦的意志与德国国会的抵制相冲突，社会保险产生于妥协，在开始时就充满惰性和即兴拼凑的混乱问题。1883 年疾病保险法案把疾病赔偿委托给新老救济会的复杂组合，其中许多按 2：1 的比例由工人和雇主提供资金。到了 1909 年，其中有 23000 个提供病假工资和签约医生的医疗服务，没有一个完全相同的赔偿金。另一方面，工业事故保险的成本完全摊在雇主身上，由半官方的雇主基金管理。还有第三种管理机构是特别为养老保险基金而设立的,雇主和工人的保险费这回是各付一半。

虽然管理分散和不完整,德国体系仍然不断发展,在1880年代的产业工人核心外增加了其他的人口。疾病保险法案一下子把参加注册互助协会的德国工人数量翻了一番,达到所有挣工资者的40%。到了1914年,扩展到包括农场和家务劳动的工人。实际上德国几乎所有挣工资者都在疾病和事故保险法案的保护下。1911年保险体系中增加了领薪水者,有不同的管理机构和特别优惠的赔偿金。给工人家属的疾病赔偿到了世纪之交在许多救济会已经普遍存在。给孤儿和无法工作的寡妇等的遗属抚恤赔偿在1911年也被包括进来。

德国保险体系是对工人阶级社会主义进行的先发制人的打击,却被其批评家称为社会主义本身的缩影,它不仅在管理上混乱不堪,而且在指导倾向上也矛盾百出。吝啬小气是其突出的表现。从一开始,资助的水平就故意压得特别低。病假工资一般来说只有工人正常工资的50%—60%。在工伤事故方面,雇主提供的赔偿只是在工人失去工作13个星期后才开始,然后赔偿金额由上诉委员会裁量确定,而他们的决定往往对雇主很有利。靠养老保险过退休生活从设计上就是不可能实现的。养老保险法案下的保险费是人人都要交的,但是获得赔偿的只是那些交了整整30年保险费的人,这个体系在德国工人阶级中不受欢迎,也根本没有推广开来。[29]

224　　　所有这些限制都是为了维持人们因为饥饿而工作的常规刺激,但是伴随而来的还有其他出乎预料的慷慨大方。在事故保险体系的刺激下,德国雇主在安全设施和管理上的投资速度是北大西洋经济体内任何别的地方都无法媲美的。因为需要给投资找到出口,到了世纪末的时候,积累了大量保险基金的管理者开始把资金注入到公共设施上,医院、疗养院、公共澡堂、给水排水设施、低成本住房等,所有这些方式给德国社会带来深远的影响。

工人保险体系内的权力关系也是类似的两面性。德国保险法案本来的设计是要支持中央集权国家,结果却把权威转移给了一大堆乱七八糟的辅助机构。社会民主党反对 1880 年代的法案,说它企图用国家慈父般慷慨馈赠埋葬工人阶级的激进主义。但是由于疾病保险法案(根据保险费交纳比例)分配给挣工资者在疾病保险基金管理中三分之二投票权,社会主义者很快找到了力量仅次于工会的组织基础。到了世纪之交时,社会主义者多数已经控制了许多最大的城市疾病保险基金,这让签约医生和帝国官员感到忧虑。到这时候德国国会中的社会民主党议员已经开始固定地给社会保险体系投赞成票。到了 1920 年代右翼人士威胁要解除它的时候,他们就好像把它一直当作自家的东西一样拥护。[30]

对于工人的最后一个主要风险——失业,德国保险官员从来没有设计出切实可行的解决办法。没有了帝国立法的帮助(1906 年由于成本考虑而停止),失业救济只得靠城市自己来选择怎么提供。1910 年,多数德国城市建立了公共劳动力交流市场:城市资助的就业大厅,失业工人可以在这里尝试寻找广告招聘的岗位。德国一些城市还借鉴比利时和法国的经验,尝试为工会的失业基金提供补贴,努力减缓救济机构面临的季节性需求高峰。[31]

但是,1880 年代从德国开始的关键因素并非这种法国式的补助金,而是强制性原则。无论德国模式的福利国家还做了别的什么,从此后它把国民分类归入风险池,从他们身上抽取特别税,和从掌握工作条件决定权的雇主身上征收的同等税款结合起来。他们将劳动风险的部分内容社会化,目的不是让赤贫者得到帮助,而是不至于让生活中可预料的灾难把正常工作的工人推入政治激进主义的怀抱,或者推入依靠公共救济才能生活的困境。

在政界就像在时尚界一样,新颖从来都不能保证有人模仿。与

225

国际上"社会问题"的辩论热潮在时间上巧合,德国 1883 年到 1889 年的革新得到了广泛的关注。在此后二十多年的国际聚会中,社会保险的德国设计师积极游说。但是除了邻居奥地利之外,没有其他国家迅速跟进。离开了德国特有的地方风俗、国家野心、政府合法性危机的背景等,强制性工人保险绝非可以轻易移植的做法。正如 1900 年巴黎博览会上展示的社会政治竞赛所示,它在思想上有强大的竞争者。尽管德国帝国保险官员不遗余力地宣传,人们并没有太多理由期待在世纪之交,强制性社会保险很快就能超越其欧洲中部出生地。

在对付劳动风险的其他候选体制中,最显著的一个是更严格地监督管理工作场所,首先给工人带来风险的正是工作场所的问题:比如工作危险性和强度、长时间加班、缺乏保护装置的机器、充斥棉绒和煤尘的空气等等。这是德国人中比俾斯麦左倾者选择的道路,他们认为这比追着救护车跑的工人保险更可取。在俾斯麦被撤职后短暂的政治改革春天中,1890 年在柏林举行的第一次国际劳动立法大会上,劳动保护标准成为主导性议题。经过第一次世界大战,它们吸收了北大西洋经济体内强大的改革能量。可以肯定,劳动保护立法在任何地方都是非常艰巨的任务。雇主对公开确定的劳动标准以及闯入工厂的检查采取强烈抵制的态度,每一步都遭遇顽强的抵抗。[32] 遭到更强烈抵抗的还有法定最低工资的思想,如果低于这个工资,工人一天的劳动所得不是生活,而是体力和精力的赤字。1900 年用在某些"血汗工厂"上的最低工资立法只出现在澳大利亚的两个州,在那里人们担心亚洲工人会把欧洲和澳大利亚工人挤走,这才是法律实施的主要理由。但是,尽管这些措施的实行在政治上面临很多困难,其逻辑仍然是直接清楚、有说服力的。

226 第三个替代方案既不是保险也不是预防,而是强化现有的互助性保险体制,维持其自愿特征,但通过公共补贴扩大其影响力。

19 世纪末期这种对集体性自助加以税收资金支持的最突出例子是法国。在那里，地方疾病保险协会、雇主的退休金基金、1905 年后的全国工会失业基金等都得到这种方式的补贴。相对来说，管理起来简单，而且对现有利益团体和组织的挑战性较小，又因为天主教和新教徒社会进步人士的宣传而成为普遍接受的原则，类似的补贴体制迅速在欧洲大陆推广开来。在瑞典、丹麦、比利时、意大利、瑞士，自愿性疾病基金像法国一样获得政府补助。在比利时、挪威、丹麦，以及德国、瑞士、意大利的许多大城市，工会的失业基金同样得到政府补贴。

由公共补贴却并不公开强制的互助主义政策并没有假装为每个劳动者编织一张安全网。从设计上说它让缺乏远见者——在实际上它让没有技术、工资低廉的人从这个体系的巨大缝隙中漏掉了。到 20 世纪初期，全面性议题已经开始动摇对补贴论原则的信心。在法国，进步人士先驱者对于国家强制都充满再认识。到了1901 年连莱昂·布尔热瓦都已经认同强制性的、国家管理的养老保险的原则——作为本土产生的互助保险（mutualité）机构和社会连带主义思想的德国补充。法国进步人士最终在 1910 年通过了一个养老保险法案，但是在工人中间非常不受欢迎。由于法院拒绝支持强制性减少工资的原则，这个法案被阉割了，最终成为让人尴尬的政治失败。补贴论社会政治充斥着实际上的缺口和过分的伦理期待。但从表面上看，它并不比德国强制性保险的拼凑结构更少连贯性。在第一次世界大战前夕，没有任何别的体制比它更广泛。[33]

最后，对所有这些模式提出挑战的，是简单地把公共补贴给予有救济需要但并非自身原因造成的公民。这种思考模式并不是出于风险考虑。从工人阶级和穷人立场上看，它发自一种正义感，从中产阶级和国家官僚体系角度来看，它源于济贫法管理上的某些尴尬。随着济贫法当局在 19 世纪末加强了管理和对穷人的控制，

227 从严格控制中出现了反方向的努力,挑选某些种类可以接受公共救济的人,为他们提供不那么降低人格的救济体制——因为这些人的困境中本人的责任比较少。由于这种思想,英国1885年后,患病的穷人被允许享受济贫法中规定的医疗服务,同时不被剥夺投票权。在法国,特殊补贴网络涵盖了患病和残疾的穷人;另一个补贴给予贫穷母亲和孩子免费的孕期和分娩期照顾、国家法定产假期间工资损失的部分补偿、对孩子多的家庭的补贴。这些构成了第一次世界大战前北大西洋经济体最高度发达的"母性"福利国家。[34]

　　但是,最麻烦的是上年纪的穷人,因为一辈子的辛劳,身体衰弱并且在走下坡路,只能从事更不体面的、不确定的、工资越来越少的工作,这并非自身的过错。在给予上年纪穷人特殊补贴方面,这个时代最受关注的实验是丹麦的。1891年的一个法案授权丹麦地方当局给老年申请者提供不剥夺资格的救济,如果申请者此前一直体面地生活,在道德上没有问题的话。实际上,该法案创造了一个单独的体系,为贫穷正派、以前十年都没有吃过救济的人提供少量的、不交费的老年"津贴"。七年后新西兰对值得尊敬的穷人(非亚洲人)采用了类似的养老金体制。地方法院需要每年一度对他们的品行进行考察,但是在1900年详细记录新西兰养老金中这样一次考察的亨利·D.劳埃德认为,被拒绝的申请者只有十分之一,主要是因为遗弃家庭和酗酒。"没有济贫法那种影响(在政治上剥夺资格)"的津贴和救济并不是完全摆脱了公共救济的干涉性。除了一辈子努力工作外,不要求接受者交费,所以根本不算保险。但是把老年、体弱、产假、疾病等作为单独的特殊类别,作为并不完全在个人控制之内的情形,这些补贴不言而喻地承认了工人阶级家庭长期以来知道的问题:劳动的非有意风险。[35]

　　这里有四个竞争候选的手段对付每个挣工资者脚下的深渊:强制性国家管理的社会保险、法律规定的最低工资标准或者工作条件、公共补贴的自愿互助协会方案、给予无可指摘的穷人的救济。它们相互竞争或者相互结合，吸引着不同的支持者和选民，频繁出现在国际政策聚会、主要的评论杂志、各国议会大厅。 228

　　在这些政策之间做选择的问题最突出地出现在 1906 年到 1911 年的英国。那个时期英国的自由党政府，就相当于美国的西奥多·罗斯福和伍德罗·威尔逊政府合二为一。上台的时候，除了脆弱的然而政治上不可缺少的与劳工的同盟，手头没有什么项目，担心英国在国家社会"效率"竞争中落在后面，同时认识到格莱斯顿自由主义遗产已经消耗殆尽，这些"新自由主义者"成为迫切的政策借用者、跨越国家政治文化障碍的拾荒者。从 1906 年到 1911 年，他们引进到英国的政策有最低工资立法、养老金、公共就业市场、穷人孩子的学校午餐、学生的医疗服务、累进性的土地税和所得税，所有这些都很容易在外国找到先例。最后，出乎所有的预料，他们还引进了德国模式的社会保险。[36]

　　在新政府面临的社会问题中，老年贫穷问题成为最多人关心的话题。在世纪之交的英格兰和威尔士，65 岁以上的老人中每五人就有一人领取贫困救济，这个议题的潜在政治力量是很难忽视的。[37] 对于政治风向非常敏感的张伯伦在 1893 年筹建了皇家老龄穷人委员会，他主张一个以 1850 年路易·拿破仑的革新为模式的制度：税收补贴的养老金，可以通过邮局购买。

　　皇家委员会的另外一个成员查尔斯·布思提出了更激进的建议：用税收补贴给予全英国每个 65 岁以上的老人每星期 5 先令的补助，不管其经济条件如何，只排除最近刚刚得到贫困救济的人。布思的建议产生于道德主义和打破传统的奇怪结合，这在他的劳动营项目中已经为人们熟悉。正如他在 1891 年第一次宣布自己的主张时说的，不是要削弱济贫法，而是要加强济贫法，以便彻底消除以家庭为基础的"院外"穷人救济。如果人们把老人从救济名单中除去,就能一下子消除济贫法救济对象的三分之一以上。这样子人们不仅能大幅度减少济贫法项目的规模,而且通过排除能够引起公众强烈同情心的部分人,就可以把穷人的类别精简到最底层的不适应环境者、醉鬼、乞丐、性格不良者等——要么需要特殊机构限制要么应听任命运发落。布思把养老金和收入检验割裂开来的建议不是出于尊重老人得到救济的权利,它的理论在于对国家干预的厌恶和对虚伪的仇恨,他认为任何方式的道德检验都会助长虚伪之风。[38]

不管布思提出的建议多么怪异,每个星期 5 先令普遍养老金的想法很快引发支持的洪流。到了 1902 年,工会、合作社、一些有影响的进步人士(其中有汤因比馆的萨缪尔·巴内特、伯恩维尔的乔治·吉百利)已经表示支持。同样支持的还有友好协会,它们一方面担心自己的部分领域被国家占去,另一方面也面临越来越多的老人需要医疗福利的压力。当 1906 年自由党政府上台后,不用交费的普遍养老金建议由于工人阶级的支持开始被提上日程。

劳合·乔治在关于养老金的问题上写道:"现在到了我们做一些对人们有直接吸引力的事情的时候了。"但是,财政方面的考虑显示问题更为复杂。抓住丹麦和新西兰的先例,政府把布思的普遍养老金建议改变为添加更多限制的模式:税收支持的、不交费的、给予超过 70 岁并通过道德考察的穷人的养老金。这个结果,用历史学家帕特·塞恩的话,是"为非常老、非常穷、非常可敬的人"设立的体系。这样的形式只有慈善组织协会反对,1908 年法案很容易在议会获得通过。[39]

养老金辩论中最值得注意的,是几乎全体一致地反对德国模式的强制性养老保险。虽然里面有严重的缺陷,但可以肯定,英国模式的养老金法案比 1889 年德国方案慷慨大方多了。把养老金发放给个人而不是挣工资者,英国法案不像德国在男性和女性的劳动生涯上有歧视。在英国制度下,养老金福利比德国高,不需要接受者交费,从一开始就覆盖了至少有三倍的人。[40] 但是即使作为参考,德国模式也很少进入英国人的辩论中。一个孤立的议员以支持的口吻谈到社会保险政策,结果遭到站在政府立场上的查尔斯·马斯特曼的驳斥:"它是管理控制体系和严格标准化模式,完全不符合我国的传统。"赫伯特·阿斯奎斯首相支持这个观点,因为建立在"审查和强迫的基础"上,强制性社会保险在英国是"绝对不可接受的"。[41]

英国政策制定者排除德国社会保险先例,这已经不是第一次了。在 1890 年代末期英国关于事故责任立法的辩论中,虽然所有各方都收集了德国国家保险局报告中事故赔偿和发生率的数据,没有一个有影响的英国政治人物认真对待德国模式的、国家管理的事故保险。英国对于 1903 年到 1905 年失业危机的反应是授权地方委员会举办应急的公共工程,以及一阵对劳动营的热情。当时德国关于失业保险可能性的辩论很少传入英国人的耳朵。

但是到了 1911 年,政府推动的社会保险项目和德国的相比(劳合·乔治坚持说)一样大胆、一样全面,甚至更慷慨。在导致对强制性社会保险原则的态度逆转的因素中,跨国进步人士纽带的作用不可低估。德国关税政策的企业界崇拜者的努力宣传,加上报纸上警告德国在经济和帝国势力方面竞争威胁的紧迫感,使得揭示德国社会进步秘密的工程突然获得了政治分量。[42]

威廉·贝弗里奇是新政策知识分子之一,对他们来说这些事件暂时提供了一个入口。他在 1903 年从牛津大学来到汤因比馆作为副主管,雄心勃勃要形成"城市生活问题的权威观点"。萨缪尔·巴内特对伦敦东区失业工人示威的景象感到震惊,推动贝弗里奇成立更理性的"非慈善式"救济政策。贝弗里奇迫切渴望得到任务,很快作为伦敦失业问题紧急协商委员会的重要成员而处于政策辩论的核心。由于这个经验,加上布思的伦敦码头工人研究、帕西·奥尔登对于德国城市劳工交流市场运作情况的报告,贝弗里奇很快得出结论：减少失业的关键是减少市场上就业不充分人员的数量。国家管理的、高效的劳工交流市场体制是他的方法。1907 年 8 月，贝弗里奇亲自访问德国，回来后不仅对自己的劳工交流市场观点更加坚定，而且带回了新的、意料之外的对德国社会保险体制的尊重。贝弗里奇写道，与"免费礼物"式的养老金不同，德国模式"把国家作为完整的一体，个人作为其成员贡献自己的一份力量，必要的时候强制进行"。贝弗里奇批评养老金是倒退到女性恩惠的时代，他认为正是从保险中，人们才能发现与"工业化时代日益增加的复杂性和相互依赖性"相一致的基本原则。[43]

比贝弗里奇的德国发现更有直接影响力的，是劳合·乔治1908 年夏天在养老金法案通过后作为财政大臣对德国的旋风式访问。对于柏林帝国保险局为期一天的访问本来除了强化对德国效率的朦胧感受外不会收获太多，但是劳合·乔治回国后当天接受采访时称赞了德国救济和保险的"详尽和完美的机制"，这显然不仅仅是礼貌用语。与此同时，也许是受到贝弗里奇的影响，新当选的三十四岁的贸易大臣温斯顿·丘吉尔已经开始兜售德国那种"社会组织"承诺，作为自由党政治未来的关键主张。丘吉尔在1908 年 3 月给首相赫伯特·阿斯奎斯写信说："在英国成长起来的巨大而分散的社会保障和保险网络的下面，在较低的层次上，必须存在一种德国式的国家干预和管理的结构，虽然不能取代前者。"到了这年年底，丘吉尔的项目膨胀到已经包含劳工交流市场、大大扩张的公共工程、济贫法改革、国家对铁路更严格的控制、延长了的义务教育、强制性的失业和疾病保险等。他敦促首相说："我说，把俾斯麦主义的一部分插入我们整个工业体制的下面，等待其后果，不管它是什么，我们做到问心无愧。"[44]

政治野心、对新思想和戏剧性姿态的迫切需要、由于竞争和野心而对德国的兴趣——在这些因素外还必须加上俾斯麦的敌人强调的一个因素。社会保险因为能获得雇主和受益人的缴款，比直接由公共提供工作或者救济的方式便宜多了。当政府的野心遭遇1908—1909年金融难题后，社会保险的干涉性机制问题与其在财政方面的优越性相比就显得微不足道了。许多公务员专家不是很热情，但是在收入难题面前内阁改变了立场，开始向外国寻求政策建议，甚至包括关系疏远的德国。

到了1908年末期，劳合·乔治努力推动疾病保险。由于受到新的失业危机和激进人士"人人有工作"诉求的压力，内阁很快同意了没有尝试过的失业保险。第二年又通过了由威廉·贝弗里奇在贸易部主持拟定的劳工交流法。当劳合·乔治介绍劳工强制性的疾病和失业保险的政府法案时，他排除了顾问提出的缩短演讲、不提德国渊源的建议。"我宁愿起来告诉他们在德国雇主和雇员承担的比例是多少，我的计划没有要求这么多，却做得更多——然后坐下根本不用发表演讲，而不是把那些内容删掉。"[45]

不同的背景下有不同的结果。虽然受到政治反对派的骚扰，俾斯麦并没有遭到现行保险机构的一致反对。德国自愿互助机构是地方性的，德国商业保险业在1880年代还处于初创阶段。这些都和20世纪初期的英国不同。劳合·乔治想当然认为疾病保险应该是吸收同化友好协会而不是取代它们。《国民保险法案》关于疾病保险的最初草案是，雇主、雇员和国家出资都存放在由工人选择的友好协会或工会的福利基金中。但是怀疑国家侵犯自己的生意，以及担心多余成员会加重负担，使得动员友好协会加入该计划时遇到抵制和困难。[46]

工业保险公司欣然挺身相助。商业性保险公司成功消除了为寡妇和孤儿提供抚恤金的法律规定，这本来会与它们自己的生意形成直接竞争。更重要的是，它们成功地修改法案，最初该法案就是要把疾病保险管理限制在非营利的、民主管理的协会中，修改后则让商业性保险公司可以分出非营利的附属机构来做这个事。当然，对于公司来说有利的是，它们可以插足丧葬保险的销售，商业性保险公司运用可以动用的所有资源挤进来。在英国法案通过了一年半后，在这个法案下注册的40%是属于保险公司的或者保险互济会的卫星协会，另外23%是属于由总部管理或者由代理人自己管理的、没有地方分支机构的友好协会。[47]

在利益团体间的地盘竞争中，医生不可能置身事外。在《国民保险法案》出台前，英国普通医生中的一半是在友好协会合同下工作的，影响生活的合同条款令他们焦躁不安。医生们成功地游说当局剥夺了获得许可的协会直接和医生签协议的权力，相反允许受益人从当地卫生委员会认可的医师名单中挑选自己喜欢的医生，而医生们希望能主导这样的委员会。《国民保险法案》中有关失业保险的部分也向既得利益机构扭曲和倾斜，虽然没有那么大幅度。失业保险的覆盖范围有限，在多数情况下是针对七大周期性强的行业中的劳工。伴随着法案的保险条款，工会组织普通的失业救济基金也得到少量补贴，以平衡所覆盖行业中那些减缓用工需求波动的雇主所得到的补贴。

总之，强制性社会保险像在德国一样，一下子构建了一个激烈竞争的巨大新领域，现有的政治和商业利益集团都闯进来要分一杯羹。有讽刺意味的是，在德国，强制性疾病保险机构很快形成了高压控制的帝国大海中的社会民主小岛；而在更加民主的英国，强制性疾病保险领域反而成为高层经济利益集团争夺的竞技场。

英国的妥协并非让每个人都满意。工会大会严重分裂，其左翼反对侵占工人工资的任何强制性保险计划。到了1913年，工党呼吁撤销法案中的疾病保险部分，在无须交费的基础上重建保险。韦伯夫妇严厉抨击（贝特丽丝·韦伯说的）"劳合·乔治卑劣的疾病保险计划"，说它只是修修补补，根本不能预防风险。他们提出的竞争性项目就彻底多了：扩大的公共卫生服务（从根源处扑灭环境造成的疾病）、全国性的最低工资标准、反周期的公共工程开支；对于仍然贫穷的剩余部分，则有系统化的培训机构、劳动营、纪律和强制戒酒。甚至劳合·乔治也在1911年的备忘录中写道:"保险是暂时性的、必要的权宜之计。在不远的将来,希望国家能够承担完全责任为疾病和失业提供救济。"[48]

1911年的《国民保险法案》和《养老金法案》不一样,不是自下而上长期酝酿和发酵的结果,不包含政治文化上的地震性变动。它诞生于高层决策机构,是观点、抱负、难题和机会特定组合的产物,不过仍然代表了有关劳工风险思考的微小但是重要的改变。贝特丽丝·韦伯帮助布思进行伦敦穷人调查时并非没有感受到贫穷的持久效应,她担心法律"无条件的"和"自动的"救济所产生的道德影响。温斯顿·丘吉尔对这种道德担忧的反应表明了工业风险的新论调:"我不想把道德和数学搅和在一起。"模范性格从来未能给予挣工资者防范劳动力市场动荡的保证。该法案的宗旨在于用"平均数的新基础"取代"偶然性的老基础"。[49]

英国《国民保险法案》显示的内容还有,在面临政治难题的时候,在社会理想跑到传统机构手段前面时,决策者和立法者可能被诱导把眼光放开,看到超越本地传统外的东西。地位牢固的利益集团虽然能够扭曲其结果,甚至改得大大走样,但不能完全抗拒。在英国对社会保险的态度逆转中,北大西洋经济体内的政治竞争和交流产生了戏剧性的结果。但是,如果英国能,美国为什么不能?

利益领域

在美国,人们对于外国在减轻劳工风险方面的实验从来不缺乏兴趣。对工人的保护性立法就是特别说明问题的例子。美国人已经借鉴了英国人的许多这类措施,相当数量的现行法律已经可以在美国法律书中找到,虽然有些只是象征性的,根本没有得到实际执行。但是,随着1890年代欧洲劳工保护立法的风起云涌,美

234

国却跟不上人家的步伐了。在这点上,熟悉北大西洋经济体两岸情况的人们的思想是共同的。法国 1892 年和 1900 年通过了主要的工厂新立法,德国在 1891 年俾斯麦下台之前,英国在 1901 年采用新立法。比较而言,阿瑟·沙德韦尔在 1903 年认为美国人几乎就没有有效的工厂立法体系。约翰·格雷厄姆·布鲁克斯同年附和了这个观点,指出:"在一流国家行列中,没有哪个国家在这方面的立法比美国还弱。"地域上的参差不齐和执行上的效果不佳,工厂立法只是政党吸引工人阶级选票的诱饵,但是对于了解欧洲发生之事的人来说,世纪之交美国工人阶级的生活好像根本没有得到保护性立法的关照。[50]

235

作为大西洋进步纽带中的主要压力团体之一,美国劳工立法协会(AALL)在这种立法滞后的特殊形势中确定了它的基础。该机构的母体国际劳工立法协会,由呼吁统一的劳动保护法律的法国、比利时、德国著名社会经济学家在 1900 年成立。最初的两个项目是限制工厂女工上夜班和消除工业中的磷毒害。1901 年,成立了一个德国分支机构"社会改革协会",古斯塔夫·施穆勒、阿道夫·瓦格纳、路约·布伦坦诺在发起倡议书上签名。不久,法国、英国也出现了类似的全国性机构,在日内瓦还建立了机构总部。

1905 年,施穆勒从前的两个学生,耶鲁大学的亨利·法纳姆和纽约劳工统计局的阿德纳·F. 韦伯,利用美国经济学家协会年会之机组织了国际劳工立法协会的美国分部。理查德·T. 伊利当选为该组织的主席,约翰·R. 康芒斯当选为首任执行秘书。从一开始,美国劳工立法协会的成员都是受德国影响的进步经济学家。该协会认为自己最初的工作"主要是教育性的":首先是国际劳工立法协会刊物《公报》英文版的传播。执行委员会称之为名副其实的"进步立法手册",这种立法中的有些内容"远远超过我们这个国家已经做的,因而应该受到广泛关注"。当美国劳工立法协会开始积极的议会游说行动时,它的第一场战役,即磷头火柴工业更严格的安全标准,直接脱胎于落后形势的政治和国际劳工立法协会的先例。[51]

　　与美国劳工立法协会的教授们争取更严格的工厂立法相比,政治性更强、在当时效果更好的是围绕在全国消费者联盟弗洛伦斯·凯利身边的一群女性。消费者联盟也是从欧洲引进的舶来品,不过美国旁支很快在影响上超过了伦敦母体。美国联盟最初的成立是作为纽约市妇女的一种温和抵制协会,她们对于百货商店女性员工低廉的工资和长时间的工作感到震惊。弗洛伦斯·凯利在 1899 年担任执行秘书后,该联盟已经扩大范围,通过给达到工资、工作时间和安全等标准的商店的产品贴上“白标”,成长为在女性内衣行业提高劳动标准的运动。该联盟的荣誉职位大量吸收了有德国学术背景的名流,如约翰·格雷厄姆·布鲁克斯、理查德·伊利、萨缪尔·林塞、亨利·亚当斯、查尔斯·亨德森、塞利格曼等人。但是它的组织力量主要是妇女:国际妇女界的著名人物莫德·内森、格林威治馆的玛丽·金斯伯里·西姆柯维奇、鲍林娜和约瑟芬·戈德马克这两姐妹,以及弗洛伦斯·凯利。[52]

　　在离开芝加哥到纽约之前,凯利作为伊利诺伊州第一任工厂检查员已经跟立法者和法院交过手了,她帮助把联盟的消费者压力策略转变为政治行动。到了 1902 年,该联盟已经派生出单独的推动童工问题讨论的游说团体,林塞是其第一位执行秘书。招募戈德马克的姐夫路易斯·布兰代斯加盟,该联盟采取精心组织的法律辩护行动,支持在国家法律立场上限制女性工人的最高工作时间。[53]

　　和美国劳工立法协会不同,全国消费者联盟并没有突出国际上的联系。该联盟的主要修辞手段是揭露和“扒粪”。其调查者把鼻子伸向空气不流通的血汗工厂、充斥蒸汽的洗衣房、罐头食品厂、街道摊贩。她们搜集关于女性工资、预算、卫生、就业、生活标准等方面的大量数据。但是联盟的国际意识也绝不是看不见的。和传统的跨越大西洋进步纽带相反,该联盟很快在欧洲发展姊妹组织,到

236

1910 年已经在法国、比利时、德国、瑞士出现了类似机构。[54]

　　该联盟国际触觉的更惊人的标志,可以从约瑟芬·戈德马克指示下联盟为劳动时间案件而准备的"社会学"辩护状中发现。很难说有任何现代意义上的"社会学"含义,这些辩护状没有列举清楚的实验证据,也没有非常连贯的观点。泄露它们内容的是长长的标题——"限制女性工作时间的立法可依据的世界经验"。从1908 年穆勒诉俄勒冈州案辩护状的一百页补充材料扩增到 1915年附在邦廷诉俄勒冈案辩护状后的一千页材料,规模的增加等于是对世界上卫生、疲劳、工作时间立法文献的大搜罗,就好像一个巨大的世界档案库中的内容已经被整体倾倒进法律争论中。[55]

　　在凯利本人最终认为最根本的立法,也就是最低工资立法上,联盟的国际借鉴是直接的、毫不掩饰的。澳大利亚对最低工资立法实验的消息通过不同的渠道传到美国。有些人是听到美国劳工局的特别报告,还有的人如约翰·瑞恩是通过社会天主教团体,或者通过澳大利亚记者爱丽丝·亨利获得的。亨利 1906 年到美国进行女性众多问题演讲旅行,后来作为全国妇女工会联盟的编辑和澳大利亚劳工实验专家留了下来。[56]凯利自己在 1908 年日内瓦国际消费者联盟大会上接受了这个观点。当时来自英国的全国反血汗工厂联盟的代表在与会者中积极宣传这个措施,他们差一点在议会中取得胜利,要把澳大利亚模式的最低工资法案在 1909 年引入英国。[57]

　　消费者联盟成员在第二年起草的最低工资法案,没有像 1938年后美国立法机关那样确定统一的最低工资。相反,忠实于澳大利亚和英国的先例,它授权在被怀疑所开工资低于生存和健康最低需要的"血汗工厂"成立特别工资委员会。每个工资委员会的任务就是对目标行业的工资、利润、劳工问题等进行系统调查,如果得出结论有必要加以纠正,它可以设定合法的最低工资标准。凯利被法案中系统提取工人证言的条款所吸引,认为它不仅是经济上的安全保证,而且是工人行业代表的萌芽形式。

在争取提高工资和工厂管理立法方面这些相互联系的活动,其积累性影响是巨大的。消费者联盟在 1908 年穆勒诉俄勒冈州案的胜利为限制女性挣工资者劳动时间开辟了立法道路。从那时到美国进入第一次世界大战前,39 个州实施了女性工作时间立法,其中 19 个州是第一次。同一时期通过的童工新法案累计更多,1911 年一年就有 30 个,以 1916 年联邦童工法案的通过达到高潮。最低工资法案运动遭遇法院更多可怕的抵抗,虽然消费者联盟的辩护状里有澳大拉西亚和英国的很多数据。但是 9 个州在 1912 年和 1913 年已经匆匆签署联盟所拟法案的变体。[58]

在美国和在欧洲一样,劳工保护立法的运动是各种努力的奇怪组合,一方面要消除工作场所某些最危险的风险,另一方面是让危险留在那里,确保只有成年男性会遭遇它们。劳工保护立法运动一开始,女性和童工属于单独的、特别需要照顾的类别就一直是核心观点。但是在欧洲,男人也被渐渐吸收进入专门为保护女性工人设立的帐篷,而在美国,性别造成宪法上的可怕症结。和英国、澳大利亚的先例不同,美国最低工资法案把成年男人全部排除在外,这就是个明显的例子,也让凯利非常不满。[59]联盟在试图把劳动时间的先例推广到女性工人之外时遭遇同样的困难。把一切曲解为妇女和儿童的特殊脆弱性,及其在警察权力保护下的特殊要求,宪法政治把性别置于美国劳工保护立法的核心。

在模仿欧洲先例时类似的女性化倾向,体现在另外一个政策手段向美国转移的过程中:对无过错穷人的公共救济。在进入新世纪后不久,养老金问题在美国得到认真的讨论,可以说是对英国上年纪穷人救济问题辩论的回应,但当时没有任何迹象显示会有女性化的结果。美国争取养老金的运动像在英国一样,从劳工运动中获得最强大支持。慈善团体则是激烈反对,因为他们认为不需要个案审查和管理的、没有差异的养老金有严重的误导作用。

养老金建议在 1915 年马萨诸塞州的六七个城市进行投票后,得到绝大多数人的赞成;在工业城劳伦斯和布罗克顿制鞋厂工人中间,赞成和反对的比率是 4∶1。但是在官方委员会中,这个观点很少取得任何进展。[60]

239　　　在上年纪穷人养老金辩论中,有人提到内战老兵养老金的前车之鉴。正如塞达·斯科波尔在当前重新强调的,把鼻子伸入国会政治帐篷中的骆驼很快威胁要用整个身子占满帐篷,内战老兵养老金的先例在 20 世纪初期绝对没有好名声。本来是救济北方军队受伤士兵的相对微小的残疾补贴,在 1890 年后开放给几乎所有在世的老兵,所需费用是当时军队数量庞大的德国军队补贴系统费用的 10 倍那么多。[61]

　　但是讨论老年贫困救济问题的国家委员会中,多数提出的是他们觉得更严峻的反对意见而不是内战老兵补贴的先例。更加重要的是:超越宪法中"公共目的"原则而给予所有贫穷老人救济的法律困难(弗兰克·古德诺认为这是个有风险的问题,正如 1920 年代宾夕法尼亚法院所显示的)、融资机制,以及最重要的,如果救济的到来不让人产生一丁点儿的难为情(即便是针对老年人的救济),它可能对穷人道德感产生的"危害"。直到 1917 年,因为劳合·乔治和锡德尼·韦伯言论的广泛传播,一个重要的国家委员会(马萨诸塞州针对这个问题的第三个委员会)才确认了不交费的养老金原则,但是仍无法就筹集资金的公平合理方式达成一致意见。1910 年马萨诸塞老龄委员会就排斥这个建议,认为它"不明智"或者"非美国化",是对个人主动性的打击,会"直接打击社会进步的主要动力"。只是到了 1920 年代,国家才开始谨慎地把个别上年纪的穷人放在领取公共养老金的名单中(数量增加是在 1929 年经济崩溃后)。[62]

　　在美国,无过错性被确定在其他地方:不是老年的贫困,而是守寡母亲的贫困。在美国争取养老金的运动陷入政治停滞的同时,从严厉的济贫法中挑选最配享受救济的穷人这一想法的母性版本开始在美国各州法案中盛行。后来所说的"母亲津贴"运动关注的是寡妇的经济困境,正如斯科波尔和其他人揭示的,这也依靠了中产阶级进步女性的政治力量。结果州法案授权县政府建立单独的、不贬损人格的特殊救济,为通过经济和道德测试的带孩子寡妇或者弃妇提供救济。由于女性团体的强力游说,除了 9 个州以外,各州都在 1911 年到 1919 年把母亲津贴纳入其法案中。[63] 尽管 **240** 地方当局维持的项目远远不能满足需要,而且办事拖拉,存在公然的种族歧视,法案还是帮助设立了无过错穷人救济的这个特殊类别。在法国,对于人口减少的担心让母性主义社会政策具有赢得公民支持的政治意义,而美国则不同,母亲津贴运动的主导性语言是感情和女性的柔弱。这些法规以母性责任和家庭完整的语言为基调,至少在当时拥有足够强大的文化逻辑来驳斥自力更生的论点。母亲津贴法案用英国政策制定者刚刚开始认真讨论的术语,确认妇女生命历程的特别经济风险。到了第一次世界大战时,英国女权主义领袖已经在积极努力把美国的母亲津贴法案的原则引进到英国社会法案中。[64]

在所有这些方式中,当时关于工资、风险、福利的辩论潮流席卷美国。偶尔回流到欧洲去影响那里的社会政策发展,结果,这些潮流都留下了广泛的立法踪迹。工厂立法、最低工资法案、无过错穷人救济等全部被吸收到美国政治中——尽管遭到性别界限的阻碍。更艰巨的问题是社会保险。

在这个话题上也很快出现了对知识的需求。1880 年代和 1890 年代作为美国劳工专员,经常代表美国出席工人福利国际会议的卡罗尔·D. 莱特组织了第一次调查。在 1891 年,他委托已经成为资深欧洲调查者的约翰·格雷厄姆·布鲁克斯收集德国强制性社会保险的特别报告资料。欧洲范围的工人保险报告在 1898 年由莱特的手下威廉·F.威洛比完成。一个调查小组在莱特继任者的领导下在欧洲和美国展开调查,收集工人保险方面的更全面的资料,这次调查搜集了三大卷的法规和数据。[65]

但是首批报告的作者回来后没有提供德国式强制保险的情况资料。布鲁克斯非常谨慎地在德国关于安全及工人健康方面的成就和最近实行但不得人心的老年保险法案之间保持平衡,没有提出推荐意见。威洛比特别欣赏在法国看到的东西。法国互助会及其征募地方名流和公共补贴等因为外国味道太浓无法被推荐到美国来模仿,但是在威洛比看来,国家老年保险银行是个有用和可以进口的手段。这种思想的变体在 1905 年人寿保险公司丑闻后获得路易斯·布兰代斯等人的认可。经过几年的争论,威斯康星进步人士在 1911 年建立了州人寿保险基金,因为没有代理人和广告,该基金的购买者并不多。[66]

但强制性保险就完全不同了。没有强制性,社会保险的原则就无法实现。而如果有强制性,对于在早期政策辩论中表现活跃的许多美国人来说,该项目在政治上就是不可接受的。威洛比认为强制性社会保险建立在"美国人觉得奇怪的国家行动原则"上,根本不值一提。法纳姆坚持认为劳工保护法案与公然的经济重新分配措施之间存在根本区别,他断定后者包括强制性社会保险在内。精英的美国工业委员会把整个劳资关系领域作为其管辖范围,他们在 1898 年到 1902 年根本就没有讨论过这个问题。[67]

具有讽刺性的是,在美国倾向于德国模式社会保险的分散呼声中,最响亮的声音来自社会主义者。1908 年底,当明尼苏达州雇工赔偿委员会主席给劳工组织领袖写信征求工人保险方面的信息,是社会党的尤金·德布斯引导他了解标准的德国著作。社会党的全国政纲在 1900 年成立以来就已经包括社会保险的要点。在 1916 年,虽然进步党到那时已经偷走了社会主义者的社会保险议题,但迫使议会第一次听证关于失业、疾病和养老保险的全国性项目的人,还是下东区的社会主义者议员麦耶·伦敦。很难逃脱历史性的讽刺:社会保险——俾斯麦在 1880 年代为反对社会主义者项目而缔造的这个最大成就,虽然其中的工资扣款仍然在欧洲挣工资者中引起巨大争议,它在美国被重新修改后却成为社会主义者提出来的要求。[68]

社会主义者对社会保险的借鉴中,最著名的人物是由医生转行为统计学家的伊萨克·鲁宾诺。一位在 1893 年被迫离开俄国的富裕纺织品商人的儿子,鲁宾诺于 1890 年代末期作为年轻医生了解到纽约下东区的苦难。行医一两年后,他听了塞利格曼关于德国强制性工人保险的演讲,受到启发。实际上,在接下来的二十年里,鲁宾诺的激情一直集中在保险事业上。在 1904 年到 1919 年,他作为政府和保险公司的统计学家谋生,树立起了美国强制性社会保险方面最博学专家的名声。他与其他人共同指导了劳工局 1908 年到 1911 年对欧洲社会保险的详细研究,撰写了在新政前出版的关于社会保险的最重要著作,作为美国医药协会(AMA)社会保险委员会的秘书促成了协会 1916—1917 年对国家健康保险的短暂开放,还曾担任加利福尼亚社会保险委员会首席专家顾问,该委员会争取州健康保险的运动在 1920 年前的所有社会保险努力中是最接近成功的一次。[69]

鲁宾诺一直是社会主义者,对社会主义者内部争斗的政治有讽刺意味的是,他还是简单改革主义的犀利批评家。在其他人常常只把社会保险包装成为强制性储蓄的复杂机制时,鲁宾诺没有刻意否认收入再分配的因素。"否认社会保险是阶级立法是没用的",它是为挣工资者面临特别灾难时提供的"社会保障",是"为工人未来无法避免的贫困而提供的社会补贴",是由有能力通过私人手段对付自己风险的那部分社会成员给予社会中更多没有这种能力者的资助。[70]

与这样一个自俾斯麦时期就存在不协调同盟者的领域颇为相

242

称的是,学术圈子内相当于鲁宾诺的人物属于完全不同的类型。查尔斯·R.亨德森担任浸礼会牧师将近二十年后,才在1892年进入洛克菲勒的新芝加哥大学作为牧师,(碰巧)成为教会社会学的教授。亨德森在来到芝加哥之前拥有慈善组织协会关于贫穷的正统观点,但是活跃的头脑和永不停歇的社会改良主义将使他远远偏离当初的起点,他对改良主义毫不害羞、不知疲惫的劲头让大学同事都有些发怵。从1890年代后期到他1915年去世期间,他曾经担任过国际监狱改革协会主席、美国慈善和矫治会议主席、芝加哥联合慈善协会主席、芝加哥犯罪调查委员会成员、市长失业问题委员会秘书等,一直精力充沛地积极收集欧洲改革的思想观点。[71]

1890年代中期在德国完成博士学位的一年期间,亨德森接触到了德国社会经济学。他很快就肯定,"德国人在他们所说的'社会政治'方面远远走在我们前面,这个词美国人理解起来都很困难"。社会保险不过是社会政治这一绞棉纱中的一根线,到了1906年,亨德森已经在积极追求它了。应德意志帝国保险公司的请求,他写了美国工人自愿保险的早期报告。他根据德国旅行经历,报道了救济穷人的方法、儿童福利,以及最重要的社会保险。和鲁宾诺不同,亨德森不是马克思主义者,换一个环境,他或许可能成为社会连带主义者或讲坛社会主义者。他的社会保险观点集中在"合作"和"国家团结",而不是鲁宾诺的阶级正义上。把两人统一起来的是某种社会理想主义、思想中深深的躁动不安,和德国。[72]

尽管有鲁宾诺和亨德森这些先驱者的工作,许多美国人仍然无法接受社会保险的概念。和世界其他地方的大多数工会一样,美国工会坚决反对额外扣除工人工资的任何做法。也是出于这个原因,1910年法国工人蓄意破坏政府的强制性养老保险措施,拒绝购买所要求的保险印花税票。社会政策专家疑虑重重。聚集了全国有关贫困和社会福利专家的"美国慈善和矫治会议"1902年成立了一个委员会研究工人保险问题。但是四年后这个委员会最终提出汇报的时候,发现除了一些空洞的词语外没有办法达成任何协议。弗洛伦斯·凯利为德国模式的强制性保险辩护,约翰·格雷厄姆·布鲁克斯在感情上更接近多数人的观点,他谨慎地警告这个思想需要进一步检验。1907 年,亨利·罗杰斯·西格为了激励美国劳工立法协会,起草了全面的社会立法项目提纲。其开头就列举了劳工的风险:事故、疾病、伤残、衰老、意外死亡、失业等。但是对无论哪种风险他都没有提出强制保险的建议。西格认为英国模式的养老金、法国模式的疾病保险俱乐部补贴、国家对工会失业救济金的补贴等都比德国模式更可靠。[73]

社会主义者太软弱,工会反对工资削减,教授们过于含糊不定,难以激起人们对社会保险的兴趣。消费者联盟和女性俱乐部非常清楚保险原则不足以对付妇女劳动生活中的风险,而且她们从事工资劳动的时间太短暂,工资太低,根本无法积累可观的利益。[74] 那些专门从事穷人救济者,虽然不像反对直截了当的公共"补贴"那样激烈反对交费的社会保险,但是太专注于区分真正需要和杜撰需要(后来发展成专业"个案调查"),因而也没有多大兴趣。

在这种意兴阑珊的混乱中,根本看不出有任何迹象预示 1911 年到 1919 年美国关于社会保险的激烈辩论。像在英国一样,需要有危机意识,有传统的权宜之计根本无法解决的社会问题,才会使得五花八门各色人等病急乱投医,咽下对德国中央集权的怀疑,求助于德国方案。英国的导火线是自由党不得不适度向左派开放。在美国,导火线是受伤工人引发的危机。

像许多危机一样,出现在 20 世纪前十年头版新闻上的工作事故危机不是什么新鲜事物。虽然工业事故的统计数据并不早于危机年份,但它们讲述的关于机器、速度、冷漠、麻木和利润的故事毫无疑问是老故事。在新闻"扒粪活动"高潮,在对于企业公司的傲慢和腐败已经怒不可遏的政治气候中,工业事故统计数据被公开曝光,给人们留下深刻印象——这是预料之中的结果。调查显示,在第一次世界大战前的美国,所有铁路工人中每年有10%的人在工作中受伤。在矿业、钢铁制造、木材采伐、机器带动的领域等,事故风险同样高。[75]

这个问题对于所有工业经济来说是普遍存在的。工作事故是最早引起俾斯麦关注的劳工风险。在英国,张伯伦意识到工伤议题潜在的政治影响力,在1890年就领导了工业责任改革的运动。但是统计数据清楚说明美国工作场所的伤亡增长速度是任何别的地方都无法相比的。世纪之交的美国铁路事故率是英国和德国的5倍,煤矿重大事故率是英国的2.5倍以上,是普鲁士的1.5倍。[76]存在差异的部分原因是美国工业劳动力中移民的比例较大,美国工厂和矿区杂乱的语言中,有关生存窍门的经验之谈并不总是很快被翻译出来以保护新移民。但是世纪之交的观察家注意到没有保护措施的机器、简陋的安全措施、缺乏对危险行业的法律定义、社会对工业疾病的漠视、雇主对于工人权益的麻木不仁等,他们认为看到了美国工业资本主义特别残酷的一面。就好像在证实这点一样,《华尔街杂志》在1910年的社论中说:"太多的安全措施剥夺了……工人应该学会承担的责任。"[77]

但是事故本身并没有造成工业事故危机。危机的起因是法律赔偿机制的崩溃。当然,赔偿费一直就不多。但是保护雇主免于工伤官司的法律仍然给予雇主在州法庭相当大的豁免权,他们拥有这种权利已经有半个世纪了。对于因为工友失职造成的事故(比如,在打开熔炉通风阀门这个紧张和危险的工作中失职),雇主在仍然沿用"同事过失原则"的法庭眼中就没有法律上的义务。雇主没有义务对知道工作风险的工人所受伤害负责(因认为在确定工资时就考虑到这个因素),也没有义务为本身承担事故部分责任的工人负责。

问题是随着这些法律逃避条款的每一项变得越来越远离工业

工作的现实,陪审团和立法机构越来越不愿意接受它们。20世纪的头十年,受伤工人及其家属中只有很少一部分得到雇主任何形式的赔偿。在1906年和1907年匹兹堡钢铁厂里,工伤死亡的工人家属中25%没有得到任何赔偿,另外32%只得到不超过一百美元的丧葬费。如果打官司的话,费用高昂而且风险很大。伊利诺伊州每100起事故中只有15起提出赔偿的诉讼要求,其中7起的诉讼结果对雇主有利。但是如果说该制度对受伤者非常不利的话,伤害案件的迅速增加,况且陪审团开始给少数幸运者慷慨的判决,这给法庭和公司都带来特别大的负担。在1910年的华盛顿州,法院的一半时间都在处理工伤案件。为了应对诉讼费和赔偿费的上涨,雇主的事故保险费从1905年起上涨了2倍。[78]

　　这里危机产生的压力不是针对单一利益而是众多利益团体。这是一个催生革新的僵局,解决办法的争夺战造就了奇怪的同盟者和同床异梦者。有些铁路公司通过建立公司救济部门处理这个问题。资金几乎全部来自工人工资的缴扣,而且要求工人放弃打官司的权利,以此作为获得赔偿的先决条件。公司救济基金为支付一点可怜的赔偿费向工人提出了异常苛刻的条件。[79]至于工会,则在努力要消除雇主在习惯法下得到的辩护。 **246**

　　更激进的观点是向雇主提出工作事故全部成本的赔偿要求,以此作为法律规定的企业成本,替代昂贵的、碰运气的诉讼制度。这就是1890年代张伯伦在英国推动的制度。他的1897年《工人赔偿法案》只是对某些最危险的行业采用公共确定赔偿明细表的原则,但是该法案更广泛的变体很快传播到法国、丹麦和意大利。直到1902年的时候,阿德纳·韦伯还为美国对此原则"几乎完全无知"感到绝望,但是已经存在一些先例可以满足美国未来需要。[80]

　　早期美国工人赔偿立法的最强大推动者是西奥多·罗斯福,这是非常合适的。他的国家效率政治、保民官风格、亲英派社会改革议题和张伯伦的非常相似。到了1907年中期,也就是英国自由党新政府把张伯伦法案延伸到包括几乎所有挣工资者之后一年，罗斯福总统把工人赔偿原则变成了自己的原则。他在 1908 年的年度报告中宣称："在欧洲召开的事故赔偿国际会议上，美国作为在雇主责任立法方面最落后的国家被挑出来，实在太丢人了。"[81]

到了那年年底，大企业主宰的全国公民联盟、拉塞尔·塞奇基金会以及多家报纸都突然深入讨论工人赔偿的好处。因为担心失去诉讼的权利，工会最初表示反对，但是除了在法院取得非凡成功的铁路兄弟会外，工会的斗争很快从原则转向实际操作中的细节。雇主抓住赔偿的部分原因是希望摆脱急剧攀升的诉讼费用，另外还希望通过处理劳工最深刻痛苦的问题拔掉工会组织的牙齿。因为受到多方面的压力，立法机构也参与了这种事业。第一个仔细起草的工人赔偿法案于 1910 年在纽约实行，到 1913 年，另外 21 个州已经搭上了立法的快车。[82]

这么快的立法速度只能通过大量模仿来实现。正是因为发现
247 有现成的、历史上成功的解决方案，才让工人赔偿法案的快速复制成为可能。在这个背景下，英国先例是不可缺少的。纽约"雇主责任委员会"根据 1897 年英国法案提出自己的建议（该委员会成员中包括亨利·西格和"匹兹堡调查"的工作事故专家克里斯托尔·伊斯特曼）。全国公民联盟同样如此，1911 年初期它的样板法案在州立法机构中大量散布。[83]

张伯伦一直竭力要讲清楚英国工人赔偿法案不是社会保险。像 1884 年的德国法案一样，英国法案把事故赔偿的成本完全放在雇主身上。但是德国法案要求雇主加入强制性、准公共的互助协会来分散行业风险，鼓励企业采取保障安全的措施；英国法案既没有规定风险的联合经营也没有规定共同筹集资金。法案使得公司可自由地为赔偿责任保险，不管采取什么方式：私人灾害保险公司、自愿性雇主互助协会，或者自己的储蓄基金。法律规定的事故赔偿和社会保险是两个完全不同的独立原则。

但是,考虑到辩论进程的迅速发展和要讨好的选区的多样性,有些美国人越过英国模式而青睐德国模式就没有什么奇怪的了。这样一来就造成对 1880 年代社会保险遗产的重新评估。意识到 1908 年风向中的议题,拉塞尔·塞奇基金会劝说纽约市希伯来慈善总会的负责人李·K.弗兰克尔重温布鲁克斯和威洛比探讨过的内容。弗兰克尔则招聘了纽约市保险精算师和社会改革俱乐部成员迈尔斯·道森,他曾为纽约州议会起草根据英国模式制定的工人赔偿法案。两人夏天到欧洲访问考察,到罗马参加社会保险国际大会,回国后都开始崇拜德国模式。在那次大会上法国和意大利的代表都对补贴主义的优点进行深刻反思。在他们看来,严格的安全措施和雇主互助协会的预防工作尤其有无与伦比的好处。在他们的报告还没有完成之前,弗兰克尔被大都会人寿保险公司聘用。但是道森这个"疯狂的精算师"(全国公民联盟的执行秘书在发火时使用的词汇)仍然是德国模式的坚定辩护者,同时是商业性企业事故保险公司的坦率批评者。他的观点来自 1905 年和 1906 年作为查尔斯·埃文斯·休斯的手下对人寿保险欺诈案的调查经验。[84]

早期辩论中鼓吹德国式强制性事故保险的另一个著名美国人是乔治·吉列,"明尼苏达州雇员赔偿委员会"中来自州雇主协会的代表,不过他支持这种保险的原因和道森完全不同。德国模式吸引吉列的地方在于,他印象中雇员会为事故保险基金交费。在原则上,吉列是错误的,但是在实际上,考虑到受伤的德国工人不得不用尽疾病补贴才能得到事故保险赔偿这个要求,不能说他是完全错误的。比全国公民联盟更右倾的全国制造商协会 1910 年派遣了两个领袖人物到德国,在那里他们得到帝国保险局官员们的盛情款待,收集资料后得出吉列的结论。他们很快把制造商协会的重心放在按德国模式制定的自己的方案:强制性工业事故保险,由雇主和雇员共同为基金提供支持。[85]

248

德国工业事故保险不是随便哪个人所说的那个样子。但是在相互借用的流动政治中，借用者的高度混杂是惊人的。从左派的《调查》到右派的全国制造商协会都开始称赞德国模式的优越性，组成了不同声音的大合唱。

随着议题从传单转向法律，竞争的主轴不再是工人的交费问题了，因为立法机构对这一点没有多大兴趣。关键的问题是谁将获许占据新的工人赔偿法案建立起来的经营领域。为了确保赔偿机制有意义，需要有人保证即使小雇主也能承受灾难性事故会带来的潜在成本。因为看到公共创造的市场的巨大优势，商业性灾害保险公司迫切渴望做这个工作，但是在很多方面，它们从前的表现记录并不令人满意。英国法案下的经验显示，灾害保险公司更不愿意通过鼓励工厂采取减少事故的措施（如德国雇主互助协会做的那样）来维护其利润空间，宁可在法院打赔偿诉讼官司。管理和佣金的成本很高。在工人赔偿法案让参保成为强制性的地方，商业性保险公司以市场能够忍受的最高值来向俘获的客户收取保险费，没有显出一丁点儿的内疚。[86]

249　　在那些对于工人赔偿保险领域私有化感到忧虑的进步人士中间，强制性雇主互助协会的德国模式并没有取得多大进展。只是在马萨诸塞州有一个起草委员会认真对待它。更直接的替代方案是建立国家管理的雇主保险，要么像德国模式的挪威借用者在1895年尝试的国家垄断的形式，要么像1900年后新西兰采用一个竞争性的公共保险局。在这些借来的模板中，很快成立了第一个美国工业事故保险公共基金。到1911年俄亥俄州和华盛顿州已经让这个体制运行。两年后，俄亥俄基金成为大部分雇主必须交纳的强制性措施。这个由州矿工工会主席威廉·格林起草的法案不仅得到工人的支持，而且得到州工业雇主几乎全体一致的支持。他们已经看到在1910年通过了英国模式的工人赔偿法案后，纽约保险公司费率提高到2倍甚至5倍。[87]

在 1911—1913 年的加利福尼亚,州工业事故委员会着手在立法机构推动设立公共保险基金。该委员会的主席后来报道说,从新西兰"借过来",但"给它穿上更适合加利福尼亚工业和政治形势的衣服"。在 1913 年的纽约,劳工的代表在建立州垄断性的工业事故保险基金的战斗中失败了,虽然那是因为保险公司代理人和玩忽职守案的律师采取了预防性行动,八百人围攻奥尔巴尼。[88]

尽管如此,在 1910 年到 1913 年推行工人赔偿法案的 22 个州中间,三分之一的州建立了强制性的州保险基金或者(如纽约最终平息争论的妥协办法)旨在与私人保险公司竞争的选择性的州保险基金。在 1913 年后,来自保险公司的巨大反向压力扭转了潮流。到 1919 年创立新的州保险基金的势头停止时,私人保险公司已经占据了工人赔偿保险市场 60% 的份额,州基金占 22%,剩下的是雇主互助协会。但是在工伤赔偿斗争中产生的日常同盟和思想的裂缝中,社会保险找到了美国进入点。[89]

在这个由危机、困境、借鉴、临时创造组成的链条中,核心事件是思想改变的速度。在纽约州最初对 1909 年工人赔偿法案审议的时候,克里斯托尔·伊斯特曼认为劳工代表"不知道我们在说些什么"。在 1909 年到 1910 年召开第一次工人赔偿委员会会议的时候,虽然了解欧洲体系最基本信息的渴望非常强烈,但是对于公共的、强制性的德国式社会保险的兴趣不过是举向空中的一只孤掌。[90] 工人赔偿辩论让美国人了解对付劳工风险的公共保险概念,它激发了形形色色、数量惊人的美国人对德意志帝国保险体制的兴趣。就在这些争议进行期间,1911 年夏天英国出台了《国家保险法案》,从而使得已经在进行的过程得到扩展和加速。

关于劳合·乔治提案的大西洋影响范围,路易斯·布兰代斯是特别敏感的指示器。1908 年布兰代斯仍然在考虑个人养老金,作为社会福利领域最重要的一个项目,通过储蓄银行便宜购买。

250

当 1911 年 6 月他在美国慈善和矫治会议上演讲的时候,开始呼吁包括疾病、事故、伤病、失业、养老等在内的"全面的"社会保险。他呼吁说,这是"提高社会效率的道路",是德国、法国,以及现在英国紧紧追赶的"同一条道路"。不到一年,西奥多·罗斯福加入这个事业中来。他的进步党在 1912 年的竞选纲领中许诺"按照美国的需要修改"的全面社会保险。[91]

但是,思想流动的最明显例子是美国劳工立法协会。因为其早期的核心问题是工业健康和疾病,美国劳工立法协会很快被吸引到工伤问题的辩论中。该议题成为他们从 1908 年到 1912 年会议的中心问题,但是核心主张是预防而不是赔偿或者保险。当(后来被证明是反常的法院判决)纽约上诉法院否决了该州 1910 年工人赔偿法案后,纽约州劳工联合会率先争取修改宪法,增加覆盖范围以便不仅让工人赔偿法案合法化,也让税收资助的养老金、伤病保险、疾病保险等合法化。因为 1911 年英国法案而改变思想的亨利·罗杰斯·西格也同意这个观点。他断言"我认为我们可以肯定这个国家要跟随欧洲的步伐","在空气中可以感觉到"。但美国劳工立法协会本身倾向于更狭窄的、更谨慎的战略。[92]

直到 1913 年初,受修正案争议的打击,该协会才最终成立了社会保险委员会,成员包括西格、亨德森、鲁宾诺、道森等。在当年夏天的会议,即"第一届社会保险全国大会"上,发言者详细探讨突然扩大的议题领域:承担工人赔偿风险的是国家基金还是私人公司,养老是靠补贴还是需要个人交费的保险,还有疾病保险、失业保险、母亲津贴等。一年后,美国劳工立法协会围绕社会保险这个新核心调整议题,变为美国最积极和最重要的社会保险游说者。[93]

在亨德森的推动和 1913 年到 1915 年经济衰退的巨大影响下,该协会首先转向失业问题。英国 1909 年的劳工交流法案和 1911年的失业保险计划,作为现成的答案,很快成为美国专家有关失业问题观点的起点和结果。到 1914 年,美国劳工立法协会已经支持一个公共的劳工交流项目、针对周期性失业的公共工程项目、诱导雇主将招聘模式规范化的措施,以及失业保险——实际上是英国项目的翻版,并用召开会议和加强宣传等方式扩大该议题的影响。纽约市长的失业问题委员会1916年初期在西格敦促下认可了这个项目。到了年底,威廉·M.莱塞森认定失业政策的基本框架在大西洋两岸非常清晰,根本不用讨论。他已经离开约翰·康芒斯的讨论课,专门从事劳工经济学的研究。[94]

但是到了1915年,亨德森去世,美国劳工立法协会的优先议题又转向健康保险,积极推动通过州议会的病假工资和健康保险法案。从保险精算师的角度看,疾病比无法预计、摇摆不定的失业问题容易处理多了。与仍然需要更多实践检验的失业保险不同,健康保险已经拥有二三十年的实践经验。不像在公共养老帮助问题上保险和补贴原则之争让专家产生分裂,从英国模式到德国强制性健康保险的转变产生了可操作性的手段和原则的共识。

康芒斯从前的另一个学生,如今是美国劳工立法协会执行秘书的约翰·B.安德鲁把该协会的健康保险样板法案描述为"英国和德国体制中最好部分"的结合。实际上,因为起草者是鲁宾诺、西格和纽约立法起草基金会的约瑟夫·张伯伦,它基本上属于德国模式,核心内容是为低收入工人及其家属提供的病假工资和疾病治疗,还包括针对生孩子的花费而提供的少量补贴,尽管弗洛伦斯·凯利担心这可能鼓励丈夫为了得到这笔钱故意让妻子怀孕。因为认定与工作有关的压力和疾病是导致工人健康出现问题的罪魁祸首,补贴的来源应该一半由雇主缴纳,一半由雇员缴纳,各地的基金都由双方共同管理,就像在德国一样。美国最大胆的修改是提供丧葬费补贴(明显是对工业保险公司经营范围的侵犯),这是包含在要约中的内容,劝说工薪族只要每个星期交到保险费征收员手中一点钱,就可以购买到丧葬补贴和疾病保险。[95]

1915年末期发动的、由美国劳工立法协会支持的健康保险运

252

动,在后面的月份中发展极其迅速。在 1916 年和 1917 年,健康保险法案被介绍进入 18 个州的议会。1917 年有两个州的特别委员会报告了健康保险问题;马萨诸塞州委员会对美国劳工立法协会的建议持赞同和反对态度的人数正好相等,加利福尼亚委员会支持的法案吸收了兄弟会和工会(英国模式)进入保险金管理。十多个全国性工会团体和州劳工联合会签署了强制性工人健康保险的原则。州医师协会和美国医疗协会社会保险委员会的注意力不是集中在反对州医疗保险上,而是像英国一样,把医生塞进建议中的保险管理机构中。[96]

　　处于所有这些活动组织核心的美国劳工立法协会规模从来不大,在 1914 年最高峰的时候也只有 3600 名成员,到了 1910 年才有资金派遣自己的代表出席在欧洲举行的国际劳工立法协会的大会。两年前,该协会不得不和已经在路上要出席国际消费者联盟会议的弗洛伦丝·凯利和莫德·内森合作。美国劳工立法协会的大部分人是学院派经济学家,理事会的主要成员基本上都是德国大学纽带背景出身的,在 1912 年和 1913 年卷入纽约工人赔偿问题争吵之前,他们几乎没有任何的政治经验。和法国及德国同行不同,该协会没有吸收著名政治人物加盟,像劳工权益保护国际协会法国分部的亚历山大·米勒兰,或者德国社会改革协会的普鲁士前商业部长弗瑞赫·冯·贝尔普施等。虽然它宣称其荣誉副主席中有零星的一些工会领袖,美国协会中没有类似于德国协会那样广泛和机构性的附属工会。[97]

　　面对这些复杂的劣势,美国劳工立法协会从其他国家的先例中汲取力量。样板法案是协会首要的政治工具,尤其是在社会政治立法仍然是新鲜事务、起草法案的倡议仍然是政府外事务的时代,这种工具的力量更加强大。在关于社会保险辩论的最早阶段,在一个集满了业余爱好者和知识缺乏的领域,在工会、雇主协会、政府调查者竞相从海外社会保险中获取经验的时代,美国劳工立法协会在使用借来的知识发挥应有价值的政治斗争方面的确是很出色的。

实际上,从 1907 年工人赔偿方案的首次尝试性讨论到美国参加第一次世界大战前夕,思想的流动是有重大意义的。1916 年末期加利福尼亚社会保险委员会针对这些新问题做了个调查,对象是美国经济学家协会和社会工作者组成的"美国慈善和矫治会议"的成员。虽然只有五分之一的成员回答了问题,但是在回答者中有三分之二赞同在美国推行强制性社会保险,健康保险可以作为第一步。《调查》现在开辟了专门发表社会保险新闻的专版。当时影响最大的慈善组织人物爱德华·T.迪瓦恩在 1909 年的时候曾认为社会保险是不必要的。到了 1913 年,他开始谈论通过社会保险强制工业界"支付产品的全部成本、人的生命和体能成本"的正义性。[98]

辩论的新转折、社会保险讨论的新政治可行性、关于欧洲劳工交流和疾病补贴体系的流利对话、像西奥多·罗斯福这样迫切要搭乘劳合·乔治式政治顺风的风向测试者,以及在强制性问题上的思想转变,都标志着自从 1902 年"美国慈善和矫治会议"无结果的辩论以来舆论上的戏剧性变化。地方动态强力推动了这种变化:美国工人阶级安全体系的散乱和不充分,美国工业资本主义运作模式的冷酷无情,西奥多·罗斯福总统的保民官式新执政风格等。但是如果没有大西洋纽带,这种变化是难以想象的。

不过,虽然思想和政治转变引人注目,但它并没有给美国带来社会保险,至少当时没有。到了 1913 年底,事故保险公司的反游 254 说力量已经夺走了争取州工人赔偿保险基金运动的影响力。仿效英国 1909 年和 1911 年法案争取失业保险政策的短暂运动,也随着战争引起的繁荣而逐渐悄无声息了。失业保险得不到工会组织的信任,也没有在任何地方进行过广泛的检验,无法说服任何州议会进行尝试。强制性养老保险也因为没有像查尔斯·布思或者劳合·乔治这样的人物来打破僵局而陷入困境。健康保险离成功只有一步之遥。在美国 1917 年春季加入战争的时候它还处于举棋不定的状态。鲁宾诺肯定它的成功只是时间问题，这不是没有理由的。但是在工人赔偿法案、母亲津贴法案、劳工管理法案几个月内一个州一个州获得通过的快速立法狂热的时代，可以肯定的是社会保险遭遇到相当强大的抵抗。

渴望获得比战前立法实际提供的更多的东西，社会政策历史学家不断回头探讨第一波美国社会保险运动的局限性，试图从它的失败中寻找美国独特的结构和材料。所谓"欧洲"成功和美国失败的笼统假设比通常所承认的更不牢靠。社会保险不过是北大西洋经济体在 1914 年战争爆发前传播的许多相互竞争的经济措施中的一项而已。在比利时、意大利、丹麦、加拿大、新西兰、澳大利亚都有大量的社会政策倡议，但是没有一个倡议具备社会保险的独特特征。瑞典的社会保险首次实验，一个内容宽泛的养老保险法案，到战争爆发时实行了一年；在法国，由于 1910 年养老保险法案的失败，德国启发的社会政策实验也搞得一塌糊涂。完全由偶然事件促成的英国模式几乎没有进入实际运转。在这种相互联系和偶然事件组成的网络中，美国的差异与其说是类别性的（如国家权力明显软弱，特别反对集体福利考虑的意识形态，等等），倒不如说是同样的材料因为摆放顺序不同（如在城市政治中表现出来的情况）或者按不同的比例混合而成（比如关于财产的法律政治权力）而出现差异罢了。

在美国例外主义者的解释中，最让人不满意的是认为特别的"美国思想"抑制了人们接受社会保险的观点。[99] 我们不否认意识形态发挥了作用。在美国就像在其他地方一样，在社会保险斗争中，反对者们动用了能控制的每一丁点儿意识形态能量。社会保险是"非美国性的"，因为它是"发疯的家长制作风"，是新形式的"工资奴隶制"，是保护个人自由免受"社会主义祸水"危害的"堤坝上的窟窿"。1911 年英国法案威胁到"摧毁英国人性格中的阳刚之气",全国公民联盟的调查者在 1914 年得出结论;它向"男人情感"宣战,意味着"恶毒破坏工人阶级的荣誉感"。[100]

但是美国辩论中的任何东西都可以在 1880 年代的德国和 1908 年后的英国同等极端化的言辞争论中找到。社会保险有"父权制特征";强迫性手段即使能带来可敬的行为如储蓄,也消除了行为中的道德因素;根本不考虑个人的错误或具体背景就保证补贴的发放,无论这个保证是多么微小都只能弱化性格;风险预防领域的公共干预只能造成家庭责任和团结遭到破坏;从强制性保险项目产生的兵营式标准化后果看,付出的代价太大,根本不划算……所有这些虽然常常被包装为"美国观点",其实同样快速地出现在俾斯麦的反对者或者劳合·乔治的反对者口中。就连"德国造"的指控也不构成对美国社会保险支持者特别不利的障碍,因为它在英国和法国社会保险批评家中也很流行。

对于所有这些论点的驳斥回响在北大西洋经济体的任何一个地方。《独立报》在 1911 年撰文支持英国社会保险项目:"大量工业化国家为了生存相互竞争,这种斗争并非不再可怕,虽然现在是靠商业操作而不是靠血流成河完成的。""这些国家必须达到并维持劳动人口的标准效率,否则就要破产倒闭。"人们或许可以把这个项目称为布兰代斯所说的"社会效率",或者亨德森所说的"国家团结",或者丘吉尔和贝弗里奇所说的"社会组织""国民效率",或者法国进步人士所说的"社会连带主义"。它的标记是关心国家力量、人力资源的高效发展,对西奥多·罗斯福所说的"工业主义劣势淘汰体制"产生的"人类残骸"的保护。这是社会保险论点中刚硬、算计的一面。但是也存在柔情的另一面,希望社会保险能够成为通向人人都渴望但从来没有实现的"社会和平"的重要一步。从双方的视角来看,前一个时代抽象的道德个人主义,如鲁宾诺所说的"对自助的盲目崇拜",可能显得确实薄弱和狭隘。谁若试图衡

256

量这些论点在各国相对的意识形态力量，就是面临一个不可能实现的任务，在这些国家里社会保险的辩论都带着借用的词汇和共同的极端观点迅速展开。[101]

这里不是说要忽视意识形态的力量，只是要开始确定在什么地方它具备美国独特的力量。最明显的地方是社会保险运动和战争的时机。1911 年劳合·乔治提到德国的时候仍然能够用竞争对手的言辞和尊敬的语气，1912 年西奥多·罗斯福的竞选演说中充满类似的情感色彩。正如我们看到的，这种羡慕和忌妒的情绪在战争期间并没有完全消失。但是在政治中，没有什么比时机更重要了，从美国 1911 年和 1912 年发现德国式社会保险到 1914 年夏天战争爆发，之间这个机会的窗口特别小。无法掩饰其德国影响的健康保险处于特别脆弱的状态。1915 年底美国劳工立法协会的样板健康保险法案出台后几个月内，"德国造"的指控像手榴弹一样扔过来。在 1917 年美国宣战后，人们只要提出健康保险问题，反对者肯定提出德国式尖顶头盔来回击。[102] 美国明确借鉴他人的事实本身、社会保险支持者喜欢谈论的落后论主题、从已经存在的欧洲经验中提出观点等，在 1917 年后都成为潜在的负担。

意识形态在美国劳工联合会圈子内部也发挥了很大作用。那里对国家干预工资谈判的怀疑仍然根深蒂固，有太多破坏罢工的法院强制令为佐证，又有工人阶级"男子汉气概"这种持久的维多利亚信仰做支撑。美国劳工联合会的永久主席塞缪尔·冈珀斯是工人赔偿运动的早期拥护者。但是工人的强制性保险项目由于从工人收入中扣除保险费、工人选择受到限制、复杂的注册和管理机制、隐含的"男子汉气概丧失"等问题，在冈珀斯和美国劳工联合会领导层来说都是受诅咒的对象。和教授占主导地位的美国劳工立法协会合作从来都感到不舒服，冈珀斯在 1915 年辞去了该协会荣誉副主席的职务。第二年，他擅自闯入麦耶·伦敦的工人保险听证会攻击伦敦和鲁宾诺是社会主义者，谴责社会保险本身是在社会主义孵化场孵出来的坏蛋。[103]

冈珀斯不能为整体的劳工组织代言，率先把社会保险提到议 257
会的州劳工联合会也不能。在对强制性社会保险表现出这种混乱
和矛盾的感情上，美国的劳工组织并没有任何特别之处。1914 年
前北大西洋经济体中没有一个地方的劳工组织起草社会保险项
目，或者在推动社会保险实现方面发挥了重要的政治影响力。即
便工会最终支持和认可了来源于政府或者中产阶级改革协会的措
施，也从来就不是没有抗拒和反对的声音。挣工资者交税的原则
毫无例外地遭到劳工组织的反对，虽然这是社会保险概念不可缺
少的原则。国家失业保险尤其不受工会欢迎，因为怀疑它是迫使
技术工人接受非技术工作的手段，担心它成为破坏罢工的工具。
养老保险从 1889 年一开始就成为产生愤怒的土壤，因为工人现在
为老年交税，而他可能在老年到来前就死掉了。在德国和英国，社
会保险很明显是作为工会自己独特的社会政治项目的解毒剂而形
成的。这些项目包括不用交费的养老金津贴、工会的合法地位、为
失业者提供的公共工程等。

尽管如此，美国以外没有一个国家的全国劳工联合会名义领
袖像冈珀斯这样，在社会保险问题上如此亲热地巴结那些主宰全
国公民联盟的企业巨头，或表现出如此明显的意识形态信念。对
于那些试图看清政治潮流的人而言，如欠工会越来越多政治人情
的伍德罗·威尔逊，美国劳工联合会领导层小圈子的思想刻板僵
化造成特别严重的后果。

如果说时机和地位在意识形态辩论中发挥了关键作用的话，
还有一个更深层的差异涉及移民和种族问题。要建立与社会保险
不可分割的最低补助标准，就要求统一的最低标准能够确定下来。
但是对于竞相影响 20 世纪初期美国政策和政治走向的人来说，这
并不是很清楚的。全国公民联盟在答复外国人询问时公开表示担
心美国保险体制怎么能设计出来，因为："存在三种不同的贫

困——土生土长的美国白人的贫困、移民的贫困、有色人种的贫困。每种贫困都和自身的工资水平、就业机会、职业教育程度有关。哪个国家的保险法案能够照顾到这些不同社会群体的需要?"全国公民联盟工业事故责任方面的权威 P. T. 谢尔曼想当然认为移民的工人赔偿金补贴应该低于美国公民的,或许只有一半那么多。共同补贴标准在严重分裂的南方,在反华、反日情绪未消除的加利福尼亚,在有移民"种族"类别的北方工业城市并没有平均的社会含义。以上所有这些都是阻碍采取行动的因素。[104]

以这些可精确指明的方式,北大西洋经济体内共有的意识形态因素在美国获得了独特的倾向。但是最重要的差别在其他方面:利益领域的组成。不管是俾斯麦的德国、劳合·乔治的英国,还是进步人士的美国,社会保险支持者试图要占据的位置没有一处是空的。从最随意性的石板俱乐部往上走,每一层都有权利要求者。随着时间的推移,占据这些地位的人的组织性越来越强,索取到越来越多的让步,越来越有效地抗拒外来的侵犯。

1880 年代德国法案的起草者的背景是:工会运动在政治上激进但组织涣散,雇主利益没有高度发达的组织表现,救济会还没有政治影响力,保险业还处在初创阶段——所有这些优势都是没有办法复制的。社会保险取得成功的根本原因并不是德国国家多么强大,临时决定从准公共机构的大杂烩中成立管理机构,而是因为现有占据者规模小、力量分散。

相比之下,劳合·乔治面临的是利益领域深刻发展的局面:高度组织化的、政治上非常熟练的工会运动;自我意识强烈的医疗行业;拥有大量权利人的保险领域。不管是商业保险还是兄弟会保险都要维护自己的领地。正是因为这些区别才迫使把医生、友好协会,以及最终 1911 年把工业保险公司拉拢到健康保险管理中,就像这些区别促使把工会拉拢到失业保险管理中一样。在许多领域已经被其他机构占领后才成立的英国保险机构,大量吸收了早先存在的机构进入自己的组织。

在美国,既得利益团体的组合再次出现差异:工会相对来说比较弱,而且内部分裂;自愿性保险兄弟会非常胆怯,在政治上几乎没有影响力;医生更加独立;大企业组织效率要强得多;商业保险公司手法高超娴熟,攻击性强。差别不是完全的;问题不是某一因素存在或者不存在,而是社会保险支持者企图要树立公共形象的领域中的总体构成。最终,没有什么比这点更重要了。

首先是企业界。俾斯麦和劳合·乔治都依靠个人的、家长制特征的雇主的支持,并不害怕模糊私人和国家家长制的界限。两者都没有遭遇组织起来的全国性雇主协会。在英国,雇主议会联盟在 1911 年《国民保险法案》通过后马上成立,正是为了弥补法案起草所显示出来的企业影响力有限情形。相当于美国"全国制造商协会"和"全国公民联盟"的英国机构——"英国制造商协会"和"英国工业联盟",到了第一次世界大战时才成立。然而在美国,雇主政治组织在社会保险辩论之前就出现了,因而在辩论中发挥了重要作用。全国公民联盟承诺推行社会和平战略,采取与工会合作的措施,把工人赔偿法案当作其主要事业和标志性胜利之一。但是沿着这条路线采取进一步的行动就不是他们愿意做的了。该联盟激烈反对成立国家工人赔偿保险基金。至于笼统的社会保险,该联盟的工作人员 1912 年时还认为这种想法"非常危险"。他们 1914 年派往英国考察新健康保险体系的劳资代表团报告说,它不管是从财政上还是道德上都破产了;反对在美国进行类似实验的时候,该联盟是强大和卓越的宣传家。[105]

人们可能容易假设大企业是反对公众干涉它已经揽到自己身上的事务,但实际上并非如此。1917 年前的美国公司健康计划提供的保护非常粗劣。雇主建立的养老金非常罕见,在对马萨诸塞州雇主进行的调查中,362 家企业中只有 4 家提供养老金。但是未来眼光能够与实际利益同样让人积极占据一个领域,就像土地投机者等待建设时机一样。雇员补贴体制在第一次世界大战前的美国没有多大声势,但是它足以让雇主极端妒忌这个领域的竞争性的先行者。[106]

像雇主一样,医生在利益领域中占据的位置也是美国和其他地方不同的。在德国,19世纪末期医疗专业化是在已经成立的公共健康保险体制框架内形成的。与救济会签合同从事医疗工作是刚开业的医生为了生存肯定要做的事情,也是不可缺少的步骤。在世纪之交的英国,与友好协会签约工作是英国医生生活中几乎同样重要的组成部分。这并没有减缓医生在《国民保险法案》谈判中采取的激进态度,也没有阻止医生针对威廉皇帝时代德国的救济会规定举行的罢工。但是在这两个国家,在签约工作经验框架内运作,医生政治把注意力集中在从扩张的国家权力中捞取更大管理权限。在美国则相反,独立的私营诊所是常态,签约医疗服务很少见。到1917年前,由地方组织起来的医生采取措施激烈反对签约工作,尤其是公共签约行医;他们反抗医疗协会领袖在即将到来的健康保险体制内争夺权威。这里在"德国造"指控背后同样存在要保护的利益领域。[107]

但是,在所有游说团体中,毫无疑问冲在最前面的是商业保险公司。他们的代理人群体遍布每个城市和乡镇,他们动用一切力量宣称法律上新确定的保险领域都是自家领地。是他们反对州委员会的推荐,撬开马萨诸塞工人赔偿体制,让私人保险公司在1911年参与进来。俄亥俄州1913年推行了州垄断的工人赔偿基金法案,让保险业狼狈窘迫,但是它的反应是确保其他主要工业州不要步俄亥俄的后尘。一个企业游说团体"工人赔偿宣传局"在1913—1929年运用反对国家保险基金的论点围攻政策制订者。"美国保险经济学协会"在1916年后做了同样的事,反对美国劳工立法协会的健康保险宣传活动。企业利益涉及众多议题;医生们最初有意见分歧;但保险公司基本上是用同一个声音和力量讲话。

可以肯定,保险公司对社会保险事业的敌意因改革者对它们的仇视而进一步加深。1905 年人寿保险行业金融骗局被揭露,事故保险公司在工人赔偿辩论中扮演蓄意阻挠的角色,以及"工业保险"公司让人吃惊的管理费用的曝光,这些都让保险公司在进步改革者心中的形象受损。在这种情况下,美国劳工立法协会并不同情英国让商业保险公司进入健康保险立法的妥协做法。该协会在其健康保险法案中添加便宜的丧葬补贴,很明显是要抢去商业保险公司在工人阶级中的生意。大东方灾害保险公司告诉代理人,1916 年的纽约健康保险法案敲响了"所有保险公司和代理人的丧钟,对你个人来说意味着花费一生时间建立起来的生意和客户关系被彻底破坏,也意味着失去黄油面包"。这当然是比较夸张的说法,不过里面确实有一定的道理。[108]

但是,明目张胆的反对并不是保险公司唯一的对策。20 世纪初期在销售团体"工业"保险单方面占主导地位的两家美国保险公司(大都会和保德信),合起来占有市场 80% 的份额。[109]其中比较大的大都会人寿保险公司在 1910 年有超过 1000 万份保险单,它并不只管积累自己的领地,而是警惕地关注着可能的竞争者。公司警告代理人说,只有让投保户数量翻一番(惊人的比例,即全国每 5 个人就有一个持有大都会公司的保险单),他们才能在面临国家保险威胁时感到安全。与此同时,该公司确定了先发制人的策略。在 1909 年,它挖走了仍然在为拉塞尔·塞奇基金会进行欧洲工薪族保险调查的李·弗兰克尔来负责公司新的"福利部门",试图证明社会保险是多余的。

该公司所说的现在不再以营利为目标,随着弗兰克尔的任命而进入"当今世界思想的洪流",显然是夸大其词的吹嘘。但是弗兰克尔确实带领大都会人寿保险公司积极进入保险业以前一直忽略的新领域。在他指导下,公司分发了数百万份公共健康传单,包括结核病防治、儿童照顾,甚至《苍蝇生活的一天》——这是保险代理人连带免费苍蝇拍赠给客户家庭主妇的东西。该公司与亨利街睦邻中心的丽莲·沃尔德合作,为投保户提供上门医疗服务,当然这要由代理人斟酌,认定医疗服务似乎是可以防止保户过早死亡和提前使用保险金的一种谨慎投资。该公司比较缓慢地开始实验雇主的团体保险单,首先是团体人寿保险,接着更谨慎地尝试团体健康保险。弗兰克尔在此过程中一直是让人困惑的公众人物,他在实际上反对国家社会保险措施,但在原则上不愿意谴责它们。保德信公司的弗里德里克·霍夫曼认为他"非常危险……不是保险公司的人,仍然扮演着一直担任的角色——社会改革者"。不过霍夫曼有自己的个人企图。比较温和的观察家可能认为弗兰克尔代表了福利资本主义在最人性化和最强大时先发制人的能量。[110]

在大都会人寿保险公司采取先发制人的行动等高端做法时,霍夫曼的保德信保险公司采取了蓄意阻挠的低端做法。在此发展中,霍夫曼本人是个复杂和让人好奇的人物。最初他在波士顿及其周边工人阶级街区销售工业保险单,1890年代初期来到弗吉尼亚一家保险代理公司工作。虽然是沉溺于当时种族"科学"的人,霍夫曼还是敏锐地认识到南方黑人这个作为精算上的未知数而被大商业保险公司忽略的人寿保险市场。霍夫曼自己开始制作可用的死亡率表格,四处寻访墓地搜集寿命数据。他的工作引起保德信公司总裁约翰·F.德莱顿的注意,很快聘请他作为调查统计师、常驻公司的专家、总裁顾问、负责与学术界交流的特使。霍夫曼是美国经济学家学会、美国慈善和矫治会议、美国公共卫生协会、国际结核病协会、全国公民联盟的活跃会员,当然也是美国劳工立法协会的会员。当美国劳工立法协会任命他为1913年社会保险委员会负责人时,他自豪地说当选者是他而不是弗兰克尔。[111]

但是霍夫曼作为"保险业者"的特色太浓了,根本没有认识到社会保险除了作为市场竞争者之外还能是别的东西。他第一次接触社会保险辩论是在 1900 年,当时保德信派他到巴黎安排公司在博览会上的获奖展览。在国外看到的"危险"信号使他一直比较悲观。他认为保险公司加入英国健康保险体制内的做法在本质上是不稳定的。政府迟早会把葬礼补助添加到自己的健康保险项目上,一星期几个便士就可以了。这将是管理费用高昂的工业保险行业的末日。在他看来,1912 年的德国由于公共葬礼服务和丧葬保险项目而充满活力,肯定能用非常便宜的保险费率抢走他公司的保险单。在每周都写的汇报信中,他给上司提供了大量建议,基本上是和大都会人寿保险公司做法相似的先发制人行动:把公司业务拓展到没有开发的商业健康保险领域、聘请公司医生为保险客户提供医疗服务、公司基金投资低成本住房建设等——任何措施,只要能提高公司的公众形象,消除他在海外看到的"威胁"。[112]

　　保德信保险公司为霍夫曼提供的角色和弗兰克尔的不同。在美国劳工立法协会社会保险委员会,他成为本公司的防波堤。在工人赔偿问题上,他的观点和美国劳工立法协会的核心观点相距不远;因为事故保险不是保德信公司的业务范围,他在工人赔偿辩论中没有提出辩护意见。在反对女性上夜班或者从事危险工作的法案上,他和协会都完全赞同。但是健康保险的第一声利益杂音就是另外一个问题了。他在美国劳工立法协会社会保险委员会第一次会议后写信给德莱顿说:"我自己的立场当然是绝对中立的,但我也有充分的宽容,以免让人产生反感或者怀疑我过多受到与保德信公司的关系影响。"在谋略上胜过道森和鲁宾诺(他认为是委员会中最"危险"的人),霍夫曼被认为是在 1913 年美国劳工立法协会社会保险大会上封杀任何决议的功臣。在起草协会的样板健康保险法案期间,他脚步拖沓,故意阻碍;一面徒劳地敦促保险公司主动参与医疗保险领域,并告诉他的雇主们,他越来越肯定公共健康保险"特别险恶,是对我们利益的巨大威胁"。[113]

　　到了 1916 年,他在保德信保险公司的祝福声中辞去委员会的

263

职务,公开参加到公司的斗争中。随后出现了暴风雪一般的文章和报道否认在美国实行健康保险的必要性,运用了大量有关健康和死亡率对比的表格和数据谴责美国劳工立法协会的宣传"公然编造虚假内容",揭露英国保险法案的虚伪,驳斥说援用欧洲先例只是证明"如果你去过德国就可以欺骗任何人"。保德信保险公司运用传单对各州首府狂轰滥炸。约翰·康芒斯在沮丧中抗议说,所有反健康保险的材料都"来自同一个源头,不管是谁给你的,你可以看到所有的炸弹、所有的事实和统计数据都可追溯到美国保德信保险公司或弗里德里克·霍夫曼先生"。[114]

264　　　　要不是战争横插进来恰好提供了反对德国经验的理由,要是威尔逊总统扮演了政府中有些人鼓动他扮演的罗斯福式角色,霍夫曼的努力或许会产生不同的结果。如果兄弟会和互助会力量更强大,没有那么多分裂,如果他们能像英国一样尝试与政府结盟排挤商业保险对手,或者像法国一样作为政府的附属机构运作,工业保险公司本来可能遇到更多竞争。工业保险在美国和在英国一样都没有得到充分发展;伦敦和纽约的姊妹公司的关系非常密切。但是在想象中自愿互助协会的家乡,互助保险协会的软弱让人惊讶,他们分裂和胆怯地守住自己狭小领地的做法给工业保险公司巨大的竞争优势。结果,在大都会人寿保险公司高端道路和保德信保险公司低端道路的夹击下,在医生普遍造反、企业抵抗、保险代理人动员的情况下,社会保险的鼓吹者形不成气候。没有可能,至少在当时不行。

　　　　利益的组合从来不是固定的。技术进步、市场变化、公共政策改变都会创造和摧毁企业的经营领域。在每次领域重组时,地位争夺重新开始。保险应该成为获取利润的地方还是非商业活动场所,经营者是大公司还是小公司,是联邦政府、州政府还是地方政府,是私人团体还是公共团体等?落后国家具有可选择的优势:因为落后,实验和错误的成本都转移给先驱者了。后来者赶到时,各派立场都已非常清晰,技术已经预先包装好,并不断精细化了,别人的经验可资利用。这就是在某些情况下落后者反而可利用落后的优势超越先驱者的原因。19世纪的美国和德国生产商把借来的技术用在新工厂上反而具有了超越英国对手的能力,就是一个很好的例子。还有在社会政治领域,英国有能力借用丹麦和德国经验在1908—1911年的社会福利提供方面超越德国。正如劳合·乔治展示的,后来居上的竞争优势绝不可小觑。

但是如果说落后国家有明显的优势,落后的风险就是可能会排除某些选择。当选择的时刻到来时,采取行动的范围或许已经被预先设定了。篱笆可能已经在地上插好了,不管占领者在履行工作时表现是好是坏,要把他们赶走是非常困难的。如果说劳合·乔治政府能够用超过俾斯麦的视野和大胆来计划,同样那种局势处境,也会要求他与已经存在的利益集团进行更多的妥协。在美国,社会保险运动的专家利用落后优势从欧洲搜罗教训和灵感,但是该领域集中了太多既得利益者,社会保险的推动者根本就无法取得突破。在城市服务领域,在都市土地和房屋市场,商业设施供应者和房地产投资者早已占领了这些领地,事实如此。政治落后的劣势是,当这个议题最终列入政治选择的议程时,做出有效决定的时机也许已经过去了。

在第一次世界大战前的十年里,人们不可能看不到美国在社会政治议题方面异常迅速的扩展。不过志向的改变多于立法变革,立法变革多于利益排序的变更。把工人赔偿法案纳入政治,不管是对英国式还是德国式社会保险来说都不是有效的楔子。一旦工作事故和雇主责任的危机解决以后,剩下的内容就基本维持原样而已。穷人是遥远的另外一个国度,工薪族的风险只是略微减少了些,工人阶级家庭与赤贫之间的安全网仍然漏洞百出。落后的劣势好像注定要超过落后的优势——除非战争改变利益组合的领域,除非战争让美国更像欧洲。

265

266

第七章

战争集体主义

1914 年的欧洲

1913 年夏天,《调查》的保罗·凯洛格像往常一样寻找投稿者和观点。在他的领导下,该杂志在过去十年中已经从慈善组织运动的喉舌成长为进步的社会改革思想的集散地,涵盖的范围扩展到增长中的社会政策议题的各个角落,包括劳工立法、社会保险、贫民窟改造、城市规划等。但是这次凯洛格专注的不是议题而是地域。他给大西洋两岸进步纽带中的十多位重要人物写信,劝说他们来年为杂志投稿。其中包括约翰·伯恩斯、汉普斯特德馆和汤因比馆的亨丽埃塔·巴内特、"新自由派"经济学家 J. A. 霍布森、爱尔兰土地改革者霍勒斯·普伦基特、社会主义者基尔·哈迪,以及无所不在的锡德尼·韦伯。他给这所有人都发出了同样的邀请:给美国人"从旧文明到新文明的'前进命令',需要防止的事、需要追求的事"。[1]

在很多方面,这个姿态概括了美国社会政治的跨越大西洋时刻的特征:它的国际主义、乐观主义,感到美国处于国际对话边缘,虽然不容易听清楚,但了解别人在说什么很重要。"在边疆搜索",凯洛格呼吁他社会福利新闻报道的独特风格,他的狩猎场地赤裸裸地跨越大西洋两岸。他本人就是大西洋进步纽带的力量甚至能改变美国中西部乡下孩子生活的证明。凯洛格成长于密歇根州卡拉马祖,父亲在木材生意中失败,他自己也失去对小城市报业工作的热情,所以来到东部的哥伦比亚大学求学。1901年在纽约慈善夏日学校学习,他听了塞利格曼、弗兰克·J.古德诺、萨缪尔·M.林塞(都有德国留学背景)、希伯来慈善总会的李·弗兰克尔以及纽约慈善组织协会的爱德华·T.迪瓦恩等人的课。迪瓦恩聘凯洛格担任杂志的助理编辑。与《调查》办公室在同一层楼的拉塞尔·塞奇基金会1907年劝说凯洛格指导匹兹堡社会调查,美国首次类似于查尔斯·布思在伦敦进行的那种调查。[2]

　　一年后,凯洛格来到欧洲,试图搞明白他的调查团队在匹兹堡收集到的资料的意义所在。与他一起工作的还有全国消费者联盟工作人员鲍林娜·戈德马克、忙于为纽约市拥塞问题委员会收集资料的本杰明·马什。凯洛格采访了约翰·伯恩斯、萨缪尔·巴内特,还参观了莱奇沃思,考察了柏林合作公寓的一个典范,竭力想搞清楚克虏伯主导的埃森的大家长制和匹兹堡草率方法之间的对比。在匹兹堡,残疾工人的数量第一次由匹兹堡调查的成员系统地统计。简单地说,凯洛格被从密歇根老家拔出进入社会改革的国际舞台,在1913年他已经成为进步世界的公民,和其他人一样对前瞻性的和新鲜的事务有敏锐的感受力。[3]

　　但是在欧洲进入战争前十二个月时,凯洛格好像根本没有意识到任何崩溃的迹象。他写道,旧世界跑在了新大陆前面。当然,凯洛格的欧洲熟人对未来也没有更清楚的认识。霍布森后来回忆道:"1914年夏末的战争对我们来说是可怕的意外,几乎没有人相信它的到来。"[4]那时候没有人看到对立加剧的民族情绪、疯狂的军备竞赛,或者国际外交越来越激烈的交锋,但是就像1900年巴黎世界博览会公开展示的一样,竞争并不妨碍积极吸收利用对方社会政治的发明和经验。竞争在跨越大西洋的政治中天生存在,给战略和思想的国际流动提供了能量。仅 1914 年安排的各种形式的国际会议就达两百多场。[5] 就在战争宣言发表前夕或者之后,美国人的欧洲熟人还深深处在战前的计划和野心中呢。霍布森有充分的理由称战争是"1914 年的意外"。

实际上,1914 年夏天,美国进步人士遍布欧洲各地,在寻找许多人希望可以成为自己未来事业的东西。全国住房协会的研究小组 1914 年 7 月来到英国。因为想着伯纳姆那还没解决的议题,芝加哥铁路车站委员会派遣一个庞大的代表团到欧洲考察一体化城市铁路设施的问题。当年夏天,沃尔特·李普曼在英国竭力鼓动作者们为新的进步杂志《新共和》供稿。全国公民联盟调查欧洲健康保险项目的委员会也在英国,正打算在 8 月初跨越海峡到德国去。在所有代表团中野心最大的是教育旅游协会的"公民和社会旅游团",他们 68 天的全欧洲进步事业考察计划涵盖了从德国社会保险到法兰克福城市分区规划,从比利时梅尔克斯普拉斯劳动营到法国社会博物馆,从伦敦市政议会的城市公交车和住房实验到英国花园城市等众多内容。该旅游团的宣传册子上写道:"旧世界管理最好的社区的市政和社会科学比美国先进半个世纪。在现实的经济学、社会学和公民艺术等任何方面,欧洲都可以教给我们很多东西。"为了强调这点,1914 年夏天查尔斯·布思在美国,与西奥多·罗斯福总统共进午餐讨论最低工资法案。[6]

在这社会政治的动议中,美国市政和社会旅游组织者紧张不安地意识到自己的落后;他们有兼收并蓄的兴趣,像沿街叫卖的小贩一样往筐子里装各种社会政策和机制,就好像这些能轻易地从一个环境移植到另外一个环境里。在这一切中贯穿着一个共同的主题。从美国大学生对欧洲体现的"社会性"感到振奋不已,到公交线路或者工人风险的非商业化等零碎的努力,大西洋进步纽带中许多人的目标就是更强大集体生活的元素:"团结""公民意识""社会"等。

在1914年夏天到欧洲来寻找这些营养的所有美国人中,最有趣的人是兰道夫·伯恩,部分因为社会政治和他最初的本意相距甚远。战争前夕他更像个唯美主义者而不是进步人士,战时作品让伯恩成为进步左派最有才华、最有激情的作家之一,那是后来的事。当他1913年获得哥伦比亚大学年度吉尔德旅行奖学金时,没有理由相信他最后会像教育旅游协会服服帖帖的成员一样,向奖学金提供者汇报德累斯顿"不同寻常的"城市屠宰场或者在菲尔特城市垃圾处理场看到的"科学资源和经济奇迹"。[7]

伯恩的意识中并不是完全缺乏公民理想。同年早些时候他曾经发表了对自己青年时代新泽西郊区阶级关系的研究:伯恩看到的是,位于底层的被动的移民工人阶级,位于上层的用老鹰一样的眼睛密切关注获取经济利益机会的统治阶级,以及他所属的被挤在中间的中产阶级。这实际上是美国的缩影,其主要特征就是"非社会性"——完全缺乏"团体"意识。但是伯恩没有要给吉尔德委员会提供社区结构的对比研究。他的朋友范·怀克·布鲁克斯1914年在英国回忆说:"我在哈佛相识的一半迟早会出现在皮卡迪利广场。"对于伯恩来说,大旅行同样有巨大的吸引力。[8]

手里拿着贝德克尔(Baedeker)旅行指南,心中澎湃的是审美情感,伯恩开始了在欧洲大陆艺术画廊和大教堂之间的旋风式的旅行。在巴黎的旅行途中,他还抽出时间购买了一份饶勒斯的《人道报》(L'Humanité),但是自我认识到的激进姿态很少减缓他的艺术朝圣之旅的步伐。跨过海峡来到英国后,他找到自己拜读过的一位威尔士作者,开展了有关弗洛伊德的冬季大讨论,直到主人送他前往伦敦。

在伦敦,伯恩的政治口吻激昂起来,不过并不是羡慕的语调。他在信中抱怨说:"我们从像F.C.豪威这种多愁善感者那里得到一个非常理想化的英国形象,他们描绘的英国正大踏步迈向国家

269

社会主义。"他本人看到的英国则是让人窒息的虚情假意。在贫民窟内娇滴滴表演牛津风格矫揉造作的汤因比馆,"是我所知道的体现英国思想徒劳无用的最精彩例证之一"。他认为锡德尼·韦伯是"用给迟钝的孩子讲算术题的耐心"讲解问题的渐进主义者殷勤姿态的典型。他确信可以在韦伯吹嘘的市营企业中发现隐藏的腐败。英国女性的普选权运动让他感到振奋,但实际上除此之外没有任何东西能打动他。自由党的社会项目好像已经耗掉了所有精力和连贯性;费边社摇晃不稳,蹒跚前行;中产阶级对于爆发在他们周围的阶级斗争麻木冷漠。"英国遭遇一连串可怕的罢工,我们指望有秩序的工会主义胜利慢慢把工人阶级送到舒服和发挥影响力的位置,这种愚蠢理论每天都被驳斥得体无完肤……我们或许处于 1813 年而不是 1913 年,很难看到资本主义因为这些斗争而受到一丁点儿的削弱。"[9]

相反,巴黎让他感到高兴,部分原因可能是他刚开始很少能用法语跟别人交谈,他在巴黎只能通过眼睛而不是聆听韦伯式社会算术来了解情况。他结识了一位"研究社会学的英国妇女",她带领他听演讲,参观模范廉价公寓和花园式郊区等。他爱上了巴黎,试图寻找奥斯曼之前的巴黎的漂亮遗迹。[10]

但是真正打动伯恩想象力的是欧洲乡村的社会建筑。他后来写到汉普斯特德的集体主义有形实体,其"重叠和高耸的屋顶"下倾伸向周围的荒野,就像"新文明的楔子","一个集体生活的实验室"。他在欧洲保存下来的中世纪村庄中看到同样的线索。驻足于传统的市场,连同其城镇、市政厅和教堂高塔,你就能获得"社会凝聚力的强烈意识,这地方不仅是商品买卖之地,而且是社会交流中心,有坚韧交织起来的共同生活,给予所有成员援助并保持自给自足"。街道本身体现了"某些根深蒂固的对整体美和公共设计的社会敏感性"。[11]

其他人说了同样多的话却没有意识到这些词语中包含的进步

可能性。但是到了伯恩在 1914 年 7 月到达德国时,想象中的过去的社会凝聚力和可设想的未来的政治共同体已经在伯恩的头脑中融合在一起,成为充分发展的社会政治。尽管耳边响着战争即将来临的传言,他还是迅速穿行在现代和中世纪的德国,罗滕堡和诺德林根的古城、新工人花园郊区、乌尔姆的市营住房、纽伦堡的公共澡堂。他的目光集中在市政形式上。他要到挪威和瑞典——"那里有这么多先进的社会法律和机构",然后在 8 月去参加在维也纳举行的国际社会主义者大会。战争爆发时他还在柏林,所以赶紧连夜坐火车到边境去。[12]

　　在德国的短暂停留让伯恩表现出截然相反的两种反应。他讨厌德意志帝国的军国主义、物质主义和咄咄逼人。他在德累斯顿时写到"德国人心中有一种我说不出来的东西,但是我知道我不喜欢"。虽然他羡慕德国最新建筑的大胆和雄伟,坦率承认"对其市政科学非常着迷",但他给母亲写信说如果再也不来德国,他会很高兴。然而过了不到一年时间,伯恩开始对比德国繁荣的"社会"和"公共"形式与美国的"混乱和野蛮"。"乱糟糟无尽蔓延的城镇似乎不是城镇而是聚居区的零碎呕吐物"——如果按美国这种"混乱和野蛮"来衡量,德国城市简直就是"公民艺术和设计的典范"。它们"在政治上是非民主的,在政策和精神上却是极端民主的",给予其市民"真正需要的东西,远比我们的民主体制能够给人民的东西要多"。为了解释德国城市的秘密,伯恩又使用了弗雷德里克·豪威的内在"社会意识"这一术语。[13]

　　进入 1915 年,在编辑越来越不耐烦的情况下,伯恩继续进行"我们在美国已证明只能导致财阀统治的个人主义民主"和德国那种"真正的社会民主"之间的对比。他说:"德国人似乎真的相信共同体扩散的美丽和福利优越于任何个人兴趣和利益的考虑。除了在德国以外,你能在哪里找到……处处繁荣,看不见贫民窟的踪影,城市、村庄和乡村干净整洁,就好像一只看不见的公共巨手在

271

不断修补、清洗和装饰?"H. G. 威尔斯曾经赞叹的"伟大国家",还有哪里如此接近理想的实现?[14]

伯恩承认德国人实现的"伟大国家"也有严峻和残酷的一面。再过两年,当伯恩看到美国战争国家的巨手残忍地打在不听话的人身上,他将用全部的精力批评国家权力。但是现在他没有谈论太多政治,甚至没有谈论德国,只是谈论理想。在他的心目中,他用来建造跨越莱茵河的对立原型的不仅是德国城市效率或者中世纪的美丽,更多的是他对一种超越私人利益陷阱的社会制度的渴望。和豪威不同,伯恩不敢肯定人们是否能在没有德意志帝国的军国主义和民族主义的情况下获得公民意识。他比"公民和社会旅游"组织者更讲究实际,对人们从文化框架内提取任何一块社会机器部件的做法缺少信心。他不想把德国做法引进到美国,即便是经过挑选的片段。他想用想象中的中世纪城镇和自己心中塑造的德国做镜子,表达对本国肮脏的、反社会的政治文化的轻蔑和尴尬。在同胞们攻击德国的社会理想之前,让他们先创造些更好的东西吧。

伯恩后来写道,他 1914 年的旅行回头看来就像"在火山口边缘蹒跚学步的天真孩子"。他看到"天真幼稚者在欧洲可能看到和感受到的东西,这一年,在火山爆发前最后时刻那让人窒息的安静"。[15] 他也感受到 1914 年之前和之后吸引这么多美国进步人士到大西洋纽带中来的力量。在他们一半亲眼所见一半想象出来的连贯图景中,统一性是关键:一种共同的集体意识,有机构和视觉形式与之相吻合。没有一个美国人预料到他们也会卷入欧洲的火山爆发,顺着火山口的边缘滑进去,获得自己的统一性内容。

1914 年 8 月熔岩喷发而出后,多数美国进步人士对战争的开始感到震惊和困惑。没有一件事情是在意料之中的,更加意外的是国际调解和斡旋彻底终止,以及横扫柏林、伦敦、维也纳和巴黎的激进民族主义。《新共和》的编辑在一年后总结说是对历史深层问题的注意误导了他们："我们研究比较政府，了解劳工运动和各国家选举权推广的轮廓，我们一贯认为民主、普选权、权利平等、社会立法正像仁慈的疾病在一个个欧洲国家中蔓延开来。"推动历史前进的是经济和社会力量，而不是返祖性的民族主义力量。"我们更愿意看到欧洲国家一个接一个沿着民主进步的直线，尽力朝同一个方向前进。"[16]

看到作为社会政治先驱的欧洲各国陷入战争旋涡，对美国进步人士来说确实是痛苦的。伯恩在 8 月底写道："时钟的旋转在欧洲彻底停止了，我如此钦佩的文明显然要被撕为碎片，以至于在战争结束和生活重新恢复正常前，我甚至不愿意考虑欧洲了。"进步思想的记者雷·斯坦纳德·贝克在笔记中透露："自从战争开始，我觉得自己的思想陷入前所未有的惴惴不安。每个确定性的东西似乎都进入了熔炉。"[17]

273

在战争爆发后的几个月里，进步社会议题的崩溃刚开始似乎是绝对的、普遍性的。在德国入侵比利时一个月后，约翰·海恩斯·霍姆斯在《调查》中问道："如今的英国还有谁在谈论国民保险、女性选举权，或者打破土地垄断呢？德国争取专营权改革的运动在哪里？谁还在乎比利时的合作社、法国的工团主义，或是任何地方的社会主义？……在美国还有谁在这时候思考娱乐中心、住房改善，或者最低工资标准呢？谁来争取寡妇的补助金、推动禁止使用童工的运动、深刻研究失业问题？"总而言之，谁"还把社会运动放在心上"？[18]

面对这种沮丧，美国进步人士试图弄清楚他们是如何误读了历史标志。正如在多数思想危机的时刻，重要的不是改变其看法的基础，而是要重新组合最少的部件，设法把在他们面前爆炸的那一块包含在内。最简单的思想策略就是把德国划分成两个共存的国家，一个是进步的，一个是反动的。这条界线在豪威等人战前的文章中就十分常见。进步的德国总是被描述为一个充满自由思想、以都市为基础的国中国,位于容克贵族统治的、受普鲁士支配的古老帝国内。许多人现在得出结论说,崇拜德国公民生活的进步人士对于内部德国的前景判断没有错,但是可悲的是,他们错误地估计了它突破周围政治外壳的能力。进步人士的评论中存在一种急不可耐的情绪,要把战争责任归咎于容克贵族的"中世纪遗风"、欧洲君主和"战争军阀"。[19]

概念困境特别困扰着在德国留过学的美国教授。对于其中许多人来说,"两个德国"的论点提供了可以逃避沮丧的出口,但是德国人明显的强烈团结让人很难坚守这条线。德国社会主义者和进步人士对战争未加反对、军事象征的泛滥、透过第一手材料看到的决心和目标的统一性,都使得把德国分成现代和返祖两部分的努力复杂化了。更痛苦的是,1914 年 10 月约一百名德国杰出知识分子签名发表公开信为入侵比利时辩护,他们坚持认为剑和思想的事业、德国军事力量和德国思想文化是不可分割的整体。签名者包括德国大学中的精华,如古斯塔夫·施穆勒、约翰内斯·康拉德、弗里德里希·瑙曼,甚至路约·布伦坦诺。[20]

274 　在最强烈崇拜德国的地方,认识到老师的背叛这个现实最让人痛苦。战争开始两年后,西蒙·帕滕仍然努力寻找能为亲德国的信仰辩护的根据。他承认"新德国哲学"一直是"我的宗教",用来抗衡追求自我利益的"英国"理想,它讲授了社会活动的价值和"社会脉搏"。已经准备要到柏林做访问教授的亨利·法纳姆非常恼火地写道,他的德国朋友肯定"受到可怕的强迫观念的影响"。阿尔比恩·斯莫尔在 1917 年 9 月《美国社会学杂志》上以洋洋洒洒长达 28 页的编者按表示个人绝望,最后只能得出结论说,德国人疯了这句老话不再是个比喻而是医学上的现实。随着美国公共舆论开始反对德国,曾留学德国的美国教授很少人能像斯莫尔或帕滕那样坚持原来立场那么久。伊利非常机灵地改弦易辙,几个月来一直擂响战争准备的战鼓。但是进步思想的记者在战争开始初期几个月试图寻找心理解释,他们承认对欧洲"疯人院"感到困惑,称之为"非理性"的爆发、返回野蛮时代的返祖现象等,这些反应都暴露了同样的心态。[21]

还有一些美国进步人士渐渐发现通过经济学解释战争的方法。弗雷德里克·豪威1915年秋天出版概述德国社会进步的《社会化的德国》,似乎在用一个已经消失的时代的古老语言向评论者诉说;但他到了1916年已经把德国人的疯狂,单一税制式,归结为经济特权。[22]然而这些解释没有一个能满意地揭开战争之谜。两个德国的论点因为证据正好相反而不攻自破;德国人疯狂的观点本身显然就是在心理上受到折磨的人提出的;经济学解释的失败是因为进步人士中很少有人对通向战争的道路有足够深刻的经济学认识。

最终把进步人士从困惑中拯救出来的不是对战争起源这个奥秘的解答,而是通过希望来回避这个问题:越来越感到这场战争可能并没有让进步事业的历史进程脱轨,不管它迂回旋转乘客的方式多么可怕。其中部分内容是进步领域本身包含的反射性乐观主义。甚至伯恩1914年9月也在罕见的乐观时刻写道:"虽然世界的时钟停止了,但我们可以学习很多有用的东西,至少能盼望重新大调整。"但是意识到战争可能带来和平时期无法达到的某些目标,倒也并非只是天真的想法。德国把1914年8月巨大的战争动员能力维持到几个月之后,远远超过其参谋部的预计;随着德国战争经济继续大量生产出战争所需资源,如炮弹、燃料、武器、士兵,确实又有人认为有了需要学习的德国教训。

在1916年美国军事准备动员时,西奥多·罗斯福忍不住承认:"美国要从德国学习的东西比从其他国家学习的更多——比如对于非功利主义理想的忠诚,还有社会和工业效率的基础,在现代工业主义条件下对个人保护和全民幸福绝对必要的那种社会化政府行为措施等。"沿着这些线索为德国辩护最强烈的,是特立独行的社会主义者阿伦·本森影响下的《皮尔逊杂志》(Pearson's Magazine)。

275

本森写道:"倾囊下注打赌,德国效率不是建立在'人人都为自己'的思想基础上。德国人比任何别的国家都更进一步接受和实施了社会主义原则。"证据不在马克思那里,而是在德国的军事成功中明摆着。[23]

在战争的最初几个月,同样常见的是把英国犹像蹒跚的战争机器归咎于恰好相反的品质:过分强调个人自由的习惯、被自由放任思想牢牢困住的经济。但随着时间一个月一个月过去,英国也开始被描述成在战争的命令下社会化了。该工作的大部分是英国进步人士的功劳,他们给美国通讯者提供大量报道,讲的是他们自己愿意相信和美国人希望听到的内容。《新共和》是这种报告特别重要的渠道,因为里面有大量英国通讯员,包括 J. A. 霍布森、H. G. 威尔斯、格雷厄姆·沃拉斯、哈罗德·拉斯基、诺曼·安吉尔、阿尔弗雷德·齐默恩。在《新共和》出版的第一年度,即 1914—1915 年,查尔斯·福塞估计四分之一以上的投稿都是来自英国纽带。这些撰稿人中没有一个做出对英国战争动员不加批评的描述,但是报道渗透过来的情况,比如合理规范战争期间劳动市场、动员工业生产的努力等,形成了英国社会政策在发生远比 1906—1911 年立法更加激进的巨大改变的印象。英国社会工作者宣告了战争爆发后横扫英国的"紧密团结"的到来。"英国真的开始纪律严明起来了。"美国记者雷·斯坦纳德·贝克 1915 年 8 月写道,"社会主义者梦想中多年后才能出现的条件一下子产生出来了。"[24]

276

不是所有的进步人士都肯定战争的社会好处是真实的——或者(即便是真实的)值得如此可怕的、无休止的杀戮。女性进步人士对战争的社会性影响比男性同行更加怀疑,常常迫切希望到战争前线亲眼看看。1915 年肩负徒劳的和平使命到德国,爱丽丝·汉密尔顿描写了她看到穿着德国军官制服的阿尔伯特·苏德库姆时多么惊讶,两年前她曾在赫尔馆见过这位社会主义者公民改革家。负有同样使命到这里访问的玛德琳·多蒂看到欧洲到处都是残废。硝烟熏黑了的窗户在哀悼，灰色救护车"无休止地"穿行，城市失去了年轻人，反战的社会主义者在柏林偷偷摸摸、提心吊胆地聚会。给她留下深刻印象的是这些景象而不是社会团结。[25]

社会主义者知识分子也怀疑"战争社会主义"改变欧洲的论调，但是有自己非常不同的理由。他们一直坚持"社会主义"和"国家社会主义"的巨大差别。差别在于前者的制度是所有权在群众手中，而后者经济结构的核心部分掌握在国家手中。但是，在社会主义者和进步人士观点汇合的地方，就连这些差别也因为战争的热度而融化了。

威廉·英格利希·沃林对于越来越多"战争社会主义"讨论特别不情愿的接受，便是很说明问题的例子。从事十年的进步事业后在 1910 年成为社会党党员，沃林成为特别警惕地揭露真假集体主义差异的人。针对社会主义改良派的任何计划——密尔沃基式的社会主义城市梦想、费边社的市营化项目、比利时社会主义合作社，他都提出了"国家社会主义"的指控。沃林反驳豪威的说法，认为对于德国更恰当的词汇不是"社会化"而是"政府化"，或者更准确地说，容克贵族控制下的"阶级组织化"。控制是关键。只要资本仍然掌权，认为资本主义国家的公共所有权会带来任何根本改变的想法就是"愚蠢的"。[26]

但是在战争出人意料的改变中，在沃林看来，社会主义和国家社会主义的界限也变得模糊了。1914 年他曾发表了对国家社会主义更加正统的论述，确定它在从资本主义到"社会主义本身"的历史发展时期中的顺序，每个阶段都是下阶段"绝对不可缺少的准备"。社会主义者现在面临的问题是，战争期间的经济动员到底代表了历史路线的前进还是后退。在 1915 年和 1916 年，由于爱国主义不断增强，沃林对于"战争社会主义"逐渐表现出越来越乐观的情绪，他与自己所在的政党也发生激烈冲突。他警告说"仅仅国家化"不是社会主义;他担心战争被用来作为驯服劳工运动的棍棒;但是到了 1918 年,沃林认为战争"100%或者 1000%地"增加了实现真正民主集体主义的机会。[27]

如果一个像沃林这样特立独行的社会主义者都能抛弃国家社会主义和真正主义内容的区分,进步人士转向战争集体主义的道路就更容易了。在 1915 年初期,《新共和》编辑仍然提醒读者说,海外"大规模滑向集体主义"不过是"国家社会主义"的风潮——是"没有任何真正内容"的社会主义的独裁者伪装。"强迫命令下的集体主义和激进民主集体主义是两码事。"虽然如此,看看欧洲交战国在战争中形成的社会组织,再对比《新共和》编辑在 1915 年秋天概括的"我们现在解决失业、疾病、老年、育婴等的笨拙方法",很难否认如下结论:战争集体主义已经够好了。[28]

慢慢地,落后论的想法又浮现出来,历史之箭被重新弄直了。《新共和》编辑在 1916 年底抱怨说,美国还要"纠缠在 19 世纪工业混乱"中多长时间呢?沃尔特·李普曼 1917 年 3 月在《新共和》社论中说"和世界上其他伟大国家相比",

> 当今美国在组织上是最落后的国家之一,思想上是最胆怯的。不管战争还带来了别的什么,它至少教给英国、德国、加拿大和法国:大规模行动是可以计划和实施的,现代国家必须用大量金钱思考,法制主义和自由放任的传统顾虑和教条是老人的幽灵……在经历最严峻的考验后,进步国家已经发现从前那种无组织的追求利润的竞争是不健全的、浪费的……但是美国在没有国有铁路和船运的情况下艰难前行,其矿产资源没有社会化,水资源被剥削,基础工业匆匆进入竞争,食物分配是一团乱麻,教育体制严重匮乏,工人组织半半拉拉、组织涣散、在社会结构中得不到承认。[29]

278

克里斯托弗·拉希把战前进步人士特征描述为不安地围绕权力中心旋转，对于没有行动感到沮丧，从心理上说不能接受战争可能令人采取的中性立场。[30] 但是他们渴望的不是权力本身，而是战争社会化的欧洲国家典范。伍德罗·威尔逊在 1917 年没有仅仅给予美国进步人士一套理想化战争目标。经过多年让人沮丧的政治努力，他为他们提供的是战争集体化国家的可能性实验。

许多进步人士领袖充满希望地抓住了这个机会。沃尔特·李普曼在美国宣战不足一个月时写道：“我们站在集体主义的门槛上，它比任何一个社会主义政党计划都更伟大。”约翰·杜威在纽约《世界》杂志上说：“私有财产……已经失去了其神圣性。”进步记者威廉·阿伦·怀特同年夏天心满意足地说：“剥削制度的基础遭到破坏。”这种巨大变革的意识在进步人士对战争的理解中非常关键。豪威早在 1915 年就写道，战争代表一个历史过程，危机过去后没有一个工业化国家能够恢复到战前的个人主义。[31]

这种对欧洲战争的解读，这种对战争带来社会变革可能性的信念，要求许多进步人士暂时抛弃权力分散论者的本能。他们对城市、社区、公共强化互助机构的着迷，暂时被拴上共同利益的民族国家概念所替代。有些进步人士在剧变面前犹豫不决，陷入痛苦的孤独中。到了 1917 年秋天，看出太多问题的伯恩痛苦地写到“美国半军事化的国家社会主义的倾向”。[32] 因为战争经历而突出的民主控制问题很快就会回来，这让有些进步人士去寻求更牢固的民主基础——这个基础不是建立在无阶级的公民团结概念上，而是与工人阶级结盟的英国式基础上。抓住战争集体主义机器并使其民主化，这成为进步人士的希望和挑战。

但当时，战争期间社会控制的势头非常强大。费城城市研究局的内瓦·德尔道夫参加了 1917 年 12 月各个社会科学协会的年会。她胜利地报告说，他们都有一个共同的信念：“自由放任死了！ 279 社会控制万岁！”[33]

在整个大西洋世界,战争期间政治经济的变革确实影响深远。任何地方的老规则都发生了冲突,争斗的社会党派被套上国家控制的缰绳,市场大幅度缩小,公共事务领域戏剧性地膨胀。但是有时候提出的观点——战争是公共福利最好的朋友和最主要的历史推动力,这个说法是经不起推敲的。[34] 重要的不是战争本身而是斗争的经济化。如果胜利像普法战争那样迅速,也就是德国战争计划者希望复制的结果,那么这场战争根本不会给社会政治带来任何影响。由于双方陷入僵持阶段,机动性战争转变为生产性和物资装备性战争,这成为决定区别的关键。在 1914 年秋天,法国陆军部要求每天生产 100000 枚火炮炮弹,到了 1918 年初,因为部队仍然陷在战壕中,陆军每天需要的炮弹是 278000 枚。战争物资的超强生产需要迫使交战国政府越来越深地卷入经济控制、物资和劳工组织,最终是社会改良——为了保持生产机器的正常运转。[35]

最先出现的是供应组织。自从国有制的军事用途在 1870 年明朗以后,德国就一直在购买铁路系统。在英国和法国,私人所有的铁路系统在宣战后几天内就处于政府管理之下。煤炭、食品、船运迟早要纳入国家控制之中,因为计划者在努力解决分配问题。为确保原材料供应和战争物资生产的优先权,涉及关键性战争物资的命令型经济以这种或那种形式出现,在德国非常迅速,英国和法国则有些犹豫。没有一个民族国家设置负责这个任务的政府机构。在缺乏现有国家机构的情况下,大批商人涌进柏林、巴黎、伦敦和华盛顿来负责战争经济公司和战争生产委员会,他们运用国家权威发布指令。战争爆发时草率营造的经济控制体系往往被认为效率不如战争系统化外表显示的那么高。在战争经济委员会内部,商人—政府官员眼睛盯着自己的利益讨价还价时,就像在市场中的表现一样。虽然战争期间征收超额利润税,但任何地方的战争物资供应者的利润仍然一路飙升。经济控制,即使是暂时的矿山和铁路国有化,并没有给所有权、投资和利润的根基带来任何变

280

化。但是在交战国中没有一个继续相信仅靠市场本身就能够实现紧急情况所需要的效率、目的和生产的高度集中。

组织劳工比组织供应要困难多了。如果要维持战争物资生产的话，与劳工组织签订和平协议显然是必需的。德国和法国依赖非正式的社会契约——战争时期爱国主义第一次高潮中形成的"城堡和平"（Burgfrieden）、"神圣同盟"（union sacrée）。在英国，在1915年初弹药生产短缺陷入危机状态时，政府不仅赢得了战争期间不罢工的正式誓言，而且还有工会工作规则的削减。在美国，政府与劳工联合会在战争一开始就签订了协议。

虽然劳工和平的代价各不相同，但是每每都包括政府正式承认工会在战争国家组织机构中的正式地位，这在1914年前几乎是不可想象的。在法国，战争期间的联合政府在1914年底让社会主义者自米勒兰争议后首次加入政府。在英国，第二年春天，劳工组织第一次在内阁有了立足之地，其代表进入各大战争工业委员会机构。在美国，家长制政府的主要批评者，劳工联合会的塞缪尔·冈珀斯得到一个由顾问和管理机构组成的复杂组织顶峰的席位，其中多数机构至少有象征性的工会代表。到了1917年夏天，冈珀斯被安置进入国防委员会的顾问委员会；社会主义者阿尔伯特·托马斯指导法国战争生产；工党的阿瑟·亨德森进入新的英国五人战时内阁，从外表看，政治转型确实是惊人的。虽然在德国，作为软化和平条件的孤注一掷的动作，直到战争末期才邀请社会主义者进入内阁，但社会主义者联盟也早已悄悄地被纳入事实上的劳工管理机构中。

战争期间劳工政策的一面是会议桌上的象征性席位；另一面是劳工协商和调停机构的迅速发展。战争让工资纠纷前所未有地公开化，成为可以公开仲裁的事。在英国，劳资谈判在战争前是被广泛接受的，1915年后政府参与仲裁过程显著增多。在劳工组织软弱和笨拙的地方，政府权威支持劳资联合委员会组织——称为

281

"惠特利会议"（Whitley Councils），来理顺现存的劳资申诉协调机制，阻止权力下放到激进工会管事手中，更重要的是推动了更紧密的生产合作。在美国，原先对工会的正式承认比英国罕见多了，政府很快批准战争工业的劳资谈判，如果不是和工会谈判的话，至少是和工厂委员会或者公司雇员协会。在集体谈判最弱的德国，最终政府和企业都让步，答应劳工选举工务委员会的要求，除了名称外这完全是对工会主义的让步。

维持劳工和平的问题在于它本质上是不稳定的。因为战争期间通货膨胀使得工资购买力下降，加上难以满足的征兵需求减少了劳工供应，使得仍然在生产线上工作的工人谈判力量增加，因而需要不断做出妥协。为了控制和合理安排人力资源流动，德国政府在 1916 年求助于公然的征用劳工。在英国，旨在抑制战争工业工人转行的"暂离证"制度来自同样的紧迫要求，也同样不受欢迎。部分是作为对这些和战争期间其他控制措施的抵制，部分因为工会得到保护的新地位，工会会员数量在战争期间大幅度上升。在军队吸收了大量工人到前线当兵的德国，工会会员从 1913 年到 1918 年底之间只增加了 14%。在英国，增加了 50%；在美国（从 1916 年到 1918 年底）增加了 25%；在法国，到战争结束时，法国劳工联合会的成员数几乎比战前翻了一番。在战争最初几个月中近乎绝迹的罢工 1915 年再次出现；到了 1917 年，罢工在法国、德国、英国都达到危机的程度。所有这些使工业和平的条件很不稳定，需要不断地重新协商。[36]

镇压是很容易的选择。在工厂的躁动变为激进政治的地方，不管那是美国西北的木材工人还是克莱德河畔的苏格兰机械工人，政府都毫不犹豫使用在战争刚一开始就抓住的宣布紧急状态的权力。在法国，社会主义者部长们在战争的第三年因为"神圣同盟"（union sacrée），在冲突的压力下分裂而离开联合政府。但是在其他地方，为了维持战争初期的团结局面，在和平时期可能受到强烈

282

抵制的妥协条件开始被填进脆弱的劳工和平框架的缺口。最低工资和最高工作时间法案在政府授权下得到推广。在德国,国家养老保险资格的(高得不受欢迎的)年龄要求从70岁降到65岁。更加戏剧性的是,皇帝在1917年德国罢工最高潮时宣布,作为战前德国政治基石的普鲁士三级选举制度在战争结束后可重新协商。

让德国政治关系走上谈判桌的形势同样推动了对女性政治的让步,因为她们大量进入战时生产工作领域。在英国,1918年选举权法案最终把选举权普及至所有成年男性,也把投票权推广到超过三分之一的成年女性。在美国,伍德罗·威尔逊签署女性选举权修正案也是建立在同样的战争形势基础上。在战争意外拉长和不稳定的情况下,政府对生产的关注能够产生非同寻常的效率。[37]

同样非常重要的是,战争把进步人士从社会政治的竞争边缘拉入战争国家迅速增加的社会机构中。1914年约翰·海恩斯·霍姆斯感到绝望:需要"许多年"以后才能在这块土地上再次听到社会工作者的声音。[38]实际上,政府到处招募社会工作者来支撑社会和平。在西伯姆·朗特里领导下的英国军需部福利科里面就有大量进步人士。甚至战争初期的普鲁士战争部也从"社会改革协会"招募大量劳工专家。

在美国,社会进步人士被大批纳入政府或者准政府服务机构。陆军因对卫生、士气、福利等方面专家的需要吸收了许多人。其他人则被作为劳工关系专家、调解员、工业福利专家、劳工标准制订者受到招募。全国消费者联盟中的许多成员被聘来监督对战争期间女性新工人的管理。赫尔馆的格雷丝·阿伯特在战争劳工政策委员会中负责战时执行关于童工的规定。约瑟芬·戈德马克担任全国国防委员会疲劳问题专家,她的妹妹鲍林娜·戈德马克被任用为铁路管理局女工专部经理。弗洛伦斯·凯利本人担任战争部劳工标准控制委员会成员。拉塞尔·塞奇基金会的玛丽·范·克利克成为劳工部女工局的局长。亨利·西格则成为造船业劳工调

283

节委员会的秘书。李·弗兰克尔和美国儿童局的朱莉亚·拉斯罗普参与起草政府的战争风险保险法案——这是联邦军人和海员的自愿性人寿和残疾保险项目,有意识与内战的补助金制度区分开来,作为社会保险原则的重大突破而广受称赞。[39]

在社会和经济的妥协与控制的错综复杂网络中,谁来控制战争期间集体主义这个问题是无法完全被压制的。在战争的紧急情况下靠市场力量显然是不够的,但是经济力量放在谁手中,不同的国家做法不同。在德国,军方担心政策问题落入议会之手,最终把几乎所有关键权力抓在自己手里。在英国,政府当局开辟出异常庞大的自治领域,军需部那个由劳合·乔治创立的庞大帝国,直接拥有和管理着机械和弹药工厂,是在任何别的地方都没有的。在法国和美国,对战争经济的指导主要落在了企业身上,要么通过紧急借用的经理们组成的委员会,要么通过战争鼓励形成的卡特尔。R.H.托尼后来有关英国战争经济的话在任何地方都是真实的:"尽管规模巨大、异常复杂,它几乎完全是临时拼凑起来的。"这个事实在很大程度上把战时经济管理和从前存在的经济学结构、所有权和力量结合起来。[40]

但是如果说国家、军队、企业因素的组合在不同的战争集体主义经济中各有不同的话,家族相似性更加让人注目。它们的共同特征不仅仅是对战争需要的自动反应。即使在战争期间,它们的相似性也是建立在相互吸收和借鉴对方设计的基础上。在战争初期失误频出的几个月里,英国报刊称赞所有经济力量总动员的德国模式。由于对德国组织非常感兴趣,劳合·乔治在1916年后期从军需部调到首相办公室之后进行了大改组,推行一系列集中权力的改革:紧急煤炭国有化、成立新的食品部、加大航运控制、缩减战时内阁。英国还向法国战争经济管理者施加压力,要他们实行更紧密的控制。

284 美国人最后进入战争,并从落后的优势中获取大量利益,以超乎寻常的速度采用了其他交战国的常规做法和先例。英国进入战争状态十六个月后才实行征兵,而美国在六个星期内就出台了征兵法案。意识到英国让运输公司自愿合作的实验造成的混乱,威尔逊政府在宣战前就开始创建国有紧急运输船队。英国战时政府等待十个月后才正式邀请劳工代表加入政府,而冈珀斯的位置在战争开始前几个月就已经落实好了。在铁路方面,美国人犹豫了九个月的时间,直到瓶颈问题实在严重时才创立了英国模式的铁路管理局。全国战争劳工委员会的仲裁机制直到战争开始一年后才充分动员起来。但是,战争经济的基本结构在六个月内基本到位,包括战争工业委员会、运输局、紧急食品和燃料管理局、紧急战争税、计划委员会的劳工代表席位等。

在战争边缘旁观的三年里,美国人尤其密切关注英国劳工政策的错误和困难。劳工部发表了 1917 年英国战时劳工法令详细汇编,对劳工标准感兴趣的美国进步人士询问英国来访者战争工业内部工作规则削弱的影响。[41] 因为对战争初期几个月内劳工短缺和普遍劳工动荡之间明显的联系印象深刻,威尔逊政府拒绝了英国先例,誓言要维持战前的劳工标准。威尔逊政府没有试图从工会那里得到具有法律效力的不罢工诺言(英国这种做法到了 1917 年好像只能鼓励未经工会批准的自发罢工的蔓延),而是获得自愿不罢工的保证,成立战时联邦调解服务处。

在所有这些方面,吸收欧洲交战国的经验极大地缩短了美国学习的时间,加快了进入战争集体主义的步伐。这就是看起来具有讽刺意味的现象背后的逻辑:在北大西洋经济体中最抗拒国家干预的美国,在战争紧急情况下是最快速采取干预措施的国家。在其他国家没有地图摸索前进的地方,美国飞跃进入有组织的战时经济——这种速度反过来加重了美国进步人士被战争投射到新世界的意识,在这里从前的所有口令都失效了。

285

　　进步人士认为跨越和平时期障碍的意识在住房政策前沿尤其强烈。当然,战争工人住房只是战争经济庞然大物的一个微小侧面,如果和关心劳工政策的进步人士数量相比,对战争住房工程表现浓厚兴趣的人数总是不多。但是正如我们看到的,1917年前人们对国家资助住房的抗拒是非常坚决的。如果战争期间跨越大西洋的纽带能够改变这些,谁也无法预料战争集中起来的能量会产生什么结果。[42]

　　从战争一开始就显而易见,战争计划者将不得不对付战争工人住房危机。1917年夏天新招募的工人开始成千上万来到船坞、兵工厂,像上涨的河水从和平时期的河床漫出。在宾夕法尼亚州造船基地切斯特市,全国住房协会的调查者估计,到1918年涌进这里的人比四年前多40000人。这么快速的人口移动只能让住房市场陷入混乱,但是需求本身并不能确定解决问题的方式。[43]

　　最直接的权宜之计就是让市场自己调整,提高租金,提高租房的利润空间,鼓励过分拥挤和普遍的凑合。除了这些,作为最初级的干预,临时解决办法是暂时把工人安顿在当地居民家中。改善交通运输条件,从足以吸收工业新雇员的人口中心开出特别火车或小公共汽车是另外一种可能性,但怕工人们在长途颠簸后筋疲力尽。最明显的解决办法是尽快建造尽可能便宜的临时营房,最好由工业承包商自己建造,如果需要政府可以贷款;还有最后一种办法,那就是直接由政府部门负责。快速建造像兵营一样简易的临时住所:要不是有英国的先例,这肯定成为美国人的战争住房做法。

　　但是在英国,战时紧急住房的需求出现在不同的先例和政治气候背景下。那里刚开始也是临时兵营式房屋。在伦敦东南的伍尔里奇皇家兵工厂,工人数量从战争前夕的11000人一下子暴增到1917年的74000人,在全新的工业城镇如苏格兰边界的格雷特纳,军需部炸药厂的11000名雇员遍布在荒野上,除了兵营式房屋

286

没有其他办法：像军队一样一排排的低矮营房。因为英国木材短缺，计划者很快不得不使用较长久的混凝土房屋。但还是英国战前市营住房建设的经验，在促成从临时房屋到补充国内永久性住房的转变中发挥了决定性作用。1915年，政府已承诺一个庞大的战时工人住房计划，按最好的花园城市和工厂村庄设计。以雷蒙德·昂温为首的花园城市建筑师作为团体进入战争住房委员会，这次是以民族国家为赞助人。[44]

兵营式建筑1915年后并没有停止，但是花园城市设计者使用战争期间集中的权威在公共住房设计中引入新规模和社区概念。伦敦市议会郊区边缘设计者不得不迁就的狭窄街道被抛弃。在伍尔里奇，为兵工厂技术工人建造的一个拥有约1300座房屋的村庄建在中心绿地周围，和20世纪英国将要建设的风景如画的郊区一样。在格雷特纳，昂温把1915年的战争兵营打扮成为村庄，里面有巧妙开辟的街道和慷慨配置的公共设施。在四年工作中，军需部建筑师建起了10000幢永久房屋，和伦敦市议会在过去二十五年建造的一样多。

因为担心遭到破坏，英国军需部工人住房的报道受到严格审查，只能缓慢渗入美国。传播的关键人物是新上任的《美国建筑师协会杂志》编辑。这本制作精美的杂志是有关建筑风格的权威，也是建筑精英主义的旗帜。我们不清楚经理们为什么要聘用查尔斯·H.惠特克担任编辑，此人是一位富有魅力的世界主义者、单一税制支持者、威廉·莫里斯风格的社会主义者。我们同样不清楚他怎么能在激起巨大争议后仍然稳坐编辑宝座。不管怎样，到了1917年秋天，他开始在杂志上发表英国战争工人住房的报道。除了发表他能从审查官那里搞到的东西，他还派遣纽约市建筑师弗里德里克·阿克曼带回更多内容。[45]

阿克曼是一位受到鼓舞的记者。他的文章是经济激进主义和战争乐观主义的结合体，显示出令人兴奋的色彩。他在10月份从

格雷特纳发回的报道说："亲眼看到这一切，认识到这是现实，见证
287 一个盛行法律、秩序和计划的庞大的工业共同体，看不到贫民窟而
且意识到这里再也没有贫民窟，认识到有可能在强化的工业和工
人正常生活之间维持平衡——让人感到一种很少能体会到的激动
震颤。"军工城是个活生生的例子，说明如果国家从"极度个人权利
和财产权利"的教条中摆脱出来，尽"全力"而为时所能产生的巨大
威力。阿克曼写道，他在战争时期的英国不光看到了房子，"我非
常荣幸地看到……未来的远景"。[46]

　　激起对苏格兰荒野这种情感爆发的不是国家的大手本身或者
设计多么优美。阿克曼排斥伍尔里奇风景如画的魅力，对其缺少
公共设施感到失望。让阿克曼认为看到未来的，是昂温那视觉上
更简单的、从社会角度看又更慷慨的格雷特纳和伊斯特里格斯计
划：俱乐部、市政机构、学校、教堂、牙科医院、电影院、公共洗衣
房、"社会和工业融合"的精神。[47]

　　在《美国建筑师协会杂志》，惠特克把阿克曼的报道和照片集
合成为高调的宣传，鼓动在美国推行类似的住房项目。他聘请伊
迪丝·伍德来描述欧洲公共住房贷款体系，理查德·S.蔡尔兹来
解释英国对付投机的办法，锡德尼·韦伯来称赞即将到来的政府
与建筑师的合作关系，而惠特克本人撰写在战争氛围中可感知的
价值观重估。[48]阿克曼自己则不知疲倦地宣传他在演讲和幻灯片中
看到的东西：

　　　　和过去完全不同，我们现在必须仔细审查自己的极端个人
　　主义倾向、相对缺乏体现合作精神的社会成就、对政府控制的
　　战栗和恐惧，尤其是我们物质主义的目标。除非我们克服这些
　　倾向，否则将绝对限制我们赶上其他国家的步伐。他们虽然遭
　　受的痛苦和损失比我们更大，但是从对付战争的共同努力中
　　学会了实践社会民主的某些意义。[49]

伊迪丝·伍德后来声称"阿克曼的文章阻止了美国战争住房采取临时性的木头营房形式"。[50] 她的判断或许夸大了阿克曼的作用,但并没有夸大英国先例的影响力。在技术工人严重短缺和流动率惊人的情况下,英国例子的具体性、"完成性",连同就是好住 288 房稳定了英国战争劳工这种夸张的想法,确实占了上风。

到了 1918 年春天,美国推行了一个类似项目。战争期间,速度就是命令,因而速度给予那些了解英国原型的人带来优势。可能主要因为他在《美国建筑师协会杂志》上的文章,阿克曼本人被任命为紧急船运公司的首席设计师。马萨诸塞州宅地委员会在洛厄尔的开发项目设计师阿瑟·C.柯米成为美国住房公司的区域设计师。昂温最亲密的美国通讯员约翰·诺伦为这两家机构做设计。

美国战争住房开发中没有一个是英国的复制品。美国规划师比英国同行更常用集中和对称的设计,会聚到公民中心场所,就好像视觉上的统一性会帮助抑制美国"沸腾的混乱"。至于每所房屋,印度式平房、新殖民主义模仿、仿农舍、新乔治王朝风格的街区都有支持者。但是在康涅狄格州沃特伯里、弗吉尼亚州纽波特纽斯、宾夕法尼亚州埃迪斯通等地,街景直接来自昂温的《城市规划实务》或者莱奇沃思和汉普斯特德的记忆,比如成排的房屋聚集在长长的屋顶下,英国花园城市设计者非常羡慕的德国风格的隆起或者插入元素,这些都毫无疑问标志着灵感跨越大西洋的源头。[51]

战争住房项目刚刚开始,1918 年 11 月第一次世界大战停战日就让它夭折了。但从项目开始时的速度、计划者对发展方向的信心来看,战争工人住房仍然是个非常突出的例子,说明政策借用内在的丰富资源。在不足十个月的时间内,紧急船运公司和美国住房公司建造了英国军需部在四年战争期间建造的永久房屋的一倍半。根据周围大片投机商建造的房屋来看,这也不过是沧海一粟。让战争住房项目显得重要的不是建筑物本身;甚至不是国家所有权这个事实(因为不像英国从一开始就批准归还给地方政府当局,在美国战争住房战后处理是非常不清楚的);也不是社区公共设施（在匆忙动工的工程中它们还只是一纸规划书);而是一种政治文化在战争紧急状况下断裂和改革的意识。

在 1917 年和 1918 年的其他地方，人们也很难抗拒对战争社会化影响力的信心。如赫伯特·胡佛这样的工程师和哈里·加菲尔德这样的教授都来参加国家有组织的食品和燃料供应；从战前的金融冒险中形成了联邦管理下系统的铁路体系；战争风险保险局推出数以千计的政府保险单；劳资双方在中立的政府专家监督下讨价还价等等。

1918 年 5 月洛克菲勒基金会主席来到英国，用"特别的热情"调查格雷特纳的结构和福利机构。乔治·文森特不敢肯定这么"精彩的"机构如何能够转变成为和平时期的东西，如何能在没有战时国家那种自上而下的紧急权力时取得这些集体成就，但是前景非常清楚。"我们参加了这场伟大的战争，这种共同利益的认识比从前任何时候把我们更加紧密地团结在一起……我们不能再回到从前的个人斗争或者群体竞争的矛盾冲突中。这场战争决不允许我们再回到从前那种古老个人主义了。"[52]

"几乎熔化"的社会

要让临时措施永久化，要在和平中实现战时的集体主义精神和机构：这些是战争时期紧急措施给大西洋两岸进步人士提出的挑战。很快围绕这些企图而形成的词就是"重建"。它最初来自法国对受到战争破坏的东北部重建的讨论，很快成为战后规划的笼统说法。当英国战时政府在 1916 年春天组织委员会预测战后问题时，一开始就用了"重建委员会"的名称。在英国，重建野心很快影响到国内政治辩论的每个角落，后来迅速跨越大西洋来到美国。

在英国，政治和士气在重建讨论中发挥了重要作用。随着比利时战争罪行故事开始失去在 1914 年和 1915 年发挥的影响力,随着军队陷入一场没有明显结果的冲突中,随着人们对于战争越来越多的厌倦,劳工运动开始拾起协商和平的呼吁,劳合·乔治政治许诺的核心就是战争不仅要赢得胜利,而且要进行战后胜利者的改造。在战争的最后几年,为普通英国士兵和军需工人建立更加美好的世界,这个姿态开始成为支撑公众士气不可缺少的手段。"毫无疑问的是,现在的战争……为本国工业和社会条件的重建提供了机会,这可能是全世界历史上从来没有过的。"1917 年 3 月劳合·乔治以经过精心设计的夸张语气对工党代表团说。"整个社会几乎熔化了,只要你坚定和果敢地行动,就可以给这熔融物质打上几乎任何印记。"[53]

实际上,在战争最后几年出现的重建运动不是一个而是两个,一个在官方部门,另一个在普通劳工阶层。前者的工具是 1917 年夏天成立的重建部,其任务(正如内阁指出的)不是"重建战争前的社会,而是根据战争期间的社会经济条件创造一个更美好的世界"。该委员会集中了大量进步人士:贝特丽丝·韦伯、惠特利(工厂劳资联合委员会项目)、西伯姆·朗特里(军需部福利局主任)、阿尔弗雷德·齐默恩、帕特里克·格迪斯、雷蒙德·昂温以及研究德国的专家威廉·道森。他们一起积极推动把战争的社会和经济教训运用到战后和平中来。劳工关系专家敦促紧急情况下成立的"劳资联合委员会"制度化,完全展开成为永久咨询机构,从生产第一线开始一直上升到高层的联合经济委员会,以便维持"战争建立起来的阶级合作"。贝特丽丝·韦伯自 1909 年以来就一直推动建立崭新的、广义的公共健康部代替济贫法。花园城市团体敦促战时住房项目扩展到和平时期国家资助的大规模住房项目。劳动营鼓吹者和社会保险专家则担心战后失业问题。经济学家把专业知识用于逐渐解除动员和控制的方案,以便慢慢适应和平时期的经济调适过程。威廉·道森总结了专家重建辩论的教训,运用可以追溯到 1880 年代德国课堂中的术语说,首先需要防止的是返回到致命的困境——"自由放任通行证"(laisser faire, laisser passer)。这不是英国进步人士带入战争的议题的总结,但是联系的纽带毫无疑问是存在的。[54]

291　　　而在英国劳工领域,1917 年到 1919 年的重建讨论是在战争期间明显断裂的经验下进行的。工作规则的紧急削弱、技术工人让位给新手造成的技术"稀释"、战争中的投机倒把、生活费用的急剧上涨、战争政府对工会领袖的笼络等——所有这些因素都破坏了战争初期的爱国热情,导致 1917 年愤怒的自发罢工大爆发。第二年参加罢工的人数更多,到了 1919 年,罢工浪潮已席卷整个大西洋经济体各国,罢工人数比历史上任何时期都多。

　　战争不仅动员了英国的劳工阶级,而且让他们更加激进。在战前关于社会政治的辩论中,劳工组织扮演一个遥远和模糊的角色,因为担心工会核心议题遭到淡化而削弱自己存在的理由,对国家措施充满疑虑。与一系列撤销工会罢工权和纠察权的法院决定相对抗的英国工党本身,1914 年也仍然和工会联盟没有多大差别。现在,由于战争将经济和社会关系政治化,工会的政治野心像个大气球迅速膨胀起来。

　　英国劳工的转变部分集中在国际事务领域。到了 1917 年底,因为对取得太少胜利和造成明显不平等的牺牲的战争感到幻灭,工党迅速转向劳工作为经纪人进行和平谈判的路线。俄国工人苏维埃把国家权力抓在手中的报道是强烈的催化剂,不过最终还是战争集体主义本身决定了劳工运动的新方向。英国战争经验模糊了曾竭力维护的经济和政治间的界限,把市场吸收到名义上民主的国家控制下,在所有权旧结构下悄悄出现了联合的甚至民主控制的潜在机构,英国战争经验勾勒出的世界和发生在俄国的情况几乎一样新鲜。在 1918—1919 年爆发了众多有关工资和劳动时间的传统冲突,频繁得让劳工关系专家来不及去平息;与此相伴,工业控制的新兴重要性不容忽视。劳工聚会时提出来的越来越急切的问题不仅是如何维持战争对资本特权的部分废除,而是如何把工业企业本身民主化。

人们对于达到该目标的手段还没有共识,只隐约感到有巨大的可能性悬在一个不稳定的政治时刻。在劳工会议上,鼓吹十多种不同形式的工人控制权的人在招募支持者。矿业工人认为矿山应该永久收归国有,如矿工协会秘书想象的,由工人和技术专家组成的联合委员会来管理。铁路工人在谈论彻底挤走战前管理者,由工人代表和公众组成的委员会实行控制。基尔特社会主义者柯尔梦想"战胜国家"(dishing the state),在废墟上建设以生产为基础的经济民主。工会管事中激进分子在讨论建立英国苏维埃。[55]

空中的众多乌托邦景象让工党着迷。工党1918年初期的著名重建文件《劳工和新社会秩序》绝不是美国进步人士认为的基础文本。它的两位主要作者在战争大部分过程中都是处于工党边缘的人物,拉姆齐·麦克唐纳由于宣传战争和平主义而陷入孤立,锡德尼·韦伯因为从不掩饰对工党领导层迟钝表现的蔑视而自我边缘化。但是对世界其他地方的人来说,《劳工和新社会秩序》鼓舞人心的语言和魔力让它与官方重建文件区分开来。它宣称从前古老的、个人主义的资本主义生产体系已经死亡——以此为基础的整个"文明"都已经死亡,这是战争的牺牲品。没有任何形式的"修补"工作能够让它复生。取而代之,工党提议建立"一个新社会秩序,不是建立在斗争而是建立在兄弟情谊上;不是建立在争夺生活条件的竞争上,而是建立在精心设计的生产和分配的合作上,不管是体力劳动还是脑力劳动的参与者都能获得利益"。[56]

在新社会秩序的四大"支柱"中,两个是典型的韦伯式观点:一是对资本的一次性巨额"征税"以便普通百姓免受战争成本的伤害;一是"普遍性的国家最低保障",这是韦伯夫妇喜欢的词汇,指国家保障的就业、工资、医疗和工作条件等标准。第三个支柱是从前激进分子的分享财富口号："剩余价值用于公共利益。"最后一个支柱是从一线工作的工人中产生的说法："工业的民主控制"，具体的主张是对英国的铁路、矿山、电力供应的国有化，更笼统的说法是"不光有经济上还有政治上的最广泛的参与权，这正是民主的特征"。韦伯和麦克唐纳承诺，这种新社会秩序将不再像从前一样建立在狭隘的"阶级"利益基础上，而是一个为了"共同利益"的"共同的家园"，是"所有领域的体力和脑力劳动者的家"。[57]

293　　　工党在 1918 年 6 月实际采用的重建计划已简化为具体方案，看起来更像一个委员会拼凑起来的配件组合，而不是"家园"或者"社会秩序"。比喻被剪掉了。韦伯谈论的普遍最低保障太容易让代表们想起济贫院，因而被抛到一边，取而代之的是更传统的工资和工作时间等政纲。但是政党纲领也保证说劳工绝不会满足于战后的"修补工作"。[58] 至于说政党承诺的"体力和脑力劳动"相结合，该党采用的方式是不仅欢迎其所属工会和游说团而且欢迎个人加入。由于战争使得立场更激进，消费者合作社也迅速加入事实上的劳工联盟中。[59]

　　在把经济组织起来和政治化的所有这些方面，战争让工人阶级振奋起来，用远比劳合·乔治愿意接受的熔融程度更高的战后重建前景激发他们的想象力。当激进的美国记者玛丽·希顿·沃尔斯 1918 年 11 月来到英国后，她感觉到：

> 　　无论你走到哪里，无论是伦敦工人委员会还是妇女工人联盟，关于新英国的讨论总是伴随着你。你一刻也无法摆脱这些讨论。它们在英国社会上下流动，通过工厂委员会和工人委员会进入工人阶级的家庭，从基尔特社会主义者到工会、女性合作社基尔特，再到威尔士矿工学校。到处都群情激动，到处都存在着对新世界的热烈需求。[60]

在 1919 年接踵而来的不可避免的抱负冲突中,罢工主导了节奏。英国政府精心制订的缓慢复员计划就是要巧妙配合工人与工作,避免造成重建部那些计划者担心的高失业率,但是因为 1 月的士兵大游行而失败。2 月煤矿停业的威胁只是因为成立了特别调查委员会才得以解除,这个委员会的一半成员由矿主任命,另外一半(锡德尼·韦伯和 R. H. 托尼是成员)由矿工协会任命。那年春天该委员会进行了关于私人所有和永久国有化二者相对优越性的公共听证会,双方都有一连串证人出席公开辩论。一个同样前所未有的姿态是在 2 月召集的全国工业会议,参加者有包括企业界、劳工界、政府代表在内的六百多人——在有些基尔特社会主义者看来,简直就是胚胎中的经济议会。这是要制订出战后工业社会契约的条款。[61] 但是所有这些都没有阻止罢工的进一步加剧和工会组织的日益壮大(单单 1919 年就有将近 150 万人)。

在这些联合压力下,政府转向更多的奖励政治。在现有的失业保险项目上添加了一个紧急失业补助法案,让士兵能度过复员后最初的困难阶段。政府还答应给予那些愿意耕种的返乡士兵以帝国的土地。最重要的是,消灭贫民窟、建造体面住房跃居战后重建议题的前沿,而且采用慷慨的经济资助来推动,这种慷慨(就像失业补助一样)后来让政府计划者感到后悔。劳合·乔治公开谈论房屋问题——"适合英雄们"居住的房屋,有花园、澡堂,甚至客厅。但在私下里他谈论的是革命,他敦促内阁说,即使住房计划"将花费上亿英镑,这和国家的稳定比起来算得了什么?"[62]

处理因为战争而收归国有的企业是更棘手的问题。劳工竭力要永久国有化,商人要求立刻恢复到战前状态,政府决策者意见不一致,犹豫不决。1920 年初,重建委员会前任成员阿瑟·格林伍德仍然认为煤炭和酒类买卖的国有化是迫切的问题,铁路、航运和银行也距此不远。[63] 但是往另外方向推动的力量更强大:劳合·乔治已经开始精心策划并运用手腕来操纵的恐布尔什维克主义心理、民意调查中的保守派偏向，以及投资者和商人把工业带入预期中的战后激烈国际竞争的渴望。政府驳回了煤炭委员会勉强通过的国有化决议，相反提出了按区域重组煤矿公司的主张，公司董事会中设置工会代表。铁路行业也提出了同样的建议。渐渐地，其他战争经济控制也被拆除了。主要的战争经济部门，与战争时期相比已经仅有外壳，也在1921年彻底解散。工业委员会计划者希望建立的永久性劳资委员会在1921年因为工会的退缩而破灭。[64]

到了矿工们最终在1921年正式罢工，经济陷入衰退，雇主降低工资和裁减人员时，再要改变事态已经来不及了。战争的乌托邦情绪，正如威廉·道森曾经说的，进入"崭新时代"的浓烈意识和把战争集体主义材料建成"新社会秩序"的热情被消耗殆尽。新首相斯坦利·鲍德温宣布"本届政府不会试图去控制国家的工业"。[65]

但这是条高低不平的下坡路，尽管鲍德温口口声声说恢复，英国的社会政治已经被永久地改变了。1920年的紧急失业救助将成为战后英国的主要特征一直延续到1930年代的大萧条时期。战时住房项目也维持下来（尽管有保守派周期性的停工），公共的、工人阶级"委员会"房屋缓慢扩展为英国新特征。也很重要的是，战时劳工政治的改变也维持下来了，不仅有导致1926年大罢工的积蓄的愤怒，而且更重要的是，战争克服了劳工长期以来对做好事政府的怀疑，让工党进入英国社会政治的主流。

虽然细节来自英国，但是归根结底趋势是普遍的。不管在社会民主党意外继承了他们长期不信任的政府的德国，还是在这类人仍然处于政府管理权力边缘的法国，社会民主和进步政治之间的界限因为战争而发生了深刻变化。在整个欧洲，劳工政治现在非常活跃，不仅在谈论工人委员会和联合控制，而且在谈论社会保险、住房、规划、经济管理等——所有"资本家"的社会政治议题；从前的正统社会主义者与这些议题是保持距离的。在这方面，战时紧急经济集体主义实验、社会和平的脆弱结构、热烈讨论的重建计划,甚至 1919 年那些破灭的乌托邦,都有持久和深远的后果。

在北大西洋经济体西边,战争结束后希望的兴起与破灭也同样发生了。在美国像在欧洲一样,战争期间出现的重建抱负撞到了更加激进的劳工运动,撞到了渴望尽快让国家工业恢复到战前"正常"状态的雇主。虽然具体情况在美国,但是背景、意识、影响在很大程度上具有国际性。

主要的海外模范是英国。战争期间和战后的德国被隐藏在宣传迷雾之下,有关法国的报道主要集中在军事方面,但美国进步人士对英国重建的消息特别感兴趣。《调查》在搞到英国重建部的报 296 告要点后马上发表。惠特利会议成立各种形式劳资联合委员会的建议引起美国人的广泛注意,因为它正好和不断强化的劳工调节机制的需要相吻合,也和把战争中的民主理想引入工业这种旨在提振士气的模糊言论相吻合。《新共和》在 1917 年秋天请人描述英国计划,指出了惠特利观点与国内以"难以抑制的敌意"为特征的劳工关系的对比。编辑忍不住补充说:"人家已远远跑在美国的前面。"到了 1918 年底,随着美国战争工业中成立的一百多个惠特利式工厂委员会,战争劳工仲裁者在缩小差距方面做出很大贡献。[66]

在所有英国重建计划中,《劳工和新社会秩序》在美国引起的反响最大。《新共和》称赞它"可以说是由负责任的政党提出的最成熟的、精心设计的项目",开辟专刊全文转载。《调查》因为错过了 1918 年 2 月的机会,在 8 月全文刊登了工党的重建计划。矿工联合会杂志转载了《劳工和新社会秩序》,加利福尼亚州劳工联合会在 1918 年秋天的决议中引用了大量内容。在白宫,威尔逊总统的秘书约瑟夫·塔马尔蒂确保总统能看到这本书。当威尔逊开始在春天的演讲中插入即将来临的"政治经济重建"内容时,塔马尔蒂敦促他再大胆一点。加利福尼亚进步人士麦耶·李斯纳写道,西奥多·罗斯福称之为"多年来出版的最激动人心、最有启发性的政治文章"。《新政治家》的结论是:"《劳工和新社会秩序》到来后,至少在东部和中西部各州,似乎很少有俱乐部、协会、大学、教堂或者论坛不受到影响,来询问英国劳工组织到底在想什么,计划做什么。"虽然有自我吹嘘的一面,但这样的说法确实有点道理。[67]

为什么美国进步人士从英国战时宣言的干草垛中单单挑出《劳工和新社会秩序》大加赞扬,并寄予太多自己的希望呢?这确实不是很容易解释的问题。该文件公然支持社会主义项目,发誓"消灭"控制工业的私人资本家,支持将大部分工业国有化,它在美国进步人士圈子里绝不是可利用的资产。赫伯特·克罗利在创办《新共和》之初就曾经保证该刊物的思想"激进,但不是社会主义者"。凯洛格的睦邻中心和社会工作人员读者并非标准政治意义上的激进分子。那些对《劳工和新社会秩序》不以为然的人中有西奥多·罗斯福,他对李斯纳抱怨说"其中5%—10%的内容纯粹是共产主义货色",让它受到玷污,就像一滴污水污染了清泉。《新共和》担心"美国进步思想的胆怯和兴趣淡漠"将阻碍人们接受宣言的真正意义,这种担心确实有道理。[68]

然而,在美国进步人士竭力要相信战争带来的转型影响时,韦伯和麦克唐纳让细节从属于历史理想化比喻的这一决定,使得《劳工和新社会秩序》比相对灰暗的官方版本的优势更大。英国文件承诺了美国进步人士最希望听到的东西:再次确认旧秩序已经失效——正如《新共和》编辑说的"根本无法修补了",战争的社会成果绝不能再失去。跨越大西洋的进步纽带从来没有成为特别精细的政党区分工具。《劳工和新社会秩序》与笼统的重建讨论相融合,为美国进步人士提供了在威尔逊身上他们半嘲讽半羡慕的东西:自我夸耀的新社会理想主义诺言。从1918年起,关于战后"新秩序"的讨论在美国进步人士对冲突的评估中无所不在。秋天时《调查》已经肯定"资本主义不可能不受任何挑战和控制地回归"。威尔·杜兰在1918年6月的《日晷》上写道:"新社会秩序已经到来,这是不容置疑的。"[69]

这种跨越大西洋的进步纽带对英国政治辩论术语的吸收,有助于解释为什么到了 1918 年末期(这时美国参战刚刚一年,在战争中的牺牲与英国相比非常微小;工人情绪稳定而且最初的爱国热情还没有减退;尚且没有高举战后承诺来支撑战争士气的迫切需要;企业生产战争物资的速度似乎证明了资本主义崩溃完全是一派胡言),美国对重建计划的讨论会这么热烈,甚至比英国还多。威尔逊并不是这个现象的领导者。当第一拨的英国重建委员会报告跨越大西洋渗透到美国的时候,威尔逊对美国重建计划的支持者说现在考虑这些措施太早了。当 1918 年 11 月停战突然到来时,他告诉重建委员会支持者说已经太晚了。在《劳工和新社会秩序》 298
发表的头几个月里,他只是笼统讨论即将到来的重建,到了 1918 年 12 月国会年度报告中,他往后退缩只是提到简单的"调整"。即便这时,他的头脑中想的仍然是国际关系,根本无法提供什么具体建议。他对国会说:"我自己没有坚定的判断。返回和平状态的过程……很可能超过任何机构的研究和任何可能提供的援助。指导和平进程并不容易,还不如顺其自然。"[70]

因为没有上面的指导,重建热情似乎从社会本身的毛孔中爆发出来,由部分借来的理想主义推动,用部分借来的语言包装。弗兰克·沃尔什写道,到了停战日,美国已处于"重建会议和计划的风暴的中心,这些会议和计划来自可以想象到的任何团体,有高雅之士,有反动组织,有工人也有其他人"。在 1918 年 11 月到 1919 年中期,美国劳工联合会、美国商会、联邦基督教协进会、全国天主教战争委员会、妇女工会联盟、社会工作者、农民、州劳工联合会都拼凑起自己的重建计划来。有 6 个州成立了正式的重建委员会。《日晷》夸耀自己的重建计划,合作者包括约翰·杜威、海伦·马洛特、托斯丹·凡勃伦。威廉·詹宁斯·布莱恩的《平民》也发表了自己的重建计划。自从 1918 年秋天就一直以特别宣传册的形式转载英国重建报告的《调查》，现在用每个月的第一期专门讨论重建议题。运用借来的英国基尔特社会主义者的语调，查尔斯·H.惠特克在《美国建筑师协会杂志》上呼吁一种"超越工业主义"的建筑和社会秩序。支持战争的社会主义者在1月份创办标题是《重建：新时代的来临》的崭新刊物。刘易斯·芒福德后来回忆那个时刻说："在1919年的街道上出现了二十种不同的天堂。"《新共和》的编辑无意中重复了劳合·乔治的用语："我们当今的社会就像熔化了的铁水，可以塑造成任何模型。"[71]

其实这个重建的新瓶子里装进去了很多陈酒。但是美国进步人士加快步伐追赶1919年早期英国的脚步，就好像自己的未来就在那里一样，这一迹象特别引人注目，说明重建运动的国际影响力多么大。早在7月份，《调查》的驻英国记者阿瑟·格里森便反对"讨厌的情形：大批的美国调查团、委员会、特别代表团一批又一批踩在同样的青草地上，直到把它踏成烂泥"。简·亚当斯、沃尔特·韦尔、格里森本人都出现在1919年初煤炭委员会听证会上。《国家》杂志的奥斯瓦尔德·加里森·维拉德在停战后动身到英国。赫尔馆的元老朱莉亚·拉斯罗普和格雷丝·阿伯特前往英国是要为美国儿童局调查儿童福利措施。查尔斯·H.惠特克是劳工部特别代表，去研究英国建筑行业中的基尔特社会主义。玛丽·麦克道尔调查英国公共住房问题，美国劳工立法协会的约翰·B.安德鲁斯要亲眼看看英国公共健康保险的经验。美国劳工部、全国公民联盟、全国工业会议理事会都竞相派出了雇主代表团考察英国的劳资关系。全国公民联盟派遣另一个代表团试图研究健康保险问题。[72]

对于寻找的内容或者它对美国政策的意义，调查者的共识并不比战前的更多。美国劳工部长1月份组织的雇主小组报告说，以工会为基础的集体谈判在英国起作用；在"沸腾的不平静"之下，它是最有希望朝向稳定的力量。2月份动身的全国公民联盟代表团的结论是没有任何值得从英国学习的东西。3月份全国工业会议理事会的代表团报告说,英国正在走向赤裸裸的布尔什维克主义,雇主屈服于联合控制的要求,政府缺乏遏制劳工运动泛滥的政治意志。报告说,一整套的"流行语和口号,比如'国有化''集体谈判''工业民主化'等被炮制出来,这些词语有广泛吸引力,但内容模糊,没有确定性。尤其是在这个不管是在工业还是在政治领域都充满激情和暴力,不满情绪泛滥的时刻,'变化多端的短语'是十分危险的"。[73]

在这个形形色色的抱负和乌托邦激烈竞争的喧闹中,在到处都谈论重建的"新时代"、"新秩序"和"战争已经开启了新世界之门"时,从英国引进的内容只是发挥了部分作用。[74]战争集体主义经验、美国进步政治的救世主式口吻、当时任何利益集团的议题都要贴上"重建"标签之风,都是重要因素。但是正如战争是国际事件一样,战后重建野心也是如此,超越了民族国家的边界。 300

在停战后的最初六个月提出的美国重建计划热潮中,没有哪条线索比把战争经济的某些特征延续到和平时期这种希望更常见了。社会工作者在11月呼吁战争时期的公共就业服务永久化,将战争住房工程进行到底,把士兵和水手保险扩展成为全面的社会保险体系。教会团体渴望扩展战时最低工资标准,扩展战争劳工调解局推行的工业和平机制。全国城市联盟的公民改革者建议保持战时工业委员会的核心功能,"确保我们在战争期间获得的领地"。更让人惊讶的是,该联盟建议战时国有化的铁路和电报电话服务仍然留在联邦政府手中;如果要返回私人投资者手中,必须在消除"从前的私人所有制投机性和反社会性特征"以后才行。加利福尼亚进步人士希拉姆·约翰逊认为铁路应该留在政府手中不再是"可以争论的问题"。[75]

在威尔逊政府内部,有人赞同战时紧急情况下的集体主义不能简单地解散了事。在 1918 年 11 月共和党选举胜利后,约瑟夫·塔马尔蒂从早先建议的铁路永久性公共管理立场上迅速后退,但敦促威尔逊采纳类似劳合·乔治的项目:养老金、健康保险、联邦最低工资标准、最长工作时间法案、政府住房项目、"控制"基本原材料、联邦政府承认集体谈判的权利、按战时劳工委员会精神设置永久性联邦劳资纠纷处理机构、维持联邦就业服务项目,还有以英国模式为基础的国家工业会议,制定改善的劳资关系规范——或许像"惠特利项目"那样。他应和劳合·乔治的话说:"对付布尔什维克主义的真正解毒剂就是社会重建。"威尔逊的邮政部长公布了政府永久拥有电报电话服务的计划。铁路管理局的威廉·麦卡杜提出了联邦铁路管理延长五年。燃料管理局的哈里·加菲尔德建议成立由劳工、经营者、公共代表组成的和平时期燃料委员会,协调煤炭行业的纠纷。[76]

不过,尽管英国和美国的重建野心有这些平行发展,却存在关键的差别。其中有些是发端于高层,如威尔逊总统。他和劳合·乔治的战争领袖才能之间有很多共同点。按英国的说法,两人都是"自由党—工党"(lib-lab)政客,得到劳工广泛支持的进步人士。1916 年由于美国劳工联合会的积极支持而连任,威尔逊进入战争时,比以往任何一位美国总统都更接近于同工会正式结盟。[77]但是威尔逊选择在方方面面掌管劳工—进步联盟,偏偏就除了在他自己的头脑中。在美国其他进步人士通过英国发现了劳工政治中的新利益的地方,在劳合·乔治竭力收买工人阶级重新支持自由联盟的地方,威尔逊的战后政策制定充斥着普遍性的、无阶级的进步人士的高调。

劳合·乔治试图利用重建旋风为自己的利益服务。威尔逊则相反,既担心又蔑视,不愿意走近它。他回避劳合·乔治那种战后社会承诺的政治,而是建立了一个特别的海外国际重建项目,几乎接近于放弃国内的内容。要是西奥多·罗斯福领导战时政府(这正是他迫切的渴望），事情的发展有可能完全不同。但是威尔逊心思不在这上面，加上1919年的前六个月都待在巴黎，无法摆脱他认为此前只是主持战争中临时反常措施的意识，越快拆除战时体制越好。

因此，战争集体主义机构一方面群龙无首，加上没有根基良好的国家机构的维持，几乎在一夜之间就开始解散。"校际社会主义协会"的哈里·莱德勒1919年1月访问华盛顿时头脑中满是重建计划。在政府工作的第一个朋友却告诉他"不会有什么重建计划"。弗兰克林·莱恩的内政部工作人员正忙着计划在联邦开垦的土地上安置大量士兵。而除此之外，各个战争部门尽可能快地卷铺盖走人。[78] 战争劳工局在12月初申请解散。战争住房工程的工作随着停战到来而结束。完工的工程以低价出售给私人投资者，其余的放弃了。食品和燃料管理局在6月解散。铁路维持在政府控制中一直到1920年初，但是麦卡杜本人在停战后两个月内 302 返回到利润更加丰厚的私人企业工作中。战争持续的时间不够长，没有来得及形成常态意识，也没有培养出专注于其运作的管理者队伍。战时借调的管理者离职回到企业事务中去；办公桌几乎还没有摆放好，办公者就离开了。无论如何，政府外的重建热情不可能阻止战时紧急政府管理部门陷入崩溃。[79]

归根结底，让威尔逊政府重新采取行动的不是进步人士的纸上计划而是劳工的压力。受到战争期间集体谈判胜利的鼓舞，加上国外事件的刺激而更加激进，工会组织在新年伊始充满了积极行动的乐观主义心态。就像在英国一样，工人控制权的议题扩散到战时政治化的经济以外。因为有些领袖受英国模范所吸引，矿工联合会呼吁煤炭行业国有化、劳工参加的煤矿共同管理，以及独立的劳工政治。在广泛散发的由劳工律师格林·普拉姆起草的计划中，铁路工会建议铁路国有化，由劳工、管理者和公共委员会三方组成的机构共同管理。国有化政纲在州劳工联合会决议中太多了。矿业和铁路工人工会提议成立罢工联盟，显然是模仿英国矿业工人、码头工人和铁路工人的"三方联盟"。冈珀斯和美国劳工联合会的行业工会领袖竭力反对这种潮流，不大情愿地加入美国劳工联合会重建委员会，他们坚持认为传统的行业工会比新式劳工共同管理主张的优越性更大，并对任何愿意听讲的人说英国劳工的新政治方针不可能长久。但是，连美国劳工联合会也被1919年的渴望席卷，在1920年的大会上脱离冈珀斯的领导，支持普拉姆计划。[80]

更关键的因素是，停战后十二个月出现了一系列的罢工，其激烈程度比美国历史上任何时期的罢工都要厉害。工业界地动山摇的战场出现在煤炭、纺织、服装、航运、钢铁等领域，工人要求增加工资、缩短工作时间、把战争期间管理者给予的紧急优惠常态化、把战时紧急状态的代表体制变成工会明确的谈判权。总之，1919年走上街头罢工的人数达到400万。20世纪只有另外一个年份罢工人数超过这次，那是在1946年。

面对同样的力量，劳合·乔治采用承诺、恐吓、操纵等手段，而303 威尔逊政府直到1919年秋天，即将近一年的罢工风潮后才开始修补遭到破坏的社会和平。在钢铁行业即将罢工的时刻，政府召开特别工业会议，这显然是英国2月份劳工关系会议的翻版。有大约60家雇主、美国劳工联合会任命的工会代表、政府选择的公众代表在10月初齐聚华盛顿特区参加会议。威尔逊没有为会议确定议程，他认为战争时期那种利益合作关系会很自然地再次建立起来。英国会议持续了两年半时间，而美国会议两个星期后就不欢而散。美国劳工联合会的代表试图抓住战争期间得到的临时优惠，坚持以工会为基础的集体谈判原则；而雇主则非常固执地要求保留与他们愿意承认的任何工人代表谈判的权利。"公众"代表提出惠特利主义的某种形式，这些代表中有很多福利资本家。英国工会和雇主在19世纪末期逐渐清晰化的协商和谈判的共同基础在美国却不见踪影。一切都归结到工会在和平时期经济谈判桌上的地位,矛盾全面爆发。[81]

因陷入死胡同,工会愤而离开。"公众"代表组成的第二场会议匆忙召开,捡起某些议题,提出了成立类似于1919年《英国劳资法庭法》的劳资纠纷协调委员会机制。[82]但是到这时候,煤矿工人已经参加到钢铁工人的罢工中来了。威尔逊政府重新恢复了曾迫切希望拆除的战时煤矿管理机构,采取不亚于战前法院最大力度的强制令镇压煤矿罢工。战争期间的强制性法律机器被严厉地用来对付外国劳工激进分子。在情绪重新极端化的情况下,从欧洲借来的处理紧急状况的公共劳工协调机制陷入崩溃。1920年成立的处理工资和工作条件的铁路劳工委员会三方会议一年后解体,因为资本方和公众方的代表联合起来要废止铁路工人的工会协议。美国在劳工仲裁机制方面受到最广泛关注的创新——"堪萨斯劳资关系法庭"发动了(作者声称)和外国原则"完全不同"的行动,开始宣称在任何情况下,州中所有基础工业领域的罢工、抵制、纠察、停工等都属违法。[83]

由于有效的公共协调机制破产,主动权重新落到雇主身上。甚 304
至在工业会议失败之前,他们就开始准备好新的"自由雇佣"(open shop)动议要限制战争期间的工会扩大。惠特利主义的卓越地位(去除了惠特利委员会在英国与劳工组织的关系)、"工业民主"的言辞,都被适当修改以符合公司控制的雇员代表体制那种"美国计划"。在雇主的反攻下,钢铁领域的战时组织崩溃,国有化运动在煤矿领域也渐渐削弱。铁路工会面对国会要剥夺其罢工权利的法案时也被迫从普拉姆计划的高地退却。到了1923年,在雇主反攻和1920年底就已经非常严重的战后经济衰退的联合压力下,工会会员已经从战后最高峰下降了近三分之一。[84]

最后,"红色恐怖"也给倒退潮流推波助澜,在美国表现得特别强烈。就像从1917年到1920年革命思想在世界范围有传染性一样,人们对它的恐惧性反应也是如此。劳合·乔治在1919年末期就开始利用人们对布尔什维克革命的恐惧,大肆宣扬"一小撮但是非常活跃的人不知疲倦地、阴险地利用我国劳工组织的力量达到颠覆国家的目的"。到了1920年底,由于酝酿的全面罢工威胁,劳合·乔治从议会得到范围广泛的紧急状态处置权——当1926年全面罢工的威胁变成现实时,它给了政府所需要的镇压工人的权力。[85]

美国在北大西洋经济体西边,人们或许料想它比西欧和中欧遭受革命的冲击要小得多,但是由于移民工人阶级的强大力量,美国政治实际上受到的冲击更大。作为保守派政治焦虑的"引雷针"而言,就连最赤色的苏格兰机器工人都比不上移民工人。在1919年突然爆发的反对外国人、反对激进思想的情绪中,很明显借用外国经验的进步项目突然陷于非常易受攻击的地位。纽约州立法机构调查煽动性活动的委员会给《调查》、《国家》、激进工会以及睦邻中心支持者等贴上"和平主义者、失败主义者组织"等标签。《纽约时报》攻击普拉姆计划是"通向列宁和托洛茨基原则的一大步"。沃尔特·李普曼在1919年11月愤怒地写道:"在这时候,在内政问题上站在1912年西奥多·罗斯福的立场的人,在外交上站在威尔逊第一次到巴黎时的立场的人,以及在宽容原则上站在约翰·弥尔顿两个半世纪前的立场的人,现在肯定、绝对要被指责为和平主义者、亲德分子或者布尔什维克分子。"[86]

强大的利益团体已经表示反对的健康保险成为最明显的牺牲品之一。在战争刚一开始的时候,健康保险的鼓吹者已经迅速把援引的先例从德国转变为盟友英国,以避免被指控为"大普鲁士主义"。但是这一姿态很少引起注意,"德国造"宣传上又添加了"布尔什维克主义"标签,健康保险被说成社会主义"国家医疗"形式。美国劳工立法协会在1921年还继续推动健康保险宣传,正如约翰·安德鲁斯指出的,徒劳地抗拒"在停战后兴起的极端反动的潮流"。鲁宾诺已经在1919年底放弃了斗争,到巴勒斯坦指导一个医疗使团去了。[87]

希望这么强烈，失败又这么干脆。早已存在的劳资关系模式的区别、布尔什维克主义牌的不同打法、不同的国家机构体制、高层领导的不同特征，都让美国的下坡路比英国的陡急得多。但是在美国，战争结束也并不标志着简单地返回原来状态。像消退的洪水中挟着泥巴和沙砾的旋涡，战争集体主义实验留下了一大堆残渣。1920 年代劳工关系的标志——正式确定的公司代表计划，是直接的战争遗产。赫伯特·胡佛在战争期间参与开展国家推动的企业合作，他把这个经验变成 1920 年代共和党计划的核心。再后来，战争期间集体主义经济的经验在罗斯福新政中发挥了重要作用。从战争集体主义乌托邦经过夸张的重建计划再到重大妥协后的残余影响，这整个轨迹是国际性的共同特征。即使那些一直坚持美国得到上帝垂青与众不同的人，也通过跨越大西洋的纽带卷入这个战后国际动态的旋涡中，就像卷入战争一样。

在战争的国际残余中需要考察的还有一个内容。1918 年的一些美国进步人士觉得《劳工和新社会秩序》不仅仅是笼统的经济和社会重建计划。他们在"体力和脑力"劳动者的说法中看到了全新政党的宣言：一个用理想主义语言为大众利益代言的劳动党，其中有知识分子如韦伯、麦克唐纳发挥的空间；或者反过来说，一个得到工人阶级选民支持而强大的知识分子政党。《新共和》的编辑在转载《劳工和新社会秩序》的编者按中说："美国自由派在近期一个不可回避的政治任务就是推动美国工人的组织工作，以便发挥可观的政治力量……在宪法争论项目上，观点越激进越好。"[88]

在某种程度上，脑力和体力劳动者的政治联姻想法对美国进步人士来说是新鲜的。在一系列的问题上，比如市营化斗争、工伤赔偿运动等，进步改革者和工会领袖都是在同一战壕里奋斗的战友。但这样的结盟并不容易，常受到阻碍，前者几乎不加掩饰地蔑

306

视工会领袖狭隘的团体利益追求,工会领袖则觉得这些进步改革派更多关心的是社会和平(和他们自己倡导和平的专家仲裁者地位),而不是工人具体的物质利益。在这个意义上,战争标志着进步人士和工人阶级关系的试探性的、不彻底的改变,一种预示并帮助开辟后来新政道路的结盟机会。要通向这些新形式劳工和进步人士联盟的前景有许多道路可走,对于美国人来说,最宽广、最重要的是英国道路。

就像许多其他大西洋纽带一样,美国进步人士对于英国工党可用政治模式的发现不是整体上的,而是零零散散的。《新共和》在英国投稿者帮助下发现它,其中许多人就是在战争期间的压力下从自由党转变立场进入工党的。[89] 相反,《国家》改变则是因为对战争的怀疑。《国家》老板和编辑奥斯瓦尔德·加里森·维拉德在战争初期并非经济上的激进派。他在 1912 年的选举中渴望寻找一位能够把美国带回格罗弗·克利夫兰道路的候选人。他甚至责怪战前的《调查》过分同情劳工。但是维拉德战争期间的和平主义使得《国家》与国家的审查之手激烈冲突,所以编辑部吸引了一帮激进主义者,也让维拉德和反战的英国左派有了接触。英国工党在对似乎无休止的战争感到不耐烦时,开始与国内反对战争的少数派修补关系,并在 1917 年 12 月发表了清晰的和平目标。这个事件给维拉德留下深刻印象。在停战后的几个星期,维拉德到英国考察,寻找英国工人阶级"人民的和平"的设计师拉姆齐·麦克唐纳(维拉德的政治"理想典范")和"圣徒般"的乔治·兰斯伯里。到 1919 年,他已改变了战前对劳工的态度,渴望出现美国政治重新调整,以便能够促成知识分子和工人结合起来的民主力量,建立像英国那样的联盟。[90]

在进步编辑中,保罗·凯洛格是最接近于从源头感受到英国骚动的人。因为迫切想知道美国红十字会在法国的救助和社会工作情况,他在 1917 年夏天来到欧洲。和维拉德不同,凯洛格不是和平主义者;因担心外交政策分歧导致杂志订户的分裂,他在美国宣战后已经辞去在美国反战联盟的工作。但是毫无疑问,战争的残酷性让凯洛格情绪低落,他急于看到一些社会进步来充当这场灾难的补偿。在法国看到的景象让他震撼,迫切需要的是更鼓舞人心的劳动而不是红十字会的临时包扎性工作,他回忆说自己在欧洲时"特别孤独"。1918 年 1 月他跨过海峡来到英国,参加了工党的诺丁汉会议,惊讶地发现战争目标的辩论让他着迷。凯洛格认为这里是带着普通英国工人口音说出来的伍德罗·威尔逊理想主义,是威尔逊的民主和非帝国主义和平理想。他在那年春天写信给费利克斯·法兰克福特说英国劳工运动"是当今欧洲最自由的力量,是与总统的自由国家领导权相平行的最可靠力量"。雷·斯坦纳德·贝克从同年在英国的切身经历中得出结论,用几乎同样的语调说,真正的威尔逊主义者不是在政府而在工人阶级中间,"今天的工党是英国公众生活中的精华"。[91]

《劳工和新社会秩序》刚开始并没有激励凯洛格。他相信其中的国有化政策要点已经脱离了草根劳工阶层的愿望:下放经济控制权并使其民主化。但是从这个起点,凯洛格很快转向对工党国内项目的深刻羡慕。他在 1918 年 4 月写道,英国劳工运动"既不同于传统的工会主义也不同于从前阶级意识强烈的社会主义"。这是"有机的"和"民主的"运动,旨在推动"战时共同体特征",同时又没有战争的标准化和侵犯个人自由。[92]

凯洛格对英国劳工运动的崇拜日益强烈还受到阿瑟·格里森的鼓励,此人 1918 年初期带领他在英国游览,最后成为《调查》联络英国劳工运动的特使。格里森是时代提供的一个典型的例子,说明战争能引发怎样的狂热情绪,当战争政府不能回应它的时候,这种激情就迅速转移到劳工运动上。格里森这个从耶鲁大学毕业来到纽约杂志社写漂亮"散文诗"的文静、深刻、充满理想主义的记者,在 1914 年战争爆发时,他正在英国创作一系列英国生活的文

308

学速写。他作为救护队志愿者奔赴前线,很快参加到同盟国战争事业中。他在英国官方的暴行调查委员会对德国战争罪行作证,在美国杂志上敲响战鼓;当第一批美国士兵最终来到欧洲时,他为他们讲战争目标。他在1917年纽约《论坛报》上连载的《英伦三岛》一书,是对英国因为战争而振奋起来的经济和社会的热情描述,目的就是激发国内进步人士介入战事的热情。[93]

正如格里森在1917年初期看到的,工党在英国战争社会化场面中是靠边的。"说建设性思考是劳工的贡献是一种恭维,但这不是事实。"他喜欢把劳工运动的风波比作"毫无防备的可怜人遭受潮汐巨浪的打击后手足无措"。其领袖没有建设性远景也没有综合性重建计划,普通工人"没有受过教育","缺乏想象力"。格里森在1917年初期通过西伯姆·朗特里和福利工业家初次接触劳工问题,他的政治英雄是重建委员会的阿尔弗雷德·齐默恩和《圆桌会议》圈子里的社会帝国主义者。从这个角度看,英国劳工似乎很难把问题想出什么结果来。[94]

但是到了凯洛格1918年初期到达英国时,格里森的理想主义正迅速转移到英国劳工运动上面,政治抱负的变化将使他深深投入实现工人控制的运动中。1917年底英国工党从专注于工会事务的状态中苏醒,改造成了真正的政党而不再仅仅是工会联盟的政治委员会,加上它从陷入战争机制困境的政府中挪用民主口号的做法,都帮助格里森进入工党的轨道。在战争政府的权力胃口不断膨胀的时刻,工党下放控制权并使其社会化的目标在格里森看来是了不起的清晰思想。

作为《调查》的英国社会政治特约通讯员,格里森根据新材料写成了第二本书《英国劳工与战争》,合著者还有保罗·凯洛格。这是两人思想的结合:凯洛格渴望民主的、人民的和平,格里森对工业民主的兴趣日益强烈。[95]到了1919年初,格里森口袋里塞着《调查》的薪水再次返回英国,作为该杂志的记者要报道正在创造的新世界。他再次寻访朗特里,忠实地发回一篇关于惠特利委员会的文章,但是他相信真正的新闻在工会管事的运动、矿工提出的国有化要求、争取劳工控制权的新兴力量。他给凯洛格写信说,"政府在住房、土地垦殖、海外移民、教育等方面的活动比不了"劳工的草根动荡,"因为它们是项目和计划,不是人的运动"。即使锡德尼·韦伯也不清楚这个潮流在往什么方向前进,虽然他梦想由没有利益纠葛的公共管理者来分配有效组织起来的权力。[96]

到了1919年中期,格里森肯定历史的潮流是在朝向自下而上的社会主义运动,以煤矿和工厂为中心的不成熟的、本能的、"没有哲学的革命"。"白厅官僚机构的权力受到地方政府的削弱,就像国家社会主义在工人控制下得到缓和一样。随着执行权的扩张,就需要权力下放,这是英国式的平衡策略……一步一步、零敲碎打、鸡毛蒜皮但切实可行。没有整洁的法国定论、没有教条主义的哲学、没有德国中央集权的机器",也没有美国的"歇斯底里"。他再次描述自己意识到的潮流:"功能代表、产业工会主义、生产者参与控制、多元化的统治权……最近劳工的激情和动力全都在里面。"[97]

在1919年中期的动荡日月中,格里森把所有这些东西发回《调查》办公室。在传统社会工作人士的强大压力下,凯洛格大肆删减格里森的文章,虽然总是道歉。针对格里森建议的让《调查》和《新共和》合作在美国建立英国劳工运动永久出版渠道,凯洛格只是敷衍应付。但是实际上,到1918年底,两人已经把《调查》拉入自下而上形成的"新英国"毫不掩饰的同盟中。

维拉德、凯洛格、格里森等美国人对英国劳工运动情有独钟,部分原因是他们能看到在国内很难看到的东西:工人阶级有充满理想的心灵和善于思考的头脑;而美国的工人大部分是长着奇怪面孔,操怪异口音的外国移民。考虑到塞缪尔·冈珀斯强烈谴责干涉劳工运动的"知识分子",考虑到冈珀斯因为社会保险与美国

310 劳工联合会结下的怨恨,或者考虑到进步人士认为劳工坚持要把在工会随波逐流作为获得劳工部任命的主要标准,《劳工和社会新秩序》能够公开邀请体力和脑力劳动者携手这一点本身就让人振奋。

美国人急于找到迹象表明劳工运动不仅自己思考而且愿意接受别人的思想,他们费尽心机寻找英国工人阶级知性主义的每一条证据。工党的费边社纽带,像麦克唐纳和兰斯伯里等著名的记者在党内的领袖地位,煤矿工人选择牛津大学教授作为他们在煤炭委员会的代表,以及纯粹的"脑力劳动者"如锡德尼·韦伯和 G. D. H. 柯尔能加入工人运动核心领导圈等,都说明了这个问题。

因为同样的冲动,他们迫切地抓住劳工运动的教育臂膀"工人教育协会"。雷·斯坦纳德·贝克在结识了创立该协会的合作社人员阿尔伯特·曼斯布里奇后,迫切想把他带回美国。曼斯布里奇的牛津老师和盟友(资深人士包括阿尔弗雷德·齐默恩、柯尔、托尼)、公共基金、渴望思想文化的技术工人,一起集中起来进行为期一年的经济和劳工问题学习。在许多美国进步人士看来,这代表了美国工人与知识分子之间紧张和相互不信任的关系中所欠缺的东西。美国人对英国劳工运动的表述在 1918 年后总是把它说成建立在四根支柱上的房子:工会、议会中的工党、合作社运动、工人教育运动。虽然任何讲究实际的统计都可能把最后一根支柱看作牙签一样的小玩意儿,如果和其他支柱相比的话。贝克写道,"工人和学者的结合"是在战时英国最激动人心的事情。格里森在 1919 年冬天要在工人教育协会更激进的竞争对手——劳工学院开设两门课。[98]

当然,他们在谈论英国的时候心中想的是美国问题。话题可能是英国劳工,但是核心文本是冈珀斯、威尔逊以及美国进步政治的未来。在这个语境中,确定英国劳工政治之意义的斗争只能在国内引起政治裂痕。凯洛格 1918 年春天刚刚从英国返回,冈珀斯就向他提出挑战,要在强烈支持战争的全国公民联盟听众面前与他举行公开辩论。威廉·英格利希·沃林为支持战争的少数社会主义者发声,污蔑凯洛格的报告是"亲德国的和平主义宣传"。在商人听众的欢呼和喝彩声中,冈珀斯严厉抨击"爱管闲事的知识分子",这个《调查》、《新共和》、锡德尼·韦伯联合体,以为他们比美国工人自己还清楚工人需要得到什么。[99]

311

冈珀斯和沃林已经在努力工作,要按照自己单纯的工会主义和直截了当的战争爱国主义重新塑造英国的劳工运动——恰好和凯洛格、贝克、格里森的目标相对立。冈珀斯实际上已经从英国工会大会的边缘挑选了做这个工作的人:"全国总工会"的威廉·阿普尔顿,他是相信男子汉自助的反社会主义者,这一点和冈珀斯本人非常像。威尔逊政府迫切想阻止协商和平的言论传播,1918年春天派遣美国劳工联合会领袖代表团,试图鼓起英国和法国拥有类似思想的工会主义者的战争决心。在7月份,政府为沃林的支持战争的社会主义者同行提供资金去游说海外社会主义领导人。在9月份,一个包括冈珀斯本人在内的代表团前往伦敦参加同盟国劳工大会。《劳工领袖》报道,冈珀斯站在大厅中央,头上戴着帽子,一支接一支地抽着雪茄烟卷,准备好单枪匹马地迎战对社会主义或者中欧劳工运动的任何妥协。贝特丽丝·韦伯写道,美国劳工联合会代表团"坚决主张、一再主张说,至少自从他们参加战争后,战争是在民主和无私一方与独裁和贪婪权力一方之间进行的。不管什么时候有人提出争议,美国人就重复他们的信条——语速更慢,声音更大,时间更长"。[100]

有关英国劳工政治的斗争是要争夺谁来控制和代表工会运动的问题。它恰恰产生于冈珀斯的教条与凯洛格、格里森等人之感受的对比,后者感到英国1918年和1919年兴起了流动性更强、更分散化的、"有机的"劳工运动。不是所有在1918年或1919年自称进步人士的美国人都站在英国路线的那种劳工联盟一边。那些认为赢得战争胜利比国内民主重建等异想天开的空谈更重要的人,以及认为对阶级利益的任何妥协都破坏了无阶级的公众共同利益的人,还是对英国路线无动于衷。要不是战争的破坏和工人动乱,要不是战争国家膨胀的领域内每种经济和工业关系的暂时政治化,使得那些关系面临意料之外的严峻民主考验,大西洋对岸的情形很可能引不起美国进步人士的兴趣。但是在那个时刻,英国成为美国进步人士的桥梁,有些人通过它开始从中产阶级专长和影响力的政治转向像劳工本身一样广泛的民主社会政治同盟。

312

如何把半是借来半是想象出来的模式带回家总是最困难的问题。有些想按英国工党原则搞劳工运动的美国进步人士甚至亲自加入劳工组织。通过他们的努力,劳工知识分子这个在欧洲比在美国更熟悉的角色开始缓慢在美国出现。弗雷德里克·豪威是个著名的例子,他战前发表的欧洲报道洋溢着对无阶级的公共利益政治的忠诚。作为纽约港移民官员,豪威突然碰到战争期间的国家权力。因为他迟迟不愿意驱逐又一批外国激进分子,最终被迫辞职后,他放弃了中产阶级社会政治,靠担任普拉姆计划的宣传家在铁路工会活动中闯天下。曾经是拥塞问题委员会秘书的本杰明·马什成了铁路工会主办的机构"人民重建联盟"的主席。[101]

格里森朝着同样的方向前进。1919 年底从"全都疲惫不堪"的英国返回后,他曾经在《自由人》找到出口,在那里他竭力支持在国会的空壳旁边成立以职业为基础的工业议会。在工业研究局,他研究煤矿问题,试图在美国掀起像英国煤炭听证会那样程度的辩论。他在 1921—1922 年作为工会"国有化研究委员会"的专家成员帮助矿工复兴了煤矿国有化主张。他是 1921 年美国对应于英国劳工学院运动而成立的"布鲁克伍德劳工学院"的校董。那年晚些时候在进步工会主义者合并成立工人教育协会美国分部的时候,格里森也是创始人之一。[102]

但是,对于受工党思想激发的多数美国进步人士来说,劝诫比跨越阶级渗透的这些例子来得更自然。他们心中想象的工党不是工会大会的戴布帽子的群体,甚至不是深入学习经济史的工人学习班,而是背后有真理和数字的宣言:跨越阶级但没有阶级意识。由于受到《劳工和新社会秩序》的鼓舞,他们很容易地错把它当作工党本身。赞成单一税的《大众》在1918年春天用没有讽刺意味的话问道:"此前非常蔑视工会主义的数千美国自由派在问'我们怎么能和劳工接触?'"其实,《大众》也是最热切推动这个问题的机构之一。[103]

进步人士的开始动作是1919年3月发表在《调查》《国家》《新共和》《日暮》等杂志上的"致美国人的呼吁书",针对所有"体力和脑力"劳动者。呼吁书的支持者包括豪威、《新共和》的赫伯特·克罗利和沃尔特·韦尔、《国家》的奥斯瓦尔德·加里森·维拉德、《自由人》的阿尔伯特·杰伊·诺克、单一税制支持者阿莫斯·平肖和乔治·L.莱考德、社会宣讲者约翰·海恩斯·霍姆斯、格林威治馆的玛丽·西姆柯维奇、西北大学睦邻中心的查尔斯·朱布林、女性主义者夏洛特·珀金斯·吉尔曼、城市社会主义者卡尔·D.汤普森,甚至还有像霍普金斯这种1912年进步党的铁杆老兵——为了这样的目的,一起松散地组织成了"48人委员会"。[104]

但是阶级鸿沟不是单单通过一则宣言就可以跨越的。劳工斗争在1919年不断加剧后,传统的劳工组织被越来越紧地逼到承认工会地位这一议题的墙角,他们不愿意用48人委员会里中产阶级知识分子的模糊理想稀释自己的项目。面对劳工的缺席,委员会把目光转向1918年底芝加哥劳工联合会组织的独立工党。这个党像48人委员会一样无足轻重,它借用了英国名称,吸收了几百个地方工会组织参加,提出了一套进步政治纲领:工业由民主控制、公用服务设施公共所有、女性完全平等、战争利润资本税、社会保险、言论自由权利彻底恢复等。但是如果对比进步人士理想化的英国模式,即锡德尼·韦伯的头脑和工会大会的肌肉相结合,结果只能是让人失望的。查尔斯·梅尔兹在《新共和》上哀叹说这个政纲背后没有主导性的远景,"其中没有试图像英国工党那样建造一种新社会秩序"。[105]

为了在需要大量脑力劳动的地方进行思考,48人委员会把1920年的大会安排在工党芝加哥大会召开的同一时间。但是在48人委员会的指导委员会(其中推动直接单一税制路线的人占上风)和跨城镇的劳工代表之间,只有很少一点珍贵的共识。委员会的领导坚持无阶级工人党政策,只要它努力争取公用服务业的公共所有权;工会领袖要求工人党追求工会权利和对工业的民主控制。由于谈判者争吵不休,48人委员会的基层成员冲向劳工大会——像1912年进步党大会代表那样高唱"基督徒战士,前进"游行进入工党的集会大厅,他们的影响力很快消散了。[106]

在1924年"进步政治行动会议"的提名会议上,进步人士再一次唱起了"基督徒战士,前进"。这次体力和脑力政治结盟的倡议来自工会,遵循的是更传统的欧洲路线,但这次联盟的后果要大多了。在进步党名称的复兴中,铁路工人工会起了带头作用。他们在战时国家经济管理之下发展得非常好,但是到了1922年初期,随着铁路劳工委员会的解散,反对罢工的严厉强制令重现,加上一系列对工会组织权利非常不友好的法院判决,使他们迫切希望采取独立政治行动。脑力劳动者再次表现出积极的意愿。奥斯瓦尔德·加里森·维拉德担任会议的财务助理,弗雷德里克·豪威作为秘书,本杰明·马什作为实地组织者之一。1917年分裂时出走的社会主义者充满热情地重新加入。《新共和》和《国家》清楚提到英国例子,也表现了一种回归。简·亚当斯、保罗·凯洛格、杜波依斯、约翰·杜威、约翰·R.康芒斯、雷克斯福德·特格韦尔、费利克斯·法兰克福特、保罗·道格拉斯等都表示了支持。当罗伯特·拉福莱特接受大会的提名参加1924年的总统大选时,连美国劳工联合会都表明支持的态度。[107]

1924 年的进步党有工会支持的基础和中产阶级的上层结构，是美国本土上最接近英国工党模式的东西了。拉福莱特在 1924 年赢得 17% 的选民支持，是人民党在大选中获得最大支持度的 2 倍，是尤金·德布斯在社会党鼎盛时期获得的支持度的 2.5 倍。直到世纪末没有另外一个第三党候选人的支持度超过这个高峰。在议会制情况下，1924 年的进步党本来可以组建相当力量的议会立足点，一个为下一场选举打基础的强大舞台。

但是这一次，工会开始警惕劳动党政治，对进步人士盟友更加警惕。甚至在 11 月以前，当拉福莱特获得全胜的机会开始变得越来越渺茫，柯立芝政府抓紧修补一些工会篱笆的时候，铁路兄弟会就开始支持更传统的经纪人政治。把政治看作市场的习惯很难扔掉，在这样的市场里，工会最好是把最终的忠诚留给它自己，在一次又一次的选举中把商品卖给出价最高的政党。非常不愿意一下子把所有政治资源都耗费掉的铁路工会也开始向中间立场退却。矿工联合会的约翰·刘易斯已经把 1919 年激进分子清除出去，并表态支持柯立芝。而美国劳工联合会的支持没有得到多少看得见的回报。

但是受到拉福莱特高支持度的鼓励，社会主义者和进步知识分子迫切希望把"进步政治行动会议"变成永久性机构，但是工会为减少损失决定退出。当一个事实上的工党在 1936 年后最终依附于民主党地方和种族联盟后，劳工组织在党内将没有正式的构成性地位。借用过程中理想化和思想化的英国工党模式没有办法在美国坚持下去。大西洋进步政治中充满了这种偏离方向的纽带，时间点的距离足以造成关键的、结构性的差异。

但是，如果在战争退潮后留下来的东西只是理想层面的，我们也不应该低估它。哈里·莱德勒 1919 年底写道："有许多人感到华盛顿的政府注定要带领美国直接进入集体主义国家行列,这种集体主义不是没有……官僚制度和从前的股东大军的慷慨支持(通过政府债券利息),但它是一种远远脱离了斯宾塞式个人主义的工业秩序。"[108] 回头再看这个时代,很容易辨识出这里面的幻觉。受战时集体主义实验启发的进步人士错误地以为,1917 年和 1918 年特别迅速的政策学习过程会是永久性的。他们错误地认为战争结束时的激情是"常态"。他们夸大了战时国家在阶级和片面利益问题上的中立立场。他们过分强调了公共利益的明确性和公共利益代理人责任追究的容易性。在 1917 年的信心中,他们很少认识到这些问题。像 1914 年的兰道夫·伯恩那样寻找别样道路替代美国过分个人化的生活方式,多数进步人士是带着迫切的期望进入战争的,H. G. 威尔斯替他们说出了想说的话:要看看这个"伟大的国家"团结到高效的共同行动中后能取得什么样的成就。

但是对于有些进步人士来说,战争和战后重建狂热提供了阶级关系的意外教训。特别对那些最接近跨越大西洋政治的人,它教会他们对巩固的权力产生新的怀疑,对小规模的,甚至与阶级有关的民主阵营表示欣赏。从理想化的德国的破产中,他们学会了应该对强大的中央集权的欧洲国家保持小心。战争时期形成的摆脱私人贪婪和片面利益的、相互合作的整体经济观念维持了下来,但是同样维持下来的还有对国家权威的新警惕,许多进步人士在 1917 年和 1918 年曾希望这样权威的实现。进入新政时代,有人希望劳工运动能把市场造成的经济结构民主化。其他人则寻找合作化道路那头的任何形式。还有其他人认为可以在欧洲边缘的小地方找到解决问题的答案。

第八章

农村的重建

合作农庄

社会政治议题开始于新事物。在受到经济转型影响最深的现代性边缘，社会政治支持者把力量组织起来，交流抚慰方法和矫正措施，对控制问题感到担忧。老式的贫困从来不能像劳工工资新领域那样引起进步人士的兴趣；老式的贸易也无法和市场商品化的外向冲击相比；老式的生产也不能和人员集中、经济力量庞大的新世界相比。分散在广大农村地区的受传统约束的人口刚开始根本就没有引起他们的注意。

1872 年在社会政策协会的组织会议上，没有人提到农业的困境。十三年后美国经济学家协会组织会议上也没有人提到农民的苦难。1900 年的巴黎，产业工人在社会经济展厅中投下的影子是巨大的、毋庸置疑的。要在展品的迷宫中找到农村生活的经济和社会材料需要特别的耐心。"社会问题"是雇佣工人的问题、劳工问题（Arbeiterfrage）、大城市问题、劳工和垄断资本的结合问题。刚开始,农村完全在思想的另外一个领域。

318   但是从当时的任何人口数据上看,农村在 20 世纪很长时期内都是重要的存在。虽然农村人口一代一代像从水库中漏水的小溪一样输往城市,欧洲乡村仍然是独立存在的大洲。从爱尔兰到斯堪的纳维亚半岛,越过普鲁士和中欧平原,再经地中海沿岸返回,欧洲乡下包围着城市和工业核心。1930 年,爱尔兰和意大利近一半劳动力还在从事"原始的"经济领域活动:林业、渔业,以及最重要的农业生产。在瑞典,类似比例是 39%,法国 36%,丹麦 30%,德国 29%。在美国,玉米、小麦、棉花等农田一望无际地绵延在费城、新英格兰、芝加哥三角区的西部和南部,农业人口的比例是 22%。[1]

  这么多的农村人口绝不仅仅是可有可无的残余力量。随着普选权的普及开始出现农业政党。在由都市和工业核心的议题决定的政治波谱中,农民政党没有固定的和可以预测的地位。农村利益问题能够提出的基调受到政党领袖、市场力量和政治环境的影响,从 19 世纪末期美国的民粹主义主张到 19 世纪末期德国容克控制的农场主联盟,或保守或激进。典型的情况是,农业政党在更强大政治参与者的场地上扮演充数的角色。但是当农民集团把命运和工人阶级政党结合起来的时候,他们对进步政治的影响力就相当大了。瑞典就是一个说明问题的例子,这里的社会民主党获得长期执政就是因为 1933 年和农民党的结盟而实现的。同样道理,美国新政也是这样,北部工人阶级选民和南部棉农利益的结合维持了它早期的大胆措施。[2]

  从经济上说,农村也扮演着重要的角色。丹麦黄油、瑞典木材、新西兰羊肉、美国小麦和棉花都在各自的出口经济中发挥核心作用。在 1930 年代的法国和德国,农产品占了全国产品总量的五分之一;在意大利这个比例超过四分之一;在美国,虽然有工业制品和服务的庞大的国内市场,这个比例仍然达到十分之一。[3]农民的口号"一切下面都是土地"是对这种经济状况的简单化和道德化

说法。在农业党看来,手工业者、工厂工人、银行家和股票投资者、 319
艺术家和牧师都装点了文明,但是他们都得吃饭;从经济上说,农
民的土地和劳动支撑了所有这一切。这个主张有点夸张了,但是
在农业经济占这么大比例的情况下,其说法显然包含了一些真理。
1933 年这么多最好的、最聪明的年轻新政支持者进入农业部绝不
是没有道理的。在那里他们试图弄清农业萧条的原因,相信只要
农村购买力恢复,整个经济复苏的力量就回来了。

如果说农村具有的经济、政治、人口等方面的重要性超过城市
进步人士认可的程度,同样道理,它也很难说像这些人有时想象的
那样静止不变。在这个时代,商品化的庞大机器在农村的作用并
不比大城市或者工业城镇的作用小。给土地及其产出的"商品"定
价当然不是新东西。让人不安的力量是农业市场扩张的规模和程
度。随着铁路、营销、信贷网络等越来越进入农村深处,从前规模
小、竞争力弱的贸易网络在压力下陷入崩溃。更多农产品开始越
过更长距离的销售网,经过更多中间商和加工者的参与,产品价格
被更遥远、组织更有效、资本化程度更高的参与者来决定。农村挣
工资的劳动力沿着越来越密集的交通线和交易途径,进入把城市
和农村结合起来的劳动力市场,这个市场甚至跨越大西洋。至于
土地,它已经成为越来越复杂的债务和贷款金字塔的场所,扣押权
和抵押贷款、地主和佃户讨价还价的场所。农民或许仍然穿早已
习惯的木屐;世界各地的农村人还要弯腰锄地,满口乡村土话暴露
自己的身份;地主或许从一磅的交易中,从佃户或者分成佃农那里
得到一磅半的尊敬,但是乡村表面上的迟钝掩盖着它越来越融入
世界农业市场这一事实。

虽然如此,农村在一个关键领域与城市居民的世界不同。在力
量集中的时代,农业生产仍然是地方性的、小规模的、个人的行为。
就连易北河以东最大的容克的土地或者红河谷的富饶农场,在经
营规模上都无法与经济领域中的交通、银行、制造业大公司相比。

320 把工业劳动力组织起来比把农民组织起来要容易多了，虽然也存在困难以及罢工武器的危险性。农产品生产者一个个把产品送到市场上，他们对市场的控制力越来越小，越来越难以隔离市场风险。在农民分散和分裂的经济力量与农业市场资本更充足、组织程度更高的参与者的力量之间，存在着明显的、经济上可感知的差距。

在这种持续的不平衡中，在商品和休闲方面的时代成就中只有很少一部分进入农场主或者佃户的口袋。20世纪初期农业市场是经济效率和未偿付社会成本之间的经典联姻。便宜的食物是以牺牲众多农产品小生产者的教育、健康、理想为代价的。最弱小的农民，即爱尔兰佃户、美国黑人佃农、丹麦农业雇工成为北大西洋经济体中最大规模的受剥削的、辛劳的穷人。

在这个背景下，没过多久社会问题就让进步人士把目光转向了农村。社会政策协会在1880年代的议题中增加了农业经济问题，理查德·伊利到1890年代已在培训美国农业经济学家。慢慢地，在都市社会改革者群体之外，农村社会改革者的国际网络也开始出现。农民在其中不占主要角色，他们的政治倾向像他们的社会组织一样是地方性、区域性的。北大西洋经济体国家的农业社会经济学中间人很可能是宣传家、慈善家、农业经济学家和教育家。有些人获得了国际性声誉，比如创立德国农业信贷合作社运动的莱茵兰村长弗里德里希·威廉·赖夫艾森，爱尔兰新教徒地主的良心、西奥多·罗斯福最喜欢的外国农业改革者霍勒斯·普伦基特。但是和政策交流的其他国际网络一样，是更小的、更低调的参加者组成的普通成员维持了它的存在。

这个类型的一个例子是威斯康星州的查尔斯·麦卡锡。他不是出生在农村而是在马萨诸塞州的布罗克顿，他爱尔兰出生的父亲在那儿的皮鞋厂工作。麦卡锡十四岁离开家到都市工人世界游荡，凭着思维敏捷和橄榄球天赋半工半读上完了布朗大学，最后来到威斯康星麦迪逊大学理查德·伊利的门下做研究生，兼当橄榄

球教练。到了1901年,麦卡锡获得了威斯康星大学的教职和在州
首府工作的职位,负责帮助立法者把思想更有效地融入法案中。
进步法案的发动机"立法参考图书馆"很快就证实了麦卡锡的夸
耀:"州改善运动的十分之九背后都有他的功劳。"[4]   321

　　麦卡锡的第一次欧洲旅行是1910年作为州贸易和工业教育特
别委员会成员到德国参观,但是他对海外立法实验的间接体验可
以追溯到更早的时候。到麦卡锡的州办公室参观的人印象深刻的
是传单和样板法规的国际色彩,"数千种报纸……几乎包括了世界
上每一种语言"。当霍勒斯·普伦基特在1911年路过麦迪逊宣传
工业合作社的时候,麦卡锡像其他人一样对这个新想法非常着迷。
麦卡锡的政治理想、爱尔兰背景、具有世界眼光的政治兴趣、作为
主要农业州立法专家的地位,都帮助他和普伦基特很快建立起密
切的友谊。在商定1913年亲自前往参观爱尔兰和丹麦农业改革
的成果后,麦卡锡根据普伦基特的爱尔兰模式开展美国农业合作
社运动,并派遣首批组织者到都柏林接受培训。[5]

　　麦卡锡参谋部中的主要南方人克拉伦斯·坡进入国际农业改
革领域的路线虽然不那么曲折,却同样是出乎意外的。克拉伦
斯·坡出生于北卡罗来纳州农场,和麦卡锡一样出道很早,想要找
到独特的谋生方式。作为北卡罗来纳最重要的民粹主义报纸《进
步农场主》的实习记者,他很快收购了这家报社,在接下来的六十
年时间里,他把该报作为向南方农民宣扬农业改革的讲坛。到了
1908年,克拉伦斯·坡已经积蓄了足够的资金供一位年轻人到欧
洲周游旅行。他本来打算参观博物馆和诗人的故乡,但欧洲乡村
的精耕细作意外吸引了他的目光。克拉伦斯·坡对读者赞叹说在
英国乡下看不到破败的篱笆、荒凉的土地,没有泥泞的坑洼不平的
道路,没有文化深处的得过且过、没有美国农村典型的轻率的农业浪
费。法国农村同样让他惊叹不已,"这里没有泥巴,没有沟壑,没有荒
草,没有破落的房屋和牲口,没有密灌丛猪,没有丢人的佃农茅舍"。[6]

没有佃农,没有黑人,没有美国南方这么大规模的文盲,没有懒惰,没有棉花和烟草的陷阱:克拉伦斯·坡充满种族性和地方性色彩的观点,南方读者无须仔细破译就能明白。当1899年北卡罗来纳选民遇到美国黑人的公民权剥夺问题时,克拉伦斯·坡为这个措施辩护。但是克拉伦斯·坡受欧洲启发对于无"散乱部分或者参差不齐边缘"的农业的兴趣,不仅仅是看到没有美国种族制度特殊包袱的乡村。克拉伦斯·坡在欧洲的所见所闻帮助他在民粹主义热烈和抽象的言论与专家和农业改革者实际琐碎的风格之间架起了一座桥梁。两次欧洲之行后,在1912年,他像有经验的社会政治旅游者一样明白了目的地:到伦敦亲自了解劳合·乔治的新社会改革项目,看普伦基特在爱尔兰的工作,以及丹麦农村。[7]

像麦卡锡一样,克拉伦斯·坡带回了对欧洲试验过的各种形式农业合作社的热情。欧洲政府的非理论的实用性也给他留下深刻印象:他们对道路和贸易教育的投资,他们的邮局不仅把信件送到农民的家门口,还送包裹,出售人寿保险,办理储蓄业务。他的《一个南方人在欧洲》的献词,"献给所有警醒的南方人,从其他时代为我们时代吸取教训,从其他国家为我们国家吸取经验",表达了克拉伦斯·坡的新政治身份。[8]

像克拉伦斯·坡这样的南方人在大西洋进步纽带的初期并不处于显著的位置。该地区的大学与欧洲的联系远没有北方大学那么频繁。城市进步改革没有在南方扎下根来。和其他美国人相比,南方白人不仅容易对外来东西产生怀疑,而且容易背负区域历史的特殊包袱,因而造成一种和世界的双重隔绝。对从前一无所知的欧洲实用农业改革的认识给南方进步人士强烈的震撼,推动他们走上大西洋舞台,而市营公交车和挣工资者的风险没有做到这点。因为认识到南方农业的落后和贫穷,以及这种落后对南方普遍福利的拖累,他们竭力要在欧洲的乡村中汲取社会政治教训。

在这种努力中,美国人加入了其他人的行列:如试图跟踪丹麦农业复兴的可输出经验的爱尔兰进步人士、研究比利时农业组织的英国调查者、在德国的印度和意大利农业改革者。他们都在寻求农业复兴的秘密——以对农村小生产者不那么不利的方式恢复农产品市场平衡的可行措施。

　　正统的经济学家对于农村贫困问题的答案很简单：让农村流失人口的过程继续下去，直到过量的农业生产者削减到一个相对有利的程度，因为生产者过量会降低各自的最低报酬，注定导致永久性贫困。这种人口流失的天然终点就是城市。但是已经深深担心大城市中社会等级分化，多数进步人士并不欢迎放任农村人口流入城市的做法。把农村中多余的小生产者集中在帝国不那么拥挤的地方，这是大西洋范围内认为更加吸引人的做法，但不是所有国家都有实现这样目标的帝国体制。[9]

　　另外一个方法就是试图提高国家对农业利益的促进力度。关税保护和出口津贴就属于这个类别，还有国家农业专家刺激农民进行商业性农业生产的努力，教农民更详细地记账，在肥料、杂交种子、更新机器设备方面扩大投资，实际上，就是把农民和地主身份变成商人身份。这些努力的最大受益者是大生产者，而不是小业主或者（更少是）乡下的佃农或打短工者。所有竞争国都在玩这个游戏，在他们激烈竞争夺取农业出口贸易的优势时，不断从对方学习改进自己的措施。但是促进措施难以避免的是民族主义意图，在持久的国际意识和纽带方面显得比较弱。

　　在国际农业改革圈子中占主导地位是第三种方案。这种方案认为农村虚弱问题的关键不是农村人口太多，或者缺乏资本经营意识，而在于农村社会经济的原子化，所以克服这些问题的法宝是社会"组织化"。要在农村形成合作的、社会连带主义意识，在分散的、互不信任的小生产者之间推动新型合作机制，这是在吸引麦卡锡和克拉伦斯·坡等人的辩论中提出的独特观点。

至于措施则有很多不同形式。得到最广泛赞同的希望集中在发展农业合作社。信用合作社提供了当地地主或者抵押银行之外的选择，购销合作社是绕过本地饲料肥料商人的手段，牛奶合作社是当地商业乳品厂的替代选择，仓库合作社、饲养合作社、销售合作社都有自己的发言人。在欧洲，经过了半个世纪的组织工作，形成了它们组织严密的协会性网络。

另一些农业进步人士把希望建立在改善农村教育问题上。为农民提供经济学知识，使他们对社会和历史有广泛的认识，更好掌握最新农业技术和方法，培养更深刻的合作精神，这些被看作更广泛、更开放的农村文化的基础而受到赞扬。他们相信文化复兴将带来经济复兴。

抱负最大的是从底层创立新形式农业社区的想法：从设计之初就要推动合作精神和社会团结的农业社区。规划的农村居住区这个想法对于农村复兴的辩论，就像乌托邦社会主义对于19世纪关于雇佣劳动的辩论一样；实现的困难程度并没有减弱观点本身的吸引力。

所有这些方案，从19世纪末期到1930年代大萧条时期以几十种竞争性的形式在北大西洋农业进步人士中传播。从赖夫艾森银行到《联邦农业贷款法案》，从爱尔兰文化复兴到威斯康星合作乳品厂，从澳大利亚维多利亚州的垦殖社区到加利福尼亚中部的州属农庄，从丹麦的民俗学校到它们在阿巴拉契亚南方的后代，形成了一个精心编织的网络。具有国际头脑的农业进步人士从来没有完全发号施令，但他们的项目不管是从思想上还是政治上都给新政带来了力量。

现代观察家对农业进步人士感到印象最深刻的，是他们拒绝接受农村的宿命，无论这宿命是过去的惰性还是市场和价格的推动力量。他们坚信农村是柔韧灵活、容易改造的，农村伟大的内在运动可以随有意识选择的渠道而弯曲——特别是由于其他很多东西的命运取决于它。农村的经济复兴是问题的开始,但是在这之外还有一种意识,即社会组织的新普遍原则即将诞生——不管这希望是体现在合作社鼓吹者传福音般的狂热,还是在民俗学校校长的宣传中。在农业进步人士看来,每个小业主在让每个人变得更贫穷的竞争中孤立无援不仅仅是农村独有的现象。正如1919年全 325 国农村生活会议指出的,这是时代"个人化倾向和传统"的标志。[10]

农村的社会模式是根本模式。要改造它成为"社会性更强"的形式,要给它注入更多"集体性社会行动"的内容,就等于抓住了国家的核心历史模版。土地的社会模式是一切下面的基础。为此,农民的口号表现出独特的进步意义。

农业进步人士改革方案包的所有机构中,在大西洋进步纽带中发展势头最强劲的是合作社。1930年代的大萧条中,合作社就成为关于农村重建辩论的固定话题。在拥护者眼中,合作社是重新构建生产关系的手段、购销的新模式、道德和经济价值重建的模板。在将近一百年的时间里,合作是公司资本主义的孪生兄弟、影子和进步替代品。

从历史上说,合作社、投资公司、工会实际上有非常重要的共性。所有三者都是法律上和制度上的尝试,要超越私有的、独占的个人主义体制。所有三者都是把众多的小资源组合成更大的集体力量。公司形式的天才在于其高超的聚集和扩张能力;从长远看,工会的天才在于其阻挠和提要求的能力;合作社的天才(同时也是其弱点)在于企业精神和民主理想的结合——从当时经济和政治科学的正统观点看,那样是应该很难融合的。

合作社的第一批宣传家是乌托邦社会主义者。正是他们在1820年代、1830年代的法国和英国宣传说,手艺人可以团结起来抛弃老板,重新获得自己劳动力的价值;消费者可以团结起来赶走投机商和放债人;可以从自私自利的经济剥削中再造世界,形成

"真正的、社会商业新体制"。但是合作社更清醒和持久的机构模式是后宪章主义英国工人阶级创造的。现代合作商店首先出现在1840年代英国洛奇代尔的手工纺织工人中,它们从成员手中筹集资本,按合理的价格将商品卖给成员,再以分红的形式给成员分配利润,根据成员表现出来的集体意志做生意。[11]

326

合作商店是自成一统的公司,实际上是集投资者、消费者、管理者为一个共同体。从政治上说,合作协会是小规模的简单民主。在根据资本份额组织起来的公司中,投资者投票:一股一票。在合作协会中,正如19世纪英国合作者制订的原则,成员投票:一人一票,不管背后的财富和经济能力如何。

无论是从功能上还是从政治上看,结果都证明这样简单的形式适应性特别强。在英国,合作商店在工人阶级和下层中产阶级生活中深深扎下了根。英国合作商店的成员从1873年的35万人增加到1900年的170万人,再到1935年的750万人。在1930年代所有英格兰家庭的45%和苏格兰家庭的55%都属于某个合作社。为了给地方协会提供便宜的商品,联合经营的批发合作社积极进入生产领域,它们有自己的农场、工厂、煤矿、面包房、北海打鱼船队,甚至在锡兰还有生产茶叶的种植园。[12]

不同的背景下推动产生不同的合作形式。在法国,合作者特别强调小商店和建筑领域生产者的合作,有时候让国家充当积极的赞助人。在19世纪后期的德国,最强劲的增长是合作信贷协会。1840年代末期由崇拜英国工人阶级自助的赫尔曼·舒尔茨·德里奇介绍到德国;1892年在舒尔茨·德里奇的协会下面有一千多个合作信用银行,该协会外面就更多了。十三年后,帝国合作信用联社从总体上看占五大商业银行资本总和的一半以上。[13]

如此众多形式的机构很快进入乡村。弗里德里希·威廉·赖夫艾森1864年在莱茵兰组织了第一个农民信用合作社。到了1890年代中期,农村合作领域出现了包括普鲁士国家本身在内的赞助者的竞争,迅速发生了跨越国家边界的扩张。由意大利北部改革者从德国引进,合作人民银行和农村信用社(casse rurali)静悄悄地改变了意大利农村信用结构。在英国和德国合作社影响的交会之地丹麦,更加引人注目的转变出现在农业生产和加工中。丹麦第一家合作乳品厂开办于 1882 年,到了第一次世界大战前夕,该国一半的养猪户和几乎 90%的牧场主属于合作屠宰场或者乳品厂。[14]

　　欧洲没有哪两个国家的农业合作社是完全一样的。德国农业合作社倾向于把多种功能汇集在当地一个共同的屋檐下。丹麦则相反,专业化是普遍原则。到了 20 世纪初期,多数丹麦农民属于多个合作社:共有一台脱脂器的乳品合作社、合作屠宰场和腊肉厂,或许还有合作饲养场、合作蛋类经销社、合作商店、购买饲料和肥料的合作购销社、一个或多个合作出口经销社。赖夫艾森合作社始于精神和道德复兴议题,慢慢开始鼓励商业农场的实践。丹麦和爱尔兰合作社一开始就是积极的现代化力量。查尔斯·麦卡锡在 1913 年第一批看见丹麦奶牛时,每头牛都有"控制"其消费和生产的合作社记录单,也不像美国奶牛那样随意漫游,而是每天明确规定用栅栏围起来的一块牧场。他认为这是科学管理的标记。[15]

　　不管采取什么样的形式,合作社在欧洲乡村经济复兴中的作用是确定无疑的。丹麦是最突出的例子。因为被普鲁士夺走了南方省份,它的粮食生产在外来商业的冲击下遭到极大破坏,丹麦在 1870 年代处于危机之中——就像对这段历史的相似性感慨颇多的美国南方人经常指出的那样。丹麦农民中的最下层是欧洲最贫穷的人。通过把粮食生产改变为向英国出口优质黄油、鸡蛋、腊肉的集约化生产,用多样的、交叉的合作社把力量集中起来,丹麦小农场主到了 20 世纪初期已经再次享受到让欧洲人羡慕的繁荣和富裕。霍勒斯·普伦基特的爱尔兰农业组织协会迫切想用同样的办法提升爱尔兰农民的生活,在 1890 年代初期竭力要实现爱尔兰农村的"丹麦化"。在一定程度上,农业的未来不在于雇用佃户从事

328 粮食生产的大型传统农庄,而在于为周边的大城市生产价值高、分级细的产品的精细小型农场;1890 年后欧洲农村合作社的快速发展与此密切相关。[16]

合作社有能力采取这么多不同的工作形式,从生产达到出口等级的黄油到推销"诚信和社会性商业"的新体制,它的政治特征就像变色龙随着情况和环境的不同而变化。洛奇代尔先驱者刚开始是欧文社会主义者,舒尔茨·德里奇是古典形式的经济自由派,赖夫艾森是基督教道德说教者,法国合作社(Union Coopérative)的查尔斯·纪德是持异见的社会经济学家。在 1890 年代到 1930 年代合作社形成的高峰时期,几乎每一个主要的欧洲社会运动都有合作社的参与。在法国,工厂和矿山所有者是合作零售协会的最积极推动者,(正如他们认为的)并非没有一点儿鼓励工人培养中产阶级经济美德的意思。在意大利,天主教会积极行动要建立合作信用银行。在德国农村,容克保守派、赖夫艾森派、反犹主义者、国家农业官员都积极推动各自的合作社运动来竞争。[17]

到了 19 世纪末期,发展最快的是工会或社会主义者支持的合作社。正统马克思主义者坚持认为自己的科学社会主义与前辈模糊的乌托邦主义存在巨大分歧,他们很难发现合作社思想中除了小资产阶级的啬乌托邦之外还有其他。但是由于工会和地方工人协会强力推动,劳工和社会主义者合作社在第一次世界大战前夕成员数量在比利时和德国超过其他合作社。爱德华·伯恩斯坦在渐进社会主义的最重要宣言中承认,合作协会不是"社会主义",但具备了"足够的社会主义成分",成为"社会主义解放不可缺少的杠杆"。[18]

简而言之,合作社并不符合当时处于主导地位的经济和政治类别。受到中间商、商业乳品厂经营者、商业借贷者激烈反对的合作社不是资本主义。随着周围竞争性个人主义文化的不断加强,合作社成员显得格格不入。甚至舒尔茨·德里奇也要求属下的信用合作社在章程上写上经典的劳工口号:"人人为我,我为人人。"[19] 但是如果合作社不是资本主义,它也不是社会主义。合作社员鼓吹自助的刚劲形式,虽然这种自助是合作者把资源和能量结合起来共同提高。

结果,这个运动在社会主义者和资本主义者两边都不稳定。在比利时,工人合作社把利润的一部分直接返还给社会工人党的金库,合作社充当了社会主义运动的主要新兵招募场。在战时英国,合作社运动和工党的命运结合在一起。但是在其他情况下,合作社与股份公司之间的界限往往是不稳定的。合作社根源于技术工人、手艺人、小农场主等社会团体,很少对穷人和没有技术的人感兴趣,主要通过联合自身力量努力奋斗实现出人头地的理想。尤其是在美国,普通合作者对获得大机会的渴望非常强烈。

尽管模糊不清且缺乏稳定性,合作社思想的独特性和替代性从来不能被完全掩盖。合作协会不仅仅是精心管理的商店、乳品厂或当地银行。贝特丽丝·韦伯把合作社看作经济生活民主转型的组织中心点。法国合作者赞美"自私的垮台"。他们给合作商店的命名体现了同样的精神:"联盟"(Union)、"新家庭"(Famille Nouvelle)、"团结"(Solidarité)。在查尔斯·纪德看来,合作社是超越自我利益和竞争的控制的下一阶段:"注定要取代资本主义的经济体制。"[20]

一个如此变化多端,蕴含如此深刻激情的运动很难逃脱在大西洋之间的拉扯。从 1860 年代的全国劳工联合会到 1880 年代的劳工骑士团,美国工会一直是合作理想的节点。从内战以后开始,每个农民组织也都曾经对合作社的思想着迷。在 1870 年代,在争取脱离农村商店经营者束缚的斗争中,"农民协进会"(Granger)会员从安排合作批发购物转到合作购买农业机械。然后,当设备制造商拒绝卖给会员机器时,他们顽强努力,亲自为会员设计和制造特殊收割机。在 1880 年代"农民联盟"非常活跃,有全国范围的合作粮食仓库计划。1902 年到 1910 年间,"农民协会"和"美国权益平等协会"发展,希望农民能联合控制某一作物的大部分来对抗商人和投机者,从而控制最后的价格。但是由于过分扩张,农民合作社一次次成为围绕他们的繁荣乐观主义的牺牲品。农民协进会的泡沫在 1873 年的萧条中破灭了。农民联盟会员滑向银币自由铸造的许诺,农民协会的棉花联营和美国权益平等协会的烟叶联营到 1910 年都破产了。美国的薄弱处不是在视野上,而是在于以地方为基础的小规模基本合作模式——正是它在改变欧洲乡村。[21]

在这方面,正如国际合作联盟看到的,1910 年代的美国记录"特别软弱",这也是有理由的。英国合作社运动的基础是牢固建立起来的合作零售商店,这在美国实际上是不存在的。1930 年代以前都没有计算过人数,美国零售合作社的成员如果按国家的人口比例衡量,不可能超过英国的十分之一。在第一次世界大战前夕,合作信用社在新英格兰和纽约以外的美国很少能找到,而在战前德国数量达到 16000 个。在新英格兰,是法属加拿大纺织工人越过边界将合作信用社带入美国,当然还有纽约的犹太人移民。[22]

美国乡村重复了这种不平衡的模式。在明尼苏达、威斯康星和艾奥瓦构成的中西部偏北三角区,部分建立在德国和北欧移民团结基础上,谷物仓库和乳品合作社的网络开始改造区域农村经济。在 1915 年,全国农业合作社的一半业务都是在这个地区开展的。在北卡罗来纳,1915 年要求注册和鼓励农村信用合作社的法案开始产生首批稀疏的成果。但是除了在中西部偏北区和加利福尼亚中部的水果生产者合作社外,稳定的农业合作社就像夏天的冰霜一样罕见。据估计,在第一次世界大战前夕,德国农民中的四分之一是地方农业合作社的成员(共有约 15500 个这种合作社),而美国在同一时期的比例只有不足 10%。[23]

欧洲农业经济复兴中合作社的中心作用,以及它们模糊的、调解性的政治（和美国进步人士本身的非常相似），创造了一个再次尝试进口的成熟环境。不过，这次的领导者是政策制订者而不是农民。这次跨越大西洋的工程的主要联络人是霍勒斯·普伦基特。一位瘦小顽固的新教徒、盎格鲁-爱尔兰贵族，普伦基特在大西洋两岸的声誉处在最高峰。西奥多·罗斯福声称要任命他为农业部长，如果允许任命外国人担任这个职务的话。罗斯福的自然资源保护主义干将吉福德·平肖是普伦基特的亲密朋友和崇拜者。克拉伦斯·坡把普伦基特的照片印在其著作《农民如何合作》的封面上。惊人数量的美国进步人士在第一次世界大战前的十年中前往都柏林的"普伦基特之家"拜访。其中包括理查德·伊利、亨利·D.劳埃德、克拉伦斯·坡、平肖、麦卡锡、美国农村生活委员会八位成员中的三位（普伦基特本人在这个委员会成立时还发挥了指导作用）、罗斯福和塔夫托政府的农业部长、威尔逊政府的南方农业推广项目主任，还有后来成为新政时期农业部长的年轻的亨利·H.华莱士。19 世纪末期美国旅游者曾经对爱尔兰的贫穷和几乎从每个乡村树篱后都会冒出的乞丐感到震惊。但是到了1913 年，沃尔特·李普曼认为普伦基特的爱尔兰是欧洲最激动人心的国家。他在那年秋天写信给朋友说，一个月时间里他就没有读过其他著作。[24]

这个被称赞的对象并非合作社思想的最初创造者。但是普伦基特有宣传者不知疲倦的精力、与美国的密切联系，以及随着时间的推移，他本人对美国纽带的需要。普伦基特出身于爱尔兰拥有土地最多的家族之一，在牛津大学毕业后返回都柏林外的老家，当时的他对未来没有明确计划。就像英国富有家庭的年轻子弟一样，他渴望到美国发财。在 1879—1889 年间他每年的大部分时间都待在美国西部，投机城镇产业，或在怀俄明州放牛，或投资牧场联合体，养成了他对美国事务和政治的浓厚兴趣。他在后来几乎每年都访问美国考察自己的投资经营情况，到密歇根州巴特克里克的凯洛格疗养院疗养（吉福德·平肖是疗养的伙伴），也传播农业复兴的主张。[25]

1889年普伦基特被召回家去管理家族财产，兴趣转向农业复兴。爱尔兰农业在1840年代遭受饥荒的破坏，在1870年代和1880年代因为激烈的国际竞争、爱尔兰农业的小规模这一传统问题、无所不在的农业租赁、激烈的地租冲突等联合影响，又再次遭到沉重打击。政府的解决办法是补贴佃户购买他们租种的土地，一个庞大的项目。普伦基特采取了另一个方向的措施：推动欧洲大陆风格的合作组织。到了1894年，他的"爱尔兰农业组织协会"开始运行。借鉴丹麦的经验，利用了脱脂技术的新变革，普伦基特的组织者很快在爱尔兰成立了很多合作乳品厂。到了第一次世界大战前夕，爱尔兰牛奶一半出自合作乳品厂，在价格和质量上都有了明显改善。[26]

在合作思想纵横交错的种种趋势中，普伦基特强有力地支持高效率的企业组织。在他三位一体的口号"农业好、生意好、生活好"中，他对美国朋友坚持说生意好最重要。爱尔兰的失败不是文化上的，他认为"他们落后主要是因为经济和生意质量"。不过，尽管普伦基特努力推动生意思想，他的爱尔兰农业组织协会从来没有把项目窄化为单一目的。虽然普伦基特谴责"国民生活中的政治迷恋"，他却毫不犹豫地继承家族担任议会议员的传统，并利用此身份说服成立爱尔兰农业和技术指导部。作为该部1899—1907年的部长，他开展了雄心勃勃的政府农业推广项目，这比美国的史密斯-利弗农业推广法案提早十年。作为爱尔兰农业组织协会的秘书和《爱尔兰住宅》的编辑，他聘请了笔名为AE的诗人乔治·W.罗素，用神秘的激情撰写爱尔兰即将摆脱贫穷、孤立、对个人家庭生存的"狂热"专注——全是通过农村合作机构的重生。在美国，艾奥瓦州华莱士的三代人都贪婪地阅读《爱尔兰住宅》，在AE影响下长大的年轻的亨利·华莱士在1930年代初邀请诗人到美国农业部做关于农业重建的演讲。爱尔兰农业组织协会成为农业复兴可能性的象征,原因在于其众多因素的融合:脱脂器和诗歌、互助思想和生意原则、国家专业帮助和认真分级的黄油。[27]

除此之外还有普伦基特作为宣传家的技巧。从 1890 年代中期开始,普伦基特向能接触到的每个著名美国人谈论他的爱尔兰农业组织协会。到了 1907 年后,因为发表反对天主教会的诽谤言论而失掉了他的政府职务和政府对爱尔兰农业组织协会的补贴,他创立跨越大西洋的支持基础的愿望就更加强烈了。普伦基特对小约翰·D.洛克菲勒游说得特别殷勤,为了得到对爱尔兰的数百万 333 捐款,他把对洛克菲勒那种陈旧思维、"狭小的屋子和二流饭菜"的厌恶放到一边,努力去说服这个大亨。[28]

但是,普伦基特最重要的收获是结识了西奥多·罗斯福。他经常到白宫拜访,两位贵族交流西部牧场的故事,到了 1907 年,普伦基特已经说服罗斯福成立研究农村问题和需要的蓝带委员会。美国乡村生活委员会成员包括农业教授和进步农村记者,它在 1909 年的报告中支持"新农业和新农村生活的逐步重建"。它的关键词是"组织",直接来自普伦基特。在组织的时代,对乡村非常不利的虚弱性就在于缺乏邻里之间的合作,没有强大的乡村机构;分散的乡村生活产生孤独和"社会贫瘠",任何形式的"组织"都极为薄弱。正是这些驱使农村孩子离开土地,削弱了农民的影响和地位,落在组织性更强的经济活动参与者控制下。乡村生活委员会的宣言代表了和从前农业激进主义的有意决裂。在农村生活专家看来,根本原因不是掠夺性的利益团体、垄断农产品运输的铁路、银行,或亨利·乔治所说的地主;除了有些针对农民"权利"的调解姿态之外,过去民粹主义者的许多议题都抛到一边了。真正的罪魁祸首是缺乏足够的"共同感受"、软弱无力的"农村社会意识"——农民那种对自身不利的个人主义。[29]

乡村生活委员会的报告体现了农业社会学的专业化并确定了

议题。在接下来的二十年里,美国农业社会学家试图绘制农村"社区"地图,对比农民协会和城市居民协会的密度,提倡加强学校和教堂的建设。[30] 对于罗斯福和普伦基特(罗斯福劝说他写一本向美国人解释该报告的书)来说,最根本的需要非常具体:能够和欧洲密度媲美的农业合作社体制。到了 1913 年,普伦基特在努力创建美国农业组织协会,来推动"建立在合作原则基础上的[美国农业]的彻底改组"。普伦基特在日记中写道,平肖是负责人,威斯康星的查尔斯·麦卡锡做具体工作。两年内,普伦基特说服安德鲁·卡耐基提供了启动基金。最初的两个组织者,得克萨斯一名农业记者和威斯康星权益平等协会的一名组织者,在 1915 年夏天被派往爱尔兰接受培训。[31]

334

美国农业组织协会当然是大西洋进步人士纽带的产物。它结合进步理想、卡耐基资金、移置的爱尔兰抱负,旨在向北大西洋经济体内最现代化的国家传授最贫穷、最传统的国家得来不易的经验,这深刻地说明了它在那一交流中所处的时刻。但是由于大西洋纽带,也产生了大西洋负担。当第一次世界大战蔓延到爱尔兰时,普伦基特竭力要两面平衡的爱尔兰内部的紧张关系加剧了,他的美国组织无法逃脱必然的后果。在中间立场越来越狭小的情况下作为温和工会主义者,普伦基特发现自己的合作乳品厂受到爱尔兰内战双方的攻击。当民族主义者最终把普伦基特在都柏林的家焚烧成一个空壳后,他逃亡到英国避难。因为战争中得不到运动领导者的指示,普伦基特的美国盟友转向其他项目。平肖放弃了合作组织的任务,麦卡锡先后担任工业关系委员会的主任、战时食品管理局的职务,曾作为进步思想的民主党候选人竞选参议员,但没有成功。正如崇拜德国的进步人士在 1914 年发现的,大西洋纽带是双刃剑,它既可以给改革政治以力量,也可以让它们特别易受攻击。

但普伦基特和爱尔兰已经做了不少,把合作社思想注入美国进步人士的核心议题中。对于重要的农业专家圈子来说,农业问题现在似乎不是市场存货过多、土壤枯竭或者租种别人土地，而是缺乏充分的社会形式和集体努力。公开的问题不是农业进步人士是否要共同努力推动合作社理念在美国的发展，而是在这么做的时候，他们是否能够让合作社实践不偏离方向，掉进周围的资本主义或者个人主义野心的大海。

　　第一个也是最关键的考验发生在农场信贷方面。信贷问题一直是农村政治的痛处。因为远离大银行，受到商人和小城镇银行地方信用垄断的控制，常常陷入债务危机，农民针对现存信用体制怨声载道。乡村利率很高，尤其是在银行业不发达的南方，长期 335 的、分期偿还的抵押贷款根本就没有听说过。农民借两年或者五年期的贷款，许诺在规定日期一次性还清贷款和利息。考虑到农业价格和收入的变幻无常，事实往往不能如此。对于美国农民的许多需要来说，如果欧洲的农业信用合作社能够超越政治和法律差异成功地进口到美国，那简直就像量身定做的一样。

　　这时候，中间人戴维·鲁宾出现了。他是萨克拉门托市标新立异的商人，如果他出现在美国历史上的其他任何时期——自学的欧洲专业知识不那么重要的时候，几乎可以肯定他会默默无闻。此人出身于纽约正统犹太人家庭，十多岁就来到加利福尼亚闯天下。和同父异母兄弟哈里斯·韦恩斯托克一起，他创办了不二价、不赊账的纺织品店。在1880年代到圣地的旅行中感染了对农业的热情，这兄弟俩在资产中添加了加州中部的水果农场。韦恩斯托克加入加州进步政治，开始满世界寻找调解劳工纠纷的方法，并通过自己的努力赢得了美国工业关系委员会九人小组的一个席位。到处旅行的鲁宾也到了欧洲，但是他心里想的是农产品价格偏低这一难题。[32]

　　相信只有让粮食和市场信息在世界范围内传播才能让农民在日益激烈的市场竞争中赶上运输和金融托拉斯，鲁宾敲了欧洲各地的门，终于在意大利国王那里找到了新国际农业机构的赞助者。

1908 年他把该机构的总部设在罗马,开始深入体会一代农业改革已经在欧洲产生的成果。因为自己控制着一个传单印刷厂,有大概五万个农业组织的通信录,有数不清的《圣经》语录和道德寓言,加上自学成才经济学家的信心,他开始向美国同胞宣传自己发现的东西。

　　像市场一样,信贷处于农民困境的中心。鲁宾明白,只要农民一直是土地多,现金少,他们就不能和拥有流动资金的人进行充分的竞争。他如饥似渴地研究赖夫艾森和舒尔茨·德里奇的合作社、意大利的信用银行。但是抓住鲁宾想象力的是更具异国风格的普鲁士"土地抵押信用合作社"(Landschaften)。作为普鲁士国家组织和管理的土地所有者协会,"土地抵押信用合作社"实际上是农民或地主联合抵押借款的机构,土地所有者通过它把拥有的财产集合起来,从而具备跟私人抵押银行讨价还价的能力。按合作运动的英国工人阶级先驱的原则,"土地抵押信用合作社"不是真正的合作协会。它根源于从前的社团主义,国家作为他们的管理人,没有假装内部民主。但是出于一位推销商那种迫切的合并愿望,鲁宾认为"土地抵押信用合作社"体现了合作造成的经济奇迹。农民不用一个一个到当地银行请求贷款,鲁宾想象美国农民协会在全国范围投资市场海洋上流动金灿灿的土地抵押证券,以股份公司那样的规模和自由来运作,把静止的、潜在的土地价值变成"流动的资金"。他说,"土地抵押信用合作社"代表了美国方式的信贷,农民版本的"美国企业合并、美国公司、美国信托"。[33]

　　鲁宾把他的思想,即农民脚下实际上就有无限的信用,带到 1912 年 4 月纳什维尔举行的南方商业大会上,激发了代表们派调查委员会亲自看看欧洲农村信用体制运作情况的强烈愿望。结果,美国的"欧洲农业合作和农村信用委员会"是那个时代跨越大西洋政策考察的最不寻常的机构。在鲁宾的领导下,大约 120 个美国人在 1913 年夏天结队来到欧洲,他们中几乎一半是南方人。

鲁宾带领委员会成员到赖夫艾森位于科布伦次附近的老家朝圣。（华盛顿州的代表充满热情地说"凭空弄到数百万美元"。）但是他们的大部分时间花在聆听政府官员和农业专家的代表发言，就像组成了庞大的陪审团在聆听证言一般——欧洲的专家知识集中起来让美国普通人来评判。[34]

在促成委员会结论的斗争中，大西洋两岸的竞争者竭力争夺优势地位。威廉·霍华德·塔夫脱试图抢先占有这个议题，拿出了对欧洲农业信用体制的官方报告，虽然赞美赖夫艾森合作社和"土地抵押信用合作社"，但认为没有必要采取联邦行动来推广任何一种模式。伍德罗·威尔逊在委员会动身前夕上台，派遣了另外一个代表团随同前往，随后紧张地又派出另一个，更冷静和谨慎地探讨同样的领域。[35]对鲁宾没有好感的普伦基特激烈游说要扩展调查的范围，不仅仅局限于土地抵押贷款问题，并把旅行日程从意大利和德国改为丹麦和爱尔兰。当委员会最后终于来到都柏林听AE（乔治·罗素）和普伦基特的演讲时，普伦基特无法掩饰他对"半官方半政治的旅游者组成的超级机构"的沮丧。[36]

实际上，委员会的结论本来能够让普伦基特高兴的。多数人报告说欧洲农业"惊人的"事实是地方合作社的网络。经过两代人的努力，合作社已经带来了农业繁荣，甩掉了欧洲农民落后的俗套观念。合作社占据欧洲农民商业活动的三分之一到二分之一，成为"西欧农业经营的特征"。尽管委员会多数并不缺乏具体的建议，但欧洲压倒一切的教训是教育。农村复兴首先要通过让乡村弥漫合作"精神"，有"社会秩序"的理想，"生存斗争将让位于工人的兄弟情谊；依靠共同努力获得生活富足的人们将本能地首先想到集体，其次才想到自己"。[37]

委员会的少数派规模很小，但是其不同意见异常尖锐。美国农民因为种族、宗教、习惯和欲望而分裂为多个团体，完全没有欧洲的互助基础。他们没有永久定居下来，形成足以监督彼此性格和

337

信用的密切的相互关系。与欧洲农民不同,美国人"野心勃勃,欣赏个人主义,渴望获得财富和成功"。他们天生就是"商人","对分担别人的财务负担有一种天生的厌恶"。总而言之,美国农民是资本家,他们坚持认为和欧洲的对比没有比这更突出的了。[38]

如果说美国农民的性格是接踵而至的辩论的核心问题之一,那么另外一个问题就是合作社的自助与国家资助的关系。鲁宾支持"土地抵押信用合作社"模式,把联邦政府拉进来作为抵押贷款的最后担保人。激进的农业组织则要求没有欧洲那些复杂中介参与的、直截了当的政府贷款。伍德罗·威尔逊威胁说要否决任何为农民提供特别补贴的法案。普伦基特坚持合作协会必须从相邻社区自下而上形成,鲁宾认为合作社的天才在于在上层开发投资基金。[39]

在这些原则的不和谐声音中,国家资助的鼓吹者更好地抓住了欧洲历史经验。正如所有美国人的报告都承认的,欧洲任何地方的农业复兴都靠集体自助、慈善活动和国家资助的复杂组合所推动。如果不是国家资助买下爱尔兰地主的土地,如果没有德国农业关税和国家资助的中央银行给予地方信用合作社所需的流动资金,如果没有爱尔兰农业组织协会早年的半官方地位,美国人看到的画面将是无法想象的。问题的核心不在于选择立场,而在于找到一种有效的平衡。

美国人的平衡法案——欧洲经验和自身发明的复杂结合,终于在1916年威尔逊迟到的同意后获得通过。在新特许的私人土地银行体系之外,《农业贷款法案》确立了区域抵押银行的准公共体系,其贷款不是给予农场主,而是给予农场主的贷款协会。农民们组成这种协会,认可其成员的信用可靠性,愿意承担集体风险的因素,就有权得到长期的、分期偿还的、欧洲式的抵押贷款。而银行把抵押贷款转变成债券,在市场上推销给私人投资者。这是鲁宾的"土地抵押信用合作社"体系,在联邦投资担保这点上显得头重脚轻,不过能看出它的起源。但是在农业贷款法案的起草者眼中,抵押债券不过是开头而已。他们相信在强制性的农业贷款协会周围将会出现一批不断扩大的专门化农民合作社，比如短期贷款、营销、储存和加工等，就像膨胀的籽晶周围的结晶体。因为心里有欧洲农业复兴的经验，《农业贷款法案》的起草者把农村信用问题和农村社会组织问题结合成一个巧妙的整体。[40]

从农民迫切利用法案提供的条件这点来看，1916 年的《农业贷款法案》一下子取得了成功。批评家们预测其合作机制将成为空文，结果却相反，在法案的推动下出现了大约 3400 个农业贷款协会。到了 1929 年，依据该措施已经发放了超过 10 亿美元的农业贷款。但是那些担心美国农民是否能履行合作理想的人也不是没有道理的。在让人担心的战争金融气候下，加上法案是否违宪这个不确定性，通过出售合作抵押债券接通几乎取之不尽的私人投资资本宝库的承诺几乎一下子烟消云散了。私人投资者发现在新的抵押体制下没有利润可图，所以把钱投资到其他地方，让联邦政府财政部为该体系提供资金支持。[41]

在地方层次上，《农业贷款法案》的承诺和实际结果之间的差距更大。因为像精于算计的商人眼睛盯着不同的利息，农民很乐意建立必不可少的农业贷款协会，将现存的私人抵押贷款换取便宜的长期的公共贷款。但是他们对于贷款协会的民主管理没有同样的兴趣。许多任命地方银行家和商人作为协会的经理。法案的推动者曾经设想的作为农业贷款协会副产品的短期合作信用社没有能够变成现实。如果新的农村社会秩序的潜力确实休眠于农村，单单一个联邦法案和大量的公共贷款并不能让新社会秩序诞生。

农民合作社运动的高潮实际上出现在 1920 年代，看起来非常接近国家补贴的资本主义，共和党政策制订者和企业家组织者结为同盟。有效的组织引擎不是扎根地方的赖夫艾森合作社、小规模的合作乳品厂，或者村里的合作商店，而是区域性的大规模营销

339

合作社,把农民的产品收拢在统一的标签下,集体与运输公司、中间商讨价还价。这种形式的营销合作社是大西洋范围的普遍现象,丹麦 1914 年出口的黄油中五分之一都是通过农民出口协会完成的。[42] 但是任何地方的营销合作社都没有美国的这么繁荣或有这么大的经营野心。

用这种方式成功组织起来的第一批农民是加利福尼亚果农。到了 1917 年该州橙子的三分之二是通过加利福尼亚水果种植者协会出售的。受到战后共和党政府的鼓励,合作营销在 1920 年代初蓬勃发展。1923 年的《农业信用法》把政府短期贷款直接交给营销合作社。1922 年的《卡珀—沃尔斯特德法》(Capper-Volsted Act)给予了农业合作社免受反垄断指控的特权。1926 年的《合作销售法》免除了它们的联邦营业税。在商务部,赫伯特·胡佛把营销合作社作为他农业项目的核心内容,部分原因是试图避开要求直接价格支持的压力,但同样因为胡佛在它们身上看到了高效的现代公司的影子。胡佛认为,就像企业式组织从工业资本主义早期的"极端个人主义"中创造公司秩序一样,企业式营销合作社在国家适度的鼓励下,也能为农业做同样的事。[43]

在胡佛的社团主义理想外还必须加上美国农民组建农业卡特尔的迫切愿望,实际上也是赶繁荣潮的幻想。如果说反托拉斯法的赦免给予农民合作社像工会那样的地位,主要的合作社组织者兜售的愿景实际上就是垄断优势的梦想。这些野心的最有力支持者是加利福尼亚合作体制的法律设计师,也是鲁宾—韦恩斯托克家族纽带的另一个成员,阿伦·萨皮罗。他是个有才华的福音派教徒,从得克萨斯的棉花地到南方的烟草区到处传播集体控制农产品价格的主张。

萨皮罗工作的短期效果是非常明显的。在 1923 年到 1926 年营销合作社蓬勃发展的最高潮,美国烟叶生产的一半是通过一两个烟草协会营销的。虽然棉花从来没有被控制得这么好,在该运动的高潮时期,一百多个棉花营销合作社也拥有棉农共 30 万人。
正如萨皮罗坚持认为的,这就是大企业规模的商业农业。它的成
功秘诀不是地方或者民主互助主义而是价格控制。萨皮罗态度谨
慎:除非通过和成员签订有约束力的长期协议而形成稳固的市场
地位,有希望获得至少一半的农产品,否则这种项目就不值得做。
大合作社的权力被牢牢地控制在高层。总而言之,农业合作社是
通过穿上大企业托拉斯的外衣在美国兴起的。[44]

　　在某些方面,这种垄断资本主义形式和功能的借用,是我们现
已熟悉的时机选择的后果。19 世纪欧洲的合作社在经济领域的最
初立足地只是被商业利益轻微占据。德国信用合作社是在商业银
行不愿意经营的领域找到机会的。在爱尔兰,乳品合作社是利用
了乳品生产上的技术革命。到了 20 世纪初期,当美国的运动最终
开始兴起时,可利用的经济空间已经大幅度缩小,对抗性力量的组
织性更强了。这种情况下,烟草种植者卡特尔密切模仿烟草加工
者的寡头垄断,或者加利福尼亚水果、干果种植者卡特尔模仿他们
所面对的铁路的规模和市场地位,就没有什么可吃惊的了。因为
控制地方政治的当地商人成功阻碍农业推广员鼓励地方合作社的
开展,合作社在地方层次上软弱无力,只好从上层开始。

　　如果迟到是美国农业合作社结构头重脚轻的部分原因的话,
更大的原因在于农民自身的野心。在紧要关头,多数农民关心的
主要是价格,对合作社不感兴趣,只想控制市场而不考虑身边可持
久的合作社劳动。在美国,让人发狂的是,合作社和资本家协会的
界限是漏洞百出的。合作乳品厂和粮食加工仓库并不自动把成员
限制为农民群体,它们由合作社本来打算取而代之的中间商和资
本投资者来管理,甚至在有些情况下是由这些人发起的。许多地
方农业合作社如果不是在法律框架下享受的一些特权,根本无法
和商业企业区分开来。[45]在地方层次上民主管理非常欠缺,区域性
营销合作社甚至连假装的民主管理都懒得去做。在最急迫的时

341

刻,当农业卡特尔挣扎着要保证成员不至于过早廉价出售时,他们竟然堕落到使用暴力和威胁等手段。

许多大规模的农业合作社不是梦想着逃避价格体制而是想控制价格,结果反而成为市场变化的牺牲品。1926年烟草合作社在控制市场方面求之过急而失败,合作社解散造成数千会员的流失。到了1927—1928年,它们实际上已经消失了。棉花营销合作社的命运随着棉花价格的起伏而动荡不定。到了1927—1928年,其成员已经下降到"萨皮罗主义"高潮时期的一半。小规模的合作社反而更好地幸存下来。在1913年美国拥有3000个农业合作社,到了1927—1928年有11000个,其中一半仍然位于中西部北方。芝加哥联合屠宰场接收的牲畜一半都是由它们集体运送的。美国奶酪的近三分之一是它们生产的。它们的粮食仓库分布在北方平原州各地。[46]带着戏剧性兴衰传奇的诱惑以及光鲜的商业化的美国外衣,合作社进入了乡村,在美国心脏地带存储下欧洲人的观点。

但是让合作社适宜对外输出的可塑性特征同样也意味着:任何地方的合作社实际上都是其周围政治文化的敏感测验。形式上
342 的灵活性促使合作社思想与比利时的社会党政治,与19世纪德国赖夫艾森的道德提升项目,与AE(乔治·罗素)的爱尔兰诗歌联姻,在美国却让合作社理念遭遇到周围的商业野心。移植到美国的过程中挤掉了合作社反对资本家的冲动,放大了它贪婪的欲望。美国很容易地拥抱了合作的形式,却抛弃了超越资本主义的社会秩序理想。美国文化把本来要改造它的催化剂给吸收掉了。

岛屿社区

对于有些通过进步人士眼光看待欧洲农业的人来说,新旧世界农村生活最引人注目的对比不可能从欧洲日常的合作社中找到。实际上,差别在定居模式本身。大西洋两岸观察美国和欧洲

乡村的人士不会看不到其中的差别。展现在人们眼前的欧洲乡下就像一系列的小村庄。人们从一个村子越过土地或者牧场边界到另外一个——每个村子都是一个密集的节点,有围绕教堂或者市场挤在一起的农民房屋和弯曲的街道。与这种集中在一起的居住方式不同,美国乡村极其分散的农庄确实是突出的例外。欧洲乡村的空间设计让人看到就是纽带和义务。美国模式等于是个人主义的视觉语言:每个农家都被连附的大片土地包围,每个农场主就是自己私人领地的国王。[47]

正如常有的情况,眼睛往往夸大了现实。欧洲农村的聚落形式像美国的任何地方一样,可能是激起怨愤的温床,也可能造成迅速的暴力冲突。相反,美国乡村分散的农场掩盖了相互之间的社会纽带——一方面是互助性联系,如相互借东西、一起干活、星期天拜访;另一方面是强制性联系,如地主所有制和种族控制等。[48]在大西洋两岸,地方性的例外总和主导性模式不同。欧洲也存在分散的农村居住区,在美国也存在集中的农村居住区:犹他州沙漠中摩门教徒怀着上帝的训导建成的四平方英里居住区;新英格兰的曾经非常繁荣的农业村庄的残余;阿巴拉契亚谷地和山凹的没有计划的集中居住区。

虽然如此,考虑到所有这些变化,欧美农村对比仍然是明显的。美国乡村存在大量的城镇——商业中心点,有商店、农产品运输设施、信贷和农业用具中心、雄心勃勃的小镇资产阶级。但是大部分农民并不住在这里。由于边疆区域的不断移动、便宜且很容易转让的土地、故意设计的联邦宅地法案等政策,加上方便的铁路,使得农民居住得很分散。这里的主导模式是趋向分散、保持距离和独立。从大西洋角度看,美国乡村的反常之处是农民没有居住在可以亲密交流和日常合作的距离内,甚至不在相互能听见喊叫的距离内。

19世纪初期美国人很骄傲地承认这点。对于共和国的海外游客来说,老式集中居住的农村是旧世界落后的证据。被贵族的广袤土地包围在中间,以便牧师和庄园主代理人能够更严厉地发号施令,农民紧凑的村庄似乎在表明欧洲权力不平等的普遍现实。美国南方获得解放的奴隶在 1865 年后尽力逃脱原来那种农业模式,拉着他们的棚屋来到田野里。一个美国人在 1890 年代抱怨说,欧洲乡下小村庄——"拥挤在弯曲街道上的几所可怜的两层房屋",离农民干活的田地步行两三英里的距离。在许多美国观察家看来,这是落后的、没效率的、不民主的、荒唐的。[49]

但是在进步人士对于社会和政治敏感性的重新评价中,农村改革者开始怀疑以无序的洛克式个人主义为特征、沿着地平线一个接一个农场推进的美国模式,感到是深陷在过去泥淖中的模式。弗雷德里克·豪威在 1919 年提出批评,说美国农村的主导设计是"无政府、无组织、无确定性,不利于社交活动,让人感到孤单,缺少所有正常男人和女人都需要的东西"。北卡罗来纳州大学农村社会经济学教授 E. C. 布兰森 1923 年在德国南部写道,美国乡村的"致命"缺陷在于其"孤立的农庄"、普遍的"孤独"、缺乏真正的农村"共同体"。美国乡村地广人稀更加强了农民经济和政治上的无组织。在这样的环境下鼓吹经济合作简直等于在迎着草原大风吹口哨。要真正复兴农村意味着为欧洲农村最持久的习俗之一找到它的美国新形式。[50]

344　　　20 世纪早期农业进步人士不是第一个宣扬更集中定居点的必要性的人。对美国农村的考古会发现各种形式的更加集中的农村居住区私人实验,它们在不同程度上结合了宗教纪律、乌托邦政治和不动产投资等。那些鼓吹重新集中的农村的进步人士继承了先例,但又有所不同。他们计划中的乡村群体是世俗的、科学的,不是教会的、乌托邦的。他们的目标是从许多微薄的财产中创造出集体的民主力量的新利润。因为农村的健康如此依赖它,仅有私人理想主义发动机是不够的,这一次,国家将成为规划中的农村社区的支持者。

美国农村生活专家中的许多人认为,重新改造农村生活物质框架的想法是不现实的。绝大部分的农村人完全排斥这种想法。但是通过在西部山区、干旱的澳大利亚、普鲁士东部平原、加利福尼亚中部等地水资源和土地政治错综复杂的相互联系,为农村居住区制定新物质框架的想法甚至也进入美国。

规划的农村定居点这一思想的关键人物是灌溉工程师、自学成才的社区规划师艾尔伍德·米德。1920 年代初期的肖像显示他是个温雅的、慈父般的人物,和 1920 年代典型的商人不容易区分开来,除了他缺少一只胳膊之外,那只胳膊是在一次电车事故中失掉的。米德出生在印第安纳州南部,在他家的农场长大,在第一次有机会时就离开家乡去上大学,希望将来当土木工程师。1880 年代末期他在怀俄明州找到土地工程师的工作。在土地开发和矿山开采都依赖供水的西部州,工程师的主要工作是争夺水权,这是 19 世纪末期各种竞争性主张、怪异的野心和明目张胆的欺骗的渊薮。溪流沿岸土地所有者觉得可以自由宣布他们能想到的任何东西作为自己潜在的水需求,竞相往上游走要胜过对方的水权主张,然后把投机的灌溉开发地块卖给运气不好的农场购买者。这种体制让讲究秩序、努力工作的米德非常恼火,他帮助怀俄明州修改宪法,赋予该州比西部其他地方都更广泛的水资源裁判权。米德从这个工作开始了作为灌溉和公共土地政策专家的生涯。由胡佛大坝围起来形成的米德湖是他最持久的遗产。胡佛大坝是在他从 1924 年到 1936 年去世期间作为美国垦务局局长主持建设的工程。相应地,米德的灌溉工作让他成为农业定居点建设的专家。他成为美国国家推动的农村建设的最显赫鼓吹者、新政居住区建设的祖师爷。但所有这些都要求搜集美国以外的经验。[51]

澳大利亚是米德迂回旅行的驿站。1907 年担任维多利亚州河流和供水委员会主席后,米德在澳大利亚待了八年,负责落后干旱地方的水资源开发。他继承下来的灌溉工程其实是 1880 年代来自美国人的灵感。土地是 19 世纪澳大利亚最变化无常的政治议题。大牧场主中的许多人是 19 世纪初擅自占地者,他们控制着落后地区。而土地激进分子对土地垄断表现出亨利·乔治式的怒火。迫切需要替代性的定居点模式,想改革的州政府派一个委员会在 1885 年到加利福尼亚考察加州如何使用集约的灌溉农业逐渐取代了绵羊牧场主。

委员会考察的加州灌溉开发是私人的投机行为。维多利亚州政府借鉴了目的,改变了手段,把这个想法转变成雄心勃勃的公共工程——大坝和干道运河,以此把墨累河盆地变成小农场聚集区域。取得政府投入是与澳大利亚政治倾向相一致的。因为缺乏定居者也缺少私人资本,世纪之交的澳大利亚人热切渴望政府推动的投资来帮忙,这种愿望比其他任何说英语的国家都更强烈。高关税壁垒、对非白人移民的限制、慷慨的公共基础设施投资、进步的劳工保护法律、公共推动的定居点等都是澳大利亚"殖民国家主义"的组成部分。[52]

米德刚来时的问题是干道运河的水白白流走,田地里却没有水,国家投资几乎完全没有回报。拥有与运河毗连土地的牧场主和小麦种植者没有兴趣为了更集约的农业生产开发他们的土地;都市工人阶级虽然对土地垄断者感到愤怒,也对精耕细作的农业没有实际兴趣。当时的批评家和后来人都曾提出谨慎的做法是把投资当作打水漂了,承认这是个代价高昂的错误。但是米德有更大的野心并且能使得别人栩栩如生地看到他美妙的梦境,就像他们自己在做梦一样。提高针对放任土地干旱不灌溉的土地所有者的税负,米德的机构买断他们的大片土地,再分成小片,开辟灌溉小渠,建造房屋,种植庄稼,从欧洲招募移民来此耕种,并为他们提供占售价大部分的贷款和适当的管理以确保这些人有效地使用

346

土地。[53]

　　米德的诋毁者声称他试图把加利福尼亚的模式生搬硬套在一个地方,这里集约化生产水果和蔬菜不可能赚钱。米德从一开始就不喜欢放牧的澳大利亚,称其为"巨大内陆阴森森的孤独"。他看待澳大利亚就像看待怀俄明一样,非常憎恶土地投机者。如果他这种思想不等同于单一税信徒,至少非常接近单一税倾向,他迫切希望看到土地得到"最充分"的使用。但是如果米德从美国西部引入了某些土地政治的内容,他也给澳大利亚带来了更遥远的观念。他在 1903 年夏天到意大利的波河流域考察,对意大利小农场主们有能力用最少的水权诉讼去经营复杂的灌溉合作社印象深刻。1910 年他对欧洲进行了更为详尽的考察,一方面是要在潜在的移民中推销到澳大利亚定居的可能性;另一方面是要看什么样的优厚条件能够吸引精耕细作的欧洲农业生产方式在墨累河盆地上扎根。他从普伦基特馆到丹麦到处寻找欧洲的模式,要阻止人口从土地流失。在米德看来,印象最深刻的是德国"家园聚居委员会",该机构用民族主义的巨大努力防止东普鲁士的破产农庄落入波兰购买者手中,买断大量的产业后,把德国小农场主迁往那里,并为他们提供种子、房屋、工具和专家帮助。[54]

　　澳大利亚的政治环境,连同米德在欧洲学到的东西,造就了他花费下半辈子时间去宣扬的事业。在 1910 年他写道,他在维多利亚州开始的工作在美国"肯定被称作疯狂的社会主义"。澳大利亚国家不仅拥有铁路而且有冷冻运输车、冷藏库,能很方便地让农民接近世界市场;如果罢工导致铁路线缺少燃料而面临关闭的威胁,国家只需购买自己的煤矿就行了;国家还拥有储蓄银行、森林、街道公交系统。在此背景下,推广公共农业定居点没有一点矛盾,十分吻合。[55]

　　1915 年返回加利福尼亚担任加州大学乡村制度教授后,米德 347 很快进入进步政治圈子,随身带来了澳大利亚的国家观念。和从前任何时候一样,土地仍然是关键问题。因习惯于利用花哨的广告宣传、农民的无知、水供应方面似是而非的信息,州私人土地开发公司再一次成为引起争议的内容。在土地开发公司把没有价值的边角料土地卖给新移民买主的威斯康星,理查德·伊利的圈子正在制订计划让州委员会管理土地开发企业。在加利福尼亚,米德说服加州联邦俱乐部(Commonwealth Club)的商人进步人士支持对中央山谷更有秩序开发的大胆方案。正如在维多利亚州一样,展示的土地开发工程是直接由政府机构运作的。哈里斯·韦恩斯托克促成米德被任命为新的"州定居点和农业信用委员会"主席。经过两年大力的游说活动,立法机关批准了土地聚居的想法。米德通过在伯克利的办公室的繁忙通信监督这项工作。由 140 个家庭组成的乳品业聚居区 1918 年在奇科附近的达勒姆成立。第二个更大的农村聚居区 1920 年在圣华金河谷的德尔亥启动。如果米德的计划顺利实施,很快还会出现至少五六个聚居区。[56]

在很多方面,州土地委员会工程总结了米德的澳大利亚项目,它的成功米德一有机会就大吹大擂。州土地开垦协会购买土地,将其重新分割成 10 到 60 英亩的小农场,修整和挖沟以便进行灌溉,挑选最有希望的申请者来使用,为他们提供长期的抵押贷款,并种上头一茬庄稼;所有这些都在定居者得到土地之前完成。但是在两个方面,加利福尼亚的做法和米德的墨累河项目不同,这都触及了美国进步政治深层的紧张关系。第一个是该项目集中了大量来自大学的专家,教授们蜂拥到两个聚居区来就像看窝的母鸡。加州大学土壤科学家推荐聚居区的地点,州建筑师设计房屋和农庄,加州大学一位畜牧学教授挑选要饲养的动物,大学培养的常驻农场经理提供日常贷款和农业建议。[57]

米德的第二个创新是更加精心开发的社区概念,这在澳大利亚是没有尝试过的。在维多利亚州,米德的"密集居住区"项目是分散的、填空式的项目。然而在德尔亥、达勒姆则是集中起来的小

348

农场,其设计就是要展现集中在一起的合作优势。为两个聚居区制订的纸上规划包括了符合最先进的城市规划思想的社区中心。达勒姆的规划包括会议大厅、学校、游泳池、网球场、永久的家畜展示厅;在德尔亥,小农场尽头以规划的村中心为锚定点。从空间上看,聚居区的锚定点是社区活动中心,而从经济上说,聚居区的关键机构是强制性的农民合作社。种子、机器、牲畜都是通过合作社购买,牛奶通过合作社销售,牲畜饲养受合作社管理,农民的自我管理也是通过合作社来实现。合作、大学专业知识、澳大利亚"殖民社会主义"、高度关心的家长制作风(来自米德和常驻管理者)、少量类似经济民主的东西,以及长期存在于进步人士心中的社区理想等都融入了这样的设计中。

很难过高估计这种组合在1918—1921年间所引起的关注。几十个代表团心中想着20世纪农业的命运,前来参观达勒姆整齐规则、点缀着一座座平房和高大橡树的农场土地;或者参观德尔亥的竭力抗衡牧羊场吹来的风沙的果园、葡萄园、花园。在澳大利亚,米德提供了国家规划的土地居住区作为打破大牧场主垄断土地的手段,让国家在大坝和运河上的投资发挥效益。在美国,米德通过大量的文章和演讲,用另一番说辞来描述聚居区:作为农村阶级关系全面危机的解决办法。米德坚持说,农场主拥有土地的历史已经一去不复返了。因为传统农场生活的单调和孤独,农场的孩子逃向城市,他们家的土地被资本充足的投机者以下一代拓荒者出不起的价格攫取,然后再租给新的佃农。随着20世纪初期美国佃农数量的上升,米德的焦虑也被提升到更广泛、更紧迫的程度。

米德还在这种重新封建化的乡村图画上添加了种族主义倾向。当时英裔加利福尼亚人对德尔亥的孩子和附近日裔美国人农家孩子上同一所学校这个传言反应强烈,在美国退伍军人协会支持下举行抗议;米德从前的澳大利亚同事坚持限制亚洲移民;德国人要让德国农民重新拥有东普鲁士土地的工作也很早吸引了他的

注意。米德的种族主义虽然并不比这些人更厉害,但毕竟还是很

349 强烈的。米德抱怨说从家庭农场流出的人口是"美国人"的撤离,地主招募来填补空缺的佃农是墨西哥人、日本人、中国人、葡萄牙人和印度人。更加让土地管理委员会看到这一问题紧迫性的是,紧挨着德尔亥聚居区北边出现了一个私人支持的日裔美国人农业聚居区,这里有工作勤奋的小农场主和社区范围的合作社。[58]

"加州是白人世界的边疆。"米德在 1920 年对旧金山听众说。到达勒姆、德尔亥申请土地的黑人被支往别处;看到德尔亥广告上写"全美国人"的社区,看到美国退伍军人协会的海报置于村中心最醒目的地方,亚裔美国人知道怎么回事,根本就不去申请。但是重新把"白种"美国人吸引到农场来不光需要种族意识。米德坚持说,精耕细作的灌溉农业是新边疆的出路,要让它发挥经济效益就需要国家指导加上完全不同于"从前无计划的个人主义农村社会"的合作社。原始的乡土主义、世界范围政策潮流的国际呼吁、乌托邦主义和恐慌警惕全结合在一起。加州土地管理委员会的聚居区不仅仅是开垦试验,还是未来的潮流,是"新社会机体"模式和"更好的新农村文明"。[59]

闯入米德项目的战争为他的观点提供了更广阔的背景。加州的努力在 1918 年夏天刚刚开始,米德就被招募到了华盛顿特区,那里对转业军人经济未来的焦虑感很强烈。米德促使把他的标记贴在战争集体主义情绪挫败后唯一一个幸存下来的官方重建计划上。在劳工部,弗雷德里克·豪威和路易斯·波斯特已经在进行部分模仿劳合·乔治的大型战后公共工程计划,要用政府支持的农村定居点来吸收没有工作的人。在内政部,部长富兰克林·K.莱恩正兜售一个在西部垦区工程中由政府资助建立士兵定居点的项目,用来吸收无地的、垂头丧气、可能发生暴动的转业士兵。米德的贡献在于说服莱恩改变了观念,从在无主的公用土地储备中划拨土地奖励个人,转变为建立有规划的集中定居点。由于豪威

和米德的宣传工作,加上莱恩的游说和近百万份的内政部传单 350
("嗨,你想拥有农场上的家吗?"),内政部军人聚居区项目让重建
旗帜一直飘扬到 1920 年。对战争军人有特别优惠的德尔亥定居
点成为这个想法的首批受益者之一。[60]

不管建议多么宏伟,国家支持的军人农垦村的试验并没有在
全国范围内展开。认识到离开故乡的老兵不是莱恩想象的布尔什
维克火种,人们很快开始反对这个计划。克拉伦斯·坡和《进步农
场主》一样站在农村居住区一边,但是在已经拥挤的市场中添加政
府资助的竞争这一威胁,让多数农民和他们在国会的盟友反对这
个项目。随着战争推高的农产品价格在 1920—1921 年出现暴跌
后,这种反对的声音就更加激烈。[61]

米德的加州聚居区尤其没有做好应对 1920 年代初期农业衰退
的准备。德尔亥的问题最严重。因为建在需要有昂贵的水泥管灌
溉系统和管理成本的地方,只有马上销售掉土地才能补偿损失,德
尔亥在价格下跌时就惨了。在 1922 年到 1923 年米德和驻德尔亥
的农场管理者辛苦对付购买需求减弱的问题,发起宣传攻势,派遣
招聘人员到东部寻找潜在的买家,试图通过能量和意志力对抗农
业的普遍衰落。但是因为投资回报的前景不乐观,土地销售缓慢。
当补充债券议题在 1922 年的投票中以微弱票数失败后,米德不再
直接管理加州土地聚居区,接受了新南威尔士和巴勒斯坦的顾问
任务。德尔亥定居者要求免除他们的贷款,加上内有战争老兵的
支持而更加胆大,竟然把米德的肖像从社区大厅取下来挂在树上。
当德尔亥定居者最终获得特殊优惠待遇后,达勒姆定居者提出法
律诉讼要求得到同样的优惠。到了这个十年的末尾,州政府回到
保守派政治力量的掌控中,注销了这两个陷入困境的聚居区,抛售
它在米德"家长制"实验中的股权。[62]

但是典范聚居区的经济困难并没有耗尽规划农业聚居区的主
张。这么紧密地交织了多股进步政治的农村理想,它的理论依据

包含异常活跃的流动性,会根据众多变化的需要而重新建立起来。

351 或许米德用中央集权的、澳大利亚式做法扭转了美国乡村生活改革者关心的内容,或许他重新社会化的农业前景是依靠专家管理和顾问而头重脚轻,或许他的"把政府放到农业中"(他的敌人这样说)的主张隐含着公众代表们不愿意接受的过多成本和风险,或许他认为个人主义农业已经黔驴技穷的观点激起了农民的不满,但是,这么突出地模仿外国经验的米德聚居区实在是聚集了进步人士想象力中太多的内容,不可能被完全抛弃。

因此,规划的农村聚居区的失败迫使它寻找更好的机会。米德曾希望农垦局接收这个项目。愿望受挫后,他在南部进步人士中又激起另外一拨支持者。其中一个就是与众不同的土地开发商休·麦克雷。此人自从 1920 年代初期一直在鼓动人们对一个私人融资的、农业化的"美国式莱奇沃思"的兴趣,它将在北卡罗来纳州东部建设精耕细作的 10—20 英亩的环形农庄。麦克雷的"农村城市"工程拥有著名的进步人士加盟的顾问委员会(乡村生活委员会的克拉伦斯·坡、平肖、莱恩、凯尼恩·巴特菲尔德、阿尔伯特·萧、雷·斯坦纳德·贝克,米德本人也在其中),其选址计划由雷蒙德·昂温最亲密的美国朋友约翰·诺伦来做,其宣言指责说因为农村没有能满足现代"渴望社会和有知识伙伴"的需要,才导致农村人口流向城市。可以说这是进步人士改造落后和原子化农村的梦想的另一个变体。[63]

米德给予 1920 年代末期发现他的南方进步人士的贡献,是接近农垦局基金的可能性,和一个仍在等待适当需求和政治机会的现成办法。同盟者商定了一项议案,按照达勒姆和德尔亥模式在南方每个州开垦的土地上建立一个规划的农村示范社区。米德和麦克雷召集的推动该建议的群体中不乏南方土地和铁路投资者,他们迫切要提高自己拥有的松林地的市场价格。但是对于同盟中的乡村生活改革者来说,项目的根本内容是"人的改造"。北卡罗来纳大学农业社会学家 E. C. 布兰森在解释规划聚居区的最新理由时写道，"南方农民……和世界其他地方的农民的生活都不同"，完全陷入孤独和无知。不是靠增加学校或者农场代理人的数量就可以改变的，只有实际展示出来的别样居住区模式才有望改善。因此，米德的方案原是为补偿公共灌溉工程费用，后作为解决农村阶级关系危机的办法，还曾短暂地作为吸收转业军人的措施；现在又被他的南方支持者转变为让南方农民对其低效率的、个人化方式感到羞愧和受到教育的新途径。[64]

在可以借用的政策和环境固定的政策之间，在可以选取的政策与深植于政治和社会环境之中而无法选取的政策之间，关键差别就是灵活性。在传统情况下，灵活性体现在手段和形式上，但是在形式抓住了想象力的另一些情况下，可动的部分就变成了理由阐述。集中了这么多对比和弥漫空中的焦虑，专家规划的合作农场成为解决一个又一个问题的流动的答案，一直延续到 1930 代初期。虽然它无法实现，但在新政前夕它也不会消失。

有人把农村的虚弱归咎于经济组织的分裂和个体化，有人把它归咎于土地上分散和孤立的居住模式，除此之外还存在第三种人。在他们看来，农民的最根本弱点在于他们的思想和价值观。乡村的原子化，"缺乏组织和凝聚力"使得弱小的农民成为其周围组织良好的利益团体的牺牲品，对合作社的怀疑使他们更容易受到那些利用农民经济幻想赚钱者的影响等，这些或许都可以追溯到观念和文化根源。[65]

在一定程度上，这个观点是无法反驳的。合作社成功与否依赖于它们的成员能否形成比占有性的个人主义更大的信念。从赖夫艾森合作社到米德的加州农场聚居区，没有一个农村重建运动不为这一方向的强大宣传努力留出空间。但是如果土地方式最终是由文化决定的话，要开始的地方就是学校了。

问题是要弄清楚教授什么东西不会让农村的处境更加不利。读书识字和农业技术教育显然是农村人的利益所在。会计算的佃农不会自动具备免疫力防止商人地主在算术上的欺诈,但更有能力和他们讨价还价。技术先进的农业合作社在农业市场上比仅仅由贫穷和低效率结成的合作社有更多优势。困难和障碍在于找到教育的形式,把农村小孩带到让人陶醉的读书学习和城市生活的潮流中去,同时不刺激抱负远大者尽快逃离农村。AE(乔治·罗素)写道,城市只需点头招呼,世界各地的农村人就流向城市——随着报纸、图书、集中的学校让人们看到思想刺激和知识狭隘的鲜明对比,流失速度更快。[66]农村学校怎么才能在启蒙人的思想时不加速让最聪明的农村孩子逃离农村,最终导致迟钝和愚蠢的人继承土地呢?

对于在这两难困境中挣扎的人来说,北大西洋经济体中最重要的国家是丹麦。美国一些进步人士在战前已经找到了丹麦,克拉伦斯·坡和麦卡锡就是其中的两位。费兰德·P.克拉克斯顿在从田纳西农场到美国教育部长的职业生涯中,1896年碰巧发现一所丹麦民俗中学,使他成为美国南方民俗学校的积极推动者。布克·T.华盛顿宣称丹麦是战前黑暗欧洲农村唯一的一处亮光。但是因为丹麦缺乏一个像普伦基特那样的媒介人物和欧洲更大国家的吸引力,对战前丹麦的宣传不利。教育旅游协会1914年欧洲公民和社会旅游分配给丹麦三天时间,塞入了它的信用社和乳品厂合作社、城堡和博物馆、养老金制度、典范住房和典范的垃圾处理技术。美国农业合作和农业信用委员会1913年只是把丹麦作为选择性的附带旅行。[67]

但是在战争对国家名声的重建中,丹麦在美国进步人士心中的地位急速上升。1920年初期的爱尔兰在内战中消耗掉了,德国从经济上说已经大伤元气。美国进步人士在1919年后对于美国头重脚轻的战争国家感到幻灭,在他们看来,小规模具有了新的优势。最热烈崇拜战前德国的进步人士弗雷德里克·豪威到了1920年已经把热情转向丹麦。正如豪威看到的，推崇合作的丹麦是个看不到国家权力常见的浮华装饰和虚荣的联合体：这是一个"只关心自己领土内的精细发展和三百万人口的幸福生活"的国家。豪威认为这个事实本身就使它成为"现代世界最有价值的政治展品"。约瑟芬·戈德马克在1930年代中期用同样的方式描写丹麦社会政策，新政管理者听到她的姐夫路易斯·布兰代斯说："在可以去丹麦的时候为什么还要去俄国呢？"正如1927年一位美国观察家说的，丹麦彻底摆脱了"欧洲政治的旋涡"，暂时处在进步人士世界的十字路口。[68]

到了1923年，E.C.布兰森报道说丹麦已经被外国考察者"踏平了"。待在丹麦乡下的两个月中，他遇到了来自日本、维也纳、柏林、加拿大以及汉普顿学院、阿巴拉契亚社会服务社等的教育者，更不要说一火车的英国牧民、一个社会工作者云集的会议，所有这些人都是来学习丹麦农业复兴的秘密的。他相信"这个时候丹麦比世界上任何其他国家都受到这类学生彻底地研究"。

> 他们是农民和农业组织官员、大学教授、各级各类的老师、从实际生活而不是从故纸堆里做博士论文的研究生、立法委员会和受托团体、国会议员、华盛顿农业部的实地调查员、英国议会议员、内务部选派人员、睦邻中心人员、社交秘书、公共福利官员、代表美国社会工作基础的研究生、为关于丹麦的著作而来收集资料的作家、斯堪的纳维亚—美国奖学金学生，等等。

他们都"把丹麦当作政治学和社会经济学的现场实验室，相互交换地址和介绍信"。[69]

为了推动北欧国家与美国相互交流而成立的美国—斯堪的纳

维亚基金会为研究丹麦农业合作社、丹麦工业组织和丹麦民俗学校提供特别的奖学金。后来成为美国农业部合作营销局第一任局长的克里斯·克里斯汀森获得了其中之一。第一个以丹麦为模式的美国民俗学校创始人奥利弗·坎贝尔获得了另一份。同样还有年轻的美国黑人社会学家 E. 富兰克林·弗雷泽，不过考虑到美国种族敏感性，该基金会从公开宣传中删掉了他的名字。[70]

在丹麦的多数进步人士参观者心中地位最高的是农业合作社。豪威断定合作社是丹麦农业复兴的关键。布兰森得出了同样的结论，在丹麦的几个星期内，他看到丹麦农民的生活水平与北卡罗来纳艰难挣扎中的贫困形成鲜明对比，"真是让我的头脑熊熊燃烧"。农村城市的推动者休·麦克雷承认他几乎被丹麦农业合作社的"能量吓坏了"。在南方种族分界的另外一边，富兰克林·弗雷泽在九个月详细研究返回后，支持在南方黑人中建立小规模农业合作社，作为种族仇视的大海中自力更生的经济民主小岛。[71]

较少美国人注意到土地改革的国家之手在丹麦农业复兴中的作用。因为担心在乡村经济中最贫穷、最受剥削的领域的乡村政治动荡，丹麦政府在 1899 年启动了一个项目，为处于边缘的农场佃农购买自己的小块土地提供政府补贴。政府的目的并非完全无私的。在该法案下进行的买卖大部分只有七到八英亩，虽然足以让所有者在农村落脚，但是不能确保他们从农业雇佣劳动市场中抽身，大农场主需要雇工干活。虽然如此，小土地法案促成了丹麦式农场租赁的大幅度下降。该法案经过扩展、放宽，最后在小土地社会主义者联盟的推动下成为肢解一些最大地产的工具。在 1850 年，42% 的丹麦农场经营者是佃农；到了第一次世界大战结束时，虽然小土地所有者仍然是丹麦农村明显孤立的社会和政治群体，但是现在只有 10% 是佃农了。[72]

美国进步人士对自己国家的佃农率感到警惕（在 1880 年到 1920 年间已经从 26% 上升到 38%），按说可能愿意宣传丹麦的小土地立法。但是土地改革在宪法上非常困难，代价高昂，在南方还受到种族政治的困扰。布兰森虽然是北卡罗来纳州"农场租赁和农场所有权资助委员会"的成员，但他几乎没有注意到丹麦的土地改革。甚至豪威也没有推荐它，他还自我欺骗地相信丹麦农业生产者是拥有共同利益的单一阶级。

如果说美国进步人士系统地弱化丹麦社会政治中国家之手的力量，伦敦和曼彻斯特的熟悉问题在丹麦也很少进入他们的意识。丹麦的工人、周期性失业危机、社会主义者和冲突，都要比阅读进步丹麦报告的美国读者可以想象的更多。1920 年丹麦工人开始了总罢工。1924 年，和第一届英国工党政府几乎同时，丹麦社会主义者组成了自己的第一个短命政府。但是美国进步人士不去看丹麦劳工和资本家的战争或者实际上的丹麦政治。他们到丹麦时心中想的只有农业共和国。他们很少能够不从本国乡村的角度来看丹麦，正如布兰森说的"眼角处总有北卡罗来纳的影子"，他们的印象紧紧围绕着随身携带的卷轴。[73]

但是，如果说社会主义者和国家往往掠出了美国人的目光之外，丹麦的民俗学校则吸引了他们的注意力。美国进步人士在民俗学校中发现了丹麦农业合作社统计表中令人困惑的数据的答案：农民从个体到合作共和国的转变到底是怎么形成的。民俗学校也是许多丹麦人自己喜欢讲的故事。它们比合作社还古老，形成于还处在德国侵略的余悸中的 1860 年代。到了 1870 年代每年大概有 3000 年轻人加入，到了 1920 年代后期，有人估计丹麦农村人口中可能有三分之一在年轻时都上过民俗学校。

实际上，民俗学校是 19 岁到 25 岁的农村年轻人聚会的场所，男女在不同的时段，在一个季节从各自的农场或者村子集中到一起。从教学法来说，民俗学校的任务是文化复兴。其中很少讲授美国农业学院教材上的经济农业之类内容。很多根本就没有书，也没有成绩或者考试。他们的课程安排通过丹麦文学和历史的讨

4

论,结合了丹麦的文化民族主义与合作社群生活的经验,这些都在唱歌、集体游戏和老师激动人心的讲课中得到强化。民俗学校的创始哲学家尼古拉·弗里德里克·瑟弗林·格伦特维,他本人就是把斯堪的纳维亚民间文学从贵族沙龙的奚落中提取出来的关键人物。民俗学校对于丹麦农业复兴的作用就相当于诗人改革者AE(乔治·罗素)试图为爱尔兰农业复兴所做的一样——即便不是精神动力,至少是日常实际合作的精神附属部分。[74]

在这个框架内,民俗学校的差异很大。美国人倾向于参观历史最悠久的学校:从哥本哈根乘车一个小时路程的洛斯基尔德,或者培养民俗学校老师的阿斯科夫,那里白领子的学生和学院环境让他们想起美国家乡。在这两处之外,更多学校的兴衰主要依赖于校长(Forstaender)的个人眼光和魅力了,其中很多校长就是学校的所有者。有些给予体操特殊地位,有些学习宗教。有专门为小土地所有者开设的特殊民俗学校;也有社会主义者资助、为城市青年工人举办的学校;还有为了增进世界和平而办的,吸收外国学生。但是不管什么形式,共同生活的经验和老师激动人心的"生活语言"是所有这些学校的核心。它们虽然宣扬民族主义,却有多样性;虽然是私立学校,却得到国家学费补贴资助。正如丹麦农业合作社一样,作为其文化附属物的民俗学校自由结合了私人和公共力量。

丹麦民俗学校非常乐于向参观者开放,甚至欢迎那些还没有学会丹麦语的参观者。加上参观学校比考察农业合作社关系的迷宫容易多了,所以它们很快引起美国进步旅游者的注意。费兰德·克拉克斯顿派遣了教育局特别调查团研究民俗学校的措施。布克·华盛顿忽略丹麦课程和他自己的塔斯基吉学院那种贸易学校培训的差距,把他的项目挂在人家的声望上面。汉普顿学院的《南方工人》刊登了关于民俗学校的最初一些报道,富兰克林·弗雷泽是其中一位作者。[75] 在1920年代,进步教育者组成了另外一个

357

参观团。[76]与美国进步人士想象力中的教育学家倾向一致,丹麦民俗学校的校长们传达了美国参观者喜欢听的信息:如果有效农业复兴的前提是合作,那么合作的前提就是教育——不是剥去农民根本联系的那种学习,而是文化复兴的教育。

不可避免的是,有些美国人试图把观察到的东西带回家,在美国成立类似的学校。最忠实于丹麦模式的努力是克里斯·克里斯汀森在威斯康星创办的学校,他是美国—斯堪的纳维亚基金会奖学金获得者、农业部农业合作方面的专家,现在是威斯康星大学农业学院的院长。克里斯汀森在1932年重新设计了威斯康星农民短训班课程,把二十多岁的农村年轻人集中到麦迪逊进行四个月培训,获得他们在孤独环境中得不到的浸入式体验:历史、艺术、社会学、经济学课程,还有唱歌、公共演讲和体育等活动。他们写诗,在约翰·斯图尔特·柯里的鼓励和影响下画画。从密苏里农场到耶鲁神学院再到丹麦赫尔辛格任国际民俗学校老师的约翰·巴顿,被邀请前来讲授丹麦土地改革和社会运动。合作组织课是必修课程。[77]

丹麦民俗学校固然很吸引人——精力充沛的年轻农民热情聆听老师的"生活语言",但这是不容易移植的东西。问题在于"民俗"。在某种程度上,这问题是虚假的,是翻译中的错误。丹麦词语(Folkhøjskoler)的比较准确的翻译应该是"人民的高中"。folk 这个词在 1920 年代和 1930 年代携带的额外人类学含义在字面上是不必要的。虽然如此,没有共同方式和文化的强烈纽带、没有生动活泼的集体生活传统为基础的"民俗学校"是无法想象的。

但是在美国特别明显的文化异质性情况下,其农村是竞争性移民和种族亚文化的"百衲裙",到哪里寻找美国版本的民俗学校的课程呢?人们到哪里寻找民歌、传奇故事、传统舞蹈、文学和历史等能被农村年轻人毫无问题地当作自己民俗的东西呢?即使在威斯康星乡下,农民的父辈或祖父辈很多是德国、波兰、瑞典、芬兰

358

移民，也是在这方面形成挑战。在这样的困难面前，美国主流成人教育运动这么强烈地朝向信息和技术能力方面就没有什么好奇怪的了，它不是要塑造共同体身份，而是要培养更有效的个人能力。

　　但是，在许多观察家看来，有一个地方似乎吻合丹麦激发的农村复兴的文化标准，那就是阿巴拉契亚，或者当时被普遍称为南方高地的地方。民俗学校的南方崇拜者的理想很快在这里扎下根来。这里比南方其他地方在种族上更加单一，教育程度更低，远离商业和现代性的腐蚀，南方山区正是成人教育实验的理想场所。在 19 世纪后期，到南方山区来的外地人认为这里的文化是孤立的、衰退的，是世仇宿怨、私酒酿造、文盲愚昧之地。但是到了 20 世纪初期，歌谣和工艺品收集者开始在阿巴拉契亚寻找在其他地方已经消失了的技能和文化遗产，比如带有伊丽莎白时代文化风格的歌曲、传统的乡村舞蹈、传统的绗缝和木刻技艺等。在这些比商业资本主义更古老的文化纽带中，或许可以找到复兴运动的基础。[78]

　　高地民俗学校运动的倡议者是重新评价南方山区文化的积极分子。奥利弗·坎贝尔是歌谣收集者先驱，当时少数人开始到山区寻找那些了解在邮购班卓琴流行之前的音乐的乡村民谣歌手，她是其中之一。她的丈夫约翰·坎贝尔曾在 1890 年代从马萨诸塞州的安多福神学院来到南方，在传教士开办的院校里教书。在 1908 年他说服新的拉塞尔·塞奇基金会增加南方高地分部，调查经济发展另一端的农村，以平衡它的都市工业社会生活调查的项目。在 1908 年到 1919 年间，坎贝尔是该分部的唯一成员。他试图运用在伦敦和匹兹堡完善的社会调查技巧研究这里的需要和资源，重新确定外来指导机构的工作。

　　如果和历史活生生的联系是这个地区的优势，那么"极端个人主义"就是南方山区的弱点，正如约翰·坎贝尔看到的那样。私酒酿造、世代结仇和暴力活动是区域特点，但是更大的文化负担则并非阿巴拉契亚独有。坎贝尔在 1916 年写道："个人主义是伟大的美国弱点,在山里人——幸存的原始美国人身上,自由主义被提升到至高无上的地位。"正如在美国其他地方一样,这里"合作……是我们迫切需要的东西"。因为坎贝尔夫妇的志向从传统的教育转向关注文化与合作的项目,难怪丹麦例子抓住了他们的想象力。克拉克斯顿首先告诉他们民俗学校的主意。战争爆发时,他们已经买好了到丹麦的船票,已经在为南方高地建造自己的民俗学校而筹款了。[79]

奥利弗·坎贝尔在 1919 年丈夫去世后开始实施他们的联合项目。在美国—斯堪的纳维亚基金会奖学金帮助下,她 1922 年和 1923 年在斯堪的纳维亚待了 14 个月,大部分时间仔细观察丹麦民俗学校,也曾经到爱尔兰寻找 AE(乔治·罗素)。到了 1925 年,她已经筹集了资金在北卡罗来纳州西部山区靠近布拉斯镇(Brasstown)的地方购买了农场,作为"约翰·C. 坎贝尔民俗学校"的场所。前几年,它没有招收学生,集中精力在邻近居住的农民中开展地方合作乳品厂、合作养鸡场、合作购销社和合作信用社。在星期六晚上,学校邀请农民进来参加讲座、农业讨论和唱歌。当 1920 年代末期第一批学生到来后,课程表包括历史、文学、民间舞蹈、唱歌游戏、体操、在学校的试验田上干活、复兴山区手工艺。

阻止山区孩子流向城市的趋势(奥利弗·坎贝尔极度不信任城市对人的影响),复兴山区社会风俗而不是教育年轻人摆脱它们,同时把山区文化自我破坏性的个人主义转变为互利合作,这些是坎贝尔民俗学校的宏伟抱负。相较于把书本知识灌输到学生头脑的典型农村学校方式,甚至相较于肯塔基州东部的松山定居点学校(Pine Mountain Settlement,参观者注意到那里的学生是多么干净、整洁,知道怎么使用餐巾,行为举止"就像高贵家庭的有教养孩子一样"),坎贝尔与传教士那种教化传统的决裂是引人注目的。在坎贝尔民俗学校没有考试和学分,经过一两个实验后,她放弃丹麦式讲座而改成讨论课,话题围绕整个世界,然后再回到山区农业

360

问题上来。她筹集到资金帮助学校的毕业生购买附近的小型牧场。通过"南方山区手艺人大会",她帮助推动了该地区的手工艺复兴。她愉快地承认用"学校"来指她从事的活动是容易误导人的。通过更聪明的农业、手工艺品生产、成立合作社等,她希望找到高地经济和文化复兴的新模式。[80]

但是,这些没有一个真正解决"民俗"问题——这不仅是坎贝尔心里的问题,而且是阿巴拉契亚本身就有争议的风俗问题。方块舞确实是本土色彩的,但是它们与喝酒和喧闹密不可分的关系让许多山区教会人员感到无法容忍。班卓琴和它那新式"山里"(hillbilly)音乐在那些寻找活着的古老文化的人听起来感到不舒服。在山村手工艺复兴中心,外来专家删掉糟糕的设计,把好的模型包给别人去做,这一切都是打着原始民间艺术的旗号。民俗学校的文化复兴力量取决于它们有能力沟通深层的、前意识的集体身份特征。如果没有这种特征和素质,该怎么办呢?

面对这种不和谐因素,坎贝尔很难完全抗拒回避问题的诱惑,
361 因而更加紧密地依赖进口的丹麦模式。早先她已经聘请两位年轻丹麦老师负责学校的动物和乳品厂。学校教的是丹麦体操,唱的是丹麦歌曲和坎贝尔最喜欢的阿巴拉契亚乡土民歌的混合体,丹麦舞蹈(谨慎地改名为"游戏")与当地民间舞蹈结合起来。

过分忠实于事实一直是跨越大西洋的进步纽带的问题。美国城市规划者在自己的街道上看到巴黎的星形广场和凯旋门;市营公用事业支持者想象格拉斯哥的公交车在芝加哥抬高的轨道上轰鸣;艾尔伍德·米德想象波河河谷果园出现德尔亥沙地上;类似的那种幻觉不可能完全从坎贝尔的北卡罗来纳山区消失。在大西洋进步纽带中转变与模仿的冲动之间,美国民俗学校先驱者特别努力地保持着平衡。

在民俗学校运动中作为坎贝尔学校最著名的竞争者,"高地人

民俗学校"用更激进的方式对待"民俗"概念包含的议题。1950 年代南方危言耸听者的告示牌贴了马丁·路德·金在高地人民俗学校课堂的照片,这在南方白人种族隔离者看来好像证明金从前是共产主义者。实际上,高地人学校的源头和坎贝尔学校一样与丹麦深深纠缠在一起。高地人民俗学校的创始人迈尔斯·霍顿本人是阿巴拉契亚南方人,有强烈的社会福音新教徒主义色彩。霍顿离开该地区的磨坊和小工厂到坎伯兰学院读书,后在基督教青年会做组织工作,有年夏天从大学返回田纳西州奥佐恩组织《圣经》学习班。从那个夏天开始,霍顿关于长期"奥佐恩项目"的笔记不断增多,其中充满自我怀疑和对方法的困惑。当他 1929 年来到纽约市协和神学院寻找蓝图时,他阅读了约翰·杜威的作品,莱因霍尔德·尼布尔把他纳入麾下。他 1930 年到芝加哥大学时仍然在寻找,看是否能从罗伯特·帕克和赫尔馆那里了解社会变化如何发生。"我试图在每个人身上检验这些想法,每个人。"他后来回忆道,"我无法把这个想法理清楚……每次我想让它到我希望的地方去时,就模糊不清了。"霍顿在芝加哥遇见的一位路德派牧师告诉他,他的"奥佐恩工程"听起来像自己年轻时在丹麦上过的民俗学校。不到一年,霍顿就来到了丹麦,亲眼看看民俗学校运动是什么样子。[81] 362

　　正如霍顿后来选择性记忆所显示的,他的丹麦之行是让人失望的,是突破简·亚当斯在类似状况下所说的"准备的陷阱"之前的最后一个阶段。他几年后回忆说,只有埃斯比约的民俗学校让他感兴趣。实际上,他已经阅读了民俗学校运动的所有英文著作,他还自学了丹麦语。他带着奥利弗·坎贝尔的书和她的介绍信,在丹麦到处寻找民俗学校。对于他遇见的每个乡村校长,他都试图检验自己有关宗教、心理、社会变化的观点,企图参透运动影响的秘密和"生活语言"的实质。[82]

　　所有这些进口的线索都汇合在霍顿的项目中。高地人民俗学校的另外一位创始人唐·韦斯特像霍顿一样在丹麦待了一年,写他的把丹麦教育方法用在阿巴拉契亚南方的神学学位论文。当高地人民俗学校在 1932 年田纳西州蒙蒂格尔开学后,民间舞蹈(丹麦的和山区的)、钢琴课和民间音乐、放映韦斯特和霍顿欧洲见闻幻灯片的讲座、妇女罐头食品合作社、霍顿讲解思想如何变化的课程等都是工作的一部分。在合作社的组织工作上征求了奥利弗·坎贝尔的帮助。高地人民俗学校的土地是曾经上过威尔斯利女子学院和康奈尔大学的历史学家丽莲·约翰逊给的。她在参加 1912 年纳什维尔"南方商业大会"时看到听众被戴维·鲁宾的演讲彻底征服。约翰逊自己也受到激励,来到罗马,沉浸在欧洲合作社的文献中,竭力为"欧洲农业合作和农村信用委员会"争取捐助者。她还担任委员会的行政助理,撰写了大量报告,后来前往田纳西东部看自己能否成为当地欣欣向荣的合作社运动发展的种子。虽然蒙蒂格尔在地球的另一端,从欧洲各地而来的道路还是和它汇合起来。[83]

不过,和坎贝尔的布拉斯镇不同,蒙蒂格尔的农业生产早已成为历史。到 1930 年代初期,木材和煤矿利益已经主宰了该县的经济。和坎贝尔不同,霍顿是社会主义者,至少自从协和神学院时期就是社会主义者。他邀请约翰·巴顿从麦迪逊来到这里讲解合作社,巴顿的妻子丽贝卡·巴顿讲解劳工文学,但是早期的大部分老师是来自协和神学院的学生,其中许多人比他还激进。在高地人民俗学校,山村歌曲和方块舞与劳工历史和当代经济形势等课程结合起来。当丹麦一校长问他要讲授什么内容时,霍顿回答说:"我要按伦理原则(意思是爱)讲授社会学和历史。"到了他坐下来给预期的捐助者写信时,他的目标成为在南方山区发展"无产阶级文化",扎根于当地但不再是对阶级和经济一无所知的本土领导力量,能够帮助山里人有效地抗拒大量掠夺廉价和无组织劳工的煤矿和纺织工业。他认为南方的历史资源中有它对资本主义的抗

363

拒——"是防御，确实如此，"他提醒自己，"不过仍然有一定价值。"[84]

在大萧条时期开办学校，加上这么多微妙平衡的抱负，高地人民俗学校人员很快被吸引到周围爆发的劳工斗争中。在一个月之内，霍顿就因为试图写该州北部煤矿罢工的故事被逮捕。学校把学生放在罢工纠察线上，其中有些人遭到工厂保安开枪射击。学校开始把县里的"公共事业振兴署"的工人组织成工会。在1937年，当产业工人联合会（CIO）在南方发动联合组织行动时，在罢工活动中一直很积极的高地人民俗学校宣布把它的"全部资源"都投入劳工运动中。

但是，随着劳工承诺的增多，高地人民俗学校的地方纽带慢慢解体。它获得了联邦紧急救济署自助合作司的地方罐头食品合作社拨款，但是当查塔努加（Chattanooga）的报纸纷纷抗议把钱"交给红色分子和劳工组织者"手里后，它很快就失去了这笔钱。经过七年精心的地方组织工作，被扣以"赤色分子"的帽子以致最后成为自己开展的项目的负担，学校当局决定彻底与地方政治决裂。从霍顿的"奥佐恩"抱负要在南方山里人中间创造一个自然化的社会变革中心点，高地人民俗学校后来成为劳工左派的地方组织基础（再后来的民权运动基础）。可以说它是按自己的方式运作的布鲁克伍德劳工学院，在一个别有乡村特色的环境中。

奥利弗·坎贝尔曾经给霍顿写信说她很难"看出如何能在你已经开始的基础上发展真正的民俗学校"。[85]最终，霍顿自己的回忆录同样全面地贬低引进的丹麦经验。实际上，高地人学校中不难发现丹麦迹象。它强调团体合作生活、跳舞和游戏，老师和学生从邻人中汲取山村歌曲作为1930年代劳工左派的激进亚文化的一部分，霍顿自己选择充当自始至终寻找"生活语言"的哲学校长（Forstaender）角色。这些都是高地人民俗学校的大西洋纽带的体现，就像坎贝尔的学校在布拉斯镇做的事情一样，只是方式不同。

364

但是最后,如何把地方民间文化和风俗与彻底的社会变革运动结合起来这个奥秘像难倒坎贝尔一样难倒了霍顿。他在田纳西山区建设的产业工人联合会营地和坎贝尔对丹麦经验的修改不同,但是两者都没有找到方法把民俗学校的核心诺言带回美国——周围的政治文化中有太多与之强烈抵触的趋势。

霍顿还在丹麦的时候在笔记中写道:"毫无疑问,这里的高中一举成名是因为开始于 19 世纪初期的一股潮流,似乎是因土地法而使希望成为可能。"和早期民俗学校实验同时出现的是席卷丹麦的文学和文化的苏醒,并推动了这些实验。霍顿问道:"如果没有潮流,这样的学校可能出现吗?或者它里面有潮流吗?"[86] 他的问题切入了农村改革者难题的核心。如果在土地下面藏着更深层次的机制、期望和文化,那么整个地质结构本身怎么能够移动?

在某种程度上,所有受欧洲启发的农村改革者都面对这个问题。在他们讨论的土地抵押信用合作社和乳品厂合作社、丹麦奶牛和澳大利亚国家主义、民俗学校和农场村落等问题背后,核心内容既关乎市场不平等也关乎价值观,既关乎国家的农业心脏地带也关乎美国本身。农村人虽然并不总让他们愉快,但是代表了每个人。乡村的过分个人主义代表普遍的原子化,这或许是拓荒者的表现,或者是很少受到约束的市场的作用,或者就是文化本身。在最后投身于田纳西山区之前,霍顿在这么多笔记卡片上写满难题和疑问,一直非常忧虑这个问题:文化转变的潮流是在哪里产生的?

编织成为跨越大西洋进步纽带的叙述最后都把这个问题缩到传记中——如丹麦校长讲述的关于格伦特维的故事,AE(乔治·罗素)关于普伦基特的故事,米德关于他在澳大利亚内地战胜土地垄断者的故事,或者合作社成员关于洛奇代尔那一群英国人先驱的故事等。但是如果历史变化的潮流不在个人或者机构,而在文化本身,人们如何能期待像民俗学校或者农业合作社这样脆弱的移植机构在根本上影响它的进程呢?

问题不是能否引入的问题。在适当条件下机构能够成功地越过国界转移,这一点显然毫无疑问。合作机构和合作社就像吉卜赛人迁徙一样都越过了欧洲的领土界限。有可能这样说而并不算过度曲解历史:从英国的欧文主义者到德国的舒尔采-德里奇和赖夫艾森运动,到意大利人民银行先驱者,接力棒一直在传递。通过像普鲁士土地抵押信用合作社这样外国风格的想法,美国农民长期要求联邦资金援助的呼声最后在政治上看到了成果。文化潮流不是不灵活的,就像它们不是严格按照民族国家确定的一样。

跨越边界本身不是问题。美国乡村重建者面对的根本问题是引进的机构不能保持不变。当引进的改善农村社会弱点的措施包含的前景与周围市场文化格格不入,移植起来就变得非常困难了。在机构被成功吸收的地方,那是它体现了市场文化的特征。1920年代中期的大型营销合作社,由于推动者的热情和垄断野心,构成最发人深省的例子。当引进的措施在适应和运用的过程中无法不被改变,当任何东西都在变动中,人们如何能找到变革的阿基米德支点呢?

这就是新政者即将继承的无所适从的窘境,就像他们将继承大西洋进步交流的其他许多产品一样。两次战争期间农业重建项目的每一项都进入了他们广阔的议程中。爱尔兰和丹麦的合作社、米德的农场村庄、民俗学校思想、普伦基特对于农村“组织”的专注、AE(乔治·罗素)对于农村生活“狂热的……孤立和个人主义”的关注,最后都来到华盛顿新政者的走廊里,连同对文化本身的一种新的、深刻的敏感性。[87]1930年代正常政治的暂时终结可能给改造美国乡村高度原子化经济的工程带来什么样的第二次机会,这个问题就有待于新政者去发现。

366

第九章

机器时代

美国对欧洲的入侵

在所有乡村改革者中间,点燃两次世界大战之间的时代最热切期待的人不是霍勒斯·普伦基特,不是艾尔伍德·米德,甚至也不是阿伦·萨皮罗,而是亨利·福特。福特喜欢吹嘘说,他的机器造得这么便宜,连每个农民都可以拥有轿车和拖拉机,这将给农业劳动带来革命性变化。它将消除艰辛的劳作,将把城市和农村结合起来,将给大众带来各种商品和流动的极大自由,而这在以前任何历史时期都是少数精英的特权。社会政治做不到的事,技术革新将要完成。"新时代"是机器时代,福特是它的预言家。

新时代既是实现了的社会事实也是公共关系的奇功,但是它对大西洋进步纽带内的影响流向产生了重要作用。在第一次世界大战前的一代里,欧洲社会政策制订者和美国同行一样擅于越过国家边界捡东西,但是他们手头有比美国更重要和更方便的地方去搜罗社会政治革新。让美国人觉得恼火的是,面向大西洋的美国进步人士对于欧洲社会政治表现出非同寻常的好奇心,而欧洲人对进步时代的美国却兴趣不大。逆着战前社会政治纽带的主要潮流,确实有一些欧洲进步人士越过大西洋来到美国,看他们能从美国的学校和操场、少年法庭和睦邻中心、劳工统计局和生活水平等方面吸取哪些经验。但是美国的大西洋进步纽带的动态不在于对称性而在于不平衡性,在于参与者意识到的差距和落后以及对落后处境的尴尬。 367

在这方面,1920 年代标志着事实和意识的关键转变。领先国家和落后国家的论调仍然存在,其他人或许会谈论独特的国民天赋和不可相比的政治命运,但是那些塑造大西洋进步纽带的人的标志,则是把世界看成沿着进步的共同跑道奔跑的一队选手,有的领先,有的落在后面。1920 年代并没有根本改变一同赛跑的比喻,但是在大西洋两岸,这个十年打乱和混淆了参赛者的先后顺序。

第一个打破战前不对称性的,不是很快被欧洲人统称为"福特主义"的那些技术和经济转变,而是战争本身。美国远征军在 1918 年夏天进入旅游手册上欧洲心脏地带,不是作为临时纠集的外国同盟中的小伙伴,而是作为拯救文明本身的十字军,这正是美国进步人士希望看到的。伍德罗·威尔逊在 1919 年末简要概括战争的道德时,用美国战争宣传机构在大西洋两岸整体兜售的弥赛亚式语调说:"美国有极大的优势来完成拯救全世界的使命。"在威尔逊为自由的欧洲制订民主未来时,在多佛、巴黎和罗马欢呼的人群列队欢迎他的场面中,不难想象世界进步的火炬确实已经再一次传递给了美国。[1]

没有人比跟随美军进入法国的进步人士更深刻感受到战争造成的角色颠倒了。他们是作为非战斗人员一部分的红十字组织者、前慈善机构参观者和业余救援人员。美国社会工作者在报名参加这种活动时,大部分任务是帮助美国军人给战争"消毒",但是很快把工作扩大到遭受战争破坏的法国平民的需要。法国救济机构中最大的是美国红十字会的平民事务部。里面聚集了战争期间被临时借来的社会工作领袖,主要工作是照顾法国难民和被遣返者、发放救济物资、协助平民伤员的康复、负责婴儿护理中心、儿童健康中心、提供健康和卫生展示课程等。[2]

即使在赶去帮助遭战争破坏的法国时,美国救济工作人员也不能抗拒改革的诱惑。这方面最重要的领域是被"摧毁"的巴黎东北地区。这里是 1914 年后期德国撤退后留下的一片废墟,到处是弹坑、枯萎的树木、扭曲废弃的带刺铁丝网,还有饥饿。马恩区和默兹区已成为英国贵格派教徒救援者的领地。索姆区和瓦兹区成为美国的项目。最先进场的是史密斯学院救援队,在 1917 年夏负责关照努瓦永附近的 15 个小村庄。瓦萨尔、巴纳德、威尔斯利、古彻、斯坦福等学院组织了其他救援队,总体上等于战争中男性救护队志愿者的女性道德对等物。史密斯学院的女性住在被炮火破坏的村庄里,用社会调查的方式清查居民和资源,建立医疗所,发包缝纫活为村中妇女提供微薄收入机会,分发紧急食品救济,绕过村中男领导以形成有利于妇女的分配网络。担忧法国农民的孩子漫无目的的消遣方式,她们组织了美国式娱乐项目和集体游戏。[3]

总而言之,他们的表现就像睦邻中心工作者,特别是担心社会的松散解体和"极端个人主义",他们发现自己需要与之做斗争。当他们梦想为自己的工作留下永久性遗产时,心里就开始想要把法国衰退的公民意识组织起来。正如史密斯学院救援队的露丝·盖恩斯设想的,每个重建的村庄将包括新的"人民之家",紧挨教堂建在村里的象征性中心,同时配有淋浴澡堂、医务室、俱乐部、图书室、母婴护士站,还有公民展览室:这是按改进了的美国形式返回到欧洲的微型公民中心。

美国人迫切希望按照更接近他们想象中的欧洲的方式改造法国,在兰斯(Reims)重建的竞争中表现得更加分明。兰斯是遭到破坏的地区里最重要的城市,在战争结束时简直是一堆瓦砾,一块白

板,其建筑中一大半已经被挖空或者破坏。负责重建工程的乔
治·B.福特是美国睦邻中心网络、拥塞委员会、纽约市分区规划活 369
动和欧洲旅行的老兵。在作为美国红十字会重建服务中心主任来
到法国后,他成为法国政府一位流动的城市规划专家,在1920年
兰斯重建设计竞赛中夺魁。

福特的计划是各种从巴黎进入美国进步城市规划的影响的特
别集合。穿过老城内弯曲密布的街道,福特想象开辟一个直接从
奥斯曼借来的林荫大道和星形广场网络,他的草图清除了拥挤在
教堂周围的房屋和商店,在福特看来它们模糊了城市的法定公共
中心。他在兰斯的郊区点缀着新公园和美国式运动场,以便开展
接受管理的社会化的娱乐活动。在城市的四个主区,他规划了美
国风格的社区中心,奥斯曼的巴黎是没有类似内容的。正如盖恩
斯曾经设想的,里面有医疗服务、公民团体会议室、礼堂、图书馆,
甚至还有禁酒的自助餐厅。进步人士渴望的公民团结、他们在巴
黎拾取的或者在欧洲乡村古老的市集广场看到的凝聚力图景,被
福特用比欧洲社会化程度更高的形式带回到兰斯的设计中。[4]

社会工作者的欧洲冒险是暂时性的,但是美国消费品的大潮
在战争结束时从美国几乎无限丰饶的机械聚宝瓶中源源不断涌入
欧洲。这个影响更持久、更深刻得多。欧洲人对美国商业入侵的
担忧早在战争之前就开始了。德国商人早在1902年就忧心忡忡
地谈论"美国危险"。但是没有任何东西能与1918年后贸易流向
的改变相提并论。[5]

美国商品对中欧的入侵最明显,因为战争让战前欧洲运转最
良好的经济机器几乎陷于停顿。在直到1919年中期签署和平协
议后才结束的同盟国食品封锁下,在战争赔款压力造成的高额税
负处境中,加上1922—1923年的超级通货膨胀的无底洞,德国在
1920年代前五年实际上处于经济崩溃状态。1920年代初期到柏
林的游客报道说城市濒临绝望,没有笑声,只有紧张和饥饿。据说

连当时出现在每条主要街道的妓女也带着贫穷和绝望的表情。作家马修·约瑟夫森认为城市的一半在"荒淫无度中醉生梦死",而其余人则"忍饥挨饿"。社会学家罗伯特·林德更加清醒的眼光则看到中产阶级柏林人在免费的市营施舍处排队,他们的汤碗用报纸包着,或者藏在书包里面,因为要保持最后的一点脸面。[6]

五年后,在游客看来柏林到处充斥着美国商品。伍德·克鲁彻在 1928 年写道,柏林中央几乎没有一家商店的橱窗不会提醒美国游客想起美国。在库达姆大街上人们可以在新的、亮堂堂的美国风格餐厅买到美式冰淇淋汽水、波士顿烤豆、"薄饼和糖浆"。随处可见进口的美国工程技术。克鲁彻写道:"我看到的欧洲城市中没有哪个比它更像纽约,而且进一步模仿的努力是有意识的,一直在继续。"戏院上演的是美国戏剧,报纸上登的是美国新闻,电影院里是美国电影,书摊上是关于"美国风"(Amerikanismus)的激烈争论。[7]

柏林是 1920 年代欧洲商业美国化的典型例子,部分因为"道威斯计划"贷款在 1924 年后大量进入德国,以减轻赔偿款负担。但是很难说柏林是孤立的,查尔斯·比尔德在 1929 年初期报道说,在几乎每个英国城市都有美国式廉价便利店。在伍尔沃斯风格的"一价商店"(magasins a prix uniques)压力下,法国零售合作社竭力通过专业经理人和更大胆的广告技巧把他们的方法现代化。美国风格的广告到处可见,比尔德写道,"巴黎充斥着美国标志"。柏林海报宣传美国口香糖带来的快乐,维也纳的环形大道闪烁着美国风格的灯光广告。在电影院,美国出现在从斯德哥尔摩到土耳其的屏幕上。在 1925 年美国电影入侵欧洲的最高潮,就在报复性配额实施之前,美国产的电影在所有放映电影中的比例在德国是 60%,在法国是 70%,在英国是 95%——伴随着而来的是比实物更大、更诱人的美国消费品的特别宣传。[8]

比尔德写道,美国"已经钻入欧洲人的意识"。它的爵士乐、它的节奏、它的色调、它的商业主义渗透到欧洲大陆。但首先是作为以前所未有的速度生产大量消费品的、效率高得神奇的机器,美国重新进入了欧洲进步人士的象征性世界。美国天才的结晶从前是民主,后来是垄断者和富豪,现在是"福特主义"。这个词在 1920 年代的欧洲随处可见。福特的企业革新——他创建了为大众生产标准化汽车的大规模生产、流水线机器运作模式,连同他吹嘘的足够让工人也能买汽车的高工资,给欧洲社会观察家留下深刻印象。比尔德注意到,单单在德国,关于效率和合理化(Rationalisierung)的参考书目就有数百个标题。亨利·福特的自传是 1920 年代德国的畅销书。法兰克福社会博物馆在本来就很拥挤的名单中加入了一本专题论文集,题目是"福特和我们"。1927 年在维也纳举行的国际劳工立法协会、国际失业问题协会、国际社会保险委员会联合会议上,据一位美国参会者讲,最热门的话题是"福特主义"对劳工和社会的影响。[9]

为了亲眼看一看机器生产之乡,一批新的记者越过大西洋来到美国。"跨越大西洋的朝圣之旅又出现了,"古斯塔夫·施托尔佩尔写道,"可以说是——再次发现了美国。"社会博物馆派出创始人的儿子安德烈·西格弗里德了解 1920 年代的美国。国际花园城市和城镇规划联盟 1925 年在纽约这个城市的新摩天大楼阴影下开会。德国工程师成批前来,紧跟着的是德国工会和社会民主代表团来进行独立评估。德国书评家注意到 1927 年时出现的美国题材书籍的"洪流"。汽车、城市生活、工厂、商店、芝加哥的西尔斯-罗伯克邮购公司(Sears and Roebuck),以及人们有机会一定要去的位于密歇根州海兰帕克和里弗鲁日的福特工厂:这些都是新美国之行的目的地。[10]

有一点人人都同意。从对消费品的占有角度看,美国工人和欧洲同行相比的优势是毫无疑问的。这些是城市间的对比,绕开了乡下和种族分割的美国南方,也没有对两大洲的穷人命运的对比做出判断。但是显然,战前工业界普通非熟练工人实际收入的大致相等现已不复存在。赫伯特·胡佛吹嘘"我们工人平均的周工资现在可以购买欧洲任何工人两倍到三倍多的黄油面包",此话不能从字面上理解。但是 1920 年代中期了解真相的德国观察家认为美欧平均实际工资差距不小于 2:1。[11]

372 　消费品统计数据强化了这一点。在 1932 年,美国居民中收音机听众的比例是欧洲的 3.5 倍,电话用户比例是欧洲的 8 倍,汽车用户比例是欧洲的 26 倍。1928 年世界工业产品中 40% 来自美国的工厂和车间;除俄国外,欧洲加在一起的份额是 42%。I. M. 鲁宾诺在 1930 年代初的结论是:"我们是世界上最富裕的人,是历史上最富裕的国家。"[12]

在承认美国惊人的物质生产力之外,欧洲进步人士的美国印象很快陷入失望。1920 年代美国城市中公然的商业主义甚至让伦敦人和柏林人也感到震惊。H. W. 马辛厄姆报道说:"商品本身都长着嘴,'买我,卖我'。"一个见多识广的美国人在芝加哥告诉阿瑟·费勒:"我们不建造房屋,而是建造可以投机的商品。"几乎是每个欧洲旅游者首选目的地的曼哈顿把这些最初印象推向极致。置身于早上的薄雾中或者黄昏的闪烁灯光中,1920 年代的曼哈顿空中轮廓线让人陶醉。典型的感受是"简直如仙境一般"。但是仔细观察,那里全是钩心斗角和残酷的竞争。那些"似乎直捣天空"的大楼是在激烈争夺光亮和地位,正如建筑师恩里希·门德尔松说的,那些建筑像热泉一样"喷射",把"金融的力量抛到 20 至 50 层楼"。德国都市规划师罗伯特·施米特把它们称为"美元大楼"。《形式》(Die Form)的编辑沃尔特·库尔特·贝伦特的判断则是:"难以描述的堕落和枯燥,让人反感的丑陋混合体。"[13]

1920 年代美国给欧洲批评家印象最深的不是商业主义或者混乱不堪,而是其同一性。标准化和系统化统治一切。考虑到这个时期激烈的国内冲突(1920 年代美国激烈的城乡文化斗争、三K

党、劳工斗争、北部新的种族贫民窟），乍一看，这确实是让人困惑的错误判断。但是对于第一次遭遇标准化产品物质文化的人来说，就未必如此了。给他们留下深刻印象的是，人们的打扮相同，穿同样的箭牌衬衣领子，接受西尔斯-罗伯克公司商品目录上的季节指令。阿尔弗雷德·鲁尔抱怨说："到什么地方你都遇见同样的东西，一切都是大规模生产的产物。"[14]

标准化消费品、标准化服装规格、面向大众的品味指令的惊人泛滥可以部分解释这种印象。其他原因是"禁酒令"（Prohibition）的功劳。安德烈·西格弗里德认为1920年代美国人的思想被福特和加尔文教派双双束缚，它们的结合把每一点的想象力都吸引到生产上去。乔治·杜亚美想象了和美国人进行的辛辣讽刺性对话，讨论卫生管理过量性生活的可能性。用文化来对抗纯粹的机器文明，用精神对抗物质享受，用高尚欲望对抗低俗欲望，强烈批评标准化、系统化的美国人，是令保守派欧洲人特别愉快的做法。但是这种批评不仅仅局限于他们。路约·布伦坦诺把大众广告控制下"人的标准化"作为美国报告的固定内容。对于美国化现象的批评家来说，机器之乡是生产机器化的人的国度，他们的欲望成为心理学工程师新说服力的俘虏。[15]

正统马克思主义者也批评机器时代的美国，不是因为该时代的专心物质生产在伦理上是错误的，而是因为在企业主指导下机器的物质承诺是不能兑现的。他们认为，"后期资本主义"受到无休止资本积累的消耗和破坏，承受远远超过工人阶级消费能力的生产力负担，只能跌跌撞撞进入必然的内部崩溃。正如苏联招募美国工程师以及列宁著名的拥抱泰勒主义（Taylorism）所证明的，这种确信并不排除对美国生产技术的模仿。但是对模仿和借用的称赞是经过小心限定的。在战后，当时的愤青贝托尔特·布莱希特吸收了他能找到的任何美国东西：帮派、俚语、小说、流行歌曲、大城市摩天大楼。但是当布莱希特从1920年代初期的激进主义

373

进入 1926 年后更加正统的马克思主义渠道时,美国在他看来就变得陈旧、衰败和腐朽了。[16]

对 1920 年代美国物质前景最感兴趣的不是欧洲政治中的左派或者右派,而是在激进主义者、左翼自由派、实用社会民主党交汇的进步人士阵营。在保守派看到机器系统化和左翼马克思主义看到超级剥削的地方,资本主义的进步批评家看到了让他们印象深刻的其他东西:工业资本主义的机械化不再向内剥削剩余劳动,而是向外满足更多人的需要。《新政治家》的记者在 1929 年写道,美国的惊人成就不在它的繁荣本身,因为这些很容易从它碰巧的地理位置和丰富的资源来解释。持久的美国成就是大规模生产的经济中这一内在的心理"革命":认识到只有大规模消费的基础才能维持繁荣局面。在欧洲雇主斤斤计较日常开支,舍不得提高工资和技术投资的时候,美国雇主却把大量利润投入在新机器研发上,并通过提高工人的工资创造庞大的新需求市场。《新政治家》报道说,他们"扔掉了我们的资本、利润、工资等概念",他们发现"没有亚当·斯密、李嘉图、约翰·穆勒甚至卡尔·马克思制定的所谓法律"。所有这些在机器生产的逻辑中都消失了。[17]

美国人在高工资、高效率、合理化、大规模生产消费品中——简单来说在"福特主义"中,不仅发现了永久繁荣的秘密,而且还"解决了仍然困扰欧洲的根本问题"。正如菲利浦·柯尔在伦敦的《国家》杂志支持的观点:他们创造了大规模生产的经济,却没有对抗性的阶级利益,没有内在的政治斗争,没有艰苦的政治交易。[18]

福特主义作为一种进步思想入侵欧洲,它是面向未来的、灵活的、社会改良主义的。前来参观的欧洲商人担心福特主义隐含着大量风险性投资,倾向于非常谨慎地躲过把这个主义用在自己身上的尴尬。相反,前来美国参观的社会主义者和工会代表团则对美国化机器大规模生产的可能性印象深刻。一次海上航行本身不能抹去对美国那几乎不受限制的资本主义的批评。在欧洲进步人士和工人阶级中,对美国激进的与乌托邦式的评价常常在复杂甚至矛盾的局面中遭遇。但是从最好处说,机器实现了民主化。玛利亚·皮斯卡托回忆说她丈夫1920年代的左派剧院团体中"没有一个人到过美国",但是他们知道美国意味着"富饶之乡的客观存在,有物质天才,有繁荣,有口号,还有伟大的上帝——'机器'"。[19]

最后,美国的机器文明不仅体现在它的消费品和经济概念上,而且在某些激进的欧洲人看来具有美学特征。年轻的工业设计师沃尔特·格罗皮乌斯在战前的1913年著名德国设计论坛上摆出的14张照片,显示了带大窗户的美国工厂和大型粮仓,对塑造机器时代的象征语言起到重要作用。作为没有虚假门面和资产阶级装饰的功利主义形式的朴素形象,它们在欧洲的激进派、现代主义者圈子里激起强烈反响。勒·柯布西耶在1923年拿起格罗皮乌斯的粮食仓库照片,夸张地运用其质朴几何形状来说明《走向新建筑》(*Vers une architecture*)。布鲁诺·陶特用它们作为他的《现代建筑》的引子,恩里希·门德尔松把布法罗作为他1924年参观机器时代新偶像之旅的景点,他写道,在他到达纽约之前很久,头脑中已有了布法罗的"柱形仓库"。[20]

当然,建筑教材上的粮食仓库和它那实用主义的简单线条不是美国,正如福特主义或者西尔斯-罗伯克公司商品目录不是美国一样。它们是美国的组成部分,这个国家远比任何图片偶像所能包含的东西更加复杂。1920年代在美国的欧洲建筑师很快把格罗皮乌斯的图片从自己的头脑中驱逐出去。只有在半建成的骨架状态,美国摩天大楼才满足现代主义者的机器审美标准。它们在建成后,在借来的历史装饰和对地位和高度的激烈竞争中,根本就不是功利主义的了。布鲁诺·陶特尖刻地报告说,你在美国只要愿意付钱就可以购买任何审美和历史风格的仿制建筑:模仿都铎王朝时代的房子,模仿西班牙风格的煤气站,用大批生产的铸铁制成的希腊式柱子,或者看起来"就像牛津或者剑桥大学屋顶一样"的

375

风化的瓦片(广告这么说)。简单的、没有装饰的机器在1920年代的美国不是艺术,欧洲人的工业设计专业还没有到达美国。但是美国的钢铁骨架、桥体大梁、柱形粮食仓库、福特森拖拉机、生产流水线和T型福特汽车、折叠床、高效厨房设备给予机器文明一套强大的象征性表现。[21]

在所有这些方面,1920年代标志着美国在欧洲社会政治意识中的重生,以及欧美思想交流方面重新得到一定平衡。像往常一样,术语是浓缩和简化了的东西。福特主义、趣味标准化、形式上的功能主义革命、商品的民主化——都是从美国一团乱麻中抽出来的线索,就像弗雷德里克·豪威和克拉伦斯·坡的欧洲是乱麻中抽出来的线索一样。它们存在于两次战争期间涌入欧洲的其他美国货中间:道威斯贷款、爵士乐音调、电影偶像、在被战争破坏的法国看到的禁酒餐厅。两次战争之间思想和影响的运动仍然很难称作对称的,但是当美国进步人士对欧洲的兴趣在第一次世界大战后重新出现,这种交流和以前相比就远远不那么单向了。

从近距离看,机器时代的美国对于1920年代的美国进步人士来说,远不如外国试图评估福特主义的许多人认为的那样吸引人。消费品革命是不能否认的,尽管远非欧洲进步人士有时候想象的那样平均分享成果。可是,这个时代内部的社会政治机器远远落后于多数面向大西洋的进步人士带入战争的议程。

在劳工关系方面,这个十年最广泛地宣传的进步是许多美国大企业中"工业民主"的扩展。作为战争时期强制实施的申诉协调机制的残余,新雇员代表计划是对战前时代独裁性、对抗性管理方式的一大突破。固定化的工厂一级的劳资协商机制一直是北大西洋经济体进步重建项目的核心特征。德国社会主义者在1920年把它们写进法律,要求在战后德国经济中事实上全面建立工务委员会。美国自愿主义的结果从来没有达到那个水平,但是在有些大企业带头的情况下,新雇员代表计划包括的工人数量从 1919 年的 39.1 万人增加到 1924 年的 120 万人。那年美国工会会员总人数达到 330 万人。[22]

但是,没有任何地方像美国的工厂代表制这样与抢先阻止工会组织的计策密切结合起来。只有在服装行业,新工业民主体制包括了工人独立组织的工会。虽然号召美国劳资联合委员会在工资问题上提出意见,但事实上它们中没有一个哪怕在理论上有德国同行那样查看企业利润账目的权力。1924 年后,在清楚看到雇主已破坏了战争期间和战后工会化运动的基础后,新雇员代表制的组织迅速缓慢下来了。以每天 5 美元、自由雇佣、管理层独裁为特征的福特自己的工厂根本就没有假装实行工业民主。[23]

说到工人工作风险的日常防范,机器时代美国的名声与实际成就之间的差距就更加明显。因为社会保险项目在州议会大厦受阻,最大的福利资本家和保险公司闯进来占领新领域中他们最渴望获得的地盘。这个时期最常见的新工人福利是团体人寿保险和公司投保的微薄退休金。因为遭到医生的反对,团体健康保险要罕见得多。对于最可怕的劳动风险"失业",个别雇主在首次精确计算季节性工人流动总量成本的帮助下做出了戏剧性的姿态。宝洁公司在 1923 年非常著名的举动中保证 5000 名最低工资雇员的工作岗位。在以突然变化的季节性雇佣而闻名的服装行业,雇主和"国际女装工人联合会"的代表在克利夫兰确立了每个季节最低的带薪工作周数保障。在芝加哥和纽约,雇主和美国服装工人联合会建立了联合投资、联合管理的失业基金机构。[24]

但是与自 1920 年代以来不断深化和扩展、更系统和覆盖面更广泛的欧洲社会保险体制相比,美国福利资本家一个一个的创新很少能改变工人一生的总体风险。在大萧条前夕,工人中参加雇主投保的团体人寿保险的不足五分之一,参加公司退休金项目的不足八分之一,参加团体健康保险或事故保险的不足二十分之一,

377

参加各种失业保险的不足百分之一。[25]

福利资本主义的政治显示了同样的双面性。1920 年代的共和党政府没有显示出要回复到 19 世纪中期自由放任理想的迹象。正好相反,胡佛领导下的商务部实际上是公共政策改革的工厂。将国家的私有经济机器流畅化和合理化是胡佛的目标,为此他投入了极大的精力和智慧。商务部管理者鼓励产品的标准化、雇佣程序的规范化、经济信息的快速流动。他们推动农民的经销合作社来稳定动荡不定的农业市场。他们还出台了第一批系统的联邦政策来运作反经济周期的公共工程开支。政治上的"美国计划"没有撂下政府的促销角色。[26]

但这是高度减弱了的社会政治。胡佛在重建市场主要机构的努力之余,并没有相应的兴趣在市场化造成最大人类伤害的地方去缩小市场规模,或者去对市场运作确定更严格的法律和宪法限制;他更没有兴趣建设能与集中于高层的市场权力相抗衡的民主力量。福利资本主义的"福利"从上往下渗透,通过大生产行业的工人工资卡上显示出来,但是它的发起者不是激发弗雷德里克·豪威或者简·亚当斯的社会连带主义公民协会。结果总体上的平衡并没有阻止许多进步人士领袖在 1928 年投票支持胡佛,简·亚当斯自己就这么做了。但是它同样也没有阻止 1920 年代凝结着面向大西洋的进步人士这么多希望的诸种项目的一连串失败。

社会保险是这个十年非常明确的灾难。公共管理的健康保险 1918 年和 1919 年在加利福尼亚和纽约失败后石沉大海。即使战后严重的失业危机也没有让英国式失业保险克服哈定政府的坚决反对。劳动党的设想在 1924 年后陷入混乱。对于女性进步人士群体来说,一个重大胜利是国会在 1921 年通过了《母婴保护法案》,但是到了 1927 年在医生游说团体的强大压力下它的展期遭遇失败。宪法领域的失败更加苦涩。全国消费者联盟委员会第二次企图通过"联邦童工法案"来绕过一个州一个州改革的烦琐工作,这次尝试像第一次一样被裁定为违宪。1923年后,最高法院开始撤销州最低工资法案,驳回戈德马克—布兰代斯的"社会学"辩护状,支持它现在坚称为宪法基石的原则:政府不能合法地篡夺市场确定商品和劳动价格的权力。

在所有这些过程中,不容忽视的是对外国社会政治的新的傲慢。克拉伦斯·达罗苦涩地写道,这个时代是"超级爱国主义精神"控制一切。美国人孤立于国际劳工组织、国联的国际劳工标准机构之外,被许多进步人士认为这是让人尴尬的形象伤害。现在"美国的"这个形容词添加在社会政治的所有领域。医生为企业化医疗辩护说这是"美国的"方式,雇主宣布他们反对工会的行动是工业和经济关系中的"美国计划"。沃伦·哈定总统在解释为什么在1921年把失业保险从白宫失业会议议程上删掉时说:"当今的美国是建立在一些经济、工业、政治生活根本特征上的,是这些使得我们成为如今的自己,这个殿宇现在不需要重建。"[27]

在进步人士陷入孤立和失败的背景下,难怪从前的比喻和渴望被重新唤起。观察到1919年华盛顿特区召开的国际劳工立法大会没有任何一位美国官方代表参加的独特场面,W. L. 钱纳里认为美国当然属于"落后"国家行列。亚伯拉罕·艾普斯坦在1920年代中期看了养老法案的对比后说:"总说欧洲是古老的、理想化的、传统的,而我们是务实的、有效率的,这个老观念在我最近的海外之行中彻底被打破了。"保罗·凯洛格在1928年巴黎国际社会工作大会召开前夕写道,与国内的"幻灭、繁荣、物质享乐的死海"相比,欧洲给美国人一种"潮流涌动的意识",一种积极运转的感觉。到了1923年,林肯·斯蒂芬斯再次写道,欧洲是个巨大的"实验场",从列宁的俄罗斯、墨索里尼的意大利到工党领导下的英国。"美国不能帮助欧洲,而欧洲倒能够帮助我们启蒙、给我们乐趣和指导,如果我们谦虚地停下来看看或听听那里人们的斗争的话。"[28]

慢慢地,与这种不断增强的情绪相呼应,欧洲朝圣之旅重新出现，社会学大旅行的广告再次出现在各地的自由派杂志上。到了1930年代，有五六家机构经营欧洲学习旅行安排，到1933年，还包括《调查》杂志本身。[29] 组织得更好的是新的、私人资金资助的欧洲奖学金。美国—斯堪的纳维亚基金会的旅行奖学金支持了双方许多学生互访交流。奥伯兰德信托基金会在1931年后为美国—德国的交流做了同样但更大规模的工作。在后来的七年里，该基金会奖学金的美国获得者包括简·亚当斯（虽然她病得太厉害而没能前往）、赫尔馆的元老爱丽丝·汉密尔顿（学习德国工业疾病保险）、杜波依斯（学习德国工业教育）、城市规划者约翰·诺伦，以及大量美国市长、林业学者、公共管理专家、娱乐和公共卫生工作者等。[30]

美国进步人士在1920年代发现的欧洲和从前不一样，更多地美国化了，紧跟着战争的动荡后，也更加民主了。社会民主党和工党现在成为政治上的主要反对党。他们即使很少上台执政，也到处站在执政的门口；美国进步人士也比从前更清楚地认识到自己和外国社会民主改革的亲密关系。

最后，大西洋两岸的进步政治落在俄国革命的阴影下。在寻找1920年代欧洲变化的最前沿的人中，没有一个能够忽视新苏维埃实验。丽莲·沃尔德、约翰·杜威、杜波依斯、罗伯特·拉福莱特、西德尼·希尔曼、雷克斯福德·特格韦尔、保罗·道格拉斯、林肯·斯蒂芬斯都在1920年代访问过苏联。到了1926年，美国的俄国研究所正在推动俄美交流，沃尔德和杜威是荣誉副主席。俄国经济发展计划的庞大，他们要在完全不同于林德曼所说的"贪婪"基础上建立一个新社会的尝试，都不可能不让美国进步人士心动，其中很多人很快从新俄国那里读到了美国人曾经有的强烈的创新精神。但是进步人士的大部分，即使那些受到苏联理想主义鼓舞的人，也没有把俄国当作榜样。来自苏联的报道是1920年代国际社会政治报道中最热门的内容，它们挤占了之前德国和英国在美国进步人士思想中的部分地位。但是进步报道中的苏联是原

380

始的、未开发的边疆,从经济上说根本谈不上现代性,除了自然资源和野心相仿外,很难和美国相提并论。[31]

俄国实验虽然让美国进步人士感到着迷,并没有让更古老、更发达、努力维持和改善资本主义而不是打破和超越它的欧洲相形见绌。美国人再次来到这里寻求经过考验的缓和市场个人主义控制的手段。但是这次在1920年代更加复杂的智识经济中,他们汲取欧洲社会政治经验的渴望正好遭遇欧洲人对美国机器生产的社会可能性的着迷。两大洲的进步人士现在从不同的落后性认识出发,都向对方寻求自己的未来。在接下来的理想交流和借鉴中,这两个潮流并不常常相遇。欧洲对美国社会政治的影响与美国对欧洲经济和文化上的入侵在很大程度上是各自独立的。但是在影响确实相遇的地方,就在魏玛德国垮台前,它们创造出一些社会政治形式,其诺言和创造性一时照亮了大西洋两岸。

遭遇的领域是住房。像汽车生产一样,住房建设是机器时代最引人注目的现象。1920年代后半段,住房建设高潮席卷北大西洋经济体各国。在德国到了1920年代末期,新住房建设的速度是每年30万套以上,比战前的高峰还多一倍。在英国,新住房建设从1910年的8.6万套增加到1927—1928年的26.1万套。在美国战前的五年中(1912—1916)平均每年新建住房的数量是50.5万套;在大萧条前的五年中(1924—1928),这个数字是84.8万套。在一个以长期繁荣和衰退循环为标志的行业,1920年代后期确实是空前繁荣的时期。[32]

在美国,住房建设繁荣是私人行为。土地和建筑投资者在1920年代重建了美国,有单元套房和电梯公寓,有双拼套房和独栋平房,也有五花八门的郊区仿古风格。他们利用分区和地块规划的公共权力,在美国土地上建立了专有的中产阶级有车族郊区。在美国的几乎每个大城市,整体的住房密度在1920年代下降了,在有些城市这

381

是 1870 年来的第一次。家庭拥有住房的比例节节攀升。在 1890年，28 个大城市中只有 6 个城市由居住者自己拥有的住房比例达到了三分之一。到了 1930 年，这些城市中有 21 个达到了这一比例。[33]

胡佛在 1931 年对美国人讲话说："拥有自己的住房是我们国家几乎每一个人都有的梦想和希望。"在商务部长任内，他就努力在高度分化的建筑业引进更有成本效益的方法，以便把新建普通房屋的价格降低到多数美国人可以承受的限度内。建筑材料规格的标准化、建筑规范的标准化、模范分区法规都是从这个工作衍生出来的。少数资本雄厚的公司自己试图把规模效益和大生产的技术用在住房建设上。但是在主要是小公司参加的高利润行业，这些把机器前途带到住房建设上的零散努力没有在成本或者供应上取得多大进展。历史学家盖尔·拉德福注意到在芝加哥 1885 年到 1925 年间，最低档次的房屋价格的增长速度比总体生活成本快一倍。住房专家粗略估算 1920 年代末期一座 4000 美元或者以上的新房只有美国家庭中最有钱的三分之一可以买得起。在 1932年的克利夫兰，过去五年中没有建设在那个价格以下的新房子；而同一时期在费城，最便宜的新房屋以 3990 美元在市场出售。房屋成为 1920 年代最基本的"机器"，但是在这个高工资和大规模生产的国度，它们是奢侈品。[34]

相反，在战后欧洲，住房沿着双轨制进行：有钱人通过市场买房，大众则可以有公共资助住房。在英国，公共和私人房屋建设从1920 年代中期开始直到第二次世界大战都同时迅猛增长。在1920 年代后期德国短暂的住房"喷发"期，住房投资中一半来自私人，一半来自公共机构。在 1919 年到 1933 年欧洲总共建设了 600万套新住房，其中有 300 万套是私人住房市场框架以外的。在以商品民主化为自豪的时代，为民众建造的大规模房屋建设是欧洲人的一大成就。[35]

单从这一努力的规模来衡量，战后的大故事应该是英国。在

1920 年代英国为白领中产阶级建造的 90 万套新商品房之外,工党和保守党政府合作建设了 60 万套新工人阶级住房,让税收支持的、公共发起的住房建设成为英国社会政治的主要支柱之一。它们被称为"委员会"房屋财产,因为由城市委员会发起和管理而得名。到了这个十年结束的时候,它们已经在几乎每个英国城市郊区发展起来,仿佛"焦煤城"本身最终把里面的人们倾倒进阳光里。英国的这种建筑规模在北大西洋经济体内没有一个可以与之媲美。在伦敦东部城市边界之外的贝肯特里,伦敦市议会(LCC)建造了一个"大城市"规模的工人阶级卫星城,在 1934 年完成后容纳 115000 个房客在此居住,其中大部分是在附近福特汽车厂上班的工人。曼彻斯特城市当局谈到在世纪末要把一半的城市重建。在 1932 年飞越英格兰的刘易斯·芒福德写道,乘飞机旅行者能够看到两个国家在下面,一个是老的黑色的英国,完全根据"经典的供求法则不受任何约束地"建造,"一排又一排暗淡的屋顶拥挤在一起……一条又一条街道没有一丝绿色";另一个是新的绿色英国,公共建筑的红砖绿草,嵌接在古老城市环境的边缘,而且他相信很快就会将其淹没。[36]

1920 年代的英国委员会房屋不论从设计还是生产技术上都不是建筑业的灵感来源。四四方方的两层,新乔治风格设计,以双拼或短联排住宅形式来建造,按照雷蒙德·昂温的一英亩十二家的松散模式,沿着数英里长蜿蜒曲折的郊区街道像四坡屋顶的鞋盒一样散开,它们没有现代性的伪装。娱乐设施和商店很少,贝肯特里的居民抱怨说酒馆尤其少得可怜。乔治·奥威尔描写典型的委员会房屋:"全都是房子,房子,红色小方盒房子千篇一律,有女贞树篱和沥青道路通向前门口。"[37]

英国住房的社会革命是金融和阶级标准上的内部革命。委员会房屋把空间民主化了。有浴室、屋内厕所和厨房——当然,对于紧挨着厨房火炉居住的传统家庭来说厨房实在太小,但是比以前

383

配备的东西好多了；三个卧室给予普通家庭成人和孩子分开的私人空间，而这以前都是只有中产阶级才能享受的奢侈品。它们一下子提高了英国工人阶级住房的水准。拥有前后花园、坐落在绿色环抱中的委员会住房是工人阶级英国人进入郊区的门票，这里是战前私人开发商为专业人士和中产阶级抢先占有的领地。

英国新工人阶级郊区代表了欧洲住房建设努力的一种形式；维也纳市营廉价公寓代表了与此不同的、明确集体主义的形式。从 1919 年到 1934 年，城市议会控制在社会主义者多数手中，维也纳成为战后欧洲城市社会主义最重要的试验场。面对一个熟悉的窘境——即要宣传自己没有权力直接实现的经济革命，维也纳城市社会主义者转向文化和环境。德国和奥地利社会主义者长期培育了体育和体操俱乐部、青年团体、讨论会、讲座和合唱队等组织网络，所有这些都是要推动未来重建工程所需要的社会性格。在维也纳，社会主义的这个内部世界被彻底公开对外。维也纳城市社会主义的一个臂膀是建立了欧洲最详尽的公共母婴保健体系；另一个就是在住房状况比柏林还糟糕的这座城市开始住房建设。[38]

维也纳第一个住房建设努力是在城市边缘，由于被挤出城市过分拥挤的住房市场，转业军人及其家属在战后几个月内在公地上擅自占地聚居。最初的混乱之后，在城市当局和贵格会救济工作人员帮助下，无家可归者组成市场园艺合作社，渐渐变成稳定的生计定居点，后来成为美国新政生计居住区项目的重要样板。但是在 1923 年获得新的征税权力后，维也纳住房项目的主要劲头是384 建设大规模市营公寓房屋群，足够在后期资本主义社会的世界里形成一个自己的世界。1934 年，内战把社会主义者赶下台后，胜利者轰击新城市住房群体的最大者，把拒不合作的人赶出去。但是在 1923 年到 1934 年之间，每年平均建立起 30 幢新城市公寓，到了 1934 年，维也纳人口中的 12% 都居住在这种房屋内。[39]

作为住房，维也纳公共房屋也提供了许多可以批评的地方。标准的市营公寓很少超过英国标准的委员会房屋内部空间的一半。厨房、客厅、一间小卧室是普通模式，外加一个厕所、小门厅，很少有浴室。不过，即使这些标准也超过战前维也纳私有市场上提供的条件，因为当时除了厨房和一个多用途的小厅（Stube）之外，内部管道、对流通风、煤气灯、单独的卧室等都是工人阶级买不起的。精打细算节省费用，维也纳设计者把余额用在集体空间和公共设施上。大的住宅区拥有托儿所、幼儿园、公共浴室、洗衣房、会议室、工人图书馆、母婴诊所、沙地、运动场、合作社杂货店、饭馆，也许还有地方健康保险协会办公室、政治集会场所，等等。所有这些都受社会规则和检查的复杂网络来管理。[40]

社会主义者维也纳住房的内部革命与外部的雄伟建筑风格相携手，这风格被大胆展示，即使最随意的过路者都不可能不注意到它。英国委员会住房简朴和（除了重复外）不张扬，维也纳工程则用雕塑和四到六层楼高引人注目的正面景观展示自己，人们要经过纪念碑式的拱门进入建筑的内部世界。1920 年代最著名的市营公寓群是沿着圣城大街延伸了五分之三英里的卡尔·马克思大院，里面集中了 1325 个住户。几乎同等规模的还有五六处，包括乔治·华盛顿大院。[41]

维也纳公共住房是以阶级为基础的。城市当局宣称通过对资产阶级征收房屋和奢侈品税来为工人建筑房屋。他们的努力有效地掐断维也纳的私人房屋投资，但是北大西洋经济体其他任何地方，税收补贴的工人阶级住房租金都不曾低到让没有技术的工人家庭都能承受得起。马奎斯·蔡尔兹在提到该市的工作时写道："每个对改革、住房和社会进步有任何兴趣的旅欧游客当然都要看看维也纳建造的漂亮的工人阶级公寓。"英国住房专家伊丽莎白·登比把维也纳房屋称为"本世纪最伟大的住房建设成就"。[42]

但是机器时代和住房问题的最不同寻常的交会在魏玛德国。

385

那里,英国花园郊区传统、维也纳社会主义者对劳工团结和社区设计的承诺、美国粮仓的现代主义审美观、德国年轻一代对资产阶级矫揉造作的反叛、美国福特主义的社会化变体,联合起来创造了欧洲一些最漂亮的工人阶级住房。这种汇合的时间很短暂。但是在魏玛共和国初期,在 1924 年经济稳定期和大萧条之间,为群众生产"生活机器"是主要任务,其中的创造性在北大西洋经济体中是无与伦比的。[43]

在德国,第一次世界大战和重建的激情让年轻的建筑师比其他任何地方的人都更激进。在 1920 年代设计了一些最好的柏林新住房的布鲁诺·陶特从 1919 年到 1921 年陶醉在充满幻想的乌托邦里。当马格德堡社会主义者城市委员会 1921 年任命他为城市设计师(Stadtbaurat)后,他开始用野兽派缤纷颜色为城市老街墙粉刷。陶特的主要合作者马丁·瓦格纳 1920 年代初期努力要把柏林建筑业组织成为能够摆脱资本家中间人控制的行会。德国工人阶级住房诞生于乌托邦努力,是对帝国和战前资产阶级的做作和虚假做出的反应,一种在共同革命中联结政治与建筑的决心。[44]

这个努力的金融背景随着 1924 年超级通货膨胀的突然终结和对房东征收新的所得税而到来。该税旨在平衡房东从利率的大幅下降中可望获得的部分非劳动所得,是专门指定用于魏玛宪法中保证的"有权住体面房屋"的款项。结果提供了一张巨大的画布,由一帮沉溺于机器时代现代主义社会前景的建筑师来发挥其创造力,就像传统主义者英国同行所享受的那样。

386 法兰克福是第一个实验金融和设计新工具的重要城市,那里自 1880 年代起住房倡议就成为进步人士的议程。在左翼民主派路德维希·兰德曼市长和该市新社会主义者"城市建设顾问"恩斯特·梅的指导下,该市从 1925 年到 1931 年开始新的工人阶级住房建设。有些直接由城市建设,有些通过城市为主要股东的有限股利公司建设。在梅的办公室里设计为社区单元的街区,一种崭新的住房开发开始出现在法兰克福：精心种植的花园土地中间一排排低矮的、立体主义的水泥预制板房屋，平屋顶上有晒太阳的露台，拉毛粉饰外观颜色有如彩虹一般。[45]

建筑师称它们为"解放了的住所"。即使现在，当人们走过按照弗兰茨·阿迪克斯1891年的原始分区规划在城市港口附近开辟的工人阶级住房区时，早期的梅式房屋还是让人印象深刻。人们走过赖夫艾森街和舒尔采-德里奇街上工会资助的房屋，九到十二套房屋拥簇在四层高的人字形或者拱背形的屋顶下，感觉它就像以夸张的规模放大出来的资产阶级别墅；接着来到战后城市建设的联排房屋，仍然保留资本家品味的迹象，如拱门和百叶窗，还有三楼塞在沉重、高耸的屋顶的老虎窗下；然后，沿着拉萨尔街、马克思街、恩格斯广场，突然看到梅式低矮的、两层的立体主义联排房屋，它们的正面没有任何装饰或者伪装。

新风格的流行语是"光线"、"空气"和"阳光"。但是从旧形式解放出来的住房不仅仅是对高耸屋顶和百叶窗之类限制的攻击。社会现代主义的深层目标是打破19世纪美学和攀比之间的联系——不是要像维也纳一样，把房屋住所变为纪念碑，而是要使它简化和民主化。

恩斯特·梅最著名的成就是在普劳恩海姆和罗默斯塔特建设的卫星城，在从法兰克福城区越过尼塔河洪泛区的一条城市所有的新公交线尽头。梅战前在雷蒙德·昂温的汉普斯特德办公室工作两年，了解花园城市设计的原则。他把昂温的美学传统主义去掉而换上了现代主义形式，围绕着学校、运动场、河边游泳场、合作托儿所、洗衣房、杂货店和花园，建造了低矮联排房屋和三四层的公寓街区，形成大幅度的曲线轮廓。他的建筑是花园中的机器，鲜艳的多彩墙壁映照在老城上，就像大型的广告牌展示把功能主义和社会目的结合起来的建筑可以是什么样。

法兰克福在1925年到1931年建造了大约1.5万套现代主义

387

风格的市营住房,是德国两次世界大战之间现代主义社会住房的橱窗。在共和国的第二个橱窗城市柏林,权力和倡议比在法兰克福更加民主化。那里的新工人住房的建筑商主要是以工会为基础的建筑协会,由公共资金提供补贴。其中最大的是马丁·瓦格纳的格黑格(Gehag),它1925—1927年间按照陶特和瓦格纳的设计而建造的马蹄形开发区(Hufeisensiedlung),也是城市新社会建筑的最著名例子。联排房屋、花园,以及公寓构成的巨大马蹄形曲线,都与周围资本主义大城市隔开,位于起到中世纪城墙作用的深红色成排公寓房屋的后面。这个工程是民间风格的、浪漫的、现代主义形式的惊人结合。更大的工程是在柏林策伦多夫的城市森林边缘的格黑格工程。在那里,陶特等人建造了工人阶级花园郊区,几乎有两千套现代主义风格的房屋,把它的平屋顶、基本形式与大窗户、低密度、花园、树木和色彩相结合。还有十多个计划中的大型新建住宅区(Grossiedlungen)很快出现在古老的"出租营房"城市的边缘。到了1932年,柏林建造了几乎和法兰克福一样多新的激进风格的低成本房屋,其中70%由工会资助。[46]

从风格上看,新房屋结合了鹿特丹建筑师J. J. P. 奥德、弗兰克·劳埃德·赖特、现代主义绘画和美国工厂设计、勒·柯布西耶和包豪斯的特征。勒·柯布西耶和包豪斯有难以匹敌的自我宣传技能,因而主导了1920年代现代主义建筑的历史,但是他们没有给予现代主义审美促使其实现的发动机。包豪斯建筑是1920年代德国激进审美思想的惊人丰富的汇合点,它的1923年展示房帮助确定了"解放了的房屋"的形式。但是魏玛德国的建筑行动不在德绍(Dessau),甚至不在格罗皮乌斯在那儿设计的小郊区工人阶级住房工程,而是在大城市;工人阶级政党、工会组织是赞助人。

对于赞助新建筑的工会、公共住房项目机构来说,现代主义不是一种风格而是新社会和经济形式的核心。为了宣传它,梅在1926年11月创办了《新法兰克福》杂志。路德维希·兰德曼在第

388

一期上写道："新的人民、新的时代必须重造内在和外在的世界形式。"住房、建筑、商店招牌、交通、家具、游泳馆都要重新设计。梅的助手在设计实用的椅子、床架、台灯、衣柜、门和门把手等，不仅是创造适合新房屋空间限制的装饰，而且要打破战前资产阶级的美学观，包括加厚软垫的椅子、装饰织物、小摆设和伪装。功能主义是社会化社会的外在形式。陶特问在新文化向我们招手的时候，谁还要选择"在过去文化的废墟中生活呢"？[47]

中产阶级住房协会坚持他们认为与其成员地位相当的高耸屋顶和小窗户，大肆攻击新的平屋顶建筑缺乏灵魂、死板机械、是穷人建筑，这强化了两极对立。1933 年希特勒被任命为总理后，策伦多夫的规划者在最后的单元中屈从于风向，用了高耸的红瓦屋顶和暗淡的灰色纳粹式拉毛粉饰。即使在 1920 年代末期房屋建设高潮时，魏玛的多数城市也急忙逃离争议，故意避开新美学。相反，社会现代主义者呼吁要把房子从无法承受的私人野心和攀比努力的负担中解放出来：为后资产阶级社会创造社区和房屋。

美国主义是这些社会重建主义混合野心的最后一个组成部分。这个观点常常让美国人措手不及，因为不管是公共的还是社会现代主义的住房都还没有在美国出现呢。当年轻的美国人凯瑟琳·鲍尔 1932 年在柏林访问德国建筑师恩里希·门德尔松时，门德尔松特意拉开他的折叠的墨菲（Murphy）床向她展示美国标签。他的姿态不是偶然的。虽然像路易斯·品克这种美国旅游者或许认为梅的新边缘城市房屋是"怪诞"，但是德国人认为，简化的、往往是预制的实用形式、机器影响的线条、折叠床和标准化厨房是福特主义——是美国特征。[48]

社会现代主义的建筑师实际上从一开始就热切充当了引进美国效率技术的渠道。像陶特和格罗皮乌斯一样，其中许多人在他们的整套形式中让美国工业建筑占有特别地位。从 1920 年代起，瓦格纳的杂志《社会建筑业》已经刊载了很多美国工程技术的报

道。鹿特丹的市政建筑师 J. J. P. 奥德把他的房屋描述为"可居住

389 福特"（dwelling Fords）。瓦格纳和梅都在 1920 年代访问过美国，
在它高耸的钢铁框架摩天大楼和资本家的奢侈中寻找理性化生产
技术和效率设计。梅和陶特都被克里斯汀·弗雷德里克那本 1921
年翻译成德语的《新家政》深深吸引住了，它把厨房当作科学管理
空间和工作的练习。在法兰克福，梅的设计师做出了标准化、高效
率、普尔曼风格的厨房让房客来购买。梅开发项目中的床是可折
叠、可转动或可卷在一起的，节省空间的创意反映了福特工程师把
生产机器越来越紧密凑在一起的技能。[49]

　　在柏林和法兰克福，现代主义建筑师实验了大规模生产建设
的技术；由于没有德国规模的赞助者，这种实验一直让美国投资者
望而兴叹。水泥预制板、标准化建筑构件、巨大的移动起重机、理
性化的工作任务对于德国的规模经济效益非常重要。在美学和社
会术语上，结果是远离美国人关于住房和房屋假设的世界。但是
在把房屋看作住宅机器，看作旨在给予居住者空间、空气、私密性、
公共设施的装置这一想法中，福特主义纽带的影响是深刻和根本
的，不管其改造转变多么让人惊讶。魏玛社会住房拥有的美国色
彩比其他任何东西都更多，同时又更少。

　　在德国和在美国一样，外表之下的虫子是经济。陶特的马蹄形
开发区意味着土地和建设成本，最后决定了其价格超过了柏林工
人阶级的购买力。梅的罗默斯塔特住宅尽管有大规模生产的效
益，也只有技术工人才能买得起。从 1925—1929 年最初的创造性
设计高潮后，追求更大节约效益的动力让魏玛建筑师转入更加简
朴的风格。公共资助的工人阶级住房缩小了内部空间，1930 年到
1931 年间梅在威斯特豪森（Westhausen）进行的法兰克福最后一个
主要工程时，它已经降到维也纳的最低限度标准。流行的规模从
两层增加到四层或五层。区分内部和外部社会世界的大幅度曲线
被抛弃，换成了排房（Zeilenbau）数学：根据专家计算好的角度用尺

子划定长长的平行区块,据认为那是使房屋朝阳的最好角度。到了 1930 年代,北大西洋经济体已经分崩离析,德国住房方面努力的焦点在确定一个家庭所需要的最少空间和空气等,即"最低生存保障权"(Existenzminimum)。梅和他建筑团队的大部分成员同年离开法兰克福到苏联,那里有几十座速成的城市正在建设,建筑业的未来似乎仍然是开放的。瓦格纳抗议说在压倒一切的经济崇拜面前,更进一步的效率是徒劳的。两年后,因为陷入财政危机,德国城市实际上除了边缘地区为失业者建造的粗糙房屋外什么也没有盖:那是没有室内厕所也不靠交通线的最简单房屋。[50]

即使在 1929—1932 年的排房阶段,魏玛新住房也有远远超过战前工人阶级住房的便利设施,这些设施是连中产阶级美国购买者在新的平房开发区都不一定能有的。不管受到萧条市场多大的打击,魏玛融合美国工程技术、现代主义美学、社会民主政治的冲动在最后阶段仍然显示出来:把私人的显示财富的房屋转向其外部的自然和社会环境,取消了表现地位的装饰等负担,把设计和融资手段社会化,降低成本直到体面的住房像 T 型福特车一样无所不在。公共住房——1890 年代政治和经济绝望的标志,开始包裹在乌托邦希望中。在魏玛住房中,机器时代美国的片断在欧洲扎下根来,因背景和赞助者不同而得到转化。把它再带回家将是同样复杂的对政治和赞助者的考验。

现代主义政治

正如从前大西洋进步纽带经常出现的情况,视觉的纽带最先形成。以照片和文字图片形式,对于住房和阶级标准方面欧洲革命程度的意识开始返回渗透到 1920 年代的美国。伊迪丝·埃尔默·伍德早在 1922 年又来到欧洲收集她即将用在《西欧住房进步》中的资料,它是这十年中该领域最重要的一本书。1926 年路

390

易斯·品克被任命为州长阿尔·史密斯的纽约州住房委员会主席，他的第一个重大行动就是从伦敦到维也纳考察欧洲住房。约翰·诺伦是经常到海外旅行的人。几十人的美国代表团前来欧洲出席国际住房和城镇规划联盟年会（1926年在维也纳，1928年在巴黎，1931年在柏林）和会后考察旅行。诺伦自己还在1931年的柏林会议上当选为会长。当住房问题在1930年代中期成为美国政治的热门议题时，跨越大西洋的交流随着兴起，甚至产生了全国不动产协会。诺伦重复了1927年熟悉的观点，"欧洲是社会经济的巨大试验场"。在本地典范失败的地方，欧洲成为异常重要的信息宝库：不断旋转的显示对比、选择、可能性、尴尬的展品。[51]

391

美国的欧洲住房专家认为，在为民众建造体面住房的民主化过程中，一条腿依赖商业建设的美国已经远远被抛在后面是不可辩驳的事实。"活动宣传家受习惯性影响，多年中或许继续谈论'美国工人阶级的生活标准'，就好像它是非常优越似的；但是我们在这方面的领先水平早就不存在了。"伊迪丝·埃尔默·伍德在这个十年之初就警告说。"不错，我们确实有更多的汽车……[但是]西欧工人已经全部都得到八小时工作制，他们有健康保险、失业保险、养老金……更重要的是，再过几年西欧普通工人将生活在我们的偶然性制度下只有少数幸运者才能居住的体面房子里。"她认为在这个十年结束时差距更加巨大了。在欧洲任何地方，"拥有家的权利"是作为社会诺言而提出来的，而在美国"在为需要者提供房屋的问题上，我们仍然感谢上帝，说是和别人不同，我们不干预神圣的供求法则"。[52]

在多数美国人对1920年代欧洲住房的评价中，机器时代住宅民主化的德国实验并没有占很大的数量。品克1927年在法兰克福短暂停留，但绕过柏林直接把最高级的赞美留给了维也纳。把英国和荷兰作为公共资助的工人阶级住房标准的伍德，在1922年访问欧洲时根本就没有把德国纳入行程中。把德国的社会现代主义传送到美国的任务落在一个外来的年轻人手里，这种情况在以前大西洋进步人士纽带中经常出现。凯瑟琳·鲍尔从最初素描勒·柯布西耶的巴黎别墅到成长为美国劳工协会的主要住房游说者，她在住房政治活动中是个非同寻常的人物。在跨越大西洋的进步纽带中，她的作用引人注目并具有标志性。

　　艺术是鲍尔的起点。她 1926 年大学刚毕业，作为政治上的幼稚者第一次来到欧洲，在巴黎左岸过了一年学习艺术和写作的生活。如果说现代意味着后资产阶级，鲍尔饱享了 1920 年代的现代情绪：冷嘲热讽，超然独立，蔑视社会习俗，对众多陶醉在她聪明、强烈、波希米亚式魅力下的男人感到好笑。因为对建筑有初步的训练，加上追求新鲜事物的眼光，鲍尔发现了 1920 年代后期巴黎正在建设令人印象深刻的现代主义新建筑：公然承认水泥钢铁梁柱的昂贵先锋派别墅。她在 1926 年和 1927 年对莱茵河彼岸现代主义之左派、社会性变体还一无所知。[53]

　　到了 1930 年在哈考特-布雷斯出版公司的工作被经济危机摧毁时，她也还不知道。她再次来到欧洲"从纯粹审美的眼光看待现代建筑"。这次巴黎不能满足她的好奇心了。现在欧洲建筑现代主义的新展区是工业联盟 1927 年高高建在山上鸟瞰斯图加特的魏森霍夫居住区（Weissenhof），有陶特、勒·柯布西耶、格罗皮乌斯等人设计的明净的现代主义别墅，在这些别墅后面塞进来一排奥德式宽敞的、最简朴的可居住福特。鲍尔开始搜索它，刘易斯·芒福德的介绍信让她认识了柏林《形式》杂志的沃尔特·库尔特·贝伦特，而贝伦特的圈子又让她接触到了魏玛社会现代主义。投入这崭新的政治和形式世界，鲍尔很快看到欧洲真正的建筑事件是工人住房的革命。她报名参加在法兰克福的新社会建筑短期课程，是 150 名参加者中唯一的美国人。他们在梅的带领下奔赴罗默斯塔特、普劳恩海姆、威斯特豪森等地。她努力学习德语，采访了现代主义的住宅区建设（Siedlungsbaus）的主要实践者。她喜欢

392

回忆这个故事："我在 1930 年代在欧洲看到的东西是如此激动人心，竟然把我从审美家转变成住房改革者。"[54]

回家后，鲍尔把她感受的激动变成了发表在 1931 年《财富》杂志上有关梅的工作的获奖文章。第二年年初，她帮助组织了新型欧洲住房设计的首次美国展览。作为纽约现代艺术博物馆"现代建筑"展览的附属部分，里面挂有罗默斯塔特和奥德在鹿特丹的工程照片，还有早期排房工程之一的比例模型。1932 年夏，鲍尔再次返回欧洲，这次是作为刘易斯·芒福德的研究助理、导游和情人。芒福德作为美国文化和社会批评家处在学术生涯的顶峰，获得古根海姆奖学金来研究技术史，并受《财富》杂志委托写有关欧洲解决住房行业经济困难的文章。鲍尔接手住房系列的工作，将资料393 综合并构想了一些"结论"。当《财富》因为他俩拒绝淡化政府资助工人阶级住房的责任，在刊载前三期后取消了芒福德的合同，鲍尔发现自己面对堆积如山没有使用的研究材料无可奈何。在接下来的两年里，她努力把这座山变成了一本书——《现代住房》。由于论证有力和对欧洲经验的熟练把握，这让鲍尔一夜之间成为住房专家。[55]

《现代住房》实际上是十年前伊迪丝·伍德的欧洲住房倡议报告的修订版。由于对形式与政治具备比伍德更敏锐的眼光，鲍尔开始指导读者了解欧洲低成本工人阶级住房设计最好工程的理论和实践。鲍尔不是把它作为关于欧洲的书，而是作为人类住宿基本标准的书。到《现代住房》1934 年刚印好出版时，把它作为欧洲的书只会成为表现政治怀旧情绪而已。她自己刚看到魏玛现代主义住房，这个运动就走到了尽头。到了 1932 年，罗默斯塔特房屋中很多都已空荡荡了。为了节省交通成本，其住户回到了城里。鲍尔在恩斯特·梅动身去往苏联前夕会见了他。到了 1934 年，因为对苏联的官僚主义感到失望，梅又前往肯尼亚，陶特到了日本，而马丁·瓦格纳要动身前往土耳其。维也纳的卡尔·马克思大院和乔治·华盛顿大院在奥地利政治动荡中落入它们最强大的批评家手里。英国保守派开始再次回到清理贫民窟。在德国,攻击现代主义是"文化布尔什维克主义"狂热迹象的批评正在展开,纳粹开始用自己高耸屋顶和百叶窗体现的反动乌托邦理想点缀德国。

鲍尔把"现代住房"从其政治特殊性中抽取出来,强调其纯粹的、直截了当的功能主义。曾经让路易斯·品克惊讶的法兰克福"怪诞"房屋代表了精简到身体和群体基本需求的住房。"光线、空气、宽敞、要紧和愉快的用途的意识。阳光、草地、色彩、形式。"绿化带、低密度、"社区单位"规划。这些是住房的真正标准。针对投机性开发商那些骗人的外观、虚假的历史参照,甚至排房数学在鲍尔看来也具有一种清晰的、解放性的逻辑。现代住房意味着艺术在街坊和社区设计上的社会化,它意味着形式直接专注于舒适和适用,它意味着房屋重建不是建立在价格基础上而是在不能违背的生物学标准上。[56]

她警告美国读者,这是美国实用主义用于解决如此直截了当的需要,以至于要下功夫才能认识到它。她在 1932 年写道,"使它 [现代住房]在多数美国人看来不可思议的原因在于":

> 它包含积极的必需品项目,直接确认和解决物质、经济、社会和审美的需要。天知道,不是环境对美国人不重要,而是他与房屋很少有直接和参与性的关系。他太抽象了因而不在乎好建筑。房子就像玩物一样是用来看的东西,或是作为拥有财富的炫耀,或是文化的文学象征,或者天天提醒居住其中的你是与世界上其他人竞争的孤独者,或者只是一个挂帽子的地方,里面配有最新的挂帽子装置。至少有些欧洲人显然渴望好房子、高效率的休闲、健康、秩序良好的社会的广泛参与……可是美国人真正渴望的是什么呢?亲爱的上帝,再给我一次机会,上帝啊,下次我一定在下跌前把它抛出去。[57]

她在《现代住房》中更清醒地写道:"绕不开的事实是,现代住

394

房背后的前提不是资本主义前提、神圣不可侵犯的私有财产、根深蒂固的民族主义、阶级差别、政府屈服于保护旧利益而不是创造新价值。"现代住房不能零碎地完成,"它不是在旧框架内的改革。它要么是提供全新都市环境标准的全新方法,要么什么也不是"。[58]

如果体面的工人阶级住房要求必须给工业机器确定全新的目的,那么如何实现转型呢?对1930年代初期所有像鲍尔那样开始想象在大萧条破坏的"价格"经济之外发展出新的"用途"经济的人来说,这是核心问题。"用途"从1930年代工程师的车间转变成为十年之久的社会政治词汇。甚至弗兰克·劳埃德·赖特也讨论他的新"美国风"(Usonian)房屋。但是如果现在的社会政治不仅要求法案,而且要求把机器生产能力和新目标结合起来,到哪里去寻找能够带来那种变化的历史发动机呢?

这是鲍尔的旅伴心中想的问题。在1932年夏天,刘易斯·芒福德步她的后尘走向魏玛社会现代主义。芒福德从这次跨越大西洋的遭遇中写出的两本书《技术与文明》(1934)和《城市的文化》
395 (1938),是最受推崇的1930年代社会历史批评。鲍尔1939年到欧洲旅行时带着第二本书作为阅读材料,指责在她看来属于芒福德政治学中的软弱之处,担心他掩盖了变革道路上"巨大的政治管理困难"。像他之前的许多进步人士一样,芒福德认为他不是从政治而是从历史本身看到了复兴的力量。[59]

机器文明的未来是芒福德古老的主题。他在曼哈顿上西区德裔美国家庭长大,一直从书籍和作家那里寻找摆脱狭隘小资产阶级风俗习惯的途径。他沉浸在英国和爱尔兰那些批评工业资本主义的作家思想中:约翰·罗斯金、H. G. 威尔斯、萧伯纳、埃比尼泽·霍华德、AE(乔治·罗素)和最重要的——他的"导师"帕特里克·格迪斯。[60]像格迪斯一样,芒福德对战胜了从前"生活经济"的19世纪没有好感,它是金钱至上的、浑身煤污的、铁路中心的、"古代技术的"。芒福德1920年代的书是考古练习,企图从美国历史中挖掘出被埋藏的文化资源,以对抗美国机器和金钱占主导地位的现在。

寻找有意义的美国文学和艺术传统的工程在1920年代正在展开,芒福德是主要的参与者。他们试图从金融家和道德家的巨大阴影下抽取出梅尔维尔和弗兰克·劳埃德·赖特等人、快速帆船和大篷车的功能主义之美。芒福德热情称赞古老的新英格兰村庄或者梭罗和惠特曼的预言家声音,但是美国历史的后来部分直到现在的"机械和都市文明"一直在走一条堕落的道路,滑入贫瘠的功利主义、胆怯的经济和艺术、标准化的形式、机械化非人化的工业主义的深渊。马修·约瑟夫森记得在1920年代末期芒福德英俊潇洒、口齿伶俐,用"炙热的信念"谴责机器文明的破产。殖民时代村落集体生活解体后就再也无法回头了,拓荒者"用所有光荣遗产来交换煤气灯、铺平的街道、浆硬的衣领、摩天大楼"的迫切渴望"……把美国非人化工业主义道路打磨得像水泥路一样光滑"。[61]

芒福德在第一次看到欧洲时并没有觉得有什么不同。他在《日晷》的编辑地位在1920年的后重建幻灭中消失了。他坐船到英国担任帕特里克·格迪斯的社会学协会期刊为期五个月的编辑。和格迪斯的助手维克多·布兰德福一起在伦敦游逛,他看到的英国不是阿瑟·格里森的英国,自下而上政治重建的余烬还在燃烧——虽然芒福德自己参加了一次工党会议,并因为看到煤矿工人工会的罗伯特·斯迈利而非常自豪。他透过布兰德福和格迪斯的眼镜看到的英国是在工业主义和土地垄断力量碾压下的"噩梦"。他肯定欧洲从工业主义得到的遗产中没有一样不是和"我们在美国看到的东西同样恶心和悲惨"。他写道,如果欧洲有什么东西值得挑出来,那肯定是旧的而不是现代的东西:"某些机构、生活习惯、物质纪念碑……在欧洲已经看不见了",但是它们的精神"仍然像环绕行会大厅、市场大厅和大教堂的微弱芳香一样久久回荡"。[62]

芒福德对机器时代严酷批评的部分内容在1920年代末期开始

396

弱化。从根本上说，格迪斯一直是历史进程的乐观主义者。格迪斯写道，即使在世纪之交的纽约市这座"地狱之城"（如果有这样的城市的话），他认为已经可以看见"新技术"将来的迹象。在清洁的、去中心化的、使用电力的、崇尚合作信念的未来世界，19 世纪的不平衡将得到纠正。在格迪斯确立历史框架的新术语中，"新技术"文明最终替代"旧技术"文明：电代替煤，生物技术战胜机械性。[63]

芒福德也不是没有乌托邦理想。在 1920 年代初期面对战争住房项目的溃败，他曾加入了围绕在查尔斯·惠特克身边的杰出建筑师和规划师团体，旨在确保社区规划观念的生存。就是在这个工作中，纽约昆斯区建立了受莱奇沃思启发的小花园郊区工程：日照园（Sunnyside Gardens），芒福德和家人也搬到那里居住了。在 1930 年他已经动笔写一本新书《形式与性格》，试图建立机器文明得与失的更清晰的"资产负债表"。虽然如此，只是在零星碎片、表格和片段（如霍华德的花园城市观点、约翰·罗布林的布鲁克林大桥、路易斯·沙利文的办公大楼）中，芒福德才能意识到格迪斯想象中的新技术可能性。[64]

1932 年夏天，即魏玛的诺言终结前夕，芒福德在欧洲看到的东西最后给他的资产负债表以历史推动力。他在德国寻找激进的新建筑，游荡在法兰克福和柏林的现代主义住宅小区和维也纳工人住房群中，经常到老吕贝克的中世纪后期街道闲逛，在慕尼黑的德意志博物馆图书馆看书，一直沉浸在历史中。后来他写到在那个夏天的发现，就是由木头和水的力量构成的中世纪后期世界的文化优势："前科技时代"（eotecnich）阶段，它已经毁于煤炭、铁路、金钱、战争混合造成的浩劫。但实际上是"前科技时代"往昔和他在 1920 年代末期欧洲看到的后资本主义将来之间的相似性，这一点最深刻地抓住了他的想象力。[65]

吕贝克的让他着迷的简单、直接及中世纪外观，和新社会现代主义排房住宅区呈现出意料之外的亲属关系。社会现代主义建筑有鲜明的机械性特征,和芒福德的日照园合作者的传统主义设计完全不同,采取了"机器的民间风格",但不是美国摩天大楼建造者使用的方式。芒福德写道,这种建筑扎根于"理性、合作、现实、不会引起反感的思想模式",是专门"实现效用最大化,伪装、炫耀、浪漫的一厢情愿全部最小化"的建筑。机器不是献给私人财富的炫耀而是为了合作和共同目标。[66]

1932 年夏天在德国的人不可能错过共和国脆弱性的迹象。芒福德后来发现,到夏天快结束的时候德国到处都是褐衫党。经济危机让公共建筑工程停顿下来,虽然如此,他写道,"在任何现实的价值天平上,美国是穷国,德国是富国"。"想象一个阶级区分和金钱价值被功能性经济替代后的世界,人们看到这个新世界迹象的地方"不在"落后的"俄国或者"先进的"美国,而在 1924—1930 年间德国建造的社会民主住房。在总结夏天的心得时,他写道,"对欧洲人来说机器再次成为实现人类目标的工具"。前资本主义的过去、后资本主义和现代主义的未来,组成了一个社会政治整体。[67]

如果说芒福德 1930 年代预言性的社会预测是在夏天遭遇魏玛现代主义中形成的,可能太过分了。新技术文明的经济基础是芒福德从 1930 年来一直呼吁的"基本共产主义",从以赚取利润为中心的经济转向以使用为中心的经济,把资源集中在生产最基本生活必需品。[68] 但是要影响未来,没有什么比已经看到的东西更能提供帮助了。在像依靠分析政治一样依靠视觉政治的著作中,芒福德对历史倾向的建筑构造意识给了他 1930 年代著作预见性的力量。他从夏日欧洲之旅返回后不久写道:"一个新世界开始出现,不过是以碎片的形式。"机器本身的逻辑开始推动历史前进。[69]

到了 1938 年他的《城市的文化》出版时,芒福德能够包括一系列新技术文明未来形象的插图:田纳西流域管理局的溢洪道、韦林和日照园城市实验、底特律玻璃幕墙工厂、布拉格百货商店、克里斯汀·弗雷德里克启发的厨房、奥德设计的鲜明现代主义的教堂、

398

从瑞士到日本简单优雅的可居住机器。新政第一批公共住房工程占了一页照片,新政在马里兰州的来自欧洲灵感的现代主义示范郊区"绿带"新城(Greenbelt)占了另一页照片。[70]

芒福德1961年在更加悲观的情绪中重写这本书时却打算把它们全部取出来,新书名为《城市发展史》。现在他认为"充满欢快的期待和信心"的前本书是"像博物馆文物一样的东西"。回顾起来,他觉得自己吸收魏玛灵感的乐观主义、1930年代对"通用的、平等的、标准化的、共同的"现代主义基本形式的热情,甚至前科技时代—旧科技时代—新科技时代的演化顺序本身都是错误的。[71]

但是在1938年似乎正好相反。在一本严重依赖插图的书里,芒福德把最高潮的插图篇幅给了法兰克福的罗默斯塔特。正如鲍尔的《现代住房》插图一样,梅的简洁几何形式呈弧形跨过大片的公园和分配的绿地,机器和花园再次成为一体。但是对于芒福德来说,住房是最不重要的部分。这里呈现的与其说是房子不如说是对历史的期盼。芒福德写道,在这里"个人需要和公共生活需要高效率地结合起来"。这是"预示新文明的形式:一种处于胚胎期的文明,就像17世纪资本主义和机械主义所处的状态一样。我们这一代面临勇敢走向该文明的选择,否则就重新落入野蛮状态,以分崩离析的资本主义混乱和胆怯为特征,还有用神经质代替完整的秩序、法西斯主义……所以前进!"[72]

如果未来已经放在历史的皮夹子里,社会政治的任务就是呼吁即将到来的形式出现。芒福德大胆地开始去完成这个任务。利用他在改革者建筑师圈子中的广泛联系和接近《新共和》的便利,芒福德在1930年代初期踏入住房政治。他和鲍尔与日照园团体一起,帮助组织了一系列最好的新欧洲工人阶级住房和规划设计展览。他们对于住房问题的答案是不仅仅为了居住。芒福德在用德文写给自己的便条中说:"住房是改革:住宅小区(Siedlungen)是

399

新形式。"办法是用规划好的新社区环绕奄奄一息的"地狱"老城，每个社区一万到一万五千人，密度很低，有宽敞的公共空间：霍华德花园城市思想，不是处于早期慈善形式的，有昂温的风景如画背景的；而是如恩斯特·梅那样加以现代化和民主化改造的。在新成立的住房研究公会，芒福德的助手们努力在进行设计和成本核算以展示它的可行性。如果像进步人士常常相信的那样，光有视野和专业就能制定公共政策，大萧条中激进化的花园城市小集团就可能成功了。[73]

芒福德社会政治中所缺乏的是一个直接的、看得见的赞助者：一台支持他的跨越大西洋远景的社会经济发动机，这要比理性的、不会引起反感的技术趋势本身更有能力进行政治文化转型的艰苦工作。芒福德早期对 AE（乔治·罗素）和爱默生的热情使他对中央集权的大机构没有好感，对于富兰克林·罗斯福也没有好感，认为此人太喜欢修修补补而不愿意承认金融资本主义机器已经彻底报废。芒福德很快对新政感到厌恶，对工人住房运动的短暂兴趣也消失了。

但是社会政治问题超越了芒福德政治的具体内容。大西洋进步人士纽带一直有一个危险，那就是旅行机制强调了一种视觉政治。它吸引参与者关注成品，淡化了成品创造所必不可少的经济和社会过程，让整体比部分更醒目。像在他之前的豪威和伯恩一样，芒福德更多看到他所向往的历史时代的价值，对促使这个价值实现的政治不怎么重视。而对形式看得又比其价值更清晰。在1930 年代用第一批社会现代主义艺术和现代主义公共建筑点缀美国小城镇时，新政者很快知道了很多同样的矛盾关系。

文化政治的难题是根深蒂固的。芒福德敦促社会重建，同时他 400 又对在现行文化经济框架内的重建感到绝望。他在 1934 年写道，我们的社会是"混乱的"：

　　因为资本主义是混乱的；它们从社会角度看是规划糟糕的，从经济角度看是组织混乱的，因为资本主义本身是规划糟糕、组织混乱的；它们不维持人类价值，因为资本主义把金钱价值放在首位……如果我们的社区在结构上主要表现出现代社会的掠夺性和寄生性特征，那是因为我们的文明作为整体没有经济地组织起来，以便产生可以像生物学家说的欣欣向荣的共生现象，一个合作生活的群体。[74]

　　文化重生的种子在于社区形式的重生，形式的重生等待价值的转型。如果贬低社会现代主义者的"新柏林""新法兰克福"乌托邦的变革理想，把他们的工作简化为阶级和利益政治，就是不忠于他们的核心工程；如果把工程的象征意义过分拔高，就把移植变成根本不可能的事。挤在这两个极端之间，文化转型的政治会很快从预言变为历史悲观主义。托莱多的布兰德·维特洛克在1920年代退回到欧洲审美主义，《新共和》的赫伯特·克罗利转入哲学都是例子。即使弗雷德里克·豪威也在1920年代后期短暂地从政治中逃走，在楠塔基特岛农场进行哲学思考。

　　芒福德还没有退回到悲观主义立场。他要把在魏玛社会现代主义中意识到的新技术未来的种子带回美国这一企图，已经探究了视觉历史角度社会政治的可能性。但是单单预测不能推动政治的车轮前进。如果实用的、民主的现代主义建筑要在美国找到合适的位置，就需要一个比历史的无阶级性力量更近便的赞助者。

　　凯瑟琳·鲍尔自己对魏玛社会现代主义的阅读在1930年代中期已转到完全不同的方向。她在1932年到1934年靠兼职为芒福德的建筑师和规划师群体工作来谋生，她的照片成为社会现代主义首次在美国展览的核心内容。但是到了她完成《现代住房》时，鲍尔已经相信魏玛的根本教训不在形式或者功能，而在于政治。

401

现代住房不是历史演化的产物,而是工人阶级组织的作品,只有群众性的、政治觉醒的劳工运动才能够打破住房经济学的流行框架使之成为现实。约翰·埃德尔曼遇见鲍尔时,曾认为她是"红色分子",她后来被迫在国会面前否认这个指控。芒福德绝望地感到她已经成为政客或者纯粹的"造房鼓吹者"。不管这种标签是否合理,鲍尔和芒福德在1934年时因为阶级和政治原因分道扬镳了。鲍尔努力在寻找高效的劳工住房运动的领导核心。[75]

这个运动的原材料在大萧条时代的美国不难找到。即便劳工内在的社会世界远没有得到美国劳工组织像欧洲同行那样的精心培养,总有些重要的例外。最积极的是服装工人工会。作为欧美两大洲劳工团结观点的中心,它们比其他工会更少迷恋男子汉独立性,对广泛的社会议题采取开放态度,所以在20世纪初期帮助维持了强健的内部和外部社会民主政治。在纽约市,服装工人工会联合会开办了劳工银行、信用合作社、劳动介绍所、劳资共同管理的失业保险基金。它还开办工人子弟夜校和夏令营,推动成人合唱团和健身俱乐部,组织大宗食品和电力购买,给工会家庭按成本价发放冰块和牛奶等。到了1930年代初期,工会在国内建造了两个最重要的工会资助公寓群。其中第二个位于下东区,由一位年轻的匈牙利移民建筑师设计,直接从社会主义维也纳借用大胆雄壮的外观和内部社会福利设施。[76]

欧洲以工会为基础的住房协会在1920年代的柏林留下引人注目的烙印,动员像上文提到的资源在美国形成类似协会的努力,落到了一个政治和审美异议者同盟的身上,其成员全都有延伸到大西洋对岸的联系。鲍尔是通过具有世界眼光的、在法兰克福长大的年轻建筑师奥斯卡·斯通诺罗夫进入协会的,此人在1929年移民美国前曾在勒·柯布西耶的工作室短暂工作过。斯通诺罗夫试图通过敲工会的门争取建筑合同,曾会见过美国针织品工人联盟的约翰·埃德尔曼。而在英国托尔斯泰式社区长大的记者埃德尔

402 曼已经从反战群体转而从事一系列激进政治行动，包括作为 1924
年拉福莱特竞选运动组织者的有偿工作，最后成为针织品工人联
盟的宣传家和游说者。埃德尔曼首先通过服装工人工会联合会的
组织者了解到工会资助的住房计划，对方以接受信仰者的激情向
他展示了一组维也纳社会主义者住房工程的照片。[77]

　　针织品工人提供了需求和组织力量，他们中有些人曾在费城
的新平房郊区购买了不可靠的房屋，结果在抵押贷款的压力下又
失去了。工会领袖提供了工程的社会民主政治。斯通诺罗夫提供
了与审美现代主义的联系。他为针织品工人住房做的最初设
计——"三幢特别高的、平行的十层楼房屋"，是勒·柯布西耶碑铭
主义和格罗皮乌斯最低生存保障数学的具有潜在灾难性的结合。
但是按工会成员住房要求的系统调查修改设计后，完成的工程接
近魏玛工人住房的最好模型。得到新政公共工程住房首批贷款、
建在费城的纺织品工厂区的卡尔·麦克利住宅区结合了三层楼现代
主义形式、水泥预制板、完全外国风格的窗户（建筑管理当局最初在批
准它时犹豫不决），以及工人阶级商品房根本不敢想象的整套内部设
施。里面院落中包括网球场、小型游泳池；该住宅区还有合作杂货店、
会议室、设备良好的医务室、地下停车场，平屋顶有洗衣房和儿童沙
池，大礼堂里经常开展讲座、政治讨论、艺术学习等。如果说罗默斯
塔特把一块"福特的美国"带到尼达河谷的话，那么，卡尔·麦克利
住宅区则代表了把一块正宗欧洲社会现代主义带回了家。[78]

　　在第一批住户搬进去之前，斯通诺罗夫和埃德尔曼就在努力
把工程的先例拉入基础广泛的草根性劳工住房运动。《犹太前进
日报》的查尼·弗拉德克和斯通诺罗夫的伙伴、曾接受包豪斯训练
的阿尔弗雷德·卡斯特纳一起，加上特立独行的贵格派慈善家、后
来成为麦克利住宅区常驻经理的威廉·金斯，共同成立了一个被
乐观地称为"劳工住房协会"（Labor Housing Conference）的组织，总
部就设在斯通诺罗夫办公室的一角。鲍尔在 1934 年就是加入了

这个组织，作为劳工住房协会的理论家、宣传家、偶尔拿工资的雇员，和游说者。到了 1935 年，鲍尔和埃德尔曼成功地从美国劳工403联合会领导那里争取到对联邦公共住房项目的认可，把游说方向转到国会内部圈子，最终促成了《瓦格纳住房法案》。他们找来介绍鲍尔的住房法案草稿的议员本人也是在维也纳长大的。[79]

把"现代"住房政治化给了它政治动力和支持群体。这使得社会现代主义的社会、经济和美学抱负的复杂混合体具有跨越大西洋机构差别的潜在可能性。针对那些把公共住房看作贫民窟改造，或者穷人住房改善，或者实现埃比尼泽·霍华德社区理想的人，劳工住房协会努力把工人阶级利益注入住房政治中，不仅是作为住房的生产者（虽然这在赢得建筑业工会的认可方面发挥了作用）而且作为最终的消费者。劳工发起的工人阶级住房工程很容易吻合欧洲大陆众多大城市的社会民主政治，因为它也是通过公共贷款融资，用机器时代的最高效率建设的。

但是，在大西洋进步纽带背景下，阶级政治像文化政治一样都没有取得成功的便捷道路。创造草根劳工的住房需求，即使在最好的情况下也不是旦夕之功；像美国这样的地方，工会的社会基础设施分布不均衡，工作就更加缓慢。如果没有以劳工为基础的政党支持，把那个需求和国家政策结合起来就更有问题了。正如大萧条打开的狭窄政治窗口显示的，在时机起重大作用的地方，传输机器是缓慢的。正如我们即将在第十章看到的，在法案运作的终局游戏中，过程面临失败和严重损害的危险，最后一分钟的妥协中被组织良好的利益团体挤进来。

在 1930 年代中期的困难时代和组织斗争中，没有任何别的工会加入推动工人阶级住房工程的运动中。到了 1937 年《瓦格纳住房法案》完成时，公共资助的机会之窗又一次关闭。尽管有设计最好的劳工住房样本，现代主义建筑在美国没有作为工人阶级工程来动员。1930 年代美国的住房机器不是为机器工人准备的。

在所有这些方面,惰性限制了美国工人阶级住房运动的政治。但是如果要水银泻地般的速度,没有什么比市场本身更快的了。市场对现代主义的所有要求,就是要它简化成可以商业化的构件,抛掉其中的政治内容,更换赞助人。有包括品味在内的这么多东西等待销售,有人尝试这种工程就没有什么好惊讶的了。当然商业现代主义不是美国特有的现象。把艺术用在商品设计中,这在战前的德国工业联盟就已经被打磨成一种工艺,而且在 1925 年巴黎装饰艺术和现代工业国际博览会上展出,确定了"艺术装饰"(art deco)风格的流行。虽然如此,仍然没有什么能与美国的现代主义去政治化速度和彻底性相比。在魏玛德国,功能主义暂时用手指戳在资产阶级文化的眼睛上。但是由于大西洋纽带内在的改造潜力使然:激进魏玛的功能主义美学席卷 1930 年代的美国时,不是作为新社会秩序的形式,而是作为摩天大楼建筑商或者消费品行业的一剂补药。[80]

现代主义营销的第一个迹象出现在 1920 年代末期的时尚商店橱窗里。到了大萧条开始时,一个专业产品设计者新团队(其中很多成员和巴黎、德国、维也纳的设计工作室都有密切联系)在努力寻找方法,要让机器显得更像机器,而不仅限于功能上需要的程度:电话和茶壶的现代主义形式,在大萧条时期旨在推动铁路乘客数量和冰箱销售的流线型薄钢板防护层,用《新法兰克福》的术语制成的醒目商店招牌,还有商店内的装修,让奥德的立方体和半圆形变成可以销售的新鲜玩意儿。[81]

1933 年和 1934 年芝加哥"世纪进步"展览让多数美国人第一次清晰地看到大萧条时代商业化的现代主义,那里的先锋派形式与热切的商业赞助人的结盟实在是不容忽视。"世纪进步"展览位于按照丹尼尔·伯纳姆的设计从湖畔和铁路开垦出来的闹市区公园用地上,伯纳姆的两个儿子是博览会规划委员会的成员。1893 年芝加哥博览会上,伯纳姆的钢铁框架建筑被辛苦地用古典

风格的装饰物覆盖;这次则到处醒目地展示其机械元素。参观指
南上把这种风格吹嘘为"现代派",它体现在展览建筑上,体现在由
外部的塔柱悬吊支撑的屋顶、大楼暴露无遗的内部框架、吊在中央
钢铁标塔上的建筑,以及更大众化功能的平顶建筑群。所有这些
都在维也纳移民约瑟夫·厄本指导下粉刷成各种不同颜色,在晚
上用霓虹灯照亮。通用汽车公司馆展示了工作中的汽车生产流水
线,凡世通(Firestone)展示了完整的轮胎工厂。博览会建筑师没有
声称总体印象是漂亮的,而声称它是新颖的——现代主义新建筑
为花费少量的钱购买展览空间的公司充当了戏剧性的广告牌。设
计委员会解释说,任何不够这样大胆的做法都无法吸引博览会所
需要的愿意花钱的观众。[82]

　　在因为大萧条而削减成本之前,博览会的一角本来打算安排
完整的样板城市,现在只有一个 11 幢未来主义房屋构成的住房展
区,由建筑公司用钢铁、玻璃、预制石料和梅森奈特纤维板建成。
其中大部分被标榜为可以买得起的实用性房屋。它们立体主义的
形状、朴素的外观、宽敞的窗户完全符合梅的法兰克福模式。许多
是预制品,其中钢铁部分就像小孩子的积木游戏一样可以快速接
合在一起。但它们不是更广泛的团结的组成部分。它们是美国特
有的生活机器:可以完全抽离于地域和社会环境之外。[83]

　　如果动感和新颖性是现代主义在商业市场上的成功所必不可
少的内容,那么现代内容还需要消除掉社会民主的过去。美国那
些自命的现代主义正式策展人很快就开始行动了。菲利浦·约翰
逊和小亨利·拉塞尔·希契科克在 1932 年组织现代艺术博物馆
划时代的现代建筑展览时还不到三十岁,撰写了确定"国际风格"
的目录。对他们来说,功能主义没有位置,同样没有位置的是把建
筑与满足物质和社会需要的生活经济重新结合,当然政治也没有
位置。他们为鲍尔和芒福德的住房展示开辟了一个附属展区。实
际上在整个 1930 年代,现代艺术博物馆一直对社会住房设计保持

405

着在后来年月不可想象的关注度。但是在约翰逊和希契科克对"现代"的整理中,住房作为不相关的东西被抛在一边。他们认为梅的设计者花费很多心血去满足其需要的"典型家庭"是"统计学魔鬼",根本不屑一顾。[84]

现代主义的这种轻率的、年轻的、审美的商品化是不寻常的成就。激进政治和激进形式的融合产生出现代建筑,这种融合现在被剥去了乌托邦追求。现代主义的社会民主和工会赞助人被从历史记录中抹去了,虽然如西比尔·莫霍利·纳吉后来抗辩的那样,实际上每个现代主义建筑师的名声都建立在公共资助的住宅小区 406 基础上。从 1920 年代欧洲的社会狂热中,他们提取了纯粹的美学模式,强调开放性的容量而不是群体,强调规范而不是轴心对称,强调没有另加装饰的外观,实际上,它是"现代"幕墙商业摩天大楼的典范。在大西洋纽带一个最引人注目的转变中,机器时代现代主义以这种形式回到了美国老家。[85]

未来不是在约翰逊和希契科克的 1932 年宣言中编织而成的。对比欧洲已经出现的住房革命,现代艺术博物馆目录和临时在芝加哥竖立起来的亭子不过是临时性展览。在欧洲,到了 1920 年代末期,很大一部分地方已经得到重建,人们有了体面的、可买得起的房屋;新的、后资产阶级的社会美学因素开始发挥作用;在英国砖、德国玻璃、水泥预制板中形成了住宅区的新形式。

但是在美国背景下,从海外借来的内容从一开始就面临被分解成碎片的威胁。社会现代主义从原来的政治和赞助人那里被连根拔起,变成了一系列的冲突和矛盾。它是后资本主义未来的外壳,是阶级关系革命运用在住房问题上,是纯形式的原则,也是资本主义本身的最新广告牌。魏玛时代后期的劳工住房政治、机器生产技术、激进美学观念的结合以零碎的方式进入 1930 年的美国。但是构成因素不能保持原样,在借鉴和运用过程中,大西洋的跨越让一些关系遭到扭曲和解体。

和往常一样,速度也是问题的一部分。观点、政治、商品在大西洋纽带中移动的路线是完全不同的。在这种情况下,像社会现代主义这样复杂的群体不容易维持在一起。但更根本的问题与赞助人和政治有关。正是因为需要为每个引进的政策重新创造联盟,使得借鉴过程本身破坏了社会形式的政治稳定性,产生众多的变体。在观点和创新的流动性比赞助人和政治的流动性强得多的体制中,重新组装的杂合就成为国际交流的基本结构。因此,福特主义和 1920 年代欧洲社会民主政治联姻;因此,在美国也出现了革命现代主义和摩天大楼商业的联姻。

引进者在这些堂吉诃德式转型中挣扎,竭力为借来的形式寻找稳定的基础,企图使借用关系的熵最小化。如果大西洋进步人 407 士一个一个制造的桥梁有以政党为基础的联系纽带所补充,这些破坏稳定的倾向本来可能受到更好限制。但实际上,赞助人总是有问题的,转型总是近在眼前。

在这些方面,1930 年代将是大西洋进步纽带的关键十年。在大西洋的两岸,大萧条动摇与重造了政治和赞助人的现行结构。它像楔子插入政治体制中,美国 20 世纪历史上没有任何别的事件做到这一点。通过这个裂口,大量被禁锢的进步工程的洪水冲进来,都是带着大西洋联系的:克拉伦斯·坡的农业合作社、艾尔伍德·米德规划的农村定居点、美国劳工立法协会的社会保险计划、鼓吹市营化的进步人士的市政设计、战争集体主义者的经济控制野心、芒福德来自工业资本主义灰烬中的新技术文明意识、鲍尔劳工住房的梦想等。后两个工程在 1930 年代初期仍然在形成中,证明大西洋进步人士纽带还有未用完的资源。问题是在大萧条重新改变了的政治结构下,选择性的、有时候变化无常的传输和修改机器如何把它们整理出来。 408

第十章

新　政

灾难时期的智识经济

　　刘易斯·芒福德在 1934 年秋天责备富兰克林·罗斯福的政策为"漫无目标的实验、零散的修修补补、对指导原则和明确目标的全然冷漠"。他批评新政没有逻辑，只是漂浮在"混乱和矛盾的灵丹妙药"的大海上。时值罗斯福政府进入大萧条第二年冬天，芒福德那个季节处在特别激进的情绪中，但是他这种对新政缺乏连贯性的批评是 1930 年代的常见反应。即使政府内部的人如雷克斯福德·特格韦尔和弗朗西丝·珀金斯都承认要在罗斯福的动作中找到中心倾向得靠某种碰运气的猜测。伦敦《经济学家》杂志的编辑评论该政府 1933 年和 1934 年经济复兴希望的核心《国家工业复兴法案》，认为它可能"在单一法案下"收集了"最多样的经济和社会理论，超过已知的其他任何法规"。即将离任的美国政治学协会会长沃尔特·谢泼德在 1934 年底做出了自己的解释。"新政意识形态是不合逻辑、前后不一、混乱不堪的"，他抱怨说，新政项目

"是一大堆没有消化的、矛盾的实验。如果有领袖的话,这位领袖骑上自己的马,同时朝不同方向飞奔"。[1]

对于后来的历史学家来说,新政的权宜之计仍然像身上穿着很多颜色不协调的衣服,让人很难就来源和影响达成任何一致意见。雷克斯福德·特格韦尔等人后来把新政一分为二,区分开1933年和1934年的"第一个"新政与1935—1938年的"第二个"新政。前者对大规模经济管理、协作和计划有信心;后者如特格韦尔抱怨的,返回到伍德罗·威尔逊时代那种原子化的、反对大企业的政策。但是这种区分经不起仔细推敲。新政无法分成清晰的阶段,是个多元倾向的迷宫。最近一位研究新政经济政策的历史学家写道,"从意识形态上说,罗斯福和新政是无主之地":与其说是个计划,不如说是观念和利益自由竞争的结果。[2]

有关新政遗产的观点很快导致类似的矛盾。新政是劳工的胜利;是资本主义的救护车。这是公众特别关怀穷人和失业者的时刻;同时又受到仍然控制民主党的南方白人的阶级和种族偏见的影响。新政对政治和政治争论的影响比20世纪任何国内事件都大,成为这个世纪美国进步政治的决定性时刻。但是它的逻辑仍然让我们感到困惑。[3]

新政给予历史学家的第一个难题是:同样的事件怎么能既具有这样的确定性又这么缺乏连贯性呢?第二个难题是:这么不寻常的法案大爆发究竟是怎么出现的?在充满了这么多早期社会政策设计废墟的土地上,新政的政策能量和首创精神的奔腾至今仍然是个奇迹。它一夜之间扭转了进步时代跨越大西洋政治影响的模式。甚至亨利·福特对于欧洲的吸引力也赶不上罗斯福。欧洲进步人士现在大批涌入美国,参观田纳西州诺里斯镇的"田纳西流域管理局"模式、"重新安置署"的社区项目、华盛顿特区蜂窝般繁忙的计划活动,如果幸运的话还作为罗斯福本人的听众。像美国人曾经前往德国、丹麦、新西兰社会政治实验室一样,如今,约翰·

409

梅纳德·凯恩斯、威廉·贝弗里奇、H. G. 威尔斯、纲纳·缪达尔等人都到美国考察新政措施。

不是所有考察新政的外国观察家都喜欢所看到的东西。看到靠庞大的蓝鹰游行来提升国民对 1934 年"国家工业复兴总署"的热情，英国独立工党的芬纳·布罗威大为惊骇，他以为自己就像是来到了纳粹德国。但是对于多数欧洲进步人士来说，新政是十年的黑暗中意外的灯塔。玛格丽特·邦德菲尔德 1933 年刚从大西洋彼岸回来后对她的工党同事说，"整个美国都出现了真正的思想革命"——颠倒了她的美国朋友长久以来使用的比喻。她认为，对照美国新政的潮流，英国政治思想的停滞实在是让人尴尬。凯恩斯在新政中看到了"中间道路"，也就是美国进步人士长期以来在欧洲寻找的马克思主义和自由放任经济之间的"中途客栈"。在法国，莱昂·布鲁姆在 1936 年领导的社会主义激进政府上台，其进步实验的用语明显来自美国新政。在英国，劳合·乔治把工党寻求夺回政权作为英国的"新政"。劳合·乔治在 1930 年代初期相信"世界的前景和整个道路取决于"正在进行的三个政治实验：俄国的集体计划、意大利的社团主义和美国的新政，其中"美国人的实验最重要"。[4]

大西洋两岸交流中角色的颠倒如此明显，这本身就是一个事件，但夸张的语言下面有一定的真实性。在北大西洋经济体内没有任何别的国家对 1930 年代的大萧条做出像美国新政这样强烈的进步人士反应。政治学家长期以来都注意到了这一点。他们写美国社会政策是以间歇性停滞、戏剧性"政策突破"等"不规则"模式颠簸前进的，不是通过其他国家那样缓慢、持续的发展，而是靠间歇性的"大撞击"完成的。证明这点的"大撞击"就是"新政"。[5]

相反，欧洲进步人士在 1930 年代困难时期遇到相当大的麻烦。在英国，1929—1931 年工党政府在大萧条的困境中一筹莫展。后来保守派控制的政府满足于政策传统和最少抵抗的路线得过且过。法国在 1929—1939 年间政府像走马灯似的换了二十多个，没有一个留下多少长远的影响。莱昂·布鲁姆的人民阵线政府执政时间长，比多数政府抱负大得多，但也不过只有将近一年时间。在很多美国进步人士多年来希望所在的德国，纳粹获得政权后自由派和社会民主派在政治上都基本灭绝了。欧洲进步政府中，瑞典的社会民主同盟独自在 1930 年代开创了革新的道路，并取得很大成功。它的工农政治联盟结合社会投资的进步政策是第二次世界大战后社会凯恩斯主义的先驱。虽然如此，单单在出台法律方面，甚至瑞典也不能和美国新政的记录相比。在 1933—1938 年，北大西洋社会经济的落后者突然旋风般采取非同寻常的行动。美国乌龟成了赛跑中的兔子。[6]

这里出现了新政提出的难题：如何调和它在对于其他进步政府都非常严酷的十年里表现出的能量与它的极端混乱性。没有了思想和意识形态上的激情，新政就是无法解释的；但是，实际上任何寻找新政背后逻辑的努力似乎都在矛盾中失去头绪。新政的谜团在于如何理解这些惊人的成功和明显缺乏连贯性之间的结合。

通常的历史观点强调美国危机罕见的严重性。该论点认为，美国的政治革新比其他地方更有力度，是因为美国更深刻地感受到对于习惯和机构的压力。大原因和强烈的社会压力导致大的反应，这是注重实际的功能主义的逻辑。

毋庸置疑，1930 年代市场崩溃给美国造成特别严重的后果。其他任何地方都没有像美国一样在两次世界大战间的经济繁荣中让投机价值和物质生活水平涨这么高，也没有任何地方像美国的崩溃这么惊人和持久。只有在德国大萧条的打击可以与之相比，而在德国，按失业率达到 20% 以上的年份计算，失业危机持续的时间比美国的一半稍长些。把 1930 年到 1938 年（战争爆发的前一年）每年全国估计的失业率加起来创造一个指数，就可得到每个国家"积累的痛苦"指数：法国 93，瑞典 142，英国 148，德国 196，美国 235。[7]

411

经济的这种灾难性破坏确实是痛苦而难以消除的经历。1930年代到处是等着领救济面包和从银行提取存款的队伍。失业的男人到救济处寻求帮助，妇女在吃饭和穿衣上精打细算，银行没有资产，工业没有市场，农民焦急地到处流动或不得不承受小麦30美412 分、棉花5美分的后果。所有这些都是痛苦而难忘的，又因为落在一直被认为是无限繁荣的时代，格外让人惊慌失措。假设的情况是，崩溃越猛烈，最终的政策反应就越激烈。

然而在跨越大西洋的事件模式中，危机严重性本身对于预测1930年代政治革新的指示性很弱。在德国和美国，戏剧性的政策转变确实和戏剧性的经济崩溃是连在一起的——两国政策差别也很有戏剧性。但是在瑞典，与革新政策反应联系在一起的经济危机远没有德国或者美国严重。英国的失业情况和瑞典非常相似，但工党几乎已经没有新观点。在法国，大萧条的影响最弱小，可人民阵线积极提出各种计划和项目。[8] 在整个北大西洋经济中，革新反应的水平不能简单地与经济危机的相对严重程度直接对应起来。

仔细思考一下，人们也不应该期待相反的情况。系统的破坏有助于催生革新观点这一想法在很大程度上是个神话。理查德·佩尔斯在对美国1930年代社会思想的现有最好研究中写道："认为深刻的社会思想能够从大萧条这样破坏性的经验中产生，这种想法本身就让人吃惊。""没有哪个危机时期特别有利于冷静的分析或新概念的产生；在努力对付前所未有的新情况时，人们更倾向于使用继承下来的或者本能的价值。"[9] 平静是用来反思根本内容的时刻，如果海水从船头漫上来，人的脑袋就麻木了，只会老一套地寻找往外舀水的斧斗。

危机在以其他方式推动革新。如果持续时间足够长，危机能把原来普遍确认的反应模式变成人们强烈质疑的对象。几乎在任何地方，大萧条初期阶段不幸在台上的政党，如英国的工党、瑞典的自由党、德国任何派别的老牌政党，在信誉方面都遭受重大损失。

在美国同样如此。新政不像人们记忆中简单认为的那样是对大萧条的反应,罗斯福上台时大萧条已经持续三年多了。新政是对共和党振兴计划失败做出的反应。由于胡佛政府无法阻止经济继续下滑,导致人们对市场自我调整能力丧失信心;新政就进入了这种情况创造的空间。因为破坏了传统观念,延长的危机就可能创造出革新所需要的空间。

413

危机政治的矛盾在于:当传统观念失效,最迫切需要新思想时,新思想总是最难找到。对精心设计的方案的需求往往和最不适合对政策构成进行反思的环境结合在一起:紧迫、混乱、得过且过的机会主义、对潮水般涌来的事情根本理不出头绪。因此,危机的最重要影响之一是推高了正在候补的政策观念的价值,也就是那些已经提出但是在政治上还无法推行的思想。

在现代政治中,这个危机阶段是社会政策专家吃香的时刻。他们的观点突然得到更加密切的关注,他们带着装满了现成方案的小包进入政治领域。这些要对付危机的方案在危机到来前已经被设计出来并加以完善,这一事实并不一定贬低它们的价值。相反,在灾难时期的智识经济中,方案的完整性以及直接从架子上取下来使用的可能性让它们具有特殊的价值。危机导致了在现有政策观念主张中疯狂翻检的举动——那些能够根据具体情况调整或者重新设计的观念,恰恰又因为它们的家谱比当下更古老而拥有权威性。正是这种现有观念快速进入政治中心,在危机政治中扭曲了常规时间线索。在紧急情况下推行的政策观点常常是在别的情形下形成的、用来解决其他问题的老建议。它们是从过去一下子跳到现在。

最后,让这种紧急的思想运动产生后果的因素是:危机改变了政治可能性的条件。在贬低和去掉某些议程的合法性的时候,与它们相联系的东西也被贬低了。控制政治后果的权力、赞助人、利益、机构等坐标发生了转移。影响力、合法性和否决权的重新组合,是事先制订但没有经过尝试的政策措施进入中心舞台的道路。

在持续的影响深远的危机中,可能一下子涌进来大量政策观点。

新政以超乎寻常的准确性遵循了这个模式。革新不是开始于1929年的股市大跌,甚至也不是开始于1931年夏天的那个时刻——当时人们最终清楚认识到经济不是在经历如1920—1922年或者1913—1915年那样的临时调整,而是自1890年代以来从未遭遇到的大规模的灾难性崩溃。只有在胡佛的已经达到外部极限的再投资政策没有产生任何效果后,传统观念的权威才开始瓦解。然后才是大量候补方案涌入新政府的真空,这正好是政府迫切需要的东西。新政第一个月推动的《民间资源保护队法案》是1918年到1920年士兵安置计划的修改。在同样的紧急阶段出台的"田纳西流域管理局"(TVA),也以这种或那种形式提出过,可以说已经在国会等待将近十年了。"国家工业复兴总署"是1917年和1918年战争时期经济计划机构的复活。这个名单可以继续罗列下去。

新政的有些成就没有多长的历史背景。公共管理总体经济需求的凯恩斯实验就是最重要的一个例子。由于受到1937—1938年意料之外的经济停滞的刺激,把财政政策放到优先地位的思想转型到这个十年结束时才开始在新政政策辩论中留下重要标记。[10]但给人留下深刻印象的是,新政从进步人士的过去中吸取了众多的观点和议程。养老金和失业保险、公共建造住房、《全国劳工关系法案》、《公平劳动标准法案》、紧急工作救济、农村电气化、银行和证券管理、控股公司法案、农村改革等都有危机前的根源。在风格、紧急性、联邦政府和州政府关系、政治联盟等方面,该政府创立的新开端是不容忽视的。但是作为立法项目,把新政视为一个顶峰和高潮更为准确:它是一代进步政治人士的建议和思想的大集中、大汇合。[11]

这些建议中的许多最初是为了其他情形而设计的,与复兴破碎的经济的关系显得很牵强。有些内容,比如1935年实施的征收养老保险税,与几乎人人都知道的应付眼前危机之所需发生直接

414

冲突,因为在那个时刻对消费者开支的任何限制都是危险措施。1933年末期在美国待了凄凉的一个月的威廉·贝弗里奇回家后,相信新政中有改革的一面也有复兴的一面,而且很大程度上,这两面在目的上相互抵触。[12]

现在说他的观点正确已经是老生常谈。在新政者为自己确立的所有任务中,最棘手的是经济复兴的任务。他们做得最好的是运用热情和想象力抛出数年前甚至几十年前开始运行的项目填入缺口。我们不宜在新政推行的法案中进行横向搜索来发现它的逻辑,新政是过去被禁锢的进步人士议程的伟大的、突然的爆发;新政最清晰的逻辑是历史的纵向逻辑。

在早就在制订的项目计划的大释放中,惊人数量的内容都在某个方面烙有大西洋进步纽带的印记——比新政者当时愿意承认的更多,比后来的历史学家们愿意认识到的也多得多。这不是随意性的结论。新政的革新问题和跨越大西洋的政策借用问题在两个重要方面联结起来了。如果在新政的美国有比1930年代北大西洋经济体任何别的国家更多的进步革新,那首先是因为美国的政策积压太多。在其他地方已经逐渐被接受成为法律的措施在美国常常被束之高阁,从而造成大量待用的法案。在大萧条的低谷时期,传统商业企业的权威处在低谷,法院处在特别强大的压力下,意识形态观念处在不断变化中,利益领域暂时被重组,最核心的一些抵抗力量暂时消失。限制和释放:一个太多液体含意的比喻,不过这确实是政治中的常见现象。

虽然如此,大阻塞的释放不仅意味着从前有限制,它还要求河流中已经存在大量原木。专家们已经关注地在欧洲社会政策辩论的边缘等待了这么长时间,在新政时刻终于到来时,他们积聚了很多没有实现的政策建议。他们的档案抽屉里塞满了关于德国社会保险、伦敦住房计划、丹麦农村复兴方案、澳大利亚劳工法庭、英国花园城市、世界各地解决失业问题的措施等的小册子。对他们来

415

说,北大西洋经济与其说是他们常常乐观地描述的实验室,不如说是一个塞满了政治上无法实现的项目的橱柜,在那里等待着权力结构变化的希望。在 1930 年代中期的危机中,那些从他处借来的项目被推到政治舞台的中心。在集中这么多进步议程的同时,新政也集中了大量的欧洲经验。

416　　如果大西洋两岸交流的过去在新政中存在,那么,大西洋两岸交流的现在当然也存在。正如第一次世界大战的危机一样,大萧条激发了北大西洋经济体主要成员相互间对政策动向的关注和众多共同的反应。

公共节约措施几乎是大萧条一开始的普遍反应。随着税收的减少,政府只好削减开支,挣扎着要保持预算平衡;正统的经济学家和政府规划者认为这是通向经济健康复苏的第一步。在政府没有足够快地削减开支的地方,银行债权人强行要挟——左派愤怒地称之为资本家的"罢工"。1931 年英国工党政府和 1937 年法国人民阵线政府都因为私人投资者拒绝日常政府运行所依赖的流动资金贷款而垮台。更加谨慎的政治家学会亲自控制预算大斧。最后的魏玛政府陷入紧急预算削减,胡佛和罗斯福政府的财政部长同样如此。罗斯福本人在立法上留下的第一个印记是 1933 年 3 月的《经济法案》,砍掉士兵补贴和政府薪水,努力把开支和因为危机而大幅度减少的收入维持在平衡状态。[13]

政府操纵信贷和利率是经济危机持续时的第二个普遍反应。给遭受严重破坏的经济领域注入政府紧急贷款是胡佛复兴项目的核心,罗斯福接受了胡佛项目的机构内核并将其扩大,用政府的贷款不仅从金融结构顶端而下资助银行、保险公司、铁路,而且资助自下而上的小经济企业。英国最终把复兴希望寄托在低息贷款上;在很大程度上,瑞典的凯恩斯主义者也是如此。

不管政府沿着这些路线做了多少事情,各地的主要经济利益都吵闹着要得到更多即刻的救济：农民要价格支持，工人要工作和工资，企业要摆脱市场竞争。最容易满足的就是企业利益要求保护它们免受外来竞争冲击。有些国家在1930年代进一步提高了本来已经很高的关税和贸易壁垒，而信奉自由贸易的国家也开始改变立场。最明显的政策转变发生在长期以来鼓吹自由贸易的典范——英国，在1931年秋季工党政府下台一年内，保守党控制的继任者就忙着建立关税壁垒与贸易保护主义的德国和美国相抗衡。企业免受国内市场力量拖累的愿望却是更棘手的难题。在德国、意大利、美国（在新政的国家工业复兴总署阶段），政府进入公然的工业卡特尔化，划分市场和生产配额，努力阻挡大萧条带给价格和利润削减的无情压力。甚至英国也彻底地把受害最严重的行业——煤炭业卡特尔化，又以更零散的方式把造船和纺织业卡特尔化。各地只能同安乐不能共患难的资本家、商人在大萧条时期急忙寻求免受市场压力的途径，必要的时候他们和国家结成联盟。

比商人反应更快的是农民，他们扔掉了市场理想，要求政府提供关税保护、市场稳定，或者公然要求政府确定价格。垄断控制价格和供应的农业推销委员会是普遍的权宜之计，还有在多数关键农产品领域的补贴和价格保证。在英国，对价格和市场的管理局限在几种重要的农产品上；在法国，政府维持小麦最低价格的企图寿命很短，而且效果很差；但是在瑞典，范围广泛、合作管理的价格支持这一承诺对于1933年农民—社会主义者同盟非常重要；在纳粹德国，国家实际上全面控制农业价格和市场份额分配。在这个意义上，新政《农业调整法案》的价格和生产控制不过是洪大国际潮流上漂浮的小碎片而已。

因为经济崩溃，劳工被迫处于防御的被动地位。危机初期，由于工作机会消失、工会成员数量下降和罢工活动低迷，长期以来抗拒政府对集体谈判条款裁定的工会联盟现在改变方针，要求国家从中协调促成劳工、政府和渴望稳定的雇主之间达成新协议。

1935 年的《全国劳工关系法案》、1936 年人民阵线上台开头几个星期炮制出来的法国《马蒂尼翁协议》(Matignon Agreement)、1938 年瑞典的"基本协议",虽然在不同程度上结合了强迫和自愿的因素,但都是同样的动态之下的产物。[14]

对工人来说更重要的是恢复工作和工资问题。在计划者中间,从前的劳工殖民地的想法还没有丧失吸引力。德国政府资助的在城市边缘半自给自足的工人临时棚屋区(Randsiedlungen)、新政的"民间资源保护队"营地和自耕自给小农场工程、法国和英国为城市工人提供补贴鼓励他们重新定居乡村(或者最好住到帝国的边缘地带去)等等,都来自消化掉工资经济中多余工人的强烈渴望。靠工资为生的人自己则更喜欢口袋里有现金。英国工会顽强地游说延长紧急失业保险赔偿。在法国,触发性事件是每周工作 40 小时的工作分摊要求,促使 1936 年 5 月和 6 月罢工的大爆发。在德国、瑞典和美国,政府通过公共工程买断工人的工作要求,大量投资劳动密集型的紧急建设工程如道路、公共建筑、住房等,有时候避免使用节省劳动力的机器,以便让工作更持久一点。

政府把这些成分混合后产生的结果,就像它们从前的经验、它们内部的利益结构和政治力量对比一样变化多样。美国特别倾向于严重依赖紧急工作救济,将艰难时期城市救济穷人的熟悉反应国营化。[15]在英国,从前存在的政策的拉力正好是朝着相反的方向,拒绝重复 1905—1907 年的工作救济实验,让政策制订者转向对 1911 年失业保险法案多次紧急修改,以顽强地努力要涵盖从前设计时没有包括在内的普遍的经济危机。在瑞典,社会民主党的政策制订集中在按通行的工资安排公共工程就业。因为劳工成分较弱,新政联盟倾向于紧急情况下的复活和救济等权宜之计。德国那伴随大量公共工程投资的社会政策有它自己的爆发力。不管怎样,区别在于政策成分的组合不同,其中的家族相似性在不同国家基本上是一样的。

在这些共同反应背后是长期存在的跨越国界的思想和观点交流纽带。北大西洋经济体的财政保守派都坚持节约、预算平衡和货币的稳定性。在英国被称为"财政观点"的这种主张之所以影响大，恰恰是因为它结合了跨越十多个国家边界的经济学家的集体智慧：经济危机有天生的、最终自我纠正的紧缩性过程，直到工资和价格回落到足够低的水平以便刺激重新投资。劳工组织也有个共同的纲领，在国际间流传。减少劳工冗余和刺激消费者需求是它的核心：缩短工作时间，提高工资，扩展养老金以鼓励上年纪工人从劳动力市场退出，延长义务教育时间以防止更多年轻人进入劳动力市场，开展公共工程来重新雇用失业者，为仍然没有工作的人提供失业补贴。进步人士则谈论通过"计划"引导和转移市场力量。法国和比利时的改革派社会主义者对计划经济论（planisme）的兴趣与贝弗里奇这样的自由主义者一样强烈；在美国，运用国家的计划力量达成比单纯市场竞争所能达到的更稳定的利益和谐，这一观点位于罗斯福的内部顾问圈子（所谓"智囊团"）1932 年和1933 年讨论的中心。[16] 像这样的政策"语言"在北大西洋经济体中流传，让零碎的要求和紧急措施组成更大的模式。

同样，一个国家往往非常关注其他国家的成功和失败。许多关于经济计划的讨论是因为墨索里尼的意大利实验而引起的。即使在那些对意大利法西斯主义的残暴方面感到厌恶的人中间，社团主义的名声在 1930 年代初期仍然处于高潮时期。1934 年在欧洲快速考察农业政策的雷克斯福德·特格韦尔认为意大利是唯一没有随波逐流的政府。他在日记中承认"它是我看到过的最干净、最整洁、管理效率最高的社会机器，它让我感到妒忌"。[17] 其他人则看到苏联不受周围经济崩溃的影响。在 1932 年和 1933 年经济和政治危机的谷底时期，甚至保罗·凯洛格的《调查》也不断给关心社会工作和社会改革的读者提供苏联新闻。凯洛格本人加入 1936年赴苏联的考察队伍中，这是大西洋两岸不少进步人士都走过的

419

道路。正如我们看到的，恩斯特·梅放弃了大萧条中的法兰克福，要到苏联城市设计中一试身手。韦伯夫妇扔掉了对美国的最后一点兴趣，热烈关注苏联实验。[18]

尽管进步人士对苏联的兴趣增加了，大西洋传统纽带仍然强大。英国虽然遭遇很多经济困难，仍然给美国政策辩论投下非同小可的影子。随着大萧条重新开启针对失业风险的保险话题，大群的美国调查者再次来到英国，从实际经验中搜集数据和观点。1933 年秋天，洛克菲勒基金会邀请威廉·贝弗里奇到美国向听众解释失业保险的教训，私下里还给罗斯福本人解释。在重新塑造住房政策辩论的努力中，总部在美国的"全国住房官员协会"组织

420 了欧洲住房专家的自由旅行团，由英国战争住房和花园城市运动德高望重的雷蒙德·昂温率领。在农业部，亨利·华莱士让爱尔兰农业复兴运动的诗人哲学家 AE（乔治·罗素）给农业部雇员听众做报告。[19]

大萧条中的德国更加让人费解和烦恼。1933 年夏天在德国研究工业健康和安全方法的爱丽丝·汉密尔顿提出了一系列关于希特勒德国的早期风暴警告，如迫害犹太人、破坏劳工协会、终结进步妇女运动等。她担心多数参观者很少意识到表面下掩盖着的恐惧和危险。[20] 甚至在 1938 年，奥伯兰德基金会还继续输送社会政策专家通过熟悉的德国社会进步站点参观访问。1934 年，它派遣一个由美国城市高级官员组成的代表团来考察德国城市管理；1935年派遣一个代表团调查德国街道清洁技术；1936 年派遣一个公共林业官员代表团，其中包括美国林业部长本人。[21]

进步人士对斯堪的纳维亚的兴趣在 1930 年代中期蓬勃发展。仍然兜售丹麦合作社的社会政治经验的弗雷德里克·豪威设法搞了个委任状在 1935 年再次访问丹麦。约瑟芬·戈德马克挖掘熟悉的丹麦社会政治故事为 1936 年的另外一本书做素材。农业安全署署长威尔·亚历山大在 1938 年亲自前往考察。对于美国内

外的进步人士有更大吸引力的国家是瑞典。西奥多·蔡尔德对于合作社运动的充满羡慕的报告《瑞典：中间道路》在 1936 年吸引了众多美国读者。因为感觉到是选举年的政治议题，罗斯福派遣一个高级代表团到欧洲考察消费者、信用、住房合作社等，瑞典作为第一站。两年后，他派遣了类似代表团到瑞典和英国研究工业关系，通用电器公司的老总杰拉尔德·斯沃普是其中一员。[22]

不过，尽管有这些接触，时间和情形的变化已经削弱了大西洋纽带从前的一些力量。新政中的核心人物中很少是第一次世界大战前惊讶地发现欧洲社会进步观点的那批人中的成员。弗雷德里克·豪威在 1933 年时已经六十六岁，新政者给他找了一个位置，作为国家工业复兴总署消费者顾问委员会成员，担任亨利·华莱士农业部的消费者顾问。被农业部其他社会激进人士"赶出去"后，他又担任菲律宾总统关于合作社和农业租赁的特别顾问，但是年纪已经太大了无法产生多大影响。五十多岁的一代人发挥了更多核心决策者的作用。社会保险专家中的伊萨克·鲁宾诺、《调查》的保罗·凯洛格和美国劳工立法协会的约翰·安德鲁斯，从新政的核心圈外，仍然在施加更早时期世界性进步政治的色彩。在政府内部，罗斯福的劳工部长弗朗西丝·珀金斯做了同样的事。珀金斯起先是受弗洛伦斯·凯利影响的纽约消费者联盟的调查员，她把战前世界性的社会女权主义维持到 1930 年代后期。当美国政府以姗姗来迟的国际主义象征姿态正式加入国际劳工组织，其中绝大部分的功劳应该属于珀金斯。[23]

珀金斯的劳工部虽然在劳工纽带方面较弱，但是其内部有很多与睦邻中心和消费者联盟联系广泛的人物，所以实际上它是世界性社会进步人士渗透特别积极的场所。纽约参议员罗伯特·瓦格纳的办公室是吸引社会进步人士的另外一块磁铁。他们中许多人像瓦格纳本人一样有广泛的海外关系。亨利·华莱士的农业部核心人士曾深受 AE（乔治·罗素）、克拉伦斯·坡或戴维·鲁宾的

421

影响。正如我们看到的,联邦住房机构中挤满了心中想着欧洲经验的人。[24]

但是另一方面,新政政策起草者的许多人很少知道乐观主义时代的欧洲。雷克斯福德·特格韦尔在 1920 年代后期在法国休假一年研究农业政策,但是并没有发现能激发他兴趣的地方。比特格韦尔更年轻的一批人刚刚从大学或者法学院毕业来到华盛顿,只有最少的意识形态观念,太过年轻和没有条件培养有意义的跨越大西洋纽带。瓦格纳参议员的助手利昂·凯泽林是起草 1937 年《全国劳工关系法案》和《美国住房法案》的关键人物,在 1933 年时只有二十五岁。《社会保险法案》的主要起草者之一托马斯·艾略特只有二十六岁。从根源上说,新政者比战前进步人士更加具有世界眼光。这些人中有更多犹太人和天主教徒,更多是第二代移民,他们的大家庭中有很多亲属在欧洲大陆。但是他们自己在工作中很少带入世界经验。[25]

让这种与欧洲社会政治比较疏远的关系变得更复杂的是富兰克林·罗斯福本人对欧洲的态度,像他的很多其他态度一样变幻无常。他认为没有什么比旅行更能帮助疲惫的身体和心灵康复。当哈里·霍普金斯在救济署辛苦工作累趴下后,罗斯福派他到欧洲疗养,同时委托他了解社会保险和住房建设方面的资料,但是他回来后,罗斯福只问及墨索里尼性格的问题。当罗斯福最终面临必须解除休·约翰逊国家工业复兴总署署长职务时,他建议约翰逊到欧洲考察旅行。[26]当消费者合作社的思想遭遇政治风暴后,他放弃了对合作社的调查,掩埋了关于瑞典和英国工业关系的调查报告。

新政者在思想上兼收并蓄,所以不至于相信赫伯特·胡佛关于大萧条根本上是外部事件的观点。胡佛认为独特的"美国体制"暂时无辜地陷入欧洲战争"邪恶的"经济和政治后果的旋涡,他们则不这么看。[27]新政者愿意从能够发现的任何地方吸取主张和政策教训。他们对资本主义有充分了解,能认识到其他地方的共同轮

422

廓,尊重共同的修补和改革措施。但是在众多事件超乎寻常的压力下,没有足够的时间在1930年代建立跨越国家的强大交流纽带,即使欧洲的反萧条政策实验有效到足以激发新政者这么做。

因为所有这些原因——缺乏明显的外国成功经验、参与者的年龄和经验限制、危机时刻的迫切需要等,大西洋进步纽带在1930年代的美国发挥的作用和从前不同。空间上的纽带仍然很重要:旅行、考察、发现事实的任务等都和从前一样继续,但是时间上的纵向纽带更加重要。在新政时期找到政治机会的大西洋纽带产品中,大部分来历都比1930年代更早。这些多年前就跨越大西洋来到了美国,储藏在进步游说机构和专家报告中,在灾难时期的智识经济中具有特权地位。

难怪当有人问罗斯福本人新政措施的欧洲相似做法时,他的思想回到1909—1911年劳合·乔治的立法突破。当有人批评新政立法的狂热速度,罗斯福反驳说:“劳合·乔治二十多年前在两年时间里通过的激进改革措施,比新政试图在五年里通过的更多。”罗斯福给他的项目拉来“自由”标签而不是用“进步”这个更早的术语,也是标志它与战前社会政治革新时刻的英国自由党政治的契合。[28]

罗斯福的崇拜者常常指出同样的相似性。在听了罗斯福1934年初对社会进步人士代表团简要叙述社会保险前景后,保罗·凯洛格写道:“我们离开的时候感到历史可能重演,正如劳合·乔治二十多年前在英国推行社会保险一样,罗斯福……可能在下一届国会里通过全面的计划,或许在一年内做到本来可能要花费一代人时间才能完成的事情。”英国观察家也经常指出这样的联系,尤其是国家工业复兴总署的失败让新政转入他们更熟悉的轨道后。哈罗德·拉斯基早在1934年就得出结论说,罗斯福“用突然的激情企图要做类似于英国自由党政府在1906年后做的事情,就好像一夜之间发生的一样”。[29]

423

对于英国观察家来说,在这样的声明中自利的因素是很强烈的。社会保险议题让罗斯福—劳合·乔治的相似点太鲜明,影响了太多的判断。关键的一点是:从国际角度思考时,美国和欧洲进步人士在时间上向后看,把1930年代的美国和更早时期的欧洲联系起来。他们本能地返回到历史落后论中。当珀金斯在1933年初期被任命为劳工部长,她写出了雄心勃勃的新政议题。她回顾说曾告诉罗斯福:"其中没有一个是激进的,它们都在某些州或者国家尝试过。"作为新政的概括性总结,珀金斯的说法不完全准确,但也不全是错误的。[30]

"欧洲"因素是通过许许多多不同的渠道和过程进入新政议程的。其中有些是1917年和1918年战争集体主义的复兴,是威尔逊政府对欧洲交战国那种密切关注的后代。实际上,从新政的危机管理者本能地寻找帮助国家度过战争时期的管理工具这一点,能够最清楚地看到过去是怎么一下子就跳入现在的。胡佛反萧条项目的核心机构"重建金融公司"就是战争金融公司的直接后代,被新政者利用和扩大。1933年和1934年新政工业政策的示范品"国家工业复兴总署"(NRA)也是战时措施的复兴,像重建金融公司一样不乏以前战争经济的管理者,以及明显从战争动员活动中学来的宣传技术。新情况让国家工业复兴总署和前身战争工业委员会不同。劳工组织在1933年初期处于低潮,在国家工业复兴总署的董事会中连一个象征性的席位都没有。由于劳工的软弱,而且国家工业复兴总署除了经济复兴本身也没有明确的公共目标,该机构比战争工业委员会更彻底地被商人成员们收买利用。到了1935年该机构被宣布为违宪的时候,它实际上成为行业协会控制物价和生产的卡特尔。但是,即使从劳合·乔治的军需部到罗斯福的国家工业复兴总署的道路存在预料之外的转折和仓促的修改,两者之间的密切关系是毫无疑问的。[31]

其他跨越大西洋的舶来品通过大学专家和社会政治压力团体注入新政中。1933年的《全国就业体系法案》是对1909年英国劳工交流市场体系的明显修改,那是从贝弗里奇1909年的《失业》出版后,大西洋两岸专家进步人士采取的防止失业项目的主要内容。正如我们即将看到的,《社会保险法案》中的养老金和失业保险部分的起草者对欧洲先例都非常熟悉。

在有些情形下,从欧洲借鉴的事先试验过的东西充当了催化剂的角色。它本身虽然得不到实施,却让人们急忙创立抢先替代它的方案。联邦最低工资法案的形成是说明问题的例子,这是珀金斯的主要工程。珀金斯在1933年最初提出的建议是与1909年英国《行业委员会法》(Trade Boards Act)很接近的修改版。自从弗洛伦斯·凯利在前一年日内瓦国际消费者联盟大会上发现该方案以来,这就是美国社会女性主义者的核心措施。个案处理的行政裁断是其典型特征。在一个个劳动强度大而工资低的"血汗行业",对雇主利润、雇工生活水平仔细调查后,由特别任命的行业委员会按相当于公共管理裁判的方式确定工人的最低工资。这个主意在1937年政府提交给国会的最低工资法案中占据关键位置。但是因为遭到雇主(没有兴趣对外公开自己的会计账本)、南方经济利益团体(唯恐失去他们低工资的区域优势)和美国劳工联合会(仍然对罢工和讨价还价等"男子汉气概更足的"方式充满信心) 425 的反对而失败了。[32]打破僵局的办法是由进步的工会组织协调的,把美国最低工资法案引向一条和珀金斯想象的情况完全不同的道路。1938年的《公平劳动标准法案》中进入法律书的最低工资部分,是一刀切的40小时最多周工作时间和40美分最低小时工资,用于多数工业行业。剥夺了原来方案在调查上的灵活性,作为直接的工资和工作时间要求重新表述出来。这个结果是借用欧洲方案催化而成的独特的、本质上属于法律范畴的美国措施。

类似的过程发生在劳工关系上。早期新政的许多劳工关系建议，是渴望雇主和工会共同组成的劳工政策和纠纷协调联合委员会来为工资协商提供更深层的公共因素。这类的建议来自记忆中1917年和1918年的战争期间劳工和平，以及1919年的重建狂热；这些建议受到外国先例的启发，从1907年和1919年加拿大、英国的工业纠纷法案到魏玛共和国时期的经济委员会。1933年由劳工、资方和公共代表三方组成的全国劳工委员会就是按这个模式创立的。参议员罗伯特·瓦格纳1934年的劳工关系法案初稿也是遵循这个基本结构。但是在狂热的极端化热情成为美国劳工关系特征的熔炉中，雇主坚决反对独立的工会组织，工人同样坚决要求利用他们认为在《全国工业复兴法案》中得到法律保护的组织权利，1933年和1934年的劳工关系结构根本就行不通。在这个僵局中，瓦格纳（拉着国会和不情愿的罗斯福）把社团主义模式换成了法律司法体系，包括明确的公平劳动行为原则和专家管理的规范，此后它一直是美国劳工关系的特征。[33]

在新政的其他角落，借鉴和创新的成分以不同形式结合在一起。新政者对于电力政策的热衷可以追溯到19世纪后期伯明翰、格拉斯哥、伦敦的城市"社会主义者"，以及在此之前担心天然垄断的叛逆经济学家。新政在电力方面的政策包括反对公用事业控股公司、使用田纳西流域工程公共生产的廉价电力作为敲打私人电力公司垄断价格的棍棒、建造公共的农村电力系统等。重新安置署是许多带有跨越大西洋纽带特征的措施的炮制所。郊区示范工程的渊源关系可以追溯到莱奇沃思和英国的花园城市运动，自耕自给小农场与艾尔伍德·米德的澳大利亚办法有关，合作社和租赁购买计划与爱尔兰和丹麦纽带有关。城市规划观点是从各处收集来的。公共住房机构的工作都可以找到欧洲纽带的痕迹。

在更广泛的政治层面上，战争和重建激发的体力与脑力劳动的政治联盟前景在1924年因为罗伯特·拉福莱特的失败而破灭，但是在1936年又重新插上了翅膀，因为罗斯福想把民主党从它19

426

世纪依靠的南方白人和天主教北方都市推广到更接近欧洲社会民主党的支持基础。至于说新政的政治语言，其核心成分可以追溯到更远，如1870年代和1880年代德国演讲大厅中在积极的国家与市场的盲目力量之间，在社会良心与（正如亨利·华莱士所说的）"整个自由放任原则，曼彻斯特学派"之间出现的激烈论战。[34]

所有这些从大西洋彼岸进口的东西都结合了受外来思想和模式影响少得多的本土措施：农业生产控制、银行证券政策、紧急工作救济、购买白银、货币修补。1938—1940年的取缔垄断行动是自成一格的。因为明显的原因，罗斯福要把最高法院拉到总统更多控制之下也是如此，这个命运不济的尝试在1937年消耗掉了他太多的政治资本。但是，在这个列表上即使针对个别因素修修补补，带有大西洋进步纽带特征的措施的主导地位仍然是非常引人注目的。不管欧洲措施充当有效的法案范例，还是作为需要根据美国具体情形重新制订的笼统形式，还是作为催化剂来促使人们抢先用其他法案取而代之，它们的积累性影响是深刻的。

当然，借鉴修改的措施和土生土长的措施这两极对立是虚假的、编造的。没有一个政策措施只有一个根源、一个可以贴上外国或者国产标签的清晰明确的源头。问题是更简单的一点：在美国边界上截断新政的故事将是让十多个普洛克路斯忒斯*都忙不过来的艰巨任务。新政者生活在这样一个世界，两代人已经把社会政策辩论和社会政策制订推广到远远超越国界的地方。那些来源帮助往进步人士的想象力中贮存了各种议程，远远超过任何一个单独的政体所能创造出来的规模。把美国密封在自己的边界内与外部世界隔离开来，新政是无法理解的。

首先来的是危机：打乱了公认的原则，权力和权威的递升结构

427

---

* Procrustes，希腊神话中的强盗，他开黑店拦劫过往旅客，根据床的长度把身材高大的截短，把身材矮小的拉长。——译者注

受到削弱和破坏,现行政策路线被认为没有效果,乃至商人所谓的永久自动繁荣的"新时代"在许多美国人听来纯粹是胡说八道。那种认为美国人聪明绝顶、得到上帝保佑免受旧世界灾难的观念暂时受到了挫折;在这信任危机时,社会政策专家带着他们的蓝图、现成的设计方案、等待已久的议程来填补这个真空了。即使他们也并不总能意识到自己的议程多么深刻地受到整个北大西洋经济体信息和设计的国际交流影响,以及受到多年观察海外社会政策制订经验的影响。但不管意识到没有,他们把大量没有实现的遗产推向了政治中心。

甚至落后论的说法也保存下来。罗斯福自己说"我认为我们在五年时间内赶上了二十年",他心中想的是 1938 年英国的社会政策。"如果自由派政府继续执政十年,我们在 1940 年代末期就能和时代同步了。"[35] 极端的对比和设想、漫游各处的寻找、社会学大旅行,所有这些都在 1930 年代汇集在一起。新政时期大西洋进步纽带达到顶峰。

在所有新政措施中,最能清楚显示大西洋进步纽带的政治处于最高峰和关键时刻的是社会保障。半个多世纪后,1935 年的《社会保障法案》可以说是新政中最长久的政治成就之一。罗斯福经济项目的基石——国家工业复兴总署在他第一任期还没有完就消失了。1930 年代的联邦政府紧急公共工程随着第二次世界大战的爆发而结束。新政住房和农场支持措施在战后岁月中扩展,最后淹没在批评家的声浪中。但是《社会保障法案》长期存在了下来。劳工对它冷漠以对,共和党批评家把它作为反对新政的核心理由加以挞伐;但"社会保障"幸存下来,经受了 1930 年代后期反罗斯福的力量的冲击,经受了 1952 年共和党重新掌权,甚至 1980 年代社会政治的反革命变化。法案刚刚通过时遭遇的"非美国化"指控已经悄无声息被人遗忘了。《社会保障法案》后来的成功使得

428

人们难以想象 1930 年代刚开始实施时情形有多悬,也很难认识到除了大萧条时代的美国人以外,其他事件在促使它成功的过程中发挥了多么关键的作用。[36]

任何想要把《社会保障法案》说成对 1930 年代经济崩溃的直接反应的企图,都面临陡峭的、难以攀登的道路。社会保险来到大萧条时期的美国是在经过了二十年进口努力的失败之后。其早期支持者中很多已经疲惫不堪、沮丧不已。首批养老保险的给付直到 1942 年才开始,并没有许诺立即解救大萧条的痛苦。在工人没有多余钱财的时候吸收保险费,它的净经济影响是阻碍而不是鼓励经济复兴。它在大萧条时期欧洲的效果记录也是参差不齐的。总之,除了大西洋纽带和危机的政治和思想动态外,1930 年代美国的社会保险在各方面都处于不利境地。

《社会保障法案》涵盖的失业和老年贫困风险当然因为大萧条而大大加剧了,这是不需要强调的。市场经济的日常痛苦在金融崩溃时被扩大了许多倍。在 1930 年代到处都是失业者,路易斯·阿达米克 1930 年从马萨诸塞州洛厄尔报道说:“衣衫褴褛的男人靠在墙上或者电线杆上,单个人或者三三两两站在街头。”“可怜的、沉默的中年男人穿着破烂的大衣,甚至没有大衣,脚上穿的是破烂鞋子(在一个制鞋城镇!)。”上年纪的穷人更加远离公众的视野,但很少家庭没有亲历这样的风险:逐渐降入更低级和收入更微薄的工作,直到雇主彻底不让他们工作,要靠孩子和孙子养活。如果家庭经验还不够,还可以看看由加利福尼亚医生弗朗西斯·汤森带头大力游说宣传普遍养老保险,打出有关老年贫困的大标题。共产党通过它的失业者委员会努力为失业者做同样的事。老年人和失业者不是大萧条的唯一受害者,但确实属于最重要和最贫困的。[37]

但如果这是明确无误的,那大萧条最严重的时候老人和失业者最需要的东西就是保险体系吗？这一点绝不是没有争议的。正　429

如我们前文所说,即使在北大西洋的欧洲一边,社会保险体系也只是用来帮人们缓和劳动市场风险的一系列复杂社会政治措施的一部分。政策制订者可以选择的体系有:1880 年代德国实行的交费的强制性社会保险;按照丹麦和英国养老金体系模式分类给予老人救济;在 1920 年代仍然流行在法国、比利时和斯堪的纳维亚的国家资助的自愿性互助协会;世界各地模范雇主实行的雇主管理的雇员补贴;最后还有,自从韦伯攻击劳合·乔治 1911 年的《全国保险法案》以来社会民主派一直追寻的方针——为全体国民提供的、由税收资助的最低限度健康和收入补贴。新西兰工党 1938 年按此方针起草社会保险法案时提供了医疗和母婴照顾、失业救济、老年救济等,它的全面性与 1935 年美国充满了例外的、管理复杂的法案形成鲜明对比,里面根本就没有必须交纳保险费的问题。[38]美国《社会保障法案》的奥秘不是为什么新政时期的国会要考虑失业者和老人的经济困境,而是为什么会通过保险的方式来达到这个目的。

当然,在促成社会保险的诸多因素中,最强大的是社会保险在 1920 年代欧洲的快速蔓延。有时候为了回应大众的要求,更多是协调和缓解公众压力,社会保险体系在战后扩大。健康、养老、事故保险体系延伸到更广泛的工人阶层,甚至还包括工人的家属和遗属。虽然国家管理的失业保险体系比其他形式的保险更少见,但是这种保险也在 1911 年英国实验后有显著发展。在英国,为急于满足复员军人的要求,失业保险涵盖的范围从 1911 年规定的七类周期性行业扩展到 1920 年的所有工业领域,涵盖的工人数量是从前的五倍。在 20 世纪头十年就开始讨论失业保险的德国,魏玛共和国在 1927 年通过了全面的失业法案,兑现了早期的承诺。[39]

给人印象更深刻的是,把社会保险体系嫁接到更古老的、不同格局的社会政策上。1925 年在英国,保守党政府不是屈服于工人提出的扩展 1908 年养老金法案范围的要求,而是为 60 岁到 75 岁

430

还要工作的人添加了一个需交纳保险费的养老保险。在法国，1910 年强制性养老保险的早期实验遭到大众反对而泡汤后，议会在 1928 年通过了全面的工薪族健康和养老保险法案——把德国在第一次世界大战前在阿尔萨斯和洛林实施的保险国有化。[40]

但是，如果因为社会保险在 1929 年比在 1914 年的时候更广泛，就假定它已经让其他方式相形见绌，那就错了。比利时仍然延续其补贴自愿性健康保险互助组织的政策，直到第二次世界大战。瑞典延续到 1950 年，丹麦延续到 1960 年代。在加拿大、澳大利亚和英国，全部依靠税收的养老金仍然是老年社会政策的关键，而不是交费的保险。即使在 1927 年德国通过失业保险法案后，国家资助的工会失业救济仍然是欧洲的主要模式。[41]

虽然社会保险体系 1920 年代在欧洲迅速发展，但是在美国，社会保险在 1920 年代没有什么进展，以至于很多朋友开始退而支持政治上可能性更大的其他措施。美国劳工立法协会因为受到健康保险失败的打击，在 1920 年代初期蹲守在传统的核心议题上：工人赔偿标准的提高、煤矿和工厂安全立法、职业病的预防。

1923 年美国劳工立法协会尝试回到引起更大争议的领域，复兴为上年纪的穷人争取国家补贴的运动。养老金联盟，由进步工会协会、兄弟会、受过大学教育的社会政策专家所组成，比第一次世界大战前的任何对应组织更接近于当时西欧熟悉的进步人士和劳工的联盟。主要推动者是宾夕法尼亚州劳工联合会主席詹姆斯·莫勒，他是"进步政治行动协会"的关键人物、劳工社会主义者，对于工人教育和劳工政治有广泛的兴趣。该养老金联盟的管理机构由年轻的、俄国出生的经济学家亚伯拉罕·艾普斯坦来负责，此人曾担任莫勒的州养老金委员会研究中心主任，后来又转向指导"雄鹰兄弟会"的养老金游说努力。

他的朋友回忆说，艾普斯坦是个口音非常浓重的人，和约翰·　431
安德鲁斯或者约翰·康芒斯不一样，是个很特别的人。但是他成为政策专家的道路很常见：读经济学研究生，搞过一阵社会政策研究，建立与欧洲人的联系网。在很早的时候他就和伦敦、维也纳以及位于日内瓦和蒙特利尔的国际劳工组织的著名社会保险专家有书信往来。他自己安排到俄国和西欧为期一年的海外考察，研究那里的社会福利供应，把研究成果倾注在 140 页的报告中，这是对世界上所有公共养老资助和保险项目的总结，是他 1928 年出版的《老年的挑战》一书的高潮。但是艾普斯坦的劳工盟友和兄弟会雇主对于强制性养老保险中隐含的扣缴工资不感兴趣。为了适应赞助者和时代的要求，艾普斯坦和美国劳工立法协会专家采取了简单的、英国式的、要检验收入情况的老年救济。[42]

当失业问题在 1920 年代末期再次成为美国劳工立法协会的议程时，协会从社会保险原则的策略性撤退就更加明显了。在威斯康星，安德鲁斯的老师约翰·康芒斯已经不再相信暂时性失业是保险可以解决的命运风险。对于约翰·康芒斯和他学生来说，失业政策的核心任务是把频繁裁减员工的社会成本让有关企业承担。工人的赔偿是他们的模式：对把雇员推向社会的企业征收补偿费。康芒斯的建议是天才的创意，根据不同的角度，可以说它激进也可以说它反动。但是该建议通过提高大起大落雇佣方式的成本，旨在让结构变化朝向更稳定的雇员队伍。与此同时，为了保护企业免受无限制的惩罚，威斯康星方案为企业的失业赔偿义务规定了上限。在经济繁荣的时候，要求企业给"储蓄"中心提供补偿裁员工人的费用，在经济不景气的时候，把基金用完为止。康芒斯建议的目标是规范就业而不是保险，它的核心是在雇主的激励和钱袋而不是工人得到保证的最低水平。[43]

1920 年代初期，在就业"储蓄"基金的概念还比较新颖时，康芒斯曾为这个项目辩护，认为它是欧洲经验的直接产物。但是十年后，随着"新时代"语言风向的变动，他和合作者吹嘘这个建议是
432 "个人主义和资本主义特点格外鲜明的项目"——是与欧洲失业保

险"大相径庭"的。当美国劳工立法协会在 1930—1931 年之交的冬天开始支持康芒斯议案的全国性活动时，口径也如出一辙。安德鲁斯的组织完全背叛自己从前的国际主义历史，现在鼓吹该计划的"独特美国天才"，没有借用任何国家的经验，完全是自己的独创。[44]

专家对于社会保险的原则犹豫不决，或者像康芒斯一样彻底逃走；雇主则持抵制态度。少数体验过以公司为基础的团体社会保险福利的雇主加入了美国劳工立法协会，在这里他们使得主要委员会不再那么以大学为主，同时比过去显得更保守些。但对于多数雇主来说，对国家卷入保险领域保持高度警惕是更简单、更常见的理由。全国公民联盟和全国工业会议理事会在 1930 年代初期都积极反对国家社会保险倡议。同样反对的还有大保险公司，即使在失业保险这种从商业角度来说他们也承认是无利可图的领域。

所有这些因素：雇主和保险公司对国家企图染指他们独占的领域的抵制、劳工立法专家从原有立场退缩到更安全、更有美国特色的方式、大众缺乏对需要缴费的社会保险的支持，有效阻止了美国政策像海外那样转向更加体系化的社会保险。在 1930 年美国劳工立法协会上异常沉闷的发言中，I. M. 鲁宾诺哀叹需要从根子上解释社会保险原则，而十五年前根本不用解释人们就能明白。他抱怨说，进步人士现在谈论"工人的补偿、母亲的补贴、疾病补贴、医疗组织、老年安全、工资储蓄基金，如此等等"。现在没有人谈论社会保险了。1910 年代的全面社会保险体系已拆分成十多个议题，在概念和管理上相互没有任何瓜葛。[45]

即使鲁宾诺夸大了战前社会保险运动的分解，大萧条本身也不大能恢复大众对社会保险的好感。相反，在社会保险体系最完整的德国和英国，经济危机像潮水一般席卷全国。在英国，对失业保险体系造成的沉重负担在战后不久就出现了。1920—1921年的经济萎缩相对短暂,但是它的后果也很严重,已经消耗掉1920年法案建立的失业基金,因为这时还没来得及积蓄足够的资金呢。在必须兑现承诺的好处的强大压力下,英国政策制定者逐渐退回到以税收资助的简单失业救济。后来被称为"失业救济金"(dole),它保持了保险体系的修辞外观,但里面拼凑了很多紧急补充条款和延伸条款,实际上根本不是保险。到了1931年,该体系的账目显示拖欠款项高达1.15亿英镑。[46]

简而言之,英国失业保险是保守派的噩梦的体现:脱离了最初经济实力限制的政治化津贴体系,对1920年代以来每年都保持衰退期高失业率的经济来说只是一块创可贴。另一方面,对于有组织的劳工,失业救济是他们决不妥协的要求。伦敦银行家1931年在政府不全面大幅度削减开支尤其是失业救济金开支的情况下拒绝发行新的政府公债,结果造成了危机,上台两年的工党政府找茬、妥协,最后解体。随后上台的保守党政府在1934年把失业保险重新放回更加谨慎和稳定的基础上。到了1930年代中期,很少英国政策制定者仍然想象单单社会保险就可以解决市场价值的全面的、周期性危机。

在德国,两次世界大战之间的失业保险体系崩溃得比英国还迅速,政治后果也更加严重。从1927年失业保险体系第一个冬天的600万领取者到1930年一下子增至三倍,1800万人。英国是决定维持支付补贴,让保险基金破产;而最后时期的魏玛政府竭尽全力削减失业补贴,尽管他们对于工人的合同义务还在,而且工人工资已经按时扣缴到保险基金中。不管怎样,保险的基本原则都被抛到脑后。到了1931年中期,德国政府恨不得赶紧把失业保险问题转到地方济贫基金中去。1933年后,国家社会主义者在健康保险互助协会中处理掉民主自我管理的原则后,愿意让其余社会保险保留下来。但是纳粹社会政治的核心不是保险而是政党控制慈

433

善基金,这些基金是通过大型群众集会筹集和明目张胆向企业界 　434
勒索来的,由地方党干部觉得怎么合适就怎么分配。总而言之,失
业保险根本不是资本主义普遍性危机的对手,只不过被看作缓和
工资和劳动力市场短期波动的手段。[47]

　　健康和养老保险体系比失业保险更好地经受了大萧条的袭
击。但是你不需要特别的经济学智慧就能看出来,创立一个新的
社会保险体系在经济萧条时期是会产生相反经济后果的——因为
推迟很久才能见效而且还需要有准备基金。需要特别大量长期储
蓄的养老保险存在问题就特别多。工会主义者、商人、罗斯福政府
的原始凯恩斯主义者都警告说,任何新的社会保险工资扣减将带
来收缩性的后果。政府估算美国如果在 1920 年代初期成立失业
保险基金就有可能积蓄足够多的盈余,足以对付 1929 年和 1930
年的投资收缩。但是在当时情况下这种计算实际上没有击中要
害。[48]在经济周期通货紧缩的谷底为了建造将来需要的长期社会保
险基金,用新的工资税给经济增加负担,几乎可以肯定会推迟经济
恢复的到来。当洪水已经漫过门口台阶时,谨慎的做法不是要储
备保障长期供应的沙袋,而是先稳住堤坝。

　　考虑到这些限制,新社会保险体系的建设在 1930 年代初期各
国基本上陷入停滞就没有什么可惊讶的了。加拿大保守党在 1935
年推动新政模式的失业保险法案,结果在选举中被抛弃,眼睁睁看
着继任的自由党政府在议会取消这个措施。[49]瑞典 1934 年的失业
救济法案是推迟了的补贴性措施。新西兰 1938 年的《社会保障法
案》完全回避了保险原则。在大萧条的十年中只有在美国出现了
社会保险的大发展。总而言之,不管从对比还是功能的角度,1935
年的《社会保障法案》看来只能是非常不合时宜的产物。

　　对于美国的异常情况,大众压力并不能提供合理的解释。既没
有大众强烈抗议也没有基础广泛的利益团体联盟强迫 1930 年代
社会保险的突破。主要利益团体要么冷漠,要么分裂。美国劳工

联合会在 1932 年已经放弃了坚决反对缴费式社会保险的传统立场,但它关注的核心问题还是提高工资、缩短劳动时间、保证对工会的承认、按工会工资标准安排工人在反周期的公共工程中就业等。虽然得到"经济安全委员会"顾问委员会的一个席位,但是劳工代表很少参加,几乎没有做任何事来影响立法的后果。

少数著名的福利资本家在法案的形成中发挥了非常积极的作用,其中通用电气公司的杰拉尔德·斯沃普、伊斯曼·柯达公司的马里恩·福尔瑟姆是最杰出的代表。随着他们公司的福利供应在 1930 年代越来越难以维持下去,福利资本家们发现,在全社会实施由雇主提供的风险保障的观点非常有吸引力,这样他们的劳工成本就和竞争者的平等了。但是大部分企业家本能地对强制性社会保险感到厌恶。全国制造商协会表明强烈反对社会保险的立场。全国工业会议理事会把主要精力放在证明失业是无法以保险来对付的风险。当政府的议案草案从弗朗西丝·珀金斯的委员会出笼后,即使福利资本家也竭力游说以得到特别减免。对 1939 年和 1940 年新政立法的态度调查显示,在企业领袖眼中,只有《全国劳工关系法案》、《未分配利润税法案》、"公共事业振兴署"(WPA)比《社会保障法案》更讨厌。考虑到美国社会保险政治的历史,著名福利大资本家即使是打了折扣的赞同也绝非一个不重要的事件,但是它作为支持法案的解释还远远不够充分。[50]

最强烈的大众需求指向简单的、即刻的救济。在这一点上,左右两派都同意。关于福利议题的最大声音是汤森主义(Townsendism),提议让年龄超过 60 岁的人都享受养老金,条件是同意离开劳动者队伍,并迅速花掉获得的养老金为经济做贡献。激进左派支持能够保证每个工人失业时工资的法案,工人不用交纳费用,也没有保险的伪饰。保守派集中主张根据经济情况调查而核定的传统补助,中间派则支持国家给上年纪的穷人提供补贴。[51]

社会女性主义者非常清楚以工资为基础的保险给妇女和儿童

多么少的保障,因而对保险没有多大热情。在 1934—1935 年的冬天关于《社会保障法案》的形成性辩论中,伊迪丝·阿伯特和格雷丝·阿伯特的《社会服务评论》不断发表针对社会保险的异议观点,引用英国左派的大量言论作为佐证。阿伯特姐妹的理想不是 436 保险而是母亲补贴式的直接帮助,充分满足需要,既无污名又无工作要求,也不减少工资。[52] 正如阿伯特姐妹知道的,欧洲进步人士已经在考虑把同样的原则普遍化:税收支持的社会补助与挣工资割裂开来,不要被储备基金的复杂性和保险精算师的数学搞得很复杂,也不用受(男性)工人阶级互助会的调解。在所有这些混乱交杂的声音中,就连罗斯福也没有宣称听到了公众要求社会保险的呼声。

总而言之,1930 年代美国社会保险的突破不能归功于任何一个传统的动力:经济需要、利益团体的坚持、草根阶层的政治压力,或者紧急事件本身的紧迫性。只有在灾难时期的智识经济框架内,《社会保障法案》的逻辑才开始现出眉目。在急切寻求解决问题的办法时,社会保险前来救驾,因为它是现成的经过检验的、有充分完整详细阐述的观点。

社会保险是过去政策议程的一部分。但是如果像面向大西洋的进步人士这么长时间相信的那样,世界上的国家沿共同的前进路线排列,那么社会保险的时代错误本身就变得有利了——它成为象征性的标记,一个即使落后者迟早也必须经历的里程标。正是这样的信念帮助新政者克服了海外社会保险解体那些让人不安的情况,克服了在经济周期低谷时进行社会保险实验的经济上的不合时宜,克服了那些认为不应该干扰紧急情况下直接救济的反对派观点。正是这种历史性让社会保险变得吸引人了。

罗斯福本人像其他任何人一样知道这个逻辑。人们普遍把罗斯福描述为在劳工和资本议题上的天真者,他兼收并蓄的思想仓库中很少有经济学内容。那些声称是他老师之人的名单有几十英尺长。先在奥尔巴尼后在白宫担任他的劳工问题首席顾问的弗朗西丝·珀金斯就是其中之一。她自己喜欢回忆说,是她在罗斯福1929年到1933年担任纽约州长期间充当了他与失业救济及就业稳定专家的"媒人"。作为劳工部长,在促使新政劳工政策沿着美国劳工立法协会1914年就勾勒出来的路线前进方面,她功不可没。主要内容包括英国风格的公共劳工交流市场、公共工程、就业规范化、失业保险。但是当另外一位热情的老师雷克斯福德·特格韦尔在1932年春天进入罗斯福智囊团时,发现社会保险是罗斯福了解很多,而且有宏大信念的事务之一。珀金斯专注的失业保险不是罗斯福的焦点。他心中想的是人人参加的全面保险:针对老年、失业、疾病、失去工作能力等的普遍保险,通过邮局进行简单和有效的管理。[53]

罗斯福信念的来源不是秘密。纽约州长期以来一直是社会保险争夺的战场;社会保险思想的主要交流中心大部分集中于此。当年就连罗斯福这样无忧无虑的年轻进步人士也不能完全摆脱它们的影响。除此之外还必须加上罗斯福本能的财政保守主义,这与社会保险缴费的一面从一开始就是协调的。当1930年纽约特别委员会建议税收支持的贫穷老人补贴而不是自己缴费的养老保险时,作为州长的罗斯福就相当失望。[54] 最后,国家竞争的因素也推动了社会保险项目交互跳跃式地向更全面的目标迈进。这样来解释特格韦尔在1932年竞选运动的夏天发现已经全面形成的信念,应该是相当公正的看法。正如劳合·乔治在1911年扬言要在俾斯麦的游戏上战败德国一样,人们很难否认罗斯福有超越德国和英国而名垂青史的愿望。

但是,最终让社会保险回到1930年代初期美国议程中的因素不是罗斯福的抱负(虽然这也很重要),甚至也不是珀金斯的抱负,而是在重点大学经济学系和政策中心,从欧洲获得的社会保险知识进行着静悄悄的、结构性的、幕后的机构化。如果说由于失败的打击,约翰·安德鲁斯的美国劳工立法协会没有心思重新在原来那血腥战壕中进行 1910 年代的社会保险战争,一个拥有北大西洋经济体所能提供的最好社会政策专业知识的竞争性年轻团体则没有多少感情阻力。这里有很多例子:威廉·莱塞森在 1910 年出道作为纽约州雇主责任和失业救济委员会欧洲考察团的团长,现在是俄亥俄州失业保险委员会主席,该委员会的欧洲式缴费失业保险法案在 1932 年与康芒斯的计划争夺专家的认可;还有复兴失业保险的两位干将,经济学家保罗·道格拉斯和阿尔文·汉森都是获得古根海姆奖学金在欧洲训练了思想;布鲁金斯学会的伊萨多·鲁宾是参议员罗伯特·瓦格纳的手下,1934 年后政府经济问题主要顾问;伊夫琳·伯恩斯 1920 年代后期把她在工资保障政策方面的专业知识从伦敦经济学院带到哥伦比亚大学。[55]

健康保险的想法在私人慈善基金会找到避难所,这些基金会的公共健康努力让它们熟悉了医疗经济学的议题。在 1920 年代后期,米尔班克基金会已经委托曾经担任英国地方政府委员会首席医疗官员的阿瑟·纽修姆进行彻底的调查,一个国家一个国家调查公共和私人健康努力的关系,最后的结果是纽修姆慷慨激昂地重申了医疗保健的社会责任,包括强制性公共健康保险在内。在基金会自己的工作人员中积累了大批公共健康保险的专家,其中两人后来成为 1934 年和 1935 年政府的社会保障议案中健康保险部分的首要起草者。[56]甚至 I. M. 鲁宾诺也返回到 1920 年代末期的社会保险事业中。在美国劳工立法协会曾经宣称为己有的立场上,亚伯拉罕·艾普斯坦的美国养老保险协会在 1930 年代初期扩展了它的名称和项目,包括了所有社会保险。格雷丝·阿伯特在 1934 年秋天非常惊讶地报道说:“[社会]保险群体已经用全部准备好的项目扑向[政府],今天做什么,明天做什么,后天做什么,而我们剩下的人只能谈笼统的原则。”[57]

和从前经常出现的情况一样,给欧洲社会保险思想的这些渠道带来政治机会的是一个僵局,这一次是关于联邦紧急救济。人人都认识到新政第一个冬天（1933—1934年之交）的联邦紧急救济款项是政策上的权宜之计，一个特别的临时措施以便支撑住早就耗尽了的地方救济基金。在新政的第一年为超过四百万人提供就业岗位的联邦紧急工程项目同样是个权宜之计。到了1934年2月，全国人口中竟然有22%依靠三大联邦紧急救济机构而生活。[58]即使新政者自己没有对危机逼迫他们采取的道路产生矛盾心理，这样程度的措施也根本不可能长久维持。第一个冬天并不是紧急工作救济的结束，公共事业振兴署还没有到来呢。但是多数新政者，尤其是罗斯福本人开始对紧急救济感到不自在。哈里·霍普金斯最终提议让公共事业振兴署成为永久新政的一部分，但是罗斯福无法摆脱工作救济不过是另一种"救济金"而已的意识。

到了新政第一个冬天结束时，新政者对自己临时措施越来越多的质疑突然提高了政策制订者能够设计出来的长期、结构性项目的价值，不管它是什么样的。作为政府的首要工作救济机构，"民用工程署"在1934年春就开始关门；更紧迫的是政府担心国会在惊恐之下通过直接拨款的项目或者汤森式的"养老金"。在这样双重压力下的紧要关头，速度就十分重要。匆忙中，新政者翻箱倒柜要寻找现成的结构性方案以对付要求救济的呼声，结果发现可以马上拿来使用的就是进步人士的社会保险工程。

欧洲再次成为试验场，这次要吸收的不是新观点而是管理经验，首先是修辞上的优势。英国是焦点，工党政府与伦敦银行家的冲突已经让英国失业政策成为1931年的报纸头版新闻，社会保险的支持者和反对者都获得了新生。拉塞尔·塞奇基金会1908年社会保险调查的老将李·弗兰克尔在1931年春夏受大都会人寿保险公司的委托在欧洲搜集社会保险的数据。全国工业会议理事会和洛克菲勒资助的"产业关系咨询公司"分别派出的调查团也来到欧洲，前者要证明失业是无法用保险来解决的风险，后者则是要用一系列精心准备的专著证明并非如此。接替查尔斯·麦卡锡担任威斯康星议会图书馆馆长的埃德温·威特1931年开始研究欧洲社会保险的方法和救济措施（他不久之后成为《社会保障法案》起草小组的组长）。弗朗西丝·珀金斯本人也在罗斯福的催促下于同年来到欧洲。[59]

调查者找到共同基础的机会非常小。对于全美工业会议理事会的团队来说，英国的关键事实是失业保险沦为一个永久的、昂贵的、政治推动的救济项目，使得工资人为地提高太多，破坏了大众工作的热情，从而出现财政崩溃。相反，社会保险的支持者则竭力把争论的中心转向失业者的精神状态问题。取代丽莲·沃尔德成为亨利街睦邻中心负责人的海伦·霍尔在1932年动身到英国，心中就是想的这个问题。像霍尔一样，珀金斯认为从英国可以学到的经验是：比起以羞辱和不确定性为特征的美国式慈善，工人阶级的尊严和自我尊重在"救济金"制度下得到更有效地保护。莫莉·雷·卡罗尔注意到英国人自己随意地谈到"革命保险"。这些行程的重点不是统一意见；关键的问题是即使国内危机就在眼前，美国人的辩论中有多少仍然是其他国家的经验。[60]

1934年夏天，罗斯福授权珀金斯召集不同部门的专家群起草全面的联邦社会保险法案。她召集的人员中，那些对欧洲经验有专门知识的人比例特别大。"我们期待他们熟悉每个国家的每次社会保险实验。"多年后珀金斯回忆成员任命的情景时说，"我们期待他们在不同国家的实验模式中选择合情合理的，切实可行的方式。我们期待他们别忘了这是1934—1935年的美国。"[61]为努力避免专家之间就失业保险争吵不休，她冷落了跨越大西洋的一些非常著名的进步人士——如安德鲁斯、鲁宾诺、艾普斯坦等。但招聘来的技术上受到训练的年轻专家们对欧洲社会保险实践有足够多的了解，使政策结果受他们借用的模板影响。

珀金斯任命加拿大裔美国人、欧美失业措施研究专家布莱斯·斯图尔特负责起草法案中失业保险部分的重要条款。他曾担任加拿大公共就业服务处的领导,该处本身就是模仿英国1909年《劳工交流法案》而成立的。斯图尔特在1920年代初期来到芝加哥,负责服装工人联合会新成立的失业问题劳资联合委员会,在那里他加入了产业关系咨询公司,帮助指导欧洲失业保险调查。多年前贝弗里奇的著作就已让他信奉全面失业保险的原则。珀金斯任务小组的美国劳工部专家伊萨多·鲁宾本人就刚刚对英国失业和救济管理发表过高度赞扬的评价。[62]

441　　起草小组中养老保险部分的领导任务交给了加州大学法学教授芭芭拉·纳赫特里布·阿姆斯特朗。她两年前刚刚出版的《确保基本需要》对维持收入的欧洲法律条款做了一个特别全面的汇编。她曾经称美国是"西方世界社会经济管理领域的落后国家,是所有在商业上重要的国家中最落后的一个"。珀金斯对委员会工作中养老保险部分不是特别上心。托马斯·艾略特实际上觉得养老保险部分肯定遭到国会抵制无法过关。但是干劲十足、伶牙俐齿的阿姆斯特朗利用她远离失业问题焦点的优势,起草了《社会保障法案》中在进入国会时有详细说明、切实可行的社会保险项目的唯一一部分内容。健康保险部分的负责人是伊西多尔·S.福尔克和埃德加·赛登斯特里克,他们是从米尔班克基金会借调过来工作的。[63]

　　"经济保障委员会"的领导埃德温·威特是从威斯康星工业委员会抽调的康芒斯的学生,国际化程度没那么高,但是他也前往欧洲做过社会学旅行。他给予威斯康星大学的年轻助手威尔伯·科恩的第一个任务,就是整理所能找到的海外社会保险体系的一切资料。有段时间,该委员会悄悄地从国际劳工组织引进了两位社会保险专家当顾问。[64]

　　委员会成员中欧洲问题专家并没有大权独揽。在关键的工作小组里他们与商业保险、公司养老金和补贴计划等方面的专家厮混在一起。后一群人的影响并非不重要,但是以欧洲为基础的专业知识的集中程度仍然让人印象深刻。在任何别的时代,这在政治上几乎是不可想象的。起草者心里想的都是其他国家的经验，要把社会保险思想改造适用于美国。

不用担心《社会保障法案》的起草者会忘记他们是在为 1934 年和 1935 年的美国制订政策；他们是政策制订者，不是复写者。更微妙、更重要的一点是：1930 年代美国的社会问题知识和专家的定义在多大程度上和大西洋进步纽带联结在一起，在其中多么充分地形成了经济保障思想。

专家制订社会政策的时机是根本的，但它是转瞬即逝的。甚至在经济保障委员会的成员在辩论时，在关着房门起草政策时，政治的粗暴力量就以惊人的速度开始处理掉这些政策。健康保险是第一个受害者。当福尔克和赛登斯特里克起草工作陷入困境时，美国医师协会采取主动，先发制人地投票反对任何形式的公共健康保险。珀金斯的心思还主要集中在失业保险问题上，认为健康保险拖延不决的冲突可能危及其他保险项目，罗斯福同意这个看法。虽然福尔克和赛登斯特里克还在辛苦起草他们的报告，健康保险实际上已经从议程中删掉了。[65]

另外一种形式的政治斗争淹没了专家间关于失业救济的"储蓄"和保险两原则之争。斯图尔特鼓吹全国范围的失业保险体系，允许最大的雇主选择不参加，用自己的等值的保险品种代替。保罗·凯洛格则试图鼓动左翼进步人士建立严格的国家标准来实施各州管理的计划。但是因为担心纠缠于康芒斯失业"储蓄"项目的争吵中，更担心最高法院的否决权，珀金斯强迫法案中失业保险部分进入宪法上说的最低限度模式，几乎把所有管理细节交给各个州自己做主。甚至连"保险"这个词也小心地隐藏在法案的委婉语中，虽然只有蒙住眼睛的法官才可能怀疑该法案的意图。[66]

对于法案中的养老和失业保险部分，儿童局工作人员添加了国家的母亲补贴体制；更接近他们心愿的是，添加了 1920 年代末

442

期共和党国会废弃的某些关键的儿童健康补贴。为了让整个法案在政治上受人欢迎,向很多州提供了直接的中央财政拨款,资助一些家庭福利和公共健康项目,以及更慷慨的,为上年纪穷人提供类别性的、英国式补贴。

正是最后一部分的受欢迎程度最终让其余内容在国会通过。相反,保险部分遭遇更多的抨击。保守派再次敲响关于腐败的警钟,担心法案养老保险部分的基金将成为巨大的政治行贿金库。南方人动用潜在的否决力量删掉了任何可能被法院解释为黑人白人福利同等的词语,在罗斯福总是极度谨慎的财政部长帮助下,还把农业工人从法案的养老和失业保险条款中删掉了(虽然他们仍然是南方经济中的核心)。

在国会其他赞助者把家政服务员和(法案的失业保险部分)小企业雇员从涵盖范围中删掉后,法案的目标人口被扭曲为与海外法案原型完全不同的形式。进入 1930 年代美国的社会保险不是罗斯福自己曾经想象的基于公民身份的普遍保险,也不是像俾斯麦或者劳合·乔治给予挣工资者这一有特殊经济风险和政治忠诚度的人群的保险。1935 年《社会保障法案》的覆盖范围迂回跨过整个社会经济地图,像政党选区重新划分一样,根据受影响群体的政治力量决定。

总而言之,熟悉的政治斗争发挥了作用——妥协、修改、破坏、修补。人们不大看得见但同样有效的是,主导性的现有机构也发挥作用。大保险公司本身通过 1930 年代初期"重建金融公司"贷款进入公共救济领域,已经不再像 1915 年和 1919 年那样采取阻挠社会保险的政治立场了。这次它们满足于战胜欧洲风格的、通过邮局购买的补充性养老年金。但是商业保险的逻辑在 1930 年代的美国非常流行(如以前英国的友好协会或者再以前德国的互助会),新政者不可能不注意到。在罗斯福看来,救济和保险的差别是绝对的。正是他坚持养老保险体系的自我筹款性质,即使这意味着要推迟该法案下的首批给付，直到建立起足够充分的资金。经过了相当困难的沟通，才在 1939 年勉强让他同意常见的欧洲过渡性给付试验，允许那些太接近退休年龄而实在无法交够基本保险费的人加入。同样也是罗斯福在 1934 年拒绝模仿把社会保险和救济结合起来的英国模式，即把旨在保证工人免于贫困的体系和万一安全网不起作用时能维持他们生活的体系结合起来。"牢靠的保险筹资渠道"在罗斯福心中占据着非常牢固的地位；他相信，正是由于英国和德国违背了这个原则，所以它们的失业保险才会陷入崩溃。[67]

《社会保障法案》技术起草者也吸收了一些围绕在身边的商业 444 保险模式，比他们意识到的程度更深。在英国，世纪之交的养老金统一收费率仍然占有相当分量。德国社会保险把受益人分为几个大的工资类别。相反，美国的"社会保障局"就像管理良好的保险公司或者雇主管理的补贴计划，要把每个人的补贴严格按照他的个人收入记录确定，有严谨的个人化账户。伦敦《经济学家》杂志的编辑认为个人化的终身记录账户是特别昂贵的，在管理上是头重脚轻的，因而不可能存在下去，但是他们的判断低估了先前已有的思想和机构的力量。《社会保障法案》的养老保险部分的起草者从围绕在周围的商业原则中寻求庇护，因为他们依赖从保险公司和商业基金公司借来的专家进行风险计算，在公众舆论更愿意选择更简单的税收支持的救济时要为推出社会保险辩护，而且非常担心他们的工作能否承受住宪法严格的审查。[68]

新政社会保险采取的形式不是社会团体间的集体合同，而是个人和国家间多种形式的私人合同。与多数国外模式不同，没有普遍的税收基金来补充保险体系中的雇主和雇员保险费，虽然艾普斯坦和凯洛格在这件事上一再催促。在 1930 年代美国的工会、教堂、兄弟会以及其他中介性社会机构中，只有雇主得到《社会保障法案》的确认。服装行业的劳资联合委员会被认为是个错误的开头。不存在责任向更小的、更民主的机构转移的情况,不承认中介性社会机构,没有个人集中起来的群体。当艾普斯坦和其他人指出社会保险和商业保险是为截然不同的目的服务的手段时,他们的反对或许被当作耳旁风。[69]

不管怎样,尽管有这些缺陷和妥协,1935年还是把毫无疑问带有欧洲风格的社会保险变体越过长久以来的重重障碍带进美国政治。决不轻言妥协的艾普斯坦希望最高法院把它驳回,让专家在时间和政治压力不那么激烈时决定它们是否可行。但是如果说忽略社会保险在跨越大西洋时发生的深刻重组是错误的,忽略大西洋纽带对其的影响和赋权将是更大的错误。《社会保障法案》不是大萧条时期经济风险的答案。它的社会保险条款几乎没有为国家中三分之一忍饥挨饿、衣衫褴褛、身居陋室的穷人做任何事情,而罗斯福在1936年是打着为这些人谋福利的旗号进行选举的。除了过去那些延宕和阻塞堆积起来的势能、幕后的社会政治专门知识的机构化,以及最重要的——其他国家先例的分量外,社会保险与1930年代的任何东西都格格不入。

1930年代社会保险复兴说明了什么呢?那就是:如果社会政策专家可以在政治相对隔绝的情况下做他们最初的起草工作,或者把进口的东西附着在其他更受欢迎的措施上面,危机本身就能够便于借用社会政治措施,使之越过风俗习惯、法律和政治的国家差异。认识到法案处理的问题是其他时代和背景下的问题这一点,并不应该贬损专家的工作。新政中充满了这类东西:它是一大堆改革建议从塞得过满的仓库滚到政治中心。当危机对速度的要求给了他们工作的空间时,新政时期是有世界眼光的进步人士的时代。这是他们的机会,终于可以用多年的观察、落后于人之感、堆满事实的国际先例摘要去迎合广大民众暂时产生的一种意识——即便只是危机造成的一种暗示和怀疑,那就是:美国或许并非处于进步竞赛的领先地位。

想象中的团结

新政者并没有常常像在《社会保障法案》的基本框架中那样，享受与日常政治活动保持距离的好处。他们从过去进步人士那里继承下来的更大的集体和共同体愿景，都不可能在技术委员会的专家工作中实现。他们的共同体设计是在密切关注的公众眼皮底下完成的，处在利益团体政治的夹击下，所以其寿命没有一个超过《社会保障法案》。但是人们如果仅仅从通过的法案条文来看的话，就误读了新政。新政者有自己的社会政治视觉风格，有自己想象中的团结形式——他们自己的共同体和合作理想，并不比战前或者 1920 年代的进步人士的更薄弱，这很大程度上也因为它们在很多方面是从前理想的扩展。

446

20 世纪初期进步人士的社区理想和新政时期继承者之间的契合并不总是得到充分承认。常见的情况是把 1930 年代的进步想象描述为国家的而不是地方的，经济和政治的而不是道德和社会的。随着资本的翅膀展开，进步政治的领域也在扩大。新政者对于从前登山一样的任务没有多大的耐心，即通过一个又一个示范法案努力使各个州的议会达到开明社会政治实践的标准。把宪法中的"普遍福利"条款国家化，像罗马焰火筒一样发射出一个个由大写字母代表的新联邦机构，他们在国会和法院允许的范围内，尽力跨越了在州政府权力和联邦政府权力之间精心防御的壁垒——宪法规定前者拥有普遍权力，而后者只拥有列举出来的有限权力。在 1906 年，H. G. 威尔斯曾经认为美国的国家意识虚弱到几乎根本不存在的地步，新政者却创造了中央管理范围的巨大增长。

因为政治画布和国家一样大，新政者与豪威和伊利他们一代不同，不再把政治想象力仅仅局限在大城市。当然，进步人士的一些都市议程仍然存在于 1930 年代。在有些大城市，市营化鼓吹者利用企业倒闭的机会要把大萧条削弱的私人交通线收归公共所有。在纽约市,市长菲奥雷洛·拉瓜迪亚把财务陷入困境的城市地铁线变成统一的公共交通体系,实现了四十年前市营化宣传者的梦想。在华盛顿特区,新政者给予丹尼尔·伯纳姆1902年的城市规划第二次机会,搞了大量景观和纪念建筑。但是现在因为大萧条导致城市财政核心遭到动摇,连弗雷德里克·豪威本人都不再把城市作为自由存在的民主实验室,更不会认为国家的政治命运可能建立在(如从前曾经认为的)公交车、市营的电厂、汇聚的林荫大道和公民中心等基础上。都市公用服务业垄断中最有利可图的领域已经早就打破了城市边界,建造区域电网或者全国性控股公司,远远超过市营化主张者的步伐。都市进步政治在1930年代并未完结,但遭受救济和失业危机的城市已经不再能作为社会政治的主要实验场。

447　　最清晰地抓住新政者想象力的团结,是在规模上比大城市小,在面对面直接交流的关系上又比国家甚至比新政者常常呼吁的对象"人民"更强的。虽说新联邦机构具有集中权力的性质,在争夺权威和拨款的斗争中钩心斗角,需要罗斯福的全部协商沟通技巧来约束和制衡;但是从新政半无意地帮助创立的官僚和行政状态下回顾当时,人们很难不被新政政治想象力中的权力分散因素所感动。在《农业调整法案》下,地方农民协会投票决定耕地面积控制,确定普遍的小麦和棉花的生产配额。土壤保护和放牧区的管理由地方种植者和牧场主投票决定;劳工代表问题由每个工作点的挣工资者全体投票决定。地方合作社在农村电气化项目下分配电力;重新安置署农民社区的农产品由合作社营销;合作社充当田纳西流域管理局在该地区水道上建设的新大坝工程与当地居民之间沟通的桥梁。早期新政住房计划是合作社活动的活跃场所。

这些社区和合作社项目不仅仅是应付这十年各种风暴的紧急避难所。对于其建筑师来说,这些项目是更好的社会秩序的模板,胜过价格和财产本身所能创造的形式。威廉·洛伊希滕贝格多年

前就敏锐地指出"新政者虽然'头脑清醒'和'反乌托邦',但他们有自己的天堂城市":

> 干净、绿色、洁白的绿带城镇;孩子们在阳光下嬉戏,学校宽敞明亮,空气清新;政府在华盛顿州朗维尤的小房屋项目,每座都有不同的设计,有彩色屋顶,有花园和菜园;M. L. 威尔逊心中想象的犹他州摩门教村庄——宽阔笔直的街道上一座座完美农庄;最重要的是田纳西河谷,有模范城镇诺里斯、高耸的传输塔、白色大坝、锃亮的钢丝索,那里有"善于思考的人们心中出现的村庄和干净小工厂的画面"。[70]

在新政者有这么多更紧急的工作要做、这么多价值要支撑、这么多私人投资要维持之时,他们花费这么多精力在社区设计项目上,不能不让批评家们感到惊讶。但是在这里危机的动力学也扭曲了时间的正常曲线,把进步人士的议程从大西洋纽带的历史中拉出来进入情况紧急的现在。1919 年突然中断的战时规划村庄项目死而复生;社会化的乡村梦想得到第二波的微风吹拂;霍勒斯·普伦基特和丹麦奶牛场农民曾经推动的合作社再次进入中心舞台;住房标准上的民主革命最终被推动跨越了大西洋;魏玛社会现代主义在新政时代的美国获得立足之地;甚至艾尔伍德·米德的农村社区项目也像凤凰一样,从加利福尼亚的沙滩上飞起来了。

在政府内部及其以外,所有这些设计都充满了争议。右派谴责它们完全是共产主义的一套蓝图;把修补摇晃的资本主义当作大萧条时期唯一要务的许多新政中间派,则认为它们是浪漫色彩的愚蠢行动。但即使坚定理智的新政者,相信自由放任个人主义已经走到游戏终局阶段,也很难不抱有憧憬,希望大萧条之后出现的不仅是经济复兴,而且是新一套社会和团结形式,比过去更少无政府主义和个人主义色彩,比过去的大起大落模式更稳定,不那么被

448

私有财产特权所驱动——总之,它更像长期萦绕在进步人士头脑中的,与美国个人主义极端对立的"有机"欧洲村庄。

《社会保障法案》起草者在相对来说精确的社会机器中工作;新政社区建设者希望改造社会风气。前者的工作很迅速,在很大程度上是在密室里进行的。而后者根本无法摆脱政治或者公开性陷阱。不过,面对这些困难,他们还是试图创造个人主义之外的场景。新政之前或者之后没有任何一个政府如此严肃地对待这个任务。在都市住房计划、模范郊区、边远乡村中,新政者用他们政治想象力中的团结画面点缀了 1930 年代的美国。在此过程中,他们收集了大西洋进步纽带的另一个方面。

像从前的进步人士一样,新政者社会蓝图早期的主要地点在乡村。虽然新政者来自都市,但是政府上台时头脑中更清晰的是农村而不是经济政策。在就职典礼当天,罗斯福的顾问还没有准备好工业政策呢。《全国工业复兴法案》在政府的第一个紧急阶段末期以极快的速度被拼凑起来,主要是为了阻止新政者认为比它糟糕的立法。即使在 1936 年后,罗斯福、珀金斯与劳工组织的关系也一直是紧张和复杂的。相反,农业在罗斯福的心中已有十多年了。[71]

认为 1930 年代政策前线是在农业领域,这不仅是罗斯福个人的想法,不仅是他作为有科学素养的农民绅士工作的认真态度,或是他与亲属西奥多·罗斯福的农村生活运动作出本能联系的方式之一。智囊库中最聪明、最有抱负的人是企业经济学方面的专家,哥伦比亚大学经济学教授雷克斯福德·特格韦尔。但是在让他选择 1933 年的工作领域时,他却挑选了农业部副部长。在每五人中就有一人仍依靠农业经济生活的美国,罗斯福的许多早期顾问认为再没有比乡村经济复兴更快捷、更安全的重新走向繁荣的方法了。[72]

为了这个目标,从 1933 年以后,新政者运用行政和宪法所能给予的手段尽可能快地向农村经济注入资金。前二十年的联邦农业贷款机制在规模上连续迅速扩大。为了换取生产控制,政府买断了数百万美元的耕地和牲畜生产权利,以便阻挡主要农产品价格下滑的趋势。虽然《农业调整法案》在这个十年结束前需要重新修改两次,但新政者控制价格的工作做得相当好。在后来五十年里,平价制度和价格仍然是后新政农业秩序的坚实基础。[73]

即使价格和生产控制的长期体制是新政者得到的东西,如果认为这是他们最渴望得到的结果,却是回顾历史时的严重错误。1933年时除了农业游说团体外,没有任何人想象永久的价格支持政策让农民在这个世纪剩余时间里"接受救济"。像紧急工作救济一样,价格支持和生产控制本来只是作为权宜之计而已,只待新政者找到把农业社会和市场重新回归最初平衡的新手段。

对于有些人来说,关键的结构性需要是吸收农业经济中最边缘化的生产者,把经济中多余农业人口转移到都市工资经济中,在边缘化农业的永久贫困和过分拥挤的市场之外,或许有能让他们摆脱贫困的新机会。农业部从1933年到1935年最坦率的结构主义者特格韦尔认为,计划中的重新安置至少五十万人绝不是小数目。农业计划的第一需要是把人口和经济上可持续的土地生产能力结合起来。第二是把国家的农业土地与可靠的经济使用更紧密结合起来,而不是靠私人土地市场所能带来的结果——包括赶繁荣潮者的过分信心、对于土地的过量使用、容易上当受骗的购买者、灾难性的价格崩溃等。这里一个关键的工具是城市分区,是从1920年代都市规划者工具箱中拿出来在全国使用的。走向农业分区的起点在1929年的威斯康星州。那里出台法案限制土地开发者把贫瘠得除了贫穷什么也长不出来的残地作为农田进入市场买卖。野心更大的农业经济学家谈到国家土地资源储备、保存每个地块(都市分区规划者著名的说法)供最好和效率最高的使用、将产量最低的地块退还为公共拥有的草地和森林资源。

尽管小规模、艰苦谋生的农场之低效率让新政农业结构主义

450

者印象深刻,但是,如果可以找到手段让淳朴的农村人坚持下去,还没有人准备把农村变成大规模农业企业。在这种思想中,合作社作为微观效率工具派上了用场,是小农场主和佃农的地方团体通过把规模效益民主化摆脱贫困的一种方式。这种重组原子化农业市场的讨论中,没有一个得到控制着主要农业游说团体的企业农场主的欢迎。但是对于以深刻思考而自豪的那些新政者来说,土地休整、农村重新规划、有意识地重新平衡城市和农村人口、在农民中组织更强大的社会和经济合作社,并不是偏离的或者附属的活动,而是主要内容。[74]

新政长期农业项目的主要设计师最开始都没有把心思放在欧洲或者过去的经验上。在 1927 年通过托斯丹·凡勃伦的眼睛看到传统的俄国米尔(mir,村社组织)后特格韦尔认为,从集中居住的农舍走很远的路到分散的田地去干活效率低下,是非常荒唐的。《农业调整法案》的耕地面积减少机制的设计者米尔本·威尔逊阅读过 AE(乔治·罗素),但是他解决预料中土地过剩问题的答案是模仿犹他州乡下精心组织的摩门城镇:兼职工作的机会加上足以生产家庭所需大部分粮食的小农场土地。当特格韦尔考虑重新安置农业人口的经济目的地时,指的是城市工资经济。但是有霍勒斯·普伦基特、克拉伦斯·坡、雷蒙德·昂温、埃比尼泽·霍华德、丹麦合作社、加州土地定居点等经验,这么多受挫的小规模合作社设计蓝图仍然盘旋在进步政治周围;所以在危机时刻,其中有些设计付诸实施并不让人惊讶。[75]

实际上,自危机一开始,草根政治谈论就充满了共同体和合作思想。因为现金和工资消失,易货贸易合作非常普遍;乔治·索尔在阅读写给《新共和》编辑的读者来信时惊讶地看到,它们在 1930 年代初期大众的心里占据了多么大的位置。另外一个普遍的建议是鼓励城市边缘的生存居住区,德国人称为临时棚屋区——在工资经济飘摇崩溃的背景下,失业的都市工人可以通过兼职工作和自己种植点粮食蔬菜维持

451

一家人的生计。在大萧条初期,罗斯福曾经往这个方向考虑过。美国教友会的克拉伦斯·皮科特借鉴了战后在维也纳外围建造的、贵格会支持的生存宅地,按此模式在阿巴拉契亚煤矿山谷的失业矿工中开发社区,这后来吸引了埃莉诺·罗斯福的注意。仍然在寻找摆脱区域农村贫困的出口,南方进步人士重新捡起了从艾尔伍德·米德那里吸收的规划合作式农庄社区思想。其中,在"农场城市"项目中失败的休·麦克雷 1932 年初期也提出强烈申辩。[76]

这些建议都进入早期新政机构中。在亚拉巴马州参议员约翰·班克海德(他也是米德的一个南方支持者的兄弟)塞入《全国工业复兴法》的授权下,内政部 1933 年夏天成立自耕自给小农场司,由 M. L. 威尔逊任司长,皮科特任行政助理。它的第一批拨款受益者是皮科特在西弗吉尼亚"陷入困境"的矿工定居点、在北卡罗来纳复兴的麦克雷农场城市工程。联邦紧急救济署建立了自助合作司和为解决农村困难的"农村复兴和困难人口救济司",后者很快组建了一批规划的合作农场。在形式和理论基础上,新政早期规划的社区工作绝不是井然有序的。到了特格韦尔的新部门"重新安置署"在 1935 年夏天吸收所有这些早期尝试时,新政充当 **452** 着地主房东的作用,让城市工人转移到乡下,让农场工人转移到城市,其他人原地不动;为由于矿井全面关闭而失业的矿工建设小社区,让失业的城市工人到郊区靠兼职和种庄稼重新开始,让流动的农业生产工人有迫切渴望的体面定居点,让佃农和小农场主尝试在政府农场上开始新的生活。[77]

1933 年没有人预料到从早期这种兼收并蓄的混乱状态中,艾尔伍德·米德的农庄设计竟然成为该机构重新安置工作的主要模板。特格韦尔劝说罗斯福把长期农业规划分离出来,变成一个和农业部分开的机构,以便隔绝农业游说团日常的压力。他是着眼于更大的结构的。重新安置署的土地使用司从中西部采伐地带、阿巴拉契亚高地、沙漠化大草原等地购买了千万英亩的公用土地。

农业复兴司开始通过贷款、记账培训、慷慨数量的建议来稳住数以千计暂时被市场大钳夹住的农民。但是因为城市失业人口泛滥，必须采取措施为那些被尘暴、洪水、还不起的抵押贷款或者联邦土地购买代理人迫使离开土地的人们提供帮助。[78]

在这样的紧急关头，米德的建议因为它的科学主义、共同体和合作理想、澳大利亚和欧洲纽带而重新焕发生命力。米德的方案有南方重要人物的支持，对边缘和弱势群体的需要表现出一种政治上很关键的姿态。它的思想启动成本在多年前就已经支付过了。在去掉了与灌溉和土地开垦的联系后，它作为不那么原子化、不那么容易受市场变数破坏的农业经济的萌芽重新出现。到了1937年夏天，由加利福尼亚德尔亥定居点前农业经理担任安置工作的领导，重新安置署在管理或在建设58个规划的政府农场项目，四分之三都在南方。[79]

速度成为非常重要的一个因素。米德的项目多数几乎未经任何修改就接受了：小块的土地、预先构建的房子、长期租借购买安排而不是简单的所有权、认真的监管、充分展开的合作方式网络。由拿工资的农庄经理管理每个重新安置点，正如米德曾经计划的，
453　配备有贷款基金、效率观念、分量强大的权威和建议。在最大的一个定居点，居住在农庄的家政学家给妇女上课，分发高压锅和营养知识，监督家庭收入开支状况。在三起例子中，针对被认为是技术最少的人口，重新安置署的规划者开始实验公然的集体农庄，把从前的佃农和移民变成拿工资的农业工人。但是政府农庄的常见模式是集中在一起的租用者群体，由精心安排的合作社的复杂网络而结合。合作社管理农庄的商店、仓库、饲养场、修理铺、轧棉厂、磨房，并推销成员的农产品。健康合作社和当地医生签合同购买预先付费的群体医疗服务。总合作社管理每个社区的公民活动中心，充当地方政府的角色。[80]

政治敌人很快就发怒了，控诉重新安置的农庄是苏联农业的

滩头堡。实际上,到了1937年,在政府农庄干活的有4441个农民,可见新政农村安置区只占了最狭小的一片。相反,重新安置署的复兴贷款项目包含了50万农民。但是因为密集的、欧洲风格的土地使用模式和精耕细作的农业生产技术,加上学校和社区中心、集体和民主理想,农村安置区突然清晰可见地呈现了一代人向往的理想状态,完全不同于从前分散的私人拓荒者农村。

重新安置署的社区建设计划的第二个中心是模范郊区,这里,大西洋纽带同样发挥了关键作用。当该署的"郊区重新安置司"在1935年成立时,特格韦尔本人心中并没有多少规划,不过是城市工人通勤距离内的汇集盆地,用来容纳计划中的大量涌入的农村人口。这次是1918年战争工人村和英国花园城市运动支持者老兵挺身而出,带来了他们的社区计划。该机构的九位主要顾问中有三人曾经在战争住房计划或者随后产生的重建委员会工作过,至少五人曾经到莱奇沃思朝拜。该机构曾咨询过凯瑟琳·鲍尔和住房研究公会的亨利·丘吉尔;同样还有克拉伦斯·斯泰因、亨利· 454 莱特、弗里德里克·比格。他们连同刘易斯·芒福德等人在1920年代花费大部分时间收集埃比尼泽·霍华德的花园城市工程资料。此外,还有昂温的美国好朋友约翰·诺伦,以及在诺伦的规划所开始事业的两位年轻规划师特里西·奥格尔和雅各布·克莱恩。在正需要很快就能实现的设计时,他们带来了自己没有实现的现成议程。特格韦尔最初设想的六十个绿化带城镇工程没有实现。但是在法庭挑战让人失去胆量之前,重新安置署已经开始了三个工人阶级卫星郊区计划,让新政美国看到了最好的国际花园城市运动的样板。[81]

这些重新安置郊区没有一个是对欧洲先例的忠实复制。莱奇沃思基本上是中产阶级而非工人阶级住房的实验——是有限股利的投资,不是政府工程;汉普斯特德是慈善事业。从建筑学上说,美国的每个工程都独树一帜。在视觉上最激进的马里兰州"绿带"（Greenbelt）项目中，成排让人惊讶的几何外观两层楼房屋沿着山脊形成弧形，借鉴了魏玛社会现代主义的审美观。威斯康星"绿谷"（Greendale）规划者有意识地对外国设计表示厌恶，选择了18世纪威廉斯堡模式的市镇中心，配以简单本地设计的自由坐落式小房屋。[82] 但是在竞争性外观下面，欧洲影响是深刻的。甚至英国市议会的住房设计者都没有像绿地郊区计划者那样密切地遵守埃比尼泽·霍华德的单一税戒律。每个绿地城镇的土地都是集体所有的，因此没有不劳而获的投机性增值，没有混乱无序的增长，也没有私人和公共经济利益的经常性冲突。

　　为了保证公共因素不被忽略，三个绿地郊区各自围绕一个市镇中心建设。"绿带"拥有兼做城市娱乐中心的学校、城市俱乐部的会议室、社区教堂、图书馆，还有一个社区剧院，现在被称为"乌托邦"。每个重新安置区都有宽敞的公共娱乐空间。三个郊区的医疗服务都是通过健康合作社提供，贷款都是通过信用合作社提供，日杂用品都是通过合作社普通商店提供。绿地郊区以年轻的工人阶级和下层中产阶级家庭、小居所、慷慨的公共设施，把商业郊区的习惯性阶级关系彻底翻转过来。在马里兰州"绿带"社区中心的墙壁上有男男女女一起种庄稼、劳动和思考的浮雕，还有联邦宪法的开头一句："我们人民……"[83]

　　最后，正如霍华德曾经描述过的，每个安置区的周围都是宽阔的绿色缓冲带。对这些绿地，计划者从来没有发现切实可行的经济用途，虽然他们谈论合作农场、小工业园区，以及建立城市和农村产品更密切和平衡关系的需要。不过从象征意义上说，绿带的意义是毋庸置疑的：把城市围起来保护（克拉伦斯·斯泰因认为就像用城墙保护中世纪古城那样），把它们与传统的商业繁荣的城镇区别开来，后者的街道在四面八方向外伸展，投机想象力能走多远就多远。把新政团结的这些绿洲与外面资本主义土地市场的怪念头和混乱力量隔离开来。[84]

　　1930年代，北大西洋经济体没有任何别的地方比得上这些有设想、可实施的民主社区模式的投资。从1920年代大胆的郊区扩展计划，英国市议会的住房建设者在1930年代转向市区贫民窟改造；直到1946年《新城法案》通过后，霍华德的卫星城思想才开始在英国得到公共的尝试。在蓬蒂内（Pontine）沼泽的开垦区，意大利法西斯分子在1930年代启动了一些新城市项目。在德国，纳粹分子通过攻击魏玛时代"非德国化"的社会现代主义住房积聚了忠诚者，国家社会主义者为党员投资建设了一些反示范社区工程。他们用高耸的瓦屋顶和半木制房屋正面、用打破整排房屋模式的单家独院方式夸张地表现守旧特征，建造了对社会现代主义的"文化布尔什维克主义"的抗体。但是表达了这一立场之后，国家社会主义者转向真正令他们感动的建筑：体现军事化政党忠诚性的帝国大运动场。在法国和斯堪的纳维亚，大萧条时期的国家有其他当务之急，顾不上模范村庄建筑。只有在美国，1930年代释放的郁积政治议题中充满了集体的、曾经想象过的共同体设计。[85]

　　如果说规划构成新政者共同体理想的外壳，合作社则构成了它们的社会经济核心。在"绿谷"城，"国际合作社"的旗帜悬挂在城市合作商店的椽木上。田纳西流域管理局尤其是在第一任局长阿瑟·摩根领导下积极推动小规模合作社。该局的首批两个合作社贷款给予了坎贝尔民俗学校的罐头食品和乳品合作社。摩根在田纳西流域管理局（TVA）管理层的首要对手戴维·利连撒尔蔑视该局的手工艺合作社是经济上过时的东西，但是积极推动地方公用事业合作社从事该局的电力零售分配。重新安置署农庄管理者用传教士的热情煽动合作社思想，夜间开课讲解合作社经济的原则。新政社区既是更深刻公民生活的实验室，也是小规模民主经济学的实验室。[86]

　　在1936年，合作社的时刻似乎终于到来了。那一年马奎斯·

456

蔡尔兹的《瑞典：中间道路》成为政治畅销书而流行。作为来自外国希望之乡的报道，蔡尔兹的体裁和亨利·劳埃德、弗雷德里克·豪威一样悠久。蔡尔兹之所以能复兴从前形式，一部分原因在于他激动人心的副标题，打动了不少感到历史的钳子正在夹紧的人的心弦——他们担心陷入无法控制的资本与极权主义国家之间的两难处境。另外一部分原因在于蔡尔兹高超的能力，把瑞典社会政治打包变成能够跨越机构和文化差异的简单易行的措施。

这种体裁本来就有弱化政治的性质，蔡尔兹很少触及政治。他对瑞典的社会民主党政府没有多大兴趣。瑞典在社会保险供应方面的长期落后状态也没有在他的描述中占相当分量。1930 年代的瑞典是个后来的工业化国家，一个在社会经济政策制定方面的落后者，像新政者一样在扮演努力追赶别人的角色。但是对于恩斯特·维格福斯的财政部中"社会凯恩斯主义者"的经济修正主义，蔡尔兹几乎是一无所知。在蔡尔兹看来，中间道路不在斯德哥尔摩的政府办公楼，而在瑞典的合作社团体。[87]

他承认，在英国合作社占据了比瑞典大得多的消费者市场份额。但是英国合作社的视野受到商店店主心态限制，而正如蔡尔兹转述的故事，瑞典合作社已经采取垄断资本主义策略，追求自己利益的最优化。当欧洲电力灯具卡特尔拒绝在价格问题上让步时，瑞典合作社总社建造了自己的灯泡厂，让价格回归正常状态。不接受橡胶托拉斯对于胶鞋的定价，瑞典合作社自己搞起胶鞋生产。在生产面粉、人造黄油、化肥等方面发生了同样的故事。还有其他合作社在瑞典建设新的低成本住宅区。15% 的斯德哥尔摩人已经生活在合作社中，其中有些就像著名的"集体房屋"（Kollektivhus）一样拥有远远超过美国住房的设施。

蔡尔兹报道说，合作社人员没有试图消灭瑞典的资本主义，他们的成就在于通过"征服"它最原始、最具破坏性的特征，来让资本主义"工作"。通过在最后垄断阶段之前终止资本积累，通过抑制

457

不停息的积累过程,合作社充当了"防止资本主义走向自我毁灭"的作用。平衡是钥匙。蔡尔兹写道,"如果现代生活中,个人主义和集体主义的两个极端在某个地方达成平衡",他肯定那个地方就是瑞典。在那里人们可以发现"稳定、秩序、卫生……整体性、健康,这些在现代是很少见的品质"。在这样描述合作社的词汇中,大西洋进步纽带的独特语言再次回来了。[88]

到了1936年秋天,在控制当年不断攀升的消费品价格的热烈讨论声中,一个正式的总统调查委员会再次从美国来到欧洲,考察合作社经济是否能在美国实现。罗斯福告诉记者蔡尔兹的书使他"对瑞典产生浓厚兴趣"。不过,他的批评家把"欧洲合作社调查团"看作选举策略,而且,它像从前的任何调查团一样具有很深的政治内涵。罗斯福在选举季节早早派出这个调查团,又确保调查报告要推迟到选举结束以后再公布。当农庄游说团反对政府漠视他们的利益时,罗斯福增加了两个农民团体的席位。当女性提出她们作为消费者的需要受到忽视时,在中西部消费者合作社圈子中非常积极的爱米莉·贝茨也被吸收进来——因为来迟了,差点赶不上在欧洲的其他成员。[89]

但是罗斯福对于调查团的核心成员人选是确定无疑的。哈里·霍普金斯在公共事业振兴署的主要助手雅各布·贝克,在大萧条初期已经在纽约市管理合作社易货贸易和劳工交流。有谣言说拟议中旨在推动消费者合作社的联邦机构成立后,贝克会担任领导。而曾经担任劳工报刊记者,现在是纽约州电力局工作人员的利兰·奥尔兹,长期以来一直用半宗教半政治的语言来表达他对"个人主义疾病"的担忧。当AE(乔治·罗素)被邀请在1930—1931年来美国演讲旅行时,奥尔兹被指定作为负责人。他曾经在大萧条初期和贝克一道组织易货贸易组织。这个调查团工作还不到一个月,奥尔兹就给家里写信说:"瑞典是更真正意义上的有机社会,比我们在美国想象的任何东西更好——除了在梦中。"第三

458

个最初的成员查尔斯·斯图尔特是煤矿工程师,在推动对苏联贸易方面非常积极。农业营销合作社的"全国合作社协会"的罗宾·胡德和《草原农场主》的克里福德·格列高里被认为是怀疑论者,但是贝茨是公开承认的支持者。[90]

从合作社调查委员会到农庄定居点,这些相互交织的合作社和社区政治的溪流在 1936 年和 1937 年开始达到最高潮。重新安置署有 16000 名工作人员,当时是华盛顿第七大公民机构。华莱士和特格韦尔 1936 年 11 月到政府的南方农庄定居点做了广泛宣传的巡视。在上个月的一个星期天,有 2 万密尔沃基人出来看"绿谷"城的街道设计和基础建设。在接下来的一年里,又有 60 万人参观。其他人来到田纳西流域管理局的诺里斯模范城镇,旁边是诺里斯公共水电大坝高耸的混凝土表面。马修·约瑟夫森认为诺里斯是"全美国最漂亮的城镇",来到这里就好像"我们来到了新世界,五十年后的未来新时代"。在 1936 年春天,进步思想的波士顿商人爱德华·A.费林宣布成立百万美元的"消费者分配公司"来推动组成消费者合作社。到了 1936 年,合作商店已经是十年前专家计算过的数量的 8 倍;到了 1938 年,合作信用社的数量是以前的 20 倍。亨利·华莱士在他 1936 年付印的书中总结这些相互交织的合作社努力:"合作社生活方式必定在社区流行开来。"[91]

最后,结合所有这些组成部分的是像丹麦民俗学校一样大胆的成人教育工程。新政教育项目背后的推动力中,有一些不过来自对就业危机做出有利反应的欲望。对于政府的工作救济计划者来说,把失业教师安排在成人教育课堂比让他们修路或者打扫街道在经济上更有道理。但是新政者吸收了英国工人教育运动模式和丹麦民俗学校模式,对成人公民教育的承诺远远超过劳动力市场变化的考虑。

田纳西流域管理局为了公共问题的讨论发起组织了"人民的大学"。公共事业振兴署举办"公共事务"课堂。在教育办公室,约

翰·W.斯图德贝克推动了全国范围的公共事务"论坛"项目,地方
城镇会议关于当时重要话题的公开讨论。亨利·华莱士领导了农
业危机的系列讨论,匈牙利经济学家卡尔·波拉尼领导了当代欧
洲的系列讨论,哈佛大学的托马斯·尼克松·卡佛领导了"我们经
济体制基础的重审"系列讨论。美国住房管理局主办了公共住房
住户的公民事务论坛。联邦紧急救济署的一个部门举办了工人教
育课堂,该单位的领导,"布林莫尔暑期工人学校"的希尔达·沃星
顿·史密斯曾经在 1920 年代中期花费一年时间研究德国、英国、
瑞典和丹麦的工人教育项目。布林莫尔学校赞助者凯丽·托马斯
本人曾在 1920 年初期把大学的工人教育项目从牛津大学罗斯金
学院带回来。从这些线索和紧急劳工问题之中,新政者几乎是一
夜之间在美国组建了空前规模的成人公民教育项目。[92]

　　新政中社会和公民教育的模式是市镇会议,不是丹麦民俗学
校的讲课,也不是英国阿尔伯特·曼斯布里奇工人教育协会那种
深刻的小组学习。但是组建合作社会团体这一目标同样是美国计
划的核心。田纳西流域管理局论坛领袖使用集体游戏和集体唱歌
为听众活跃气氛。联邦紧急救济署工人教育项目中的老师们接受
劳工歌曲和民间舞蹈的培训。在重新安置署,查尔斯·西格的音
乐项目资助音乐教师在更大的农庄定居点常驻工作,寻找"人们本
来已有的"音乐,帮助他们使用这些共同的文化基础从"原始的个
人主义"(西格的一位音乐家说的)转化为"团体行动"。该项目发
表的前两首歌曲是从前农民协进会的歌曲,"农民是养活所有人的
人"和"合作是我们的目标"。[93]

　　当然,现在回顾起来,所有这些从农庄定居点到公民论坛的项
目都缺乏它们宣称的经济民主。田纳西流域管理局在雇佣实践和　460
服务方面有一条种族隔离的界线,并不比其他南方机构柔和多少。
重新安置署为黑人和白人建造农场项目,但是没有一个是让两种
人平等混合的;绿带城镇是专门为白人建造的。阶级和权力的流

行关系如种族关系一样在新政社区项目上留下标记。斯图德贝克的公民论坛在十年里变得越来越紧密控制和组织化。民间资源保护队的教育项目从来没有摆脱军队管理者的有力控制。在农庄定居点，常驻经理的权限非常大，而农庄项目中居民的经济知识却太少。农业合作社往往野心太大而资源有限，其中的管理基本上是在农庄管理者的裤兜里。绿带郊区更接近民主理想，但是它们也不能摆脱导致权力集中的经济和机构压力。由于想要在投机者提高价格前购买土地，计划者最初的工作都是秘密进行的，甚至避开他们需要与之合作的地方当局。结果，因为除了联邦政府以外没有任何在宪法上可以接受的合法主人，绿带城镇从来没有真正拥有自主权。[94]

这些合在一起就成为严重的缺陷。虽然如此，如果按周围流行的标准来对比衡量，新政社区计划者有理由认为他们抵制的东西至少和默许的东西一样多。他们想象的社区主要来自一代受挫的进步人士的抱负：经济机会世界内一个理性计划的岛屿，由委员会和市镇会议组成的活泼的公民生活，像丹麦那样密集的合作社，私人和公共事务获得新的、更好的平衡，经济少受大起大落的波动，社会更少极端个人色彩等。这些在其他地方已经零零碎碎地实现了的内容，在 1936 年的美国似乎不是无法实现的梦想。

和新政的农村项目相比，新政社区建设的都市阶段进展缓慢得多。它是在组织良好的利益团体更加密集的环境中展开的。但是在这里，大西洋进步政治的动态也控制了事件的基本结构，从根据欧洲先例确定议题的专家群角色，到现成的政策建议在危机来临时突破进入政治上可以实施的领域，再到立法过程最后阶段重大商业利益间的争夺。

461　　　这个阶段新政者公民理想的核心是住房。罗斯福在 1937 年的时候说："我看到国家三分之一人的住房破烂、衣衫褴褛、营养不良。"[95] 实际上,在新政初期,把改变工人阶级住房流行标准的努力列入国家支持根本就不是政府关心的内容。罗斯福本人也是在他人努力游说后才对这个想法感兴趣。正如社会保障和农业重建一样,公共住房是新政的社会政治历史在危机政治动力摇撼作用下的产物。

糟糕的住房条件本身不是关键的动因。正如住房改革者长期以来坚持认为的,都市居住条件常常都很糟糕,这是人人皆知的常识。但是如果说大萧条让住房危机更加严重,就是比较复杂的问题了。当然,因为丢掉工作和多年的积蓄一夜之间蒸发,房屋租金也交不起了。国家的每个城市都冒出来失业者和无家可归者的"胡佛村"(Hooverville):在空余的地方、在铁路调车场、在天桥下面、在当局睁一眼闭一眼不予追究的任何地方。在新房屋建设停顿的时候,工人阶级家庭"过滤"进入中产阶级腾出来的住宅的希望破灭了——这一开始就不是可靠的过程。达不到标准的房屋更破旧更糟糕了。与此同时,自从玛丽·金斯伯里·西姆柯维奇的"拥塞委员会"在二十多年前开始工作后,过分拥挤问题减少了许多。在大萧条时期新建设项目停顿下来,但从农村到城市的移民也暂停了,外国移民也几乎停止,所以大大抵消了对现有住房存量的压力。1930年代住房危机不是住房本身的危机而是收入危机,不是房屋和建筑危机,而是工资、房租和抵押贷款的危机。[96]

对于在新政中心的许多人来说,信用市场从一开始就是问题的焦点。政府在住房前线的第一个动作,即1933年的《房主贷款法案》,是用更宽松的再融资条款让破产的抵押贷款体系从困境中摆脱出来。后续措施如1934年的《全国住房法案》通过对众多抵押贷款提供政府贷款保险,旨在开放私人对住房建设投资。两个措施都是刺激经济的老掉牙的传统做法,用政府资助的肩膀去支撑私有市场暂时受挫的机器。支持中产阶级房主以及(更多的是)为他们服务的银行和建筑公司,这种措施显然具有复兴的潜力。

新政者要在这个项目外添加低成本住房建设,则是另外一个问

462

题。但是，正如新政的其他许多方面一样，1930 年的社会政治是从前历史的产物。四十年来，美国进步人士一直在大西洋住房政治背景下争论为城市工人阶级提供国营和准国营住房的优点。从 1917年在马萨诸塞州洛厄尔被遗弃的工人阶级模范住房实验，到 1918 年受英国启发的紧急战争住房项目，到伊迪丝·伍德和凯瑟琳·鲍尔对于欧洲社会住房进步的报告，到三十年来国际住房大会上的辩论，没有实现的改革议题在 1930 年代汇合在一起了。劳伦斯·威勒可能仍然以"与美国人的天才思想格格不入"为理由反对公共资助的住房，但是到了 1930 年代他的全国住房协会已经由其单一议题的项目萎缩成威勒本人的纸上规划。[97] 像新政的绿带城镇和农庄一样，公共住房是进步人士的过去在大萧条时代政治可能性下的大爆发。

正如新政政策倡议的其他情况一样，专家早在危机出现之前很久就已经完成了进步住房政策的基本大纲。目标是为收入达不到购买商品房要求的都市工人阶级家庭等广泛阶层建设住房。对于住房改革者来说，公共资助的房屋提高住房标准、提供超出工人家庭渴望的社区设施是理所当然的。这不仅仅是建造住房而是改善邻里关系和增强社区团结。他们想当然地认为它将结合欧洲革新的最好成果。

1930 年代初期专家项目的关键成分是欧洲大陆那种有限股利公司和合作性住房协会，获得廉价的、长期的公共信用贷款帮助。这是伊迪丝·埃尔默·伍德 1922 年从欧洲带回来的政策。这是背后的金融发动机，推动了在魏玛德国曾经点燃鲍尔的想象力的社会民主住房；也推动了在瑞典激发马奎斯·蔡尔兹的住房合作社。在纽约市住房进步人士的鼓动下，州长阿尔·史密斯成功地让同样措施的弱化版本在 1926 年州议会通过，给予建设体面的低成本住房的非营利或有限股利建筑商税收减免（但不是低成本国家贷款）。在利用该法案的首批项目中有服装工人联合会的住房合作社。[98]

在那些游说纽约法案的人中，最著名者是格林威治馆的玛丽·西姆柯维奇，她二十年前曾经担任纽约市拥塞委员会的主席。

463

自从 1890 年代在柏林做经济学研究生的时代开始,西姆柯维奇就在她个人身上织入了美国社会政治相互交错的大量线索。她曾经是弗洛伦斯·凯利在全国消费者联盟中的主要盟友,是在下曼哈顿区兴建公共澡堂和公园的积极推动者,是亚伯拉罕·艾普斯坦美国养老保险协会的理事,自 1931 年起担任乐观地称为"全国公共住房协会"的游说团体领袖。她是 1912 年进步党的党员,1917年的战争集体主义者,1919 年的 48 人委员会"呼吁书"签署人之一,1932 年的罗斯福支持者。在政府的前一百天紧急情绪中,西姆柯维奇说服了参议员罗伯特·瓦格纳在《全国工业复兴法案》中添加住房改革者长期以来渴望的社会住房项目:给予建造体面的低成本住房的市政当局或者有限股利住房协会提供长期的补贴性贷款。[99]

像西姆柯维奇在 1933 年的干预一样,1930 年代剩余时间的公共住房政策倡议主要来自政府核心圈子之外。罗斯福的立场模糊不清,不轻易表态。参议员瓦格纳办公室起草的住房法案初稿是西姆柯维奇所在的全国公共住房协会执笔完成,该协会还作为参议院听证会上的专家证人。公共住房是政府外形成的社会政策挤进危机造成的暂时政治机会的经典例子。[100]

大西洋纽带在公共住房努力中发挥了积极作用。1934 年在《全国工业复兴法案》下组织成立的最积极的城市住房机构——"纽约市住房局"就是一个说明问题的例子。在首批五位理事中,有三位海外关系众多:与睦邻中心有关的律师路易斯·品克,在担任纽约州住房委员会成员的 1927 年就开始从欧洲公共资助的住房建设中寻找可吸收的经验;《犹太前进日报》的查尼·弗拉德克,长期的城市社会主义者和劳工住房倡导者;以及西姆柯维奇本人。该机构的首席建筑师是弗里德里克·阿克曼,他从英国发回的报道让战时美国了解有关英国军需部住房工作的新闻。[101]

为了保持更广泛的公众兴趣,全国住房协会的官员在 1934 年夏天安排国际住房委员会三人小组到美国来。由雷蒙德·昂温率

464

领的代表团进行了为期 7 周、途经 14 个城市的演讲和参观旅行,高
潮是在 10 月份召开的全国住房改革者领袖会议上发表了建造低
成本公共资助住房的美国呼吁书。该会议公报主要由昂温本人执
笔,签署者包括了美国最著名的住房改革者:阿克曼、西姆柯维奇、
纽约市住房局的朗顿·波斯特、伊迪丝·埃尔默·伍德、凯瑟琳·
鲍尔、奥斯卡·斯通诺罗夫、劳工住房协会的约翰·埃德尔曼、来
自城镇规划协会的约翰·诺伦和雅各布·克莱恩、来自刘易斯·
芒福德圈子的亨利·莱特和阿尔伯特·梅耶、来自田纳西流域管
理局的特里西·奥格尔和厄尔·德雷珀、1918 年战争住房项目的
罗伯特·科恩,甚至还包括 1914 年到英国旅行的全国住房协会经
理约翰·伊尔德。负责协调昂温演讲旅行和最后会议的是克尔
曼·伍德伯里,他 1926 年和 1927 年曾作为罗兹奖学金获得者在
英国获得住房问题的初步训练。[102]

　　西姆柯维奇的全国公共住房协会领导人全都是经验丰富的欧
洲观察家。为了获得选民的支持,执行秘书海伦·阿尔弗雷德从
1936 年到 1938 年每年举办欧洲住房考察旅行,时间正好选在国际
住房和城镇规划联盟开会的时候。[103] 我们已经看到,劳工住房协会
接受欧洲影响的程度也一点不差。

　　一个经过大西洋途径从住房爱好者到住房专家的典型例子,
是亚特兰大的查尔斯·帕尔默的新政生涯。作为共和党人和房地
产开发商,帕尔默首先被公共住房主张所吸引是由于在安排公共
住房土地分配时获得的佣金。在 1933 年和 1934 年,他负责公共
工程署(PWA)的早期贫民窟清理和改造工程,一个为白人,一个为
黑人,都在亚特兰大闹市区。由此受到低成本住房思想的吸引,他
没有动身前往查尔斯顿、阿拉巴马州的伯明翰或者纽约考察贫民
窟,而是到欧洲认真研究了公共住房两个月。从那不勒斯到维也
纳、莫斯科、柏林、伦敦,返回后做了巡回演说和自制的电影《反对
贫民窟的世界战争》。他把演讲和电影带到任何能去的地方:建筑

商会议上、住房改革聚会上，以及实行新政的华盛顿，在那里他把
电影放给农业部的亨利·华莱士看，给联邦紧急救济署的哈里·　465
霍普金斯看，给公共工程署的住房司工作人员看，到内政部大型聚
会上给珀金斯和伊克斯看，最后通过埃莉诺·罗斯福的引见，1937
年初在白宫晚宴上给罗斯福本人看。[104] 帕尔默这个项目把对美国
企业精神的无限信仰与公然从"红色"维也纳吸取的财政计划拼凑
在一起，他确实是住房领域的怪人。但住房运动鼓吹者中绝非只
有他的项目是在跨越大西洋的旅行箱中带回家的。这个说法同样
适用于路易斯·品克、1937 年被罗斯福任命为美国住房局第一任
局长的内森·斯特劳斯(梅西百货商店的继承人)、前一代的伊迪
丝·伍德，当然还有凯瑟琳·鲍尔。[105]

　　当住房改革者把游说努力转向华盛顿特区的时候，他们的纽
带和影响也随着过来了。西姆柯维奇团体在国会中的主要支持者
罗伯特·瓦格纳经常到欧洲考察，那里还有他亲密的家族关系。
随着住房问题在 1936 年成为前沿问题，他把夏天在欧洲旅行的大
部分时间用来进行住房研究。劳工住房协会在国会的出头人亨
利·埃伦伯根出生在维也纳，了解那里的社会主义大型住房项目。
在瓦格纳召集的 14 位专家来审查 1936 年初期的瓦格纳—埃伦伯
根法案时，至少 7 个人对欧洲住房项目有第一手的、详细的了解。
在 1936 年和 1937 年法案最终版本的国会斗争中，瓦格纳请了其
中两位：劳工关系背景丰富的克尔曼·伍德伯里和凯瑟琳·鲍尔。
随着时间的推移，低成本公共住房本土经验有所积累，欧洲专业知
识的价值开始下降。但是在公共住房从想法到可实行措施的运动
中，起关键作用的是实践经验，实际上也意味着熟悉作为社会政治
实验室的欧洲。[106]

　　引用的欧洲经验与美国经验抗衡，两者在复杂的对比中发生
相互作用。1934 年秋天纽约市住房局在现代艺术博物馆组织的住
房展览开始时，让参观者的视线集中在国内情况。展览的墙壁上

挂着城市贫民窟的揭露性照片,中心展品是黑暗、拥挤的"旧法律"纽约市出租屋的真实大小重建模型。但是光靠揭露消极面无法动员切实可行的社会政治。如果苦难没有社会能想象到的解决方案,就没可操作的政治空间。在揭露了美国住房现状的糟糕一面后,展览组织者带领参观者来到已经准备好的替代性未来前景,最引人注目的就是鲍尔、芒福德等人从欧洲带回来的住房照片。"海外所实现的,"这部分的标题写道,"为什么美国的工人不能住在这里?"阿尔伯特·梅耶在 1934 年的《国家》杂志上问:"美国的贫民窟居住者怎么知道体面的住房是什么样子?"这个设问句强调了并列的大西洋政治之动态关系:"他们怎么能知道呢?……因为他们从来没有到过德国、荷兰和英国。"[107]

正是大西洋进步纽带以所有这些方式和沿着所有这些道路,为新政早期带来除了对贷款者和抵押者的紧急援助之外的东西。公共住房是欧洲社会政治的分支,被站在欧洲同行肩膀上建立起自己专业知识的进步人士纳入大萧条时期的议程。在转移过程中,不可避免地出现了修改。

最出人预料的棘手问题是管理。问题似乎在 1933 年时就已经基本确定了。在奥地利和英国之外,欧洲工人阶级住房建设的繁重管理工作是靠有限股利房屋公司——有慈善机构的,有以劳工为基础的,也有合作社的。这种做法比英国上层臃肿的管理机制更符合美国管理的传统。它是灵活的、自愿性的,而且是经过良好测试的做法,与新政者想象中的团结正好吻合。在一个更简单的世界,它在美国本也应该能成功。

危机态势能暂时撬开政治结构,把为低成本住房提供公共贷款提上议程,同样也能给速度提出特别的要求。速度是有限股利项目垮台的原因。在《全国工业复兴法案》影响下,公共工程署的住房司向申请者开放。针织品工人的麦克利住宅区是最早和最好的项目之一,但是在该司审查者收到的其他 500 份左右的申请中,只有 20 份申请值得资助，其中只有 7 个项目最终建成。最积极的申请者是小规模投机建筑商，他们在任何形式的利润都和两美元面值的钞票一样稀缺时，非常愿意把企业临时变成有限股利公司。除此之外，备选项目是稀少得让人尴尬。某些在 1920 年代发现模范住房是吸引人的投资的大保险公司现在变得小心翼翼，不大情愿；大慈善团体陷入资金短缺的困境；在世纪之交的德国低成本模范住房融资方面发挥重要作用的国家社会保险基金根本不存在。467 至于在魏玛德国等地处于低成本住房建设核心的合作社和工会团体，在美国还是无法在一夜之间填补的巨大缺口。美国高度称赞的那种积极的、自愿的非营利协会也很难找得到——至少在 1930 年代的困难时期，难以很快找到特别关心住房问题的这类协会。[108]

1933 年代后期在批评家呼吁要看到人们返回工作岗位时，公共工程署突然从补贴主义原则转向集中管理的项目，按照 1918 年战争工人住房项目的路线直接建设低成本住房。哈罗德·伊克斯迫切渴望集中控制。住房司的主任罗伯特·科恩曾经担任战争期间紧急船运公司房屋建设部的主任。沿着过去政策经验的常规，紧急政策制订再次启动。

公共工程署的住房司在 1934—1937 年的三年时间里做了英雄般的工作。它建造了成群体、成社区的小规模住房，其空间和设施标准远远超过周围工人阶级住房，同时还有商业公寓建筑所没有的社区公共设施。许多包括卫生院、洗衣房，以及十年来作为欧洲良好工人阶级住房标志的公共活动中心。全部是黑人的哈莱姆河社区拥有护士学校、城市网球场和手球场、社区报纸、房客协会、公共事业振兴署老师开设戏剧和舞蹈课程的社区会议室，还为学童提供下午托管的服务。刘易斯·芒福德称哈莱姆河社区是人们能在 1938 年的纽约发现的最接近住房理想的项目了。这是美国式定居点建筑（Siedlungsbau），不仅是建造居住场所，而且是在建造工人阶级社区。因此，都市公共住房与绿带城镇和农庄村镇，还有合作社和公民论坛一起,成为一个超越价格和利润的、可以实现的世界的代表。[109]

但是,所有这些是 1936 年和 1937 年的紧急工作。重新安置署是行政上的权宜之计,是建立在行政命令而不是国会立法基础上的。公共工程署住房司是罗斯福政府前一百天的紧急公共工程授权的延伸,两者都没有严格的机构或者政治基础。在从权宜之计向永久机构过渡的过程中,利益团体就有了机会。

社区活动中最脆弱的部分是重新安置项目。雷克斯福德·特格韦尔绕过农业代理人—商业农场主联盟,尽最大努力让重新安置署和已经形成的农业游说团体绝缘。他为该局安插了不受通常政治主张影响的外来者:聘请迪拉德大学校长威尔·亚历山大担任副署长,两位司长来自他自己所在的哥伦比亚大学经济系,第三位司长来自北卡罗来纳州立大学农业社会学系。但是部分因为特格韦尔本人是个大嘴巴,争议太多,更多因为重新安置署的工作领域与既有的投资、固定的政治立场太深地纠缠在一起,要摆脱政治干扰是根本不可能的。由于新政的公共设计的本质,设计者的工作不可能长期秘密进行,他们的失误、超越限度的开支、种种缺点和效率低下势必立即成为新闻记者、政客和受到威胁的利益团体做文章的材料。

到了 1936 年,罗斯福的批评者们已经从重新安置署的工作中找到政治突破口,如"特格韦尔城镇"、"共产主义"农业观念、不切实际、"外国"观点等。在罗斯福的批评者们看来,政府郊区是新政集体主义发疯的标志:马里兰州的莫斯科,《芝加哥美国人》刊出的大幅标题称之为"美国首批共产主义城镇"。到了 1936 年 5 月,詹姆斯·法雷警告罗斯福说:"共和党人攻击最激烈的两点是公共事业振兴署和特格韦尔。"随着 1936 年 12 月安全地度过选举,在总统亲自前往马里兰州视察"绿带"市给足他面子后,让特格韦尔从政府辞职。但是他的辞职并没有改变多少政治情形。[110]

利益团体和意识形态都对新政的社区和合作社项目不利,不管计划者转向哪个方面,都有宣称要保护自己领域的既得利益者。私人建筑商和土地开发商从一开始就对政府建造郊区大为光火。在 1936 年还没有结束的时候,他们就获得法院的裁定,宣布计划中的第四个绿带城镇(准备在新泽西建设)超越了联邦政府"普遍福利"的范畴。政府不去挑战这个裁定,只是努力进行其他的三个城镇建设,放弃了建造更多的计划。医生认为重新安置署的健康合作社是政府管理医药的坏苗头。已经在和连锁店进行竞争的零售商认为,政府资助的零售合作社这一幽灵是已萎缩行业的另一个竞争对手。由于顾问警告他要防止中下层阶级零售店主代表"百万小商人"造反,罗斯福把合作社调查报告装进口袋,悄悄地让关于瑞典的讨论平息下去。[111]

　　至于说农民,虽然他们乐意拥抱政府给予的廉价贷款、按优惠价格买断农产品等经济刺激政策,但其中最有组织的农民根本不想要可能把美国农村底层道轨翻到上面的社会重建实验。《农业调整法案》下佃农的福利已经在 1935 年初让新政的左右两派发生激烈和尖锐的斗争,使得农业部中鼓吹佃户利益最激烈的人丢掉了工作。对于重新安置署为南方农庄定居点居民垫款来支付人头税的政策,保守派激烈抗议。在市场陷入极端不景气时,商业农民绝不是政府资助的额外竞争者的朋友。[112]

　　对于这些反对声音,地位稳固的农业合作社没有提供有分量的反驳观点。牛奶生产者大合作社在 1936 年已经抛弃了和新政的合作,因为牛奶生产者反对产量控制。合作社社会政治变色龙般的反复无常在政府与农业合作者的紧张关系中被玩尽了。在欧洲,即使在合作社运动和以劳工为基础的社会民主党形成正式或者隐含的盟友关系时,它们对政府也保持高度的警惕。合作社运动从英国的洛奇代尔集团以来就把自己包裹在不受国家干预的有机生长叙述中——而这种叙述是不符合事实的一面之词。"合作社调查"期待找到一个欧洲权威来认可政府应该有意识地开展合作社运动,这种寻找注定是徒劳的。甚至合作社调查组的利兰·奥尔兹也很快得出结论说,"合作主要在自发情况下产生,有它自己的土壤和根源"。但是欧洲合作社运动在既要反对大资本主义又要警惕国家干预的狭窄道路上艰难前行,美国的农业市场合作社却很少犹豫不决。合作社调查组的罗宾·胡德在1936年初的农民聚会上说:"农民合作社不反对资本主义,农民是真正意义上的资本家。"有经验的观察家可能发现在1930年代大农业营销合作社和美国商业农民游说利益团体之间有一个界限,但是它确实像蛋壳一样薄而易碎。[113]

470

让利益团体的反对更加复杂的是意识形态争论。半个多世纪的农业佃户实践都没有消除一种根深蒂固的观念:把人的尊严等同于拥有单家独院的房屋和自家的农场。农庄定居点的住户中很多把政府租赁作为暂时措施,他们可以在这里积攒点钱,希望将来离开这里去买一块属于自己的土地。许多南方进步人士也是这样的思想。到1935年初,阿拉巴马州的约翰·班克海德已经在积极游说要帮助佃农爬上"农业阶梯"成为个体农场主,当初是他对《全国工业复兴法案》的修正案使得第一批生计社区开始运转。特格韦尔在1937年初曾说过一段话,这是让他陷入政治困境的表述之一:"农场所有权?是的,对某些人来说在将来某个时候是可能的——在适当条件下,在他们自愿选择并且清楚了解成本,并表现出自己的上升潜力之后。但是现在,对于很多人来说最重要的是治疗疾病,改善孩子营养状况,得到一头骡子、种子和肥料,进城的时候有体面的衣服穿,对未来有些盼头,在每次农场和家庭危机时候有个好帮手。"但是特格韦尔在1937年就离开了政府。他的继任者威尔·亚历山大承认:"农村人想的……是个人农场;人们的心里还是希望拥有个人农场。"[114]

所有权是更具美国特色的农业方式,但又一次体现出时代标志的是:农业进步人士为了推广它,再次从欧洲借鉴先例。这次的杠杆支点是爱尔兰和丹麦土地改革措施。在第一个班克海德农业租赁法案的听证会上,亨利·华莱士重新讲述了格莱斯顿的爱尔兰土地购买项目的故事,因为他1912年从普伦基特之家看到它的成果。作为新的"小农场所有权全国委员会"主席,克拉伦斯·坡举出丹麦和爱尔兰土地改革的例子。很快被任命为总统"农业租赁委员会"负责人的L. C.格雷证实:"美国是有影响的文明国家中唯一一个没有采取矫正租赁罪恶制度的国家。"他向参议院委员会保证土地改革中没有任何"新的"或者"未尝试过"的措施。罗斯福在1936年选举前批准这个项目,同样引用了爱尔兰和丹麦的先例。[115]

471

到了1937年9月,重新安置署已经被新的机构"农业安全署"(FSA)所替代,目的是吸收老机构的工作,同时受命给予自耕农理想第二次机会。像重新安置署一样,农业安全署的主要工作是管理陷入困境的农业家庭的复兴贷款。但每年拨出5000万美元来推动更多农村人进入小农场主行列。因为有这笔钱,农业安全署被授权购买农场,重整土地防止水土流失,翻修房屋和粮仓,把农庄以长期贷款的方式卖给当地县委员会认为有能力拥有农场的佃户。激进的"南方佃农联盟"代表反对,他们认为这个项目转移了合作农场定居点的信仰,鼓励了"经济无政府主义,注定要失败"。1935年农业部清洗的受害者之一加德纳·杰克逊告诉国会,时代需要"新的农业组织形式",那"必须是公社或者村庄农场经济"。进步人士的"南方政策协会"也提出了同样的观点。[116]

实际上这两个理想并非完全对立的。如果丹麦先例说明了什么的话,那就是:在大规模资本控制的世界里小农场主如果没有合作、互助、教育性协会的支持网络,单独行动是无法成功的。需要有普伦基特和丹麦其他农业生活改革者花费巨大心血组织推动的合作乳品厂、民俗学校、信用合作社等。农业安全署的计划者试图悄悄地把必要的措施组件结合起来。在处境艰难的佃农和小农场主之间,农业安全署的工作人员推动组织小合作社、讨论小组、合作医疗协议等。通过反对那些依靠政府资助购买土地的佃农随意出售新买的土地,避免公共投资再回流到投机性土地市场,农业进步人士赢得了重要的象征性胜利。甚至农场定居点也保持了下来,虽然班克海德法案的附加条款规定不再建设新居住区。[117]

472 但是农业安全署的努力规模太小,无法建立能够维持新政社区和合作社项目的政治选民群体。甚至农业安全署的佃户购买土地计划,在每年增加40000新佃农的增长速度下也没有产生多大的影响。到了1947年国会彻底关闭农业安全署的时候,它已成功地让47000个佃户家庭成为农场所有者,其中大部分为白人而且刚开始基础就比较好。爱德华·班菲尔德计算说,按照这个速度消除农业租赁需要未来400年时间。[118]南方数百万佃农的出路问题被留到战后市场推动的把人员和贫困向北方城市转移的过程。新政社区项目作为私有财产体制中的怪种被一个又一个抛弃。艾尔伍德·米德的农场定居点的最后一个残余在1948年也停办了。同一年,一家商业开发公司购买了田纳西的诺里斯。绿带郊区在1950年到1954年间被全部出售。

新政社区计划者把各种借鉴拼凑起来,本来打算看看能否创造出另一种选择来取代土地和农业的私有市场、孤立的农场、投机商建造的郊区、不限制继承的不动产所有者。灾难时期的智识经济给予他们正常时代所没有的优势。在1930年代初期的不确定性中,长期以来吸引了在欧洲的美国进步人士想象力的现成计划、合作社项目、对于"有机"村庄和小城市的设想等,都找到了实施的机会。在当今更加沾沾自喜和孤立的美国,现在仍然能发现他们被埋没的工作的遗迹。不过,这些在特定环境和动态影响下的建设注定是不能长久的。面对充满敌意的公开宣传和头重脚轻的担忧,它们没有能在起初那种例外条件之后维持下去的资源。

住房领域的最后激烈争夺更加复杂。受欧洲启发的进步人士最先提出来长期建造联邦资助的低成本住房。西姆柯维奇的全国公共住房协会和鲍尔的劳工住房协会都在 1935 年的国会上提出法案,后者在当年秋季的转变中获得美国劳工联合会的支持。当不同法案在参议员罗伯特·瓦格纳的办公室并成一个后,统一的公共住房措施在 1936 年获得参议院的通过。第二年,认识到法案通过迫在眉睫,政府最终参与进来,虽然支持的理由与西姆柯维奇和鲍尔的不一样。当英国经济复兴的消息在 1935 年和 1936 年渗入华盛顿后,一些新政者开始认识到英国经济复兴与持续对工人住房的公共投资之间的关系。工党的伦敦市政议会议长赫伯特·莫里森在 1936 年初期把消息带给华盛顿,罗伯特·瓦格纳等人接受了。在政府机构内部,一批最初的凯恩斯主义者开始联合起来,相信复兴最终取决于简单的增加国家开支。因为这个推理的逻辑,大型公共住房建设项目有许多吸引力。1936 年瓦格纳—埃伦伯根法案的听证会上充斥着这样的言论,既来自非常熟悉英国的专家也来自工会发言人。[119]

所有这些观点围绕着永久性低成本公共住房项目联合起来了。为大众提供公共资助的住房是健康和卫生措施,也是民主派工人和消费者的住房运动可能据以生长的中心点,也是让失业者重新获得工作的方法,还是刺激整体经济复兴的政府投资措施。社会资助住房观点背后多种不完全吻合的理由是社会政治的典型特征。问题不在于连贯性,而在于专家会议起草的措施进入利益团体的日常政治斗争后会出现什么样的后果。

住房法案的反对者中有些希望公开拒绝。布朗克斯纳税人联盟的主席在 1936 年参议院听证会上说瓦格纳措施是"不动产私人所有权终结的开始"。在这个议题上,主要的反对团体如美国商会、美国建筑和贷款联盟、全国不动产协会、全国木材零售商协会等都已经动员他们的支持者几个月了。但是在 1937 年随着联邦住房法案的通过看来不可避免,他们采取了把守对他们来说唯一真正重要防线的立场。国家为最穷的人提供政府住房是可以接受的，但前提是住房市场的其余部分必须清楚地摆脱被侵占的命运。这就意味着为最贫困者建造的住房——为现有贫民窟住户实施的贫民窟改造。[120]

西姆柯维奇和全国公共住房协会并不是完全不同情贫民窟住房项目。对于公共住房运动的社会工作和睦邻中心派别来说，似乎非常明显的是公共住房应该扎根于房屋标准最差、离需要重新安置的人口最近的地方。[121] 相反，鲍尔一派认为内城重建是个经济陷阱。贫民窟土地购买是贫民窟地主的天赐良机，贫民窟改造意味着支持现有的价值结构，即从听任房屋毁坏的主人那里购买达不到标准的房产。这意味着给社会住房加上高得惊人的土地成本和非常有害的环境限制。这意味着确定工人阶级住房设计新标准的终结，也意味着住房的社会民主思想的失败。[122]

在 1934 年演讲旅行的每一站，雷蒙德·昂温都表达了同样的观点：成功的公共住房项目不能从贫民窟开始。他警告说，公共住房需要建立工人阶级牢靠的政治支持，然后才能处理贫民窟改造产生的棘手的补偿价格和土地价值问题。昂温认为在欧洲任何地方，成功的公共资助住房项目都不是从穷人而是从工人阶级开始的，包括工作稳定的、中等收入水平的技术工人在内。1937 年被美国请来传播英国公共住房工作经验的理查德·莱斯提出了类似观点，从贫民窟改造开始是"完全错误"的。[123]

但是大西洋潮流已经转向其他的结果。只有英国和丹麦在低成本住房建设上一直到 1930 年代中期还维持着高昂的公共投资。瑞典低成本住房政策的独特工具，即城市大量购买土地和由合作住房协会进行建设，在 1930 年代的美国从政治上说是根本不可能的。因为维也纳和德国实验成为废墟，美国人的注意力越来越多地转向英国。查尔斯·帕尔默 1934 年曾穿越整个欧洲寻找低成本住房的观点，但是在 1936 年第二次旅行时，他已经肯定他需要的东西都可以在英国找到。1935年内森·斯特劳斯懒得把其他国家纳入自己的日程安排中。在合作社和有限股利建筑商缺乏的情况下,显然是英国式公共住房管理机制应该来完成美国的任务。[124]

在这个背景下,英国住房政策1930年代中期重新返回贫民窟改造,对于大西洋彼岸的美国就具有了特别的影响力。从政治上说,贫民窟是保守党项目。感觉到英国的郊区建设任务大部分已经完成,大萧条初期短命的工党政府为内城改造增加了新补贴。但是在1933年,保守党控制的继任政府终止了所有其他住房补贴,把英国项目的重点全部放在贫民窟清理和改造上。在相当程度的吹嘘下,政府承诺五年时间内消灭贫民窟,提出了拆毁和重建50万套住房的计划。在1919年法案的遗留规定中,地方政府有权按土地价格征用和购买破烂的贫民窟财产,即不需要额外赔偿建筑物费用或者支付房主的租金损失。英国贫民窟战役的成功可能与政府苛刻对待贫民窟所有者的投资密切相关,这一点在向国会介绍英国政策转变的报告中几乎没有提到,虽然昂温等人努力要指出这点。贫民窟清理和改造有不动产利益团体的支持;到了1930年代中期,它又出人意料地获得了跨越大西洋范例的声望。[125]

牌局既已暗中倾向于贫民窟改造,法院手中的牌(对美国进步人士来说,这始终是个不利因素)拥有了更大的价值。法院没有阻碍新政者住房方面的最初行动。公共资金注入私人抵押贷款或者抵押担保没有遇到多大困难就获得法院的许可。在经济刺激政策中,社会和经济重新分配的因素相对来说总是容易掩盖的;但是在缩小商品化物品的规模时,社会政治不可避免地激化了所有权问题。在司法系统的某些部分,那种认为政府住房建设不属于"公共用途"的主张在1937年仍然是普遍规则。最有效的反驳观点是(在1936年纽约上诉法院的裁决里得到最清晰地阐明):公共住房带来公共安全利益,因为它是整顿滋生犯罪和疾病的贫民窟整体社会环境的一部分。但是,整个工人阶级的公共住房项目很难由此而得到明确认可。[126]

　　住房改革运动的两派都抵制参众两院修正案的残局。但是现在欧洲先例不利于广泛的住房项目，而且宪法问题又悬而未定，不动产游说团体、建筑和贷款协会、商会等很快把瓦格纳法案削减到最不受反对的内容：为穷人建造便宜的公共住房。新的美国住房局建造样板工程的权力被剥夺，对于鲍尔来说非常宝贵的有限股利公司和住房合作社从法案中被删除了。只有当地住房管理局可以获得新联邦住房贷款，只能为"最低收入群体"建造住房——"低收入群体中的最低者"，参议员大卫·沃尔什在辩论中这样坚持，且每单元的成本不得超过5000美元。而公共工程署在东北都市区的平均成本都超过7500美元。[127]

476　　即使在1920年代住房建设的高潮时期，私有建筑商也没有有效地为收入最高的三分之一人口以外的人建房子。[128]房产商利益团体的目标不是保持现有市场免受国家竞争，而是抢先占有现在还没抓住的市场、在当前经济条件下无法填补的空间。因为担心大量增加新房子会降低老房子的价值，公共住房当局每建设一幢新房子，必须在贫民窟购买和拆除相应的房子。因为拒绝了英国的拆迁补偿经验，贫民窟房屋的价格交给法院来裁决，结果可想而知。

　　美国住房局的首任局长内森·斯特劳斯两年后写道，1937年的《住房法案》"是根据世界上最成功的公共住房经验——英国经验而制定的"。在重要意义上，他是对的。《住房法案》比多数新政措施更多地不仅吸取了欧洲过去的经验而且吸取欧洲当前实践的经验。1930年代住房改革者在大西洋两岸来回穿梭，演出了在两代人里一直是跨越大西洋进步纽带特征的角色和关系。共同的社会政策竞赛语言是他们的第二天性。查尔斯·帕尔默在1937年参议院委员会听证会上说："我们国家的唯一问题应该是：怎样快速地赶上世界其他地方？"[129]

　　因为大萧条中的美国人排着队渴望获得新住房计划中的房

子,从表面看,解决这个问题很容易。在 1937 年法案下建造的第
一批住房项目被申请者包围,纽约市的皇后桥住宅区工程有 16000
个家庭申请,在布鲁克林的红钩社区工程有 62000 个家庭申请
2500 套房屋。鲍尔在 1937 年进入美国住房局担任研究和信息部
主任时,非常自信随着时间的推移其工作任务会越来越多,而不是
越来越少。在社会供给方面扩张是太常见的现象,1939 年和 1950
年的《社会保障法》修正案就是说明问题的重要例子。鲍尔轻描淡
写法案在国会斗争中的失败,认为国会通过的住房法案"虽然受到
重创但仍然可以使用"。在 1940 年代后期,住房改革者相信国家
将通过有限股利公司和住房合作社,为中等收入的三分之一人口
建设第二拨的公共资助住房。[130]

　　但是针对穷人的公共政策与针对工人阶级的公共政策之间的
差距不管从统计学上看多么狭小,在政治上是巨大的:要跨越这个
差距就要克服意识形态的雷区,在政治上也是危险的。从非穷人 　477
开始,社会保障的支持者随着时间的推移逐渐增多;从穷人开始,
美国的公共住房从来没有能成功脱离最初的起源。夹在贫民窟的
土地价格和国会规定的成本和收入限制之间,鲍尔想在商业市场
之外建立工人阶级住房和社区设计新标准,这个希望就成为难以
实现的空想。在美国没有闪亮的罗默斯塔特,没有像工会支持的
陶特住房那种大手笔马蹄形社区,没有更多麦克利房屋,没有瑞典
的住房合作社,甚至没有英国体面的、低成本郊区工人阶级住房散
乱扩展的海洋。当美国"住房和贷款联盟"在 1937 年提醒其成员
在美国《住房法案》下不可能有"广泛的、不受限制的"住房项目
时,其判断显然没有错。[131]

　　到了 1940 年代初期,鲍尔本人已经担心伴随美国式公共住房
的"致命的慈善味道"。高度和规模被推得太高,建筑成本的削减
已经造成结构狰狞,内部空间减少到最低生存保障的限度。合格
条件被弄得太死板,家长式管理作风太明显,住房项目与需要住房

的团体之间接触太少而且效果太差。她写道："不利于公众支持公共住房项目的最大障碍是'社会工作、对付犯罪和疾病'的味道,这是我们在 1930 年代起步时不可避免的印象。"从最低收入住房到工人阶级住房的突破需要更多政治资源,这是美国进步人士无法实现的任务。正如后来结果证明的,国会建造的不过是另一种济贫院。具有强烈讽刺意味的是,最初的房屋大部分笼罩在魏玛现代主义勇敢的、新鲜的审美观点中,虽然现在看它悲惨地遭到挫败。[132]

新政公共住房是大西洋社会政治的胜利,同时也表明这种关系中的障碍和局限性。欧洲例子给美国一小片住房市场的去商品化提供了政治推动力。社会政治的领域再次跨越了北大西洋世界。但是美国的公共住房在借鉴过程的政治中改造了欧洲经验。它努力要赶上欧洲标准,使美国人再次脱离了例外主义的轨道。诞生于当时仍然把北大西洋社会政治结合在一起的影响和竞争、借鉴和修改的体系中,它是具有鲜明美国特征的产物。实际上,把这些话用在新政本身,也是完全适当的。

通过所有这些渠道,越过所有这些障碍和改变,大西洋进步纽带中一直被拦蓄的内容倾倒给新政。20 世纪的美国政治议程再也没有像 1930 年代吸收欧洲那么多政治思想。但是在 1930 年代,行动和语言之间的差距扩大了。即使在新政者把大量外国经验纳入法案时,即使在推动党内自由派接受欧洲风格的社会民主政治时,他们的世界主义也远没有从前的进步人士那么强烈。他们更倾向于把对外国经验的参照掩藏在怀疑和伪装后面。

1930 年代的有些回避和扭曲是罗斯福的行为——他是在分歧中间建立同盟的艺术大师。还有更多扭曲是对新政反对者语言的一种策略上的反应。自从医生和保险公司显示尖顶头盔和"德国造"指控能够轻易破坏医疗保健的经济学后,一旦面临反对者指控该项目不爱国、与美国政治独特的天才格格不入,世界主义进步政治的脆弱性就暴露无遗了。"我们用对比的术语讨论了这么多发生在挪威、瑞典、英国等地的情况,"国会议员埃弗里特·德克森在1937年的公共住房听证会上抱怨说,"我觉得我们应该忘掉他们的经验……如果要开展住房建设项目,我们应该忘掉在旧世界发生的事,试着用现代的、美国的方式解决问题。"[133]

在飞向进步人士的炮火中(如批评其项目缺乏效率、徒劳无益、削弱道德和经济行为的弹性、刺激利维坦式国家的胃口等),非美国特色这一指控并不总是最突出的。但是到了1930年代,这样的批评无所不在。罗亚尔·米克在1934年抱怨说"美国人的独特天才"到底是什么,"我从来没有找到……但它总是被人提到"。[134]

特格韦尔是特别容易引来"非美国特色"这种指控的靶子,他的头脑中充满了全面改革,又有当教授时期到苏联夏日旅行的经历。农业安全署因为其"集体主义"幻想、"社会实验"、"外国"假设而遭到批评家连续的攻击;国会的主要批评家在1944年抱怨说农业安全署从一开始就是"非美国特色想法的实验站"。绿带城镇是"非美国特色","救济金"是"非美国特色",公共住房是"非美国特色",新政本身是"非美国特色"。赫伯特·胡佛在1936年抱怨说:"如果在欧洲集体主义大举进攻中有什么东西新政没有去模仿的话,那准是看漏了。"伊萨克·鲁宾诺在1934年不耐烦地抱怨说:"我们美国人,至少多数美国人,认为如下真理是不言自明的:我们是最伟大、最富有的国家,我们的人民是世界上最聪明的人;我们被赋予特殊的历史使命来指导陈旧和落后的世界,而不是从它那里学习什么。"[135]

尽管受到攻击,美国许多进步人士仍然保持世界主义信仰。鲁宾诺认为"对于引用欧洲经验、欧洲解决问题的方法作为榜样那么极度谨慎"是个错误。亚伯拉罕·艾普斯坦在失业保险听证会上作证时忍不住违背别人的忠告,还是详细讲述了英国救济穷人的故事。海外朝圣之旅继续进行。伊迪丝·伍德1939年夏天出席了在斯德哥尔摩举行的国际住房大会。得到古根海姆奖学金在瑞典和苏联研究住房问题的凯瑟琳·鲍尔当年夏天也在欧洲，不过在伦敦的一场车祸让她错过了斯德哥尔摩的会议。去苏联不到一星期第二次世界大战就爆发了，她被迫回国。吸收"文明世界"的经验，结合美国的具体情况进行修改和完善，这仍然是1930年代许多进步人士的明确目标。[136]

　　在一连串的"非美国特色"指控下，其他人开始了策略性撤退。第一个是威斯康星大学的约翰·康芒斯，该校是世界性社会政治主要实验室之一。康芒斯本人从来没有深刻的欧洲联系，错过了到德国攻读研究生的机会，这在他那个时代著名社会经济学家中属于少数。1906年受全国公民联盟委托到英国考察市营公共服务业的公费旅游，但这在他看来纯粹是浪费时间。不过，他是理查德·伊利的最好的学生之一，像老师一样在1890年代是基督教社会主义者。他已经进行了市营公共服务业的战争；他曾宣称自己是"社会连带主义者"。成员中有许多在德国留学的社会经济学家的美国劳工立法协会也选定他作为执行秘书。在威斯康星大学，康芒斯经常性地派学生搜寻外国法律书，从中寻找管理模式和途径。他曾经让五十名本科生绘制世界所有国家的劳工法律的图表，把研究结果挂在教室四面墙上。[137]

　　但是在第一次世界大战后，康芒斯的兴趣重点开始转变。因为和拉福莱特进步派就对德国立场"软弱"问题发生分裂，他开始更多地谈论约束企业本能的激励措施而不是直接控制。到了1920年代后期，他不仅按照这个思路重新制订了失业赔偿原则，而且开始大声嚷嚷他的计划是"美国特色"的计划，"彻底改变"了欧洲政策原则。在寻找政治效率的时候，本土主义者的对立观点杀了回来。[138]

　　美国劳工立法协会是进步压力团体改弦易辙的一个更深刻的例子。作为战前世界性进步政治的最重要的组织机构，美国劳工立法协会总是公开表现出一副跨越大西洋的面孔。美国落后和美

480

欧对比的语言是其首要特征。它用这些术语开展宣传健康保险的运动。1918年它广泛散发的漫画上是一个英国工人和一个美国工人，前者有众多保护性社会保险构成的大雨伞，而后者的雨伞几乎是空的，除了微薄的工业事故保险之外全是窟窿。即使在健康保险运动失败后，美国劳工立法协会仍然坚持世界主义风格。当国际劳工组织的阿尔伯特·托马斯1920年代初到美国进行演讲旅行时，《美国劳工立法评论》在每期上都刊登他的照片。当批评家指责英国失业救济时，《评论》邀请工党的玛格丽特·邦德菲尔德写文章反驳。1930年9月的失业问题特刊发表了邦德菲尔德和玛丽·吉尔森关于英国失业保险体系的文章、莫莉·雷·卡罗尔关于德国失业保险法律的文章，以及阿尔伯特·托马斯本人的赞同意见。[139]

但是，因为受到健康保险引发的"极端反应潮流"的深刻打击，约翰·安德鲁斯开始重新思考美国劳工立法协会几年来的策略。在1930年12月那一期上，该协会的《美国劳工立法评论》突然放弃了精心培养的欧洲纽带，转而在失业问题上鼓吹具有独特风格的"美国计划"，以威斯康星法案作为核心内容。在接下来的五年里，安德鲁斯提出的社会改革路线中美国主义色彩和冈珀斯时代的一样刺眼。他写道，浪费时间与外国进行比较或者"深入研究与美国经验不同的外国体制的运行"是没有意义的。直到《社会保障法案》通过后，《评论》才最终放弃壁垒，重新刊登有关欧洲的文章。[140]

美国劳工立法协会向美国本土的退却不能全部用策略来解释；但是在1930年秋天，德国失业保险体系因为失业索赔负担而步履维艰，报刊充斥着英国失业保险陷入困难的新闻，无疑让国际对比的言论比从前任何时候都充满着更多的危险。全国制造商协会主席在1930—1931年之交的冬天宣称，失业保险"不是诞生于美国，也不是美国人头脑里想出来的"。在1934年众议院失业救济听证会上，最渴望讨论欧洲的人是失业保险的批评家们。欧洲先例在1930年代被贬值，反进步的力量再次发动"非美国特色"这

481

一机器,在此情况下,最方便的做法是把运动的世界主义翅膀收起来,放弃欧洲经验,努力探讨美国方式的优越性。[141]

但是对于 1930 年代的许多进步人士来说,策略性的放弃比较少见,更多的是态度突然倒转或者模棱两可。社会保障辩论就是很好的例子。经济安全委员会最初的传单对于社会保障的欧洲根源直言不讳,社会保险"不是新观点","连很小和所谓'落后'"的欧洲国家都有。经济安全委员会的另一份传单上说:"我们自诩为进步人士,但在社会保障立法方面,我们至少落后于时代 25 年。"哈里·霍普金斯 1935 年 3 月在电台广播中重申,在《社会保障法案》中不存在"没有尝试过的原则"。他受总统委派寻找经受过实践检验的措施,他说:"我们做了。我们研究了欧洲过去 50 年的经验。现在我想指出我们不推荐美国复制欧洲的计划。"最后一句话指什么,只有专家去琢磨具体内容才能充分明白,但是这句话的存在意义深远。吸取世界经验和表现出不受外来经验干扰,在政治上都是必需的姿态。[142]

同样的动态关系也影响了绿带工程的宣传。在郊区重建司的早期传单上一边是伯恩维尔和韦林花园城、梅的罗默斯塔特、陶特的策伦多夫的照片;一边是美国的贫民窟、佃户的棚屋、侵蚀的土地、美国工人领救济面包的长队、投机商建造的大片大片的单调美国住房的照片。为了让所有人都明白,他们绘制了一个图表显示美国和德国、英国、法国、荷兰国家资助的住房建设数量的对比,显示美国远远落后别人。当 1936 年特格韦尔把绿带城市的议案提到俄亥俄州公民会议上时,他开头就谈论埃比尼泽·霍华德。但很快便出现了否定的声音。他接着解释说绿带城镇规划者并没有真正做规划,更少吸取其他国家的经验。他们不过是"采取了已经为我们做好的规划"——新英格兰和俄亥俄河谷的城镇和村庄。新政不过是要赶上国际标准,与欧洲没有任何关系。它是对世界经验的继承,它就像土地本身一样是本土的、自然的。即使官方的

482

宣传也有两副面孔。[143]

在这方面 1936 年比 1939 年好。由于欧洲的前景再一次因陷入战争而破碎,许多美国进步人士发现越来越有必要把本土传统放在海外学习经验的后面做支撑。即使像刘易斯·芒福德这样的世界主义知识分子都感受到这种诱惑。在 1930 年代的最后一年,芒福德与人合作制作他《城市文化》一书的电影背景。《城市文化》得到阿伦·科普兰的配乐,用电影形象表现了芒福德在这个十年之初描述出来的 U 形历史轨迹。电影让观众看到的是前科技时代的水、树林和村庄的和谐,然后陷入煤炭和钢铁形成的旧科技时代的地狱。沿着历史再往后来进入特大城市本身的狂热,随着汽车疯狂地冲向悬崖,金融资本主义最终要崩溃,新技术平衡慢慢开始返回。《城市》重新展现了芒福德的《城市文化》的所有方面,只有一点例外:这次芒福德砍掉了欧洲内容。从中世纪早期,前科技时代被往后推移几个世纪,转到 18 世纪末期马萨诸塞的雪利中心(Shirley Center)。从那里开始的历史演化不是像从前通过英国的"黑乡",而是通过匹兹堡和纽约来表现的。至于对新技术将来的展望,芒福德让电影观众看到胡佛大坝、田纳西流域管理局、康涅狄格州的梅里特观光道的漂亮远景(当时还是新的,还不拥挤),最后是新政时代马里兰州"绿带"市。罗默斯塔特成为被抛弃的记忆。[144]

到了 1939 年的时候,人们有充分的理由否认魏玛社会民主的虚假源泉,取而代之的是更强烈的本土内容。多年后,芒福德坚持新英格兰村庄一直是他 1930 年代乌托邦主义的源泉。其他人也让他们的记忆转向同样的方向,把 1930 年代社会政治的国际主义推向更遥远、更渺小的地方,重新把 1930 年代的政治描绘为独特的美国运动。作为记忆,它是错误的,但是作为预测,它并非完全脱离目标。受到海外事件和国内敌人的双重打击,跨越大西洋的进步纽带处于感受得到的紧张状态。新政是这个纽带的高潮,它暗示过一个完全不同的未来。

第十一章

1942 年的伦敦

消除贫困的计划

在北大西洋经济体的历史上,第一次世界大战是中断,第二次世界大战是分水岭。在任何层次上它都改变了大西洋世界的社会和思想版图。从第二次世界大战的熔炉里诞生了完全不同的区域经济力量平衡、大幅度扩张的国家责任期望值、新的社会政治抱负、充分展开的大西洋纽带的新装饰线条。在美国,第二次世界大战标志着世界主义政治意识的胜利。没有人料到它也标志着美国大西洋社会政治时代的终结。

在第二次世界大战分水岭的前后对比中,现代福利国家的建设是特别具有戏剧性色彩的。在这个故事展开的地方,在分界线的这一边是六十年社会政治修修补补的工作:对这一处社会经济不公平的纠正、对那一处社会利益的去商品化、对某些特别风险的保险、一点一点对市场的修改——在最紧迫的地方,在能成功想象到或者从他处借鉴到切实可行的矫正措施的地方。在第二次世界

大战的另一边,则是发展更严密的、我们时代的"福利国家":长期
的社会专家工作人员、持续经济管理的承诺、更加系统化的规定,　485
以及包括中产阶级在内的更加广泛的目标人口。

　　当然,零碎的和系统的社会政治之对比并不是绝对的。第二次
世界大战后福利国家的安全网仍然让闯入该领域的许多人感到失
望:福利国家管理结构有效和公平分配社会物品的能力可能下降;
市场的公共管理者可能睁一眼闭一眼,或者在他们应该管理的对
象的怀抱中彻底打盹儿;国家经济管理者带领国家经济度过危机
的能力可能垮塌;体系的连贯性可能(往往实际也是)被夸大了。
正如在之前社会经济的修修补补中一样,现代福利国家混合性经
济中的公共机构也并没有做国家的所有社会政治工作。雇主、工
会、教堂、慈善组织和合作社仍然承担了主要的负担。

　　福利国家政治的众多方面仍然充满争议。某个社会福利的接
受者或许被妖魔化或者被作为替罪羊,他们的救济被大幅度削减
或者彻底停止——尤其是当他们贫穷或带有种族标记时,这种可
能性就更大。纳税人的反抗或者私有化的运动可能爆发,加上有
一位撒切尔或里根提倡和促成。不过,尽管福利国家政治受到激
烈对抗,尽管选民之间就谁应该得到救济和保护、谁应该为这些救
济买单而争来争去,国家继续控制和管理市场经济的做法还是在
更深层次上得到广泛接受。国家作为稳定者、管理者、社会产品提
供者、少量社会正义的维护者被当作理所当然的。[1]

　　从零碎到系统的转变发生在众多不同的政治体制下,政策制
订者像往常一样超越差异去相互借鉴和竞争。20 世纪的第一个福
利国家是英国工党政府在 1945 年到 1950 年匆匆忙忙成立的。因
为有一批现成的进步思想、战争中的集体主义经验、激进的重建主
义的胜利情绪,工党政府把社会政治三代人的零碎积累变成接近
意识形态和实际操作连贯性的内容。1948 年后在瑞典,同样的工
作也在社会民主党支持下展开,不过比较缓慢,因为没有受到战争

时期重大牺牲的刺激。在西德，战后"社会市场"国家是中间派政府的杰作，它受到那些认为真正问题在于银行和主要工业所有权的左派的侵扰。在其他地方，差别更大的政治环境下出现了其他变体。小阿瑟·施莱辛格认为"福利国家"这个术语在 1949 年秋天的时候不过才几个月大，十年后它竟然成为北大西洋经济体的基本模式。[2]

在这个普遍朝向更广泛、更系统的社会供给的运动中，美国是积极的参与者。新政时代在 1953 年的结束没有导致社会政治的全面扭转，虽然共和党中的许多人迫切渴望看到这样的结果。慢慢地，大萧条时代紧急政策的残余因素被转变成长期性措施，涵盖的范围扩大了，承诺增多了，管理变得更加系统化了。《社会保障法案》中最明显地被排除在外者得到纠正。因为担心全国健康保险体系获得突破，大企业和工联主义者赶紧合作推动成立了以就业为基础的健康保险体系。该保险由私人管理，但是受到集体谈判和调解的制约。农民和郊区住房所有者继续得到大萧条时代的补贴。在城市，都市"复兴"工程大量展开。在战前时代启动的结构和期待里，即使美国也呈现出了福利国家的形式。

更加戏剧性的是，战争让美国政治国际化。它把美国人拉到世界舞台上，而且留在那里不下来了，因为 1939—1945 年的热战变成了 1947—1989 年的冷战。让美国突然加大对世界管理的投入，其程度是美国历史上从来没有的。1945 年后到处都是美国政策制订者——在进行调查、管理、筹措资金、实施安抚等。和历史上任何时期相比，这时有更多的美国活动家、更多的国际会议和机构、更多的外国报告和外国数据交流。美国位于世界权力中心彼端的地理政治边缘化地位到 1940 年代末期已经成为历史。雷·斯坦纳德·贝克的"地球中心论"一去不复返了。

表面上看，所有这些因素似乎对北大西洋进步纽带是个好兆头。在战前进步政治的许多资深人士看来，美国与其他国家的联

系似乎比从前更密切了，已经成熟了，可以持久地、规范性地参与
美国本土之外那一半被理想化、一半又受到怀疑的社会政治世界。
当然，美国从来没有比现在这样更像旧世界国家：和平时期的常备　487
军队、地缘政治野心、不断扩张的国家机器、政治性动员的工会运
动，以及从破碎的欧洲搜罗来的世界各国背景的知识分子。[3]

　　但是期待中的高潮并未出现。战后美国人突然发现他们处于世
界之中，但在政治上他们并不属于它。他们的大西洋纽带更丰富了，
但这些纽带不像从前那样起作用了。更多的外国新闻来到美国，但
它们对国内政治的意义越来越小。其他国家社会政策的报告堆积在
美国研究型图书馆，但它们不再能够推动政治的车轮。在欧洲和美
国的福利国家制度之间，关系变得越来越稀薄。美国进入国际政治
舞台的入口同时也是出口，"美国世纪"的到来也就是其关闭之时。
在被预告即将成功的同时，北大西洋进步纽带却散开了。

　　结束从来都不比开始更简单。美国社会政治的跨越大西洋时
代的关闭是个复杂的事件，充满了虚假的开始、放弃的机会和讽刺
性的转变。本来应该是战后高潮，结果却根本没有高潮而是从前
例外主义的回归；要了解这个情况，再没有比 1942 年的伦敦更有
利的窗口地位了，因为伦敦是战后福利国家建设的起点。

　　这是比我们故事开始时的 1900 年凄惨得多的一年，是第二次
世界大战的第三年。1942 年没有人举办博览会，即便有人举办，也
不会有打着阳伞的女士在会上闲逛，也不会有威廉·托尔曼们把
展品巧妙地安排在带铰链的搁板和格子上，也不会有帕特里克·
格迪斯们按庞大的进步标题把所有趋势组合起来，也不会有热烈
讨论"社会问题"的国际聚会。伦敦本身也成为比四十二年前凄惨
得多的城市，1940 年和 1941 年德国轰炸机在此狂轰滥炸，人们都
被迫撤离，陷入物资短缺和最低限度食物定量配给的困境。英国
刚刚在北非的军事胜利对于几乎连续三十个月的灾难和撤退中的
人来说很难有多大安慰。这个城市与约翰·伯恩斯、锡德尼·韦

伯那个充满市营公共服务业抱负的世纪之交的展览胜地简直是天壤之别。

但是就在这个破坏性大环境下，在1942年的最后一个月突然出现了立刻具有国际意义的社会政治蓝图。它的正式题目是"社会保险和相关服务跨部门调查委员会的报告"，但为了纪念起草人通常被称为"贝弗里奇计划"。在后来所有福利国家项目和政纲中，没有一个能比得上它的影响力或受欢迎程度。该报告回顾了进步人士从前的做法，绘制了战后进步承诺的蓝图，一下子取得了作为福利国家政治奠基性文件的地位。

"贝弗里奇计划"在包括美国在内的北大西洋经济体内引起充分的讨论，几乎所有人都试图从它捞到政治上的好处。虽然北大西洋进步纽带中的美国人非常关注它，但是他们不再像从前那样认真倾听了。在长期以来报道英国进步政治的杂志上，在曾经对《劳工和新社会秩序》充满希望的杂志上，人们不可能不注意到一种隐含着批评性优越感的新口吻。就像过去的进步人士一样，1940年代的美国进步人士热衷于未来。但贝弗里奇并没有为他们提供未来远景，欧洲也没有。在欧洲历史上，1942年代表了社会政治新旧时代的交接点。在美国历史上，它标志着封闭的时刻，美国历史再一次回到自己珍视的上帝赐予的潮流中。

贝弗里奇1942年关于社会保险的报告是起草了两次的文件，第一次是由威廉·贝弗里奇起草，后来被参与进来的公众重新修订，在战争艰难的、让人泄气的第三年，人们在其中倾注了如此明显的政治希望。贝弗里奇本人并不想写。他曾在汤因比馆工作，伦敦失业者示威游行让他投身于1904年的失业政治，并成为人力资源问题专家。贝弗里奇拒绝了让他参加关于养老和健康保险的政府委员会的邀请，理由是这不是他的专业范畴。他在1941年和1942年迫切渴望得到的职务是负责战争期间的劳工分配政策。在社会政策问题上,贝弗里奇甚至不是特别具有进步思想的人。罗斯福的新政在 1933 年并没有给他留下深刻印象,他认为,那是在第一年混乱的矛盾冲突中"尝试所有错误药品"的举动。他认为新政的工作救济是个错误,国家工业复兴总署是特别怪异的东西。他更愿意少干预商业周期的"自然"力量,更多关心企业对低利率和更稳定货币的需要。在他的英国背景下,贝弗里奇是社会自由派,不是工党人士;是中间派,不是激进派。伦敦报刊在 1943 年初期指出"贝弗里奇计划"的谜团之一是:"一个谨慎的改革者怎么能够把武器打造得这么锋利,一个怯懦的政府怎么能提出如此有影响力的改革措施?"[4]

489

实际上,劳工部让贝弗里奇担任社会保险和相关服务跨部门调查委员会的主席职务,主要是为了摆脱贝弗里奇的纠缠,安全地让他远离日常政策制订,削弱他的影响力。贝弗里奇接受他的政治命运,把精力集中在唯一敞开的出口。对于任何一个像他那样具有系统性思想的人来说,社会保险呈现出乱糟糟的一团乱麻。即使在德国,社会保险也是一个接一个杂乱地发展起来,管理上混乱,逻辑上不完整。在英国这样借鉴外国经验,在现有机构框架下进行修改的国家,社会保险方面的混乱就更多了。在 1940 年代的英国,每种社会保险都和其他保险的资金渠道不一样,覆盖的人口也不同。有些保险旨在补偿工人损失的工资的一部分;有些则根据需要确定给付标准;还有些从设计上就是按贫困线以下的水平给付。1911 年法案中的健康保险只限于挣工资的人,没有给家属法定的补贴,而且通过友好协会管理,支持水平差异很大。养老金是给穷人的,由中央政府管理。在 1934 年拼凑到一起的失业保险是利益团体妥协的产物。

贝弗里奇把他的委员会变成一个人的乐队,要用信念专一的决心把这个众多管理机构、交付工具和补贴水平的混合体标准化和简单化。他的目标像前人提出的一样,是为所有人提供单一的

"包括一切"的保险体系,涵盖工人家庭工作生涯的主要经济风险,如疾病、老年、失业、伤残、生育等。把这些原则变成切实可行的具体措施是非常琐碎的任务。1942 年 11 月发表的内容显示,《贝弗里奇报告》是个耗费心血的纲要,有 461 个非常详细的、标号的段落,还有一对附录,全部填满了最详细的成本核算和政策建议。但它是在异常简明的指导思想下进行的细节工作。从他周围现存的资料中,从长期以来对现有社会保险的缺陷的批评中,加上韦伯关于全民生存最低限度保障的传统要求,贝弗里奇简要列出了具有异常清晰的道德支撑的社会保险结构。每个工作的人(或者说几乎每个,已婚妇女在贝弗里奇的项目中没有得到平等对待)应该按同样的比例交付保险费;遭遇生活中任何一种重大风险的每个人应该得到同样的生存水平救助。同样的保险费,同样的给付水平,全国同样一个社会经济等级。"贝弗里奇计划"是从俾斯麦的劳工控制和政治压制环境下拉出来的俾斯麦项目,它是社会保险的普遍化、民主化和平等化。[5]

对于社会保险的这种重新组织,贝弗里奇添加了三个基本的"假设",每个假设都像报告本身一样范围广泛。第一个是普遍的、国家资助的儿童补贴,旨在帮助即将从温饱生活陷入贫困的家庭渡过难关。第二个是把医疗服务从社会保险中脱离出来,建立公费医疗保健服务体系。第三个是中央政府系统地承担充分就业的经济责任。就像报告正文中的保险观点一样,这些假设背后的思想没有一个是新观点。英国女权主义者自从第一次世界大战时就开展争取普遍的儿童补贴的运动了,贝弗里奇本人从 1925 年开始担任埃莉诺·拉斯伯恩的"家庭捐赠协会"的名誉主席。批评1911 年法案下健康保险效率低下和不平等的呼声已经广泛存在很多年了。至于就业,那可是贝弗里奇自从在汤因比馆时代就一直关注的焦点问题。1943 年从政府部门被排挤出去后,他把全部注意力集中在这上面,组织了私人的研究和政策推荐委员会,最后发

490

表了关于充分和稳定就业的凯恩斯经济管理的可能性报告,这是
1940 年代在这方面最重要的声明之一。[6]

所有这些都大大超过了丘吉尔战时政府的预料和愿意接受的
程度。既没有得到政府认可,也没有得到贝弗里奇委员会代表的
各部门的认可,他的社会保险报告印出来时只有贝弗里奇一个人
的签名。虽然有这个不吉利的开头,但公众对"贝弗里奇计划"的
反应是爆发性的、非同寻常的。不到一个月就销售了 10 万份,最
后的总销售量远远超过 50 万份。贝弗里奇充分利用他能抓住的
每个宣传机会投身于向大众宣传报告的过程中。他用表现战争紧
迫性的语言鼓动说:"世界历史上的革命时刻是用来革命的,不是
用于修修补补的。"他把成本核算从日常生活中提升出来,运用了
约翰·班扬《天路历程》中的大量比喻。很早以前班扬朝圣之旅中
遇到宰善巨人、肆虐巨人、怯懦巨人、绝望巨人,贝弗里奇现在看到
战时英国面前的道路上横亘着"五个新巨人":贫困、疾病、无知、
懒散(贝弗里奇指的是失业)和肮脏(他指的是扩张中资本主义城
市"丑陋的"无计划的混乱)。他坚持说如果国家运用政治意志来
对付这个任务,所有这些都能被消灭,甚至贫困这个巨人本身。[7]

贝弗里奇的包装帮助吸引了人们的注意力,但是单单依靠这
些并不能推销《贝弗里奇报告》。在人们把报告从技术性文件转变
成战后承诺的过程中,"贝弗里奇计划"的核心特点是:它简单明
了的伦理学抓住、反映和放大了战争时期大众的政治心态。贝弗
里奇的建议并没有提供比困难时期生存水平救济更多的承诺,但
是它们承诺把这些平等提供给所有人,不需要检验贫困程度,没有
扰人的威慑因素。在重视统一的时代,"贝弗里奇计划"吸引人的
地方不在于给付金额的多少,而在于背后隐含的民主思想。它调
动了空袭警报和定量配给形成的共同风险意识——战争让人们认
识到国家是公民在危机四伏的海上的共同救生船。贝弗里奇本人
没有大量利用战争风险,他甚至没有过度宣扬对男女公民的社会

491

保障是民主权利这种思想。但是在人们从贝弗里奇的成本核算、比喻和效率中提炼的文件里,这些主题被推到了最前面。[8]

因为描述了战后更美好、更公平世界的希望,"贝弗里奇计划"一下子引起广泛的轰动。错误地认为该报告得到政府的支持,信息情报部印刷了特别便宜的版本告诉士兵他们在为什么而战。报告简本在纳粹占领下的欧洲国家秘密流传。对该报告的讨论出现在教堂的聚会上、劳工集会上、社区服务组织的会议上、大学的学术会议上;从克莱塞德工人的激进工会聚会到稳重的教会人员会议,不同政治倾向团体的支持汇集到政府。在报告发表后两个星期内,90%的英国人已经在告诉民意调查者支持该计划。《纽约先驱论坛报》驻伦敦的记者在1945年报道说:"贝弗里奇几乎已经成为英语中的普通名词,它的意思是希望。"[9]

面对这样的大众潮流,政府的谨慎根本不是对手。汲取第一次世界大战的先例,政府已经组建了一套重建委员会,试图绘制战后和平的社会蓝图。现在有了"贝弗里奇计划",它们的工作就紧锣密鼓开展起来了。甚至在战争还没有结束的时候,保守派控制的战时政府就已经开始让贝弗里奇的不少议程行动起来。一个影响深远的教育民主化项目和一个家庭补贴项目(虽然比贝弗里奇期望的水平低)在1944年和1945年初获得通过。政府白皮书支持新的全民健康保健服务、和平时期的反周期开支,以及贝弗里奇社会保险建议中的大部分内容。城市规划者再次行动起来提出更广泛的种种建议,如更有效地征收因公共设施改善而产生的非劳动所得增值税,如给膨胀的伦敦以新的、宽广的绿化带。由于这些成就的支撑,保守派在1945年夏天作为"贝弗里奇计划"的新倡导者迎接选举。自由党也这么说,声称贝弗里奇是他们的党员(不是没有道理)。工党也这么说,最终不再反对需要交保险费的社会保险思想,接纳了贝弗里奇主义。[10]

选举结束后,是工党抓住了贝弗里奇帮助释放的激情。选民抛弃了丘吉尔想在和平时代执政的诉求,大量支持工党政府,这是工党成立以来首次在英国政治上留下重大标记。政府以非常快的速度连续通过了贝弗里奇路线的《国民保险法案》、将基本健康服务非商品化的《国民保健服务法》(正如新的卫生大臣安奈林·比万所说的,终止了购买和出售医疗服务的习惯)、拥有强大补偿能力的《城乡规划法案》,以及大量住房投资计划。1946年的《新城法案》开始由国家建设14个新绿带城市——埃比尼泽·霍华德思想的公共实践,比美国重新安置署试图尝试的规模更大。贝弗里奇本人作为其开发公司的主席之一,很快搬进其中一个新城镇。利用战前城市"社会主义"的先例,工党现在把英国的交通体系和电力系统大部分国有化。工党内的社会主义者仍然占上风,煤炭、钢铁也都收归国有。[11]

保守主义者指控这些政策都是"通往奴役之路":英国变成"红色"和激进国家了。实际上,工党政府在1945—1950年的项目中大部分内容并不是从马克思那里继承的,而是进步人士的遗产。 493
积累了改革工程的备选方案,1945年的政府革命是英国新政,是危机政治动力关系以工党模式的再现。基础产业的国有化接通了社会主义的核心传统,但在实际上工党政府对于中央国家计划表现出很少的兴趣,从资本那里攫取根本经济控制权的兴趣就更小了。它最受欢迎的措施是建立在从前社会政治基础上的部分,不是要取消资本主义而是缓和其极端情形,从中提取出一些主要社会产品并在最严重的风险下搭建共同平台。

如果认为《贝弗里奇报告》是这整体结果的蓝图,那就错了。但是贝弗里奇本人在1910年代的社会政治和1945年后的福利国家之间建立的个人纽带,不管象征意义还是政治意义都十分重要。工党政府没有向他寻求建议,战时政府试图排挤他,但是他的报告表达了战后社会秩序核心的许多道德和政治假设。最后,从大西洋角度看,它还做到了更关键的一点,给予战时和战后英国的重建情绪一个计划。在把理想结晶为政策、原则和比喻后，它把这些变成潜在的出口物资。

美国进步人士曾经感受过这么多英国宣言的力量，不可能摆脱"贝弗里奇计划"旋风的影响。每个专家都承认，本国的社会保障体系和英国相比有更多漏洞和不协调的地方，完全是权宜之计。在 1942 年时，没有一个项目是具有普遍性的。只有养老保险是全国管理的，即便如此，它还是被地区性扭曲了，排除了农业工人和家庭用工，很少涉及农村或者南部非洲裔美国人。剩下的是国家制定的标准的大杂烩。社会保险中最古老者"健康保险"还没有美国的例子，虽然在 1939 年国会进行了另外一次尝试。就在战争物资消费最终实现了新政者长久以来感到头疼的经济复兴后，"贫困"巨人 1940 年代在很大程度上可以说偷偷溜走了，不过还没有系统的保险防止它再回来。基于所有这些，"贝弗里奇计划"对当代美国的相关意义太密切了，绝对不可能错过。

对《贝弗里奇报告》同样有利的是，美国在战争最初几年的战后计划范围很有限。罗斯福从 1919 年威尔逊的溃败中吸取的教训之一是不再把战争当作意识形态的圣战。这次没有全力以赴的宣传活动，没有模式化、中央集权的战争经济，没有对紧急"战争社会主义"的称颂。像往常一样，战争让私有企业变成公共的了，但是罗斯福不愿意支持 1917 年和 1918 年战争工业委员会那样规模的竞争性控制中心，他把战争期间的生产和价格管理转移到分散和重叠的部门。他把服装工人联合会的西德尼·希尔曼放在身边处理紧急事务，和他的关系远比冈珀斯和威尔逊的关系更亲密，但是没有象征性席位安排来给予劳工机构性权力。[12]

从前的战争经济问题重新出现，这次用更谨慎的答案来对待。再次遭遇战争生产工厂的巨大住房需求，规划者在房地产利益团体的巨大压力下没有选择模范城镇建设，而是建设便宜的临时住房。招募杰出建筑师的短命尝试把沃尔特·格罗皮乌斯临时拉入战时住房项目——他曾是魏玛社会现代主义者中最热烈支持最低生存保障的，但是他在宾夕法尼亚西部搞的简单、难看的"铝城市"项目是个公共关系灾难。就在工人们开始进入位于底特律的飞机制造厂时，沃尔特·鲁瑟和奥斯卡·斯通诺罗夫一起提出就在蔓延的威洛伦（Willow Run）厂区外面建造雄心勃勃的战时模范城市，但是福特汽车公司拒绝出售周围的土地，担心它发展成社会工团主义的堡垒。[13]

至于在英国重新出现的战后重建委员会，罗斯福一个也不想要。他告诫左派批评家："我们必须先赢得战争……然后才能制订更多未来计划。"他在 1941 年初期对国会说，将来必须把"简单"的东西放在民主基础的位置上：广泛的社会保障覆盖范围、医疗保健的更好机会、"给穷人提供保障"、"给能工作的人提供工作"。但是他不愿意讨论重建的具体内容。[14]

罗斯福有足够的政治理由采取谨慎策略。对于丘吉尔的保守党控制的政府来说，通向国家统一的道路在于战后复兴的承诺。在英国，正如战争的官方历史学家在 1940 年代末期所说的："可以这样说，政府和人民之间存在着隐含的契约：为了赢得战争，人们不拒绝政府要求做出的任何牺牲；作为回报，他们期待政府表现出想象力和严肃性，准备好战争胜利后国家幸福生活的恢复和改善。因此，重建计划实际上是战争努力的一部分。"对于罗斯福来说，因为反对新政的国会多数派随时准备从每个战时政策措施中找到（如罗伯特·塔夫脱在 1942 年所说）"在战争幌子下让国家改头换面"的秘密项目，通向国家统一的道路反而在于搁置新政过去的社会重建主义言论，给予复员的士兵慷慨的战后福利，如此而已解决问题。工会的目标在于日常福利，没有举起吸引人的重建主义大旗；产业工会联合会中短暂讨论过类似 1919 年和 1920 年德国社会民主党路线的劳资共同决策制度，但很快就烟消云散了。只是到了

495

1944 年初期,通过一个人人享有的新"经济权利法案"的前景,罗斯福才采取从前威尔逊的立场为冲突留出了进步人士议程。[15]

在美国战争初期表达战后理想方面的真空阶段,带有高度承诺和密切相关性的《贝弗里奇报告》肯定受到更加热烈的关注。进步刊物迅速指出了它的重要意义。特别的美国版本很快销售了 5 万本。由战时进步雇主、记者和工会主义者组成的同盟"全国政策委员会"把 1943 年初期的年度聚餐会议献给了《贝弗里奇报告》。在 3 月份,贝弗里奇本人应洛克菲勒基金会邀请乘船前来美国作演讲旅行。在三个月时间里,他发表了一百多场演说,并和罗斯福、弗朗西丝·珀金斯以及几十位公共和私立机构的高官私人会谈,受到公众广泛关注。[16]

在 1943 年罗斯福战时内阁里存在着深刻的担忧,觉得政府可能被冷落了。在《贝弗里奇报告》发表后的几个星期里,罗斯福对亲信说要向国会提交"类似'贝弗里奇计划'的东西"。甚至他的一直谨慎的财政部长也敦促出台美国版计划。亨利·摩根索在 1942 年底的日记中写道:"英国的每个人都将得到保险,他们将得到失业保险,他们将得到医疗保险,要什么有什么。"在 1943 年初,罗斯福公布了关于社会保障和公共工程项目的广谱性"全国资源计划委员会"(NRPB)报告,它自 1941 年末以后已经落满灰尘,当年罗斯福认为这个内容不合时宜而将其搁置。现在他很高兴让报刊称它为"美国的'贝弗里奇计划'"。进步人士和保守派评论家都开始进行两者的对比。为了抓住要点,《新闻周刊》给读者画了一个图表,一类一类地比较委员会报告和英国计划。到了 1943 年春,参议员罗伯特·瓦格纳介绍了另外一个"美国的'贝弗里奇计划'",这是个把健康保险和社会保险结合起来的法案。在所有这些方面,北大西洋进步纽带再一次发挥了作用,把外来的名词"贝弗里奇主义"引入美国词汇,重新激发起落后于人、竞争和不足等从前的恐惧,把民族国家政治卷入竞赛和交流的国际体制中。[17]

496

但是,这次出现了不同的情况。早期迹象出现在英美进步政治的堡垒《新共和》。自从 1914 年创办开始,该杂志就公布了英国投稿者和英国联系的长长的名单。在 1945 年战争结束时,四位编辑中的两位立即动身前往伦敦,像他们之前《新共和》的许多人一样要到那里获得方向,为未来打基础。《新共和》更标新立异的左派对手《国家》把热情留给了工党选举的胜利,在 1942—1943 年之交的冬天对于贝弗里奇的工作没有多作评论。相反,《新共和》给予"贝弗里奇计划"即刻的强大支持。但是到了初春,编辑已经把热情全部转向"全国资源计划委员会"报告,称赞它是"美国宪章",在 1943 年春天开辟一个专版讨论其中的建议。编辑们说该委员会的建议"远远超过了《贝弗里奇报告》"。马克斯·伦纳尔写道,它是"更好、更可靠"的计划,更有美国特色、更具"革命性"的计划。进行同样对比的《国家》杂志也得出同样的结论。[18]

"全国资源计划委员会"报告中究竟有什么东西让编辑得出这样的结论,实际上一下子还不容易看出来。在来自英国的移民进步人士伊夫琳·伯恩斯主持下把许多提案拼凑而成,"全国资源计划委员会"报告实际上是新政主要项目的回顾和合理性辩护,特别强调了公共事业振兴署的工作救济和公共工程就业政策。它根本就没有"贝弗里奇计划"中的道德和管理清晰度,也没有提供成本核算;在社会保险前沿,它的建议十分谨慎。罗斯福把它放在国会门口,根本没有签署意见。国会把它晾在那里,无人支持,也无人辩论,保守派专栏作家认为这是政治智慧的标志。[19]

但是对于进步思想的编辑来说,把"贝弗里奇计划"和"全国资源计划委员会"报告提供的社会保险进行对比根本就没抓住要点。497贝弗里奇主义在他们心里根本就没有革命性。因为其对最低生存保障的紧缩的、吝啬的讨论,它不过是安慰剂和精神支柱。相反,在"全国资源计划委员会"报告的众多建议中,他们提取了完全不同的希望种子:足以消除从前经济危机循环过程的充足工作和就业岗位的希望。让该委员会建议具有"纯粹美国特色"的是,(正如《国家》编辑指出的)它不仅强调保障还强调永远处于满负荷运转的经济:"它代表了完全摆脱在 1930 年代一直让我们陷入经济奴役的那种失败主义思想的牢笼。"它意味着抛弃大萧条时代对贫困问题的关注,抛弃生存家园工程中隐含的那种长期经济停滞的思想,抛弃所有这些,通过公共紧急工程和永久性公共工程计划而实现充分就业、充分生产的经济承诺。[20]

在编辑部会议之外也能听见同样截然对立的支配性观点。G.哈特里·格拉顿在《哈珀斯杂志》上对"贝弗里奇计划"提出疑问:如果汽车本身不能前进了,出售降价的全国公交车票给伤残的病人又有什么意义呢? 据说,英国项目的前提正是钉在稀缺性上,真正的美国替代方案必须是建立在经济增长的基础上的。亨利·华莱士认为贝弗里奇的建议从根本上说和美国这样"充满活力"的经济不相干。推动永久性公共事业振兴署的哈里·霍普金斯并不认为贝弗里奇项目能够"成为任何美国项目的基石"。华莱士在 1945 年回到这个内容时说:"社会保险项目虽然让人期待,但在维持生产和就业的高水平所需的整体购买力中,还是只占了很小一部分。"随着这些极端观点的加深,贝弗里奇主义佩戴上越来越暗淡的贫穷装饰品。贝弗里奇的平等费率、基本生活补贴、韦伯式的保证最低生活水平论、风险的民主化等——所有内容都与充分就业的经济前景背道而驰,与新的欣欣向荣的经济前景背道而驰。[21]

人们从这些评论中听到的部分内容是宏观经济学概念上的革命,即将形成所谓"凯恩斯主义"。这个观点认为不加管理的市场经济的膨胀—崩溃循环过程可以通过连续的、精心调整的公共投资来克服。它在 1930 年代的许多地方发酵,从斯德哥尔摩到新政的华盛顿,虽然是英国的约翰·梅纳德·凯恩斯做出了最深刻的理论阐述,并在国际上大力推销这个观点。[22] 保持国家总体开支和

498

需求可能是政府管理最重要的任务，这一观点进入1930年代后期的经济辩论中，成为对社会政治的一种令人目眩的简单化表述。人们不需要像新政初期疯狂的兼收并蓄一样同时做各种事情。人们不需要过分担心哪些商品在市场上或者市场外，甚至不需要操心在这个深刻混合性的体制哪里可以划出这样一条线来。需要关注的是一个关键问题：把注意力集中在总体性的投资和需求上。

在1938年，当他们说服罗斯福尝试扩大开支来摆脱当年经济急剧的颓势时，罗斯福政府中只有一小撮亲凯恩斯主义分子。凯恩斯和罗斯福四年前的著名会面让两人都感到困惑和失望。但是随着战争经济因为政府采购而活跃起来，比任何专家能想象到的更多的商品纷纷涌现，凯恩斯式经济管理的信条很快吸引了众多支持者。在哈佛经济学家阿尔文·汉森的影响下，"全国资源计划委员会"很快沉浸在新范式中。既然正确地理解了它的作用，已经空荡荡这么长时间的市场经济聚宝瓶又准备释放财富了。到了1945年，亨利·华莱士承诺提供6000万就业岗位，不是通过计划或者控制而是持久和充分需求的神秘力量产生的。在把新进步信条思想线索结合起来的战后自由主义研讨会上，塞莫尔·哈里斯提出了这样的教训："现代经济政策的核心是保持需求稳定。"[23]

在左派"社会凯恩斯主义者"（关注自动的公共工程和公共开支调整）和右派"商业凯恩斯主义者"（更狭隘地把中央政府看作有利率意识的中央银行）之间，经济辩论到1940年代初期还远没有结束。许多商人对于总体经济管理的整个模式表示深刻怀疑。《新闻周刊》商业专栏作家反对说，充分就业的承诺意味着"经济法西斯主义，没有别的"。《纽约时报》编辑认为只有"极权主义"经济管理才能实现充分就业。作为对它辛苦拟出一个凯恩斯公共投资项目的回报，国会在罗斯福发表报告六个月后关闭了全国资源计划委员会。但是，塞莫尔·哈里斯的进步合作者仍然有众多公共目标和工程：更多的田纳西流域管理局，改善健康、住房和教育，

499

大众工作项目。根据全国的总体公共和私人开支账本的要求，这些工程中的每一个都准备好吸收所需要的额外投资。但是现在社会需要处于第二位。贝弗里奇"道路上的巨人"只是附带事件，首要命令是开支本身。[24]

所有这些新吸收的观念加入美国人对《贝弗里奇报告》的理解中。他们的眼光集中在增长的前沿，总体需求管理的鼓吹者很少掩盖他们对贝弗里奇专注于贫困问题的恼怒。在他们看来，"全国的最低生存保障"言论本身就表达了错误的信息。实际上，贝弗里奇自己的《自由社会的充分就业》中完全凯恩斯主义的分析就很快显示，经济增长与经济安全之间的内在矛盾这种概念从一开始就是非常错误的。贝弗里奇和凯恩斯是朋友，也是相互从对方吸取观点的合作者。在最低生存保障和工作之间、风险保险和经济增长之间，并没有内在的矛盾。美国人拿来与贝弗里奇诺言作对比的管理下持续增长的"美国式"诺言，显然并不是美国人的专利。斯德哥尔摩经济学家作为"凯恩斯主义者"的时间和凯恩斯本人一样长，比凯恩斯的美国新信徒时间更长。凯恩斯主义在1940年代就像贝弗里奇主义一样是拥有国际影响力的观点；在战后北大西洋经济体中很难找到不以某种方式同时吸收这二者的社会政治蓝图或者福利国家设计。

美国人贬低"贝弗里奇计划"显然还有别的因素在起作用，在影响力上，它们更简单、更原始、更持久。欧洲人可能谈论凯恩斯主义倍数效应和持久经济增长，但是让欧洲人穷困潦倒的战争却让美国人大发横财。1939年的时候没有人预料到战争能够带来如此大的财富差异。但是到了1945年，曾经是北大西洋进步纽带存在基础的经济可比性已经遭到破坏。1940年代美国人对英国的报道集中在这一点。《国家》的伦敦记者在1945年初报道说，英国是个"陷入极端贫困"的国家，"口号仍然是'紧缩'，这个词是典型的委婉语，概括了把民用经济尽可能减小到最低的整个过程"。一年

500

后，英国"仍然破败，路面坑洼不平，人民营养不良"。英国虽然不是"奄奄一息"，如许多报告所说的那样，但它在定量配给的食物和燃料中蹒跚前行（面包配给持续到 1949 年，肉类配给持续到 1954 年），各种消费品都处于紧缺状态。英国非常贫穷，德国就更贫穷，它在战后能够活下来全靠胜利者的慈善救济。[25]

美国本土也存在牺牲：汽油定量配给、自己种庄稼的"胜利花园"、废金属回收运动、（比从前多得多的美国人需要交的）联邦收入所得税。但是总体上，国内经济牺牲不大。国家的希望挤在脆弱的同一只救生艇上，这种敦刻尔克经验不是美国人的战争教训。部分因为政策制订者的设计，但更多因为特殊的地理环境，让美国摆脱了战争的巨大破坏。欧洲人的大灾难让美国人发了大财。战争在美国本土的教训是充裕的工作岗位和丰盛的食品柜——资本主义经济的能力如果由足够大的力量来推动，得到足够好的管理，就能大量生产出枪炮和黄油。1945 年世界总体物质生产中的一半出自美国工厂，五年后，世界货币储备中的一半仍在美国。从前没有一个国家的经济能这样主宰世界，而欧洲的灾难给予美国这个经济机会。战争结束时，世界暂时只有一个经济大国，那就是美国。[26]

在这样程度的不平衡状况下，从柏林到旧金山贯穿北大西洋经济体的共同经济、共同社会问题、共同社会风景这种旧观念无法持续下去了。欧洲受到重创，陷于贫困。它的社会政治需要不再是美国的需要。美国进步人士在贝弗里奇主张中看到的失败主义氛围、他们自己心中产生的增长与"保障"间的新鸿沟、对市场经济前景的重新拥抱，都与这个起点有关。英国人因为厌倦了战争牺牲，可能把贝弗里奇主义当作希望的代名词，但是对美国人来说——甚至对美国进步人士来说，它渗透出太多的局限性和贫困。生存经济是旧大陆的问题，20 世纪最著名的这个社会政治文件从根本上说不是美国的事情。在战争造成的巨大变化中，美国进步人士重新获得了自己神赐天命一样的希望。

501

例外主义的重生

　　"贝弗里奇计划"并非在大西洋跨越中沉没的第一个未来蓝图。大西洋进步纽带一直存在失败、挫折、错过的时机、中断的交流等所有问题，但是进步刊物的敏锐读者不会看不出起作用的更大模式。不仅仅是《贝弗里奇报告》对美国人来说无关紧要了。作为社会政治试验，英国本身已经变得无关紧要，在这点上，西欧的民主也是如此。1930年代被用滥的海外模式在1940年代分崩离析。这次再也没有按原来模式恢复的可能性了。

　　纽带解体的讽刺色彩在于，它结束时美国人恰恰比历史上任何时期都更深地卷入欧洲事务。1945年美国军队进入元气大伤的欧洲，紧随其后的又是大批的平民专家来维持、管理和美国化。在西德，美国占领军政府就像在白板上一样写出了18世纪权力监督和制衡的结构：联邦政府架构、独立的司法系统、权力受到严格限制的两院制中央政府、一部成文宪法。在社会立法方面，美国当局除了设置路障防止经济国有化，帮助恢复和合理化德国社会保险结构外，没有多大兴趣。与英国、法国在德国军事占领区的同行不同，美国人让德国人自己重新规划德国城市。但是即便美国管理者行动克制，战前关系的颠倒还是不可忽略的。[27]

　　战后美国对欧洲的经济和文化的入侵更加让人印象深刻，这是很早就在外国预告过的。"马歇尔计划"不仅给欧洲带来了数十亿美元的财富，而且带来大量的经济学家、文化专员、美国新闻署管理者、中央情报局官员来监督他们的投资。"马歇尔计划"官员支持成千上万的法国企业界和劳工界人士到美国访问，通过访问日程安排影响他们，旨在推广美国处理劳工关系、消费市场和生产的方法。美国消费品的巡回展览到了法国偏远乡镇，美国资助的电台把美国汽车生产的细节带给奥地利家庭。口香糖、电影、广

502

告、可口可乐,美国商品渗透到欧洲人的日常生活。哈罗德·拉斯基总结战后秩序时说:"美国像个巨人一样控制了整个世界。"不管从大的方面还是从小的方面,欧洲突然变成美国人的了。[28]

或者说几乎成为美国人的了。随着热战被冷战替代,把世界重新塑造为美国苏联激烈对抗的战场,美国在经济上、军事上和外交上比以往任何时候都更深入、更亲密地和欧洲历史交织在一起。欧洲政治的每个变化突然之间都具有了地缘政治意义。西欧从来没有像现在这样被这么多美国人仔细研究。不过他们不再是寻求教训,如保罗·凯洛格曾经说过的从旧大陆的经验中寻求"前进的号令"。美国人在 1940 年代后期把欧洲的民主社会置于美国经济和军事保护之下,从而重新塑造了欧洲的重要性。在冷战两极对立状态下,巴黎、伦敦和柏林不再是美国人想象力的核心。欧洲成为被争夺的场所,是客户的大洲,是美国与苏联的中间地带。即使美国进步人士在海外也很难看到他们自己和二元对立面苏联人之外的其他内容。

简而言之,战争和战后危机的持久影响不仅是力量的移位,而且是思想的移位。美国进步人士不再是眼睛紧盯着西欧竞争者向未来前进,他们不再想象自己是在与世界其他"文明国家"进行竞赛——更少担心落在别人后面。现在这些比喻本身已经成为无比遥远的天真时代的一部分。20 世纪后半叶的用词更加不客气,美国在其势力范围内的特殊地位是非常清晰的。

几乎相隔五十年的两次政治大旅行说明了这样的对比。像 1905 年的威廉·詹宁斯·布莱恩一样,1953 年艾德莱·史蒂文森是被打败的民主党总统候选人,希望通过海外旅行休息一下以便在政治上东山再起。布莱恩和史蒂文森都进行了从东京到伦敦的环球旅行。两人的活动都是公开报道的,布莱恩和赫斯特报业签订了合同,史蒂文森被来自《瞭望》杂志的随行摄影家和记者包围。两人都知道使命的语言:在布莱恩是西方基督教,在史蒂文森是西方自由。两者中间,史蒂文森的背景有更多国际化色彩。他在十

503 二岁时就开始了第一次大旅行,此后跨越大西洋很多次。但是在冷战时代进步政治的目光向内的全球主义影响下,史蒂文森报告的视野就狭隘得多了。

　　布莱恩的世界是兼收并蓄的大橱柜,它的架子上堆满了有用的和有趣的东西。而史蒂文森的世界充满了危险和"考验"、责任和"负担",它的每一个侧面都把想象力压回美国的特殊命运上。史蒂文森的世界不是可以使用的社会政治经验的仓库,不是环绕世界的一连串"外国试验站"。从那里没有亨利·劳埃德曾经说过的进步思想"沙拉"等待制作。它是美国人不能回避的"领袖考验",要准备肩负"伟大的最艰巨重担"的领域。在英国的布莱恩为1906年自由党的胜利而欢欣鼓舞,非常热切地渴望看到英国经验能够对"自然垄断"问题提供什么答案。而史蒂文森的英国没有让美国命运的特别重担得到暂时减轻。温斯顿·丘吉尔告诉史蒂文森,美国人"拯救了世界",这个胜利让他们像阿特拉斯巨神一样肩负起世界的重担。在"这个世纪中叶的考验中",所有的问题都汇集成一个:"我们[美国人]如何承担起上帝赋予的神圣使命?"[29]

　　在新发现的雄辩力和紧迫性面前,沿着进步跑道一同比赛的说法让位给了例外主义的天赋、例外主义的责任、例外主义的"美国生活方式",以及例外主义的美国独特历史等言论。1950年代初期的历史学家和政治学家深深卷入弄清这些问题的研究中。[30]从前的政策对比问题似乎不值得再提出来,因为答案如此明显,上帝为世界成员提供的牌的差别是如此分明。对于美国多数进步人士来说不存在从海外学习社会政治经验的问题了,也没有需要克服的落后状态了。自我参照的百叶窗再次关闭,因为美国人重新把自己当作世界历史的例外。让美国人深深卷入欧洲事务的战争出乎意料地把美国完全孤立了起来。

　　北大西洋经济体进步纽带的解体并没有让进步政治停下来。

在 1940 年代美国已经启动的政治力量非常强大,足以按照自己的轨道运行很长一段时间。罗斯福的反对者迫切渴望关闭新政残余,而劳工团体和进步思想的民主党人试图扩大其规模,在这种斗争中美国社会政治保持着足够的能量,人们不会马上注意到更广泛的、跨越国界的参照物正在消退。哈里·杜鲁门在 1948 年竞选时,不仅誓言在欧洲采取对苏联的强硬政策,而且提出了对新政承诺的新延续:社会保障的扩展、新政启发的全国健康保险项目、大规模住房建设项目、新的公共电力工程、更高的最低工资标准、对农业的长期性价格支持、农村电气化推广、劳工谈判权利的增加等。这些议题还进入林登·约翰逊的"伟大社会"项目,并且在后来的很长时间里继续影响社会政治的辩论。[31]

但是在多数情况下,美国进步人士不再公开谈论欧洲比喻和欧洲纽带。在 1940 年代后期国会关于住房立法的听证会上,指代欧洲的内容就缩减到几乎没有。在 1949 年关于医疗保险的国会听证会上,进步人士支持者拒绝对国际间的对比表态。相反,在 1939 年《社会保障法案》修正案的听证会上,仍然充满了对欧洲经验的引述。政府的"社会保障顾问委员会"主席道格拉斯·布朗当时在众议院听证会上提供了世界社会保障条款的图表,还有一份英国保险印花簿,他希望很快将在美国实施。在 1950 年代的社会保障听证会上,唯一一个较多依赖大西洋背景的证人是抱怨连连的前社会保障管理局雇员马乔里·希伦,他声称有证据证明罗斯福—珀金斯在美国实施社会保障的阴谋最初起源于日内瓦国际劳工组织的"社会主义者"小集团。[32]

希伦只不过是拥有逼真想象力的新闻通讯作家。但是随着冷战进入美国国内政治,主张维护上帝赐予的、未受污染的美国方式的人获得了强大优势。当社会保障管理局 1947 年选择持同情态度的调查者汇报新西兰健康保险的经验时,国会保守派人士提出警告说,这是对医药社会化的"莫斯科政党路线"的认可。劳工进步

504

人士的健康保险游说活动被攻击为共产主义者前线。本人也有相当社会政治野心的共和党人参议员罗伯特·塔夫脱指控说,1946 年的《充分就业法案》是起草者直接从苏联宪法中挪用而来的。对那些害怕国家的社会力量的人来说,冷战添加了特别迅猛有力的策略优势,让谈论落后和不足的言论承受更高昂的政治风险代价。[33]

当然,不是所有的战后美国进步人士都变成例外主义者。从历史上看,劳工世界比中产阶级的改革世界更加国际化,在战后与国际社会政治纽带仍然保持着交错的关系。冷战地缘政治让美国工会人员和他们在政府的资助者深深卷入欧洲的劳工事务,不仅重新扮演 1918 年和 1919 年塞缪尔·冈珀斯的耀武扬威,而且产生了出人意料的国内后果。鲁瑟兄弟是欧洲场面上的主要人物,他们抓住每个机会宣扬美国生产方式的福音。英国《每日先驱报》在沃尔特·鲁瑟的一次年度旅行时,称他是"希望的吹笛手",是"美国梦和……空前富足时代到来的"福音传道者。1951 年,作为"马歇尔计划"政治的比较有趣的转变之一,维克多·鲁瑟帮助为试验工厂输送工会基金,向满心狐疑的法国人展示美国的生产技术和劳工关系技能。但是鲁瑟兄弟也是欧洲风格的社会联合主义的主要宣传渠道,这一主义凭借与海外社会民主政治有意识的密切关系、国内消费者和信用合作社的坚实基础、体育和娱乐中心、教育项目、政治野心等,至少在一段时间内在产业工会联合会找到了家。[34]

专家们在战后也重新建立起国际纽带。在新成立的联合国机构体系中,在学术交流活动中,在专家和政策专家的国际聚会中,各种观点仍然在超越民族国家界限而传播交流,明显的例子就是国际货币政策。1945 年后的世界在思想上比伊利和布莱恩时代更小了,更亲密地结合在一起了。信息的获得更加快捷,相互往来更加方便。在对中欧社团主义工业计划、瑞典经济政策、欧洲大陆土地规划技术等不断变化的兴趣中,大西洋进步纽带的传统动力在美国社会政治场景中构成昙花一现的复兴。即使在例外主义政治的高潮时期,所维持的国际社会政治纽带也比政治舞台公开表现出来的更多。

但是随着美国控制世界而欧洲社会民主的财富大幅度减少,随着冷战政治中使用外国经验的危险增大,随着在历史和政治科学领域新的例外主义文献的迅速增多,随着市场产生物质极大丰富的奇迹(当时看来似乎是美国独有的),跨越大西洋的进步纽带确定政治议题的能力已经不如从前了。北大西洋进步纽带的主要机构也随着时代的前进被取代。约翰·安德鲁斯的美国劳工立法协会、亚伯拉罕·艾普斯坦的美国社会保障协会到了战争结束时随着创始人的去世而关闭。凯洛格的《调查》在 1952 年停止出版。芒福德和鲍尔继续为他们的事业奔走呼号到 1950 年代初期。但是战后都市政治的主要语言是纽约市规划沙皇罗伯特·莫斯的,他把芒福德贬为"坦率的革命者",蔑视"根本不属于这里"的外国观点。[35]

下一代进步人士开始工作时根本就没有了前辈对欧洲那些强烈和反观性的感情。1940 年代后期和 1950 年代的欧洲社会政治复兴产生了五六个可以输出的福利国家模式,对于美国政治的影响却比早期的社会政治试验小多了。当美国的战后社会政治开始沿着自己的道路向福利国家条款和妥协迈进时,已经不再有积极的、相互联系的游说人士提出那些来公开辩论,或者询问美国做法哪些与其他国家先例不同之处是聪明的,哪些是不聪明的等问题。有的只是例外主义者的、扩张的美国和"奄奄一息"(虽然从来没有死亡)的欧洲两极对立的言论。

当然,北大西洋进步纽带本身也有不少过分扩张的极端言论——也有不少虚假幻觉。从 1870 年代开始,美国人在这个纽带中表达他们的信念和对外国的热情从来不是容易的事,除非使用近乎夸张的语言。他们的简单化常常是天真的,有时候(如 1914 年的德国崇拜者豪威和道森)简直让人尴尬。他们把他国的公式化形象走私进来,把这当作他们所了解的唯一修辞工具插入同胞

506

的意识中间,让国人明白美国在市场和政治间的平衡方式不是不可避免的:在其他地方,人家采用了不同的办法,而且做得更好。他们在巴黎等地的社会政治市场上捡到的物品并非完美无缺。他们的格拉斯哥公交车、爱尔兰乳品厂合作社、奥斯曼化的巴黎、莱奇沃思以及德国伦理经济学,绝不是面向大西洋的进步人士一厢情愿看到的样子。所有这些也存在于他们工作的性质中,更存在于其遭遇到的更深刻的地方性抵制中。

507

美国进步政治跨越大西洋阶段的历史重要性不在于它夸张的极端言论,而在于经验的纽带。它标志着资本世界越过民族国家的对抗力量而让许多人看到共性的时刻。尽管大西洋进步旅行者的工作遭遇"非美国"或者"普鲁士产"之类愤怒抗议,但他们让其他国家的社会政策成为报纸的头版新闻。他们不仅维持了引起高度关注的国际交流结构,而且维持了让美国社会政治选择与别国选择结合起来的公开辩论。从大西洋的一侧到另一侧,人们都能感受到交织在一起的社会政治动力关系。在民族国家的政治结构努力要分开的地方,他们试图建立纽带(总是伴随着竞争和冲突,但是毕竟相互联系在一起)。即使在美国,这样的现象也能够清晰感受到,或许美国尤其如此。

1900 年的巴黎,在北大西洋进步人士纽带中的美国人还是欧洲中心辩论的迟到者——既渴望加入进来又为自己的差异感到自豪。半个世纪后,他们的努力极大地改变了美国进步政治的议程。他们试图跨越大西洋的桥梁虽然布满失败和意料之外的转变,但还是有很多东西成功跨越了。他们拓宽了的社会政治经验和解决方案领域让政治摆脱纯粹经济命运的束缚,也为进步改革提供了动力和确定了词汇。这贯穿了 1930 年代危机政治的全过程。但到了 1940 年代末期,这个进步时代结束了。在挽救了世界之后,

508 很难再想象从它那里还能学到更多的东西。

注　释

前　言

　　1 Ray Stannard Baker,《美国纪事》(New York：Charles Scribner's Sons,
1945),83 页。

　　2 Raymond Grew,"美国历史的相对虚弱性",《跨学科历史杂志》16
(1985)：87—101 页。关于这些问题的更深入讨论,可参阅 Laurence
Veysey,"美国历史自主性的重新思考",《美国季刊》31(1979)：455—477
页;Ian Tyrell,"国际历史时代的美国例外主义",《美国历史评论》96
(1991)：1031—1072 页;David Thelen,"听众、边缘和比较：美国历史的国
际化",《美国历史杂志》79(1992)：432—462 页;Michael Kammen,"美国
例外主义的问题：再思考",《美国季刊》45(1993)：1—43 页;Michael
Geyer 和 Charles Bright,"全球时代的世界历史",《美国历史评论》100
(1995)：1034—1060 页;Daniel T. Rodgers,"例外主义",《想象的历史》,
Anthony Molho 和 Gordon Wood 编 (Princeton：Princeton University Press,
1998)中。

　　对于美国社会政治的例外主义解读的例外,可参阅 Benjamin R.
Beede,"美国进步主义的外来影响",《历史学家》45(1983)：529—549
页;Peter J. Coleman,《进步主义和改革世界：新西兰与美国福利国家的起
源》(Lawrence：University Press of Kansas, 1987), James T. Kloppenberg,
《不确定的胜利：1870—1920 年欧美社会民主和进步主义思潮》(New
York：Oxford University Press,1986);Arthur Mann,"英国社会思想和进步时
代的美国改革者",《密西西比河谷历史评论》42(1956)：672—692 页;

511 Kenneth O. Morgan,"未来在行动：1890—1917 年英美的进步主义",《对比和联系：英美历史 200 周年论文集》,H. C. Allen 和 Roger Thompson 编（Athens：Ohio University Press,1976）；Gertrude A. Slichter,伊利诺伊大学 1960 年博士论文,"1880—1915 年美国改革的欧洲背景"；Melvyn Stokes,"美国进步人士和欧洲左派",《美国研究杂志》17(1983)：5—28 页。

  3 Raymond Grew,"对比历史的理由",《美国历史评论》85(1980)：763—778 页；最好的例子请参阅：Gosta Esping-Anderson,《福利资本主义的三个世界》(Princeton：Princeton University Press, 1990)；Colleen A. Dunlavy,《政治和工业化：美国和苏联的早期铁路》(Princeton：Princeton University Press,1994)；Peter Flora 和 Arnold J. Heidenheimer 编,《欧洲和美国福利国家的发展》(New Brunswick, N. J.：Transaction Books, 1981)；Tony Freyer,《管理大企业：1880—1990 年英国和美国的反托拉斯》(Cambridge：Cambridge University Press,1992)；Peter Gourevitch,《艰难时代的政治：国际经济危机的对策比较》(Ithaca：Cornell University Press, 1986)；Arthur J. Heidenheimer, Hugh Heclo 和 Carolyn T. Adams 编,《公共政策对比：美国、欧洲和日本社会选择的政治》(第三版,New York：St. Martin's Press,1990)；Christopher Leman,《福利改革的崩溃：加拿大和美国的政治体制、政策和穷人》(Cambridge：MIT Press,1980)；Gary Marks,《工会政治：19 世纪和 20 世纪初的英国、德国和美国》(Princeton：Princeton University Press,1989)；Stefan Berger,《1900—1931 年的英国工党和德国社会民主党》(Oxford：Clarendon Press,1994)；John Myles,《福利国家的晚年生活：公共补贴的政治经济学》(Boston：Little, Brown, 1984)；Margaret Weir 和 Theda Skocpol,"国家结构和大萧条时代瑞典、英国和美国做出'凯恩斯式'反应的可能性",在《把国家带回来》(*Bringing the State Back In*),Peter B. Evans, Dietrich Rueschemeyer 和 Theda Skocpol 编（Cambridge：Cambridge University Press,1985）。

  4 Robert Kelley,《跨越大西洋的规劝：格莱斯顿时代的自由民主思想》(New York：Knopf,1969),xiv 页。

  5 关于思想、语言和政治的关系的其他方面,请参阅：Daniel T. Rogers 的《受挑战的真理：自独立以来的美国政治关键词》(1987：Cambridge：Harvard University Press,1998)和《1850—1920 年工业时代美国的职业道德》(Chicago：University Press of Chicago,1978)。

  6 John W. Kingdon,《议程、选择和公共政策》(Boston：Little, Brown, 1984)。同样话题但更有历史深度的书是 Hugh Heclo 的《英国和瑞典的现

代社会政治：从救济到收入保障》（New Haven：Yale University Press，1974）。

第一章 1900 年的巴黎

1 John E. Findling 和 Kimberly D. Pelle 编，《1851—1988 年世界博览会历史辞典》（Westport, Conn. : Greenwood, 1990），111 页；Henri Loyrette，《古斯塔夫·埃菲尔》（New York：Rizzoli, 1985），111,112,115 页。

2 Richard D. Mandell，《1900 年的巴黎：伟大的世界博览会》（Toronto：University of Toronto Press, 1967）。

3 Worthington C. Ford 编，《亨利·亚当斯书信：1892—1918》（Boston：Houghton Mifflin, 1938），301 页；Patrick Geddes，"博览会的终结：1900 年的巴黎"，《当代评论》78（1900）：653—668 页；Friedrich Naumann，"巴黎书信"，Naumann《著作》（Cologne：Westdeutscher Verlag, 1964），第六卷，378—387 页；Jane Addams，《我的朋友：朱莉亚·拉斯罗普》（1935 年重印本，New York：Arno Press, 1974），145—146 页。

4 Geddes，"博览会的终结"，665 页；E. Cummings，"巴黎博览会上的社会经济学"，《经济学季刊》4（1890）：212—221 页；Jules Helbronner，《1889 年巴黎世界博览会社会经济部报告》（Ottawa：按议会要求出版，1890）。

5 William F. Willoughby，"法国现实劳工问题研究"，《经济学季刊》13（1899）：270—291 页；Leopold Katscher，"法国社会科学博物馆"，《冈顿杂志》（Gunton's Magazine）23（1902）：488—495 页；Sanford Elwitt，"19 世纪末期法国的社会改革和社会秩序：社会博物馆和它的朋友们"，《法国历史研究》11（1980）：431—451 页；Judith F. Stone，《寻求社会和平：1890—1914 年法国改革立法》（Albany：State University of New York Press, 1985），52—54 页。"社会经济"（économie sociale）这个术语最早出现在 19 世纪中期，是担心工业革命对道德、机构、家庭权威产生分离性影响的天主教改革者的口号，但是到了 1880 年代，不管是使用还是意义上，它开始快速泛滥。Charles Gide，"经济学派和法国政治经济学教学"，《政治学季刊》5（1890）：625—626 页。

6《1900 年世界博览会官方目录》，第 18 册，第 16 组："社会经济学、卫生、公共救济"（Paris：Lemercier, n. d.）。

7《1900 年世界博览会：国际委员会报告》，"第六部分：社会经济学"

（Paris：Imprimerie Nationale，1902），2—3 页；Stone，《寻求社会和平》，37 页。

8 社会经济展览最好的描述见于上文提到的《国际委员会报告》中 Charles Gide 的序言；《巴黎博览会（1900 年）》（*L'Exposition de Paris（1900）*，Paris：Librairie Illustrée，n. d.），第三卷，303—304 页；Nicholas P. Gilman，"巴黎博览会上的社会经济学"，美国劳工局《公报》（*Bulletin*）6（1901）：440—489 页；W. F. Willoughby，"关于社会经济学、卫生、公共救济的特别报告"，《1900 年巴黎世界博览会美国总干事报告》，第 55 届国会第二次会议，参议院文件 232（1901）。

9《纽约时报》1900 年 9 月 2 日，18 页，《1900 年巴黎世界博览会官方目录，德意志帝国的展览》（Berlin：Imperial Commission，1900）。

10 J. E. S. Hayward，"第三共和国的官方哲学：莱昂·布尔热瓦和社会连带主义"，《国际社会史评论》6（1961）：19—48 页；Charles Gide，"作为经济项目的团结思想"（L'Idée de solidarité en tant que programme economique），《国际社会学杂志》1（1893）：385—400 页；Leon Bourgeois，《团结》（*Solidarité*，Paris：Armand Colin，1896）。

513

11 "1900 年世界博览会"，《北美评论》170（1900）：475 页。

12 W. H. Tolman，"巴黎博览会上的社会经济学"，《瞭望》（*Outlook*）66（1900）：311—318 页。Willoughby，"社会经济学特别报告"；W. E. B. Du Bois，"巴黎的美国黑人"，《美国评论之评论月刊》22（1900）：575—577 页。

13 William H. Tolman，"社会服务同盟"，《竞技场》（*Arena*）21（1899）：474 页；William H. Tolman，《美国的城市改革运动》（New York：Fleming H. Revell，1895）；Josiah Strong，William H. Tolman 和 William D. P. Bliss 编，《社会进步：经济、工业、社会、宗教统计数据年鉴》（New York：Baker and Taylor，1904—1906）；美国社会服务研究所编，《社会服务：展示社会和工业改善运动的幻灯片描述清单》（New York：American Institute of Social Service，1905）。

14《巴黎博览会》，3 页；《国际委员会报告》，19—20 页。

15 Gilman，"巴黎博览会上的社会经济学"，465 页；Gerhard A. Ritter，《德国英国的社会福利：起源和发展》，Kim Traynor 译（Leamington Spa：Berg，1986）。

16 Robert Hunter，《社会主义者在行动》（New York：Macmillan，1908），第 5 章；Gary P. Steenson，《"不是一个人！不是一分钱！"：1863—1914 年

的德国社会民主》("*Not One Man! Not One Penny*!",Pittsburgh：University of Pittsburgh Press,1981)；Émile Vandervelde,《社会主义与国家》,Charles H. Kerr 译(Chicago：Charles H. Kerr,1919),124,20 页。

17 Albert S. Lindemann,《欧洲社会主义史》(New Haven：Yale University Press,1983),第 4 章；Peter Gay,《民主社会主义的困境：爱德华·伯恩斯坦对马克思的挑战》(New York：Columbia University Press,1952)。Jaurès 的话引自 Hunter 的《社会主义者在行动》,47 页。

18 William E. Forbaugh,"美国劳工运动的形成",《哈佛法学评论》102(1989)：1109—1257 页；Gerald Friedman,"劳工好斗性及其后果：1877—1914 年美国劳工动荡的政治反应",《国际劳工和工人阶级史》40(1991)：5—17 页；James E. Cronin 和 Peter Weiler,"1900—1940 年工人阶级利益和英国社会民主改革政治",同上,40(1991)：47—66 页。

19 1900 年巴黎世界博览会,妇女工作和机构国际大会工作报告(Paris：Charles Blot,1902)。

20 Seth Koven 和 Sonya Michel,"女性义务：1880—1920 年法国、德国、英国、美国的母性政策和福利国家的根源",《美国历史评论》95(1990)：1076—1108 页；Linda Gordon 编,《妇女、国家和福利》(Madison：University of Wisconsin Press,1990)；Kathleen D. McCarthy 编,《重访女慈善家：妇女、慈善和权力》(New Brunswick,N. J.：Rutgers University Press,1990)；Gisela Bock 和 Pat Thane 编,《母性和性别政策：1880 年代—1950 年代妇女与欧洲福利国家的兴起》(London：Routledge,1991)；Miriam Cohen 和 Michael Hanagan 编,"1900—1940 年性别政治和福利国家的形成",《社会史杂志》24(1991)：469—484 页；Robyn Muncy,《1890—1935 年在美国改革中创造女性统治地位》(New York：Oxford University Press,1991)；Ian Tyrrell,《女性的世界／女性的帝国：1880—1930 年国际视野中的女性基督徒节制会》(Chapel Hill：University of North Carolina Press,1991)；Theda Skocpol,《保护士兵和母亲：美国社会政策的政治根源》(Cambridge：Harvard University Press,1992)；Seth Koven 和 Sonya Michel 编,《新世界的母亲：母性政治与福利国家的起源》(New York：Routledge,1993)；Alisa Klaus,《每个孩子都是狮子：1890—1920 年美国和法国妇女儿童健康政策的根源》(Ithaca：Cornell University Press,1993)；Susan Pedersen,《1914—1945 年英国法国的家庭、依赖与福利国家的起源》(Cambridge：Cambridge University Press,1993)；Linda Gordon,《得到同情但没有资格：单身母亲与福利历史,1850—1935 年》(New York：Free Press,1994)；Gwendolyn Mink,《母亲的工

514

资：1917—1942 年福利国家的不平等》（Ithaca：Cornell University Press，1995）；Molly Ladd-Taylor，《母亲工作：1890—1930 年妇女、儿童福利和国家》（Urbana：University of Illinois Press，1994）；Ulla Wikander，Alice Kessler-Harris 和 Jane Lewis 编，《保护妇女：1880—1920 年欧洲、美国和澳大利亚劳工立法》（Urbana：University of Illinois Press，1995）。

21 关于这些辩论的总体回顾，可参阅 Asa Briggs，"历史视野中的福利国家"，《欧洲社会学档案》2（1961）：221—258 页；Jill Quadagno，"福利国家的理论"，《社会学年度评论》13（1987）：109—128 页；Gerhard A. Ritter，"比较视野下社会国家的产生和发展"（Entstehung und Entwichlung des Socialstaates in Vergleichender Perspektive），《历史杂志》243（1986）：1—90 页；Skocpol，《保护士兵和母亲》，"绪论"；Francis G. Castles 编，《公共政策对比历史》（Cambridge：Polity Press，1989）中的文章。

22 这方面最好的著作有：Robert Bremner，《来自深处：美国贫困的发现》（New York：New York University Press，1956）；Roy Lubove，《1900—1935 年争取社会保障的斗争》（Cambridge：Harvard University Press，1968）；James T. Patterson，《1900—1980 年美国反对贫困的斗争》（Cambridge：Harvard University Press，1981）。

23 Harold L. Wilensky，《福利国家和平等：公共开支的结构和意识形态根源》（Berkeley：University of California Press，1975）；Peter Flora 和 Arnold J. Heidenheimer 编，《欧美福利国家的发展》（New Brunswick，N. J.：Transaction Books，1981）。关于批评，参阅 Douglas E. Ashford，"福利国家的辉格党解释"，《政策历史杂志》1（1989）：24—43 页。Francis G. Castles 和 R. D. McKinlay，"公共福利救济、斯堪的纳维亚、政治的社会学途径的徒劳"，《英国政治学杂志》9（1979）：157—172 页。John H. Goldthorpe 的"合并的终结：现代西方社会中社团主义和二元论倾向"，《经济生活的新途径》，Bryan Roberts 等编（Manchester，England：Manchester University Press，1985）；Jens Alber，《从济贫院到福利国家：西欧社会政治的发展分析》（Frankfurt：Campus，1982）。

24 Gosta Esping-Andersen，《反对市场的政治：社会民主通向权力之路》（Princeton：Princeton University Press，1985）；J. Rogers Hollingsworth 和 Robert A. Hanneman，"西方资本主义社会的工人阶级力量和政治经济学"，《对比社会研究》5（1982）：61—80 页。Ira Katznelson，"美国社会民主的思考"，《比较政治学》11（1978）：77—99 页。John Myles，《福利国家的晚年生活：公共补贴的政治经济学》（Boston：Little，Brown，1985）；

Frances Fox Piven 和 Richard A. Cloward,《新阶级战争:里根对福利国家的攻击及其后果》修订版(New York:Pantheon,1985)。关于社会政策的"社会民主"解释的局限性,请参阅:Henry Pelling,"工人阶级与福利国家的根源",《英国维多利亚时代后期的大众政治和社会》(London:Macmillan,1968);Pat Thane,"1880—1914 年英国的工人阶级和国家'福利'",《历史杂志》27(1984):877—900 页。

　　25 Hans-Ulrich Wehler,《1871—1918 年的德意志帝国》,Kim Traynor 译(Leamington Spa:Berg,1985);J. Craig Jenkins 和 Barbara G. Brents,"社会抗议、霸权竞争、社会改革:美国福利国家的起源之政治斗争解释",《美国社会学评论》54(1989):891—909 页;Jill S. Quadagno,"福利资本主义和 1935 年的《社会保障法案》",《美国社会学评论》49(1984):632—647 页;Colin Gordon,《新政:1920—1935 年美国的企业、劳工和政治》(Cambridge:Cambridge University Press,1994)。关于批评和修改,请参阅:Thomas Niperdey,"威廉帝国:批评与辩论",《历史与社会》1(1975):539—560 页;Allan Mitchell,"波拿巴主义作为俾斯麦政治的模范",《现代史杂志》49(1977):181—209 页;Joseph Melling,"福利资本主义与福利国家的起源:1870—1914 年的英国工业、工场福利和社会改革",《社会历史》17(1992):453—478 页;Edward Berkowitz 和 Kim McQuaid,《创造福利国家:20 世纪改革的政治经济学》第 2 版(New York:Praeger,1988);Edwin Amenta 和 Sunita Parikh,"资本家不想要《社会保障法案》:'资本家控制论'批判",《美国社会学评论》56(1991):124—129 页;更笼统的著作请参阅 Fred Block,《国家理论修正:政治和后工业主义文集》(Philadelphia:Temple University Press,1987);Claus Offe,《福利国家的矛盾》(Cambridge:MIT Press,1984);Theda Skocpol,"资本主义危机的政治反应:新马克思主义国家理论和新政",《政治与社会》10(1980):155—201 页。

　　26 Peter B. Evans,Dietrich Rueschemeyer 和 Theda Skocpol 编,《把国家带回来》(Cambridge:Cambridge University Press,1985);Skocpol,《保护士兵和母亲》;Theda Skocpol 和 John Ikenberry,"从历史和比较视角看美国福利国家的政治形成",《比较社会研究》6(1983):87—148 页;Weir 和 Skocpol,"国家结构和'凯恩斯式'反应的可能性";Christopher Leman,《福利改革的崩溃:加拿大和美国政治机构、政策和穷人》(Cambridge:MIT Press,1980);Roger Davidson 和 Rodney Lowe,"1870—1945 年英国福利政策的官僚体制和革新",《1850—1950 年德国和英国福利国家的出现》,W.

516

J. Mommsen 编（London：Croom Helm，1981）。

27 Heide Gerstenberger，"穷人和值得尊重的工人：德国社会保险介绍"，《劳工历史》48（1985）：69—85 页。Eric Gorham，"民间资源保护队模糊的行为"，《社会历史》17（1992）：231—249 页；Linda Gordon，"福利管理了什么？"《社会研究》55（1988）：609—630 页；Barbara J. Nelson，"双渠道福利国家的来源：工人赔偿和母亲补助"，《妇女、国家和福利》，Gordonz 编。关于批评，请参阅 Robert van Krieken，"社会控制的贫穷：福利国家历史社会学的解释力"（The Poverty of Social Control），《社会评论》39（1991）：1—25 页。

28 Hugh Heclo，《英国和瑞典的现代社会政治：从救济到收入维持》（New Haven：Yale University Press，1974），305 页。

29 William W. Bremer，《大萧条的冬天：纽约社会工作者和新政》（Philadelphia：Temple University Press，1984），8—10 页。John M. Glenn 等，《1907—1946 年拉塞尔·塞奇基金会》（New York：Russell Sage Foundation，1947）。

30 Kathryn Kish Sklar，"1830—1930 年美国福利国家形成中女性力量的历史基础"，《新世界的母亲》，Koven 和 Michel 编，49 页；Henry Pelling，《1945—1951 年的工党政府》（New York：St. Martin's Press，1984），117—118 页。

31《社会政策协会文集：1—187 卷，1873—1932 年》（Munich：Buncker und Humblot，1933）。

32 Gøsta Esping-Andersen，《福利资本主义的三个世界》（Princeton：Princeton University Press，1990），第 2 章。

33 William F. Willoughby 文件集，威廉和玛丽学院，第 3 盒，第 18 号，22 号文件夹；Francis G. Peabody，《社会博物馆作为大学教学的工具》（Cambridge：Harvard University Press，1908）；Philip Boardman，《帕特里克·格迪斯的世界》（London：Routledge and Kegan Paul，1978）；Rüdiger vom Bruch，"帝国后期的公民社会改革和工会：1901—1914 年的社会改革协会（GSR）"，《德国工人运动史国际学术通讯》15（1979）：593 页。Howard Woodhead，"首届德国城市展览会"，《美国社会学杂志》9（1904）：433—458，612—630，812—830 页，10（1904）：47—63 页；John R. Commons，《我自己：约翰·康芒斯的自传》（Madison：University of Wisconsin Press，1963），129—130 页。

34 Jack L. Walker，"美洲国家革新的蔓延"，《美国政治学评论》63

(1969)：880—899 页。David Collier 和 Richard E. Messick，"前提与传播： **517**
检验关于社会保障实施过程的不同解释"，《美国政治学评论》69（1975）：
1299—1315 页；Stein Kuhnle，"北欧福利国家的开始：相似与相异"，《社会
学》（*Acta Sociologica*）21 号增刊（1978）：9—35 页；Stein Kuhnle，"国际模
式、国家、统计学：1890 年代斯堪的纳维亚社会保障解决办法"，《国家、社
会知识、现代社会政策起源》，Dietrich Rueschemeyer 和 Theda Skocpol 编
（Princeton：Princeton University Press，1996）。

第二章　大西洋世界

1 引自 Birdsey G. Northrop，《海外教育和其他文章》（New York：A. S.
Barnes，1873），15 页。

2 J. Hector St. John de Crèvecoeur，《美国农民的来信》（1782；重印本，
Garden City：Dolphin Books，n. d. ），44，48 页。更笼统的作品请参阅：C.
Vann Woodward，《旧世界的新世界》（New York：Oxford University Press，
1991）；Jack P. Greene，《美国的思想构成：例外主义和从 1492 年到 1800
年的身份认同》（Chapel Hill：University of North Carolina Press，1993）。

3 Francois Bédarida，《1851—1975 年的英国社会历史》（London：
Methuen，1979），30 页。

4 E. H. Kossmann，《1780—1940 年的低地国家》（Oxford：Clarendon
Press，1978），373 页。Klaus Misgeld 等编，《创造社会民主：瑞典社会民主
劳动党的世纪》（University Park：Pennsylvania State University Press，1992），
xviii 页。更笼统的著作请参阅：Theodore S. Hamerow，《新欧洲的诞生：19
世纪的国家和社会》（Chapel Hill：University of North Carolina Press，1983），
第 12 章；Arno J. Mayer，《旧政权的顽固：走向大战的欧洲》（New York：
Pantheon，1981）。

5 William H. Dawson，《现代德国的演变》（伦敦：Unwin，1908），435—
436 页。Neal Blewett，"1885—1918 年联合王国的专营权"，《过去与现在》
32（1965）：27—56 页。Bédarida，《英国社会历史》，130 页。

6 Henry Pelling，《美国和英国左派：从布莱特到贝文》（New York：New
York University Press，1957），18 页。H. M. Hyndman，"美国政治的光亮和
阴影"，《双周评论》35（1881）：340—357 页；James Bryce，《美利坚联邦》
（London：Macmillan，1889），475 页。还可参阅 David P. Crook，《1815—
1850 年英国政治中的美国民主》（Oxford：Clarendon Press，1965）；John L.

Snell，"1789—1914年德国民主的世界"，《历史学家》31（1969）：521—538页；R. Laurence Moore，《欧洲社会主义者与美国希望之乡》（New York：Oxford University Press，1970）。

7 Gilbert Haven，《朝圣者的钱包；英国、法国、德国旅行摘录》（New York：Hurd and Houghton，1866），13，15，261页。

8 同上，283，431，477页。

9 Theodore Child，《暑假：欧洲游记》（New York：Harper and Brothers，1889），190页；George H. Calvert，《欧洲风景和思想，第二辑》新版（Boston：Little，Brown，1863），15页；W. E. B. Du Bois，"1894—1916年的德国"，杜波依斯文件集（缩微胶片），马萨诸塞大学安默斯特图书馆。

10 Northrop，《海外教育》，8，7，12页。

11 Ray Stannard Baker，《德国见闻》（纽约：McClure，Phillips，1901），7页。Booker T. Washington，《最底层者：欧洲观察和学习记录》（Garden City，N. Y.：Doubleday，Page，1912）；Fred H. Matthews，《寻找美国社会学：罗伯特·E. 帕克和芝加哥学派》（Montreal：McGill-Queen's University Press，1977），66页。

12 Samuel Gompers，《欧洲和美国的劳工》（New York：Harper and Brothers，1910），286—287页。

13 William F. Willoughby 在1891年6月4日写给 Alice Willoughby 的信，威廉·威洛比文件集，威廉和玛丽大学斯韦姆图书馆。Ella Winter 和 Granville Hicks 编，《林肯·斯蒂芬斯书信集》（New York：Harcourt，Brace，1938），第一卷，7页；E. A. Ross，"转向涅槃"，《竞技场》4（1891）：736页。Christopher Mulvey 在《英美风景：19世纪英美游记文学研究》（Cambridge：Cambridge University Press，1983）中精彩描述了审美情绪。

14 Frederick L. Olmsted，《一个美国农夫在英国的游历与评论》（1859年；重印本，Ann Arbor：University of Michigan Press，1967），58，60，69—70页。

15 Peter J. Hamilton，《历史土地上的漫步》（New York：G. P. Putnam's Sons，1893），293页。Allen F. Davis，《美国女英雄：简·亚当斯的生平和传奇》（New York：Oxford University Press，1973），33页。Marjorie H. Dobkin 编，《一位女权主义者的形成：凯丽·托马斯的早期日记和书信》（Kent，Ohio：Kent State University Press，1979），249页。

16 John Frey，《一个美国铸模工在欧洲》（Cincinnati：n. p.，1910），63，55—57页。Mulvey，《英美风景》，111页。Oliver Wendell Holmes，《我们在

518

欧洲的 100 天》(Boston：Houghton Mifflin,1888),29 页。May Kenny,《常走的路：日记》(Atlanta：Autocrat,1896),198,202,205,210 页。

17 Mulvey,《英美风景》,130 页。Lewis Henry Morgan,《刘易斯·摩根游记片段》,Leslie A. White 编(Rochester, N. Y.：罗彻斯特历史学会,1937),350 页。Frey,《美国铸模工》,143—144,148 页。

18 引自 Pelling,《美国和英国左派》,65 页。

19 Charles Booth 在 1904 年 9 月 1 日给 Antonia Mary Booth 的信；查尔斯·布思文件集,伦敦大学图书馆；Samuel Barnett,1890—1891 年环球旅行日记,1890 年 7 月 3 日,萨缪尔·巴内特文件集,大伦敦档案馆和历史图书馆；Ramsay MacDonald,关于美国的未发表的书的初稿(PRO 30/69/116),第 5 章,5—6 页,拉姆齐·麦克唐纳文件集,伦敦公共档案馆,获得 Malcolm MacDonald 遗嘱执行者的授权发表；H. G. Wells,《美国的未来：寻找现实》(New York：Harper and Brothers,1906),61 页。

519

20 Arthur Shadwell,《工业效率：英国、德国、美国工业生活对比研究》(Longmans,Green,1906),第一卷,293,299 页；第 2 期,344,451 页。

21 Barnett,1890 年 7 月 7 日的日记；MacDonald,关于美国的未发表的书,第 21 章,8 页；John Burns,"美国风险",《独立》57(1904)：1475 页。

22 David Landes,《解放了的普罗米修斯：1750 年到现在的西欧技术进步和工业发展》(Cambridge：Cambridge University Press,1969)；E. J. Hobsbawn,《资本时代：1848—1875 年》(New York：Scribner's,1975)；Michael Ferber,《威廉·布莱克的社会观》(Princeton：Princeton University Press,1985),第 6 章。本段的数据引自 Hamerow 的《新欧洲的诞生》,12 页；Chris Cook 和 John Paxton,《1848—1918 年欧洲政治数据》(New York：Facts on File,1978),238—246 页。B. R. Mitchell,《1750—1975 年欧洲历史统计》第 2 版修订本(New York：Facts on File,1980),455—456 页。Derek H. Aldcroft,《1875—1914 年英国工业发展和外来竞争》(London：George Allen and Unwin,1968),121 页；(美国数据)美国调查统计局,《从殖民时代到 1970 年的美国历史统计》(Washington, D. C.,1975)。

23 Sidney Pollard,《和平征服：1760—1970 年的欧洲工业化》(New York：Oxford University Press,1981)；关于格拉斯哥,请参阅 W. T. Ellis,《欧洲一百天夏日旅行》(Owensboro,Ky.：Inquirer Publishing Co.,1885),34 页。关于英国"大城市",请参阅 Chris Cook 和 Brendan Keith,《1830—1900 年英国历史事实》(London：Macmillan,1975),234—236 页。

24 E. A. Wrigley,《工业增长和人口变化：19 世纪末期北欧和西欧煤矿区域研究》(Cambridge：Cambridge University Press，1961）。

25 Shawell，《工业效率》，第一卷，第 2 章；Paul Göhre，《车间里的三个月：实践研究》(London：Swan Sonnenschein，1895）。

26 Shawell，《工业效率》第一卷，256，327 页；Samuel Barnett，1890 年 6 月 16 日的日记；Norman MacKenzie 编，《韦伯夫妇书信集》(Cambridge：Cambridge University Press，1978），第二卷，67 页。

27 美国调查统计局，《历史统计》，693—694 页。Cook 和 Paxton，《欧洲政治事实》，245—246 页；Hamerow，《新欧洲的诞生》，12 页。关于"美国化"的恐惧，请参阅 David E. Novack 和 Matthew Simon，"1871—1914 年对美国出口侵略的商业反应：态度历史研究"，《企业历史探索》3（1966）：121—147 页；William T. Stead，《世界的美国化：或 20 世纪的趋势》(London：Horace Markley，1902），尤其是 342—380 页。

28 Andrew Lees，《感知的城市：1820—1940 年欧洲和美国思想中的都市社会》(Manchester，England：Manchester University Press，1985）；Paul S. Boyer，《1820—1920 年美国的都市大众和道德秩序》(Cambridge：Harvard University Press，1978）；H. J. Dyos 和 Michael Wolff 编，《维多利亚时代的城市：形象和现实》(London：Routledge and Kegan Paul，1973）。

29 Brian Ladd，《1860—1914 年德国城市规划和公民秩序》(Cambridge：Harvard University Press，1990），14 页；R. D. Anderson，《1870—1914 年的法国：政治和社会》(London：Routledge and Kegan Paul，1977），31 页；Peter Flora 编，《1815—1975 年西欧国家、经济和社会：数据手册》(Frankfurt：Campus，1987），第二卷，279，281，266 页。美国调查统计局，《美国历史数据》，11 页；Adna F. Weber，《19 世纪城市的发展》(Ithaca：Cornell University Press，1899），39，182 页。1890 年的百万人口大城市是伦敦、巴黎、柏林、维也纳、纽约、芝加哥、费城。

30 Mitchell，《欧洲历史统计》，455—456 页。

31 Hamerow，《新欧洲的诞生》，第 2 章；Gosta Esping-Anderson，《反对市场的政治：社会民主通向权力之路》(Princeton：Princeton University Press，1985），49 页。

32 Edward R. Tannenbaum，《1900 年：大战前的一代》(Garden City，N. Y.：Doubleday，1976），21 页；Richard Dennis，《19 世纪英国工业城市：社会地理》(Cambridge：Cambridge University Press，1984），34 页；Elaine G. Spencer，《德意志帝国劳资关系：1896—1914 年鲁尔工业家作为雇主》(New Brunswick，N. J.：Rutgers University Press，1984），44 页。Pollard，《和

520

平征服》,153 页;S. H. F. Hickey,《德意志帝国的工人:鲁尔区的矿工》
(Oxford:Clarendon Press,1985),第 1 章。更笼统的内容请参阅:Dirk
Hoerder 编,《大西洋经济体内的劳工迁移:工业化时代欧洲和北美的工人
阶级》(Westport, Conn. :Greenwood,1985);Dirk Hoerder 和 Horst Rössler
编,《远方的吸引:1840—1930 年移民经验的期待和现实》(New York:
Holmes and Meier,1993)。Leslie Page Moch,《流动的欧洲人:1650 年来的
西欧移民》(Bloomington:Indiana University Press,1992)。

33 Thomas L. Haskell,《专业社会学的出现:美国社会科学协会和 19
世纪权威危机》(Urbana:University of Illinois Press,1977)。

34 José Harris,《威廉·贝弗里奇传记》(Oxford:Clarendon Press,
1977),86—88 页;Frederic C. Howe,《一位改革者的自白》(New York:
Charles Scribner's Sons,1925);Sanford Elwitt,《捍卫第三共和国:1880—
1914 年法国资产阶级改革》(Baton Rouge:Louisiana State University Press,
1986);Willard Wolfe,《从激进主义到社会主义:1881—1889 年费边社会
主义者主张形成期间的成员和思想》(New Haven:Yale University Press,
1975);Rüdiger vom Bruch 编,《既非共产主义又非资本主义:从三月革命
前到阿登纳时期德国的公民社会改革》(Munich:Beck,1985)中 Rüdiger
vom Bruch,"德意志帝国的公民社会改革"。

35 James T. Kloppenberg,《不确定的胜利:1870—1920 年欧美社会民
主和进步主义思潮》(New York:Oxford University Press,1986),300 页。
Daniel T. Rodgers,"寻找进步主义",《美国历史评论》10(1982):127 页注
1。例外是法国,progressiste 这个词 1890 年代是意识形态争夺的对象,最
后落在党派光谱的右边。

36 关于 19 世纪中期政治信仰的跨越大西洋的维度,请参阅 Robert　521
Kelley,《跨越大西洋的劝说:格莱斯顿时代的自由民主思想》(New York:
Knopf,1969);David D. Hall,"维多利亚时代的纽带",《美国季刊》27
(1975):561—574 页。

37 Wells,《美国的未来》,248 页。Laurence Goldman,"1857—1886 年
社会科学协会:维多利亚时代中期自由主义的背景",《英国历史评论》
101(1986):131 页。

38 Gerhard A. Ritter,《英国、德国的社会福利:起源和发展》(Leamington
Spa:Berg,1986);Judith F. Stone,《寻求社会和平:1890—1914 年法国的
改革立法》(Albany:State University of New York Press,1985)。

39 W. B. Sutch,《新西兰的社会保障探索》(Oxford:Oxford University

Press，1966）；Francis G. Castles，《工人阶级和福利：反思 1890—1980 年澳大利亚和新西兰福利国家的政治发展》（Wellington，New Zealand：Allen and Unwin，1985）。

40 Peter J. Coleman，《进步主义和改革世界：新西兰与美国福利国家的起源》（Lawrence：University Press of Kansas，1987），57 页；Henry D. Lloyd，《最新的英国：新西兰民主游客札记以及与澳大利亚的对比》（New York：Doubleday，Page，1900），1 页；《韦伯夫妇书信集》，第二卷，89 页。

41 Bentley B. Gilbert，《英国国民保险的演化：福利国家的起源》（London：Michael Joseph，1966）；J. R. Hay，《1906—1914 年自由党福利改革的起源》（London：Macmillan，1975）；Pat Thane 编，《英国社会政策的起源》（London：Croom Helm，1978）；Stone，《寻求社会和平》。

42 Elting E. Morison 编，《西奥多·罗斯福书信集》（Cambridge：Harvard University Press，1951—1954），第七卷，398，406 页；Walter Weyl，1912 年 12 月 15 日的日记，沃尔特·韦尔文件集，罗格斯大学；William Allen White，《威廉·艾伦·怀特自传》（New York：Macmillan，1946），410 页。

43 Henry Pelling，"1880—1901 年英国劳工骑士团"，《经济史评论》，第 2 辑，9（1956）：313—331 页。Stefan Berger，《1900—1931 年的英国工党和德国社会民主党》（Oxford：Clarendon Press，1994）；Cook 和 Paxton，《欧洲政治事实》，115—137 页；E. J. Hobsbawm，《1875—1914 年的帝国时代》（New York：Vintage Books，1989），98 页。

44 Wolfgang J. Mommsen 和 Hans-Gerhard Husung 编，《1880—1914 年英国和德国工团主义的发展》（London：George Allen and Unwin，1985）中 Friedhelm Boll 的"国际罢工潮流：批评性评价"；Leopold Haimson 和 Charles Tilly 编，《国际视野中的罢工、战争、革命：19 世纪末 20 世纪初的罢工潮流》（Cambridge：Cambridge University Press，1989）。

45 Boll，"国际罢工潮流"，84 页；George Sayers Bain 和 Robert Price，《工会发展概况：八个国家统计数据对比》（Oxford：Basil Blackwell，1980），88 页。

46 《1681 年到 1899 年国际大会全集》（布鲁塞尔：国际协会联盟，1960）；《1900 年到 1919 年国际大会全集》（布鲁塞尔：国际协会联盟，1964）。

47 W. J. Mommensen 编，《1850—1950 年英国、德国福利国家的出现》（London：Croom Helm，1981）中 Jürgen Reulecke 的"德国社会改革者眼中的 19 世纪中期英国的社会政策"；Lujo Brentano，《现代工会》（Leipzig：

522

Duncker and Humblot, 1872); J. M. Baernreither,《工人阶级英国协会》(London: Swann Sonnenschein, 1893); Hans Eduard von Berlepsch-Valendas,《英国花园城市运动: 现状和未来发展》(Munich: Oldenbourg, 1911); Werner Picht,《汤因比馆和英国睦邻中心运动》(London: G. Bell and Sons, 1914)。关于法国的情况, 请参阅 Leon Bourgeois,《社会保障政策·第二卷: 行动》(*La politique de la prévoyance sociale, vol.* 2: *L'Action*, Paris: Bibliotheque Charpentier, 1919)中的"社会保障的国际组织"。

48 Günter Hollenberg,《英国对于德意志帝国的兴趣: 普鲁士德国对于1860—1914 年大不列颠保守派和自由派的魅力》(Wiesbaden: Franz Steiner, 1974); J. R. Hay, "英国企业界、社会保险和德意志帝国",《福利国家的出现》, Mommsen 编; Roy Hay, "英国的雇主和社会政策: 1905—1914 年福利立法的演变",《社会历史》4(1977): 435—455 页; Henry S. Lunn,《德国南部的市政教训》(London: T. Fisher Unwin, 1908); Gainsborough Commission,《德国的生活和劳动》(London: Simpkin, Marshall, Hamilton, Kent, 1906); W. J. Ashley,《世纪末德国工人阶级的进步》(London: Longmans, Green, 1904)。对比 Paul M. Kennedy,《1860—1914 年英德对立的形成》(London: George Allen and Unwin, 1980)。

49 B. Seebohm Rowntree,《土地和劳动: 比利时的经验》(London: Macmillan, 1910);《社会政策协会文集》, 1873—1932; 社会博物馆丛书,《社会博物馆》(Paris, 1908);《社会博物馆年鉴》, 1902—1914。

50 Keith Sinclair,《新西兰的费边社干将: 威廉·彭伯·里夫斯》(London: Clarendon Press, 1965); James Sheehan,《路约·布伦坦诺的生涯: 德意志帝国自由主义和社会改革研究》(Chicago: University of Chicago Press, 1966); Peter Gay,《民主社会主义的困境: 伯恩斯坦对马克思的挑战》(New York: Columbia University Press, 1952); Hugo Lindemann,《英国城市管理和城市社会主义》(Stuttgart: Dick, 1897)。

51 Hollenberg,《英国对于德意志帝国的兴趣》, 230—242 页。William H. Dawson 关于德国的书:《德国社会主义和费迪南德·拉萨尔》(London: Swan Sonnenschein, 1888);《俾斯麦和国家社会主义: 1870 年来德国社会经济立法说明》(London: Swan Sonnenschein, 1890);《德国和德国人》(London: Chapman and Hall, 1894);《德国城市和乡村的生活》(New York: G. P. Putnam's Sons, 1901);《德国的保护》(London: P. S. King and Sons, 1904);《德国工人: 国民效率研究》(New York: Charles Scribner's Sons, 1906);《现代德国的演变》(London: Unwin, 1908);《流浪问题: 限制 523

流浪汉、懒汉、无就业能力者的措施》（London：P. S. King and Sons，1910）；《1883—1911 年德国社会保险》（London：Unwin，1913）；《工业化德国》（London：Collins，1913）；《德国城市生活和管理》（London：Longmans，Green，1914）。

52 James Leiby，《卡罗尔·莱特和劳工改革：劳工统计学的起源》（Cambridge：Harvard University Press，1960）；美国劳工局《公报》（1895—1912）和美国劳工统计局《公报》（1912—）。早期生活水平调查的例子：Lee Meriwether，《流浪旅行：如何每天只花五毛钱游览欧洲》（New York：Harper and Brothers，1886）。

53 威洛比文件集，18，21，22 号文件夹；William F. Willoughby，《工人保险》（New York：Thomas Y. Crowell，1898）；《约翰·格雷厄姆·布鲁克斯回忆录》（Boston：n. p.，1940）；《E. R. L. 古尔德》（私人印刷，1916）；《沃尔特·韦尔礼赞》（私人印刷，1922）。

54 Joseph O. Baylen，"一个维多利亚时代人在芝加哥的'圣战'，1893—1894 年"，《美国历史杂志》51（1964）：418—434 页；William Dwight Porter Bliss，《美国传记辞典》，Allen Johnson 和 Dumas Malone 编（New York：Scribner's，1928—1958），第二卷，377—378 页；Charles R. Henderson，"德国人内在的使命"，《美国社会学杂志》1（1896）：581—595，674—684 页；2（1896）：58—73 页。更笼统的著作，请参阅 Peter D'A. Jones，《1877—1914 年基督教社会主义复兴：英国维多利亚时代后期的宗教、阶级和社会良心》（Princeton：Princeton University Press，1968）。

受到《新事物》（Rerum Novarum，即教皇列奥十三世在 1891 年关于"社会问题"的通谕）出版的鼓励，国际社会天主教也迅速发展。但是在 19 世纪末 20 世纪初反天主教情绪根深蒂固的美国，它的影响根本没有办法和新教的复兴相比。

55 Robert C. Reinders，"汤因比馆和美国睦邻中心运动"，《社会服务评论》56（1982）：39—54 页；Standish Meacham，《1880—1914 年汤因比馆和社会改革：寻找共同体》（New Haven：Yale University Press，1987）；参观者留言簿，汤因比馆文件集，大伦敦档案馆。

56 Lillian Wald，《亨利大街的窗户》（Boston：Little，Brown，1934）；Edith Abbott，"格雷丝·阿伯特和赫尔馆，1908—1921 年"，《社会服务评论》24（1950）：380 页；Howard E. Wilson，《邻居玛丽·麦克道尔》（Chicago：University of Chicago Press，1928），211 页；Graham Taylor，《社会拓荒者》（Chicago：University of Chicago Press，1930），第 14 章。

57 Eleanor H. Woods,《民主战士:罗伯特·伍德》(Boston:Houghton Mifflin,1929),36 页;Robert A. Woods,《英国社会运动》(New York:Charles Scribner's Sons,1891),24,265 页。

58 David A. Shannon 编,《贝特丽丝·韦伯的美国日记:1898 年》(Madison:University of Wisconsin Press,1963)。费边社在美国讲座的工作可以参阅《费边新闻》。

59《韦伯夫妇书信集》,第二卷,21 页;Herbert Burrows 和 John A. Hobson 编,《威廉·克拉克文集》(London:Swan Sonnenschein,1908);格雷厄姆·沃拉斯文件集,伦敦经济学院,英国政治经济学图书馆;Thomas P. Jenkin,"美国的费边社运动",《西方政治季刊》1(1948):113—123 页;Mary Earhart,《弗朗西丝·威拉德:从祈祷到政治》(Chicago:University of Chicago Press,1944),241 页;牛津大学纳菲尔德学院保存的费边社文件中有美国成员和通讯员名单。

60《1900 年公共资助和私人慈善国际大会论文集》(巴黎:1900),第一卷,lxxxvii 页;1900 年工人权益保护国际大会,《会议分析报告》(巴黎:1901);美国劳工立法协会,《失业:工业问题》(纽约,1914),5 页;国际住房大会,《1910 年维也纳第九届国际住房大会报告》(维也纳:1911),61 页。

61 William Jennings Bryan,《旧世界和它的方式》(St. Louis:Thompson,1907)。

62 Ray S. Baker,《德国见闻》(New York:McClure,Phillips,1901),首次部分发表在 1900 年 9 月—1901 年 1 月的《麦克卢尔杂志》;Charles Edward Russell,《多数人的反抗》(New York:Doubleday,Page,1907),首次发表在 1905 年 11 月—1907 年 1 月的《人人杂志》;Benjamin O. Flower,《进步的男人、女人和过去 25 年的运动》(Boston:New Arena,1914),第 14 章;引语来自 Charles Edward Russell,"伦敦社会主义政府",《大都会》(*Cosmopolitan*)40(1906):368 页;Charles Edward Russell,"公益战士",《人人杂志》16(1907):16 页。

63 Henry D. Lloyd,《劳动合作:参观英国和爱尔兰的合作车间、工厂和农庄》(New York:Harper and Brothers,1898);《没有罢工的国家:参观新西兰的强制性仲裁法庭》(New York:Doubleday,Page,1900);《最新的英国:新西兰民主游客札记以及与澳大利亚的对比》(New York:Doubleday,Page,1900);《人民主权:瑞士民主研究》(*A Sovereign People*,New York:Doubleday,Page,1907);其中最后一本在劳埃德去世的时候还没有完成,

524

由他的朋友、"新自由派"英国经济学家 J. A. Hobson 续写。引用的段落来自 Caro Lloyd,《亨利·劳埃德,1847—1903 年》(New York:G. P. Putnam's Sons,1912),第一卷,306—307 页;第二卷,181,96 页。

64 Frederic C. Howe,《改革者的自白》(1925;重印本,Kent,Ohio:Kent State University Press,1988),236 页。

65 全国公民联盟,公有和公营委员会,《公共服务的市营和私营》(New York:National Civic Federation,1907);美国国会,众议院司法委员会,《雇主责任和工人赔偿》(众议院 20487 号议案听证会,62 届国会第二次会议,1913 年),61,64 页;Ferdinand C. Schwedtman 和 James A. Emery,《事故预防和救济:欧洲调查,特别关注英国和德国,同时提出美国行动的建议》(New York:全国制造商协会,1911);Henry Bruere,哥伦比亚大学口述历史文献;George M. Price,"维也纳政府卷烟厂",《调查》31(1914):439—440 页;Geroge M. Price,"揭露欧洲各国首都的地下面包作坊",同上,615 页;Geroge M. Price,"欧洲如何保护漂白工人——纽约是怎么做的",《调查》32(1914):58 页;Geroge M. Price,"海外女性工作印象",同上,413 页;Raymond B. Bosdick,《欧洲警察体制》(New York:Century,1915);Katharine Coman,《失业保险:欧洲体系总结》(New York:Progressive National Service,1915);《欧洲农业合作社和农村信用:信息和证据》,63 届国会第一次会议,参议院文件 214(1912);《林肯·斯蒂芬斯自传》(New York:Literary Guild,1931),648—653 页。

66《调查》25(1911):880 页;《美国城市》6(1912):611,687 页;教育旅游协会,"欧洲公民和社会旅行"手册(John Nolen 文件集第 4 盒,康乃尔大学)。关于欧洲"社会学"旅行的早期的、半开玩笑的叙述,可参阅 William H. Allen,"英国的穷人",《肖托夸会刊》41(1905):264—270 页。

67 "不再瞧不起'国外'",《国家》99(1914 年 7 月 23):94 页。

68 Elwood P. Lawrence,《亨利·乔治在英伦诸岛》(East Lansing:Michigan State University Press,1957);马克思和恩格斯,《1848—1895 年致美国人的信:选集》(New York:International Publishers,1953),164 页;Chuschichi Tsuzuki,《艾琳娜·马克思生平,1855—1898:社会主义者的悲剧》(Oxford:Clarendon Press,1967),第 6 章;Sidney Webb,"亨利·乔治和社会主义",《教堂改革者》(1889 年 1 月),复印本在 Passfield 文件集中,伦敦经济学院,英国政治经济学图书馆。

69 费边社,《读什么:社会改革者的书目》(London:Fabian Society,1896);费边社,《社会经济话题的更多书目》,费边社宣传册,第 129 号

(London：Fabian Society，1906)；费边社，《社会经济话题书目》(London：Fabian Society，1920)。

70 Kenneth Morgan，"未来在行动：1890—1917 年英美的进步主义"，《对比和联系：英美历史 200 周年论文集》，H. C. Allen 和 Roger Thompson 编(Athens：Ohio University Press，1976)，251 页。

71 Alfred Zimmern，《希腊共同体：公元五世纪雅典的政治和经济》(Oxford：Clarendon Press，1911)；Alfred Zimmern 在 1911 年 10 月 20 日、24 日、12 月 5 日给母亲的信；1912 年 1 月 10 日给 Elsie Zimmern 的信。牛津大学博德利图书馆阿尔弗雷德·齐默恩文件集。

72 Alfred Zimmern 在 1912 年 2 月 11 日给父亲的信，1912 年 3 月 20 日给母亲的信，阿尔弗雷德·齐默恩文件集。

73 E. R. Pease 在《费边新闻》13(1903 年 7 月)：27 页。Clynes 的话转引自 Pelling，《美国和英国左派》，91 页。

74 Lloyd，《亨利·劳埃德》，第二卷，185 页。

75 Charles McCarthy，《威斯康星思想》(New York：Macmillan，1912)，297—298 页；"作为地主的政府"，《竞技场》33(1905)：325 页。

76 Charles R. Henderson，"帮助孤单无助的孩子：欧洲国家为遗弃者、孤儿、穷人和反社会者做了什么"，《世界工作》24(1912)：627 页；Brand Whitlock，"城市和文明"，《斯克里布纳杂志》52(1912)：625 页；《调查》29(1912)：50 页。

77 Benjamin P. De Witt，《进步运动：美国政治的现行趋势的全面、非党派讨论》(1915 年；重印本，Seattle：University of Washington Press，1968)，24 页；Paul U. Kellogg，"新党的工业政纲"，《调查》28(1912)：670 页。

78 Walter Weyl，《新民主：关于美国某些政治、经济趋势的论文》(New York：Macmillan，1912)，2，20 页。

526

第三章　自由放任经济的黄昏

1 Richard T. Ely，"1885—1909 年美国经济学协会"，《美国经济学协会出版物》第 3 辑，11(1910)：77 页；Richard T. Ely，《我们脚下的土地：自传》(New York：Macmillan，1938)，145—146 页。

2 即使是描述 19 世纪末期美国社会思想的最好的历史学家，因意图展示他们故事中独特的"美国"特征，也只是承认德国大学纽带，但是很大程度上没有探讨。Dorothy Ross,《美国社会科学的根源》(Cambridge：Cambridge University Press, 1991)；Dorothy Ross,"社会主义和美国自由主义：1880 年代学术界社会思想",《美国历史视野》11(1977—1978)：5—79 页；Mary O. Furner,《宣传和客观性：1865—1905 年美国社会科学专业化的危机》(Lexington：University Press of Kentucky, 1975)；Benjamin G. Rader,《学术思想和改革：理查德·伊利在美国生活中的影响》(Lexington：University Press of Kentucky, 1966)；Sidney Fine,《自由放任与普遍福利的国家：1865—1901 年美国思想冲突研究》(Ann Arbor：University of Michigan Press, 1956)；这些各具特色的模范研究都存在同样的缺陷。例外的情况请参阅：Jurgen Herbst,《美国学术中的德国历史学派：文化转移研究》(Ithaca：Cornell University Press, 1965)；Joseph Dorfman（虽然在这方面有点夸张）,"德国历史学派在美国经济思想中的角色",《美国经济评论》45,第 2 期(1955)：17—28 页。

3 辩论的总结可参阅 Arthur J. Taylor,《英国 19 世纪的自由放任和国家干预》(London：Macmillan, 1972)；Gordon H. Scott,"自由放任的意识形态",《古典经济学家和经济政策》,A. W. Coats 编(London：Methuen, 1971)；John Roach,《1780—1880 年英国的社会改革》(New York：St. Martin's Press, 1978)；P. W. J. Bartrip,"英国 19 世纪中期的国家干预：事实还是虚幻?"《英国研究杂志》23(1983)：63—83 页。

4 Adam Smith,《国富论》,Edward Cannan 编(Chicago：University of Chicago Press, 1976),第二卷,208 页；Harold Perkin,《1780—1880 年现代英国社会的起源》(London：Routledge and Kegan Paul, 1969),186 页；John Graham Brooks,1884—1885 年的剪贴簿,约翰·格雷厄姆·布鲁克斯文件集,哈佛大学拉德克利夫学院施莱辛格图书馆。

5 Pekin,《起源》,324 页；Alfred Marshall,"老一代和新一代经济学家",《阿尔弗雷德·马歇尔纪念文集》,A. C. Pigou 编(London：Macmillan, 1925),296 页；John Stuart Mill,《政治经济学原理：穆勒全集》,F. E. L. Priestley 编(Toronto：University of Toronto Press, 1963—1991),第三卷,945 页。

6 Colleen A. Dunlavy,《政治和工业化：美国和普鲁士的早期铁路》(Princeton：Princeton University Press, 1994)；Louis Hartz,《经济政策和民主思想：1776—1860 年的宾夕法尼亚》(Cambridge：Harvard University Press, 1948)；Oscar 和 Mary F. Handlin,《共和国：政府在美国经济中的角色,1774—1861 年的马萨诸塞》(New York：New York University Press,

527

1947）；Richard L. McCormick，"政党阶段和公共政策：解释性假说"，《美国历史杂志》66（1979）：279—298 页。

7 William J. Novak，《人民的福利：19 世纪美国的法律和规定》（Chapel Hill：University of North Carolina Press，1996）。描述随之而来的立法平衡的尝试，请参阅 William R. Brock，《调查和责任：1865—1900 年美国的公共责任》（Cambridge：Cambridge University Press，1984）；Morton Keller，《国家事务：19 世纪末期美国的公共生活》（Cambridge：Harvard University Press，1977）；James Bryce，《美利坚共和国》（*The American Commonwealth*，1888；重印本，New York：G. P. Putnam's Sons，1959），尤其是第五部分第 2 章："自由放任"。

8 Ely，《我们脚下的土地》，35 页；Richard A. Swanson，"1855—1925 年的埃德蒙德·詹姆斯：美国高等教育中的'保守派进步人士'"，伊利诺伊大学 1966 年博士论文；Millicent Garrett Fawcett，《政治经济学入门》第 4 版（London：Macmillan，1876），v 页。关于 19 世纪中期学院派经济学概况，请参阅 Ross，《美国社会科学的起源》，第 2 章；Furner，《宣传和客观性》，第 2 章；Robert L. Church，"经济学家作为专家：1879—1920 年美国一个新兴专业的出现"，《社会中的大学》第二卷，Lawrence Stone 编（Princeton：Princeton University Press，1974）。

9 Albert Shaw，"美利坚国家和美国人"，《当代评论》51（1887）：696 页；Francis A. Walker，"美国政治经济最近的进步"，《美国经济学协会出版物》4（1889）：254 页。

10 Charles Gide，"经济学派和法国政治经济学教学"，《政治学季刊》5（1890）：603—635 页。

11 James J. Sheehan，《1770—1866 年德国历史》（Oxford：Clarendon Press，1989），734 页；Keith Tribe，《管理经济：1750—1840 年德国经济学话语的改变》（Cambridge：Cambridge University Press，1988）；Donald G. Rohr，《德国社会自由主义的起源》（Chicago：University of Chicago Press，1963）；Gustav Schmoller，"劳工问题"，《普鲁士年鉴》（*Preussische Jahrbücher*）14（1864）：421 页。

528

12 Gustav Schmoller，"1872 年 10 月 6 日埃森纳赫社会问题研讨会开幕式讲话"，《当代社会和工会政治：言论和文章》（Leipzig：Duncker and Humblot，1890），1 页；Franz Boese，《1872—1932 年社会政策协会历史》（Berlin：Duncker and Humblot，1939），248 页。

13 Heinrich von Treitschke，"社会主义及其支持者"，《普鲁士年鉴》34

（1874）：248—301 页；Gustav Schmoller，"权利和国民经济基本问题"，《国民经济和统计年鉴》23（1874）：225—349 页；24（1875）：81—119 页；Henry W. Farnam，"就职演说"（Antritts Vorlesung），法纳姆家族文件集，耶鲁大学图书馆手稿和档案处。

Kathedersozialisten 通常被翻译成为"座椅社会主义者"（或者更准确的）"讲坛社会主义者"，但是"专业社会主义者"更接近原文的意思。

14 Gide，"经济学派"，628—634 页；Charles Gide，"法国经济学派，与英国经济学派和德国经济学派的联系"，《德国 19 世纪国民经济发展：古斯塔夫七十周年纪念文集》（Leipzig：Duncker and Humblot, 1890）；Judith Stone，《寻求社会和平：1890—1914 年法国立法改革》（Albany：State University of New York Press, 1985），第 2 章。

15 Gerald M. Koot，《英国历史经济学，1870—1926 年：经济史的兴起和新商业主义》（Cambridge：Cambridge University Press, 1987）；Ellen Frankel Paul，《道德革命和经济科学：19 世纪英国政治经济学中自由放任的死亡》（Westport, Conn.：Greenwood Press, 1979）；A. W. Coats，"英国经济思想中的社会学内容（c. 1880—1930）"，《政治经济学杂志》75（1967）：709—729 页；H. S. Foxwell，"英国经济运动"，《经济学季刊》2（1887）：84—103 页；W. Cunningham，"为什么罗塞尔在英国的影响力这么小？"《美国政治与社会科学学院纪事》5（1894）：317—334 页。

16 比如，E. L. Godkin，"德国政治经济"，《国家》19（1872）：293—294 页；E. L. Godkin，"新德国政治经济"，同上，21（1875）：161—162 页；J. M. Hart，"德国政治经济"，同上，295—296 页。

17 这个术语来自 Albert Shaw 的"美利坚国家"，697 页。

18 Ely，《我们脚下的土地》，36—63 页；Richard T. Ely 等，"纪念前主席西蒙·帕滕"，美国经济学协会《第 35 届年会论文集》（1923），259，276—277 页。

19 Ellen Nore，《查尔斯·比尔德：思想传记》（Carbondale：Southern Illinois University Press, 1983），第 2 章；John Braeman，"查尔斯·比尔德：英国经验"，《美国研究杂志》15（1989）：165—189 页；Charles A. Beard，"罗斯金和混乱语言"（Ruskin and the Babble of Tongues），《新共和》87（1936）：370—372 页；Lela B. Costin，《社会正义两姐妹：格雷丝和伊迪丝·阿伯特传记》（Urbana：University of Illinois Press, 1983）；Leo S. Rowe，"法国大学中的教学"，《美国政治与社会科学学院纪事》2（1892）：62—85 页。那些在巴黎度过一个学期的人中还有 E. R. A. Seligman，Frank J.

529

Goodnow，Roland P. Falkner，John H. Gray，Emily Balch，Henry R. Seager，Leo S. Rowe，Walter Weyl 和 Frank A. Fetter。但是所有这些短期逗留与德国主导的课程学习相比是小巫见大巫了。

20 James Morgan Hart，《德国大学：个人经验》（New York：G. P. Putnam's Sons，1874）；Laurence R. Veysey，《美国大学的出现》（Chicago：University of Chicago Press，1965），130—131 页；Carl Diehl，《1770—1870 年美国和德国学术》（New Haven：Yale University Press，1978）。关于招收的美国学生的情况，可参阅 Johannes Conrad，《过去 50 年的德国大学》（Glasgow：David Bryce and Son，1885），41 页；George Weisz，《法国现代大学的出现，1863—1914 年》（Princeton：Princeton University Press，1983），262 页。

21 Jack C. Myles，"德国历史主义和美国经济学：德国历史学派对经济思想的影响研究"，普林斯顿大学 1956 年博士论文，98—118 页；Henry W. Farnam，"国民经济学上的德国美国联系"，《德国国民经济学的发展》。

22 Samuel McCune Lindsay 文件集，哥伦比亚大学；Mary Kingsbury Simkhovitch，《邻居：我的格林威治馆故事》（纽约：W. W. Norton，1938），第 3 章；Mercedes M. Randall，《不合时宜的波士顿人：爱米莉·格林·巴尔奇》（Improper Bostonian，New York：Twayne，1964），88—101 页。

23 Florence Kelley，《六十年笔记：弗洛伦斯·凯利自传》，Kathryn Kish Sklar 编（Chicago：Charles H. Kerr，1986），61—74 页；M. Carey Thomas，《一位女权主义者的形成：玛丽·托马斯的早期日记和书信》，Marjorie H. Dobkin 编（Kent，Ohio：Kent State University Press，1979），第 2 章；Alice Hamilton，《探索危险的行业：爱丽丝·汉密尔顿自传》（Boston：Little，Brown，1943），44—45，47 页。

24 美国经济学协会的最初官员是：会长 Francis A. Walker，第一副会长 Henry C. Adams（柏林、海德堡，1878—1880），第二副会长 Edmund J. James（哈雷、柏林、莱比锡，1875—1877），第三副会长 John B. Clark（海德堡、莱比锡，1873—1875），秘书 Richard T. Ely（哈雷、海德堡、柏林，1877—1880），财务主管 E. R. A. Seligman（柏林、海德堡、巴黎，1879—1881）。法纳姆调查的反馈收集在法纳姆家庭资料，第 248 盒，第 3239 号文件夹（以下简称"法纳姆调查"）。

25 Richard T. Ely，"美国经济学协会"，68 页；Thomas，《女权主义者的形成》，第 2 章。

26 W. E. B. Du Bois 在 1894 年 2 月 23 日给[看不清是谁]的信,杜波依斯文件集(缩微胶片)马萨诸塞大学安默斯特图书馆;W. E. B. Du Bois,《杜波依斯自传:第一个世纪的最后十年看待我的生活的独白》(New York:International Publishers,1968),第 10 章;Samuel M. Lindsay 在 1889 年到 1894 年给父母的信,林塞文件集。

27 《林肯·斯蒂芬斯书信集》,Ella Winter 和 Granville Hicks 编(New York:Harcourt,Brace,1938),第一卷,9 页。

28 Neil Coughlan,《年轻的约翰·杜威:美国思想史论文》(Chicago:University of Chicago Press,1975),124—130 页;Garrett Droppers 在法纳姆调查中。

29 Henry C. Adams 在 1878 年 12 月 1 日给母亲的信,Henry Carter Adams 文件集,密歇根历史文献,密歇根大学本特利历史图书馆;Mary Kingsbury Simkhovitch,《邻居》,第 3 章;Samuel M. Lindsay,1892 年 11 月 1 日给父母的信,林塞文件集;《杜波依斯书信》,Herbert Aptheker 编(Amherst:University of Massachusetts Press,1973),第一卷,23;Kelley,《自传》,61—77 页。

30 W. E. B. Du Bois,"德国当前的状况"[c. 1893],杜波依斯文件集中未发表的手稿,8,17 页。

31 Fritz Ringer,《德国知识界名流的衰落:1890—1933 年德国学术共同体》(*The Decline of the German Mandarins*,Cambridge:Harvard University Press,1969)。

32 Myles,"德国历史主义和美国经济学",112—118 页;Henry W. Farnam,法纳姆问卷调查结果的"总结"。约翰内斯·康拉德在哈雷教了几乎同样多的美国学生,但 Vladimir Simkhovitch 回忆说:"如果必须说实话,我认为康拉德没有影响任何人的思想。"Simkhovitch 在法纳姆调查中。

33 Richard T. Ely,《艰难时代:进来和出去之路》(New York:Macmillan,1931),111 页;Adolph Wagner,"英国和德国国民经济",《普鲁士年鉴》73(1893):414 页。关于瓦格纳,请参阅 Kenneth D. Barkin,"威廉时代社会思想的冲突和一致",《中欧历史》5(1972):55—71 页;Kenneth D. Barkin,《1890—1902 年德国工业化的争议》(Chicago:University of Chicago Press,1970),第 4 章;最主要的是 Heinrich Rubner 编,《阿道夫·瓦格纳:1851—1917 年书信、文献和见证报告》(Berlin:Duncker and Humblot,1978)。

34 Rubner 编,《阿道夫·瓦格纳》,91,118—119 页;Adolph Wagner,

《社会问题言论集》(Berlin: Wiegaandt and Grieben, 1872),4 页。关于社会主义者对于瓦格纳的思想的兴趣,请参阅 Vernon L. Lidtke,"德国社会民主和德国国家社会主义。1876—1884 年",《社会历史国际评论》9(1964):202—225 页。

35 Rubner 编,《阿道夫·瓦格纳》,120 页;Wagner,《社会问题言论集》;《经济杂志》26(1916):131 页;Garrett Droppers 在法纳姆调查中。

36 Adolph Wagner,"财政学和国家社会主义",《一般政治学杂志》(*Zeitschrift fur die gesamte Staatswissenschaft*)43(1887):37—122 页;Adolph Wagner,"社会主义的是与非",《双周评论》81(1907):682—694 页;William H. Dawson,《俾斯麦和国家社会主义:德国自 1870 年以来社会经济立法说明》(1890 年;重印本,New York: Fertig, 1973),第 1 章;Wagner,《社会问题言论集》,4—5 页。

37 Rubner 编,《阿道夫·瓦格纳》,172 页;Adolph Wagner,《大工业卡特尔及其对工人的影响》(埃森:Christlichen Gerwerkschaftskartells Essen, 1906)。

38 Asher,"教授作为宣传家";M. Epstein,"古斯塔夫·施穆勒",《经济杂志》27(1917):435—438 页。《德意志帝国立法、行政和国民经济学年鉴》,施穆勒在 1881 年担任该杂志的编辑,它到了 1913 年被重新命名为《施穆勒年鉴》。

39 Henry Rogers Seager,"柏林和维也纳的经济学",《政治经济杂志》1(1893):236—262 页;还可参阅 Simkhovitch 在法纳姆调查中;F. W. Taussig,"施穆勒论保护和自由贸易",《经济学季刊》19(1905):501—511 页。

40 Rüdiger vom Bruch,"德意志帝国时期的公民社会改革",《既非共产主义又非资本主义:从三月革命前到阿登纳时期的德国公民改革》,Rüdiger vom Bruch 编(Munich: Beck, 1985),85 页;Rüdiger vom Bruch,"德意志帝国后期公民社会改革:1901—1914 年的社会改革协会(GSR)",*IWK*(《德国工人运动史国际学术通讯》)15(1979):588—589 页。

41 Vom Bruch,"公民社会改革",72—82, 122—130 页;Dieter Lindenlaub,《社会政策协会的路线斗争》(*Richtungskämpfe im Verein für Sozialpolitik*),《社会和经济史季刊》52—53 号增刊(Wiesbaden, 1967)。关于当时人对"社会政策协会"的描写,请参阅 Gustav Cohn,"德国政治经济的历史与现状",《双周评论》20(1873):337—350 页;Eugen von Philippovich,"社会政策协会",《经济学季刊》5(1891):220—237 页;Lujo Brentano,《我在德国

531

争取社会发展的斗争生活》(Jena：Eugen Diederich，1931）。

42 Boese，《社会政策协会的发展》，241 页；"社会政策协会的假期课程"，《美国政治与社会科学院纪事》7（1896）：69—73 页；《社会政策协会文集》(1873—1932）。

43 Gustav Schmoller，"社会问题和普鲁士国家"，《当代社会和行业政治》，62 页；Schmoller，"社会问题讨论会上的开幕词"，同上，9 页；Gustav Schmoller，"论卡特尔和国家的关系"，《德意志帝国立法、行政和国民经济学年鉴》29（1905）：1550—1597 页。比较 Jane Caplan，"特殊利益想象中的普遍性：德国历史上的公务员'传统'"，《社会历史》4（1979）：299—317 页。

44 E. Benjamin Andrews 和 Emily Balch 在法纳姆调查中。Edmund J. James，"作为经济因素的国家"，《科学》7（1886）：488 页；Edmund J. James，"国家干预"，《肖托夸会刊》8（1888）：534—536 页；甚至德国留学一代最正统的人 Arthur Hadley 也被打动而给家里写信说："这些问题有更多的方面，而不只是 Billy［William Graham］Summner 让我们相信的那些。"Morris Hadley，《阿瑟·哈德利》(New Haven：Yale University Press，1948），32 页。

532   45 Franklin H. Dixon 在法纳姆调查中。施穆勒本人觉得只有通过重新恢复君主制才能让美国击退阶级统治——首先是有产者，随后是无产者的统治。Lindenlaub，《社会政策协会的路线斗争》，243 页注。

46 W. E. B. Du Bois，"欧洲的一些印象"［c. 1894］，9 页，杜波依斯文件集；Samuel M. Lindsay 在 1891 年 7 月 12 日给父母的信，林塞文集；Richard T. Ely，"柏林城市管理"，《国家》34（1882 年 3 月 23 日）：246 页。

47 "Feisei"［Edmund J. James］，"俾斯麦公爵"，《美国人》(Philadelphia）1884 年 8 月 16 日，295—296 页；E. R. A. Seligman 在 1879 年 10 月 3 日给父母的信；塞利格曼文件集，哥伦比亚大学珍本和手稿图书馆；Richard T. Ely，"俾斯麦让德国劳动者参加保险的计划"，《国际评论》12（1882）：504—520 页；John H. Gray，"反对社会主义的德国法案"，《经济学季刊》4（1890）：324 页；詹姆斯为"俾斯麦公爵"的作者，这是在《美国政治与社会科学院纪事》7（1896）：84 页确定的。

48 Mary Kingsbury Simkhovitch，《邻居》，52 页；Henry C. Adams，"我们应该迫使无政府主义者闭嘴吗？"《论坛》1（1886）：453 页。

49 Joseph Dorfman，亨利·亚当斯《工业行动，经济学和法学与国家关系：两篇论文》的"序言"，(重印本，NewYork：Columbia University Press，

1954);Ross,"社会主义和美国自由主义";A. W. Coats,"亨利·亚当斯:1850—1900年美国社会科学兴起的个案分析",《美国研究杂志》2(1968):177—197页。

50 Henry C. Adams,"柏林日记:1878—1879年",9,15,25—26页,亚当斯文件集。

51 Simon Pattern,"经济理论的重建",《美国政治与社会科学院纪事》44号增刊(1912):1页;Henry C. Adams,"柏林日记:1878—1879年",11—12页。

52 Rader,《学术思想和改革》,30页;Richard T. Ely,"论政治经济学教学法",《历史教学法》第2版,G. Stanley Hall编(Boston:Ginn,Heath,1885);Richard T. Ely,"德国1882年的政治经济",《约翰·霍普金斯大学通讯》3(1882):28页;Henry C. Adams,《政治经济演说纲要》(Baltimore:n. p.,1881)。

53 Rader,《学术思想和改革》,29页;Marvin Gettleman编,《1877—1912年霍普金斯大学历史和政治讨论》(New York:Garland,1987—),第一卷。

54 Albion Small,"对社会学历史的一些贡献",《美国社会学杂志》30(1924):303页;Richard T. Ely,"政治经济的过去与现在",《霍普金斯大学历史和政治讨论》2(1884):202页。

55 Herbet B. Adams,"美国大学的扩张",《论坛》11(1891):510—523页;Richard T. Ely,《现代法国和德国社会主义》(New York:Harper and Brothers,1883);Richard T. Ely,《美国最近的社会主义》(Baltimore:Johns Hopkins University Press,1885);Richard T. Ely,《美国劳工运动》(New York:Thomas Y. Crowell,1886);Richard T. Ely,"社会主义",《安道华评论》5(1886):156页;Richard T. Ely,"美国劳工联合会年度大会上的发言",《基督教联盟》(*Christian Union*)37(1888年2月9日):170—171页;Edmund J. James,"美国的社会主义者和无政府主义者",《我们的时代》(*Our Day*)1(1888):81—94页;George E. McNeil编,《劳工运动:今天的问题》(1887;重印本,New York:A. M. Kelley,1971),第1—3章;亨利·亚当斯,"劳工问题",《科学美国人》22(1886):62页。

56 E. R. A. Seligman,"欧文和基督教社会主义者",《政治学季刊》1(1886):206—249页;Richard T. Ely,"英国基督教社会主义",《基督教联盟》31(1885年5月28日):7—8页;(1885年6月4日):7—8页;(1885年6月11日):7—8页;Ely,"法国和德国社会主义",第16章。关

533

于 E. R. A. Seligman,请参阅他的自传札记:"埃德温·塞利格曼",《自我表述的当代政治经济学》,Felix Meiner 编(*Die Volkswirtschaftlehre der Gegenwart im Selbsdarstellungen*),(Leipzig:F. Meiner,1929),第二卷,117—160 页。

57 Ross,"社会主义和美国自由主义",40—41 页。

58 Samuel A. Barnett,"切实可行的社会主义",《19 世纪》13(1883):554—560 页;Donald Reed,《1868—1914 年的英国:都市民主时代》(London:Longman,1979),302—303 页。

59 Ely,"政治经济的过去和现在",201 页注;Seligman,"欧文和基督教社会主义者",207 页;对比 Ross,"社会主义和美国自由主义"。

60 Ely,"政治经济的过去和现在",191 页注;Ely,《新近的美国社会主义》,73 页;Edmund James,"国家作为经济因素",《科学》7(1886):485 页;Henry C. Adams,"经济学和法学",《科学》8(1886 年 7 月 2 日):16 页;Richard T. Ely,《今天的问题:讨论保护性关税、税收和垄断》,新版(New York:Thomas Y. Crowell,1890),233 页。

61 比如,Richard T. Ely,"土地、劳动和税收",《独立》39(1887 年 12 月 1 日—1888 年 1 月 5 日)。

62 "美国经济学协会,1885—1909 年",《美国经济学协会出版物》第 3 辑,11(1910):50—51,107—111 页;"纪念西蒙·帕滕",《美国经济学评论》13 号增刊(1923):260—261 页。

63 Richard T. Ely,"美国经济学协会组织报告",《美国经济学协会出版物》1(1886):1—32 页。

64 Joseph Dorfman,"塞利格曼通讯",《政治学季刊》56(1941):281 页;Richard T. Ely,"美国经济学协会,1885—1909 年",《美国经济学协会出版物》第 3 辑,11(1910):71—73 页;同上,3(1888):222—223 页。关于美国经济学协会渴望吸收热心的外行会员,请参阅 Richard T. Ely,"美国经济学协会",《独立》39(1887):681 页;Church,"作为专家的经济学家",591 页。

65 E. R. A. Seligman,"政治经济信条随时间的变化",《科学》7(1886):375—381 页;E. J. James,"国家作为经济因素",同上,485—488 页(着重号为后加);Richard T. Ely,"伦理学和经济学",同上,529—533 页(着重号为后加);Henry C. Adams,"经济学和法学",同上,8(1886):15—19 页;Richard Mayo Smith,"政治经济学调查方法",同上,80—87 页。

534   66 Arthur T. Hadley,"经济学规律和方法",同上,46—48 页。

67 William E. Barns 编，《劳工问题：简单的问题和现实的答案》（New York：Harpers and Brothers，1886），62 页；Adams，"劳工问题"，8861 页；E. J. James，"英国最近的土地立法"，《科学》6（1885）：455—456 页；Seligman，"政治经济学信条的变化"，382 页。

68 James B. Angell 在 1887 年 3 月 26 日给亨利·亚当斯的信，亚当斯文件集。

69 Dorfman，亚当斯《国家与工业行动的关系》的"序言"，16 页；James B. Angell 在 1886 年 3 月 19 日给亨利·亚当斯的信，亨利·亚当斯在 1886 年 3 月 25 日给 James B. Angell 的信，亚当斯文件集。

70 该事件在 Furner 的《宣传和客观性》127—142 页中有详细描述，强调了 1886 年 5 月无政府主义恐慌的影响；Dorfman 的"需要"中也有描述。亚当斯的演说和 Thurston 的反应发表在《科学美国人》22 号增刊（1886）：8861—8863，8877—8880 页。

71 关于康奈尔大学的校董，请参阅 C. H. Hull 在 1886 年 9 月 19 日给亨利·亚当斯的信，亚当斯文件集。亚当斯给 Angell 的表示撤回的信转载在 Dorfman 的"序言"，37—42 页。

72 Forner，《宣传和客观性》；Steven A. Sass，《实用的想象：1881—1981 年沃顿学院历史》（Philadelphia：University of Pennsylvania Press，1982），85 页；《美国经济学协会出版物》2（1887）：228—295，495—581 页；3（1888）：44—46，54—56 页。

73 Henry C. Adams，《控制国家工业干预的原则》，纽约市宪法俱乐部上宣读的论文（纽约 1886）。修订稿以"国家与工业行动的关系"为题发表，《美国经济学协会出版物》1（1887）：465—469 页。

74 "现代工业组织及其危险"，《独立》38（1886）：1109 页；Adams，"国家与工业行动的关系"，540—549 页。该段没有出现在亚当斯的原论文中。

75 E. R. A. Seligman，评亚当斯"国家与工业行动的关系"，《政治学季刊》2（1887）：353 页；Richard T. Ely，"社会研究，第二辑"，《哈珀斯新月刊》74（1887）：970—977 页，75（1887）：71—79，259—266 页；Richard T. Ely，《政治经济学入门》（纽约：Chautauqua Press，1889）243 页；Edmund J. James，"现代都市与煤气供应的关系"，《美国经济学协会出版物》1（1886），第 2—3 号；关于伊利思想的变化，请参阅 Richard T. Ely，"社会研究"《哈珀斯新月刊》73（1886）：250—257，450—457，571—578 页。

76 Sass，《实用主义想象》，75—77 页；《美国政治与社会科学院纪事》

（1890—）。在1890年，当德国根源最显著的时候，《纪事》的开头两期列举了德国、奥地利和意大利大学前一年提供的所有政治经济学和公共法律课程。

535　　　77 Emory R. Johnson，《一位大学教授的生活：自传》（Philadelphia：n. p. ,1943）；Sass，《实用主义想象》,72页；Adna F. Weber 和 B. H. Meyer 在法纳姆调查中；B. H. Meyer，"普鲁士铁路的管理"，《竞技场》10（1897）：389—343页；B. H. Meyer，"铁路价格的政府管理"，《政治经济学杂志》14（1906）：86—106页；Friederic C. Howe，《威斯康星：民主实验》（New York：Charles Scribner's Sons，1912），尤其是第3章。更笼统的内容请参阅 Church，"作为专家的经济学家"。

　　　78 E. R. A. Seligman，"累进征税的理论"，《美国经济学协会出版物》8（1893）：52—54页；Frank L. Tolman，"美国学术机构中的社会学研究"，《美国社会学杂志》8（1902—1903）：85—121,251—272,531—558页；Rader，《学术思想和改革》。

　　　79 Roger Davidson 和 Rodney Lowe，"1870—1945年英国福利政策的官僚制和革新"，《1850—1950年英国、德国福利国家的出现》，W. J. Mommsen 编（London：Croom, Helm, 1981）；Mary O. Furner 和 Barry Supple 编，《国家与经济学知识：美国和英国经验》（Cambridge：Cambridge University Press，1990）。

　　　80 Lindenlaub，《社会政策协会的路线斗争》，142页；Wolfgang J. Mommsen，《马克斯·韦伯和1900—1902年的德国政治》（Chicago：University of Chicago Press，1984），76页；更笼统的内容请参阅 Dietrich Rueschemeyer 和 Theda Skocpol 编，《国家、社会知识和现代社会政策的根源》（Princeton：Princeton University Press，1996）。

　　　81 美国国会参议院教育和劳动委员会，《劳资关系报告》（Washington, D. C. ,1885）；美国工业委员会，《报告》（Washington D. C. ，1900—1902）；美国工业关系委员会，《最终报告》（Washington, D. C. ,1915）；William J. Barber 编，《打破学术界模式：经济学家和19世纪美国高等教育》（Middletown, Conn. ：Wesleyan University Press, 1988），335—336页；Rader，《学术思想和改革》。

　　　82 A. E. Weber，"当今美国经济学家"，《新英格兰杂志》新刊号21（1899）：261页。

第四章　自主自营的城市

1 Friedrich Engels,《英国工人阶级的状况》(1892; Chicago: Academy Chicago,1984)，58 页。关于进步人士想象中的城市,请参阅 Gareth Stedman Jones,《被抛弃的伦敦:维多利亚社会阶级关系研究》(Oxford: Clarendon Press,1971);Paul Boyer,《1820—1920 年美国的都市群众和道德秩序》(Cambridge: Harvard University Press,1978);Andrew Lees,《感知的城市:1820—1940 年欧洲和美国思想中的都市社会》(Manchester, England: Manchester University Press,1985);H. J. Dyos 和 Michael Wolff 编,《维多利亚时代的城市:形象和现实》(London: Routledge and Kegan Paul,1973)。

2 Jack London,《深渊中的人们》(New York: Macmillan, 1903),第 1 章。

3 Sam Bass Warner, Jr.,《私人城市:费城成长中的三个阶段》(Philadelphia: University of Pennsylvania Press,1968)。

4 Anthony S. Wohl,《处于危险的生活:维多利亚时代英国的公共健康》(Cambridge: Harvard University Press,1983);Anthony Sutcliffe,"19 世纪英国都市环境中公共干预的增长:结构途径",《19 世纪城市的结构》,James H. Johnson 和 Colin G. Pooley 编(London: Croom Helm,1982)。

5 Malcolm Falkus,"19 世纪城市贸易的发展",《商业历史》19(1977): 136—137 页。

6 John C. Teaford,《未宣告的胜利:1870—1900 年的美国城市政府》(The Unheralded Triumph,Baltimore: Johns Hopkins University Press,1984), 273 页。

7 Wolfgang Schivelbusch,《去魅的夜晚:19 世纪光线的工业化》(Berkeley: University of California Press,1988);Thomas P. Hughes,《电力的网络:1880—1930 年西方社会的电气化》(Baltimore: Johns Hopkins University Press,1983);John P. McKay,《有轨电车和无轨电车:欧洲都市公共交通的兴起》(Princeton: Princeton University Press,1976)。

8 Milo R. Maltbie,"双城记:伦敦和费城的自来水供应",《城市事务》3(1899): 191—224 页。

9 Christopher Armstrong 和 H. V. Nelles,《垄断时刻:1830—1930 年加拿大公共服务的组织和管理》(Philadelphia: Temple University Press,

536

1986），第 5 章。

　　10 Richard J. Evans，《死神在汉堡：1830—1910 年霍乱年代的社会和政治》（Oxford：Clarendon Press，1987），151—161 页。

　　11 Harold J. Laski，W. Ivor Jennings 和 William A. Robson，《城市进步的世纪，1835—1935 年》（London：George Allen and Unwin，1935），316 页；Frederic C. Howe，《英国城市：民主的开端》（New York：Scribner's，1907），71 页。

　　12 David Glassberg，"改革的设计：美国公共澡堂运动"，《美国研究》20（1979）：第 7 页；Marilyn Thornton Williams，《清洗"伟大的未洗者"：1840—1920 年美国都市的公共澡堂》（Washing "The Great Unwashed"，Columbus：Ohio State University Press，1991），8 页；关于和德国的类比，请参阅 Brian K. Ladd，"19 世纪德国城市公共澡堂和市政改良"，《城市历史杂志》14（1988）：372—393 页。

　　13 John Peterson，"1840—1890 年卫生改革对美国都市规划者的影响"，《社会史杂志》13（1979）：83—103 页。

　　14 Alan Mayne，《想象中的贫民窟：1870—1914 年三个城市的报纸上表现》（Leicester：Leicester University Press，1993）。

　　15 同上，第 4 章；Derek Fraser，《维多利亚时代城市的力量和权威》（New York：St. Martin's Press，1979），第 4 章；E. P. Hennock，《合适人选：19 世纪都市政府的理想和现实》（Fit and Proper Persons，Montreal：McGill-Queen's University Press，1973）；Asa Briggs，《维多利亚时代的城市》（1963；Berkeley：University of California Press，1993），第 5 章。

　　16 Julian Ralph，"世界上管理得最好的城市"，《哈珀斯新月刊》81（1890）：99—111 页；George F. Parker，"市政管理的直观课"，《世纪》53（1896）：71—89 页。关于公司街道项目，请参阅 Mayne，《想象中的贫民窟》，第 4 章。

　　17 Hennock，《合适人选》，56 页；全国公民联盟，公有和公营委员会，《公共服务的市营和私营》（New York：National Civic Federation，1907），第一卷，52 页；Mayne，《想象中的贫民窟》，61 页；Tawney 的话转引自 P. J. Waller，《城镇、城市、国家：1850—1914 年的英国》（New York：Oxford University Press，1983），312 页。

　　18 Joseph Chamberlain，"国家社会主义的优越性"，《北大西洋评论》152（1891）：547 页。

　　19 J. R. Kellett，"维多利亚时代城市的市政社会主义、企业和贸易"，

537

《城市历史年鉴,1978年》(Leicester:Leicester University Press,1978);Falkus,"19世纪都市贸易的发展"。

20 Hamish Fraser,"维多利亚时代城市的市政社会主义和社会政策",《维多利亚时代的城市:1820—1914年英国城市历史读本》,R. J. Morris和Richard Rodger编(London:Longman,1993);S. G. Checkland,《有毒的树:1875—1975年的格拉斯哥》(Upas Tree, Glasgow:University of Glasgow Press,1976);Bernard Aspinwall,《可携带的乌托邦:1820—1920年的格拉斯哥和美国》(Aberdeen:Aberdeen University Press,1984)。

21 Wolfgang R. Krabbe,"城市社会主义和干预式国家:帝国时代城市福利管理研究",《科学与教学中的历史》30(1979):265—284页;Wolfgang R. Krabbe,"19世纪后期德国城市福利管理的发展",《19世纪和20世纪的城市化:历史和地理方面》,Hans Jurgen Teuteberg编(Cologne:Böhlau,1983);Hans-Dieter Brunckhorst,《19世纪的商业化:以德国煤气工业为例》(Munich:Tuduv,1978);William H. Dawson,《德国都市生活和管理》(London:Longmans,Green,1914),第9章。

22 L. S. Rowe,"德国街道铁路的市有和市营",《美国政治与社会科学院纪事》27(1906):47—65页;Edward W. Bemis编,《城市垄断:美国经济学家和专家论文集》(New York:Thomas Y. Crowell,1899):562—565页。

23 "世界的进步",《美国评论之评论月刊》22(1902):259页。

24 关于法兰克福,请参阅Franz Adickes和G. O. Beutler,《德国城市的社会功能》(Leipzig:Duncker und Humblot,1903);《弗兰茨·阿迪克斯:生平和工作》(Frankfurt:Englert und Schlosser,1929);关于杜塞尔多夫,请参阅Frederic C. Howe,《欧洲城市在行动》(New York:Charles Scribner's Sons,1913),第3章。更笼统的内容请参阅Howard Woodhead,"第一届德国城市博览会",《美国社会学杂志》9(1904):413—458,612—630,812—831页;10(1904):47—63页。

25 Chamberlain,"国家社会主义的优越性",538页;Hamish Fraser,"劳工和变化的城市",《苏格兰城市的视角》,George Gordon编(Aberdeen:Aberdeen University Press,1985)。 **538**

26 Albert Shaw,《大不列颠城市政府》(New York:Century,1895):45页;Martin J. Wiener,《两个世界之间:格雷厄姆·沃拉斯的政治思想》(Oxford:Clarendon Press,1971),40页。

大企业家并不总是在城市贸易中发号施令。关于都市所有权政治的

一个文化上保守的、反犹主义的小资产阶级（Kleinbürger）变体,请参阅
John W. Boyer,《维也纳的文化和政治危机：1897—1918 年基督教社会主
义上台》(Chicago：University of Chicago Press,1995),第 1 章。

27 Dawson,《德国城市生活和管理》,第 2 章;Evans,《死神在汉堡》,
546 页;John D. Rolling,"德意志帝国的自由主义者、社会主义者和城市管
理：1900—1918 年法兰克福案例",威斯康星大学麦迪逊分校 1979 年博
士论文,50 页;Edmund J. James,"柏林市议会",《美国社会学杂志》6
(1900)：412 页;Albert Shaw,《欧洲大陆的城市管理》(New York：Century,
1895),308 页。

28 James J. Sheehan,《19 世纪德国自由主义》(Chicago：University of
Chicago Press,1978)：230 页;James J. Sheehan,"19 世纪德国自由主义和
城市",《过去与现在》51(1971)：116—137 页。

29 Fraser,"劳工和变化的城市",160 页。

30 Rudolf G. Huber,《黑森南部工业城市的社会变革和政治冲突：
1898—1914 年奥芬巴赫德国社会民主党的地方政治》(Darmstadt：
Hessische Historische Komission,1985),绪论,George Steinmetz,《社会管理：
德意志帝国的福利国家和地方政治》(Princeton：Princeton University Press,
1993)：194—195 页。Adickes,《德国城市的社会功能》,78—81 页。

31 Joan W. Scott,"市长和警察局长：社会主义城市对抗法国国家",
《19 世纪的法国城市》,John M. Merriman 编(New York：Holmes and Meier,
1981);Samuel P. Orth,《欧洲社会主义和民主》(London：Williams and
Norgate,1913),113—114 页;Roger Magraw,《1814—1915 年的法国：资产
阶级世纪》(London：Fontana,1983),300 页。

32 C. K. Yearley,"1850—1910 年'外省党'和特大城市：伦敦、巴黎、
纽约",《社会和历史对比研究》15(1975)：51—88 页。

33 Andrew Saint 编,《伦敦的政治和人民：1889—1965 年伦敦市议会》
(London：Hambledon Press,1989);Susan D. Pennybacker,《1889—1914 年
伦敦景象：劳工、日常生活和伦敦市议会实验》(London：Routledge,
1995);Paul Thompson,《社会主义者、自由主义者和劳工：1885—1914 年
的伦敦斗争》(London：Routledge and Kegan Paul,1967)。关于伦敦进步政
治给局外人的印象,可参阅 Charles Edward Russell,"伦敦的社会主义政
府",《大都会杂志》40(1906)：367—376 页;Hugo Lindemann,《英国的城
市管理和城市社会主义》(Stuttgart：Siek,1897)。

34 Susan Pennybacker,"'下班邮递带来的千年'：重新考虑伦敦进步

主义,1889—1907 年"(The Millennium by Return of Post),《大都市——伦敦:1800 年以来的历史学家和代表》,David Feldman 和 Gareth Stedman Jones 编(London:Routledge,1989);John Burns,"走向公社",《19 世纪》40 (1906):367—376 页。Burns 的话转引自 John Davis,"1889—1907 年的进步议会",《伦敦的政治和人民》,Saint 编,35 页。 **539**

35 A. M. McBriar,《费边社会主义和英国政治,1884—1918 年》 (Cambridge:Cambridge University Press,1962),第 9 章;Sidney Webb,《伦敦项目》(London:Swan Sonnenschein,1891);《费边城市项目:第二辑》 (London:Fabian Society,1899—1900)。

36 Avner Offer,《1870—1914 年的财产和政治:土地所有权、法律、意识形态和英国的都市开发》(Cambridge:Cambridge University Press,1981), 第 15 章。

37 Offer,《财产和政治》,305 页;Sidney Webb,"英国的社会主义", 《美国经济学协会出版物》4(1889):65 页。

38 Falkus,"城市贸易的发展",305 页;Trevor I. Williams,《英国煤气工业历史》(Oxford:Oxford University Press,1981),27 页;Howe,《欧洲城市在行动》,113 页。

39 Milton S. Heath,《建设性的社会主义:1860 年前佐治亚州经济发展中政府的角色》(Cambridge:Harvard University Press,1954),289 页; Louis Hartz,《1776—1860 年宾夕法尼亚的经济政策和民主思想》(Cambridge: Harvard University Press,1948),88 页;Morton Keller,《国家事务:19 世纪末期美国的公共生活》(Cambridge:Harvard University Press,1977),167 页。Colleen A. Dunlavy,《政治和工业化:美国和普鲁士的早期铁路》 (Princeton:Princeton University Press,1994)。

40 Stanley K. Schultz 和 Clay McShane,"大城市工程:19 世纪末期美国的下水道、公共卫生和城市规划",《美国历史杂志》65(1978):389—411 页;Letty Anderson,"艰难的选择:为新英格兰城市供水",《跨学科历史杂志》15(1984):211—234 页;全国公民联盟,《公共服务的市营和私营》, 第一卷,127 页;Bemis,《城市垄断》,59 页。

41 关于美国和欧洲城市公共服务的详细对比分析,请参阅 Teaford, 《未宣告的胜利》,第 8—9 章;Martin V. Melosi,《城市中的垃圾:1880— 1980 年的垃圾、改革和环境》(College Station:Texas A & M University Press,1981);Milo R. Maltbie,《城市功能:城市社会主义的发展、规模和趋势研究》(New York:Reform Club Committee on Municipal Administration,

1898）；Harvey N. Shepard，"欧洲和美国的城市房屋管理"，《美国城市》6（1912）：709—713页。

42 Richard T. Ely，"德国社会观察"，《公理会》（Congregationalist）77（1892）：206，214页；Richard T. Ely，"城市的需要"，《今天的问题：保护性关税、税收和垄断的讨论》，新版（New York：Thomas Y. Crowell，1890）：229—247页。

540 43 Edmund J. James，"现代城市和煤气供应的关系"，《美国经济学协会出版物》1（1886）：2—3号；[Edmund J. James]，"英国的煤气问题"，《国家》42（1886），71—72页；《美国社会学杂志》5（1900）：826—828页；Edmund J. James，"柏林街道铁路政策"，《美国政治与社会科学院纪事》15（1900）：437—440页；《政治经济学杂志》9（1901）：260—271页；芝加哥街道铁路委员会，《芝加哥市城市委员会报告》（Chicago，1900）。

44 Lloyd J. Graybar，《〈评论之评论〉的阿尔伯特·萧：思想传记》（Lexington：University Press of Kentucky，1974）。

45 1894年11月29日，Albert Shaw给William T. Stead的信，阿尔伯特·萧文集，纽约公共图书馆手稿和档案部，Astor，Lenox和Tilden基金会。

46 Albert Shaw，"城市问题和大纽约"，《大西洋月刊》79（1897）：748页；Shaw，《欧洲大陆的城市管理》，305页。

47 Albert Shaw，"伦敦理工学院和人民的宫殿"，《世纪》40（1890）：164页；Shaw，《欧洲大陆的城市管理》，323，237页；Shaw，《英国的城市管理》，第7页。

48 Shaw，《大不列颠的城市政府》，第2页；Albert Shaw，"纽约和伦敦的都市问题"，《评论之评论：美国版》5（1892）：282页。

49 "城市管理的目标教训"，《世纪》39（1890）：792页；"城市改革的关键"，同上，42（1891）：953—954页；Harry Pratt Judson，《大不列颠的城市政府》的书评，在《日晷》18（1895年3月1日）：147—149页。

50 David C. Hammack，《力量与社会：世纪之交的大纽约》（Power and Society，New York：Russell Sage Foundation，1982）：243—251页。

51 Melvin G. Holli，《底特律的改革：黑曾·平格里和都市政治》（New York：Oxford University Press，1969）：159页。George E. Mowry，《加利福尼亚进步人士》（Chicago：Quadrangle Books，1963）：23—24页；《盾牌》（The Aegis）[威斯康星大学]，联合辩论7（1893年3月3日）；Ely，"城市的需要"：245页。

52 Geoffrey Blodgett，《温和的改革者：克利夫兰时代马萨诸塞州民主党人》(Cambridge：Harvard University Press, 1966)，第二部分；Josiah Quincy，"美国城市的发展"，《竞技场》17(1897)：529—537 页。

53 Blodgett，《温和的改革者》，255 页；J. W. Martin，"美国城市的趋势"，《当代评论》76(1899)：858 页；《韦伯夫妇书信集》，Norman MacKenzie 编(Cambridge：Cambridge University Press，1978)，第二卷，64，74 页；Norman 和 Jeanne Mackenzie，《费边社》(New York：Simon and Schuster，1977)，257 页。

54 Richard T. Ely，《即将到来的城市》(The Coming City，New York：Thomas Y. Crowell，1902)，94 页；《城市事务》2(1898)：533—534 页；J. W. Martin，"城市腐败治理"，《哈珀斯新月刊》99(1899)：641—646 页；John W. Martin，"伦敦是如何被挽救的"，《论坛》31(1901)：318—327 页；William Tolman，"公共澡堂，或清洁福音"，《耶鲁评论》6(1897)：50—62 页。

55 Roy E. Littlefield III，《威廉·鲁道夫·赫斯特：在美国进步主义中的角色》(Lanham, Md.：University Press of America，1980)，尤其是第 3 章；Martin，"美国城市趋势"，856—867 页。

56 Hammack，《力量与社会》；Augustus Cerillo, Jr.，《纽约市的改革：都市进步主义研究》(New York：Garland，1991)；Williams，《清洗"伟大的未洗者"》，第 3 章。

57 Maltbie，《城市功能》，首先发表在《城市事务》第二卷，第 4 期（ 1898)。

58 Gerald Kurland，《塞思·洛：都市和工业时代的改革者》(New York：Twayne，1971)；《民享的城市！公民联盟宣传册》，1897 年 9 月—10 月(New York，1897)；同上，第 2 版(New York：1901)；J. W. Martin，"建设性的项目：低级政府应该做什么"，《城市事务》5(1901)：641—633 页；John DeWitt Warner，"纽约市选举中的城市改善"，同上，633—634 页。《纽约时报》(The Times) 被 Hammack 在《力量与社会》中引用，152 页。

59 Holli，《底特律的改革》；Hoyt Landon Warner，《1897—1917 年俄亥俄的进步主义》(Columbus：Ohio State University Press, 1964)；Tom L. Johnson，《我的故事》，Elizabath J. Hauser 编(1911 年，Kent, Ohio：Kent State University Press，1993)。C. H. Cramer，《牛顿·贝克传记》(Cleveland：World，1961)，第 3 章。

60 Brand Whitelock 在 1913 年 2 月 26 日写给 John D. Barrie 的信，布兰德·维特洛克文件集，国会图书馆；Brand Whitelock，"城市与文明"，《斯克

541

里布纳杂志》52(1912)：625页；Allan Nevins编，《布兰德·维特洛克的书信和日记》(New York：Appleton-Century，1936)，第一卷，165页。

61 Frederic C. Howe,《城市：民主的希望》(New York：Scribner's，1905)，第5页；Roy Lubove,"弗雷德里克·豪威和美国对社区的追求"，《历史学家》39(1977)：270—291页。

62 Howe的书包括《城市：民主的希望》(纽约：Scribner's，1905)；《英国城市：民主的开始》(New York：Scribner's，1907)；《欧洲城市在行动》(New York：Scribner's，1913)；《现代城市及其问题》(New York：Scribner's，1915)。《社会化的德国》(New York：Scribner's，1915)。

63 Frederic C. Howe,"和平的革命"，《瞭望》94(1910)：116页；Howe，《欧洲城市在行动》，318,326页。

64 Frederic C. Howe,"德国和美国城市"，《斯克里布纳杂志》49(1911)：492页；Howe，《欧洲城市在行动》，267,x,352页。

65 Howe,《欧洲城市在行动》，248页。

66 Sylvester Baxter,"柏林：德国城市管理研究"，《埃塞克斯学院简报》(Bulletin of the Essex Institute)21(1889)：74页；[Richard T. Ely]，"柏林市的管理"，《国家》34(1882)：246页；Robert C. Brooks,"税收报告中的城市政府：普鲁士城市的三阶级选举体制"，《城市事务》3(1899)：396—433页；Robert C. Brooks,"普鲁士城市中的政治俱乐部"，同上，4(1900)：375—384页；Robert C. Brooks,"没有市长的柏林市"，《美国政治与社会科学院纪事》14(1889)：94—98页；Brand Whitelock,"尽管有伟大的公共服务，格拉斯哥仍然存在罪恶和贫困"，《托莱多蜜蜂报》(Toledo Bee)，1912年12月9日。

67 William D. Foulke,"值得仿效的德国城市"，《美国城市》6(1912)：412页。

68 Howe,《欧洲城市在行动》：243页。

69 Samuel M. Jones,"新爱国主义：城市管理黄金律"，《城市事务》3(1899)：455—461页；Leo S. Rowe,《城市管理问题》(New York：D. Appleton，1908)，40—42页；对比Roy Lubove,"20世纪城市：作为城市改革者的进步人士"，《美国中部》(Mid-America)41(1959)：199页。

70 比如，Maureen A. Flanagan,"性别与都市政治改革：城市俱乐部和进步时代的芝加哥妇女城市俱乐部"，《美国历史评论》95(1990)：1032—1050页。

71 Milo Maltbie,"格拉斯哥的市营有轨电车"，《城市事务》4(1900)：

41 页;Howe,《欧洲城市在行动》,viii 页。

72《伍德罗·威尔逊文集》,Arthur S. Link 编(Princeton：Princeton University Press,1966—1994),第 25 卷,259 页;《林肯·斯蒂芬斯书信集》,Ella Winter 和 Granville Hicks 编(New York：Harcourt, Brace, 1938),第一卷,252 页。

73 Rowe,《城市管理问题》,第 11 章。

74 Robert D. Weber,"理性思考者和改革者：19 世纪芝加哥地方交通",威斯康星大学麦迪逊分校 1971 年博士论文;Charles W. Cheape,《群众出行：1880—1912 年纽约、波士顿和费城的城市公共交通》(*Moving the Masses*,Cambridge：Harvard University Press,1980)。

75 David P. Thelen,《新公民：1885—1900 年威斯康星进步主义的起源》(Columbia：University of Missouri Press,1972),尤其是第 11 章;Cheape,《群众出行》,212 页。

76 "电报、电车、煤气厂的公共所有权",《独立》49(1897),578 页。

77 Hammack,《力量与社会》,第 8 章。

78 Clifton Hood,《722 英里：地铁建设及其对纽约的改造》(New York：Simon and Schuster,1993),引语来自第 123 页。

79 Forrest McDonald,"塞缪尔·英萨尔和国家公共服务管理委员会运动",《商业史评论》32(1958)：245—246 页。

80 Weber,"理性思考者和改革者",41—42 页。

81 Richard E. Becker,"1905—1907 年推行改革的芝加哥市长爱德华·邓恩",芝加哥大学 1971 年博士论文;John D. Buenker,"爱德华·邓恩：城市改革的局限性",《市长们：芝加哥政治传统》,Paul M. Green 和 Melvin G. Holli 编(Carbondale：Southern Illinois University Press,1987);Delos F. Wilcox,《美国大城市：问题和管理》(New York：Macmillan,1910),228—235 页。Paul Barrett,《汽车和都市交通：1900—1930 年芝加哥的公共政策形成》(Philadelphia：Temple University Press,1983)。

82 William Jennings Bryan,《旧世界和它的方式》(St. Louis：Thompson,1907),第 40 章;Irwin Yellowitz,《1897—1916 年纽约劳工和进步运动》(Ithaca：Cornell University Press,1965),第 9 章;Everett W. Burdett,"大不列颠的城市所有权",《政治经济学杂志》14(1906)：257 页。

83 Lincoln Steffens,《城市的耻辱》(New York：McClure, Phillips,1904)。

84 John R. Commons,《我自己：约翰·康芒斯自传》(Madison：University

543

of Wisconsin Press,1964)：111—120 页。

85 全国公民联盟,《市营和私营》;John R. Commons,"公共所有权和公民联盟",《独立》63(1907)：264—266 页。

86 Louis D. Brandeis,"波士顿如何解决煤气问题",《美国评论之评论》36(1907)：594—598 页。

87 John R. Commons,"威斯康星公用事业法",《美国评论之评论月刊》36(1907)：22—24 页;Bruce W. Dearstyne,"进步时代的管理：纽约公共服务委员会",《纽约历史》58(1977)：331—347 页;Milo R. Maltbie,"纽约公共管理的成果",《美国政治与社会科学院纪事》37(1911)：170—190 页;Morton Keller,《管理新经济：美国的公共政策和经济变化》(Cambridge：Harvard University Press,1990)：59—60 页。

88 McDonald,"萨缪尔·英萨尔",248 页;Carl V. Harris,《1871—1921 年伯明翰的政治力量》(Knoxville：University of Tennessee Press,1977),第 11 章;Mansel G. Blackford,"进步时代加利福尼亚企业家与铁路和公用事业的管理",《商业历史评论》44(1970)：307—319 页。

89 Delos Wilcox,"国家管理对城市所有权运动的影响",《美国政治与社会科学院纪事》53(1914)：73 页。

90 David Nord,"专家对专家：进步时代城市公用事业管理的观念冲突",《威斯康星历史杂志》58(1975)：219—236 页;Clyde L. King,"城市所有权与管理",《新共和》,1(1914 年 11 月 28 日)：12—14 页;Delos Wilcox,"纽约公共服务管理的危机",《全国城市评论》4(1915)：547—563 页;Delos Wilcox,"公用事业中的专家、伦理、公共政策",《全国城市评论》6(1917)：472—485 页;"美国市长关于城市公用事业的公共政策研讨会记录",第四部分："城市所有权与管理",《美国政治与社会科学院纪事》57(1915 年 1 月);Joy E. Morgan 和 Edna D. Bullock 编,《城市所有权文选：辩论者手册系列》,第 2 版(New York：H. W. Wilson,1914);全国公民联盟,《政府应该拥有和管理铁路、电报和电话体系吗？城市应该拥有公共服务设施吗？》(New York：National Civic Federation,1915);Eugene M. Tobin,《组织起来或者消亡：1913—1933 年美国的独立进步人士》(New York：Greenwood,1986),第 2 章。

91 Charles A. Beard,《美国城市管理：新趋势调查》(New York：Century,1912)：229—230 页;Sally M. Miller,"撒个大网：密尔沃基运动到 1920 年",《中心地带的社会主义：1900—1925 年中西部的经验》,Donald T. Critchlow 编(Notre Dame,Ind.：University of Notre Dame Press,

544

1986);Douglas E. Booth,"城市社会主义和城市管理改革：1910—1940 年密尔沃基的经验",《城市历史杂志》12(1985)：51—74 页;Frederic C. Howe,"社会主义城市密尔沃基",《瞭望》95(1910)：411—421 页。

92 Carl D. Thompson,《公共所有权：美国和国外城市、州和联邦层次上的公共企业调查》(New York：Thomas Y. Crowell, 1925);Martin G. Glaeser,《公用事业经济学大纲》(New York：Macmillan, 1927)。关于运输所有权的趋势,请参阅 Stanley Mallach,"1890—1930 年美国都市公共交通的起源和衰落",《都市主义的历史和现在》8(1979)：1—17 页;James A. Dunn, Jr.,《漫漫长路：欧洲和美国的交通政策》(*Miles to Go*, Cambridge：MIT Press,1981)。

93 马萨诸塞,调查城市与街轨公司关系的特别委员会,《报告》(Boston,1898),16 页;"街轨：波士顿和格拉斯哥",《瞭望》82(1906)：765—766 页;Douglas Ward,"波士顿与英国利兹有轨电车郊区的历史地理比较",《美国地理学家协会纪事》54(1964)：477—489 页。

94 Oscar L. Pound,《论城市和城镇公用事业管理法律》(Indianapolis：Bobbs-Merrill,1913);Dexter Merraim Keezer 和 Stacy May,《企业的公共控制》(New York：Harper and Brothers,1930)。

95 "采访达林普尔(James Dalrymple)",《街轨杂志》(*Street Railway Journal*)26(1905)：222—224 页;"达林普尔报告",同上,27(1906)：422—427 页。

96 Martin J. Schiesl,《效率政治：1880—1920 年美国的市政管理和改革》(Berkeley：University of California Press,1977);Clifton K. Yearley,《金钱机器：1860—1920 年北方政府和党的财政崩溃和改革》(Albany：State University of New York Press,1970)。对于未改革的政府一个特别敏锐的解读,请参阅 Daniel Czitrom,"下层社会和下层人士：大提姆·沙利文和 1889—1913 年纽约的都市政治",《美国历史杂志》78(1991)：536—558 页。

97 Arthur Shadwell,《工业效率：英国、德国、美国工业生活对比研究》(London：Longmans,Green,1906),第一卷,12 页;Hennock,《合适人选》,297 页。

98 Balthasar H. Meyer,"中央公共服务设施委员会和地方自治",《美国政治学评论》5(1911)：378 页。

99 Frederic C. Howe,"城市所有权的理由",以及随后的讨论,《美国经济学协会出版物》第 3 辑,7(1906)：113—132 页;Richard T. Ely,《我们

545　脚下的土地：自传》（New York：Macmillan，1938）：251—265 页。

100 Charles Edward Russell,《赤手空拳和石头墙：一位边缘改革者的回忆》（New York：Scribner's，1933），97—103 页。

101 Victor S. Clark,《澳大利亚劳工运动：社会民主研究》（New York：Henry Holt，1906），45 页。

第五章　公民的抱负

1 Frederic C. Howe,《改革者的自白》（New York：Charles Scribner's Sons，1925）：113—114 页。

2 H. G. Wells,《美国的未来：寻找现实》（纽约：Harper and Brothers，1906），39 页；Charles Booth 在 1904 年 8 月 27 日给 Mary Booth 的信，查尔斯·布思文件集，伦敦大学图书馆。

3 M. J. Daunton,"美国城市",《1850—1914 年工人的住房：对比视角》（*Housing the Workers*），M. J. Daunton 编（Leicester：Leicester University Press，1990），275 页。

4 Milo R. Maltbie,《北欧城市艺术：向纽约市艺术委员会提交的报告》（*Civic Art in Northern Europe*，New York，1903）；《林肯·斯蒂芬斯书信集》，Ella Winter 和 Granville Hicks 编（New York：Harcourt, Brace，1938），第一卷，218 页。关于拉塞尔·塞奇基金会，请参阅 John F. McClymer,《战争和福利：1890—1925 年美国的社会工程》（Westport, Conn：Greenwood Press，1980），第 3 章。

5 Anthony Sutcliffe,《朝向规划的城市：1780—1914 年的德国、英国、美国和法国》（Oxford：Basil Blackwell，1981），第 6 章。

6 Frederic C. Howe, "德国和美国城市",《斯克里布纳杂志》49（1911）：492 页；Frederic C. Howe,《欧洲城市在行动》（New York：Charles Scribner's Sons，1913），346 页；Walter Weyl, "从混乱到城市"，2,7 页，沃尔特·韦尔文件集，罗格斯大学；L. S. Rowe,《城市管理问题》（纽约：D. Appleton，1908），60 页。

7 Howe,《欧洲城市》，361 页；Frederic C. Howe, "美国城市的重建"，《哈珀斯杂志》127（1913）：186 页。

8 Raymond Unwin, "美国城市规划",《花园城市和城镇规划》新刊号 1（1911 年 8 月）：162—165 页。关于美国城市规划，请参阅 John W. Reps,《都市美国的塑造：美国城市规划的历史》（Princeton：Princeton University

Press，1965）；Mel Scott，《1890 年以来的美国城市规划》（Berkeley：University of California Press，1969）；Richard E. Foglesong，《资本主义城市规划：从殖民时期到 1920 年代》（Princeton：Princeton University Press，1986）。

9 David H. Pinkney，《拿破仑三世和巴黎的重建》（Princeton：Princeton University Press，1958）；David P. Jordan，《改造巴黎：奥斯曼男爵的生平和工作》（New York：Free Press，1995）；Anthony Sutchliffe，《中央巴黎的秋天：1850—1970 年城市规划的失败》（London：Edward Arnold，1970）；Anthony Sutchliffe，"19 世纪巴黎的建筑和城市设计"，《现代城市的发展和转变》，Ingrid Hammarström 和 Thomas Hall 编（Stockholm：Swedish Council for Building Research，1979）；Thomas Hall，《欧洲首都的规划：19 世纪城市的发展》（Stockholm：Almquist and Wiksell，1986），47—68 页；Ann Louise Shapiro，《1850—1902 年巴黎的穷人住房》（*Housing the Poor of Paris*，Madison：University of Wisconsin Press，1985）。关于 Lewis H. Morgan 对巴黎的印象，请参阅《刘易斯·摩根欧洲旅行札记选》（Rochester，N. Y.：Rochester Historical Society，1937），360 页。 546

10 Lewis Mumford，《城市文化》（New York：Harcourt，Brace，1938），98 页。

11 Albert Shaw，《欧洲大陆的城市管理》（New York：Century，1895），7 页；Brand Whitlock，"巴黎为城市建设者提供启示"，《托莱多报》，1912 年 12 月 12 日。

12 Anthony Sutcliffe，"1850—1914 年欧洲首都的环境控制和规划：伦敦、巴黎、柏林"，《现代城市的发展和转变》，Hammarstrom and Hall 编；Hall，《欧洲都市规划》，116—129 页；Gareth Stedman Jones，《被抛弃的伦敦：维多利亚社会阶级关系研究》（New York：Oxford University Press，1971），169 页。

13 Jon A. Peterson，"城市美化运动：忘记的根源和丢失的意义"，《城市历史杂志》2（1976）：415—434 页；David Schuyler，《新城市风景：19 世纪美国城市形式的重新定义》（Baltimore：Johns Hopkins University Press，1986），第 10 章；Michaellle H. Bogart，《1890—1930 年纽约市的公共雕塑和公民理想》（Chicago：University of Chicago Press，1989）；Charles Mulford Robinson，《城市的改善，或城市美学的现实基础》（New York：G. P. Putnam's Sons，1901）；Charles Mulford Robinson，《现代城市艺术，或美化的城市》（New York：G. P. Putnam's Sons，1903）。

14 Thomas S. Hines,《芝加哥的伯纳姆：建筑师和规划者》(New York：Oxford University Press,1974)，第 4 章。

15 Hines,《伯纳姆》，第 7 章；Charles Moore 编，《哥伦比亚特区公园体系的改善》，第 57 届国会第一次会议，参议院报告 166(1902)。

16 Thomas S. Hines,“'进步'建筑的悖论：托马斯·约翰逊的克利夫兰的城市规划和建筑”，《美国季刊》25(1973)：426—448 页；Howe,《改革者的自白》，80—82 页；Frederic C. Howe,“克利夫兰群体规划”(The Cleveland Group Plan),《慈善与平民》(Charities and the Commons) 19 (1908)：1548 页；Daniel H. Burnham,《关于旧金山计划的报告》(San Francisco,1905)。

17 芝加哥商业俱乐部,《丹尼尔·伯纳姆和爱德华·本涅特的芝加哥规划》,Charles Moore 编(Chicago：Commercial Club,1909)。

18 Walter D. Moody,《瓦克芝加哥规划手册：城市经济：尤其用于对芝加哥学派的研究》(Wacker's Manual of the Plan of Chicago,Chicago,1913),绪论；Thomas J. Schlereth,“规划和进步主义：《瓦克芝加哥规划手册》”,《美国文化的主张：从共和国到大众社会》(Ideas in America's Cultures),Hamilton Cravens 编(Ames：Iowa State University Press,1982),147 页注 4；Foglesong,《资本主义城市规划》,210—211 页。

19 商业俱乐部,《芝加哥规划》,4,14,117 页,图 cxxx。

20 John L. Hancock,“约翰·诺伦和美国城市规划运动”,宾夕法尼亚大学 1964 年博士论文,294 页；美国建筑师协会,城镇规划委员会,《1917 年美国的城市规划进步》,George B. Ford 编(华盛顿特区：美国建筑师协会杂志,没有日期)。

21 纽约市改善委员会,《报告》(New York,1907)；Harvey A. Kantor,“城市美化在纽约”,《纽约历史学会季刊》57(1973)：149—171 页。

22 Flavel Shurtleff,《实施城市规划：美国法律在城市规划实施中的应用》(New York：Survey Associates,1914),第 3 章；William H. Wilson,《堪萨斯城的城市美化运动》(Columbia：University of Missouri Press,1964)。关于阅读材料,请参阅 Hancock,“约翰·诺伦”,第 6 章。关于财产权与伯纳姆在旧金山的野心的冲突,请参阅 Judd Kahn,《扩张性的旧金山：1897—1906 年美国城市的政治和规划》(Imperial San Francisco,Lincoln：University of Nebraska Press,1979)。

23 Lutz Niethammer 和 Franz Brüggemeier,“帝国时代的工人在哪里住?”《社会历史档案》16(1976)：61—134 页。Eugen Jaeger,《住房问题和

547

住房政治纲要》(Munich：Volksverein-Verlag, 1911)；Rudolf Eberstadt,《住房本质和住房问题手册》,第 3 版(Jena：Gustav Fischer, 1917)。

24 Eberstadt,《手册》,第 6 页；Niethammer,"帝国时代的工人在哪里住?"91,90 页；Emil Klar,"1870/1914 年住房的发展",《法兰克福市住房问题》,W. Nobisch 编(Frankfurt：Stadt Frankfurt/Main, 1930),58 页。

25 转引自 Anthony Sutcliffe 编,《1890—1940 年的大都市》(London：Mansell, 1984),58 页。

26 Edward T. Hartman,"柏林和花园城市",《慈善与平民》19(1908)：1470—1471 页。Madge C. Jenison,"柏林的廉价公寓",《哈珀斯月刊》118(1909)：359—369 页。

27 Eberstadt,《手册》,第 6 页；Hsi-Huey Liang,"威廉时代柏林的下层移民",《中欧历史》3(1970)：107,105 页；关于廉价公寓的详细描述,请参阅 Johann F. Geist 和 Klaus Kürvers,《1862—1945 年柏林的公寓》(Munich：Prestel, 1984)；《柏林及其建筑：第四部分,住房：第二篇,多家合住房屋》(Berlin：Wilhelm Ernst, 1974)。

28 Nicholas Bullock 和 James Read,《1840—1914 年德国和法国住房改革运动》(Cambridge：Cambridge University Press, 1985),第一部分；Dorothea Berger-Thimme,《住房问题和社会福利国家：德国国家住房政治初始(1873—1918 年)》(Frankfurt：Peter Lang, 1976)；德国住房改革协会,《三十年住房改革,1898—1928 年》(Berlin, 1928)。

29 Jaeger,《住房问题纲要》,143—145 页；Hugo Lindemann,"劳工和花园城",德国花园城市协会编,《德国花园城市运动》(Berlin, 1911)。

30 关于这些技巧的概览,请参阅 Sutcliffe,《朝向规划的城市》,第 2 章；Bullock 和 Read,《住房改革运动》,第 7 章；Brian Ladd,《1860—1914 年德国都市规划和公民秩序》(Cambridge：Harvard University Press, 1990)。

31 Jaeger,《住房问题纲要》,77 页；Bullock 和 Read,《住房改革运动》,183 页；Richard T. Ely,"多瑙河上的乌尔姆",《调查》31(1913),253—258 页；Thomas C. Horsfall,《人民的住房和环境的改善：德国的例子》,第 2 版(Manchester, England：University of Manchester Press, 1905),36—42 页。

32 Franz Adickes,"城市地产合并和分区",《政治学手册》(Handwörterbuch der Staatswissenschaften),J. Conrad 等编(Jena：Gustav Fischer, 1890—1894),第六卷,918—923 页。

33 Robert C. Brooks,"德意志帝国对非劳动增值的征税",《经济学季刊》24(1911)：682—709 页。

548

34 Franz Adickes,"城市扩张",《政治学手册》,第五卷,847—851页;Ladd,《都市规划》,第6章;Thomas H. Logan,"德国19世纪末期新兴的规划行业的发明:城市分区",北卡罗来纳大学教堂山分校1972年博士论文。

35 Frank B. Williams,"欧洲城市规划管理的一些方面",《美国规划师学会杂志》3(1915):260—264页;Bullock和Read,《住房改革运动》,178页;Ladd,《都市规划》,165—170页。

36 John Burnett,《1815—1985年住房的社会历史》,第2版(伦敦:Methuen,1986);M. J. Daunton,《维多利亚时代城市的房屋和家庭:1850—1914年的工人阶级住房》(London:Edward Arnold,1983)。

37 Walter L. Creese,《环境追求:花园城市前后》(New Haven:Yale University Press,1966),第5章。

38 Stanley Buder,"霍华德:城市规划运动的创世纪",《美国规划师学会杂志》35(1969):390—398页;Michael Simpson,《托马斯·亚当斯和现代规划运动:1900—1940年的英国、加拿大、美国》(London:Mansell,1985),第2章;Creese,《环境追求》第9章;Weyl,"从混乱到城市",2—3页。

39 Creese,《环境追求》,第10章。

40 Horsfall,《人民的住房和环境的改善》;Gordon Cherry,《城市规划的政治》(New York:Longman,1982);Sutcliffe,《朝向规划的城市》,第3章。

41 全国城市规划会议,《会议记录》(1915):157—160页。

42 Harvey A. Kantor,"本杰明·马什和关于人口拥挤问题的斗争",《美国规划师学会杂志》40(1974):422—429页;Mary Kingsbury Simkhovitch,《邻居:我的格林威治馆故事》(New York:W. W. Norton,1938),160—161页。

43 Benjamin C. Marsh,"第八届国际住房大会",《慈善与平民》18(1907):555—570页;Benjamin C. Marsh,"布鲁克林拥塞状况展览",同上,209—211页;John Martin,"拥挤状况展览的解释",同上,27—39页。

44 Benjamin C. Marsh,《城市规划概论:美国城市的民主挑战》(New York:作者出版,1909);美国国会,参议院哥伦比亚特区委员会,《城市规划》,第61届国会第二次会议,参议院文件422(1910)。

45 "城市规划",Charles M. Robinson编,特刊,《慈善与平民》19(1908年2月);"住房和城市规划",特刊,《美国政治与社会科学院纪事》51(1914年1月)。

549

46 纽约拥塞问题委员会,《真实故事：文明城市中最糟糕的拥塞状况》(New York：n. d.)；Florence Kelley,"拥挤和血汗劳工",《慈善与平民》20(1908)：48—50 页；第 11 届纽约州慈善和矫治会议,《会议记录》,1910 年(Albany,1911),114—151 页。

47 Edward E. Pratt,《纽约市人口拥挤的工业原因》,哥伦比亚大学历史、经济、法律研究,第 43 卷,第 1 期(New York：Columbia University Press,1911)；纽约拥塞问题委员会,《报告》(New York,1911)；Grosvenor Atterbury,"美国的模范城镇",《斯克里布纳杂志》52(1912)：21 页。

48 Marsh,"对于劳动人口公平的城市规划"；Benjamin C. Marsh,"税收与美国城市生活条件的改善",《调查》24(1910)：605—609 页；Benjamin C. Marsh,《美国城市的土地价值税收：消除贫困的下一步》(New York：n. p. , 1911)。

49 Seymour I. Toll,《分区的美国》(Zoned America, New York：Grossman,1969),第 5—6 章。

50 纽约市建筑高度委员会,《报告》(New York：1913)；城市和区域规划国际会议,《城镇、都市和区域的规划问题》(Baltimore,1925)：499—500 页；Frank Williams,《城市规划和分区的法则》(New York：Macmillan,1922)；《美国建筑师协会杂志》1(1913)：449—451 页。

51 "他说,摩天大楼的时代即将过去",《纽约时报》,(1913 年 3 月 30 日)。关于摩天大楼的历史,请参阅 Thomas Bender 和 William R. Taylor,"文化和建筑：现代纽约市形成中的审美冲突",《现代城市想象》,William Sharpe 和 Leonard Wallock 编,新版(Baltimore：Johns Hopkins University Press,1987)；Mona Domosh,《发明的城市：19 世纪纽约和波士顿风景的创造》(New Haven：Yale University Press,1996),第 3 章。

52 Frank B. Williams,"德国城市的限制区域和工业区域",《美国的住房问题：第三届全国住房大会记录,1913》(New York：National Housing Association,1913),54—62 页；纽约市,预测和评估协会,城市规划委员会,《建筑区域委员会最终报告》(New York,1916)。

550

53 Frank B. Williams,"私有房产的公共控制",《城市规划：阐述城市规划基本元素的系列论文》,John Nolen 编(New York：D. Appleton,1916),81 页。

54 《调查》45(1920)：167 页。

55 Anthony S. Wohl,《永远的贫民窟：维多利亚时代伦敦的住房和社会政策》(London：Edward Arnold,1977),第 10—11 章；John N. Tarm,《百

分之五的慈善：1840—1914 年市区住房的描述》（Cambridge：Cambridge University Press，1973）；C. F. G. Masterman 编，《帝国的核心：英国现代城市生活问题的讨论》（1910；Brighton：Harvester，1973），16 页。

56 Ian H. Adams，《都市苏格兰的形成》（Montreal：McGill-Queen's University Press，1978），167 页；Burnett，《住房的社会历史》，184—185 页；Cherry，《城市规划的政治》，15—17 页。

57 Wohl，《永远的贫民窟》，第 10—11 章；Mark Swenarton，《适合英雄的家：英国早期国家住房的政治和建筑》（London：Heinemann，1981），第 2 章；Susan Beattie，《伦敦住房革命：1893—1914 年伦敦市议会住房建筑师及其工作》（London：Greater London Council，1980）；伦敦市议会，《伦敦工人阶级的住房》（London，1913）。

58 Wohl，《永远的贫民窟》，362—367 页。

59 Burnett，《住房的社会历史》，181 页；Adams，《都市苏格兰的形成》，167 页。

60 Patricia van den Eeckhout 的"比利时"和 Michel Lescure 的"法国"，《1880—1930 年欧洲的住房策略》，Colin G. Pooley 编（Leicester：Leicester University Press，1992），378 页；Bullock 和 Read，《住房改革运动》，第 24—26 章；引语同上，479 页。

61 Bullock 和 Read，《住房改革运动》，230—248，133—137 页。

62 Walter Steitz 和 Wolfgang R. Krabbe，"1871—1914 年德国大城市的住房政治"，Hans Jurgen Teuteberg 编，《居住的人：近代城乡居住社会发展史》（*Homo Habitans*，Münster：F. Coppenrath，1985）；《法兰克福小房屋股份公司的二十五年：1890—1915 年》（Frankfurt，1915）；Bullock 和 Read，《住房改革运动》，244 页。

63 Bullock 和 Read，《住房改革运动》，239 页。

64 同上，241 页；Jaeger，《住房问题纲要》，80—82 页。

65 美国劳工委员会，《第八个特别报告：工人阶级的住房》（Washington，D. C.，1895）；William H. Tolman，"美国过去五年里住房方面的进步"，国际住房大会，《1910 年维也纳第九届国际住房大会报告》（Vienna，1911），1062—1073 页；Richard Plunz，《纽约市的住房历史：美国都市的居住类型和社会变化》（New York：Columbia University Press，1990），第 5 章；"针对房屋所有权的政府资助和外国工人阶级的住房"，美国劳工统计局，《公报》158（1914）。关于法国 1894 年的《西格弗里德法》，请参阅 William F. Willoughby，"法国为工人阶级提供住房的现代运动"，《耶鲁评论》8

551

（1899）：233—255 页；Carol Aronovici，"法国的住房改革"，《美国建筑师协会杂志》3（1915 年 1 月）：32—36 页。

66 John Ihlder，1914 年欧洲旅行日记，"英国工人的家"（约翰·伊尔德文件集，纽约海德公园富兰克林·罗斯福图书馆；John Ihlder，"英国住房融资"，《美国城市》13（1915 年 10 月）：291 页；John Ihlder，"美国人看英国住房"，《调查》33（1914）：108—109 页。

67 Emily Dinwiddie，"英国挣工资者的住房管理"，《美国城市》13（1915 年 8 月）：93—99 页；Edward M. Bassett，"城市中的人口分布"，同上，13（1915 年 7 月）：7—8 页；Thomas Adams，"从美国人的视角看英国住房"，同上，13（1915 年 8 月）：99—100 页。

68 Roy Lubobe，《进步人士与贫民窟：1890—1917 年纽约市廉价公寓改革》（Pittsburgh：University of Pittsburgh Press，1962）；Lawrence Veiller，《住房改革：美国城市实用手册》（New York：Charities Publication Committee，1910），193—195 页。

69 Lawrence Veiller，"美国城市中的住房问题"，《美国政治与社会科学院纪事》25（1905）：248—272 页；Lawrence Veiller，"住房改革项目"，纽约政治科学院会议，《会议记录》2（1912）：241—248 页；Lawrence Veiller，"保护住宅区"，城市规划全国会议，《会议记录》：1914 年多伦多，92—111 页；Lawrence Veiller，"通过立法进行的住房改革"，《美国政治与社会科学院纪事》51（1914）：68—77 页。引用的句子来自后者，76 页。

纽约市廉价公寓委员会的罗伯特·德·福雷斯特在 1910 年维也纳国际住房大会上把这个团体的观点简要表达如下："在美国没有市营住房，在美国不应该有市营住房。"Robert de Forest，"美国的市营住房"，国际住房大会，《1910 年维也纳第九届国际住房大会报告》（1910），257 页。

70 Carol Aronovici，"住房和住房问题"，《美国政治与社会科学院纪事》51（1914）：1—7 页；Carol Aronovici，"花园城市的建筑"，《美国建筑师协会杂志》2（1914 年 3 月）：151 页。

71 Robinson，《现代城市艺术》，第 13 章；George B. Ford，"住房和城镇规划中'社会'与'建筑'的关系"，1910 年第二届城市规划全国会议，《会议记录》（波士顿，1910），81 页；Unwin，"美国城镇规划"；Thomas Adams，"美国的花园城市和城镇规划"，《花园城市和城镇规划》新刊号 1（1911 年 8 月）：165—173 页；（1911 年 9 月）：196—198 页；Peter Marcuse，"早期城市规划中的住房"，《城市历史杂志》6（1980）：153—176 页。

72 美国总统住房委员会，《报告》，第 60 届国会第二次会议，参议院文

552 件 644(1909)。

73 马萨诸塞州宅地委员会,《1913 年第一次年度报告》(波士顿 1914),20 页;马萨诸塞州宅地委员会,"工人的家园",《马萨诸塞劳工杂志》88(1912 年 1 月),44 页。

74 马萨诸塞州宅地委员会,"工人的家园",第 3 页;Arthur C. Comey,"美国住房的合伙关系",《美国政治与社会科学院纪事》51(1914):140—147 页;Arthur C. Comey,"美国花园郊区的计划",《美国城市》11(1914 年 7 月):35—36 页;Roy Lubove,《1920 年代的社区规划:美国区域规划协会的贡献》(Pittsburgh:University of Pittsburgh Press,1963),第 1 章。

75 Wayne Attoe 和 Mark Latus,"第一批公共住房:'下水道社会主义'为密尔沃基设计的花园城市",《大众文化杂志》10(1976):142—149 页。

76 Edith Elmer Wood,"我时代的住房",第 3 页;伊迪丝·埃尔默·伍德文件集,哥伦比亚大学艾弗里建筑与艺术图书馆。数字来自 Stephen Merritt,《英国国家提供的住房》(State Housing in Britain,London:Routledge and Kegan Paul,1979),331—332 页注;Bullock 和 Read,《住房改革运动》,247,244 页;Michel Lescure,"法国",Pooley 编,《欧洲的住房策略》,232 页。

77 转引自 Toll,《分区的美国》,149,181 页。

78 Bullock 和 Read,《住房改革运动》第 3 章;Robert G. Barrows,"廉价公寓之外:1870—1930 年美国都市房屋的模式",《城市历史杂志》9(1983):395—420 页。

79 "摩天大楼的时代即将过去",11 页;Ihlder,"英国工人的房屋",2 页。

80 Barrows,"廉价公寓之外",409,414 页;Martin J. Daunton,"家庭的城市和廉价公寓的城市:1870—1914 年英国和美国对比",《城市历史杂志》14(1988):283—319 页;Michael Doucet 和 John Weaver,《北美城市的住房》(Montreal:McGill-Queen University Press,1991)。

81 Robert W. de Forest 和 Lawrence Veiller 编,《廉价公寓问题》(New York:Macmillan,1903)。1917 年,三十多个城市的公民团体纷纷效仿进行了地方住房状况调查。Allen Eaton 和 Shelby M. Harrison,《社会调查参考书目》(New York:Russell Sage Foundation,1930),161—173 页。

82 W. D. P. Bliss,"美国花园城市协会",《花园城市》新刊号 2(1907):268—269 页,Joseph L. Arnold,《郊区的新政:1935—1954 年绿带城镇项目的历史》(Columbus:Ohio State University Press,1971),6—

7页。

83 马萨诸塞州宅地委员会,《第四届年度报告,1916年》(Boston, 1917)。

84 Adams,"美国的花园城市和城镇规划",168页。

85 Thomas M. Cooley,《关于美国各州立法权的宪法局限性探讨》,第8版,由Walter Carrington补充(Boston：Little, Brown, 1927),第14—15章; Breck P. McAllister,"税收的公共目的",《加利福尼亚法学评论》18(1930)：137—148,241—245页;Philip Nichols, Jr.,"征用权法律中公共用途的意义",《波士顿大学法学评论》20(1940)：615—641页。

86 Ernst Freund,《警察权力、公共政策和宪法权利》(Chicago：Callaghan, 1904)。

87 马萨诸塞州普通法院,征用权委员会,《1903年报告：欧洲为了公共目的进行的土地征用》(Boston, 1903);纽约市税收委员会,《超额征用土地：报告》(New York, 1915);Robert E. Cushman,《超额征用土地》(New York, D. Appleton, 1917);Edward M. Bassett,"超额征用土地中的一些问题",《城市规划》9(1933年7月)：114—120页。

88 温伯格广告公司诉默菲案,88 N.Y. 126(1909);Wilbur Larremore,"公共美学",《哈佛法学评论》20(1906)：35—45页;Edward M. Bassett,"城市规划权力的宪法限制",城市规划全国会议,《会议记录》(1917),205页。

89 Shurtleff,《城市规划的实施》,3—4页。

90 同上,92—93页;Williams,《城市规划法则》,30—39页;Theodora K. Hubbard和Henry V. Hubbard,《我们的城市,现在和未来：美国规划和分区进展调查》(Cambridge：Harvard University Press, 1929),第10章。

91 廉价公寓局诉莫西钦案(*Tenement House Dept. v. Moeschen*),179 N.Y. 325(1904);J. A. Yelling,《维多利亚时代伦敦的贫民窟和贫民窟清理》(London：Allen and Unwin, 1986),80—82页。

92 法官意见,211 Mass. 624(1912);Myres S. McDougal和Addison A. Muller,"公共住房的公共目的：时代错误重新埋葬",《耶鲁法律杂志》52(1942)：42—73页;Charles Abrams,《住房的未来》(New York：Harper and Brothers, 1946),第15章。

93 Donald A. Kruekeberg编,《美国规划者：生平和回忆》(New York：Methuen, 1983),16页;欧几里德村诉安布勒房地产公司案(*Euclid v. Ambler Reality Co.*),272 U.S. (1926),尤其是371—373页;Veiller在城市

规划全国会议上的发言,《会议记录》(1918),33 页。

94 安布勒房地产公司诉欧几里德村案,279 Fed. (1924),307 页;欧几里德村诉安布勒房地产公司案,272 U.S. (1926),365 页。"欧几里德村"案的概要转载于 Alfred Bettman 的《城市和区域规划论文集》(Cambridge: Harvard University Press,1946),157—193 页。

95 Edward T. Hartmann,"马萨诸塞州公民会议",《美国城市》2(1910 年 1 月):30 页。

96 Norman MacKenzie 编,《韦伯夫妇书信集》(Cambridge:Cambridge University Press,1978),第二卷,64 页;Wells,《美国的未来》,244—245,248,74 页。

第六章 工薪族的风险

1《1889 年巴黎世界博览会美国总干事报告》(Washington,D. C., 1890),第一卷,260 页;《1900 年世界博览会官方目录》,第 18 册:"社会经济学、卫生、公共救济"(Paris:Lemercier,n. d.);《公共资助和私人慈善国际大会论文集》(Paris,1900),第一卷,lxxxvii 页。

2 Peter Mandler 编,《慈善的用途:19 世纪都市的穷人救济》(Philadelphia:University of Pennsylvania Press,1990)。

3 John H. Weiss,"法国福利国家的起源:1871—1914 年第三共和国的贫穷救济",《法国历史研究》13(1983):47—78 页。

4 Gertrude Himmelfarb,《贫穷的观点:工业时代初期的英国》(New York:Knopf,1984);Gertrude Himmelfarb,《贫穷和同情:维多利亚时代后期的道德想象》(New York:Knopf,1991);David Thompson,"福利和历史学家",《我们获得的世界:人口和社会结构的历史》,Lloyd Bonfield,Richard M. Smith 和 Keith Wrightson 编(Oxford:Basil Blackwell,1986);Karel Williams,《从赤贫到贫穷》(*From Pauperism to Poverty*,London:Routledge and Kegan Paul 1981);M. A. Crowther,《1834—1929 年的济贫院制度:一个英国社会机构的历史》(Athens:University of Georgia Press,1981);Felix Driver,《权力和赤贫:1834—1884 年的济贫院制度》(Cambridge:Cambridge University Press,1993)。数字来自 Michael E. Rose 编,《1834—1914 年贫穷救济》,第 2 版(London:Macmillan,1982),50 页。

5 Michael B. Katz,《在济贫院的阴影中:美国福利的社会史》(New York:Basic Books 1986);Edith Abbott,《公共救济:美国的原则和政策》

(1940;New York:Russell and Russell,1966);Glen C. Altschuler 和 Jon M. Saltzgaber,"责任的限制:1860—1875 年纽约塞内卡县的地方政府和社会福利",《社会史杂志》21(1988):515—537 页。

6 E. Munsterberg,"德国公共慈善和私人慈善的原则",《美国社会学杂志》2(1897):589—605,680—698 页;Francis G. Peabody,"城市该如何照顾穷人?"《论坛》14(1892):474—491 页;Christoph Sachsse 和 Florian Tennstedt,《德国济贫史:从中世纪后期到第一次世界大战》(Stuttgart:W. Kohlhammer,1980),第 2 章;Heide Gerstenberger,"穷人和可敬的工人:德国社会保险简介",《劳工历史》48(1985):69—85 页。

7 Michael E. Rose,"1860—1890 年英国贫穷救济的危机",W. J. Mommsen 编,《1850—1950 年英国、德国福利国家的出现》(London:George Allen and Unwin,1981),56,55 页;Katz,《济贫院的阴影》,第 2 章;Raymond A. Mohl,"1870—1900 年公共院外救济的废除:皮文和克劳沃德理论批判",《社会福利还是社会控制?关于"管理穷人"的一些历史反思》,Walter I. Trattner 编(Knoxville:University of Tennessee Press,1983)。

8 Leah H. Feder,《萧条时期的失业救济:1857—1922 年某些美国城市的救济方法研究》(New York:Russell Sage Foundation,1936);Alexander Keyssar,《失业:马萨诸塞失业问题第一个世纪》(Cambridge:Cambridge University Press,1986);Carlos C. Closson, Jr.,"美国城市的失业者",《经济学季刊》8(1894):168—217 页。

9 Sidney 和 Beatrice Webb,《预防贫困》(London:Longmans, Green,1912),293 页;Sidney 和 Beatrice Webb,《济贫法的崩溃:济贫法委员会少数派报告第一部分》(London:Longmans,Green,1909),516 页。

10 Charles Booth,《伦敦人的生活和劳动》(London:Macmillan,1892—1897),第一卷,162—171 页。

11 Francis G. Peabody,"德国流浪汉的劳动营",《论坛》12(1892):751—761 页;J. H. Gore,"荷兰穷人劳动营",《肖托夸会刊》22(1896):581—586 页。

12 José Harris,《威廉·贝弗里奇传记》(Oxford:Clarendon Press,1977),123 页;Sidney Webb,"英国的失业问题,组织加培训的对策",《美国政治与社会科学院纪事》33(1909):420—439 页;Sidney Webb 和 Beatrice Webb 编,《劳工市场的公共组织:济贫法委员会少数派报告第二部分》(London:Longmans,Green,1909)。还可以参阅 José Harris,《失业和政治:1886—1914 年英国社会政策研究》(Oxford:Oxford University Press,

555

1972）；Kenneth D. Brown，《劳工和失业：1900—1914 年》（Newton Abbot，England：David and Charles，1971）；Percy Alden 和 Edward E. Hayward，《无就业能力者和失业者》（*The Unemployable and Unemployed*，London：Headley Brooks，1908）；F. Herbert Stead，"英国失业者待遇的进步"，《慈善与平民》15（1906）：579—582 页。

13 A. F. Van Schelle，"流浪汉的城市"，《美国社会学杂志》16（1910）：1—20 页；William H. Dawson，《流浪问题：限制流浪汉、懒汉、无就业能力者的措施》（London：P. S. King，1910）。

14 Francis G. Peabody，"殖民化作为城市贫困的解决办法"，《论坛》17（1894）：57，61 页；John Graham Brooks，"慈善和失业的未来问题"，《美国政治与社会科学院纪事》5（1894）：266 页。

15 Edmond Kelly，《消除流浪汉》（New York：G. P. Putnam's Sons，1908）；Edmond Kelly，"英国的失业现象"，《独立》65（1908）：1108—1110 页；Paul T. Ringenbach，《1873—1916 年的流浪汉和改革者：纽约失业现象的发现》（Westport，Conn.：Greenwood Press，1973）：125—128 页；Jane Addams，"解决失业问题"，《女士家庭杂志》30（1913 年 9 月）：23 页。

16 Gerhard Ritter，《德国和英国的社会福利：起源和发展》（Leamington Spa，England：Berg，1986），Deltev Zöllner，"德国"，《1881—1981 年社会保险的演化：德国、法国、英国、奥地利和瑞士的研究》，Peter A. Kohler 和 Hans F. Zacher 编（London：St. Martin's Press，1982）。

17 Yves Saint-Jours，"法国"，《社会保险的演化》，Kohler 和 Zacher 编，104—105 页；William F. Willoughby，《工人保险》（New York：Thomas Y. Crowell，1898），第 4 章。

18 Bentley B. Gilbert，《英国国民保险的演化：福利国家的起源》（London：Michael Joseph，1966），165—180 页；Paul Johnson，《储蓄和消费：1870—1939 年英国工人阶级经济》（Oxford：Clarendon Press，1985），第 3 章；P. H. J. H. Gosden，《自助：19 世纪的自发协会》（London：B. T. Batsford，1973），第 2—4 章。

19 Gilbert，《国民保险的演化》，320 页；Johnson，《储蓄和消费》，表 2.1。

20 I. M. Rubinow，《社会保险》（New York：Henry Holt，1913），225 页。

21 B. H. Meyer，"美国的互助保险"，《美国政治与社会科学院纪事》17（1901）：260—286 页；Margaret F. Byington，《家园：磨坊小镇的住户》（*Homestead*，1910；Pittsburgh：Pittsburgh University Press，1974），113 页；

556

W. E. B. Du Dois,《费城黑人：社会研究》(Philadelphia：University of Pennsylvania,1899),221—225 页；Charles R. Henderson,《美国的工业保险》(Chicago：University of Chicago Press,1909)；Hace S. Tishler,《自助与社会保障,1870—1917》(Port Washington,N. Y.：Kennikat Press,1971),96 页。简·亚当斯的话转引自 Henderson,《工业保险》,82 页。

22 Edward Cummings,"康涅狄格州劳工局报告",《经济学季刊》7(1893)：480—487 页；B. Seebohm Rowntree,《贫困：城市生活的研究》新版(London：Longmans,Green,1922),415—424 页；加利福尼亚社会保险委员会,《报告》(Sacramento,1917),89 页；马萨诸塞州社会保险特别委员会,《报告》(Boston,1917),184—191 页。

23 Rubinow,《社会保险》,418,294,420 页。更笼统的内容请参阅 Viviana A. R. Zelizer,《道德与市场：美国人寿保险的发展》(New York：Columbia University Press,1979)。

24 关于女性的非正式替代选择,可参阅 Laura Balbo,"东拼西凑：从女性角度重新思考福利国家的辩论"(Crazy Quilt),《妇女与国家：公共和私人界限的转移》,Anne Showstack Sassoon 编(London：Hutchinson,1987)。

25 "老年和伤残工人救济问题",《社会政策协会文集》5(1874)；Gustav Schmoller,"俾斯麦社会政策和国民经济地位和意义简介"；Gustuv Schmoller,《性格素描》(Charakterbilder)(Munich：Duncker and Humblot,1913)；Lujo Brentano,《与当前经济管理适应的工人保险》(Leipzig：Duncker and Humblot,1879)。

26 Ritter,《德国和英国的社会福利》；Daniel Levine,《贫穷与社会：国际对比中美国福利国家的成长》(New Brunswick,N. J.：Rutgers University Press,1988),第3—5章；Gaston V. Rimlinger,《欧洲、美国和俄国的福利政策和工业化》(New York：Wiley,1971),第4章。 557

27 Hans Rothfels,《西奥多·洛曼和国家社会政治斗争史(1871—1905年)》(C. S. Mittler and Sohn,1927),第3章；Walter Vogel,《俾斯麦工人保险：在当时权力斗争中的起源》(Braunschweig：George Westermann,1951),尤其是151页。

28 德国帝国保险公司,《作为社会机构的德国工人保险》(Berlin,1904),第一卷,26页。

29 Jürgen Tampke,"俾斯麦的社会立法：真正的突破?"《福利国家的出现》,Mommsen 编；Volker Hentschel,《1880—1980 年德国社会政治史：社会保障和集体就业》(Suhrkamp,1983),第2章。过渡性的福利延伸到已经年满 70 岁的挣工资者。

30 Gerhard A. Ritter,《德国的国家、工人阶级、工人运动：从三月革命前到魏玛共和国末期》(Bonn：J. H. W. Dietz, 1980)；Daniel Levine,"社会民主党、社会主义和社会保险：1918—1935 年的德国和丹麦",《对比社会学研究》6(1983)：67—86 页。

31 Elmer Roberts,"德国失业保险试验",《斯克里布纳杂志》49(1911)：116—120 页；William H. Dawson,《德国工人：国民效率研究》(New York：Charles Scribner's Sons, 1906),第 1,3 章；更笼统的内容请参阅 John A. Garraty,《历史上的失业问题：经济思想和公共政策》(New York：Harper and Row, 1978)。

32 Paul Louis,《国家工人：两个世界劳动法历史比较》(*L'Ouvrier devant l'état*, Paris：Felix Alcan, 1904)。

33 Paul Pic,《法国和外国的社会保险》(Paris：Felix Alcan, 1913)：Léon Bourgeois,《社会保障政策：行动》(Paris：Charpentier, 1919)；Allan Mitchell,《分开的道路：德国影响与 1870 年后法国社会改革》(*The Divided Path*, Chapel Hill：University of North Carolina Press, 1991)；Judith F. Stone,《寻求社会和平：1890—1914 年法国的改革立法》(Albany：State University of New York Press, 1985), 102—122 页。

34 Susan Pedersen,《家庭、依赖与福利国家的起源：1914—1945 年的英国和法国》(New York：Cambridge University Press, 1993),第 1 章；Rachel G. Fuchs,"道德与贫困：1870—1900 年巴黎母亲的公共福利",《法国历史》2(1988)：288—311 页；Rachel G. Fuchs,"对比视角下的法国",《性别和 1870—1914 年法国社会改革的政治》,Elinor A. Accampo 和 Rachel G. Fuchs 编(Baltimore：Johns Hopkins University Press, 1995)；Philip Nord,"法国福利国家",《法国历史研究》18(1994)：821—838 页。

35 Katharine Coman,"丹麦养老金补助二十年",《调查》31(1914)：463—465 页；Levine,《贫穷与社会》,第 6—7 章；Peter Baldwin,《社会团结的政治：1875—1975 年欧洲福利国家的阶级基础》(Cambridge：Cambridge University Press, 1990),第 1 章；Henry Demarest Lloyd,《最新的英国：新西兰民主游客札记以及与澳大利亚的对比》(New York：Doubleday, Page, 1900),第 14 章。

36 对于这些事件的简要、流畅的总结,可参阅 Derek Fraser,《英国福利国家的演变：自工业革命以来的社会政策历史》(London：Macmillan, 1973)；J. R. Hay,《1906—1914 年自由党福利改革的起源》(London：

Macmillan,1975)。

37 Williams,《从赤贫到贫穷》,206 页。

38 Charles Booth,《赤贫的写照和有关养老金的论据》(*Pauperism*,*a Picture*,*and the Endowment of Old Age*,*an Argument*,London：Macmillan,1892)。

39 Pat Thane,"1879—1908 年非缴扣年金和保险年金",《英国社会政策起源》,Pat Thane 编(London：Croom Helm,1978),尤其是 103—104 页;Gilbert,《国民保险的演化》,第 4 章;Hugh Heclo,《英国和瑞典的现代社会政治：从救济到维持收入》(New Haven：Yale University Press,1974),第 4 章。劳合·乔治的话也引自该书,176 页。

40 Edith Abbott,《英国的民主和社会进步》(Chicago：University of Chicago Press,1918),9—13 页。

41 E. P. Hennock,《英国社会改革和德国先例：1880—1914 年社会保险案例》(New York：Oxford University Press,1987),171,141 页;关于政策"死胡同"(impass)的概念,我感谢这个细微的跨国研究。

42 J. R. Hay,"英国企业社区：社会保险和德国例子",《福利国家的兴起》,Mommsen 编。

43 Harris,《威廉·贝弗里奇》,50 页;Hennock,《英国社会改革》,136 页;William H. Beveridge,《失业：工业问题》(London：Longmans,Green,1909)。

44 Hennock,《英国社会改革》,149—150 页;Gilbert,《全国保险的演化》,251,253 页。

45 Hennock,《英国社会改革》,177。关于和德国保险条款的对比,劳合·乔治依靠威廉·道森(William Dawson)的计算。

46 Gilbert,《国民保险的演化》,第 6—7 章。

47 全国公民联盟社会保险部,《初步外国调查委员会报告》(New York：National Civic Federation,1914),22,28 页。

48 Heclo,《现代社会政治》,85—90 页;Beatrice Webb,《我们的伙伴关系》(*Our Partnership*,1948;Cambridge：Cambridge University Press,1975),475—476 页;Sidney Webb 和 Beatrice Webb,《贫困预防》(London：Longmans,Green,1912);Ritter,《社会福利》,91 页。

49 Gilbert,《国民保险的演化》,273 页。

50 John Graham Brooks,《社会动荡：劳工和社会主义运动研究》(New York：Macmillan,1903),46 页;Arthur Shadwell,《工业效率：英国、德国、美

国工业生活对比研究》(London：Longmans,Green,1906)，第二卷,第5章。

51 美国劳工立法协会执行委员会的通函,1906 年 5 月；法纳姆家族文件集,手稿和档案,耶鲁大学图书馆；1908 年 3 月 27 日给 John P. Frey 的通函,美国劳工立法协会文件集,康奈尔大学纽约州工业关系学院。关于美国劳工立法协会工作的概况,请参阅 Theda Skocpol,《保护士兵和母亲：美国社会政策的政治根源》(Cambridge：Harvard University Press,1992),第 3 章；David Moss,《保障的社会化：进步时代的经济学家和美国社会政策的根源》(Cambridge：Harvard University Press,1996)。

52 Maud Nathan,《划时代运动的故事》(Garden City,N. Y.：Doubleday,Page,1926)。

53 Florence Kelly,《从立法而来的一些伦理收获》(New York：Macmillan,1905)；Walter I. Trattner,《保护儿童的圣战：全国童工委员会和美国童工改革的历史》(*Crusade for Children*,Chicago：Qudrangle,1970)。

54 全国消费者联盟,《第六次年度报告》(New York,1905)。

55 Felix Frankfurter 和 Josephine Goldmark,《工业中的妇女》(New York：National Consumers' League,1907)；Josephine Goldmark,《疲劳和效率：工业研究》(New York：Charities Publication Committee,1912)；Felix Frankfurter 和 Josephine Goldmark,《缩短工作日的理由》(*A Case for the Shorter Work Day*,New York：National Consumers' League,1916)。

56 John A. Ryan,《生计工资》(*A Living Wage*,New York：Macmillan,1906)；Diane Kirkby,《爱丽丝·亨利,笔和声音的力量：一位澳裔美国劳工改革者的生平》(Cambridge：Cambridge University Press,1991)。

57 Florence Kelley,"消费者联盟 30 年",《调查》63(1929)：210—212 页；Elizabeth Glendower Evans,"支持最低工资委员会"(A Case for Minimum Wage Boards),同上, 31(1914)：497—498 页；Irene Osgood Andrews,《最低工资立法：纽约州工厂调查委员会第三份报告的附录三》(Albany,1914)；更笼统的材料请参阅 Vivien Hart,《受宪法约束：妇女、工人和最低工资》(*Bound by Our Constitution*,Princeton：Princeton University Press,1994)；Peter J. Coleman,《进步主义和改革世界：新西兰与美国福利国家的起源》(Lawrence：University Press of Kansas,1987),第 5 章。

58 Elizabeth Brandeis,"劳工立法",《1896—1932 年美国劳工历史》,John R. Commons 等编(New York：Macmillan,1918—1935),第三卷,458—460,409 页；Felix Frankfurter 和 Josephine Goldmark,《俄勒冈最低工资案例：错案被告在再辩论中的辩护状》(New York：National Consumers'

League,1916）。

59 Florence Kelly,"最低工资法律",《政治经济学杂志》20（1912）：999—1010 页；Florence Kelley,"最低工资立法",《调查》30（1913）：9—10 页。

60 Brian Gratton,"社会工作者和养老金",《社会服务评论》57（1983）：402—415 页；《调查》35（1915）：197 页。

61 Skocpol,《保护士兵和母亲》,第二部分。在这部本来紧凑和说服力 强的书中,斯科波尔提出联邦老兵福利制度包括一个"超前的社会开支体 制",这是错误看待了国家开支推动和社会政治之间的关系。在一个严重 不向工人或者穷人（南方,黑人,1865 年后的移民）倾斜,而是向北方乡村 和小城镇倾斜的体制里,老兵津贴法案的有效亲属不是社会经济学——不 管超前不超前,而是共和党关税和西部土地政治。

类似的：Ann Shola Orloff 和 Theda Skocpol,"为什么不是平等保护？解 释英国 1890—1911 年和美国 1880—1920 年的公共开支政策",《美国社 会学评论》49（1984）：726—750；Ann Shola Orloff,"美国迟到的福利国家 的政治起源",《美国社会政策的政治学》,Margaret Weir, Ann Shola Orloff 和 Theda Skocpol 编（Princeton：Princeton University Press,1988）；Ann Shola Orloff,《养老金的政治：对比分析英国、加拿大和美国,1880—1940 年》（Madison：University of Wisconsin Press,1993）。

关于老兵津贴制度的规模：Maris A. Winovskis,"社会历史学家输掉 了内战吗？一些初步的人口统计猜测"（Have Social Historians Lost the Civil War?）,《美国历史杂志》76（1989）：34—58；Henderson,《工业保险》,274 页。

62 马萨诸塞社会保险特别委员会,《报告》；马萨诸塞养老金、年金和 保险委员会,《报告》（Boston,1910）,314,308 页；Frank J. Goodnow,《社会 改革与宪法》（New York：Macmillan, 1911）,330—317 页；Susan Sterrett, "宪政和社会开支：1920 年代宾夕法尼亚养老金",《美国政治发展研究》4 （1990）：231—247 页。

63 Skocpol,《保护士兵和母亲》,第三部分；Linda Gordon,《得到同情但 没有资格：单身母亲和福利历史》（New York：Free Press,1994）,第 1,2 章；Mark H. Leff,"改革的共识：进步时代的母亲补贴运动",《社会服务评 论》47（1973）：397—417 页；Barbara J. Nelson,"双渠道福利国家的起源： 工人补偿和母亲补贴",《妇女、国家和福利》,Linda Gordon 编（Madison：University of Wisconsin Press,1990）。

560

64 Jane Jenson,"性别的表现：1914年前法国和美国'保护'女工和儿童的政策",出处同上。关于美国母亲津贴运动对英国产生的影响,请参阅Pedersen,《家庭、依赖与福利国家的起源》,第3章。

65 美国劳工局长,《第四份特别报告：德国强制性保险》(Washington,D. C.,1893);William F. Willoughby,《工人保险》(New York：Thomas Y. Crowell,1898);美国劳工局长,《第二十三个年度报告：美国的工人保险和补贴资金》(Washington, D. C.,1909);美国劳工局长,《第二十四个年度报告：欧洲的工人保险和赔偿制度》(Washington, D. C.,1911)。

561 66 Willoughby,《工人保险》,"结论";Louis D. Brandeis,"为什么不为挣工资者设立储蓄银行式人寿保险?"《美国评论之评论月刊》35(1907)：337—339页;威斯康星参议院的政府和国家保险可行性委员会,《报告》(Madison,1907);加利福尼亚社会保险委员会,《报告》,253—254页。

67 Willoughby,《工人保险》,112页;Henry W. Farnam,"劳工立法的一些根本区别",《美国经济学家协会出版物》第三辑,10(1900)：104—118页;Henry W. Farnam,"德国工人保险的心理学",《耶鲁评论》13(1904)：98—113页;美国工业委员会,《最终报告》(Washington, D. C.,1902)。

68 明尼苏达雇工赔偿委员会,《报告》(St. Paul：1911),124—128页;Donald B. Johnson编,《全国政党政纲》(Urbana：University of Illinois Press,1973),127—128,140—142,163—166页;美国国会众议院劳工委员会,《社会保险和失业研究委员会：关于众议院第159号联合决议的听证会》,第64届国会第一次会议,1916年,众议院报告第914号;Morris Hillquit,"社会主义和社会保险",社会工作全国会议,《会议记录》(1917),525—528页。

69 J. Lee Kreader,"伊萨克·鲁宾诺：社会保险专家先驱者",《社会服务评论》50(1976)：402—425页;I. M. Rubinow,"强制性国家工人保险",《美国政治与社会科学院纪事》24(1904)：331—358页;I. M. Rubinow,"来自欧洲的公民教育：强制性保险"(Civic Lessons from Europe),《肖托夸会刊》41(1905)：48—59页;Rubinow,《社会保险》。

70 I. M. Rubinow,《马克思错了吗?》(New York：Marx Institute of America,1914)。引语来自I. M. Rubinow,"疾病保险",《美国劳工立法评论》3(1913)：162页;I. M. Rubinow,"劳动保险",《政治经济学杂志》12(1904)：362页。

71 Walter I. Trattner编,《美国社会福利人物传略辞典》(Westport,Conn：Greenwood, 1986),371—374页;《调查》34(1915)：55—56页;

Steven J. Diner,《一个城市和它的大学：芝加哥的公共政策,1892—1919年》(Chapel Hill：University of North Carolina Press,1980),31—33页。

72 Charles R. Henderson,"德国穷人救济和慈善联盟年会",《慈善》7(1901)：292页；Charles R. Henderson,"工人保险",《今日世界》10(1906)：145—148页；Charles R. Henderson,《美国工业保险》(Chicago：University of Chicago Press,1909),274页；Charles R. Henderson,"社会保险的逻辑",《美国政治与社会科学院纪事》33(1909)：269页；Charles R. Henderson,"德国社会政策",《肖托夸会刊》52(1908)：397页。

73 "工人保险和养老金",慈善和矫治全国会议,《会议记录》(1906),452—457页；John Graham Brooks,"德国工人保险的报告",同上,(1905),452—457页,以及 Florence Kelley 的评论,577—578页；Henry R. Seager,"特别针对挣工资者的社会立法项目提纲",美国劳工立法协会,《会议记录》(1907),85—103页；Henry Rogers Seager,《社会保险：社会改革项目》(New York：Macmillan,1910)。

562

74 Gordon,《得到同情但没有资格》,第6章。

75 Katz,《济贫院的阴影》,191—192页。

76 Seager,《社会保险》,25页。

77 转引自 Robert Asher,"1880—1935年美国的工人赔偿",明尼苏达大学1971年博士论文,70页。

78 Lawrence M. Friedman 和 Jack Ladinsky,"社会变化和工业事故法律",《哥伦比亚法学评论》67(1967)：50—82页。数据来自 Crystal Eastman,《工作事故与法律》(New York：Charities Publication Committee,1910),121—122页；Edward D. Berkowitz 和 Kim McQuaid,《创造福利国家：20世纪改革的政治经济学》,第2版(New York：Praeger,1980),33—41页。

79 Emory R. Johnson,"铁路系统的雇工救济和保险部门",《美国政治与社会科学院纪事》7(1895)：424—468页；Robert Asher,"大企业家长制的局限性：工人赔偿法之前受伤工人的救济",《为工作而亡：20世纪美国工人的安全和健康》(Dying for Work,David Rosner 和 Gerald Markowitz 编,Bloomington：Indiana University Press,1987)。

80 Adna F. Weber,"雇主的责任和事故保险",《政治学季刊》17(1902)：256—283页。关于欧洲法律的历史,请参阅 Hennock,《英国社会改革》第一部分；Anson Rabinbach,"社会知识、社会风险和工业事故的政治,德国和法国",《国家、社会知识和现代社会政治的起源》,Dietrich

Rueschemeyer 和 Theda Skocpol 编（Princeton：Princeton University Press，1996）。

81《西奥多·罗斯福著作》，纪念版（New York：Charles Scribner's Sons，1923—1926），第 17 卷，591 页。

82 James Weinstein，《1900—1918 年自由政府的企业理想》（Boston：Beacon Press，1968），第 2 章；Roy Lubove，《1900—1935 年争取社会安全的斗争》（Cambridge：Harvard University Press，1968），第 3 章；Robert Asher，"进步时代的企业和工人福利：1880—1911 年马萨诸塞州工人赔偿改革"，《商业史评论》43（1969）：452—475 页；Robert Asher，"1911 年威斯康星工人赔偿法：保守派劳工改革研究"，《威斯康星历史杂志》57（1973—1974）：123—140 页；Robert Asher，"激进主义和改革：1910—1933 年明尼苏达州工人赔偿保险"，《劳工历史》14（1973）：19—14 页；Joseph F. Tripp，"劳资合作的例子：华盛顿州工人赔偿法"，同上，17（1976）：530—550 页；Joseph Castrovinci，"福利资本主义的前奏：1905—1912 年伊利诺伊州工人赔偿法制定过程中企业的作用"，《社会服务评论》50（1976）：80—102 页。

83 纽约雇主责任委员会，《第一份报告》（Albany，1910），20—25 页；"工业事故赔偿和预防"，《全国公民联盟评论》3（1991 年 7 月 1 日），2 页；全国公民联盟第 11 届年会，《会议记录》（1911），169—184 页；Marguerite Green，《全国公民联盟和美国劳工运动，1900—1925 年》（Washington, D. C.：Catholic University of America Press，1956），250—251 页。

84 关于 Dawson 和 Frankel 的结论，请参阅：1909 年 7 月 29—31 日在大西洋城召开的工人赔偿法会议《报告》（n. p.，1909），231—261 页；Lee K. Frankel，"普及德国保险知识"，《慈善与平民》21（1908）：368—369 页；Frankel 和 Dawson，《欧洲的工人保险》（New York：Charities Publication Committee，1910）；Miles M. Dawson，"最适应美国的体制"，《美国政治与社会科学院纪事》3（1911）：175—183 页；美国国会众议院司法委员会，《雇主的责任和工人的赔偿：众议院 20487 号议案听证会》，第 62 届国会第二次会议，1913 年，第二卷，57—121，270—287，590—609 页。引语来自 Tishler，《自力更生和社会保障》，182 页。

85 工业事故委员会会议，《1910 年会议记录》（Boston，1910），163—164 页；明尼苏达州雇工赔偿委员会，《报告》；Ferd C. Schwedtman 和 James A. Emery，《事故预防和救济：欧洲调查，特别关注英国和德国，同时提出

563

美国行动的建议》（New York：National Association of Manufacturers，1911）；
"普通法之后，怎么办？"（After the Common Law—What?），《调查》2（1912）：
249 页。

86 E. H. Downey，《工人的赔偿》（New York：Macmillan，1924）。

87 Patrick D. Reagan，"社会和谐与效率的意识形态：1904—1919 年
俄亥俄州工人赔偿"，《俄亥俄历史》90（1981）：317—331 页；H. R.
Mengert，"俄亥俄工人赔偿法"，《俄亥俄考古和历史出版物》29（1920）：
1—48 页；James H. Boyd，"工人的保险赔偿，或工人及其家属防备因工业
事故而造成的工资损失"，《美国社会学杂志》17（1912）：540—545 页。

88 Coleman，《进步主义和改革世界》，85 页；Robert F. Wesser，"冲突
和妥协：1890—1913 年纽约工人赔偿运动"，《劳工历史》12（1971）：
345—372 页；Asher，"工人赔偿"，第 14 章；Irwin Yellowitz，《纽约州的劳工
和进步运动》（Ithaca：Cornell University Press，1965），113—118 页。

89 Brandeis，"劳工立法"，564—609 页；Lubove，《争取社会保障》，
215 页。

90 工业事故工人赔偿全国会议，《第三届全国会议记录》，1910 年 6
月 10 日—11 日，芝加哥（Princeton，1910），15 页；1909 年大西洋城工人赔
偿法会议，《报告》。

91《路易斯·布兰代斯书信集》，Melvin I. Urofsky 和 David W. Levy
编（Albany：State University of New York Press，1972），第二卷，176，212 页；
Louis D. Brandeis，"社会效率之路"，《瞭望》98（1911）：292—294 页；
Theodore Roosevelt，《1912 年 8 月芝加哥全国进步党大会上的讲演》（n. p.
1912）；Johnson，《全国政党政纲》，177 页；Allen F. Davis，《改革的先驱：
1890—1914 年睦邻组织和进步运动》（New York：Oxford University Press，
1967），195—197 页。

92 Yellowitz，《劳工和进步运动》，107—118 页；Tishler，《自力更生和社
会保障》，160 页。要了解美国劳工联合会的策略，可以参阅美国劳工立法
协会的《年度会议记录》（1907—1909）和《美国劳工立法评论》（1911—
1942）。

93 I. M. Rubinow，"第一届美国社会保险大会"，《调查》30（1913）：
478—480 页。

94 John B. Andrews，"美国失业预防的实用项目"，《美国劳工立法评
论》5（1914）：171—192 页；纽约市长失业问题委员会，《报告》（New
York，1916）；William M. Leiserson，"当今的失业问题"，《政治学季刊》31

564

（1916）：1 页。

还可以参阅 Irwin Yellowitz，"美国失业改革的起源"，《劳工历史》9（1968）：338—360 页；Daniel Nelson，《失业保险：1915—1935 年的美国经验》（Madison：University of Wisconsin Press，1969），第 1 章。

95 Ronald L. Numbers，《几乎被说服：1912—1920 年美国医生和强制性健康保险》（Baltimore：Johns Hopkins University Press，1978），25 页；"健康保险：暂定草案"，《美国劳工立法评论》6（1916）：239—268 页；Henry R. Seager，"健康保险法案计划"，同上，7（1916）：20—25 页。

96 Numbers，《几乎被说服》；Lubove，《争取社会保障》，第 4 章；Athur J. Viseltear，"1915—1918 年加利福尼亚强制性健康保险"，《医学史杂志》24（1969）：151—182 页；Paul Starr，"失败中的转型：1915—1980 年全民健康保险目标的改变"，《强制性健康保险：持续的美国辩论》，Ronald L. Numbers 编（Westport，Conn.：Greenwood Press，1982）；加利福尼亚社会保险委员会《报告》；马萨诸塞社会保险特别委员会《报告》。

97 美国劳工立法协会，"年度会员和收入对比表，1914 年 1 月 9 日"，法纳姆文件集。关于国际协会的法国部分，请参阅 Stone，《寻求社会和平》，51—52 页。关于德国部分，请参阅 Rüdiger vom Bruch，"德意志帝国后期公民社会改革和工会：1901—1914 年的社会改革协会（GSR）"，《德国工人运动史国际科学通讯》15（1979）：581—610 页。

98 加利福尼亚社会保险委员会《报告》，280—283 页；Edward T. Devine，《苦难及其根源》（1909；New York：Macmillan，1913），247—248 页；Edward T. Devine，"母亲的津贴"，《调查》30（1913）：457 页。

99 比如：Rimlinger，《福利政策》；Tishler，《自力更生和社会保障》；Lubove，《争取社会保障》。

100 马萨诸塞养老金、年金和保险委员会《报告》，337 页；Lubove，《争取社会保障》，84 页；美国保险经济学协会，《第二号公报：社会保险》（底特律，1916?），4 页；Rimlinger，《福利政策》，75 页；全国公民联盟，《初步外国调查委员会报告》，64 页；还可参阅 Gary Land，"英国强制性健康保险的美国形象"，《强制性健康保险》，Numbers 编。

101 "劳合·乔治的保险方案"，《独立日报》70（1911）：1282 页；Roosevelt，《全国进步党大会上的讲话》，10 页；Rubinow，"疾病保险"，166 页。

102 Viseltear，"强制性健康保险"，162 页；Numbers，《几乎被说服》，第 7 章。

565

103 Samuel Gompers,"德国和其他地方的工业保险与赔偿",《美国联邦主义者》17(1910):595—596 页;Samuel Gompers,"'知识分子',请注意",同上,23(1916):198—199 页;Samuel Gompers,"工会健康保险",同上,1072—1074 页;美国国会众议院劳工委员会,《社会保险研究报告》。

104 全国公民联盟,《初步外国调查委员会报告》,95 页;Asher,"工人赔偿",80 页,注 41。

105 Tishler,《自力更生和社会保障》,179 页;全国公民联盟,《初步外国调查委员会报告》;Green,《全国公民联盟》,第 6,9 章。

106 关于雇主提供的健康和养老金保险范围,请参阅:加利福尼亚社会保险委员会《报告》,102—115 页;Rubinow,《社会保险》,393—396 页;全国工业会议理事会,《互助会的现状》(New York:National Industrial Conference Board,1931)。

107 Claudia Heuerkamp,"德国的医师和专业化:思考 19 世纪医师行业的变化",《历史与社会》67(1980):366—381 页;George Rosen,"特约医疗(Contract or Lodge Practice),它如何影响医药行业对健康保险的态度",《美国公共健康杂志》67(1977):374—378 页。

108 Burton J. Hendrick,《人寿保险的故事》(New York:McClure,Philips,1907)。引语来自 Lubove,《争取社会保障的斗争》,86 页。

109 John F. Dryden,《工业保险的过去和现在》(Newark,N. J.:Prudential Insurance Co. of America,1912),10 页。

110 Marquis James,《大都会人寿保险公司:企业发展研究》(New York:Viking,1947),特别是第 10 章。Frederick L. Hoffman 在 1916 年 12 月 14 日给 Forrest F. Dryden 的信,霍夫曼文件集,哥伦比亚大学珍本和手稿图书馆。还可参阅 Edward T. Devine,"工业保险的革命",《慈善》21(1909):959—960 页;Lee K. Frankel,"工业保险",慈善和矫治全国会议,《会议记录》(1909),369—380 页;Charles R. Henderson,"工业保险的改善",《美国社会学杂志》15(1910):478—450 页;Louis I. Dublin,《三千万人的家庭:大都会人寿保险公司的故事》(New York:Metropolitan Life Insurance Co. ,1943)。

111 Ella Hoffman Rigney,"弗里德里克·霍夫曼",霍夫曼文件集;Frederick L. Hoffman 在 1913 年 2 月 11 日给 Forrest F. Dryden 的信,霍夫曼文件集。

112 Frederick L. Hoffman 在 1912 年 8 月 4 日到 12 月 3 日给 Forrest F. Dryden 的信,霍夫曼文件集。

566

113 Frederick L. Hoffman 在 1913 年 2 月 19 日、1914 年 1 月 15 日给 Forrest F. Dryden 的信,霍夫曼文件集。

114 比如 Frederick L. Hoffman,《强制性健康保险的事实和谬误》(Newark, N. J. : Prudential Press, 1917); Frederick L. Hoffman,《独裁和家长制对民主和自由》(New York: n. p. , 1918); Frederick L. Hoffman,《强制性健康保险的更多事实和谬误》(Newark, N. J. : Prudential Press, 1920)。引语来自 Numbers,《几乎被说服》, 61—62, 78 页。

第七章　战争集体主义

1 Paul U. Kellogg 在 1913 年 7 月 23 日给 Keir Hardie 等人的信,保罗·凯洛格文件集,明尼苏达大学社会福利史档案馆。

2 Clarke A. Chambers,《保罗·凯洛格和〈调查〉:社会福利和社会正义的声音》(Minneapolis: University of Minnesota Press, 1971); Paul U. Kellogg 在 1926 年 1 月 9 日给 Frederic C. Howe 的信,调查协会(Survey Associates)文件集,明尼苏达州大学社会福利史档案馆。

3 Paul U. Kellogg 在 1908 年 7 月 6 日至 8 月 19 日给母亲的信,保罗·凯洛格文件集。

4 J. A. Hobson,《新世界的问题》(New York: Macmillan, 1922), 3 页。

5 《1900—1919 年国际会议大全》(Brussels: Union of International Associations, 1964)。

6 "不再瞧不起'外国'",《国家》99(1914): 94—95 页; Ronald Steel,《沃尔特·李普曼和美国世纪》(Boston: Little, Brown, 1980), 66—73 页;全国公民联盟社会保险部,《初步外国调查委员会报告》(New York: National Civic Federation, 1914);教育旅游协会,《1914 年欧洲的公民和社会旅行(1) 城市问题和公民进步(2) 社会问题和社会解决办法(3) 劳工问题和工业改善》(New York: n. d.),约翰·诺伦文件集,康奈尔大学; Charles Booth 在 1914 年 7 月 9 日给 George Booth 的信,查尔斯·布思文件集,伦敦大学。

7 Bruce Clayton,《被遗忘的先知:兰道夫·伯恩生平》(Baton Rouge: Louisiana State University Press, 1984); Randolph Bourne, "1913—1914 年欧洲印象",《一位激进文人的历史及其他》, Van Wyck Brooks 编(New York: S. A. Russell, 1956), 98 页。

8 Randolph Bourne, "美国城镇的社会秩序",《大西洋月刊》111

（1913）：227—236 页；Van Wyck Brooks,《自传》（New York：E. P. Dutton, 1965），138 页。

9《兰道夫·伯恩书信全集》，Eric J. Sandeen 编（Troy, N. Y.：Whitson, 1981），152, 173, 160, 200 页；Clayton,《被遗忘的先知》100, 99 页。

10《兰道夫·伯恩书信全集》，200 页。

11 Randolph Bourne,"合作生活实验",《大西洋月刊》113（1914）：831, 823 页。还可参阅 Randolph S. Bourne,"在夏特伊的一个小时",《大西洋月刊》114（1914）：214—217 页。

567

12《兰道夫·伯恩书信全集》，241 页；Randolph S. Bourne,"战争时代的柏林",《旅游》24（1914 年 11 月）：9 页以下。

13《兰道夫·伯恩书信全集》，263, 262 页；Randolph S. Bourne,"德国理想的美国用途",《新共和》4（1915）：117—119 页；Bourne,"欧洲印象",98—99 页；Randolph S. Bourne,"我们缺乏规划的城市",《新共和》3（1915）：202—203 页；Randolph S. Bourne,"德国文化（Kultur）一瞥",《利平柯特杂志》（Lippincott's Magazine）95（1915 年 2 月）：27 页。

14 Bourne,"德国文化一瞥",25 页。

15 Bourne,"欧洲印象",77 页。

16 "心理无准备",《新共和》4（1915）：143 页；关于这些主题,John A. Thompson,《改革者与战争：美国进步宣传家和第一次世界大战》（Cambridge：Cambridge University Press, 1987）是非常细致入微、资料丰富的指导书。

17 Clayton,《被遗忘的先知》，116 页。贝克的话转引自 John A. Thompson,《改革者与战争》，89 页。

18 John Haynes Holmes,"战争与社会运动",《调查》32（1914）：629—630 页。类似的,请参阅 Katharine Coman,"战争对于欧洲的社会保险意味着什么?"《调查》33（1914）：74—75 页。

19 Oswald Garrison Villard,"两个德国",《美国评论之评论》，50（1914）：334—336 页；Oswald Garrison Villard,《战斗的德国：美国解释》（Embattled Germany, New York：Charles Scribner's Sons, 1915）；"德国主义：好与坏",《独立》79（1914）：396—397 页；William H. Dawson,《德国怎么了?》（What Is Wrong with Germany? London：Longmans, Green, 1915）。

20 A. Evelyn Newman,"柏林三日",《调查》34（1915）：226—227 页；John Jay Chapman 编,《德意志高于一切：或德国发话了》（Deuschland Über

593

Alle, New York: G. P. Putnam's Sons, 1914), 37—44 页。

21 Carol S. Gruber,《战神与艺术之神: 第一次世界大战和美国的高等教育用途》(Baton Rouge: Louisiana State University Press, 1975), 特别是第72 页; Simon N. Patten,《文化与战争》(New York: B. W. Huebsch, 1916), 4, 25 页; Simon N. Patten, "德国思维方式",《论坛》54 (1915): 18—26 页; Henry W. Farnam,《德国悲剧》(New York: National Security League, 1917); Albion W. Small, "世界危机中的美国人",《美国社会学杂志》23 (1917): 145—173 页; Walter E. Weyl,《美国人的世界政策》(New York: Macmillan, 1917), 6 页。

22 "德国人的社会颂歌",《新共和》4 (1915): 343—344 页; Frederic C. Howe,《为什么打仗?》(New York: Charles Scribner's Sons, 1916)。还可参阅 Weyl,《美国的世界政策》; Charles E. Russell, "谁制造了这场战争?"《皮尔逊杂志》32 (1914): 513—525 页。

23 Thompson,《改革者与战争》, 91 页; Theodore Roosevelt,《敬畏上帝, 履行职责》(New York: George H. Doran, 1916), 41 页; Allan L. Benson, "德国是怎么做到的?"《皮尔逊杂志》34 (1915): 329, 331 页; "美国应该研究德国的国家社会主义",《纽约时报杂志》, 1915 年 9 月 12 日, 16—17 页。

24 Charles Forcey,《自由主义的十字路口: 克罗利、韦尔、李普曼和1900—1925 年的进步时代》(New York: Oxford University Press, 1961), 229—231 页;《调查》34 (1915): 1—2 页; Thompson,《改革者与战争》, 108 页; 还可参阅 "报应",《新共和》3 (1915): 215—218 页; Charles E. Russell, "为什么英国衰落?"《皮尔逊杂志》34 (1915 年 8 月): 210—219 页; Edith Abbott,《英国的民主和社会进步》(Chicago: University of Chicago Press, 1918)。

25 Alice Lewisohn, "战争屋檐下的英国",《调查》36 (1916): 161—162 页; Madeleine Doty,《配给不足: 一位美国妇女在德国, 1915, 1916 年》(New York: Century, 1917), 55 页。

26 William English Walling, "资本主义的'社会主义'",《国际社会主义者评论》12 (1911): 303—308 页; William English Walling, "政府所有权", 同上, 12 (1912): 652—654 页; William English Walling,《社会主义的现状: 世界范围的革命运动调查》(Socialism As It Is, New York: Macmillan, 1912); William English Walling, "德国的国家社会主义",《院际社会主义者》4 (1915 年 12 月—1916 年 1 月): 10—13 页。

568

27 William English Walling,《进步主义——及其后》(New York：Macmillan,1914)，viii 页；William English Walling,《社会主义者与战争》(New York：Henry Holt,1915)，第 31 章；William English Walling,"战争—社会主义?"《院际社会主义者》4(1916 年 4—5 月)：36—37 页;"社会主义者和战争问题"，同上，5(1917 年 4—5 月)：7—28 页；William English Walling,"国际主义和政府所有权",《共和》21(1918 年 1 月 11 日)：49 页。战争集体主义辩论中社会主义者的不那么夸张的文章，请参阅 Harry W. Laidler,"会议演讲者",《院际社会主义者》5(1916 年 10—11 月)：22—23 页；Harry W. Laidler,"战争集体主义和财富征用"，同上，5(1917 年 4—5 月)：4—7 页。

28"大规模滑向集体主义"(The Landslide into Collectivism),《新共和》2(1915)：249—250 页;"战备——特洛伊木马"，同上，5(1915)：6 页。

29 "共和主义的复活"，同上，9(1916)：173 页；Walter Lippmann,《早期文选》，Arthur Schlesinger, Jr. 编(New York：Liveright, 1970)，148—149 页。

30 Christopher Lasch,《美国新激进主义(1889—1963 年)：知识分子作为一种社会类型》(New York：Knopf,1965)，第 6 章。

31 Thompson,《改革者与战争》，212,213 页；Gruber,《战神和艺术之神》，92—93 页；Frederic C. Howe,"战后移民",《斯克里布纳杂志》58(1915)：636 页。

32 Randolph Bourne,"战争日记",《七种艺术》2(1917)：537 页。

33 转引自 John F. McClymer,《战争与福利：1880—1925 年美国的社会工程》(Westport,Conn：Greenwood Press,1980)，170 页。

34 Richard M. Titmuss,"战争与社会政策"，见他的《福利国家文集》，Brian Abel-Smith 编，第 3 版(London：George Allen and Unwin,1976)。

35 关于战争经济，请参阅 Gerd Hardach,《1914—1918 年第一次世界大战》(London：Allen Lane,1977)；Arthur Marwick,《战争与社会变革：英、法、德、俄、美对比研究》(London：Macmillan, 1974)；Susan H. Armitage,《解除工业控制的政治：英国和美国》(London：Weidenfeld and Nicolson, 1969)；Kathleen Burk 编,《战争与国家：1914—1919 年英国政府的转变》(London：George Allen and Unwin,1982)；Arthur Marwick,《大洪水：英国社会和第一次世界大战》(Boston：Little, Brown, 1965)；Bernard Waiters,《战争中的阶级社会：1914—1918 年的英国》(Leamington Spa：Berg, 1987)；Chris Wrightley,"1914—1918 年,第一次世界大战和工业关系中的国家干

569

595

预",《英国工业关系历史》,第二卷:1914—1939 年,Chris Wrigley 编
(Brighton,England:Harvester,1987);John F. Godfrey,《战争中的资本主
义:1914—1918 年法国的工业政策和官僚制》(Leamington Spa:Berg,
1987);Gerald D. Feldman,《1914—1918 年德国的军队、工业和劳工》
(Princeton:Princeton University Press,1966);Robert D. Cuff,《战争工业委
员会:第一次世界大战期间的企业—政府关系》(Baltimore:Johns Hopkins
University Press,1973);David M. Kennedy,《这边:第一次世界大战和美国
社会》(Over Here,New York:Oxford University Press,1980)。武器生产额度
引自 Gerd Hardach,"1914—1918 年工业动员:生产、计划和意识形态",
《1914—1918 年法国大后方》,Patrick Frienson 编(Providence,R. I.:Berg,
1992),60,63 页。

36 John N. Horne,《战争期间的劳工:1914—1918 年的法国和英国》
(Oxford:Clarendon Press,1991);James E. Cronin,"劳工反叛和阶级形成:
欧洲 1917—1920 年危机的对比视角",和 David Montgomery,"1916—1922
年欧洲和美国工会斗争和策略的新趋势",两文都发表在《工作、社区和力
量:1900—1925 年欧洲和美国的劳工经验》(Work, Community and Power),
James E. Cronin 和 Carmen Sirianni 编(Philadelphia:Temple University
Press,1983)。工会数据来自 Gary Marks,《政治中的工会:19 世纪和 20 世
纪初的英国、德国和美国》(Princeton:Princeton University Press,1989),
114 页;Horne,《战争期间的劳工》,附录三。

37 关于战争中的性别问题,请参阅 Susan Pedersen,"大战中英国的性
别、福利和公民",《美国历史评论》95(1990):983—1006 页;Margaret
Randolph Higonnet 等编,《界限背后:性别和两次世界大战》(New Haven:
Yale University Press,1987)。

38 Holmes,"战争与社会运动",630 页。

39 Julia Lathrop,"军事和航海保险法案",《国家》106(1918):157—
158 页。更笼统的内容请参阅 Allen F. Davis,"福利、改革和第一次世界大
战",《美国季刊》19(1967):516—533 页。

40 R. H. Tawney,"1918—1921 年经济控制的废除",《历史与社会:
托尼文集》,J. M. Winter 编(London:Routledge and Kegan Paul,1978),
136 页。

41《战争中的英国工业经验》,第 65 届国会第一次会议,参议院文件
114(1918);Howard L. Gray,《战争时代的工业控制:英国经验》(New
York:Macmillan,1918);Ordway Tead,"战争时期的美国劳工情况",《世

纪》95(1918)：354—359 页；Mary E. McDowell，"在牲畜围场区"(In the Stockyards District)，《美国社会学杂志》23(1917)：59—61 页。还可参阅 Sidney Webb，"给美国人的英国经验"，《大西洋月刊》120(1917)：14—21,1162—1166 页。

570

42 关于战争期间住房项目，请参阅 Roy Lubove，"家和'几棵恰到好处的果树'：联邦住房的直观课"(Homes and "Few Well Placed Fruit Trees")，《社会研究》27(1960)：469—486 页；William J. O'Toole，"公共住房政策的原型：USHC"，《美国规划师学会杂志》34(1968)：140—152 页。

43 John Ihlder，"战争是如何来到切斯特的？"《调查》40(1918)：243—251 页。

44 Mark Swenarton，《适合英雄的家：英国早期国家住房的政治和建筑》(London：Heinemann,1981)，第 3 章；Simon Peppers 和 Mark Swenarton，"家园前线：1915—1918 年军需工人的花园郊区"(Home Front)，《建筑评论》163(1978)：366—375 页；大不列颠军需部，《军需部的历史》，第五卷，第五部分：《为军需工人提供住房》(London,1921)。

45 Charles H. Whitaker，"被拒绝的石头"，未出版的自传性记录，哥伦比亚大学艾弗里建筑和艺术图书馆；Ewart G. Culpin，"城市规划原则在英国战时紧急时期的显著应用"，《美国建筑师协会杂志》5(1917)：157—159 页；"战争——机器——人！"，同上，421—422 页。

46 Frederick L. Ackerman，"英国为工人建造住房的项目的意义"，同上，540,539,563 页。

47 Frederick L. Ackerman，"房屋是什么？第四"，《美国建筑师协会杂志》5(1917)：591—639 页；Frederick L. Ackerman，1918 年在纽瓦克的演讲记录，转引自 Randy Garber 的未发表论文，"设计的政治"，威斯康星大学麦迪逊分校建筑学院。

48 Charles H. Whitaker 等，"房屋是什么？"《美国建筑师协会杂志》5(1917)：481—485,541—546,591—639 页；6(1918)：14—18,58—67 页。这些系列重印为 Charles H. Whitaker, Frederick L. Ackerman, Richard S. Childs 和 Edith Elmer Wood，《战争与和平中的住房问题》(Washington, D. C.：American Institure of Architects,1918)。还可参阅 Sidney Webb，"醒来吧！美国建筑师！"《美国建筑师协会杂志》6(1918)：8—12 页。

49 Whitaker 等，《住房问题》，21 页。还可参阅 Frederick L. Ackerman，"战时住房：英国给美国人提供的最急需的公民课"，《美国城市》18(1918)：97—100 页；Richard S. Childs，"英国的新花园城市"，《瞭望》118

（1918）：364—366 页。

50 Edith Elmer Wood，"我的时代的住房"，5 页，伊迪丝·伍德文件集，哥伦比亚大学艾弗里建筑和艺术图书馆。

51 Richards S. Childs，"政府的模范村庄"，《调查》41（1919）：584—592 页；Frederick Law Olmsted，"美国住房公司的住房开发的教训"，《劳工评论月刊》8（1919 年 5 月）：27—38 页；美国劳工部，工业住房和交通局，《美国住房公司报告：战时紧急建设（战时工人住房）》，James Ford 和 Henry V. Hubbard 编（Washington，D. C.，1919—1920）；美国航运委员会，紧急船运公司，客运和住房处，《为造船工人造房》（Philadelphia，1920）。感谢 Randy Garber 首先提出设计的差别。

52 George Edgar Vincent，"住房和重建"，全国住房协会，《美国住房问题：第七届全国住房大会会议记录》（Boston，1918），43，47，49 页。

53 转引自 Bentley B. Gilbert，《1914—1939 年英国社会政策》（Ithaca：Cornell University Press，1970），5 页。

54 Paul Barton Johnson，《适合英雄的土地：1916—1919 英国重建计划》（Chicago：University of Chicago Press，1968）；Philip Abrams，"1918—1920 年社会改革的失败"，《过去与现在》24（1963）：43—64 页。引用的段落来自 Marwick，《大洪水》，240 页；Meyer Bloomfield，《管理和人：工业关系新进步的记录》（New York：Century，1919），303 页；William H. Dawson 编，《战后问题》（New York：Macmillan，1917），10 页。

55 Arthur Gleason，《工人想要什么：英国劳工研究》（New York：Harcourt，Brace and Howe，1920）；Horne，《战争中的劳工》，第 7—8 章；J. M. Winter，《社会主义与战争挑战：1912—1918 年英国的思想和政治》（London：Routledge and Kegan Paul，1974），尤其是 134 页；G. D. H. Cole，《基尔特社会主义再论述》（London：Leonard Parsons，1920）。

56《迈向新世界：英国工党的重建纲领》（Towards a New World，Wyoming，N. Y.：W. R. Browne，1918），尤其是第 9 章。

57 同上，9，11，27，31 页。

58 "英国工党重建的决议"，《调查》40（1918）：500—504 页。

59 Tony Adams，"反思合作政党的形成"，《国际社会史评论》32（1987）：48—68 页。

60 Mary Heaton Vorse，《愚蠢的脚注：玛丽·希顿·沃尔斯回忆》（New York：Farrar and Rinehart，1935），170 页。

61 Walter Weyl，"在国王的更衣室"，《新共和》19（1919）：389—393

571

页;"大不列颠全国工业会议",美国劳工局《劳工评论月刊》8(1919):1330—1334页;Rodney Lowe,"英国共识的失败:1919—1921年全国工业会议",《历史杂志》21(1978):649—675页。

62 Swenarton,《适合英雄的家》,78页。

63 Arthur Greenwood,"英国的国有化运动",《大西洋月刊》125(1920):406—411页。

64 Armitage,《解除控制的政治》;Tawney,"经济控制的废除";Rodney Lowe,"1914—1939年政府与工业关系",《英国工业关系史》,Wrigley编。

65 Dawson,《战后问题》,7页;Lowe,"政府与工业关系",193页。

66 J. A. Hobson,"英国工业中的代议管理"(Representative Government in British Industry),《新共和》12(1917):130—132页;"朝向工业民主",同上,122页;Ordway Tead,"工业的全国性组织:(一)英国",同上,18(1919):48—51页;Bloomfield,《管理与人》;全国工业会议理事会,《美国工作委员会的经验》,研究报告第50号(纽约,1922);Montgomery,"工会斗争中的新趋势",103—109页。Whitley委员会报告被作为Bloomfield《管理与人》的附录而重印。

67 "劳工和新社会秩序",《新共和》14(1918),第二部分,2页;"英国工党重建的决议",《调查》40(1918):500—504页;《调查》41(1918):225页;John M. Blum,《塔马尔蒂和威尔逊时代》(Boston:Houghton Mifflin,1951),150页;《伍德罗·威尔逊文件集》,Arthur S. Link编(Princeton:Princeton University Press,1966—1994),第47卷,84,253—254页;George E. Mowry,《加利福尼亚进步人士》(Berkeley:University of California Press,1951),297页;更笼统的内容请参阅Stanley Shapiro,"大战与改革:1917—1919年的自由主义者和劳工",《劳工历史》12(1971):323—344页。最后引用了《新政治家》,329页注。

68 Clayton,《被遗忘的进步人士》,118页;Mowry,《加利福尼亚进步人士》,297页。

69 《新共和》17(1918):60页;《调查》41(1918):183页;Shapiro在"大战与改革"中引用Durant的话,342页。

70 《伍德罗·威尔逊文件集》,第53卷,278,282,279页。

71 Stanley Shapiro,"改革的黄昏:停战后的高级进步人士",《历史学家》33(1971):349—364页,尤其是351页;Stanley Shapiro,"手和脑:1920年的农工党",加州大学伯克利分校1967年博士论文,42页;美国国防委员会,重建研究司,《调整和重建信息,第二卷:美国的调整和重建活动》(Washington, D. C. ,1920);Lewis Mumford,《发现和收藏:自传文集》(*Findings and Keepings*,纽约:Harcourt Brace Jovanovich,1975),124页;《新共和》,17(1918):61页。

72 Arthur Gleason 在 1919 年 7 月 8 日给 Paul U. Kellogg 的信,调查协会文件集。该文件集是研究 1919 年进步人士行程的最好来源。还可参阅 Mary McDowell,"'莫因鸟而怕播种':英国印象"(Fear Not to Sow Because of the Birds),《调查》41(1919):779—780页;全国公民联盟,外国调查委员会第二份报告(New York:National Civic Federation,1920)。

73 "雇主研究欧洲劳工情况的政府委员会报告",美国劳工统计局,《劳工评论月刊》8(1919):1327—1328页;全国公民联盟,外国调查委员会,《英国和法国劳工情况》(New York:E. P. Dutton,1919);全国工业会议理事会,欧洲调查团,《英国、法国、意大利的劳工和工业问题》,特别报告第 6 号(Boston,1919),395,18页。

74 "美国劳工政治",《新共和》15(1918):250页。

75 Arthur P. Kellogg,"社会机构应该为了重建团结起来吗?"《调查》41(1918):316页;"全国天主教战争委员会社会重建项目",美国劳工统计局,《劳工评论月刊》8(1919):1594—1602页;美国基督教会联邦协会(Federal Council of the Churches of Christ),教会和社会服务委员会,《教会和社会重建》(New York,1919);Harry F. Ward,《新社会秩序:原则和项目》(New York:Macmillan,1919);"我们必须站稳立场",《调查》41(1918):266页;Hiram Johnson,"新国会应该做什么?"《人人杂志》40(1919 年 3月):28页;更笼统的内容请参阅 Estella T. Weeks,《重建项目》(New York:Woman's Press,1919)。

76 Blum,《塔马尔蒂》,150,306—309页;Robert Cuff,"哈里·加菲尔德,燃料管理局,在第一次世界大战中寻找合作的秩序",《美国季刊》30(1978):39—53页;Albert S. Burleson,"为什么我们应该保持电报电话服务?"(Why We Should Keep the Wires?),《论坛》61(1919):152—161页。

77 Melvyn Dubofsky,"夭折的改革:1913—1920 年威尔逊政府和组织起来的劳工",《工作、社区和力量》,Cronin 和 Sirianni 编。

78 Harry W. Laidler,"华盛顿和即将到来的重建",《院际社会主义者》7(1918 年 12 月—1919 年 1 月):9页;类似的:"新国会应该做什么?"《人人杂志》40(1919 年 3 月):27页以下;"和平之后——?"同上,(1919 年 5月),58页以下;(1919 年 3 月),56页以下。

79 Burl Noggle,《进入 20 年代:从停战到常态的美国》(Urbana:

University of Illinois Press,1974）。

80 美国劳工统计局,《劳工评论月刊》9(1919)：1368—1372 页；John Brophy,《矿工的生活》(Madison：University of Wisconsin Press,1964),第 12—13 章；Glenn E. Plumb 和 William G. Roylance,《工业民主：成效计划》(New York：B. W. Huebsch,1923)。

81 美国劳工统计局,《劳工评论月刊》9(1919)：1342—1351 页；全国工业会议理事会,《工业会议的核心议题》,特别报告第 5 号(Boston,1919)；工业会议,《初步声明》(Washington D. C.,1919)；Haggai Hurvitz,"意识形态和工业冲突：1919 年 10 月威尔逊总统的第一次工业会议",《劳工历史》18(1977)：509—524 页。

82 工业会议,《报告》(Washington, D. C.,1920)。

83 William L. Huggins,《劳工和民主》(New York：Macmillan,1922),43 页。

84 Allen M. Wakstein,"1919—1920 年自由雇佣运动的起源",《美国历史杂志》51(1964)：460—475 页。

85 劳合·乔治的话转引自 Lowe,"政府与工业关系",79 页。

86 纽约议会,调查煽动性活动的议会联合委员会,《革命激进主义：其历史、目的、策略,并讨论为遏制它而正在采取的必要步骤》(Albany,1920)；Shapiro,"手和脑",135 页注；Thompson,《改革者与战争》,260 页。

87 Ronald L. Numbers,《几乎被说服：1912—1920 年美国医生和强制性健康保险》(Baltimore：Johns Hopkins University Press,1978),第 7—8 章；《参考资料》(For Your Information),美国劳工立法协会通函,1919 年 12 月,美国劳工立法协会文件集,康奈尔大学；John B. Andrews,"序言",《美国劳工立法评论》10(1920)：113 页。

574

88 "英国和美国劳工",《新共和》14(1918)：71 页。

89 Marvin Swartz,《第一次世界大战期间英国政治中的民主控制联盟(UDC)》(Oxford：Clarendon Press,1971)；Alfred F. Havighurst,《激进的记者：H. W. 马辛厄姆》(Cambridge：Cambridge University Press,1974)。

90 Michael Wreszin,《O. G. 维拉德：战争中的和平主义者》(Bloomington：Indiana University Press,1965)；Oswald Garrison Villard,《战斗的岁月：一位自由派编辑的回忆》(New York：Harcourt,1939),391 页。

91 Paul U. Kellogg,"双面刃：剑还是铧头",《调查图片》(Survey Graphic)29(1940)：242 页以下；Paul U. Kellogg,"英国劳工的主动出击",《调查》39(1918)：585—588 页；Paul U. Kellogg,"美国劳工脱节"

（American Labor Out of It），同上，617—626 页；Paul U. Kellogg 在 1918 年 3 月 11 日给 Felix Frankfurter 的信，调查协会文件集：Ray Stannard Baker 在 1918 年 9 月 12 日给 Polk 的信，雷·斯坦纳德·贝克文件集，国会图书馆。

92 Paul U. Kellogg, Samuel Gompers 和 William English Walling,《关于战后英国工党重建项目和斯德格尔摩会议的演讲，在 1918 年 3 月 16 日纽约市全国公民联盟会议上发表》（New York, 1918），9 页；Paul U. Kellogg 1918 年 4 月 13 日给 Charles W. Eliot 的信，调查协会文件集。

93 Helen Hayes Gleason, "阿瑟·格里森礼赞",《阿瑟·格里森的书》（*The Book of Arthur Gleason*, New York：William Morrow, 1929）；Arthur Gleason 和 Helen Hayes Gleason,《金色少年》（New York：Century, 1916）；Arthur Gleason,《大战中我们的角色》（New York：Frederick A. Stokes, 1917）；Arthur Gleason,《英伦三岛》（*Inside the British Isles*, New York：Century, 1917）。

94 Gleason,《英伦三岛》，17—18 页。

95 Arthur Gleason 和 Paul U. Kellogg, "他们为之奋斗的英国",《调查》41（1918）：243—249 页；Paul U. Kellogg 和 Arthur Gleason《英国劳工与战争：新世界的重建者》（New York：Boni and Liveright, 1919）。

96 Arthur Gleason 在 1919 年 7 月 4 日给 Paul U. Kellogg 的信，调查协会文件集。

97 Gleason,《工人想要什么?》；Arthur Gleason 在 1919 年 7 月 7 日给 Paul U. Kellogg 的信，调查协会文件集；Arthur Gleason 在 1919 年 5 月 17 日给 Bruno Lasker 的信，同上。

98 Ray Stannard Baker, "我在欧洲的使命，1918—1919 年"，98, 94 页，贝克文件集；Margaret T. Hodgen,《英国和美国的工人教育》（London：Kegan Paul, Trench, Trubner, 1925）。关于英国工党的四大支柱，请参阅 Paul Blanshard,《英国劳工运动概要》（New York：George H. Doran, 1923）；Sherwood Eddy《劳工新世界》（New York：George H. Doran, 1923）。

99 Kellogg 等,《英国工党重建项目的演讲》；《调查》39（1918）：688 页；Samuel Gompers,《七十年的生活和劳动：自传》（New York：E. P. Doran, 1925），第二卷，406 页。

100 W. A. Appleton,《我们想要什么，我们在哪里：事实而非词汇》（New York：George H. Doran）；Kenneth E. Hendrickson, Jr. , "倾向战争的社会主义者、社会民主同盟和 1917—1920 年命运不济的美国工业民主运动",《劳工历史》11（1970）：304—322 页；Kent Kreuter 和 Gretchen

575

Kreuter,《美国异议者：A. M. 西蒙斯的生平》(Lexington：University of Kentucky Press,1969)；Henry Pelling,《美国和英国左派：从布莱特到比万》(New York：New York University Press,1957),第 7 章,尤其是 125—126 页。

101 Frederic C. Howe,《改革者的自白》(New York：Scribner,1925),第 32 章；Eugene M. Tobin,《组织起来或者消亡：1913—1933 年美国的独立进步人士》(Westport,Conn.：Greenwood,1986),132 页。

102《阿瑟·格里森的书》；Arthur Gleason,"直接行动的隐含意义",《自由人》1(1920 年 4 月 17 日)：85—87 页；Arthur Gleason,《工人的教育：美国和外国的实验》(New York：Bureau of Industrial Research,1921)；Arthur Gleason,"工人的教育",《新共和》26(1921)：236 页；Richard J. Altenbaugh,《斗争教育：1920 年代和 1930 年代美国劳工大学》(Philadelphia：Temple University Press,1990)。Gleason 到 1923 年去世前还在为解决童工问题努力,在写一本小说。

103 Shapiro,"手和脑",33 页。

104 "革命还是重建？对美国人的召唤",《调查》41(1919)：882 页；Shapiro,"改革的黄昏",359 页。

105 Charles Merz,"进来：工党"(Enter：The Labor Party),《新共和》(1919)：54 页。

106 Shapiro,"手和脑"；Tobin,《组织起来或者消亡》,第 5 章；Dudley Field Malone,"第三党的诞生",《自由人》1(1920)：467—468 页；Amos Pinchot,"靠回避来管理"(Government by Evasion),同上,1(1920)：538—541 页。

107 Kenneth Campbell MacKay,《1924 年的进步运动》(1947；重印本,New York：Octagon Books,1972)。

108 Harry W. Laidler,"战时集体主义的崩溃",《美国劳工年鉴,1919—1920 年》(New York：Rand School of Social Science,1920),26 页。

第八章　农村的重建

1 Gerold Ambrosius 和 William H. Hubbard,《20 世纪欧洲社会和经济史》(Cambridge：Harvard University Press,1989),表 2.1；美国调查统计局,《美国历史统计学：从殖民时期到 1970 年》(Washington, D. C.,1975),139 页。

2 Kenneth Barkin,"历史对比个案研究：德国和美国的民粹主义",《美国历史的状态》, Herbert J. Bass 编（Chicago, Quadrangle, 1970）; Peter Gourevitch,《艰难时代的政治：国际经济危机之下的反应对比》（Ithaca：Cornell University Press, 1986）。

3 B. R. Mitchell,《欧洲历史统计学：1750—1975 年》,第 2 版（New York：Facts and File, 1980）, 849, 852 页;美国调查统计局,《美国历史统计学》, 232 页。

4 日期不详的自传材料（c. 1918）,查尔斯·麦卡锡文件集,位于麦迪逊的威斯康星州历史学会; Edward A. Fitzpatrick,《威斯康星的麦卡锡》（New York：Columbia University Press, 1944）, Charles McCarthy 在 1909 年 2 月 24 日给 Walter Hines Page 的信,麦卡锡文集。

5 "麦卡锡博士是有思想的人、人类百科全书",《星期天国家杂志》（Sunday State Journal）, 1912 年 12 月 8 日,麦卡锡文件集中的剪报。

6 Clarence Poe,《我的前八十年》（Chapel Hill：University of North Carolina Press, 1963）; Joseph A. Coté,"克拉伦斯·坡：农民的声音, 1899—1964 年",《农业历史》53（1979）：30—41 页。引语来自 Clarence Poe,《一个南方人在欧洲：主要是一些适合新世界需要的旧世界教训,在海外旅行的十四封信中阐述》（Raleigh, N. C.：Mutual Publishing Co., 1908）, 74 页。

7 Clarence H. Poe,"南方的选举权限制：起因和后果";《北美评论》175（1902）：534—543 页; Poe,《南方人在欧洲》, 78 页。

8 Clarence Poe,《半个世界醒来的地方：日本、中国、菲律宾、印度的新与旧》（Garden City, N. Y.：Doubleday, Page, 1911）; Clarence Poe,《农民如何合作和获得双倍效益：美国和欧洲农业合作所有主要形式的第一手报告——通过已有和正在发生的实例来显示农民如何合作的故事》（New York：Orange Judd, 1915）; Clarence Poe,"劳合·乔治的英国",《世界工作》23（1912）：100—111 页。

9 Kent Fedorowich,《不适合英雄：两次世界大战期间帝国的重建和士兵安置》（Manchester, England：Manchester University Press, 1995）。

10 美国乡村生活协会,《第一届全国乡村生活会议记录》, 1919 年（Ithaca：American Country Life Association, 1919）, 20—21 页。

11 Ellen Furlough,《法国消费者合作：1834—1930 年消费的政治》（Ithaca：Cornell University Press, 1991）,尤其是 24 页; Sidney Pollard,"19 世纪的合作：从社区建设到经营商店",《劳工历史文集》, Asa Briggs 和 John Saville 编（London：Macmillan, 1960）。

576

12 G. D. H. Cole,《合作的世纪》(Manchester, England: Cooperative Union, 1944), 371—372, 385 页;Marquis Childs,《瑞典:中间道路》(New Haven: Yale University Press, 1936), 16 页;Clark Kerr,"合作社评估",《调查图片》26(1937 年 3 月):140 页;George Sayers Bain 和 Robert Price,《工会发展概况:八国统计数据的对比》(Oxford: Basil Blackwell, 1980), 37 页。还可参阅 P. H. J. H. Gosden,《自助:19 世纪的自发协会》(London: B. T. Batsford 1973);Paul Johnson,《储蓄与花费:1870—1939 年英国工人阶级经济》(Oxford: Clarendon Press, 1985),第 5 章。

13《1900 年巴黎世界博览会美国总干事报告》,第 55 届国会第二次会议,参议院文件 232(1901),第五卷,651—652 页;Kerr,"合作社评估";Henry W. Wolff,《人民银行:社会和经济成功的纪录》(London: Longmans, Green, 1893),第 3 章;Brett Fairbairn,"生态学角度的历史:盖亚理论和世纪之交德国合作社问题",《美国历史评论》99(1994):1203—1239 页,尤其是 1234 页。

14 Wolff,《人民银行》;Harald Faber,《丹麦农业合作》(London: Longmans, Green, 1918), 65, 42 页。

15 M. L. Darling,《德国、意大利、爱尔兰合作社的一些方面》(Lahore, India, 1922), 6 页;Faber,《丹麦农业合作》;David Peal,"自助与国家:德意志帝国的农业合作社",《中欧历史》21(1988):244—266 页;Charles McCarthy,"生活成本和对策",1916 年 11 月 28 日芝加哥城市俱乐部的演讲,麦卡锡文件集。

16 Cyril Ehrlich,"霍勒斯·普伦基特爵士与农业改革",《爱尔兰人口、经济和社会》, J. M. Goldstrom L. A. Clarkson 编(Oxford: Longmans, Green, 1981), 272 页。

17 Fairbairn,"生态学角度的历史";Furlough,《法国的消费者合作》。

18 Eduard Bernstein,《进化社会主义:批评与肯定》(London: Independent Labor Party, 1909), 187 页。

19 Fairbairn,"生态学角度的历史", 1219 页。

20 Furlough,《法国的消费合作》, 96, 88 页;Johnson,《储蓄与花费》, 129 页。

21 Dana Frank,《购买力:消费者组织、性别和 1919—1929 年西雅图劳工运动》(Cambridge: Cambridge University Press, 1994);Joseph G. Knapp,《1620—1920 年美国合作企业的兴起》(Danville, Ill.: Interstate Printers and Publishers, 1969)。

577

22 国际合作联盟,《国际合作年鉴》,第二年,(London: International Co-operative Alliance, 1913), 133—134 页; Edson L. Whitney, "美国和外国的信用合作社(信用联盟)", 美国劳工统计局《公报》314 期(1922); Myron T. Herrick 和 R. Ingalls,《如何给农民融资: 私人企业——而非国家资助》(Cleveland: Ohio State Committee on Rural Credits and Cooperation, 1915); Shelly Tenenbaum,《社区信用: 1880—1945 年美国的犹太人借贷协会》(Detroit: Wayne State University Press, 1993)。另一方面,城市建筑和借贷协会在美国兴起,1914 年有 280 万会员。

23 R. H. Elsworth, "农业合作社,营销和采购,1925 年", 美国农业部,《技术公报》(Technical Bulletin) 第 40 期(1928); Lewis C. Gray,《农业经济介绍》(New York: Macmillan, 1924), 第 26 章; Henry C. Taylor,《农业经济概要》(New York: Macmillan, 1925), 第 34 章; E. C. Branson, "北卡罗来纳的合作信用社",《南方工人》49(1920): 461—473 页。对于德国的估计来自 Peter Stearns,《动荡的欧洲社会: 1800 年来的社会历史》(New York: Macmillan, 1967), 232 页。

578 24 普伦基特与美国人的接触可以从他的日记和通信中追溯,见于普伦基特文件集,英国牛津普伦基特合作研究基金会。关于华莱士的联系,可参阅 Russell Lord,《艾奥瓦的华莱士》(Boston: Houghton Mifflin, 1947)。对于 19 世纪末期爱尔兰农村贫困问题,请参阅 W. T. Ellis,《欧洲一百天夏日旅行》(Owensboro, Ky.: Inquirer Publishing Co., 1885), 9 页; 关于 Lippmann, 请参阅 John Morton Blum 编,《公共哲学家: 沃尔特·李普曼书信选》(New York: Ticknor and Fields, 1985), 15—16 页。

25 Trevor West,《霍勒斯·普伦基特, 合作和政治: 爱尔兰传记》(Washington, D. C.: Catholic University of America, 1986); Ehrlich, "霍勒斯·普伦基特爵士和农业改革"。

26 Cormac Ó Grada, "1880—1914 年爱尔兰乳品厂体系的开始",《经济史评论》30(1977), 284—305 页; Patrick Bolger,《爱尔兰合作社运动: 历史和发展》(Dublin: Institute of Public Administration, 1977)。关于爱尔兰的信用合作社,请参阅 Timothy W. Guinnane, "文化与合作: 19 世纪末期德国信用合作社",未发表的论文,在 1994 年 9 月 30 日普林斯顿大学历史学 Davis 讨论会上提交。

27 Horace Plunkett,《新世纪的爱尔兰》(1904, Dublin: Irish Academic Press, 1982); George W. Russell (AE),《国民存在: 爱尔兰政治的一些思考》(The National Being), 普及版(Dublin: Maunsel, 1918); George W.

Russell（AE），《合作和国民性：从这一代到下一代的农村改革者指南》（Dublin：Maunsel,1912）。引语来自 Horace Plunkett，"农村条件的改善"，《南方工人》37（1908）：80 页；Plunkett，《新世纪的爱尔兰》,62 页。

28 Horace Plunkett 在 1909 年 12 月 21 日的日记，普伦基特文件集。

29 美国乡村生活委员会，《报告》，第 60 届国会第二次会议，参议院文件 705（1909），尤其是 17,50 页；Liberty Hyde Bailey，《美国乡村生活运动》（1911；New York：Macmillan,1920），97 页。

30 Kenyon L. Butterfield，《农村进步的章节》（Chicago：University of Chicago Press,1908）；John M. Gillette，《建设性的农村社会学》（New York：Sturgis and Walton,1913）；Carl C. Taylor，《农村社会学：农村问题研究》（New York：Harper and Brothers,1926）；Edmund de S. Brunner 等，《美国农业村庄》（New York：George H. Doran,1927）；Charles J. Galpin，《徜徉到农业社会学中》（My Drift into Rural Social Problems，Baton Rouge：Louisiana State University Press,1938）。关于乡村生活运动的批评性描述，请参阅 David B. Danbom，《遭到抗拒的革命：1900—1930 年都市美国和农业的工业化》（Ames：Iowa State University Press,1979）；Mary Neth，《保存家庭农场：1900—1940 年女性、社区和中西部的农业基础》（Baltimore：Johns Hopkins University Press,1995）。

31 Horace Plunkett，《美国的农村生活问题：一位爱尔兰观察家的札记》（New York：Macmillan,1910）；《营销和农业信用：1916 年全国营销和农业信用会议第三届年会宣读论文集》（Madison, Wis.：National Conference on Marketing and Farm Credits,1916），17 页；Horace Plunkett 在 1913 年 3 月 2 日的日记，普伦基特文件集；Charles McCarthy 在 1913 年 4 月 11 日给 Gifford Pinchot 的信，普伦基特文件集；关于美国农业组织协会，请参阅 Charles A. Lyman，"一个美国人对于爱尔兰农业合作的预测"，《更好的生意：农业和工业合作季刊》（Better Business，1916 年 1 月）：121—131 页。

32 Olivia Rossetti Agresti，《戴维·鲁宾：现实理想主义的研究》（Boston：Little, Brown,1922）；Harris Weinstock，《关于劳工法律和与罢工和停工有关的外国劳工状况的报告》（Sacramento,1910）；Grace Larsen，"农业中的进步人士：哈里斯·韦恩斯托克"，《农业历史》32（1958）：187—193 页。

33 David Lubin，《修改欧洲信用合作体制以满足美国农民的需要》，第 62 届国会第二次会议，参议院文件 855（1919），尤其是 4,6 页。David Lubin，《"走出陈规"：欧洲农村合作信用体制》，第 62 届国会第三次会议，

579

参议院文件 966(1912);David Lubin,《农村"土地抵押信用合作"体制》,第 63 届国会第一次会议,参议院文件 123(1913)。

34 南方商业大会,《研究合作体制在欧洲国家农业生产、分配和金融中之应用的美国委员会》,第 62 届国会第三次会议,参议院文件 1071(1913);《欧洲的农业合作和农村信用:信息和证据》,第 63 届国会第一次会议,参议院文件 214(1913);David Lubin,演讲:《F. W. 赖夫艾森》,第 63 届国会第一次会议,参议院文件 114(1913)。引语来自 Ralph Metcalf 和 Clark G. Black,《欧洲的农村信用合作和农业组织》(Olympia, Wash.,1915),第 8 章。

35 Myron T. Herrick,《欧洲土地和农业信用的初步报告》,第 62 届国会第三次会议,参议院文件 967(1912);Thomas Nixon Carver,《无计划生活的回忆》(Los Angeles, Ritchie, 1949),第 16 章。

36 George W. Russell(AE),《对美国农业调查委员会的演讲:农村社区》(Dublin, 1913);Horace Plunkett 在 1913 年 2 月 26 日给 Gifford Pinchot 的信,和 Horace Plunkett 在 1913 年 12 月 7 日的日记,普伦基特文件集;Horace Plunkett 在 1913 年 7 月 16 日给 Gifford Pinchot 的信,麦卡锡文件集。

37《欧洲的农业合作和农村信用》,第一部分,9,18,10 页。

38 同上,第二部分,8—9 页。对于那些有此思想的人来说,答案是直接的:授权商业银行为农村土地长期贷款的机制。例如,请参阅 Duncan U. Fletcher,"全国农业银行体系"(A National Rural Banking System),第 63 届国会第一次会议,参议院文件 158(1913)。

39 美国国会,《农村信用:参议院和众议院银行和货币委员会负责调查农村信用的下属委员会联合听证会》,第 63 届国会第二次会议(1914);Knapp,《美国合作企业的兴起》,第 7 章。

40 美国国会,参议院银行货币委员会,《农村信用:参议院 2986 号议案附带报告》,第 64 届国会第一次会议,参议院报告 144(1916);Herbert Quick,"农村信用射击队"(The Rural Credit Firing Squad),《周六晚邮报》,188(1916 年 4 月 25 日),29 页以下。法案的文本重印在 A. C. Wiprud,《运行中的联邦农业贷款体系》(New York: Harpers and Brothers, 1921),111—182 页。

41 Grant S. Youman,"农村信用",第 64 届国会第一次会议,参议院文件 349(1916);Wiprud,《联邦农业贷款体系》;Earl S. Sparks,《美国农业信用的历史和理论》(New York: Thomas Y. Crowell, 1932)。

580

42 Faber,《丹麦农业合作》,84 页。

43 Morton Keller,《管理新经济：1900—1933 年美国的公共政策和经济变化》(Cambridge：Harvard University Press,1990),154 页;John Hanna,"合作社和公众",《密歇根法学评论》29(1930)：148—190 页;David E. Hamilton,《从新时代到新政：1928—1933 年从胡佛到罗斯福的美国农业政策》(*From New Day to New Deal*,Chapel Hill：University of North Carolina Press,1991)。

44 Aaron Sapiro,"加利福尼亚合作社原则"(1921),《20 世纪农业思想》,George McGovern 编(Indianapolis：Bobbs-Merrill,1967),94—103 页; E. C. Lindeman,"引人注目的萨皮罗",《新共和》50(1927)：216—219 页;R. H. Elsworth,"农业合作社,营销和采购,1925 年",美国农业部《技术公报》第 4 期(1928);R. H. Elsworth,"合作营销和采购,1920—1930 年",美国农业部《通告》(*Circular*)第 121 期(1930)。

45 G. Harold Powell,《农业中的合作》(New York：Macmillan,1913);《欧洲的农业合作和农村信用》第一部分;《市场和农业信用》(1915),25—39 页。

46 Elsworth,"农业合作社";Elsworth,"合作营销和采购"。

47 Walter A. Terpenning,《村庄和乡间地区》(*Village and Open-Country Neighborhoods*,New York：Century,1931)。

48 Neth,《保存家庭农场》,尤其是第 2 章。

49 Lee Meriwether,《流浪旅行：如何每天只花五毛钱游览欧洲》(1893,New York：Harper and Brothers,1903),138 页。

50 Frederic C. Howe,《土地与士兵》(New York：Charles Scribner's Sons,1919),17 页;E. C. Branson,《海外农场生活：德国、丹麦、法国的实地来信》(Chapel Hill：University of North Carolina Press,1924),44—45,10—11 页。

51 Robert Kluger,"艾尔伍德·米德：灌溉工程师和社会规划者",亚利桑那大学 1970 年博士论文;Paul K. Conkin,"艾尔伍德·米德的视野",《农业历史》34(1960)：88—97 页;Elwood Mead,《灌溉机制：西部灌溉农业发展产生的经济和法律问题讨论》(New York：Macmillan,1903)。关于更笼统的水政治问题,请参阅 Donald J. Pisani,"进步时代的开垦和社会工程",《农业历史》57(1983)：47—63 页;Donald Worster,《帝国的河流：水、干旱和美国西部的发展》(New York：Pantheon,1985)。

52 Bruce R. Davidson,《澳大利亚的欧洲人农业：澳大利亚农业的经 581

济史》(Amsterdam：Elsevier，1981)；Gordon Taylor，"在维多利亚更密集定居"，《经济纪录》12(1936)：57—70 页；Francis G. Castles，《工人阶级与福利：1890—1980 年澳大利亚和新西兰福利国家政治发展的反思》(Wellington：Allen and Unwin，1985)。

53 Elwood Mead，《帮助人们拥有农场：土地垦殖方面政府资助的现实讨论》(New York：Macmillan，1920)，第 3—6 章；美国国会，参议院灌溉和开垦委员会，《创建有组织的农业社区，以展示开垦方法和有计划农业发展的好处：参议院 2015 号议案听证会》，第 70 届国会第一次会议，1928 年，3—23 页；Elwood Mead，"土地垦殖的政府指导"，《美国经济评论》第 8 号增刊(1918)，89—94 页。

54 Elwood Mead，"征服干旱的澳大利亚"，无出版日期，艾尔伍德·米德文件集，加利福尼亚大学伯克利分校班克罗夫特图书馆；Elwood Mead，"灌溉的澳大利亚"，无出版日期，艾尔伍德·米德文件集；Elwood Mead，"意大利北部的灌溉，第一部分"，美国农业部试点办公室(Office of Experiment Stations)，《公报》144 期(1904)；加利福尼亚土地殖民和农村信用委员会，《报告》(Sacramento，1916)，63，71—72 页；Rudolf Lerch，"德国的国内殖民：农村土地利用的问题"，《美国政治与社会科学院纪事》150(1930)：273—287 页。

55 Elwood Mead，"澳大利亚的灌溉"，《独立》96(1910)：762 页；Elwood Mead，"我们的政府应该是什么，应该怎么做"，《大都会杂志》(1917)，米德文件集中的影印本。

56 Richard T. Ely，"土地的私人殖民"，《美国经济评论》8(1918)：522—548 页；"加利福尼亚的土地垦殖"，加利福尼亚联邦俱乐部(Commonwealth Club)，《会刊》11，(1916 年第 8 期)；"1917 年土地定居法案"，同上，12，(1917 年第 1 期)：1—66 页；加利福尼亚土地殖民委员会《报告》。

57 米德，《帮助人们拥有土地》，加利福尼亚州土地垦殖委员会(Land Settlement Board)《报告》，1920 年 9 月 30 日；加利福尼亚公共土地局，土地垦殖处，《德尔亥垦殖区的未来定居者必读》(无出版地和日期)；Vernon M. Cady，"土地垦殖的西部实验"，《调查》40(1918)：684—687 页。也有为米德希望吸引来的农场雇用工人安排的更小地块，一到两英亩的房屋和花园配额。

58 Elwood Mead，"社区农业"，《新共和》41(1925)：327—332 页；Valerie J. Matsumoto，《在家门口种地：1919—1982 年加利福尼亚的日裔美

国社区》(Ithaca：Cornell University Press，1993)。

59 Elwood Mead，"农场生活的社会需要"，1920 年在旧金山发表的演讲，米德文件集；"加州的日本人土地问题"，《美国政治与社会科学院纪事》93(1921 年 1 月)：51—55 页。土地垦殖处秘书 1922 年 6 月 24 日给 L. W. Manson 的信，米德文件集；Mead 在 1922 年 2 月 8 日给 Winfred Stein 的信，米德文件集；Elwood Mead，"新计划的农场定居"，《美国评论之评论》59(1919)：271—272 页；Mead，《帮助人们拥有农场》，141，197 页。

60 Bill G. Reid，"富兰克林·莱恩关于老兵殖民的想法，1918—1921 年"，《太平洋历史评论》33(1964)：447—461 页；Keith W. Olson，《进步人士的传记：富兰克林·莱恩(1864—1921 年)》(Westport，Conn.：Greenwood Press，1979)；Alvin Johnson，"为复原士兵提供土地"，《新共和》16(1918)：218—220 页；Howe，《土地与士兵》。

61 Bill G. Reid，"农民反对莱恩 1918—1921 年士兵定居建议"，《农业历史》41(1967)：167—179 页。

62 加利福尼亚农业局，土地垦殖处，《最终报告》，1931 年 6 月 30 日。

63 Charles S. Bird 在 1920 年 4 月 14 日给 Lawrence Veiller 的信；《美国农场城市公司：第 1 期——1921 年 4 月》，两资料都在康奈尔大学约翰·诺伦文件集"农场城市"档案里；Alvin Johnson，《开拓者的历程：自传》(Pioneer's Progress，New York：Viking，1952)，289—304 页；Paul K. Conkin，《明天是个新世界：新政社区项目》(Ithaca：Cornell University Press，1959)，第 12 章。

64 美国国会，参议院灌溉和开垦委员会，《创建有组织的农业社区，以展示开垦方法和有计划农业发展的好处：参议院 2015 号议案听证会》，第 70 届国会第一次会议，1928 年；美国国会，参议院灌溉和开垦委员会，《创建有组织的农业社区，以展示有计划垦殖的好处：参议院 412 号议案听证会》，第 71 届国会第一次会议，1929 年，尤其是第 3 章；南方开垦大会，《会议记录》，第 70 届国会第一次会议，参议院文件 45(1928)。

65 引用的词语来自 Bailey，《乡村生活运动》，97 页。

66 Russell，《合作和国民性》，6 页。

67 Charles L. Lewis，《克拉克斯顿：公共教育的斗士》(Philander Priestley Claxton，Knoxville：University of Tennessee Press，1948)；Booker T. Washington，《最底层者：欧洲观察和学习记录》(Garden City，N. Y.：Doubleday，Page，1912)，第 17 章；教育旅游协会，《1914 年欧洲公民和社会旅行》(New York，1914)，诺伦文件集中的影印本。

68 Frederic C. Howe,《丹麦：合作的社会》(*Denmark: A Cooperative Commonwealth*,纽约：Harcourt, Brace, 1921),尤其是 viiii, iii 页；Josephine Goldmark,《丹麦的民主》(Washington, D. C.：National Home Library Foundation, 1936);William E. Leuchtenburg,《富兰克林·罗斯福和 1932—1940 年的新政》(New York：Harper and Row, 1963), 345 页;Thomas H. Eliot,《新政回忆：当人民重要时》(Boston：Northeastern University Press, 1992), 27 页;Edgar W. Knight,《在丹麦人中间》(Chapel Hill：University of North Carolina Press, 1927), viii 页。

69 Branson,《海外农场生活》,154 页。

70 Henry Goddard Leach,"现在可以讲了",《美国—斯堪的纳维亚评论》12(1924)：99—107 页;Anthony M. Platt,《反思富兰克林·弗雷泽》(New Brunswick, N. J.：Rutgers University Press, 1991), 56 页。

71 Branson,《海外农场生活》,113 页;Hugh MacRae 在 1924 年 1 月 9 日给 John Nolen 的信,诺伦文件集;Platt,《反思富兰克林·弗雷泽》,56—59 页。

72 Howe,《丹麦》, 第 13 章；W. Glyn Jones,《丹麦》(New York：Praeger, 1970), 134—135 页;K. J. Kristensen,"丹麦农村土地使用中的公共指导",《美国政治与社会科学院纪事》150(1930)：230—237 页;美国调查统计局,《美国历史统计数据》,465 页。

73 Branson,《海外农场生活》,108 页。

74 Harold W. Foght,《丹麦农村及其学校》(New York：Macmillan, 1915);Olive Dame Campbell,《丹麦民俗学校：它对丹麦和北方生活的影响》(New York：Macmillan, 1928)。

75 L. L. Friend,"丹麦民俗中学",美国教育局《公报》第 5 期 (1914);Harold W. Foght,"丹麦民俗中学",同上,第 22 期(1914);Matin Hegland,"丹麦人的中学",同上,第 45 期(1915);Booker T. Washington,《我的更大教育》(*My Larger Education*, Garden City, N. Y.：Doubleday, Page, 1911), 第 11 章;Gertrude Austin,"丹麦成人学校",《南方工人》51 (1911)：624—635 页;E. Franklin Frazier,"洛斯基尔德的民俗中学"和 "美国的丹麦人民中学"(Danish People's High Schools in America),同上,51 (1922)：325—328, 425—430 页。

76 Joseph K. Hart,《来自北方之光：丹麦民俗中学和它对美国的意义》(New York：Henry Holt, 1927)。

77 Frederic C. Howe,"威斯康星民俗中学",《学校生活》23(1937 年 9 月)：26—27 页;约翰·R.巴顿文件集,位于麦迪逊的威斯康星历史学会。

583

78 Henry D. Sharpiro，《我们心中的阿巴拉契亚：1870—1920 年美国人意识中的南方山区和山里人》（Chapel Hill：University of North Carolina Press，1978）；David E. Whisnant，《一切土著淳朴与善良：美国一个地区的文化政治》（*All That Is Native and Fine*，Chapel Hill：University of North Carolina Press，1983）。

79 John C. Campbell，《南方山民及其家园》（New York：Russell Sage Foundation，1921）。引语来自 Sharpiro，《我们心中的阿巴拉契亚》，239 页。

80 Whisnant，《一切土著淳朴与善良》，第 2 章；Olive D. Campbell，"成人教育作为让美国农村生活充满活力和丰富多彩的手段"和"对于农村工业化转变的适应，特别考察山区"，全国教育协会《会议记录》67（1929）：301—304，484—488 页；Olive Dame Campbell，"我在犁后唱歌"，《成人教育杂志》2（1930）：248—259，尤其是 253 页。关于松山定居点，请参阅 Whisnant，《一切土著淳朴与善良》，123 页。

81 John M. Glen，《高地人：1932—1962 年不寻常的学校》（Lexington：University Press of Kentucky，1988）；Myles Horton，Judith Kohl 和 Herbert Kohl，《长途：自传》（*The Long Haul*，New York：Doubleday，1990）；1959 年对于迈尔斯·霍顿非正式的采访，高地研究和教育中心文件集，位于麦迪逊的威斯康星历史学会，特别是 6—8 页。

82 Myles Horton，"丹麦笔记"，高地人（Highlander）文件集。

83"高地人民俗学校现在的活动和计划"（1933）；"暑期学校报告和其他教育活动报告总结"，1933 年 9 月—1934 年；"社区和学校活动报告，1933 年 3 月/4 月—1934 年"；Lilian W. Johnson，"美国合作运动的开端"，打印稿，没有日期，所有这些都是在高地人文件集中。

84 "1936 年度报告"，高地人文件集；Myles Horton，"洛斯基尔德工人学校，加默尔高（Gammelgaard）校长，11/23/31"，高地人文件集；Myles Horton，"高地人民俗学校"，《社会边疆》（*The Social Frontier*）2（1936 年 1 月）：117—118 页；Myles Horton，"山里人"，高地人文件集。

85 Olive Campbell 在 1933 年 4 月 6 日给 Myles Horton 的信，高地人文件集。

86 Myles Horton，未注明日期的片段，高地人文件集。

87 Russell，《国民存在》，24 页。

第九章　机器时代

1 Arthur S. Link 编，《伍德罗·威尔逊文件集》（Princeton：Princeton

University Press,1966—1994），第 63 卷,469 页。

2 Walter Trattner,《霍默·福克斯：社会福利的先行者》(*Homer Folks*, New York：Columbia University Press,1968），第 10 章。

3 Ruth Gaines,《庇卡底的村庄》(New York：E. P. Dutton,1918）；Ruth Gaines,《援助法国：红十字在遭受破坏的地区》(New York：E. P. Duton, 1919）；Ruth Gaines,《格勒孔的女士：索姆区的史密斯学院救护队》(New York：E. P. Dutton,1920）；Beulah E. Kennard,"在法国的美国游戏",《调查》44(1920）：482—484 页。

4 George B. Ford,《走出废墟》(New York：Century, 1919）；George B. Ford,"战争疮痍中法国的市政进步",《调查》46(1921）：173—180 页；William L. Chenery,"殉难的兰斯的美国重建者",《纽约时报书评和杂志》,1920 年 7 月 11 日,5 页以下；"兰斯的美国工程",《都市规划》(*Der Städtebau*) 28(1921）：21 页和图表 9—10。

5 William C. Dreher,"德国来信",《大西洋月刊》89(1902）：401 页；Frank Costigliola,《尴尬的统治：1919—1933 年美国与欧洲在政治、经济、文化上的关系》(Ithaca：Cornell University Press,1984），第 5—6 章。

6 Bruno Lasker,"柏林快照",《调查》46(1921）：647—648 页；Lothrop Stoddard,"柏林和维也纳：相似与不同",《斯克里布纳杂志》74(1923）：651—655 页；Matthew Josephson,《在超现实主义者中的生活：回忆录》(New York：Holt, Rinehart, and Winston,1962），194 页；Robert S. Lynd,"Papier Geld",《调查》51(1923）：138—141 页。

7 Joseph Wood Krutch,"柏林美国化",《国家》126(1928）：565 页。

8 Charles A. Beard,"美国对欧洲的侵略",《哈珀斯杂志》158(1929）：471 页；Ellen Furlough,"在两次战争之间的法国销售美国方式：一价商店和家用工艺展览会"(Prix Uniques and the Salons des Arts Ménagers),《社会史杂志》26(1993）：491—519 页；Costigliola,《尴尬的统治》,176 页。

9 Beard,"美国对欧洲的侵略",472,478 页；Mary Nolan,《现代化视野：美国企业和德国的现代化》(New York：Oxford University Press,1994），第 3 章；Victoria de Grazia,"例外证明了规则：两次战争之间欧洲社会策略重铸中的美国范例",《为什么美国没有社会主义?》,Jean Heffer 和 Jeanine Rovet 编 (Paris：École des hautes études en sciences sociales,1989）；Otto T. Mallery,"维也纳社会进步会议笔记",《美国劳工立法评论》17(1927）：278—283 页。

10 Earl R. Beck,《德国重新发现美国》(Tallahassee：Florida State

585

University Press，1968），17 页；Gustav Stolper，Karl Hauser 和 Knut Borchardt，《德国经济：1870 年到现在》（New York：Harcourt，Brace，and World，1967），97 页；André Siegfried，《成年的美国：法国分析》（*America Coming of Age*，New York：Harcourt，Brace，1927）；《城镇、都市和区域的规划问题：城市和区域规划国际会议文件和讨论，1925 年纽约市》（Baltimore，1925）；Nolan，《现代化视野》，第 2 章。

11 Peter R. Shergold，《工人阶级生活：1899—1913 年对比视角下的"美国标准"》（Pittsburgh：University of Pittsburgh Press，1982）；Arthur Feiler，《德国人眼中的美国》（New York：New Republic，1928），88—89 页。胡佛的话引自 William E. Leuchtenburg，《罗斯福时代：论罗斯福及其遗产》（New York：Columbia University Press，1995），284 页，着重号为后加。德国工会代表团提出的工资差别更高，为 4：1。Nolan，《现代化视野》，66—67 页。

12 Detlev J. Peukert，《魏玛共和国：经典现代性的危机》（London：Allen Lane，1991），174 页；Gerold Ambrosius 和 William H. Hubbard，《20 世纪欧洲社会和经济史》（Cambridge：Harvard University Press，1989），表 3.10；I. M. Rubinow，《寻求保障》（New York：Henry Holt，1934），318 页。

13 H. W. Massingham，"美国印象"（1919），《马辛厄姆文选》，H. J. Massingham 编（London：Jonathan Cape，1925），298 页；Feiler，《德国人眼中的美国》，23，32 页；Alfred Agache，"美国的城市规划"，《城市规划》6（1930）：266 页；Erich Mendelsohn，《美国：建筑师的图画书》（*Bilderbuch eines Architekten*，Berlin：Mosse，1926），vi 页；C. B. Purdom，"纽约国际会议"，《花园城市和城镇规划》15（1925 年 8 月）：197—198 页；Walter Curt Behrendt，《美国的城市规划和房屋建筑：考察报告》（Berlin：Guido Hackebeil，1927），16 页。

14 Nolan，《现代化视野》，110 页。

15 Siegfried，《成年的美国》；Georges Duhamel，《美国威胁：未来生活的场景》（Boston：Houghton Mifflin，1931）；Lujo Brentano，"美国—欧洲"，《社会》3（1926）：193—121 页。

16 Patty Lee Parmalee，《布莱希特的美国》（Columbus，Ohio：Miami University Press，1981）。

17 Sisley Huddleston，"美国的新工业原则"，《新政治家》34（1929）：385—386 页。

586

18 Philip Kerr，"我们能向美国学习吗？"《国家和雅典娜神殿》（*Nation and Athenaeum*，London）40（1926）：76—77 页。

19 Nolan,《现代化视野》第一部分；Costigliola,《尴尬的统治》,179—180 页。

20 Reyner Banham,《具体的亚特兰蒂斯：美国工业建筑和欧洲现代建筑,1900—1925 年》(Cambridge：MIT Press,1986)；Le Corbusier,《走向新建筑》(London：John Rodker,1931),21—31 页；Bruno Taut,《现代建筑》(London：Studio,1930)；Mendelsohn,《美国》,36—43 页；Erich Mendelsohn,《建筑师的书信》(Briefe eines Architekten,Munich：Prestel,1961),67 页。

21 Taut,《现代建筑》,211 页。

22 Joseph A. McCartin,"'美国人的感受'：第一次世界大战期间的工人、管理者和关于工业民主的斗争",《美国的工业民主：模糊的诺言》,Nelson Lichtenstein 和 Howell John Harris 编(Cambridge：Cambridge University Press,1993)；全国工业会议理事会,《美国工人协会的成长》,特别报告第 32 号(纽约：1925),5 页。

23 Irving Bernstein,《不景气的时代：1920—1933 年美国工人历史》(1960,Baltimore：Penguin,1966),156—174 页；John R. Commons,《工业政府》(New York：Macmillan,1921),第 2 章。

24 Daniel Nelson,《失业保险：1915—1935 年的美国经验》(Madison：University of Wisconsin Press,1969),57—58,79—103 页；Paul H. Douglas,"美国的失业保险计划",《调查》65(1931)：484—486 页。

25 当时估计 1928 年公司群体人寿保险计划覆盖的人数达 580 万人,1929 年的公司退休金计划覆盖 375 万人,1933 年公司事故和健康保险计划覆盖 120 万人,1928 年公司提供的失业补偿计划覆盖人数不超过 1.1 万人。1929 年国家的非农业非政府在册雇工人数达到 2 820 万人。Berstein,《不景气的时代》,181,184 页；全国工业会议理事会,《群体保险最近的发展》(New York：1934),25 页；美国调查统计局,《美国历史统计数据：从殖民时期到 1970 年》(Washington, D.C.,1975),137 页。

26 William J. Barber,《从新时代到新政：胡佛和 1921—1933 年美国的经济政策》(Cambridge：Cambridge University Press,1985)；Ellis Hawley 编,《商务部长胡佛：新时代思想和行为研究》(Iowa City：University of Iowa Press,1981)。

27 Clarence Darrow,"战前激进分子在哪里?"《调查》55(1926)：566 页；William L. Chenery,"华盛顿的失业问题",同上,47(1921)：42 页。

28 W. L. Chenery,"会议剧场"(The Cinema of Conferences),《调查》43(1919)：242 页；Abraham Epstein,"海外发现简要报告"(1925),艾普斯

坦文件集,康奈尔大学纽约州工业和劳工关系学院;Lincoln Steffens,"欧洲如何能帮助美国",《世纪》106(1923):535 页;1929 年 1 月 7 日 Paul Kellogg 给 Charles Renold 的信,明尼苏达大学社会福利历史档案调查协会文件集。

29 这些最容易从广告中和 1929 年创办的《调查》固定栏目"旅行札记"中查到。关于《调查》自己的旅行部的创立,请参阅《调查图片》22(1933):241 页。

30 Hanns Gramm,《1931—1953 年的奥伯兰德基金会》(The Oberlaender Trust,Philadelphia:Carl Schurz Memorial Foundation,1956);奥伯兰德基金会档案,康奈尔大学约翰·诺伦文件集。

31 Lewis Feuer,"1917—1932 年前往苏联的美国旅游者:新政意识形态一种成分的形成",《美国季刊》14(1962):119—149 页,尤其是 128 页;Christopher Lasch,《美国自由派和俄国革命》(New York:Columbia University Press,1961);Peter G. Filene,《美国人和 1917—1933 年的苏联实验》(Cambridge:Harvard University Press,1967);美国俄罗斯研究会(American Russian Institute),《你对俄罗斯感兴趣吗?》(New York:n. d.),诺伦文件集中的影印本。

32 Colin G. Pooley 编,《1880—1930 年欧洲的住房策略》(Leicester:Leicester University Press,1992),248,245,82 页;美国调查统计局,《历史统计数据》,640 页。

33 Robert G. Barrows,"超越廉价公寓:1870—1930 年美国都市住房模式",《城市历史杂志》9(1983):409,416 页。

34 Kenneth T. Jackson,《草坪边疆:美国的郊区化》(The Crabgrass Frontier,New York:Oxford University Press,1985),173 页;Gail Radford,《美国现代住房:新政时期的政策斗争》(Chicago:University of Chicago Press),51—53,20—26 页;《财富,美国住房》(Fortune,Housing America,New York:Harcourt,Brace,1932)的编辑,23 页;《关于家庭建筑和房屋所有权的总统会议》,第四卷;《住房所有权、收入和住所类别》(Washington,D. C.,1932),70—73 页。

35 Pooley,《欧洲住房策略》,82 页;Dan P. Silverman,"无法兑现的诺言:魏玛德国的住房危机",《中欧历史》3(1970):112—139 页;Catherine Bauer,《现代住房》(Boston:Houghton Mifflin,1934),127—128 页。

36 John Burnett,《1815—1970 年住房社会史》(Newton Abbot,England:David and Charles,1978),第 8 章;伦敦市议会住房和公共卫生委员会,《伦

敦住房》(London,1937),154—167 页；E. D. Simon 和 J. Inman,《曼彻斯特重建》(London：Longmans,Green,1935)；Lewis Mumford,"英国的两百万新房屋",《财富》6(1932 年 11 月)：32,33 页。

37 Elizabeth Denby,《欧洲房屋改造》(*Europe Re-Housed*,New York：Norton,1938)；George Orwell,《上来透口气》(1939；New York：Harbrace,没有日期),236 页。

38 Robert Danneberg,《社会主义者统治下的维也纳》(London：Labor Party,1928)；Helmut Gruber,《红色维也纳：1919—1934 年工人阶级文化的实验》(New York：Oxford University Press,1991)；Peter Marcuse,"社会民主党的住房政策：决定因素和后果",《奥地利社会主义实验：1918—1934 年社会民主党和奥地利马克思主义》,Anson Rabinbach 编(Boulder,Colo.：Westview Press,1985)。

588

39 Charles O. Hardy,《维也纳的住房工程》(Washington, D. C.：Brookings Institution,1934)。

40 "维也纳",凯瑟琳·鲍尔文件集中日期不详的手稿,加州大学伯克利分校班克罗夫特图书馆；Hardy,《维也纳住房工程》,第 1 章；Richard Seider,"1919—1934 年红色维也纳的住房政策、社会福利和家庭生活",《口述历史》13(1985 年秋)：35—48 页。

41 "卡尔·马克思大院"(日期不详),凯瑟琳·鲍尔文件集中的宣传册；Manfredo Tafuri,《红色维也纳：1919—1933 年社会主义维也纳的住房政策》(Milan：Electa,1980)。

42 Marquis Childs,《瑞典：中间道路》(New Haven：Yale University Press,1936),164 页；Denby,《欧洲房屋改造》,253 页。

43 Barbara M. Lane,《德国的建筑和政治,1918—1945 年》(Cambridge：Harvard University Press,1968),第 4 章；Norbert Huse,《1918—1933 年的"新建筑"：魏玛共和国的现代建筑》(Heinz Moos,1975)。

44 Kurt Junghanns,《布鲁诺·陶特：1880—1938 年》(Berlin：Henschelverlag,1970)；《布鲁诺·陶特,1880—1938 年：艺术学院展览》(Berlin：Akademie der Kunste, 1980)；《马丁·瓦格纳》(Berlin：Akademie der Kunste,1985)。

45 Nicolas Bullock,"1925—1931 年法兰克福的住房建设和新家居装饰",《法兰克福历史和艺术档案》57(1980)：187—207 页；Justus Buekschmitt,《恩斯特·梅》(Stuttgart：Alexander Koch,1963)；John R. Mullin,"1925—1932 年德国法兰克福的城市规划：现实的乌托邦研究",《城市历史杂志》4(1977)：3—28

页；Ernst May，《法兰克福住房政治》(Frankfurt：International Housing Association，1929)；W. Nobisch，《法兰克福市的住房》(Frankfurt，1930)；Emil Klar，《四十年住宅建筑：1890—1930 年法兰克福的小房屋股份公司研究报告》(Frankfurt：Aktienbaugesellschaft für kleine Wohnungen，1930)；Douglas Haskell，"新马里兰"，《国家》134(1932)：292—293 页。

46 Klaus-Peter Kloss，《二十年的住宅区》(*Siedlungen der 20er Jahren*，Berlin：Haude and Spener，1982)；《柏林及其建筑，第四部分，住房：第一篇，住宅区的发展》(Berlin：Wilhelm Ernst，1970)。除了法兰克福和柏林外，新风格在工人阶级住房中并不常见。德累斯顿、纽伦堡、汉诺威都坚决反对新风格。但是到了 1932 年在多数德国大城市出现了公共资助的、现代主义的工人阶级住房。Lane，《建筑和政治》，103—104，124 页。

47 Ludwig Landmann，"序言"，《新法兰克福》1(1926)：1—2 页；Taut，《现代建筑》，3 页。还可参阅 Fritz Weichert，"时代—艺术转折点"(Zeitwende-Kunstwende)，《新法兰克福》1(1926)：15—24 页；Martin Wagner 在 1929 年创办了类似的杂志《新柏林》。

589

48 Catherine Bauer Wurster，"1930 年代现代建筑的社会前线"，《建筑史学家协会杂志》24(1965 年 3 月)：51 页；Louis Pink，《住房新时代》(New York：John Day，1928)，49 页；Catherine Bauer，"欧洲的美国化"，《新共和》67(1931)：153—154 页。

49 J. J. P. Oud，"213 英镑的房屋"(The 213 House)，《创造性艺术》8(1931)：174—175 页；Susan Henderson，"女性领域的革命：格蕾特·利霍茨基与法兰克福厨房"，《建筑与女性主义》，Debra Coleman 等编(Princeton：Architectural Press，1996)。梅 1925 年在担任法兰克福的职务前访问美国，参加纽约市"城市和区域规划国际会议"。瓦格纳 1924 年和 1929 年两次访美，研究美国的建筑方法。在 1984 年，梅的主要设计师 Ferdinand Kramer 仍然保留着 Christine Frederick 的《新家政》。

50 在罗默斯塔特，大部分的住宅有 75 平方米使用面积，最小的公寓也有 48 平方米。在威斯特豪森，套房面积为 41 平方米或 47 平方米。维也纳的标准是 40 到 48 平方米。Ernst May，"法兰克福住房政治基础"，《新法兰克福》2(1928)：126 页；Ernst May，"法兰克福住房行动五周年"，同上，4(1930)：57 页。还可参阅新建筑国际大会，《最低生存保障住房》(Frankfurt：Englert and Schlosser，1930)。

51 Edith Elmer Wood，《西欧住房进步》(New York：E. P. Dutton，1923)；Pink，《住房新时代》；Herbert Undeen Nelson 和 Marion Lawrence

Nelson,《老国家中的新房屋》(Chicago：National Association of Real Estate Boards,1937)；John L. Hancock,"约翰·诺伦和美国城市规划运动",宾夕法尼亚大学 1964 年博士论文,433 页。

52 Wood,《西欧住房进步》,186—187 页；Edith Elmer Wood,《美国住房的最新趋势》(New York：Macmillan,1931),283—284 页。还可参阅 Arthur Comey,"欧洲印象",《城市规划》3(1927 年 1 月)：50—60 页。

53 Mary S. Cole,"凯瑟琳·鲍尔和 1926—1937 年的公共住房运动",乔治·华盛顿大学 1975 年博士论文；Radford,《美国的现代住房》,第 3 章；"住房的白骑士",《建筑论坛》84(1946 年 3 月)：116 页以下；1926—1927 年笔记,凯瑟琳·鲍尔文件集；Catherine Bauer,"极端现代派的机器时代大厦",《纽约时报杂志》,1928 年 4 月 15 日,10 页以下。

54《建筑纪录》79(1936 年 5 月)：341 页；Catherine Bauer Wurster,"现代建筑的社会前沿",48 页。

55 Catherinne Bauer,"工业中的艺术",《财富》3(1931 年 5 月)：94—110 页；现代艺术博物馆,《现代建筑：国际展》(New York：Museum of Modern Art,1932),179—199 页。《财富》文章发表为 Lewis Mumford,"英国的两百万新房屋",《财富杂志》6(1932 年 11 月)：32 页以下；Lewis Mumford,"生活机器",同上,7(1933 年 2 月)：78—88 页；Lewis Mumford,"税收变房屋"(Taxes into Houses),同上,7(1933 年 5 月)：48 页以下。

56 Bauer,《现代住房》,尤其是第四部分；Catherine Bauer,"好房屋不是美国特征吗?"《新共和》70(1932)：74 页。

57 Bauer,"好房屋不是美国特征吗?",74 页。

58 Bauer,《现代住房》,136,247 页。

59 Lewis Mumford,《技术与文明》(New York：Harcourt, Brace,1934)；Lewis Mumford,《城市文化》(New York：Harcourt, Brace,1938)；Catherine Bauer 在 1939 年 8 月 7 日给 Lewis Mumford 的信,凯瑟琳·鲍尔文件集。

60 Lewis Mumford 最好的传记作家(尽管很少不固执己见)是他本人：《发现和收藏：自传文集》(New York：Harcourt Brace Jovanovich,1975)；《我的工作和日子：个人记录》(New York：Harcourt Brace Jovanovich,1979)；《生命的素描：刘易斯·芒福德早年生活自传》(New York：Dial Press,1982)；"纽约青少年",《纽约客》13(1937 年 12 月 4 日)：86—94 页；Lewis Mumford,"刘易斯·芒福德",《画像和自画像》,Georges Schreiber 编(Boston：Houghton Mifflin,1936)。还可参阅 Donald L. Miller,《刘易斯·芒福德生平》(New York：Weidenfeld and Nicolson,1989)；Thomas P.

590

Hughes 和 Agatha C. Hughes 编,《刘易斯·芒福德:公共知识分子》(New York:Oxford University Press,1990);Elmer S. Newman,《刘易斯·芒福德:1914—1970 年参考书目》(New York:Harcourt Brace Jovanovich,1971)。

61 Lewis Mumford,《木棍和石头:美国建筑和文明研究》(*Sticks and Stones*,New York:Boni and Liveright,1924);Lewis Mumford,《黄金岁月:美国经验和文化研究》(*The Golden Day*,New York:Horace Liveright,1926),尤其是 80、73 页;Lewis Mumford,《赫尔曼·梅尔维尔》(New York:Harcourt, Brace,1929);Lewis Mumford,《棕色年代:1865—1895 年美国艺术研究》(New York:Harcourt, Brace,1931);Lewis Mumford,"美国傲慢和欧洲优越"(American Condescension and European Superiority),《斯克里布纳杂志》87(1930):526—527 页;Matthew Josephson,《庙堂中的异教徒:1930 年代回忆》(New York:Knopf,1967),8—10 页。

62 Mumford,《我的工作和日子》,第 5 章;Lewis Mumford,"欧洲美国化",《自由人》6(1922):254 页。

63 Patrick Geddes,《演变中的城市:城市规划运动和市政学介绍》(London:Williams and Norgate,1915);Patrick Geddes,"城市展览",《演变中的城市》(新的修订版,New York:Oxford University Press,1950)。关于格迪斯对于纽约市的反应,请参阅 Philip Boardman,《帕特里克·格迪斯的世界:生物学家、城市规划者、再教育者、和平战士》(London:Routledge and Kegan Paul,1978),169 页。

64 Lewis Mumford,"房屋——阳光面朝上",《国家》120(1925):115—116 页;Roy Lubove,《1920 年代的社区规划:美国区域规划协会的贡献》(Pittsburgh:University of Pittsburgh Press,1963);Lewis Mumford,"机器的戏剧",《斯克里布纳杂志》88(1930):150—161 页;Lewis Mumford 手稿,"形式与性格"(c.1930),刘易斯·芒福德文件集,宾夕法尼亚大学图书馆特藏部。

65 Lewis Mumford 在 1934 年 1 月 7 日给 James Henderson 的信,芒福德文件集。

66 Lewis Mumford,"北海建筑",《耶鲁评论》22(1933):515,521 页;Mumford,"生活机器",84 页。

67 Lewis Mumford,《生存价值》(New York:Harcourt, Brace,1946),243 页;Lewis Mumford,"德国笔记",《新共和》72(1932):281 页;Lewis Mumford,"北海建筑",521,524 页。

68 Lewis Mumford,"我的信念",《论坛》84(1930):263—268 页;Lewis Mumford,"在我们的星象中:50 年后的世界"(In Our Stars),同上,

591

88(1932):338—342页;Mumford,《技术与文明》,400—406页。

69 Lewis Mumford手稿,"形式与文明"(1933),1页,芒福德文件集。

70 芒福德把1934年出现的历史新时代称为"新技术时代",他在1938年用"生物技术秩序"来代替,修改了概念,但没有从根本上改变。为了方便起见,我一直使用了1934年的说法。

71 Lewis Mumford,《城市发展史》(New York:Harcourt, Brace and World, 1961);Lewis Mumford,"评刘易斯·芒福德《技术与文明》(1934)",《代达罗斯》(Daedalus)88(1959):532,534页。还可以参阅他对于《技术与文明》的悲观重写:Lewis Mumford,《机器的神话》(New York:Harcourt Brace Jovanovich,1967,1970),以及他对于现代主义的反思:Lewis Mumford,"碑铭主义、象征主义和风格"(1949),重印在他的《人类前景》中,Harry T. Moore和Karl W. Deutsch编(Boston:Beacon Press,1955)。

72 Lewis Mumford,《城市文化》,图32,着重号为原文。

73 Lewis Mumford,"打破住房封锁!"《新共和》75(1933年5月17日):8—11页;"规划的社区",《建筑论坛》58(1933):253—274页;Albert Mayer,Lewis Mumford和Henry Wright,《新政新家园》(New Homes for a New Deal,New York:New Republic,1934);Lewis Mumford,"住房的社会命令",《美国不能有住房》,Carol Aronovici编(New York:Museum of Modern Arts, 1934);Lewis Mumford 1932年6月5日旅行札记,芒福德文件集。

住房研究公会的精神领袖亨利·莱特本人在1932年和1933年到德国进行四个月的朝圣,回来后成为现代主义的皈依者。Henry S. Churchill, "亨利·莱特",《美国规划师学会杂志》26(1960):293—301页。

74 Mumford,"住房的社会命令",16页。

75 John W. Edelman,《劳工游说者:约翰·埃德尔曼自传》,Joseph Carter编(Indianapolis:Bobbs-Merrill,1974),109—110页。

76 Steven Fraser,《劳工将统治:西德尼·希尔曼和美国劳工的兴起》(New York:Free Press,1991),第8章;Richard Plunz,《纽约市住房历史:美国都市居住方式和社会变化》(New York:Columbia University Press, 1990),151—163页。

77 Edelman,《劳工游说者》,第8章。

78 Frederick Gutheim,"奥斯卡·斯通诺罗夫的社会建筑",《建筑》(L'Architettura)18(1972年6月):76页以下;Eric J. Sandeen,"新政中的公共住房设计:奥斯卡·斯通诺罗夫和卡尔·麦克利住房",《美国季刊》27(1985):645—667页;Albert Mayer,"费城针织品工人住房开发批评",

592

《建筑》71（1935）：189—194 页；Radford，《美国现代住房》，第 5 章。

79 Catherine Bauer，"住房：纸上规划还是工人运动?"《美国不能有住房》，Aronovici 编；Catherine Bauer，"现在终于有了：住房"（Now At Last：Housing），《新共和》92（1937）：119—121 页。

80 Joan Campbell，《德国工业联盟：应用艺术改革的政治》（Princeton：Princeton University Press，1978）。

81 Richard Guy Wilson，Dianne H. Pilgrim 和 Dickran Tashjian，《美国的机器时代，1918—1941 年》（New York：Brooklyn Museum，1986）；Jeffrey L. Meikle，《受限制的二十世纪：1925—1939 年美国的工业设计》（Philadelphia：Temple University Press，1979）。

82 John E. Findling，《芝加哥大型世界博览会》（Manchester，England：Manchester University Press，1994）；Forrest Crissey，"为什么有进步建筑的世纪? 采访艾伦 D. 阿尔伯特"，《星期六晚邮报》205（1933 年 6 月 10 日）：16 页以下；《官方图册：进步展览的世纪》（Official View Book，Chicago：Reuben H. Donnelly，1933）。

83 Findling，《芝加哥大型世界博览会》，108—111 页；《进步世纪：1933 年博览会官方指南》（Chicago：Century of Progress，1933），67—72 页；Dorothy Raley 编，《进步世纪：家居和装饰》（Chicago：M. A. Ring，1934）。

84 现代艺术博物馆，《现代建筑》；Henry-Russell Hitchcock，Jr. 和 Philip Johnson，《国际风格：1922 年以来的建筑》（New York：W. W. Norton，1932）。

85 Sibyl Moholy-Nagy，"移民社区"（The Diaspora），《建筑史学家协会杂志》24（1965 年 3 月）：24—26 页。

第十章　新　政

1 Lewis Mumford，评 Horace M. Kallen 的《自由社会》，发表在《新共和》80（1934）：223 页；《经济学家》编辑，《新政：分析和评价》（New York：Knopf，1937），46 页；Walter J. Shepard，"转型中的民主"，《美国政治学评论》29（1935）：11 页。

2 Rexford G. Tugwell，《民主党人罗斯福》（Garden City，N. Y.：Doubleday，1957）；Albert U. Romasco，《经济复苏的政治：罗斯福的新政》（New York：Oxford University Press，1983），5 页。

3 关于不同解释的辩论，下列书籍提供了有益的、最近的评价：Steve Fraser 和 Gary Gerstle 编，《1930—1980 年新政秩序的兴衰》（Princeton：

Princeton University Press,1989）；Kenneth Finegold 和 Theda Skocpol,《美国新政时期的国家和政党》(Madison：University of Wisconsin Press,1995)。

593   4 John Dizikes,《英国、罗斯福和新政：1932—1938 年的英国观点》(New York：Garland,1979),166,95 页；Henry Pelling,《美国和英国左派：从布莱特到贝文》(New York：New York University Press, 1957),136 页；Joel Colton,《莱昂·布鲁姆：政治中的人道主义者》(New York：Knopf,1966)。更笼统的内容请参阅：William E. Leuchtenburg,"大萧条",《美国历史的比较研究途径》,C. Vann Woodward 编(New York：Basic Books,1968)；William E. Leuchtenburg,"1929—1950 年美国的欧洲化",《罗斯福时代：论罗斯福及其遗产》(New York：Columbia University Press,1995)。

5 Edwin Amenta 和 Theda Skocpol,"抓住例外：解释上个世纪美国公共政策的独特性"(Taking Exception),《公共政策历史比较》,Francis G. Castles 编(Oxford：Polity Press,1989),292 页；Christopher Leman,"政策发展模式：美国和加拿大的社会保障",《公共政策》25(1977)：261—291 页；Theda Skocpol 和 John Ikenberry,"从历史和比较视角看美国福利国家的政治形成",《比较社会研究》6(1983)：90 页。

6 Margaret Weir 和 Theda Skocpol,"国家结构和大萧条时代瑞典、英国和美国做出'凯恩斯式'反应的可能性",《把国家带回来》,Peter B. Evans 等编(Cambridge：Cambridge University Press,1985)；Peter Gourevitch,《艰难时代的政治：国际经济危机之下的反应对比》(Ithaca：Cornell University Press,1986),第 4 章。

7 基本数据来自 Peter D. Stachura 编,《魏玛德国的大萧条和失业》(Basingstoke,England：Macmillan,1986)。因为它们是建立在不同的衡量标准上,这个时期的失业率不具有准确的可比性,但是相对数量级是毋庸置疑的。

8 Gøsta Esping-Andersen,"社会民主党福利国家的形成",《创造社会民主：瑞典社会民主劳动党的世纪》,Klaus Misgeld 等编(University Park：Pennsylvania State University Press,1992)；Robert Skidelsky,《政客和经济衰退：1929—1931 年工党政府》(London：Macmillan,1967)；Ross McKibbin,"1929—1931 年第二任工党政府的经济政策",《过去与现在》68(1975)：95—123 页：Julian Jackson,《法国人民阵线：1934—1938 年捍卫民主》(Cambridge：Cambridge University Press,1988)。

9 Richard H. Pells,《激进愿景和美国梦：大萧条时代的文化和社会思想》(New York：Harper and Row,1973),97 页；比较 Nelson Polsby,《美国的政治革新：政策主动性的政治》(New Haven：Yale University Press,1984),

尤其是 167—172 页。

　　10 Alan Brinkley,《改革的终结：萧条和战争期间的新政自由主义》(New York：Knopf,1995)。

　　11 不是所有进步人士都加入新政行列,正如奥蒂斯·格雷厄姆早就展示的那样；有些人因为年龄感到疲劳,有些人对于道德政治风格的对比感到恼火。提案的持续性和人员的持续性不可避免地是两码事。参阅 Otis Graham, Jr.,《改革的重演：老进步人士和新政》(*An Encore for Reform*,New York：Oxford University Press,1967)。

　　12 William H. Beveridge,"美国复兴计划的某些方面",《美国经济学期刊》新刊号 1(1934 年 2 月)：1—12 页；William H. Beveridge,"美国观察",1933 年 12 月 1 日和 4 日的广播讲话,威廉·贝弗里奇文件集,伦敦经济学院,英国政治学和经济学图书馆。

　　13 本段和后续段落中使用的对比数据来自如下的研究：Gerold Ambrosius 和 William H. Hubbard,《二十世纪欧洲社会和经济史》(Cambridge：Harvard University Press,1989)；John A. Garraty,"新政、国家社会主义和大萧条",《美国历史评论》78(1973)：907—944 页；John A. Garraty,《大萧条》(San Diego：Harcourt Brace Jovanovich,1986)；John A. Garraty,《历史上的失业：经济思想和公共政策》(New York：Harper and Row,1978),第 10 章；Charles S. Maier,"法西斯主义和纳粹主义经济学",《寻求稳定：历史政治经济学探索》(Cambridge：Cambridge University Press,1987)；Gourevitch,《艰难时代的政治》；Daniel Levine,《贫穷与社会：国际对比中美国福利国家的增长》(New Brunswick, N. J.：Rutgers University Press,1988)；James T. Patterson,"对比福利历史：1930—1945 年的英国和美国",《罗斯福新政：50 年后的项目评估》,Wilbur J. Cohen 编(Austin：Lyndon Baines Johnson School of Public Affairs, 1986)；Herman van der Wee 编,《重访大萧条：关于三十年代经济学的论文集》(Hague：Nijhoff,1972)；Weir 和 Skocpol,"国家结构"。关于当时的比较评价,请参阅 Karl Brandt,"德国、英国、美国最近的农业政策",《社会调查》3(1936)：167—201 页；Emil Lengyuel,《欧洲的新政》(New York：Funk and Wagnalls, 1934),292—302 页。

　　关于大萧条时期的英国,请参阅 Sean Glynn 和 John Oxborrow,《两次战争之间的英国：社会和经济史》(New York：Barnes and Noble, 1976)；Sidney Pollard,《1914—1990 年英国经济的发展》第 4 版(London：Edward Arnold,1992)。关于大萧条时期的德国,请参阅 R. J. Overy,《1932—1938

年纳粹经济复苏》(London：Macmillan，1982)；Richard Overy，"第三帝国的失业情况"，《商业历史》29(1987)：253—281 页；Harold James，"经济复苏的革新和保守主义：1930 年代所谓的'纳粹复兴'"《重新评价第三帝国》，Thomas Childers 和 Jane Caplan 编(New York：Holmes and Meier，1993)。

14 在这方面，德国不同于大萧条模式就是根本性的。压制独立工会，处理掉在 1920 年宪法下建立的劳资联合委员会，国家社会主义者改组雇主为工程管理者(Betriebsführer)，除了来自上面的党和国家之外不受任何挑战的权威。

595　　15 William W. Bremer，"沿着'美国道路'前进：新政中为失业者提供的工作救济项目"，《美国历史杂志》66(1975)：636—652 页。

16 Julian Jackson，《1932—1936 年法国大萧条的政治》(Cambridge：Cambridge University Press，1985)，第 7 章；John Stevenson，《1914—1945 年英国社会》(London：Allen Lane，1984)，326—329 页；Otis L. Graham，Jr.，《走向有计划的社会：从罗斯福到尼克松》(New York：Oxford University Press，1976)，第 1 章。

17 John P. Diggins，《墨索里尼和法西斯主义：美国观点》(Princeton：Princeton University Press，1972)；Rexford G. Tugwell，《特格韦尔日记：1932—1935 年的新政》，Michael Vincent Namorato 编(New York：Greenwood Press，1992)，139 页。

18 Sidney 和 Beatrice Webb，《苏维埃共产主义：新文明?》(London：Longmans，Green，1935)。

19 William H. Beveridge，"1933 年访问美国"，贝弗里奇文件集；全国住房官员协会，《美国住房计划》(Chicago：National Association of Housing Officials，1934)；Russell Lord，《艾奥瓦州的华莱士》(Boston：Houghton Mifflin，1947)，383 页。

20 Alice Hamilton，"表面之下"，《调查图片》22(1933)：449 页以下；"德国的喧哗与骚动"，同上，549 页以下；"德国妇女的地位"，同上，23(1934)：26 页以下。

21 Hanns Gramm，《奥伯兰德基金会，1931—1953 年》(Philadelphia：Carl Schurz Memorial Foundation，1956)，《美国—德国评论》(1934—1938)。

22 Frederic C. Howe，"历史上最完全的农业复兴"，《美国政治与社会科学学院纪事》172(1934 年 3 月)：122—129 页；Frederic C. Howe，《丹麦：合作方式》(New York：Coward-McCann，1936)；Josephine Goldmark 和 A. H. Hollman，《丹麦的民主》(Washington，D.C.：National Home Library

Foundation, 1936）；美国国会众议院农业委员会，《参议院 1836 号议案听证会：班克黑德—琼斯租赁法修正案》，第 76 届国会第三次会议，1940 年，32—38 页；Marquis Childs，《瑞典：中间道路》（New Haven：Yale University Press, 1936）；Merle Curti，"1930 年代美国社会思想中的瑞典"，《观念的移入：北大西洋社会研究》（*The Immigration of Ideas*），J. Iverne Dowie 和 J. Thomas Tredway 编（Rock Island, Ill.：Augustana Historical Society, 1968）；研究英国和瑞典工业关系的美国委员会《报告》（Washington, D. C., 1938）。

23 Roy Lubove，"弗雷德里克·豪威和美国社区探索"，《历史学家》39（1977）：270—291 页；Frances Perkins，《我所认识的罗斯福》（New York：Viking, 1946），尤其是第 26 章。

24 Susan Ware，《普选权之外：新政中的女性》（Cambridge：Harvard University Press, 1981）；J. Joseph Huthmacher，《罗伯特·瓦格纳参议员和城市自由主义的兴起》（New York：Atheneum, 1968）；Richard S. Kirkendall，《罗斯福时代的社会科学家与农业政治》（Columbia：University of Missouri Press, 1966）。

25 Rexford G. Tugwell，"法国农业政策"，《政治学季刊》45（1930）：214—230, 405—428, 527—547 页；Rexford G. Tugwell，《走向晨边高地的低处：回忆录》（*To the Lesser Heights of Morningside*, Philadelphia：University of Pennsylvania Press, 1982）；Thomas H. Eliot，《新政回忆：当人民重要时》（Boston：Northeastern University Press, 1992）；Katie Louchheim 编，《新政的形成：圈内人讲述》（Cambridge：Harvard University Press, 1983）。关于 1930 年代社会福利专家更多样化背景的情况，请参阅 Linda Gordon，"社会保险和公共救济：1890—1935 年美国福利思想中的性别影响"，《美国历史评论》97（1992）：19—54 页。

26 Diggins，《墨索里尼和法西斯主义》，280 页；Ellis W. Hawley，《新政与垄断问题》（Princeton：Princeton University Press, 1966），106 页。

27 Albert U. Romasco，《富裕的贫困：胡佛、国家、大萧条》（New York：Oxford University Press, 1965），183, 185 页。

28 Anne O'Hare McCormick，"他的自我认识"（As He Sees Himself），《纽约时报杂志》，1938 年 9 月 16 日，第 2 页；Ronald D. Rotunda，《语言的政治：自由主义作为词汇和象征》（Iowa City：University of Iowa Press, 1986）。

29 Clarke A. Chambers，《保罗·凯洛格和〈调查〉：主张社会福利和社会正义的声音》（Minneapolis：University of Minnesota Press, 1971），156 页；

596

Harold J. Laski,"罗斯福实验",《大西洋月刊》153(1934 年 2 月):151 页；William E. Leuchtenburg,《富兰克林·罗斯福和 1932—1940 年新政》(New York：Harper and Row,1963),166 页。

30 Perkins,《罗斯福》,151 页。

31 William E. Leuchtenburg,"新政和战争类比",《20 世纪美国的变化和连续性》,John Braeman, Robert H. Bremner 和 Everett Walters 编(Columbus：Ohio State University Press, 1964)；James S. Olson,《挽救资本主义：1933—1940 年的重建金融公司与新政》(Princeton：Princeton University Press,1988)；Hawley,《新政与垄断问题》。

32 Perkins,《罗斯福》,第 21 章；John S. Forsythe,"《公平劳动标准法案》的立法历史",《法律和当代问题》6(1939)：464—490 页；Vivien Hart,《受宪法约束：妇女、工人和最低工资》(Princeton：Princeton University Press,1994),第 8 章。

33 David Brody,"工作场所的契约主义：历史比较分析",《劳工的事业：美国工人历史上的主要议题》(New York：Oxford University Press, 1993)；Melvyn Dubofsky,《现代美国的国家和劳工》(Chapel Hill：University of North Carolina Press,1994),第 5 章；Christopher L. Tomlins,《国家与工会：1880—1960 年劳动关系、法律和美国有组织的劳工运动》)。

34 Maurizio Vaudagna,"对比视角下的新政和欧洲社会民主",《美国为什么没有社会主义?》,Jean Heffer 和 Jeanine Rovet 编(Paris：École des hautes études en sciences sociales,1988)；Henry A. Wallace,《民主重生》(New York：Reynal and Hitchcock,1944),100 页。

597

35 McCormick,"他的自我认识",2 页。

36 关于《社会保障法案》的形成有许多很好的历史描述,虽然没有一个充分描述了跨越大西洋的维度。请参阅 Edward D. Berkowitz,《美国福利国家：从罗斯福到里根》(Baltimore：Johns Hopkins University Press,1991)；Clark A. Chambers,"社会改革、社会工作、社会保障：话题重访",《寻求保障：关于美国社会保险体系来源和未来的论文集》,John N. Schacht 编(Iowa City：近期美国历史研究中心,1982)；Mark H. Leff,"从历史视角看养老保险：技术水平和国家艺术"(The State of the Art and the Art of the State),Edward D. Berkowitz 编,《五十年后的社会保障：成功和失败》(Social Security after Fifty,Westport,Conn.：Greenwood Press,1987)；Mark H. Leff,"向'被遗忘的人'征税：新政中的社会保障资金政治",《美国历史杂志》70(1983)：359—381页；Jill Quadagno,《养老保障的转型：美国福利国家的阶级和政治》(Chicago：

University of Chicago Press，1988）；还有"经济保障委员会"的技术参谋长当时的描述：Edwin E. Witte，《社会保障法案的发展》（1936；Madison：University of Wisconsin Press，1962）。

37 Louis Adamic，《我的美国：1928—1938 年》（New York：Harper and Brothers，1938），268 页。

38 Raymond Richards，《关闭通向贫困之门：美国和新西兰社会保障法案的形成》（University Park：Pennsylvania State University Press，1994）。

39 I. M. Rubinow，《寻求保障》（New York：Henry Holt，1934），599—602 页；Ambrosius 和 Hubbard，《二十世纪欧洲的社会和经济史》，121—123 页；Glynn 和 Oxborrow，《两次战争之间的英国》，249 页。

40 Paul H. Douglas，"法国社会保障法案"，《美国政治与社会科学院纪事》164（1932）：210—248 页。

41 E. C. Buehler 编，《强制性失业保险》（New York：H. W. Wilson，1931），12 页。

42 Louis Leotta，"亚伯拉罕·艾普斯坦与老年保障运动"，《劳工历史》16（1975）：359—377 页；Paul H. Douglas，《充实的时代：保罗·道格拉斯回忆录》（In the fullness of Time，New York：Harcourt Brace Jovanovich，1972），69 页；Abraham Epstein，《老年的挑战》（New York：Vanguard，1928）；John B. Andrews，"养老金：社会需要的基础"，《美国劳工立法评论》19（1929）：356—358 页。艾普斯坦与欧洲人的交往可以参阅亚伯拉罕·艾普斯坦文件集，康奈尔大学和哥伦比亚大学。

43 John R. Commons，"失业和预防"，《美国劳工立法评论》12（1922）：15—30 页；"美国劳工立法协会失业预防项目"，同上，13（1923）：69—71 页。更笼统的内容请参阅：Udo Sautter，《为失业者三呼：新政前的政府和失业》（Three Cheers for the Unemployed，Cambridge：Cambridge University Press，1991）；Daniel Nelson，《失业保险：1915—1935 年的美国经验》（Madison：University of Wisconsin Press，1969）。

598

44 John R. Commons，"失业：补偿与预防"，《调查》47（1921）：5—9 页；Elizabeth Brandeis，"威斯康星对付工作保障问题"，同上，67（1931）：296 页；John R. Commons，"威斯康星闲散劳动力的补偿"，《美国劳工立法评论》22（1932）：9；John B. Andrews，"现在行动解决失业问题！"（Act Now on Unemployment！），同上，20（1930）：339—340 页。

45 I. M. Rubinow，"社会保险中的公共和私人利益"，《美国劳工立法评论》21（1931）：181—191 页（着重号为后加）。

46 Bentley B. Gilbert,《英国社会政策》(Ithaca：Cornell University Press,
1970),第 2 章;Alan Deacon,"让步和威压:二十世纪失业保险的政治",
《1918—1939 年劳工历史文集》,Asa Briggs 和 John Saville 编(London：Croom
Helm,1977);John Stevenson,"1931—1935 年失业政策的形成",《现代英国
的高端和低端政治》,Michael Bentley 和 John Stevenson 编(Oxford：Clarendon
Press,1983);Sidney Checkland,《1776—1939 年的英国公共政策:经济、社会
和政治视角》(Cambridge：Cambridge University Press,1983),379 页。

47 Richard J. Evans 和 Dick Geary 编,《德国的失业情况:从魏玛共和国
到第三帝国大量失业的经验和后果》(London：Croom Helm,1987);Thomas
E. J. Dewitt,"第三帝国福利的经济学和政治学",《中欧历史》11(1978)：
256—278 页;Aryeh L. Unger,"纳粹德国的宣传和福利",《社会史杂志》4
(1970)：125—140 页;Christoph Sachsse 和 Florian Tenstedt 编,《国家社会主义
的慈善机构:德国贫穷救济的历史》,第三卷(Stuttgart：Kohlhammer,1992)。

48 美国国会参议院金融委员会,《经济保障法案:参议院 1130 号议案
听证会》,第 74 届国会第一次会议,1935 年,1322,2 页。

49 James Struthers,《自身没有错:1914—1941 年加拿大失业和福利国
家》(No Fault of Their Own,Toronto：University of Toronto Press,1983);
Richards,《关闭通向贫困之门》。

50 福利资本主义者在 1935 年《社会保障法案》形成过程中的作用是
历史学界激烈争论的内容,请参阅:Jill S. Quadagno,"福利资本主义和
1935 年的《社会保障法案》",《美国社会学评论》49(1984)：632—647
页;Theda Skocpol 和 Edwin Amenta 进行反驳,"资本家塑造了《社会保障
法》吗?"同上,50(1985)：572—575 页;J. Craig Jenkins 和 Barbara G.
Brents,"社会抗议、霸权竞争、社会改革:美国福利国家的政治斗争解释",
《美国社会学评论》54(1989)：891—909 页;Edwin Amenta 和 Sunita
Parikh,"资本家不想要《社会保障法案》:'资本家控制论'批判",《美国社
会学评论》56(1991)：124—129 页;Colin Gordon,"新政、老牌:企业界与
1920—1935 年《社会保障法》的起源"(New Deal,Old Deck),《政治与社
会》19(1991)：165—207 页;Colin Gordon,《新政:1920—1935 年美国的
企业、劳工和政治》(New Deals,Cambridge：Cambridge University Press,
1994);还有争辩味不那么浓的:Edward D. Berkowitz,《创造福利国家:二
十世纪改革的政治经济》(New York：Praeger,1980),第 6 章;Sanford M.
Jacoby,"雇主与福利国家:马里恩·福尔瑟姆的作用",《美国历史杂志》
80(1993)：525—556 页。关于《财富》1939 年和 1940 年的调查,请参阅

599

Herman A. Kroos,《1920 年代—1960 年代经济议题的行政思想》(Garden City, N. Y.：Doubleday, 1970), 193 页。

51 Kenneth Casebeer, "工人失业保险法案：美国社会工资、劳工组织和法律意识形态",《美国劳工法律：历史和评论文集》, Christopher J. Tomlins 和 Andrew J. King 编 (Baltimore：Johns Hopkins University Press, 1992)；William W. Bremer,《大萧条的冬天：纽约社会工作者和新政》(Philadelphia：Temple University Press, 1984)；Judith Ann Trolander,《睦邻中心与大萧条》(Detroit：Wayne State University Press, 1975)。

52 Edith Abbott, "社会保险和/或社会保障",《社会服务评论》8 (1934)：537—540 页；"多少保障?"同上, 9 (1935)：103—104 页；"瓦格纳—刘易斯失业补偿计划和所谓的'补贴体系'", 同上, 104—106 页；"用于家庭救济的联邦补助", 同上, 9 (1935)：757—760 页；"告别联邦紧急救济署", 同上, 10 (1936)：133—135 页；关于社会保障的性别差异问题，请参阅 Linda Gordon,《得到同情但没有资格：单身母亲和福利历史, 1890—1935 年》(New York：Free Press, 1994), 第 9 章；当这个草案完成后，格雷丝·阿伯特吞下自己的怀疑，竭力为它游说。

53 Tugwell,《民主党人罗斯福》, 251 页；Perkins,《罗斯福》, 282—283 页。

54 Samuel I. Rosenman 编,《富兰克林·罗斯福公共文件和演讲》(New York：Random House, 1938—1950), 第一卷, 247 页。

55 J. Michael Eisner,《威廉·莱塞森传记》(Madison：University of Wisconsin Press, 1967)；Paul H. Douglas,《失业保险标准》(Chicago：University of Chicago Press, 1933)；Paul H. Douglas,《充实的时代》(New York：Harcourt Brace Jovanovich, 1972)；Alvin Hansen,《不平衡世界中的经济稳定性》(New York：Harcourt, Brace, 1932)；Alvin Hansen, Merrill G. Murray, Russell A. Stevenson 和 Bryce Stewart,《美国失业保险和救济计划》(Minneapolis：University of Minnesota Press, 1934)；Shirley Jenkins 编,《国际视野中的社会保障：伊夫琳·伯恩斯纪念文集》(New York：Columbia University Press, 1969)。

56 Arthur Newsholme,《私人和公共医疗关系的国际研究, 特别关注疾病预防》(London：George Allen and Unwin, 1931)；Arthur Newsholme,《医药与国家：私人和公共医疗实践的关系, 特别关注公共卫生》(London：George Allen and Unwin, 1932)。1935 年，因为理事会的部分成员批评它过分靠近新政一边，以及医生批评它鼓吹"国家医疗"，米尔班克基金会在巨大压力下失去胆量，辞退了主管，中止了医药经济学的进一步研究。此前这方面的活动可以参阅 Clyde V. Kiser,《米尔班克基金会：1905—1974 年的领袖和工作》(New York：Milbank Memorial Fund,1975)；也可以参阅秘书约翰·A.金斯伯里的文件集,国会图书馆。

57 美国社会保障协会,《1933 年美国的社会保障：养老和社会保障第六次全国会议记录》(New York：American Association for Social Security,1933),第三、第四部分；Grace Abbott 在 1934 年 10 月 3 日给 Homer Folks 的信,伊迪丝和格雷丝·阿伯特文件集,芝加哥大学约瑟夫·瑞根斯坦图书馆。

58 James T. Patterson,《1900—1985 年美国反对贫困的斗争》(Cambridge：Harvard University Press,1986),第 57 页；关于新政的第一个冬天,请参阅 William R. Brock,《福利、民主和新政》(Cambridge：Cambridge University Press,1988)；Bonnie Fox Schwartz,《1933—1934 年民用工程署：新政中的紧急就业项目》(Princeton：Princeton University Press,1984)。

59 Vaughn Davis Bornet,"1921—1933 年胡佛的失业和养老保险计划",《寻求保障》,Schacht 编,42 页；全国工业会议理事会,《失业补贴和保险》(New York：National Industrial Conference Board,1931)；全国工业会议理事会,《德国失业保险和救济》(New York：National Industrial Conference Board,1932)；Witte,《社会保障法案的发展》,xv 页；George W. Martin,《女部长：弗朗西丝·珀金斯》(Boston：Houghton Mifflin,1976),226 页。

最系统性的调查系列,是产业关系咨询公司对美国和欧洲强制型和补贴型失业保险体系所做的对比：Bryce M. Stewart,《美国的失业补贴》(New York：Industrial Relations Counselors,1930)；Mary Barnett Gilson,《英国的失业保险》(New York：Industrial Relations Counselors,1931)；T. G. Spates 和 G. S. Rabinovitch,《瑞士的失业保险：根特体系的全国化,带强制性特征》(New York：Industrial Relations Counselors,1931)；Constance A. Kiehel,《比利时的失业保险：根特和列日体系的全国发展》(New York：Industrial Relations Counselors,1932)。还可参阅 Mary Barnett Gilson,《过去的成为序幕：我的工业经验的反思》(New York：Harper and Brothers,1940)。

60 Charles Morris Mills,"救济癖",《调查》65(1931)：487 页以下；Helen Hall,《街区和国家未完成的事业》(*Unfinished Business in Neighborhood and Nation*,New York：Macmillan,1971),第 6 章；Helen Hall,"英国救济和美国慈善",《大西洋月刊》151(1933)：538—549 页；Helen Hall,"矿工必须吃饭：英国救济和美国慈善的运作",同上,152(1933)：153—162 页；Frances Perkins,"就业保险",《美国劳工立法评论》23(1933)：117—120 页；Frances Perkins,"走向保障",《调查图片》23(1934)：144 页；Mollie Ray Carroll,"社会保险",社会工作全国会议,《会

议记录》(1934),260 页。

61 Perkins,《罗斯福》,286 页。

62 Struthers,《自身没有错》,第 1 章;Bryce Stewart,"公共就业服务和公共工程的作用",《美国劳工立法评论》13(1923):54—63 页;Bryce M. Stewart,"欧洲失业保险经验的部分阶段",《美国政治科学院会议记录》14 **601** (1932):493—514 页;Alvin Hansen 等编,《失业保险和救济项目》;A. C. C. Hill, Jr. 和 Isador Lubin,《英国与失业做的斗争》(Washington, D. C., Brookings Institution,1934)。

63 Barbara Nachtrieb Armstrong,《确保基本需要:最低工资加社会保险,生计工资项目》(New York:Macmillan,1932),xiv,13 页;J. Douglas Brown《美国的社会保障哲学:演化和议题》(Princeton:Princeton University Press,1972),第 1 章;Eliot,《新政回忆》,第 5 章。

64 Theron F. Schlabach,《埃德温·威特:谨慎的改革者》(Madison:State Historical Society of Wisconsin, 1969);Louchheim,《新政的形成》,151—152 页;Perkins,《罗斯福》,282 页。

65 Daniel S. Hirshfield,《失去的改革:1932—1943 年美国强制性健康保险运动》(The Lost Reform,Cambridge:Harvard University Press,1970),第 2 章。

66 Witte,《社会保障法案的发展》;Jerry R. Cates,《为不平等保险:1935—1954 年社会保障中的行政领导》(Insuring Inequality,Ann Arbor:University of Michigan Press,1983),32—33 页。最高法院批准了《社会保障法案》后几个月内,社会保障局的养老补贴局(Bureau of Old-Age Benefits)被重新命名为联邦养老保险局。

67《富兰克林·罗斯福公共文章和演讲》,第一卷,792 页。

68《经济学家》编辑,《新政》,第 2 章;Eveline M. Burns,"演变中的社会保障",《美国经济学评论》34 号增刊,第二部分(1944 年 3 月):199—211 页;J. Douglas Brown,"英国先例和美国养老保险",《美国劳工立法评论》27(1937):18—33 页;J. Douglas Brown,"当前的社会保险问题",同上,28(1938):6—8 页。

关于和欧洲社会保险体系的对比,请参阅 Karl Pibram,"美国的社会保险和社会保障",《劳工立法评论》36(1937):732—771 页;C. A. Kulp,"欧洲和美国社会保障类比",《美国劳工立法评论》28(1938):13—20 页。

69 Abraham Epstein,"我们的社会保障法案",《哈珀斯月刊》172(1935):55—68 页;Abraham Epstein,"为社会保障融资",《美国政治与社

会科学院纪事》183（1936）：212—226 页。

70 Leuchtenburg,《富兰克林·罗斯福和新政》,345 页。内部的引语来自 Rexford Tugwell。

71 富兰克林·罗斯福,"新农业计划",《农业政府：1931 年第 14 届美国乡村生活会议记录》（Chicago：University of Chicago Press,1931）,10—17 页；Rexford Tugwell,"总统的准备",《西方政治季刊》1（1948）：131—153 页。

72 Tugwell,《日记》,40—41 页；Tugwell,《晨边高地的低处》,241—242 页。

73 Richard S. Kirkendall,"新政与农业",《新政：国家层面》,John Braeman,Robert H. Bremner 和 David Brody 编（Columbus：Ohio State University Press,1975）；Theodore Saloutos,《美国农民与新政》（Ames：Iowa State University Press,1982）；Finegold 和 Skocpol,《国家和政党》,第一部分。

74 M. L. Wilson,"联邦政府的土地使用项目",《农业经济学杂志》15（1933）：217—235 页；Rexford G. Tugwell,"政府在国家土地项目中的地位",同上,16（1934）：55—69 页；Lewis C. Gray,《土地规划》（Chicago：University of Chicago Press,1936）。

75 Rexford Guy Tugwell,"俄罗斯农业",《第二个十年的苏维埃俄国：第一届美国工会代表团技术人员联合调查》,Stuart Chase,Robert Dunn 和 Rexford Guy Tugwell 编（New York：John Day,1928）,59；M. L. Wilson,《农场救济和国内分配计划》（Minneapolis：University of Minnesota Press, 1933）；Milburn L. Wilson,"自耕自给小农场在国民经济中的地位",《农业经济学杂志》16（1934）：73—84 页；M. L. Wilson,"新政中工业的分散化",《社会力量》13（1934—1935）：588—598 页；Rexford Guy Tugwell,"重新安置的观点"（The Resettlement Idea）,《农业历史》33（1959）：159—164 页。

76 Matthew Josephson,《庙堂中的异教徒：1930 年代回忆》（New York：Knopf,1967）,61 页；Clarence E. Pickett,"欧洲的自耕自给小农场",没有日期,诺伦文件集中的影印本；美国国会众议院劳工委员会,《失业困难救济》,第 72 届国会第一次会议,1932 年,27—32,43—44 页。

77 Paul K. Conkin,《明天是个新世界：新政社区项目》（Ithaca：Cornell University Press,1959）。

78 Sidney Baldwin,《贫困与政治：农业安全署的兴衰》（Chapel Hill：University of North Carolina Press,1968）。

79 Conkin,《明天是个新世界》,附录。关于南方进步人士中对于农场村庄观点的持续支持,请参阅 W. T. Couch,"南方的农业项目"(An Agrarian Programme for the South),《美国评论》3(1934):313—326 页;Herman C. Nixon,《四十英亩和钢铁骡子》(Chapel Hill:University of North Carolina Press,1938)。

80 David Holley,《山姆大叔的农民:密西西比河谷下游的新政社区》(Urbana:University of Illinois Press,1975),第 8—9 章。

81 Joseph L. Arnold,《郊区的新政:1935—1954 年绿带城镇项目的历史》(Columbus:Ohio State University Press,1971);Arnold R. Alanen 和 Joseph A. Eden,《现成的大街:威斯康星格林代尔城的新政社区》(Madison:State Historical Society of Wisconsin,1987);Conkin,《明天是个新世界》第 14 章。Earler Draper 本来设计南方磨房村庄现在却到诺里斯搞田纳西流域管理局城镇,他是唯一一个对郊区项目产生重大影响却没有和欧洲有重要关系的人。关于其他人相互关系密切的内容,请参阅 Roy Lubove,《1920 年代的社区规划:美国区域规划协会的贡献》(Pittsburgh:University of Pittsburgh Press,1963)。

82 Elbert Peets,"华盛顿、威廉斯堡、进步世纪、绿谷城";Werner Hegemann,《城市规划——住房》(New York:Architectural Book Publishing,1936),第二卷,第 27 章。

603

83 Hugh A. Bone,"绿带面貌,1939 年"(Greenbelt Faces 1939),《美国城市》54(1939 年 2 月):59—61 页;Arnold,《郊区的新政》,138—139 页。

84 Clarence S. Stein,"绿谷城和未来",《美国城市》63(1948 年 6 月):106—109 页;Rexford G. Tugwell,1936 年 2 月 3 日对俄亥俄汉密尔顿县区域规划委员会的讲话,贾斯廷·哈特索格文件集中的影印本,康奈尔大学。

85 Diane Ghirardo,《建设新社区:新政的美国和法西斯的意大利》(Princeton:Princeton University Press,1989);Barbara Miller Lane,《1918—1945 年德国的建筑和政治》(Cambridge:Harvard University Press,1968),第 6—8 章。

86 Alanen 和 Eden,《大街》(Main Street),61 页;Arthur E. Morgan,"田纳西河谷的基准(四):田纳西流域管理局的繁荣之路",《调查图片》23(1934):548 页;Roy Talbert, Jr.,《罗斯福的乌托邦:田纳西流域管理局的阿瑟·摩根》(Jackson:University Press of Mississippi,1987),127,146 页。

87 Childs,《瑞典:中间道路》;Marquis Childs,"美国的合作社",《北美评论》243(1937):217—230 页。在《这是民主:斯堪的纳维亚的集体协商》(New Haven:Yale University Press,1938)中,Childs 把重点转向 1938 年"基本协议"前后的劳资关系。但是他的第二份瑞典报告的影响远远不及第一份。

88 Childs,《瑞典：中间道路》,xii,50,xiv 页。

89《富兰克林·罗斯福记者招待会全集》(New York：DaCapo,1972),
第七卷,295 页;O. S. Granducci,"合作社——新妖怪"(The Co-op—A New
Bogeyman),《今日杂志》7(1936 年 10 月 31):6 页以下。

90 Leland Olds,未注明日期的笔记(c. 1931)和 Leland Olds 在 1936 年
8 月 18 日写给 Marion Olds 的信,两者都在利兰·奥尔兹文件集,纽约海德
公园罗斯福图书馆。

91 Baldwin,《贫困与政治》,103 页;Alanen 和 Eden,《大街》,49 页;
Earle S. Draper,"田纳西流域管理局新城镇诺里斯",《美国城市》48(1933
年 12 月):67—68 页;Walter L. Creese,《田纳西流域管理局的公共规划：
愿景和现实》(Knoxville：University of Tennessee Press,1990),第 5 章;
Josephson,《庙堂中的异教徒》,440—441 页;Henry A. Wallace,《谁的宪
法? 公共福利调查》(1936,Westport,Conn.：Greenwood,1971),309 页。
关于合作社的增长,请参阅："1925 年美国的合作社运动(农业之外)",美
国劳工统计局《公报》437(1927);美国合作社联盟《第四期年鉴：1939 年
美国消费合作社调查》(Minneapolis：Northern States Cooperative League,
1939),23—25 页;Joseph G. Knapp,《1920—1945 年美国合作企业的发
展》(Danville,Ill.：Interstate Printers,1973),第二部分。

92 Max Bond,"田纳西流域管理局对黑人的培训项目",《黑人教育杂
志》7(1938):388 页;Doak S. Campbell 等,《公共事业振兴署的教育活
动》,公共事业振兴署教育顾问委员会,成员研究 14(Washington, D. C.,
1939),45—47,74—79 页;John W. Studebaker,《美国方式：得梅因论坛的
民主运作》(New York：McGraw-Hill,1935);William Graebner,《制造共识：
20 世纪美国的民主和权威》(The Engineering of Consent,Madison：University
of Wisconsin Press,1987),第 4 章;Hilda Worthington Smith,"工人教育的开
放视野：自传",布林莫尔学院图书馆未发表的打字稿,1978 年;更笼统的
内容请参阅：Joseph F. Kett,《困境中追求知识：1750—1990 年美国从自
我提高到成人教育》(The Pursuit of Knowledge Under Difficulties,Stanford：
Stanford University Press,1994),第 11 章。

93 Maurice Seay,"成人教育：田纳西流域管理局教育和培训项目描
述",《学校服务局公报》(Bulletin of the Bureau of School Service,肯塔基大学
教育学院)10,第 4 期(1938),184 页;Joyce L. Kornbluh,《工人教育新政：
工人服务项目》(Urbana：University of Illnois Press,1987),73 页;Charles

Seeger 和 Margaret Vailant,"野外代表日记（1937）",《民族音乐学》（*Ethnomusicology*）24（1980）：168 页,Janelle Warren-Findley,"音乐家和山里人：1935—1937 年重新安置署在阿巴拉契亚的音乐项目",《阿巴拉契亚杂志》7（1979—1980）：113 页;Archie Green,"重新安置署歌曲单",《约翰·爱德华基金会季刊》（*JEMF Quarterly*）11（1975）：80—87 页。

94 Nancy L. Grant,《田纳西流域管理局和美国黑人：现状规划》（Philadelphia：Temple University Press,1990）;Harvard Sitkoff,《黑人新政：民权作为全国性议题的出现》（New York：Oxford University Press,1978）;Marion Clawson,"九个挑选的重新安置项目的经验"［1943］;《农业历史》52（1978）：1—92 页。

95《富兰克林·罗斯福公共文件》,第六卷,第 5 页。

96 Robert G. Barrows,"廉价公寓之外：1870—1930 年美国城市住房模式",《城市历史杂志》9（1983）：395—420 页。

97 Lawrence Veiller,"为美国人重新建房",1935 年伦敦国际住房和城镇规划会议,《论文和综合报告集》（London：International Federation for Housing and Town Planning,1935）,358 页。

98 Richard Plunz,《纽约市住房历史：美国都市的居住方式和社会变化》（New York：Columbia University Press,1990）。

99 Walter J. Trattner 编,《美国社会福利人物传略辞典》（Westport, Conn. ：Greenwood,1986）,673—676 页。

100《哈罗德·伊克斯秘密日记》（New York：Simon and Schuster, 1953—1954）,第二卷,218 页;美国国会,参议院教育和劳工委员会,《贫民窟和廉租公共住房：参议院 2392 号议案听证会》,74 届国会第一次会议,1935 年。

101 Louis H. Pink,《住房新时代》（New York：John Day,1928）;John Herling,"弗拉德克",《调查图片》29（1940）：29 页以下。

102 Raymond Unwin,"英国、美国的低成本住房",《住房官员年鉴, 1935 年》（Chicago：National Association of Housing Officials,1935）,51—54 页;全国住房官员协会,《美国住房计划》;美国国会参议院教育和劳工委员会,《贫民窟和廉租公共住房》;Coleman Woodbury,"建房者和规划者之间：克尔曼·伍德伯里回忆",《美国规划者：生平和回忆》,Donald A. Krueckeberg 编（New York：Methuen,1983）。在国际住房委员会中,昂温与法兰克福的恩斯特·康恩和英国房地产女经理协会的艾丽丝·塞缪尔斯合作,但他是委员会的领袖人物。

605

103《美国城市》52(1937)：109 页；《调查图片》27(1938)：244 页。

104 Charles F. Palmer,《贫民窟战士历险记》(Atlanta：Tupper and Love,1955)。

105 Pink,《住房新时代》；Nathan Straus,《国内外低成本住房：提交拉瓜迪亚市长的报告》(New York：n. p. ,1935)。

106 参议员瓦格纳在 1936 年成立的小组内,七名具有相当重要海外联系的住房专家是查尔斯·艾布拉姆斯、海伦·阿尔弗雷德、凯瑟琳·鲍尔、布里克·玛奎特、玛丽·西姆柯维奇、伊迪丝·伍德、克尔曼·伍德伯里。Timothy L. McDonnell,《瓦格纳住房法案：立法过程案例研究》(Chicago：Loyola University Press, 1957), 158 页。关于埃伦伯根请参阅 Mary S. Cole, "凯瑟琳·鲍尔和 1926—1937 年公共住房运动", 乔治华盛顿大学 1975 年博士论文 460 页。关于瓦格纳请参阅 Joseph J. Huthmacher,《参议员瓦格纳和都市自由主义的兴起》(New York：Atheneum,1968)。

107 Carol Aronovici 编,《美国不能有住房》(New York：Museum of Modern Arts,1934)；Albert Mayer, "为什么住房项目失败了？"《国家》138(1934)：408 页。

108 Michael W. Straus 和 Talbot Wegg,《住房步入成年》(*Housing Comes of Age*,New York：Oxford University Press,1938)。

109 Radford,《美国现代住房》,第 6 章；Lewis Mumford,《城市文化》(New York：Harcourt, Brace, 1938), 图 28。

110 Arnold,《郊区新政》,第 11 章；Bernard Sternsher,《雷克斯福德·特格韦尔与新政》(New Brunswick, N. J. ：Rutgers University Press, 1964), 尤其是第 25 章。法雷的话转引自 Kirkendall,《社会科学家与农业政治》,120 页。

111 J. V. Fitzgerald 在 1936 年 7 月 31 日给 Stephen Early 的信,合作企业调查文件集,罗斯福图书馆。

112 David Eugene Conrad,《被遗忘的农民：新政中佃农的故事》(Urbana：University of Illinois Press,1965)。

113 James L. Guth, "1929—1942 年全国合作社协会与农业救济",《农业历史》5(1977)：441—458 页；Leland Olds 在 1937 年 2 月 28 日给 Marion Olds 的信,利兰·奥尔兹文件集。Granducci, "合作社：新妖怪",29 页。到了报告最终出来的时候,贝克寻求共同立场的努力已经剔除了几乎任何有争议的建议。合作社美国调查,《欧洲合作社调查报告》(Washington, D. C. ,1937)。

606

114 Baldwin,《贫困与政治》,163 页;美国国会众议院农业委员会,《农场租赁：众议院 8 号议案听证会》,75 届国会第一次会议,1937 年,77 页。

115 美国国会参议院农业林业委员会,《创办联邦农场租赁家庭公司：参议院 1800 号议案听证会》,74 届国会第一次会议,1935 年,8—9,74,20 页;《富兰克林·罗斯福公共文件》,第五卷,373 页。

116 美国总统农场租赁委员会《报告》（Washington, D. C. ,1937）,22 页;Saloutos,《美国农民与新政》,169,171—173 页。

117 Baldwin,《贫困与政治》,第 7 章。

118 美国国会众议院农业委员会,《农场租赁》,46—47 页;Edward C. Banfield,"农场租赁购买项目十年",《农业经济学杂志》31（1949）：469 页。

119 McDonnell,《瓦格纳住房法案》,美国国会参议院教育和劳工委员会,《1936 年美国住房法案：参议院 4424 号议案听证会》,74 届国会第二次会议,1936 年。

120 美国国会参议院教育和劳工委员会,《贫民窟与低成本公共住房》,130 页。这个议题上木材商人的利益在于他们担心政府建房将不用木材而用钢筋混凝土。

121 Edith Elmer Wood,"国家铲除贫民窟",《调查》67（1932）：668—669 页;全国公共住房会议,《1934 年华盛顿第一届公共住房会议演说集》（New York：National Public Housing Conference,1934）;全国公共住房会议,《华盛顿第三届贫民窟清理和廉租住房会议演说集》（Washington, D. C. , National Public Housing Conference,1936）。

122 Catherine Bauer,"'贫民窟清理'或'住房建设'",《新共和》137（1933）：730—731 页;Catherine Bauer,《现代住房》（Boston：Houghton Mifflin,1934）,尤其是 243—247 页;Lewi Mumford,"打破住房封锁!"《新共和》75（1933）：6—11 页;Albert Mayer, Lewis Mumford 和 Henry Wright,《新政新家园》（New York：New Republic,1934）;Carol Aronovici,"美国低成本住房展望",《美国不能有住房》,Aronovici 编。

123 Raymond Unwin,"英国、美国的低成本住房",51—54 页;Richard L. Reiss,《英国、美国的住房》（New York：National Public Housing Conference,1937）,102 页;法兰克福 1934 年委员会的恩斯特·康恩同意：Ernst Kahn,"千万房屋",《调查图片》24（1935）：221 页以下。

124 Palmer,《贫民窟战士历险记》;Straus,《国内外低成本住房》。同类的内容,请参阅 Ernest M. Fisher 和 Richard U. Ratcliffe,《欧洲住房政策和实践》（Washington,D. C. ：Federal Housing Administration,1936）。

125 Marian Bowley,《住房与国家,1919—1944 年》(London：Allen and Unwin,1945)。

126《纽约市住房局诉穆勒的事由》,270 N. Y. 333(1936);Myres S. McDougal 和 Addison A. Mueller,"公共住房的公共目的：时代错误重新埋葬",《耶鲁法律杂志》52(1942)：48 页。

127 McDonnell,《瓦格纳住房法案》,336,49 页。

128 Edith Elmer Wood,《美国住房的新趋势》(New York：Macmillan, 1931),43—59 页。

129 Nathan Straus,"住房：全国的成就",《大西洋月刊》163(1939)：204 页;美国国会众议院银行货币委员会,《创建美国住房局：众议院 5033 号议案听证会》,第 75 届国会第一次会议,1937 年,193 页。

130 Joel Schwartz,《纽约办法：罗伯特·莫斯,都市自由主义者,内城重新开发》(Columbus：Ohio State University Press,1993),46 页;Catherine Bauer,"现在终于有了：住房",《新共和》92(1937)：119 页;"为美国人建房：十年计划",《国家》166(1948 年 5 月 15 日)：第二部分。

131 M. B. Schnapper 编,《美国公共住房》(New York：H. W. Wilson, 1939),196 页。

132 Cole,"凯瑟琳·鲍尔",648 页,658 页注;Plunz,《纽约市住房历史》,第 7 章。

133 美国国会众议院银行货币委员会,《创建美国住房管理局》,79 页。

134 美国国会众议院方法和手段委员会,《失业保险：众议院 7659 号议案听证会》,第 73 届国会第二次会议,1934 年,201 页。

135 Holley,《山姆大叔的农民》,270,272 页;Leuchtenburg,"美国的欧洲化",295 页;Rubinow,《寻求保障》,254 页。

136 Rubinow,《寻求保障》,254 页;美国国会众议院方法和手段委员会,《失业保险》,34—47 页。

137 John R. Commons,《我自己：约翰·康芒斯自传》,重印本(Madison：University of Wisconsin Press,1964);John R. Commons 和 John B. Andrews,《劳工立法原则》,修订本(New York：Harper and Brothers, 1927),546—547 页。

138 Commons,"失业：补偿和预防",第 7 页;Commons,"闲散劳工的补偿",8 页。

139《调查》41(1918)：2 页;《美国劳工立法评论》12(1922)：186 页,同上,20(1930 年 9 月)。

607

140 John B. Andrews,"序言",《美国劳工立法评论》10(1920)：113页;John B. Andrews,"现在行动解决失业问题!"同上,20(1930),340页。

141 John E. Edgerton,"公共失业保险",《强制性失业保险》,Buehler编,286页。

142 美国经济安全委员会,《社会保险是什么?》(Washington, D. C.,1935);美国经济安全委员会,《国内外的社会保障》(Washington, D. C.,1935),2页;Harry L. Hopkins等,《走向经济安全：罗斯福总统经济安全项目评论》(Washington, D. C., President's Committee on Economic Security),2页。

143 美国重新安置署,《绿带城镇》(Washington, D. C.,1936);Rexford G. Tugwell,"对汉密尔顿县区域规划委员会的讲话",6页。

144《城市》,Ralph Steiner和Willard Van Dyke导演,1939年。

第十一章 1942年的伦敦

1 对这些主题的众多发展,尤其请参阅 Gosta Esping-Andersen,《福利资本主义的三个世界》(Princeton：Princeton University Press, 1990);Neil Gilbert和Barbara Gilbert,《赋能型国家：美国现代福利资本主义》(*The Enabling State*,New York：Oxford University Press,1989)。

2 Arthur Schlesinger, Jr.,"福利国家",《通讯员》(*Reporter*)1(1949年10月11日)：28页。

3 比较 William E. Leuchtenburg,《罗斯福时代：论罗斯福及其遗产》(New York：Columbia University Press,1995),第9章："1929—1950年美国的'欧洲化'"。

4 Jose Harris,《威廉·贝弗里奇：自传》(Oxford：Clarendon Press,1977);William Beveridge,"复兴项目后的思考"(1934年10月10日)和"美国复兴项目的某些方面",见于洛克菲勒基金会[1934年]备忘录,威廉·贝弗里奇文件集,伦敦经济学院,英国政治经济学图书馆;《国家》156(1943)：95页。

5 William Beveridge,《社会保险和救济服务》美国版(New York：Macmillan,1942)。

6 Jane Lewis,"妇女平等的典范：二十世纪英国国家对于儿童的支持研究",Gisela Bock and Pat Thane编,《母性和性别政策：妇女和1880—1950年代欧洲福利国家的兴起》(London：Routledge,1991);Susan

608

Pedersen,《家庭、依赖与福利国家的起源：1914—1945 年的英国和法国》（Cambridge：Cambridge University Press，1993），第 3 章；William Beveridge，《自由社会中的充分就业》（New York：W. W. Norton，1945）；Jose Harris，"战争时期的社会规划：《贝弗里奇报告》的某些方面"，见《战争与经济发展》，J. N. Winter 编（Cambridge：Cambridge University Press，1975）。

7 Beveridge,《社会保险》，第 6 页；William H. Beveridge,《保障的支柱以及战时其他文章和演说》（New York：Macmillan，1943）。

8 比较 John Dryzek 和 Robert E. Goodlin，"风险分担和社会正义：战后福利国家的动机基础"，《英国政治学杂志》16（1986）：1—34 页；Harold L. Smith 编，《战争与社会变化：第二次世界大战中的英国社会》（Manchester，England：Manchester University Press，1986）。

609

9 Harris,《威廉·贝弗里奇》，第 17 章；Steven Fielding，Peter Thompson 和 Nick Tiratsoo,《"英国起来！"工党和 1940 年代英国大众政治》（Manchester，England：Manchester University Press，1995），34 页；Joseph Barnes，"当联盟终结时"，《调查图片》34（1945）：224 页。

10 F. W. S. Craig,《1918—1966 年英国大选宣言》（Chichester，England：Political Reference Publications，1970）。

11 Henry Pelling,《1945—1951 年工党政府》（New York：St. Martin's Press，1984）；Kenneth O. Morgan，"社会主义和英国工党中的社会民主思想，1945—1989 年"，《社会史文献》（*Archiv für Sozialgeschichte*）29（1989）：297—325 页。

12 Richard Polenberg,《战争与社会：1941—1945 年的美国》（Philadelphia：Lippincott，1972）；Alan Brinkley,《改革的终结：萧条和战争中的新政自由主义》（New York：Knopf，1995），第 8—9 章；Nelson Lichtenstein,《本土的劳工战争：第二次世界大战中的产业工会联合会》（Cambridge：Cambridge University Press，1982）；Steven Fraser,《劳工将统治：西德尼·希尔曼和美国劳工的兴起》（New York：Free Press，1991）。

13 "铝城联排住房"（Aluminum City Terrace Housing），《建筑论坛》81（1944 年 7 月）：65—76 页；Nelson Lichtenstein,《底特律最危险的人：沃尔特·鲁瑟和美国劳工的命运》（New York：Basic Books，1995），172 页。

14 David Brody，"新政、劳工和第二次世界大战"，《为了劳工的事业：美国工人历史上的主要议题》，Brody 编（New York：Oxford University Press，1993），178 页；Samuel I. Rosenman 编，《富兰克林·罗斯福公共文件和演说》（New York：Random House，1938—1950），第九卷，671 页。

15 Brody,《为了劳工的事业》,176,181页。

16 全国政策委员会,《1943年2月华盛顿〈贝弗里奇报告〉座谈会备忘录》(Washington, D. C.：National Policy Committee, 1943)；Harris,《威廉·贝弗里奇》,427—428页。

17 Monte M. Poen,《哈里·杜鲁门与医药游说团》(Columbia：University of Missouri Press, 1979),35—36页；John W. Jeffries,"富兰克林·罗斯福和'美国的明天'",《权力与责任：美国领袖个案研究》,David M. Kennedy和Michael E. Parrish编(New York：Harcourt Brace Jovanovich, 1986),39页；Keith W. Olsen,"美国的'贝弗里奇计划'",《美国中部》65(1983)：87—99页；"社会保障：我们有什么和提议了什么"《新闻周刊》(1943年3月22日)：28页。关于贝弗里奇和全国资源计划委员会计划的政治命运,请参阅：Edwin Amenta和Theda Skocpol,"重新界定新政：第二次世界大战和美国社会保障的发展",《美国社会政策的政治》,Margaret Weir, Ann Schola Orloff和Theda Skocpol编(Princeton：Princeton University Press,1988)。

18 "美国的《贝弗里奇报告》",《新共和》107(1942)：810—811页；Max Lerner,"新美国宪章：总统的就业和保障计划",同上,108(1943)：369页；Bruce Bliven, Max Lerner和George Soule,"美国宪章",同上,108(1943)：523—542页；"新人权法案",《国家》156(1943)：401—402页。比较Theodore Rosenof,"美国民主党左派看1945—1951年英国工党政府",《历史学家》38(1976)：98—119页。

19 美国全国资源计划委员会,长期工作和救济政策委员会,《保障、工作和救济政策》(1942；重印本,New York：Da Capo Press,1973)；Edwin E. Witte,"美国战后社会保障建议",《美国经济学评论》33(1943)：825—838页。关于保守派反应的例子,请参阅"从摇篮到坟墓到鸽子笼"(Cradle to Grave to Pigeonhole),《时代周刊》,1943年3月22日,13页；"计划者为什么不看报?"《星期六晚邮报》,1943年4月10日,112页；"美国走哪条道路?"(Which Path America?)《纽约时报》,1943年3月14日,10E页。还可参阅Eveline M. Burns,"全国资源计划委员会的安全报告",社会工作全国会议,《会议记录》(1943),370—381页。

20 "新人权法案",《国家》156(1943)：401—402页。

21 G. Hartley Grattan,"'贝弗里奇计划'还不够",《哈珀斯杂志》186(1943)：376页；Jeffries,"富兰克林·罗斯福和'美国的明天'",44页；Henry A. Wallace,"人人都有工作",《新共和》112(1945)：139页。

610

22 Peter A. Wallace,《经济学观点的政治力量：不同国家的凯恩斯主义》(Princeton：Princeton University Press,1989)。

23 Brinkley,《改革的终结》；John W. Jeffries,"'新'新政：罗斯福和1937—1945 年的美国自由主义",《政治学季刊》105(1990)：397—418页；Henry A. Wallace,《六千万工作岗位》(New York：Simon and Schuster,1945)；Seymour E. Harris 编,《挽救美国资本主义：自由经济项目》(New York：Knopf,1948),尤其是 11 页。

24 Ira Katznelson,"重建美国：1940 年代的迹象",《美国政治发展研究》5(1991)：301—309 页；Ralph Robey,"战后官僚主义乌托邦：第二部分",《新闻周刊》,1943 年 5 月 10 日,62 页；"美国走哪条道路?"《纽约时报》,1943 年 3 月 14 日,10E 页。

25 Keith Hutchison,"英国——第六个冬天",《国家》160(1945 年 1 月6 日)：9 页；Andrew Roth,"英国最大的赌博",同上,163(1946 年 7 月 16日)：10 页。

26 John Morton Blum,《V 曾经代表胜利：第二次世界大战中的政治与美国文化》(V Was for Victory, New York：Harcourt Brace Jovanovich,1976),第 3 章；Geir Lundestad,《美国"帝国"和比较视野中的美国外交政策研究》(Oxford：Oxford University Press,1990),40 页。

27 Lucius D. Clay,《在德国的决策》(Decision in Germany, New York：Doubleday,1950),第 21—22 章；Hans Günter Hockerts,《战后德国社会政策决定：1945—1957 年同盟国和德国社会保险政治》(Stuttgart：Klett-Cotta,1980)；Jeffry M. Diefendorf,《战争之后：第二次世界大战后德国城市的重建》(New York：Oxford University Press,1993)。

28 Richard F. Kuisel,《诱惑法国人：美国化的两难》(Berkeley：University of California Press,1993),第 4 章；Reinhold Wagnleitner,《可乐殖民化和冷战：二战后美国在奥地利的文化使命》(Chapel Hill：University of North Carolina Press,1994),125—127 页；更笼统的,Rob Kroes, Robert W. Rydell 和 Doeko F. J. Bosscher 编,《文化传播和接受：美国大众文化在欧洲》(Amsterdam：VU University Press,1993)。Laski 的话转引自 Lundestad,《美国"帝国"》,39 页。

29《艾德莱·E. 史蒂文森文件》,第五卷：《1953 年 3 月—8 月访问亚洲、中东和欧洲》,Walter Johnson 编(Boston：Little, Brown,1947),488—489页；Michael H. Prosser 编,《生存法则：1936—1965 年艾德莱·史蒂文森谈国际事务》(New York：William Morrow,1969),182 页；William Jennings

611

Bryan,《旧世界和它的方式》(St. Louis：Thompson,1907)。

30 Daniel T. Rodgers,"例外主义",《想象的历史：美国历史学家与历史》,Anthony Molho 和 Gordon S. Wood 编 (Princeton：Princeton University Press,1998)。

31 Alonzo L. Hamby,《超越新政：杜鲁门和美国自由主义》(New York：Columbia University Press,1973);William E. Leuchtenburg,《在罗斯福的阴影下：从杜鲁门到里根》(Ithaca：Cornell University Press,1998)。

32 美国国会参议院银行货币委员会《住房：参议院 287 号议案听证会》,第 91 届国会第一次会议,1947 年;同上,《中等收入者住房：参议院 2246 号议案修正案听证会》,第 81 届国会第二次会议,1950 年;美国国会参议院劳工和公共福利委员会,保健立法下属委员会《全国保健计划,参议院 1106 号议案听证会》(National Health Program),第 81 届国会第一次会议,1949 年,尤其是塞莫尔·哈里斯的证词,170—172 页。美国国会众议院方式和手段委员会,《社会保障：关于 1939 年社会保障修正案的听证会》,第 76 届国会第一次会议,1939 年,1258—1261,1245 页。美国国会参议院金融委员会,《社会保障修改：众议院 6000 号议案听证会》,第 81 届国会第二次会议,1950 年,529—530 页。

33 Poen,《哈里·杜鲁门与医疗游说团》,105,107,88 页;Forest Hackett,"最危险的游说(二)",《读者文摘》51(1947 年 12 月)：63—66 页。

34 Lichtenstein,《底特律最危险的人》,第 15 章;Nelson Lichtenstein,"杜鲁门时代的劳工：'私人福利国家'的起源",《杜鲁门总统时期》,Michael J. Lacey 编 (Cambridge：Cambridge University Press,1989);Alan Derickson,"所有人的健康保障？1935—1958 年社会工团主义和普遍健康保险",《美国历史杂志》80(1994)：1333—1356 页;Beth Stevens,"工会、雇工补贴和美国福利国家的私人化",《政策历史杂志》2(1990)：233—260 页;Elizabeth A. FonesWolf,《出卖自由企业：1945—1960 年企业对劳工和自由主义的攻击》(Urbana：University of Illinois Press,1994),第 4 章。引语来自 Lichtenstein,《底特律最危险的人》,336—337 页。

35 Robert Moses,"莫斯先生解剖'长头发规划者'",《纽约时报杂志》,1944 年 6 月 25 日,38 页。

612

致　谢

　　本书是多年辛劳和多人帮助的结果。最慷慨的资助者是那些机构，它们的支持为我提供了免于课堂教学任务的研究和写作时间。在初期阶段，这个项目得到"美国学术团体理事会"和威斯康星大学麦迪逊分校的奖学金和研究基金。研究的后期阶段得到全国人文科学基金会和普林斯顿大学的资助。在法兰克福大学担任富布赖特高级讲师，使研究的欧洲阶段得以实现。本书的大部分手稿是在行为科学高级研究中心完成的，它不仅提供了研究员资助还提供了工作所需要的理想环境。

　　同样关键的是在研究过程中为该项目的顺利开展而提供的个人帮助。两位特别聪慧的本科生研究助手凯西·拉格尔（Cathy Lager）和乔舒亚·马歇尔（Joshua Marshall）在我之前开拓了研究尝试的许多内容，费迪南德·克雷默（Ferdinand Kramer）跟我分享了恩斯特·梅项目的许多记忆；厄内斯特·科尔纳（Ernst Konhner）带领我参观罗默斯塔特。弗莱德·福克斯（Fred Fox）接待我这个不速之客，在加州德尔亥慷慨地回答我的问题。两个大洲、太多的大学图书馆和档案馆回答了我的询问，为我提供非常有效的指导，帮助我发现研究所需的材料，我实在无法一一列举他们的名字。

其他的人从头到尾倾听了这些想法,仔细阅读了原稿,或者提出争论,这种相互交流是学术研究中不可缺少的因素。普林斯顿、哈佛、斯坦福和耶鲁的教授论坛,伦敦大学美国研究中心,位于法兰克福的约翰·沃尔夫冈·歌德大学和位于科隆的英美历史研究中心,都在很多方面帮助提升了该项目的敏锐性。朋友和同事艾伦·布林科列(Alan Brinkley)、丹·齐特罗姆(Dan Czitrom)、艾伦·道利(Alan Dawley)、詹姆斯·克罗潘伯格(James Kloppenberg)、阿诺·迈尔(Arno Mayer)、安迪·拉宾巴赫(Andy Rabinbach)、多罗西·罗斯(Dorothy Ross)、约翰·汤普森(John A. Thompson)都慷慨地给予时间阅读全部或者部分手稿并提出宝贵的意见。不用说其中的每个意见都可能用不同的方式写这个历史,但是最终的结果因为他们的帮助而大大改善。

613

在手稿的最后阶段,梅丽莎·钱(Melissa Chan)解决了很多麻烦的脚注。约翰·布拉兹耶夫斯基(John Blazejewski)帮助提供了很多图片。朱丽·埃里克森·哈根(Julie Ericksen Hagen)精心编辑了书稿。哈佛大学出版社的艾达·唐纳德(Aida Donald)为本书拟定了标题,非常认真地阅读,关注了全部内容。

家中的亲人,我的妻子艾琳(Irene)用她永恒的智慧、耐心和眼光阅读了手稿,占用她的时间给我修改意见。我的儿子彼得(Peter)和德怀特(Dwight)随着这个项目长大,从麦迪逊到普林斯顿,从法兰克福再到帕罗奥多(Palo Alto)颠簸迁徙——一直留心确保过去的主张从来不会缺少他们那个精彩顽强的"现在"的对抗。他们是生活和电脑屏幕的读者而不是历史的读者。但他们是这里记述的努力的继承者,那些实现的和尚待实现的遗产的守护者,我把本书献给他们。

614

索 引

（条目后的数字为原书页码,见本书边码）

译后记

    2006 年冬天译者曾给《中国学术》杂志投稿，主编刘东先生在退稿信中说该杂志不接受翻译文章，不过提出如果译者愿意，可以参加他主编的丛书的翻译工作。译者非常荣幸地接受了这个任务。

    《大西洋的跨越》的作者丹尼尔·T. 罗杰斯（Daniel T. Rogers）是普林斯顿大学历史系教授，讲授美国文化和思想史。他的获奖著作除了本书《大西洋的跨越：进步时代的社会政治》（1998）外，包括《1850—1920 年美国工业时代的职业道德》（1978）、《受到挑战的真理：独立以来的美国政治关键词》（1987），以及关于 1980 年代美国社会思想史的新作：《断裂的时代》（2011）等。

    本书"重新塑造美国历史上的一个独特时代，其中美国社会政治通过竞争和交流的网络与欧洲社会政治辩论和尝试结合在一起"（原书第 5 页）。在总共十一章长达六百多页的篇幅内，作者描述了作为社会政治产物的进步时代和新政，探讨了传统社会保险项目如工人赔偿法、失业保险、退休金和健康保险，还有城市规划、市政服务设施（自来水、煤气、街道、铁路）、农村合作社、卫生改善（公共澡堂和牛奶站）和住房改革（从贫民窟拆除到花园城市建设）等社会政治的方方面面；从时间跨度上看，从 1900 年的巴黎世界博览会开始到 1942 年伦敦《贝弗里奇报告》为止；从空间上看，从欧洲到美国，从繁华都市到偏远山区，不仅横跨大西洋，还涉及澳大利亚和新西兰；从事件上看，涉及两次世界大战、罗斯福新政等重大历史。

正如冯·哈里·马克斯在书评中说的，作者的重点是"解释政策议题和项目观点而不是描述结果"，通过大量证据说明"政治领域内国际交流的本质所在。即使北大西洋国家面临类似的社会问题，即使国家改革者调查、借用了外国的模式，移植的过程也不是消极的，而是积极的，是被现有地方（政治）背景不断影响修改的过程。在共同行动领域也总有地方性变化"。剑桥大学的约翰·汤姆森也特别称赞"罗杰斯在全书中巧妙地指出了美国环境的特殊性如何影响了从大西洋对岸引进来的各种观点和机构的命运。从探讨范围和独创性角度来看，该书完美展示了最近美国历史丢失的一个维度，进一步证明了罗杰斯作为当今最有威望的历史学家的名声和地位"。

本书内容丰富，不同的读者能从中看到不同的东西，这或许正是经典著作的特征。《华盛顿时报》的罗杰·斯塔尔（Roger Starr）指出本书"记述了工业革命给以农业为主的社会带来的残酷野蛮的变化，以及社会企图把生产力人性化的尝试和努力"。大卫·哈麦克（von David C. Hammack）在书评中说本书一个突出的优点在于：罗杰斯观察到 19 世纪最后二十年和 20 世纪前三十年的进步社会政治不仅是"国家"的扩张，而且更多与限制市场的社会和政治努力有关。

没有任何一本著作是十全十美的。大卫·哈麦克曾提出值得读者关注的一些地方。他认为作者在讨论中忽略和漏掉了一些内容，比如作为非营利机构而成立的合作社的活动、美国的思想传播者和政策制订者在中小学教育和医疗保健政策方面受到欧洲的影响、美国的宗教多样性,尤其是天主教对于美国社会政策辩论的影响等。他对作者的某些观点持有不同意见,比如在确定政策辩论的思想和"问题"之间的关系方面,虽然同意作者认为问题本身不能产生解决办法的说法,但他指出实际上进步人士面临的问题并非多得数不清,主要还是东北部快速工业化造成的具体问题,家庭中的挣工资者因工伤造成的贫困和工作事故与法律之间的关系完全可以进一步展开论述。他还指出罗杰斯关于经济利益和对私有财产权的坚持是重要因素但不是决定因素的观点并不令人信服等。(请参阅 http://hsozkult.geschichte.hu-berlin.de/REZENSIO/symposiu/hamack.htm。)译者无意卷入这些争论,只是提出来让有兴趣的读者思考,但是译者相信这些争议不仅不会削弱本书的价值,而且有助于更多的人对这些领域进行深入和广泛的探索,推动本学科的发展。

在翻译本书的过程中,译者遇到的一个突出问题是相关背景知识的欠缺。译者虽然对社会学、哲学和历史感兴趣,但毕竟没有经过专业训练,遇到专业术语和人名、地名、书名等内容时战战兢兢、如履薄冰,尽力求助于专家、辞典和网络,仔细研究和查证,但不敢保证没有差错,完全符合约定俗成的原则。因而译者在专有名词第一次出现时,往往把原文附在翻译的后面,既可以方便读者,也可以让读者监督译者的处理是否符合规范。此外,本书注释里涉及不少德语和法语方面的著作,限于译者的中外文功底,可能在理解和表达方面存在许多有待商榷和改进的地方,译者真诚希望读者不吝指教,以便将来有机会修订。

为了读者查证的方便,译本对书中注释里的作者姓名一概保留,同时将原文索引中的英文保留,加上中文翻译,形成了一个译名对照表。

值得一提的是本书的翻译也是对译者毅力和耐心的一场考验。原书总共六百多页,单单尾注就长达一百页。在翻译过程中